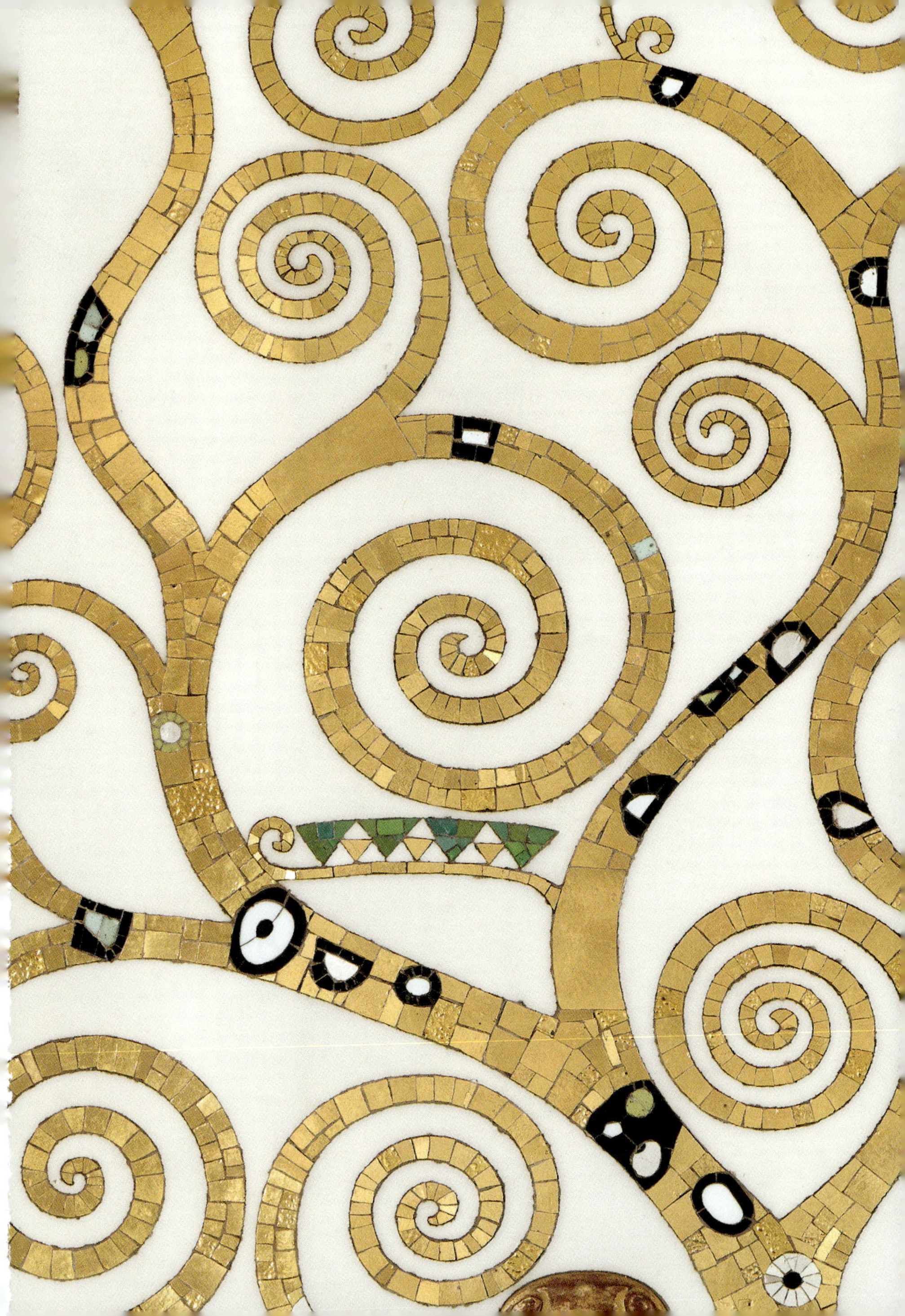

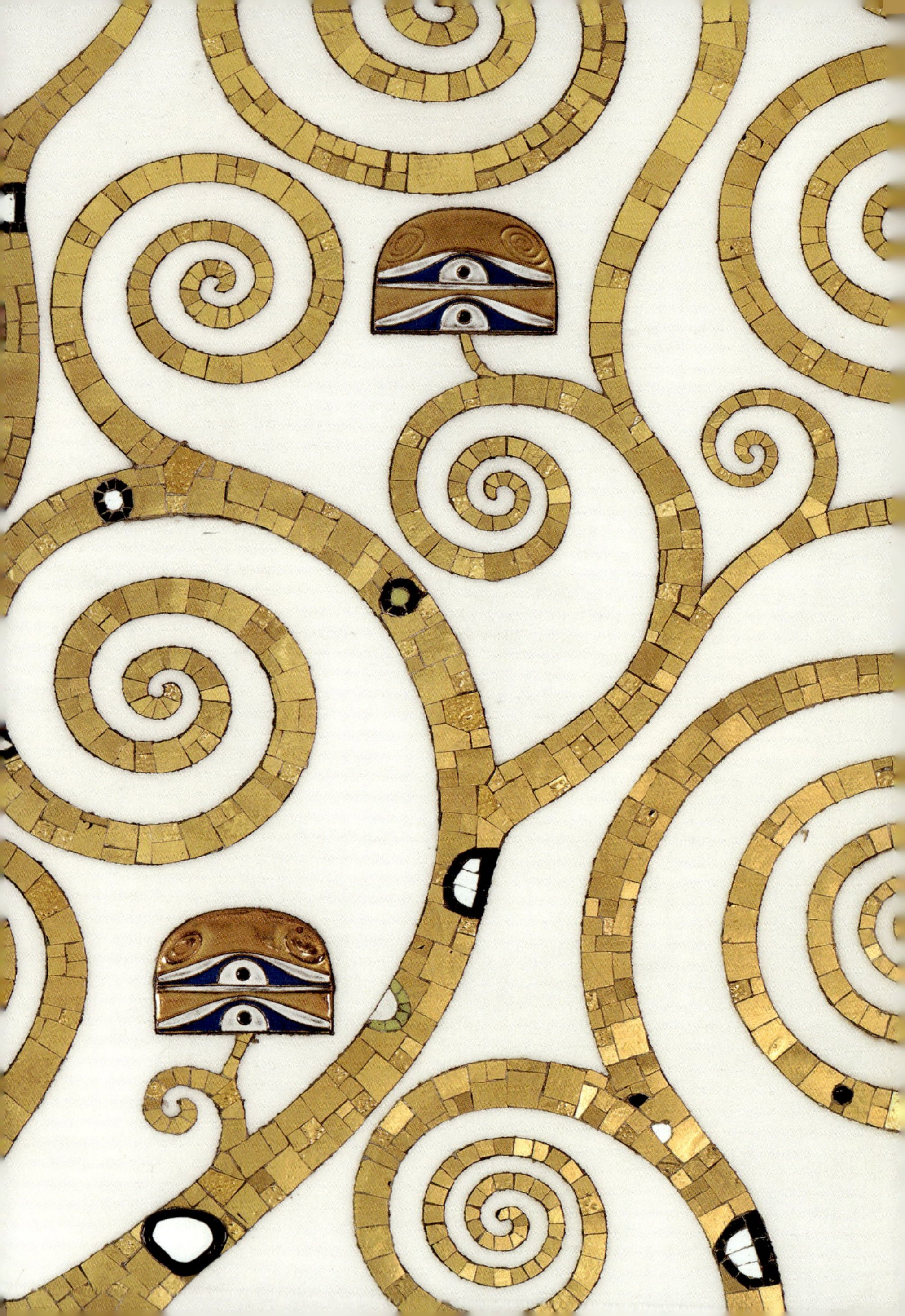

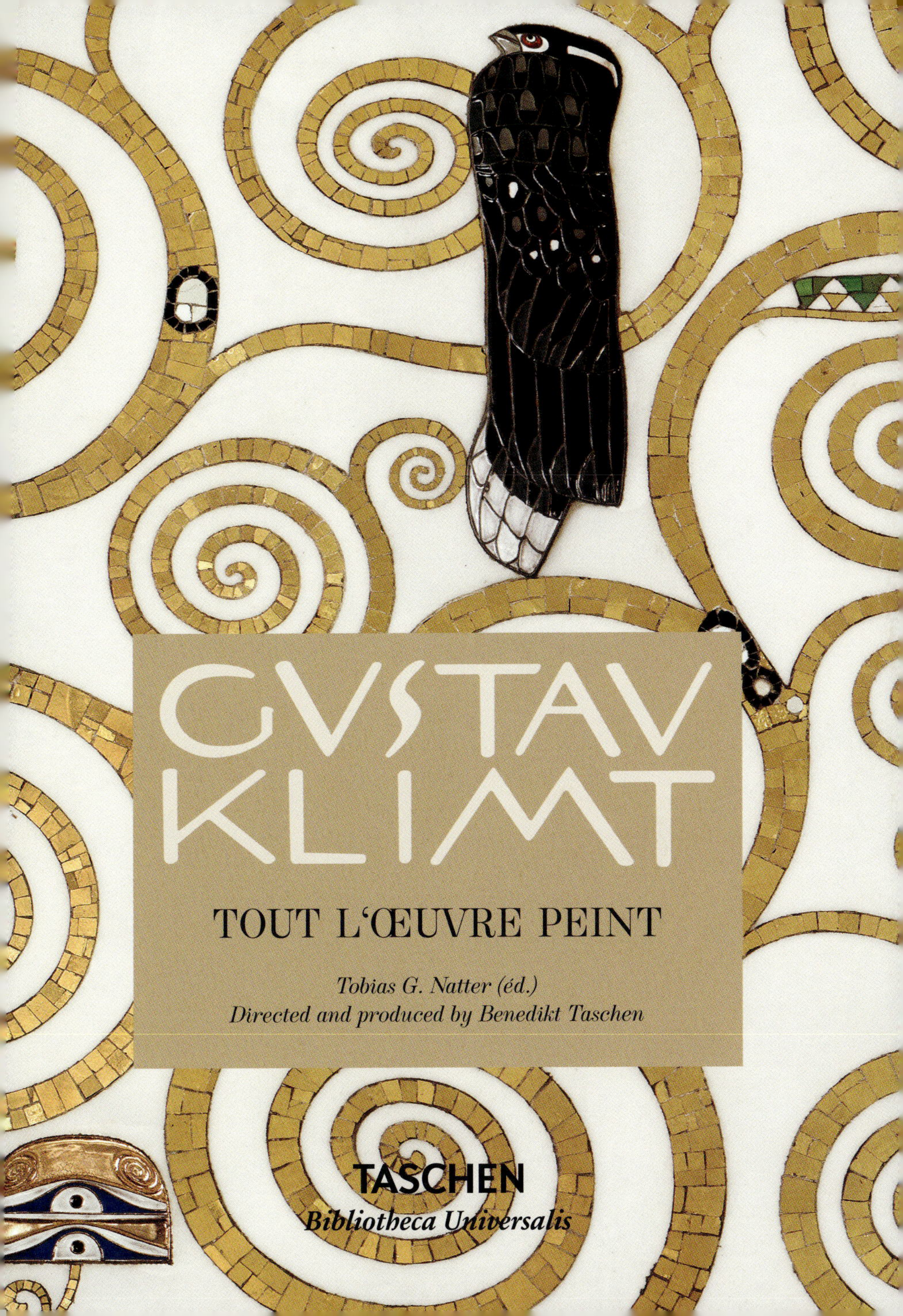

GUSTAV KLIMT

TOUT L'ŒUVRE PEINT

Tobias G. Natter (éd.)
Directed and produced by Benedikt Taschen

TASCHEN
Bibliotheca Universalis

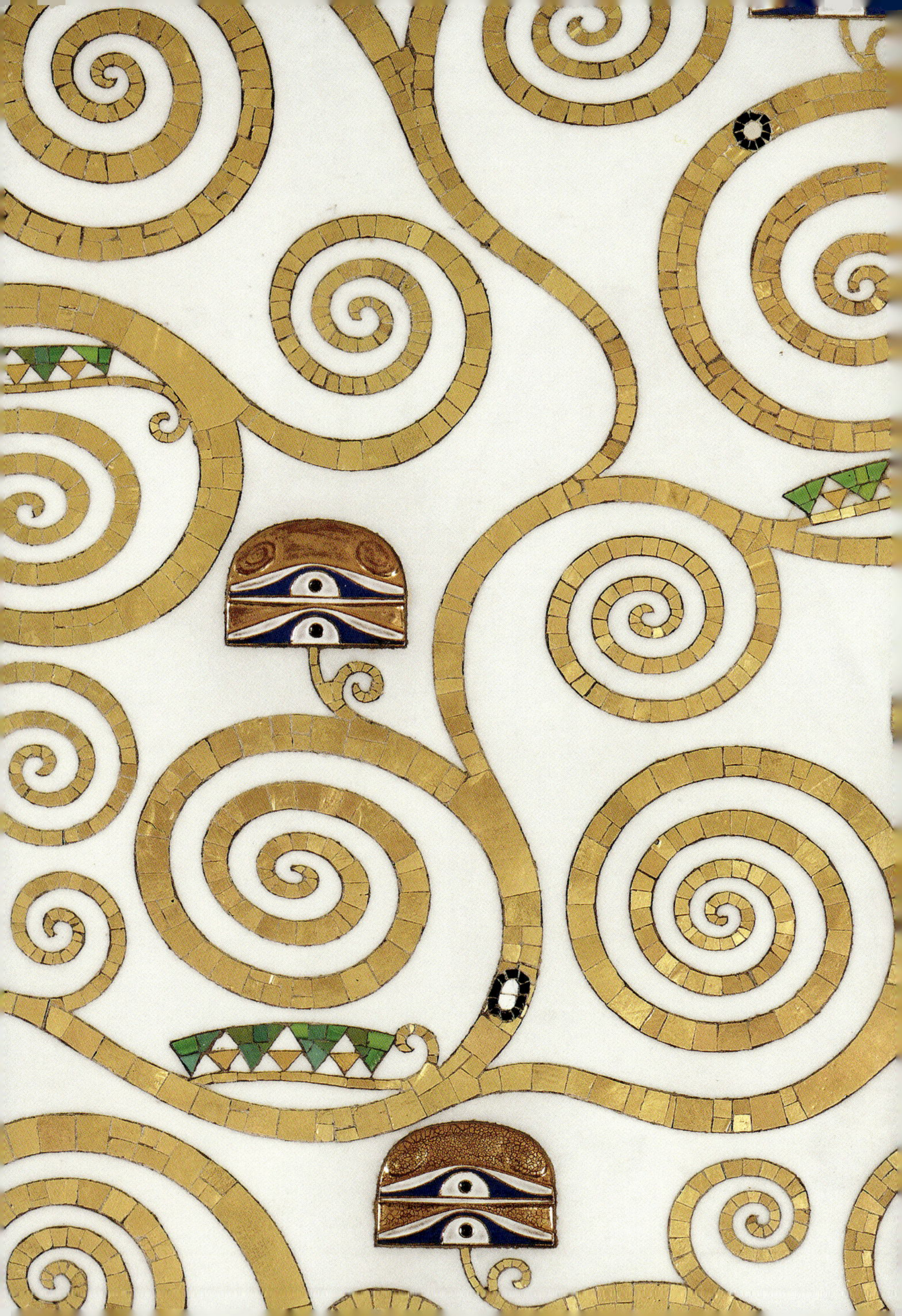

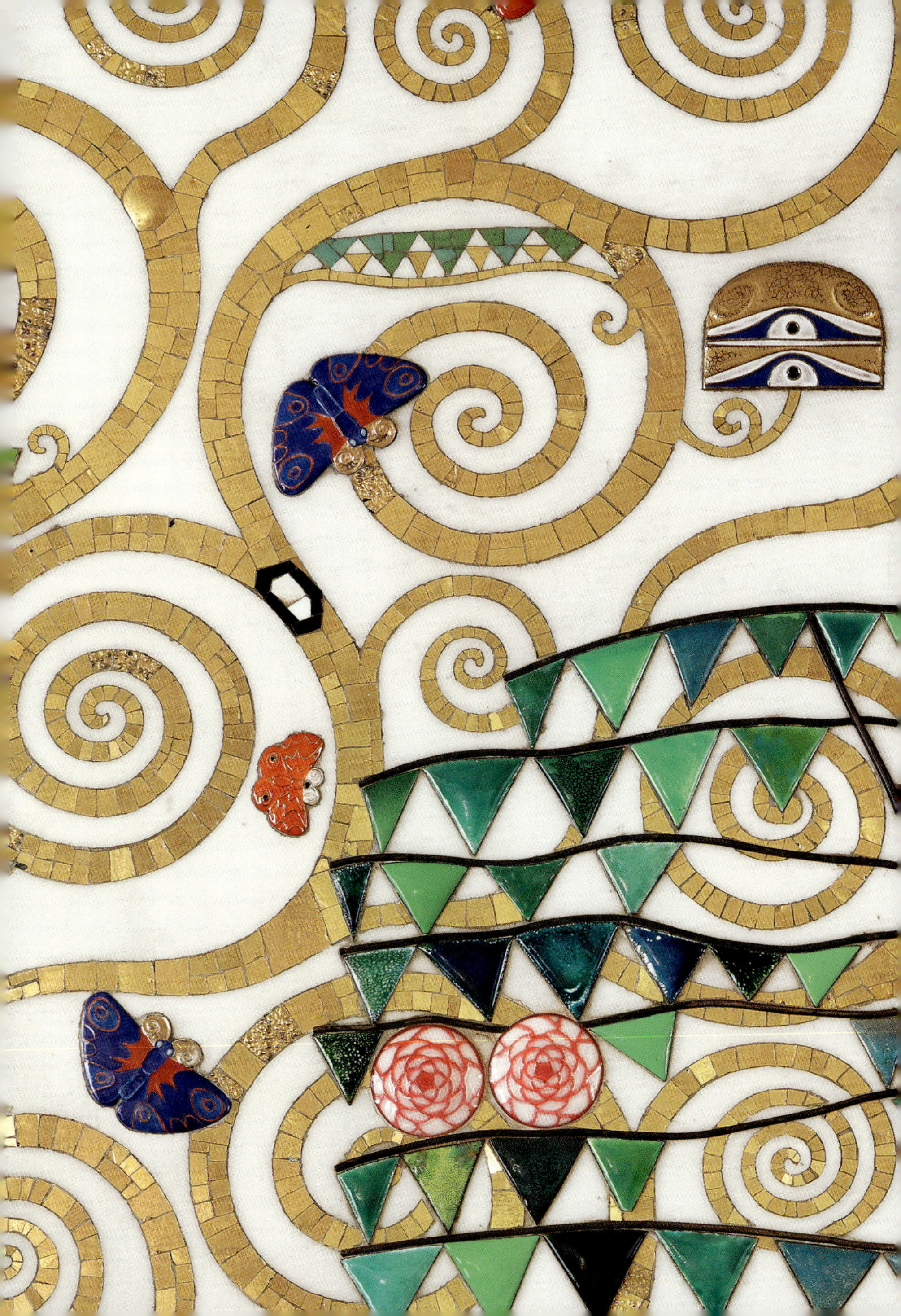

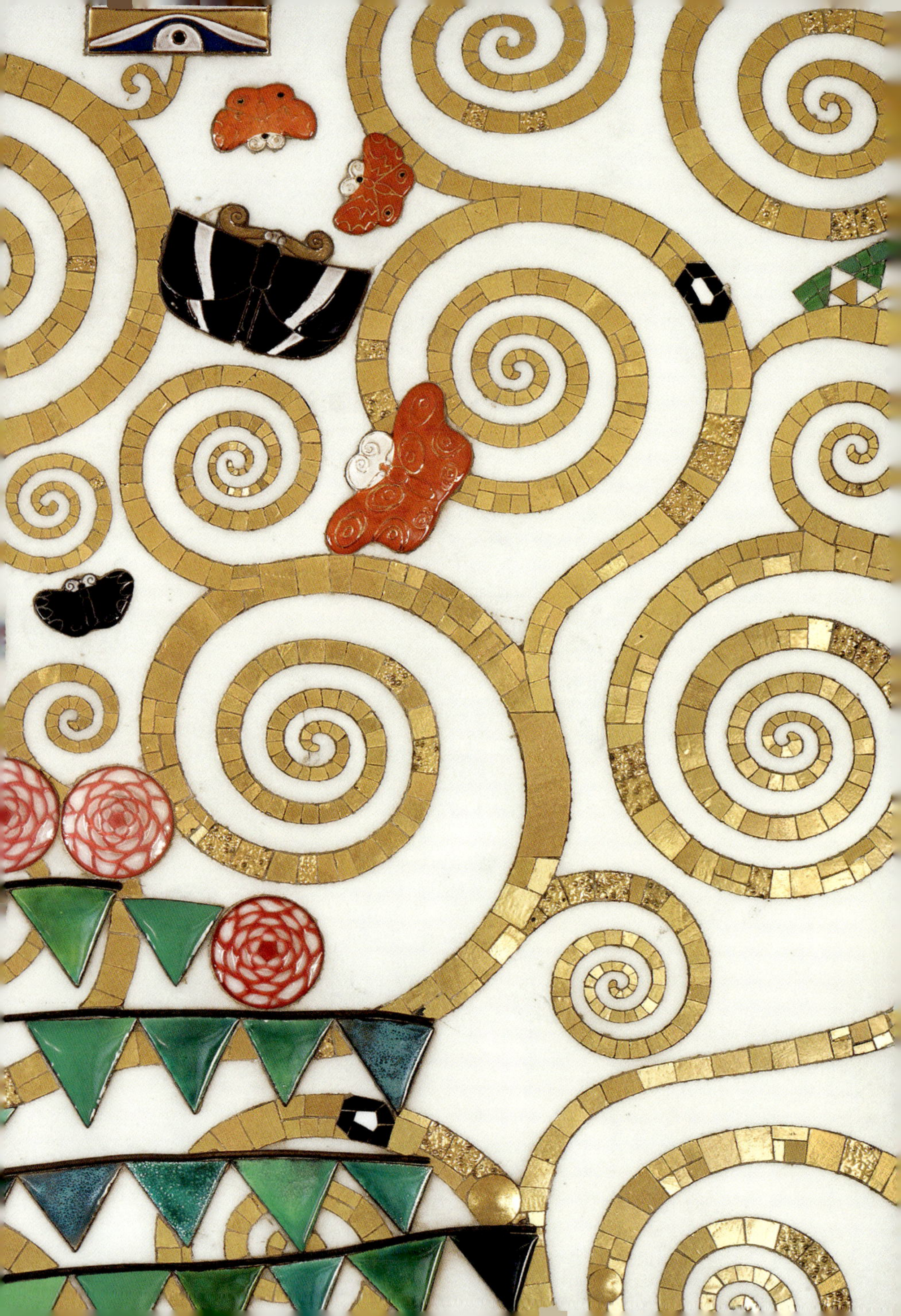

Gustav Klimt. Objet de litige et actualité

Tobias G. Natter

Lorsque, en 2006, sortit au cinéma un film sur Klimt, avec John Malkovich dans le rôle principal, et qu'au même moment un tableau de l'artiste changea de propriétaire pour une valeur supposée de 135 millions de dollars, l'enthousiasme suscité par le peintre viennois atteignit un nouveau paroxysme. Mais, en dépit des prédictions de l'époque, cet engouement ne diminua pas. Au contraire, il devient de nouveau évident que, grâce à sa substance, l'œuvre de Gustav Klimt survit – sans efforts semble-t-il – aux ascensions vertigineuses et à une popularisation quasi illimitée.

Il en était de même en 2012, année du 150e anniversaire de Klimt, qui a vu d'innombrables expositions de musées témoignant de la pertinence et de l'actualité de cet artiste d'exception. Mais le peintre n'a pas toujours été perçu de cette manière par le public, comme l'atteste un bref retour en arrière. Né en 1862 à Vienne, Klimt accéda rapidement au statut de star dans sa ville natale. Or, en 1912, son cinquantième anniversaire ne donna lieu à aucune exposition commémorative. Cinq décennies et deux guerres mondiales plus tard, la face du monde avait profondément changé. La monarchie habsbourgeoise appartenait au passé, Klimt était, au mieux, considéré comme le représentant d'un univers disparu et comme la figure de proue d'un Art Nouveau de style viennois. Mais celui-ci était alors passé de mode, écarté tel un courant ayant évolué à part. Pour le marginaliser, on prétendait qu'aucun chemin ne menait de ce mouvement vers l'art moderne. Tandis que, durant les premières décennies de l'après-guerre, le monde de l'art fêtait la victoire de l'abstraction, Klimt semblait ne plus avoir sa place.

La majorité des expositions organisées à l'occasion de son centième anniversaire, en 1962, faisaient donc office de redécouvertes. Parmi les divers efforts entrepris par des institutions publiques et des particuliers, notamment des Autrichiens exilés, pour asseoir la renommée de Klimt au-delà des frontières de l'Autriche et l'intégrer dans le discours transcontinental, l'exposition au Guggenheim Museum de New York suscita de grands espoirs. Les organisateurs considérant que Klimt n'était pas encore en mesure de faire l'objet d'une exposition personnelle, l'œuvre de l'artiste figura aux côtés de celui d'Egon Schiele. Ce fut, cependant, la première exposition muséale de cette importance présentant Klimt aux

États-Unis et, de fait, un moment clé dans la tentative de « décloisonnement » culturel et géographique du peintre.

Simultanément, la recherche klimtienne partit sur de nouvelles bases dans les années 1960. Avec le catalogue de peintures, dont Fritz Novotny et Johannes Dobai publièrent une première édition en 1967 et une seconde quelques années après, l'exploration de l'œuvre peint se dota de solides fondations. Deux ans plus tard, en 1969, Christian M. Nebehay publiait une volumineuse documentation consacrée à Klimt, offrant une synthèse compacte de sources en textes et en images concernant sa biographie et son art. Le *catalogue raisonné* (en français dans le texte, n. d. t.) des dessins de Klimt, élaboré par Alice Strobl au cours d'un travail de recherche de plusieurs décennies, parut, quant à lui, dans les années 1980. Ces trois ouvrages constituent jusqu'à aujourd'hui le socle commun de la recherche klimtienne. Concernant les détails, mais également le contenu et surtout l'interprétation, de nouveaux aspects essentiels se sont ajoutés au fil des ans.

Ainsi, dans le domaine de la peinture paysagère, ce fut récemment le cas grâce aux recherches menées par Alfred Weidinger, Stephan Koja et Anselm Wagner. S'agissant des portraits féminins, cela vaut, entre autres, pour mes propres contributions. Des publications importantes ont paru sur le thème « Klimt et les femmes », notamment sur le topique de la « Femme fatale » et de sa force évocatrice, sur l'intégration de l'artiste dans la société, sur des personnalités de collectionneurs et leur environnement historique, enfin sur la provenance des œuvres. Des chercheurs du monde entier ont soumis de nouveaux résultats, surtout dans le contexte des sciences culturelles et humaines de l'art moderne viennois, en particulier des liens qui unissaient Klimt à ce qu'on appelait l'art décoratif et à l'idée d'œuvre d'art totale, laquelle continue de fasciner aujourd'hui. Les examens et analyses d'œuvres soumis à la question du genre constituent un domaine de recherche particulièrement en vogue. Pour ce qui est des dessins, Marian Bisanz-Prakken travaille actuellement à un cinquième tome consacré à l'œuvre de Klimt.

À l'occasion du 100e anniversaire de sa mort en 2018, Klimt paraissait donc, plus que jamais, solidement ancré dans l'activité scientifique et dans la réception publique. On observe en même temps qu'au-delà de l'Europe et de l'Amérique du Nord l'accueil de Klimt s'étend aujourd'hui, de manière croissante, en Asie. Quelle place le peintre occupera-t-il à l'avenir dans les esprits et quels aspects de son œuvre se révèleront particulièrement pertinents ? Ces questions nous réservent encore bien des surprises.

Cette publication comprend six essais qui s'appuient sur l'état actuel des connaissances. Le premier article de Rainald Franz et Angelina Pötschner se penche sur l'œuvre de jeunesse du peintre. Les auteurs y décrivent le parcours d'un artiste qui, lorsqu'il était jeune homme, fit rapidement carrière dans le sillage de Hans Makart, dont il était considéré comme le successeur légitime. L'essai présente un peintre de salon à succès, en voie de devenir un artiste d'État et recevant de grandes commandes prestigieuses telles que les peintures de plafond de l'escalier du Burgtheater nouvellement construit et les décorations murales ornant le Kunsthistorisches Museum. Au sommet de cette première carrière, laquelle fut couronnée par l'attribution d'une médaille d'honneur impériale, Klimt traversa toutefois, dans les années 1890, une crise artistique. Rapide à ses débuts, le rythme de travail du peintre ralentit, sa production artistique diminua. Mais après une douloureuse période de tourmente, l'artiste se réinventa. La fondation de la Sécession viennoise, en 1897, annonça son retour en qualité de porte-bannière de l'art moderne.

L'article de Christoph Grunenberg prend ici le relais. Il s'intéresse à l'éveil et au « Printemps sacré » de la Sécession viennoise, dont Gustav Klimt fut le premier président. En formant ce groupe, Klimt et ses camarades de combat créaient une des plus éminentes plates-formes de l'avant-garde ayant existé aux alentours de 1900. Il n'est pas exagéré de dire que la naissance de la Sécession marqua à Vienne le début d'une « nouvelle ère artistique ». Dans le nouveau bâtiment d'exposition à l'impressionnante coupole dorée, le peintre présenta, d'abord l'un après l'autre, les célèbres « tableaux des facultés », faisant s'amplifier à chaque fois le chœur des protestations. La Sécession devint également le théâtre de la célèbre exposition Beethoven, laquelle comprenait l'illustre Frise Beethoven de Klimt et porta à un point culminant les revendications formulées par les arts décoratifs. La première présentation publique du Baiser doré, à la Kunstschau de 1908, offrit une mise en application, d'une densité similaire, du concept d'œuvre d'art totale. Dans son discours inaugural, Klimt affirme qu'à ses yeux le « grand » art et ce qu'on appelle l'art « appliqué » ne font qu'un, et implore l'alliance entre l'avant-garde et la nouvelle société, en définissant la communauté des artistes comme « l'association idéale de tous les créateurs et de tous ceux qui jouissent de l'art ».

Dans son article dédié à la frise en mosaïque ornant le palais Stoclet de Bruxelles, Anette Freytag s'intéresse de plus près à l'autre célèbre frise contenue dans l'œuvre de Gustav Klimt. En s'attachant à la version finale de ce décor mural ainsi qu'à sa disposition et à sa signification au sein du palais Stoclet, conçu par Josef Hoffmann, Freytag enrichit des travaux de recherche antérieurs consacrés, ainsi, à la genèse des dessins d'étude que Klimt exécuta pour préparer la frise et au rapport que ceux-ci entretiennent avec l'œuvre achevée, ou encore au lien qui existe entre la frise et l'architecture du palais. Elle propose en outre une interprétation de ce décor, qu'elle qualifie de jardin artificiel au cœur de la maison.

Susanna Partsch examine le thème des femmes présentes dans l'œuvre de Gustav Klimt, non seulement dans les portraits peints, mais aussi dans les allégories chargées de sens. Les portraits de femme deviennent l'image de marque de l'artiste. Il s'agit, d'une part, de la figure féminine allégorique interprétée à la manière du symbolisme, une figure révélant des asymétries de genre manifestes ou latentes, en particulier à travers la transformation de personnages bibliques, tels que Judith et Salomé, en Femmes fatales. S'impose, d'autre part, le classique portrait de commande, depuis celui de Sonja Knips datant de 1897, le premier tableau créé dans le cadre de Sécession, jusqu'au Portrait d'Adele Bloch-Bauer I aux dorures abondantes, où de nombreux critiques virent l'immobilisation de la femme, figée dans les ornements. Mais nous devenons, une nouvelle fois, les témoins d'un renouveau de l'artiste, obtenu cette fois par la force des couleurs dans les portraits et les allégories de la période tardive. Les biographies des modèles révèlent enfin des aspects essentiels concernant l'histoire des œuvres. Ces femmes issues de la grande bourgeoisie assimilée, lesquelles avaient souvent des racines juives, appartenaient, avec leurs familles, aux plus importantes collectionneuses et mécènes de Klimt.

Dédié à la peinture paysagère, l'article d'Evelyn Benesch explore un autre changement flagrant dans l'œuvre de Klimt. Il est intéressant de constater que l'artiste n'aborda le paysage que dans la seconde moitié de sa vie. Lors des villégiatures passées tous les ans dans le Salzkammergut, surtout au bord du lac Attersee, et qui débutèrent à cette époque, Klimt travailla, certains étés, à quatre ou cinq paysages en même temps. Benesch offre un net aperçu du processus de filtrage et de transformation menant de la nature visible aux besoins artistiques du peintre. En s'appuyant sur les ouvrages de Johannes Dobai, Stephan Koja et Alfred Weidinger, qui fournissent un socle de données et de faits concernant les paysages de Klimt, Benesch analyse le changement dans la conception de ces derniers, depuis la peinture d'atmosphère d'inspiration impressionniste jusqu'à la « mosaïque peinte » et la poésie visuelle d'un motif naturel transformé par l'artiste.

Avec son article consacré aux dessins du peintre viennois, Marian Bisanz-Prakken nous emmène vers un domaine ayant fait l'objet de nombreuses recherches. L'art graphique de Klimt est considéré comme un genre particulièrement captivant. Nécessaire à la survie de l'artiste, il était, plus que toute autre chose appartenant à son œuvre, estimé par un nombre important de ses contemporains. Bisanz-Prakken montre la manière dont Klimt élaborait ses sujets en les dessinant des milliers de fois et explorait l'aspect autosuffisant et autonome du dessin, tout en expérimentant continuellement la beauté et l'expressivité de la ligne. Dans son exposé des dessins, choisis selon des critères rigoureux, l'auteur renonce à l'ordre chronologique habituel au profit d'un « tri » typologique des œuvres, faisant ainsi entrer le lecteur dans des états émotionnels et des états d'âme élémentaires de Klimt. Bisanz-Prakken nous donne également un aperçu nouveau, et souvent surprenant, de la façon de penser et de travailler de Klimt.

Comme aucun autre artiste autrichien, le peintre viennois se trouva au centre de l'intérêt des journalistes. Jadis sulfureuse, son image est aujourd'hui déformée par les clichés et édulcorée par les mythes. Du vivant du peintre, ses toiles, ses projets et ses expositions furent largement discutés et commentés, non seulement dans les revues spécialisées, mais aussi dans la presse quotidienne. Klimt était une star controversée dont les œuvres échauffaient les esprits ; il incarnait la modernité, mais également la tradition. Son art durcit les fronts et divisa le monde des amateurs d'art. Partisans et adversaires se livrèrent à de véhémentes joutes journalistiques. La question « Pour ou contre Klimt ? » scinda l'opinion de la presse et celle du public. Tandis que Karl Kraus lançait ses éloquentes attaques dans Die Fackel, Hermann Bahr ripostait dans Ver Sacrum, la revue de la Sécession. Et ce fut Ludwig Hevesi qui, plus qu'aucun autre, tenta, avec ses subtiles descriptions, de faciliter au public la compréhension de l'œuvre klimtien. D'autres militants de renom, tels que, entre autres, Berta Zuckerkandl, Felix Salten, Franz Servaes, Richard Muther et Eduard Pötzl, intervinrent dans la discussion, prenant la parole avec force arguments. De nombreux autres journalistes, qui ne signaient pas toujours leurs articles, s'exprimèrent dans la « querelle autour de Klimt ».

L'abondance du matériau étonne autant que la qualité et la véhémence du débat. Il m'apparut d'autant plus surprenant que ces documents, d'une variété, d'un pouvoir évocateur aussi inouïs, n'aient jamais fait l'objet d'un dépouillement systématique. Les descriptions de l'époque nous offrent pourtant une image vivante de Klimt et de son œuvre. Une biographie parachève la documentation.

C'est ainsi que vit le jour un livre dont j'espère qu'il s'inscrira dans la durée en tant qu'ouvrage de référence. Il est le fruit d'efforts multiples, auxquels de nombreuses personnes ont contribué. Je remercie en premier lieu les auteurs, Evelyn Benesch, Marian Bisanz-Prakken, Rainald Franz, Anette Freytag, Christoph Grunenberg, Susanna Partsch, Angelina Pötschner et Michaela Reichel. Ils ont mis leur savoir et leur passion au service de cet important projet. Leur compétence et leurs points de vue souvent innovants permettent de considérer les « paroles des témoins d'époque » à l'aune de l'état actuel des connaissances, ce qui est indispensable. Leurs articles offrent en outre au lecteur un cadre nécessaire à la compréhension du débat artistique mené au tournant du siècle. Mes remerciements vont aussi à mes collègues du monde des musées, lesquels ont volontiers mis à ma disposition leurs informations concernant les œuvres dont ils ont la charge. Il en va de même pour les collaborateurs de la Österreichische Nationalbibliothek de Vienne, du Institut für Kunstgeschichte de l'Université de Vienne, de la Kunstbibliothek de Berlin et du Zentralinstitut für Kunstgeschichte de Munich. Ils ont, sous des formes variées, apporté leur soutien à des travaux de recherche qui furent souvent de longue haleine. Que soient enfin spécialement mentionnés les collectionneurs particuliers, lesquels m'ont généreusement permis l'accès à leurs trésors et m'ont ouvert leurs archives. Je les remercie vivement pour leur confiance et pour nos échanges souvent stimulants.

Que le présent ouvrage, avec ses grandes exigences concernant le volume, la qualité et la présentation, ait pu voir le jour à la faveur d'une initiative éditoriale privée, ne cesse de me surprendre. Les splendides reproductions de La Frise Stoclet, qui n'a encore jamais pu être admirée dans une telle richesse de détails et une telle authenticité de forme, susciteront un vif intérêt. Grâce à la bienveillance de la famille Stoclet nous avons non seulement obtenu l'accès au palais, mais aussi la possibilité de réaliser des photos inédites illustrant l'esprit de la conception artistique de Klimt, aux confins de la peinture et des arts décoratifs. En qualité de directeur de la publication, je témoigne à Monsieur Benedikt Taschen ma reconnaissance et mon profond respect. Les membres de l'équipe de la maison d'édition, en premier lieu Petra Lamers-Schütze, ont porté cet ouvrage durant toutes les phases de sa création. Depuis l'idée initiale jusqu'à la mise à l'impression, ils ont accompagné les travaux en faisant preuve d'un haut niveau de professionnalisme et de compétence, tout en étant ouverts à de nombreuses suggestions. Ensemble, nous avons fourni d'importants efforts, non seulement en illustrant l'œuvre de Gustav Klimt par des reproductions d'une très grande qualité, mais aussi en fournissant au lecteur, et en y apportant le même soin, un matériau iconographique éclairant l'esprit de l'époque. Ces images reflètent en particulier les liens étroits qui unissaient Klimt à Josef Hoffmann, à la Wiener Werkstätte et à ses premiers collectionneurs et mécènes. Je remercie en outre Brigitte Beier et les responsables de la relecture pour leur très grande implication.

Rédiger un ouvrage abondamment illustré consacré à Gustav Klimt et donner à son contenu la direction ici empruntée constitua pour moi une tentation irrésistible à laquelle, en dépit de toutes les difficultés prévisibles et imprévisibles, je cédai volontiers. L'élaboration de ce livre a bien entendu requis, sur une longue période, beaucoup de temps et d'énergie. Durant cette phase, qui a naturellement duré bien plus longtemps que prévu, j'ai pu compter sur la patience et sur la compréhension de mes proches, auxquels m'unissait, à chaque instant, un même enthousiasme pour Gustav Klimt. Je les remercie tous, et particulièrement Christophe Mai, chaleureusement.

I.

Le peintre de salon : des œuvres de jeunesse – une carrière précoce

Rainald Franz, Angelina Pötschner

« Les peintures dans les écoinçons [pour l'escalier du Kunsthistorisches Museum en 1890/91] témoignent déjà de la force propre d'une personnalité en train de s'affermir. Et c'est ici qu'apparaît le type de femme si caractéristique de Klimt. Cet être mystérieux, à la fois sensuel et spirituel ; ici se manifeste déjà la quête d'un effet purement pictural, de l'harmonie de la touche, de l'harmonie des couleurs. »

BERTA ZUCKERKANDL, 1908

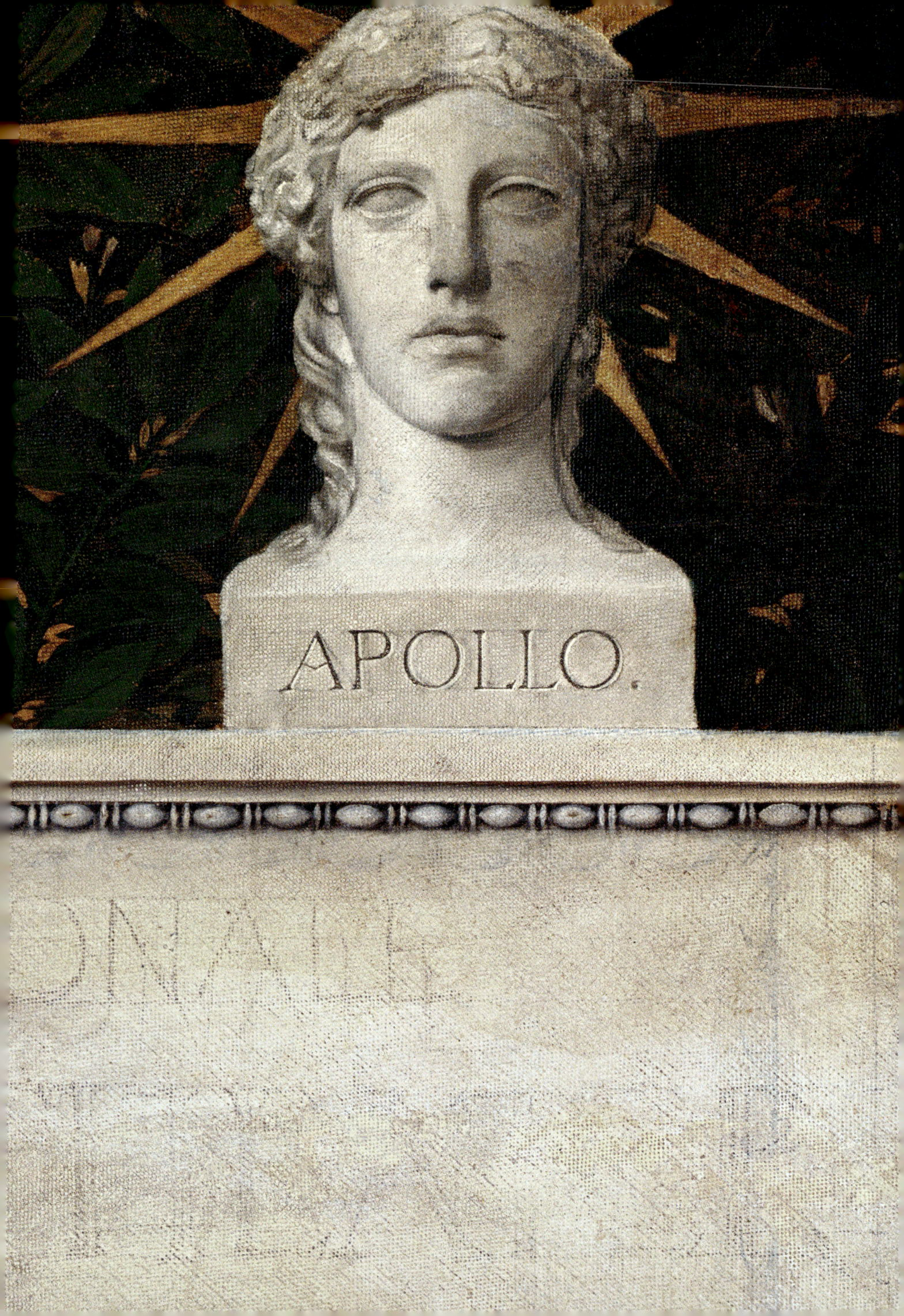
APOLLO.

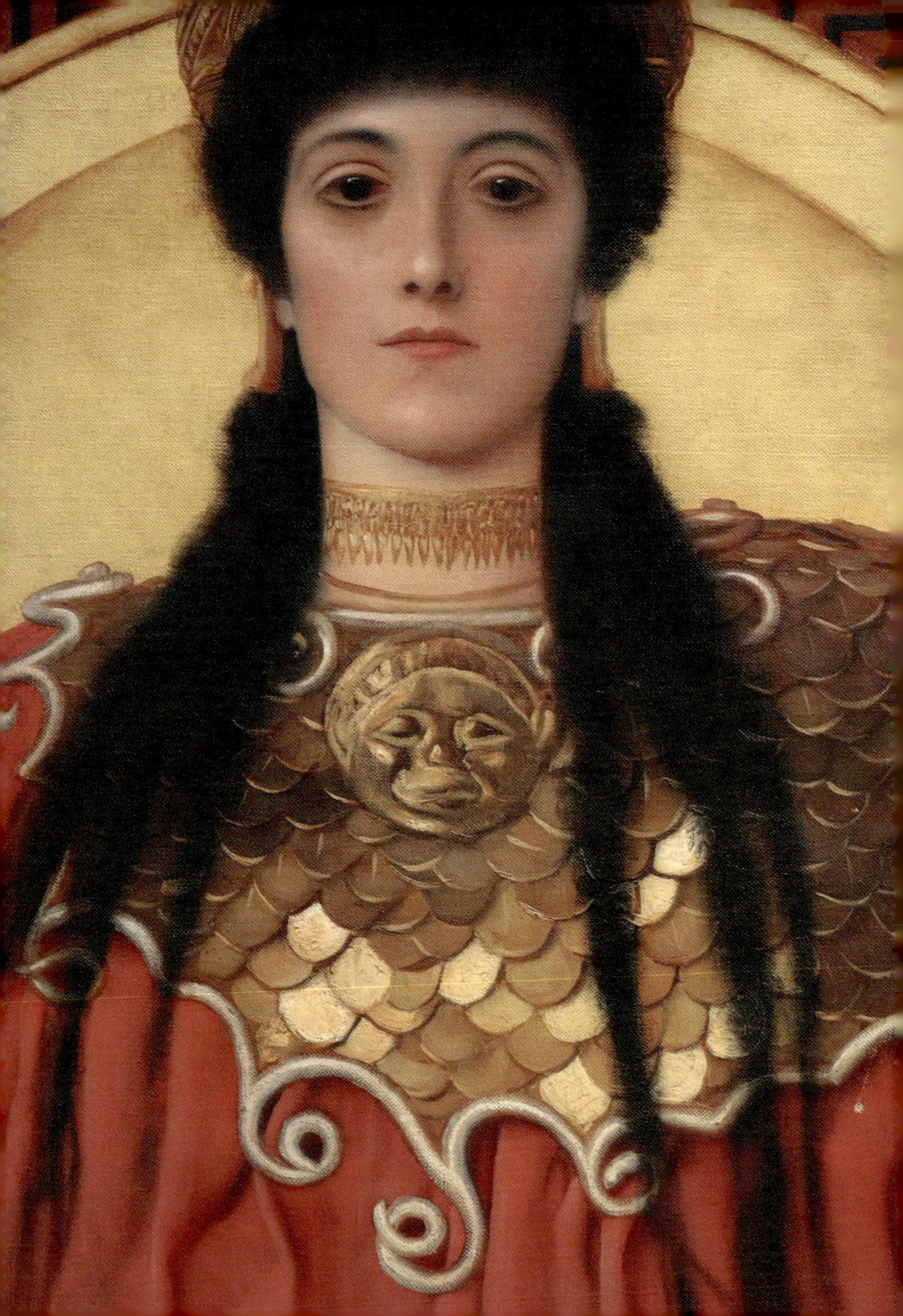

À l'École des arts appliqués

En 1868, quand Gustav Klimt avait six ans, ses parents l'inscrivirent dans une « Bürgerschule » (école de formation professionnelle, n. d. t.) située au n° 61 de la Lerchenfelderstrasse, dans le VIIe arrondissement de Vienne. Dans cet établissement, le jeune Gustav Klimt fit déjà preuve d'un talent artistique prononcé, et son professeur proposa à ses parents de l'envoyer, pour sa formation ultérieure, à l'École des arts appliqués, laquelle avait ouvert ses portes en 1868. Le métier de graveur exercé par son père Ernst (1834–1892) favorisait les dispositions de Gustav pour la création. La décision des parents de Klimt de permettre à leur fils de fréquenter l'École des arts appliqués, plutôt que de lui faire apprendre un métier artisanal au sortir de la Bürgerschule, témoigne de leur intelligence du talent inné. En 1876, alors âgé de quatorze ans, Gustav réussit brillamment l'examen d'entrée à l'École des arts appliqués, au cours duquel il dut copier une tête antique. Déjà lors de cet examen, Franz Matsch (1861–1942), auquel il devait rester lié pendant de nombreuses années, à titre non seulement professionnel, mais aussi amical, était assis à ses côtés (Giese, 1976, p. 3). Un peu plus tard, Ernst (1864–1892), le frère cadet de Gustav Klimt, passa également les épreuves d'admission à l'École des arts appliqués et compléta le trio d'artistes à partir de 1878.

En comparaison avec le système d'enseignement de l'Académie des beaux-arts de Vienne, qui existait depuis 1692, l'École des arts appliqués, créée à partir du Österreichisches Museum für Kunst und Industrie ouvert en 1864, était progressiste. Elle s'inspirait des établissements les plus modernes de l'époque – pour ce qui était de l'enseignement de l'industrie dite artistique –, les schools of design anglaises, tout comme le Österreichisches Museum avait pris modèle sur le South Kensington Museum, le futur Victoria and Albert Museum, fondé en 1852, l'année qui suivit la première Exposition universelle. Le fondateur des deux institutions viennoises, Rudolf von Eitelberger (1817–1885), avait inscrit dans les statuts de ces dernières l'« élévation du goût » comme tâche prioritaire. Eitelberger, lui-même professeur à l'Université de Vienne, considérait l'art et l'artisanat d'art comme inextricablement liés. Pour cette raison, les trois arts majeurs que sont l'architecture, la sculpture et la peinture constituaient la base de la formation dispensée à l'École des arts appliqués, « car l'artisanat d'art n'est fondé sur rien d'autre que sur l'application de ces trois arts aux besoins de la vie courante » (Eitelberger, 1879, p. 121).

Page 15
Affiche de l'Exposition internationale de musique et de théâtre (détail), 1892
Projet pour la partie droite. Huile sur toile, 84 x 56 cm. Vienne, Wien Museum

L'Antiquité grecque (Jeune Fille de Tanagra et Athéna) (détail), 1890/91
(voir ill. p. 54)

Lors de l'attribution des postes de professeurs de l'institution, on veilla à « choisir des artistes ayant de solides connaissances dans la discipline qui leur [était] confiée et passionnés par le domaine de l'artisanat d'art, et non des artistes, quand même (en français dans le texte, n. d. t.), qui ne [s'intéressaient] à l'industrie de l'art que de façon occasionnelle et accessoire » (*Mittheilungen*, 1868, p. 194 sq.). Rudolf von Eitelberger ambitionnait « la création de forces de travail compétentes pour les besoins de l'industrie de l'art ». Il voulait former des concepteurs et des dessinateurs pour les usines, des artisans d'art ainsi que des professeurs pour les écoles spécialisées de l'industrie, pour des écoles d'enseignement technologique ou professionnel, ou pour d'autres écoles de dessin (Eitelberger, 1879, p. 118). En conséquence, l'enseignement de l'artisanat d'art était structuré en écoles spécialisées, et Ferdinand Laufberger (1829–1881) s'était vu confier l'école de peinture et de dessin de figures.

Le curriculum de l'école prévoyait pour Gustav et Ernst la formation de professeur de dessin : deux ans en classe préparatoire et une troisième année consacrée aux examens. En tant que candidat au poste de professeur, Gustav Klimt devait dessiner des figures en plâtre le matin, assister aux cours magistraux l'après-midi et aux cours de nu académique le soir (Giese, 1976, p. 3). Outre les dossiers scolaires de l'établissement, le curriculum vitae rédigé par Gustav Klimt lui-même (Strobl, IV/1989, pp. 48–52 ; Krug 2012a, n° 11) ainsi que les *Autobiographische Skizzen* de Franz Matsch (Giese, 1976) nous renseignent sur l'apprentissage de Klimt à l'École des arts appliqués. Les deux premières années, l'étudiant fréquentait le cours du professeur Karl Hrachowina (1845–1896), lequel enseignait depuis 1877 le dessin à main libre et le dessin d'ornement, tout en exerçant également le métier de graveur. Auprès de Ludwig Minnigerode (1847–1900), un élève d'Eduard von Engerth (1818–1897) à l'Académie de Vienne, Klimt apprit la peinture de genre et de portrait. Michael Rieser (1828–1905) enseigna la peinture historique et le portrait de 1868 à 1880. La nouvelle méthode d'enseignement ne tarda pas à porter ses fruits pour Franz Matsch, Gustav Klimt et Ernst Klimt : alors qu'il était occupé à concevoir des vitraux pour l'église votive qui venait d'être achevée par Heinrich von Ferstel (1828–1883), Rieser confia à ses meilleurs élèves du cours préparatoire, Gustav Klimt et Franz Matsch, la tâche rémunérée de copier les esquisses et de les reporter sur un plus grand format. Il s'agit sans doute de la première collaboration entre Klimt et Matsch dont nous ayons connaissance, grâce aux notes personnelles de ce dernier (Giese, 1976, p. 3). Au début de sa carrière d'artiste, Klimt se fit un peu d'argent en peignant majoritairement des portraits naturalistes, souvent d'après photos. Sa sœur Hermine consigna dans son journal : « À la maison, dans ses heures libres, [Gustav] peignait des portraits d'après des clichés. Il effectuait ce travail à l'entière satisfaction des commanditaires. Son honoraire s'élevait à 5 florins la pièce » (cit. d'après Nebehay, 1969, p. 60).

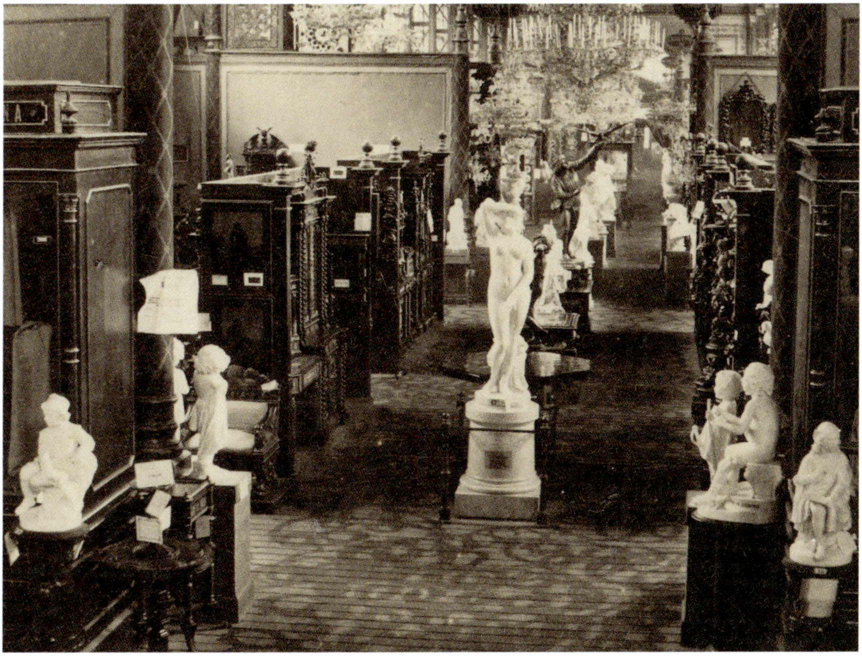

Association des photographes viennois
Exposition universelle de Vienne, perspective de la galerie italienne, 1873
Stéréoscopie, 17,8 x 8,7 cm. Vienne, Technisches Museum

Alors que Klimt, pendant sa troisième année de formation à l'École des arts appliqués, s'apprêtait, ses épreuves une fois terminées, à passer l'examen pour le diplôme d'État de professeur de dessin, son enseignant de cours préparatoire, Michael Rieser, attira l'attention de Rudolf von Eitelberger – à l'occasion d'une visite de ce dernier à l'atelier de l'école – sur le talent de ses meilleurs élèves, Gustav Klimt, Ernst Klimt et Franz Matsch. Matsch rapporte la remarque d'Eitelberger : « Professeurs de dessin ? Vous devez devenir peintres ! » (Giese, 1976, p. 285). Eitelberger décida d'attribuer à chaque membre du trio une bourse de vingt florins mensuels et de prolonger leur formation de deux années supplémentaires, en classe de peinture et d'art décoratif (Giese, 1976, p. 4, archive du MAK, dossier Zl. 1880–620). « La compagnie frères Klimt et Matsch était financée », écrit Franz Matsch à ce propos dans ses mémoires (Giese, 1976, p. 285). Eitelberger reconnut le talent des jeunes artistes pour la peinture décorative, d'autant qu'on avait à cette époque, quand furent construits les somptueux immeubles le long du boulevard du Ring à Vienne, grand besoin

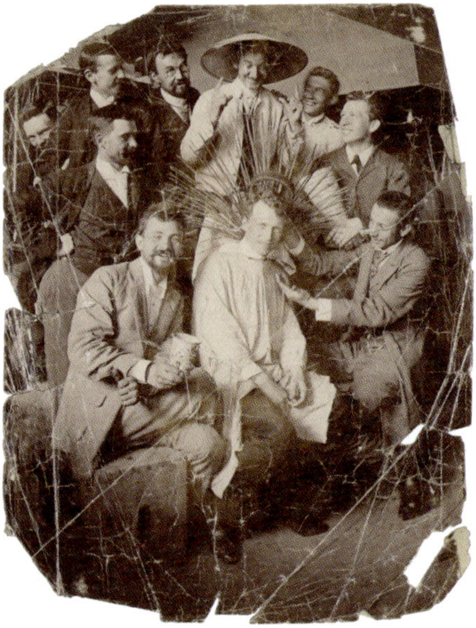

de diplômés de la classe de peinture et d'art décoratif.

L'enseignement prodigué par Ferdinand Laufberger, lequel encouragea particulièrement Gustav et Ernst Klimt ainsi que Franz Matsch et devait également leur fournir leurs premières commandes, s'avéra décisif. Après avoir travaillé en qualité de dessinateur, entre autres pour la Lloyd de Trieste (compagnie maritime autrichienne, n. d. t.) et pour la Wiener xylografische Anstalt (entreprise de xylographie, n. d. t.) de Rudolf von Waldheim, Laufberger avait effectué, de 1862 à 1864, des voyages d'étude en Europe et avait poursuivi son apprentissage en dessinant à Rome et à Paris. À Vienne, il était considéré comme un spécialiste de la redécouverte des techniques historiques de la décoration murale, telles que la technique du sgraffite, qu'il employa également dans ses commandes pour les bâtiments du Ring (Giese, 1976, p. 5). Professeur à l'École des arts appliqués depuis 1868, il se spécialisa dans le décor des nouveaux immeubles en cours de construction sur le Ring et conçut les peintures intérieures du Österreichisches Museum für Kunst und Industrie, les fresques des passages circulaires de ses colonnades couvertes et des plafonds de son escalier principal, les sgraffites de sa façade (achèvement en 1871) ainsi que les fresques et les sgraffites du Kunsthistorisches Museum (ouvert en 1891) de même que la croisée du transept de l'église votive (inaugurée en 1879). Le deuxième rideau de l'Opéra impérial et royal, intitulé *La Muse légère* (1866–1869), est considéré comme son œuvre majeure.

À l'école de Laufberger, Klimt travaillait, le matin, d'après des modèles vivants et des natures mortes, mais il devait également exécuter les exercices de composition les plus divers, par exemple les esquisses pour une peinture murale al fresco destinée à un salon de musique, un thème pour l'illustration d'un livre, etc. Klimt y apprit à travailler sur plusieurs commandes en même temps selon un plan de travail rigoureux, et Laufberger

Photo de groupe à l'École des arts appliqués, vers 1882/83
Devant à gauche, Ernst Klimt, derrière lui, debout, Franz Matsch, au fond au milieu, Gustav Klimt
Vienne, Albertina

« critiquait les esquisses rendues, les meilleurs travaux furent désignés [...] La devise du professeur était à ce propos : reproduire la nature le plus précisément possible, avec toutes ses beautés et tous ses défauts [...] Laufberger déclarait par ailleurs souvent : il n'existe pas de frontière entre l'art et les arts appliqués » (Giese, 1976, p. 6). Les nus académiques masculins exécutés par Gustav Klimt en 1879/80 pendant les cours de Laufberger (Natter 2012, cat. 16–18) attestent la compréhension intelligente que l'étudiant avait des idées de son maître. La perpétuelle quête de Klimt, qui aspirait à saisir pleinement les corps des modèles au moyen de l'esquisse à l'huile, ainsi que son travail d'après le modèle vivant, que l'artiste allait pratiquer sa vie durant, trouvent ici leurs prémices. Durant leur apprentissage auprès de Laufberger, les frères Klimt exécutèrent des travaux de commande en dehors du cadre de l'école ; Matsch mentionne ainsi un décor pictural pour des préparations de l'oto-rhino-laryngologiste Adam Pollitzer ainsi que la décoration d'assiettes en céramique (Giese, 1976, p. 285). Laufberger lui-même eut recours à ses talentueux élèves. Les festons des sgraffites dans les cours du Kunsthistorisches Museum ont été exécutés, à l'exception du premier, par les frères Klimt et par Matsch, lesquels disposaient déjà de leur propre atelier à l'École des arts décoratifs (Giese, 1976, p. 285). Les trois hommes conçurent les *Allégories des Beaux-Arts et des Arts appliqués* (Natter 2012, cat. 1) d'après les esquisses et les modèles de leur professeur. À cette époque, les jeunes élèves peintres visitèrent aussi l'atelier, situé dans la Gusshausstrasse, d'un peintre qu'ils admiraient, Hans Makart (1840–1884). Tous les dimanches, leur professeur les envoyait peindre des études d'après Le Titien et Rubens au Oberes Belvedere, qui abritait alors encore la collection impériale de peintures. Les apprentis devaient, en outre, exécuter des études d'animaux au zoo de Schönbrunn, ce qui fut à l'origine de petites esquisses à l'aquarelle. Les études constituaient un exercice devant former à une compréhension rapide du sujet (Giese, 1976, p. 7). L'enseignement approfondi que Gustav Klimt reçut auprès de peintres ayant contribué d'une manière décisive, avec leurs ateliers, au décor des bâtiments monumentaux en cours de construction sur le boulevard du Ring à Vienne affermit ses compétences artistiques et lui indiqua, tout comme à son frère Ernst et à Franz Matsch, le chemin du futur.

Premières œuvres de la « Compagnie » : de l'élève au maître

C'est également grâce au soutien résolu de leur vénéré maître Laufberger que la Künstler-Compagnie (la « Compagnie des artistes », que nous désignerons ci-après sous le terme de « Compagnie », n. d. t.), formée par les trois artistes en 1879, obtint sa première commande autonome. L'architecte viennois Johann Sturany lui demanda en 1879 d'exécuter des peintures d'angle pour le salon de sa maison nouvellement construite et située au n° 21 du Schottenring. Jusqu'en 1880, la « Compagnie » peignit un cycle d'allégories des Beaux-Arts ; Gustav Klimt se chargea de concevoir l'*Allégorie de la Musique* (Natter 2012, cat. 2).

Semblant flotter dans les airs, la muse Euterpe aux cheveux et aux vêtements ondoyants joue de la double flûte et paraît toute plongée dans sa musique. Ce type féminin est proche des créatures de Makart ; on songe par exemple à l'*Allégorie des Cinq Sens*, exposée la même année à la galerie Miethke à Vienne (aujourd'hui Vienne, Belvedere). La commande passée par Sturany, architecte de la cour impériale et royale, mit également la « Compagnie » en relation avec les architectes exécutants Ferdinand Fellner (1847–1916) et Hermann Helmer (1849–1919), lesquels devinrent, à partir de 1880, les commanditaires principaux des jeunes peintres. L'équipe Fellner & Helmer, qui exerçait son activité depuis 1873 au sein d'un atelier collectif, allait devenir le plus important duo d'architectes de théâtres de la monarchie habsbourgeoise. De 1872 à 1915, ils érigèrent en Autriche-Hongrie, en Allemagne et dans les pays des Balkans pas moins de 48 théâtres, dont le Deutsches Theater de Prague, le Hamburger Schauspielhaus, le Züricher Stadttheater et le Wiener Volkstheater.

La commande pour le palais Sturany fut suivie, sous le contrôle de Ferdinand Laufberger, par une collaboration avec Fellner & Helmer pour la conception des peintures sur plafond de la salle de concert construite par le duo d'architectes dans la ville thermale de Carlsbad (Karlovy Vary). Selon les Autobiographische Skizzen de Matsch, la salle de concert, détruite en 1966 en raison de son délabrement et dont il ne subsiste à notre connaissance aucune photo, aurait été décorée par la « Compagnie » avec quatre peintures à la colle ayant pour thème la musique – la musique religieuse, la musique de chasse, la musique de danse et la musique de mariage (Giese, 1976, p. 285 ; Natter 2012, cat. 7). Dans son curriculum vitae, Gustav Klimt mentionne seulement des « peintures de plafond pour le salon thermal de Carlsbad » (Giese, 1976, p. 7 ; Seiser, 2007c, p. 12).

Lorsque Ferdinand Laufberger mourut brusquement en 1881, le poste d'enseignant en peinture décorative laissé vacant fut repris par Julius Victor Berger (1850–1902). Ce dernier, qui, comme Minnigerode, était un élève d'Engerth, avait obtenu en 1877 une bourse de voyage impériale lui permettant de faire un séjour en Italie. Il fut l'auteur de la peinture de plafond *Les mécènes des Beaux-Arts dans la maison de Habsbourg* décorant le salon doré du Kunsthistorisches Museum. Les frères Klimt et Franz Matsch, qui avaient achevé leur formation à l'École des arts décoratifs, furent dotés par Josef von Storck, le directeur de l'établissement, d'une bourse pour un voyage en Italie – occasion qu'aucun des trois peintres ne saisit, sans doute en raison de la situation financière précaire de leurs familles. Julius Berger continua de collaborer avec les excellents élèves et leur permit d'utiliser l'atelier de l'école pour y exécuter leurs propres commandes. Deux années durant, les trois artistes continuèrent à fréquenter l'école. En 1881/82, Berger les mit pour la première fois à contribution pour le report de ses esquisses – conservées aujourd'hui dans le cabinet des estampes de l'Académie des beaux-arts de Vienne – pour les peintures de plafond décorant l'escalier et le salon du palais Zierer à Vienne (au nos 25–27 de l'Argentinierstrasse). Parmi

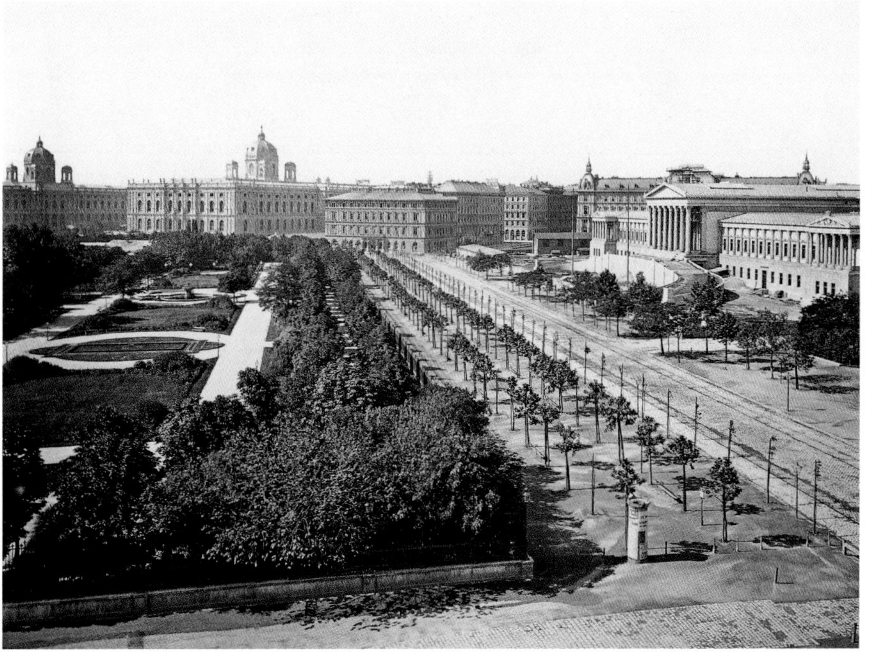

Vue sur le Ring, vers 1890
Peu après l'achèvement de ce dernier, avec les musées impériaux, le palais Epstein et le parlement
Photo. Imagno/Austrian Archives

les esquisses à l'aquarelle que les artistes durent soumettre au banquier W. Zierer, le futur occupant des lieux, seules celles de Franz Matsch ont été conservées. *Le Putto à la mandoline et aux fleurs* (Natter 2012, cat. 8) est le résultat des études exécutées d'après des enfants à l'école de Laufberger ; le rendu du corps est, cependant, encore maladroit.

Avec une commande acceptée en mai 1881, des décorations en sgraffite pour le théâtre municipal de Brno (Brünn) construit par le bureau d'architecture Fellner & Helmer, lequel servit d'intermédiaire, la « Compagnie » renoua avec ses débuts à l'école de Laufberger et au Kunsthistorisches Museum. L'exécution des différents sgraffites, qui sont au nombre de quatre (Natter 2012, cat. 12), s'inspire totalement, avec sa bidimensionnalité due à la technique et au matériau, du modèle de l'art décoratif selon Laufberger. On aperçoit, dans la zone occupée par la frise sur la façade – structurée par des pilastres composites – du théâtre de Brno, des putti tenant phylactères et cartouches ainsi que des candélabres aux motifs grotesques.

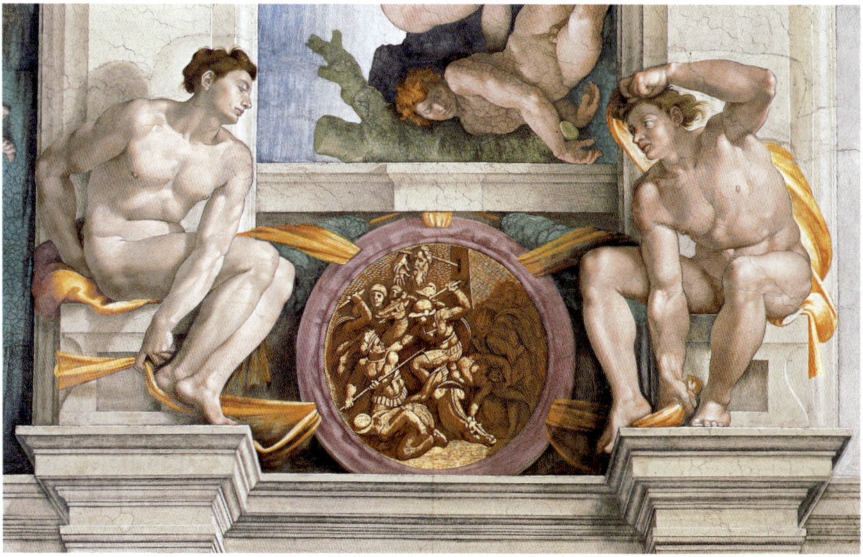

Michel-Ange, **Ignudi**, 1509/10
Fresque, 195 x 385 cm. Rome, Vatican, chapelle Sixtine

Les peintures ornant les façades à Brno furent directement suivies par une autre commande exécutée en 1882/83, elle aussi obtenue par l'entremise de Fellner & Helmer, à savoir le rideau de scène du théâtre de Liberec construit par le bureau d'architecture de ces derniers. Kitlitschka souligne l'affinité perceptible avec l'univers formel de Makart, lequel amena la « Compagnie » à une dynamisation de ses compositions, à une profondeur illusionniste du champ pictural et à une sensibilité à la question des couleurs, et ce aussi bien à Brno que dans les peintures sur plafond de la salle du théâtre municipal de Carlsbad (Karlovy Vary) (Kitlitschka, 1981, p. 168 sq.). À Liberec, Gustav Klimt peignit deux peintures de plafond et travailla avec Matsch et avec son frère Ernst au rideau de théâtre. Sa contribution y est identifiable grâce à au moins une esquisse conservée, montrant le personnage se tenant les bras écartés sur la proue du bateau au centre de l'*Allégorie de l'Art joyeux et de l'Art sérieux* (p. 33 ; Natter 2012, cat. 15). D'un point de vue stylistique, d'autres figures appartenant au décor peuvent lui être attribuées (Seiser, 2007c, pp. 21–28). Le processus de création de cette œuvre nous est connu grâce à une correspondance conservée à Liberec, laquelle fournit également une description détaillée de la composition, rédigée par les frères Klimt et Franz Matsch. On peut y lire ceci : « Les soumissionnaires considèrent notamment que pour le théâtre d'une province où le répertoire est si varié, le sujet

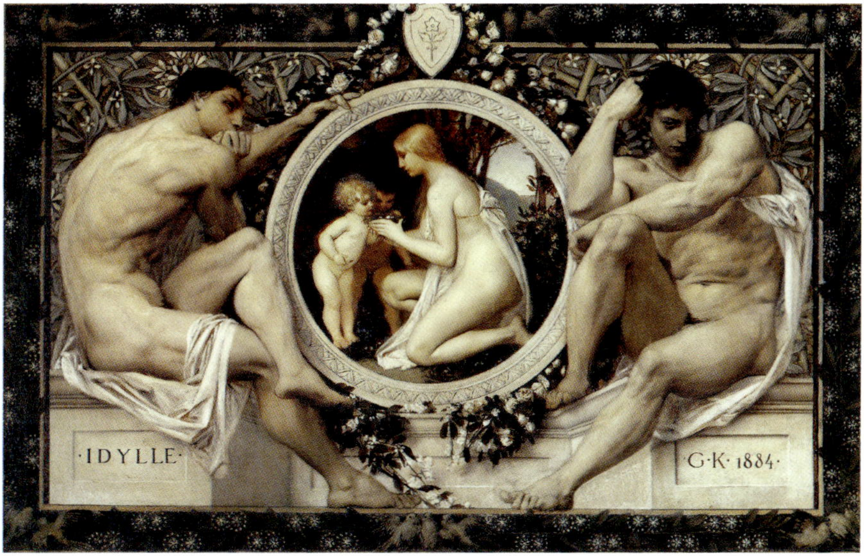

Allégorie de l'Idylle, 1884
Huile sur toile, 49,5 x 73,5 cm. Vienne, Wien Museum

du rideau principal se doit pour ainsi dire d'être général, tout en figurant les allégories de la ‹Joie› et du ‹Sérieux›» (cit. d'après Seifertová-Korecká, 1967, p. 26; Nebehay, 1969, p. 82, note 13). Cette œuvre revêt une certaine importance car elle associe un décor clairement structuré, tel que l'enseignait Laufberger – comme celui figurant sur le rideau conçu par ce dernier pour l'opéra de Vienne – à des éléments nouveaux, dynamiques et néobaroques, visibles dans la composition de la partie centrale narrative, où figure la scène du mariage. Les peintures de plafond du théâtre de Liberec nous renseignent quant à elles sur la touche, désormais très différente, de chacun des trois collègues peintres: Le *Joueur de luth* de Gustav Klimt (Natter 2012, cat. 13) et sa *Famille avec enfant au tambour* (Natter 2012, cat. 14) convainquent par une structure diagonale, créatrice d'espace, tandis que Matsch compose encore d'une manière rigoureusement parallèle au champ pictural. Avant leur montage in situ, et à la demande de Rudolf von Eitelberger, les peintures de Liberec furent exposées en mars 1883 au Österreichisches Museum de Vienne, ce qui témoigne de l'importance que l'on accordait à ces œuvres à l'époque de leur création. Le travail à Liberec constitua la pièce de maître exécutée par les membres de la «Compagnie» pour la fin de leurs études à l'École des arts appliqués et ouvrit la voie à d'autres commandes. Les artistes s'installèrent par conséquent, en 1883, dans leur propre et nouvel atelier, à l'étage

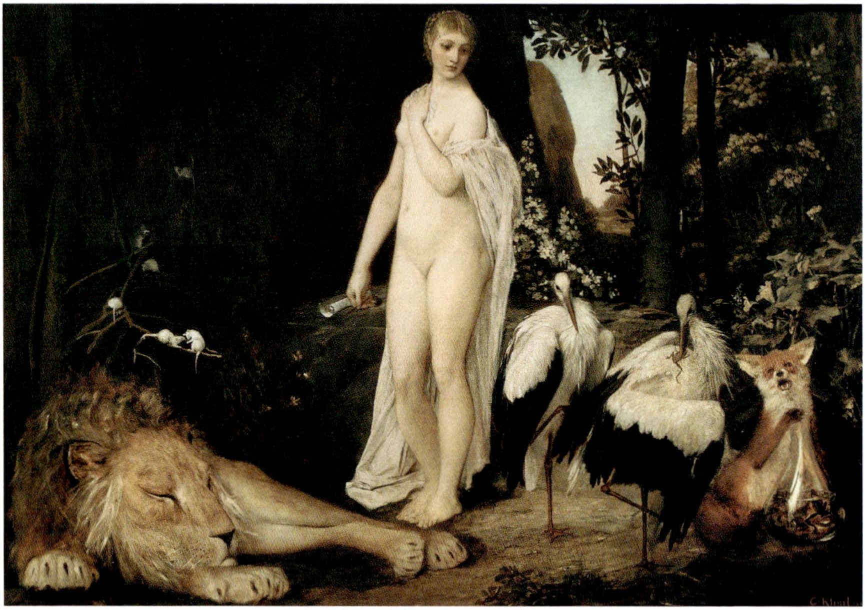

Allégorie de la Fable, 1883
Huile sur toile, 84,5 x 117 cm. Vienne, Wien Museum

le plus élevé d'un immeuble situé au n° 8 de la Sandwirtgasse, dans le VIe arrondissement de Vienne. Cet espace avait été mis à leur disposition par le fabriquant d'argenterie et propriétaire de l'immeuble A. Markowitsch. Dans l'escalier, un *tondo* où figure un angelot jouant de la trompette décora bientôt le nouvel atelier des peintres.

La commande pour Liberec fut suivie par la décoration du château de Peleş à Sinaia (pp. 45, 46/47), lequel avait été construit par Carl Wilhelm von Doderer (1825–1900) et, plus tard, par son assistant Johannes Schultz pour le roi Charles Ier de Roumanie (1839–1914). Ce travail accompli par étapes, entre 1883 et 1885, a peut-être été obtenu par l'entremise de Fellner & Helmer, ou grâce à la recommandation de Rudolf von Eitelberger en sa qualité de conseiller culturel et protecteur de la « Compagnie », ou encore à la demande de la société Joseph Kott à Vienne, responsable de l'exécution des boiseries à Sinaia. Après avoir effectué des copies d'après des œuvres du Titien, de Rembrandt et de Van Dyck, les artistes peignirent des tableaux destinés à la galerie des ancêtres en s'inspirant de gravures. Pour ce qui est des copies, on exigea qu'elles fussent le plus fidèles possible aux originaux : Matsch décrit les difficultés qu'eut Gustav Klimt à trouver, pour sa copie du portrait d'Isabelle d'Este par Titien, un linge damassé correspondant à l'original et mentionne une « frise de Gustav Klimt pour la bibliothèque de la reine exécutée dans la technique des Gobelins » (Giese, 1976, p. 286). La diversité des tâches à Peleş, allant de copies fidèles d'œuvres d'anciens maîtres à des sgraffites pour la cour intérieure, des frises allégoriques et des tableaux pour le théâtre et le salon de musique de la reine, en passant par des copies librement inspirées de gravures et destinées à la galerie des ancêtres de la maison royale roumaine, correspondait à la perfection picturale et à la variabilité stylistique désormais acquises par Klimt (p. 47 ; Natter 2012, cat. 27–35). S'il est encore possible de distinguer les contributions de chaque artiste dans les portraits et les copies des vieux maîtres, les allégories ornant le salon de musique royal et le théâtre du château de Peleş sont le fruit d'un travail commun effectué sur une même frise. Avec les carnations pâles et sensuelles des allégories de l'été et du printemps – représentées par deux jeunes filles agenouillées – peintes en 1884 pour le théâtre du château de Peleş (Natter 2012, cat. 34), Klimt se rapproche des œuvres de son grand modèle, Hans Makart, ainsi de *La Japonaise* (1875, aujourd'hui conservée à Linz, Lentos Kunstmuseum).

Outre les travaux variés exécutés pour Peleş, Klimt collaborait aussi à des projets d'édition : il conçut l'*Allégorie de la Fable* (pp. 26, 42/43 ; Natter 2012, cat. 26) pour l'éditeur Gerlach & Schenk et son recueil de modèles d'ornements *Allegorien und Embleme* paru entre 1882 et 1885. D'après les directeurs de la publication, on trouve dans cet ouvrage des esquisses d'origine exécutées par les artistes les plus remarquables de l'époque, des reproductions d'anciens insignes de corporation et des projets modernes de blasons de guildes, représentés « à la manière de la Renaissance ». Trois modèles peints pour des figures allégoriques proviennent de Klimt : l'*Allégorie de la Fable*, l'*Allégorie de l'Idylle* (p. 25 ; Natter 2012, cat. 38) et l'*Allégorie de l'Amour* (p. 59 ; Natter 2012, cat. 81). L'*Allégorie de la Fable*, montrant des animaux représentés de manière naturaliste, est reproduite dans le recueil sous le n° 75A. L'éditeur Gerlach souligne que cet ouvrage n'est pas « une collection de modèles d'allégories au sens où l'entendaient les Anciens, mais [qu'] il perpétue l'activité allégorisante dans un nouvel esprit ». Il évoque un « nouveau jardin magique de l'art moderne » (Gerlach, 1882–1885).

Les chercheurs ont également reconnu l'assimilation par Klimt du modèle de Makart – laquelle lui ouvrit la voie vers de nouvelles tonalités – et, dans l'*Allégorie de l'Idylle*, une corporéité s'inspirant de maîtres tels que Michel-Ange (p. 24). La composition architecturale du cadre laisse déjà, quant à elle, songer à un dialogue avec les préraphaélites. Cependant, par sa contribution au projet *Allegorien und Embleme*, le peintre, jusqu'à présent élève s'inspirant de modèles, devenait à son tour un maître créant des références, lesquelles, rendues disponibles dans l'ouvrage imprimé, pouvaient être imitées par des artistes et des artisans d'art. Le contenu symbolique indique, lui aussi, les futurs projets de Klimt. Les travaux de décoration des théâtres de Fiume (Rijeka), de Carlsbad et de Tata

(Natter 2012, cat. 39–44, cat. 48–51, cat. 72), exécutés entre 1885 et 1893, constituent des étapes importantes sur le chemin menant Klimt vers son autonomie d'artiste. Les tableaux destinés à Rijeka furent, eux aussi, exposés en 1885 au Österreichisches Museum. Les trois panneaux de Klimt (Natter 2012, cat. 40, 42, 44), notamment *Orphée et Eurydice* (Natter 2012, cat. 40), révèlent que l'artiste est en phase avec son temps et qu'il dialogue avec les courants internationaux, en particulier l'art réformé anglais. Pour le projet de décoration du théâtre municipal de Carlsbad en collaboration avec Fellner & Helmer, Gustav Klimt créa en 1886 *Les Plaisirs de la table* (Natter 2012, cat. 48) et *La Danse* (Natter 2012, cat. 49), des scènes de genre dans le style de Sir Frederic Leighton.

Premiers succès dans la grande ville : la « Compagnie » se spécialise dans des peintures de décoration commandées par la cour de Vienne

Après des commandes dans toutes les régions de la monarchie austro-hongroise, la « Compagnie » tenta de s'établir à Vienne, la capitale. Une lettre conservée à la Wienbibliothek, probablement signée par les trois artistes et adressée à Rudolf von Eitelberger, directeur du Österreichisches Museum für Kunst und Industrie, constitue un moment clé dans leurs efforts : « Ce n'est que maintenant, après avoir réussi à créer un atelier où nous pouvons bien travailler, que nous nous permettons par la présente de soumettre à Votre Excellence, très cher Monsieur le conseiller à la Cour, le programme de notre Compagnie dans sa version la plus courte possible. Comme Votre Excellence s'en souviendra, nous avons accompli ensemble de grands travaux, sous la direction du professeur Laufberger, notre maître inoubliable. C'est lui qui, ainsi, a établi les bases de notre collaboration, que nous avons ensuite poursuivie sous la direction du professeur Berger. [...] Pour vous dire, cher Monsieur le conseiller à la Cour, ce que nous aimerions réaliser, permettez-nous de nous référer une fois de plus à notre défunt maître, le professeur Laufberger, dont les grandes créations en divers domaines de l'art et des arts décoratifs sont notre force motrice. Nous pensons en effet que notre association sera du plus haut profit, car une grande force de création permet l'exécution rapide d'une mission tandis que la somme des expériences est décuplée. Jusqu'ici, notre activité était essentiellement destinée, comme le sait Monsieur le conseiller à la Cour, à la province et à l'étranger. C'est pourquoi notre souhait le plus cher serait de pouvoir réaliser une œuvre de grande ampleur dans notre ville natale. Peut-être y aurait-il justement une possibilité en ce moment, puisque la construction des nouveaux monuments de Vienne sera bientôt achevée et que leur décoration

La Renaissance italienne (Sainte avec chérubin) (détail), 1890/91
Huile sur toile, entrecolonnement 230 x 80 cm, écoinçon 230 x 230 cm
Vienne, Kunsthistorisches Museum, escalier

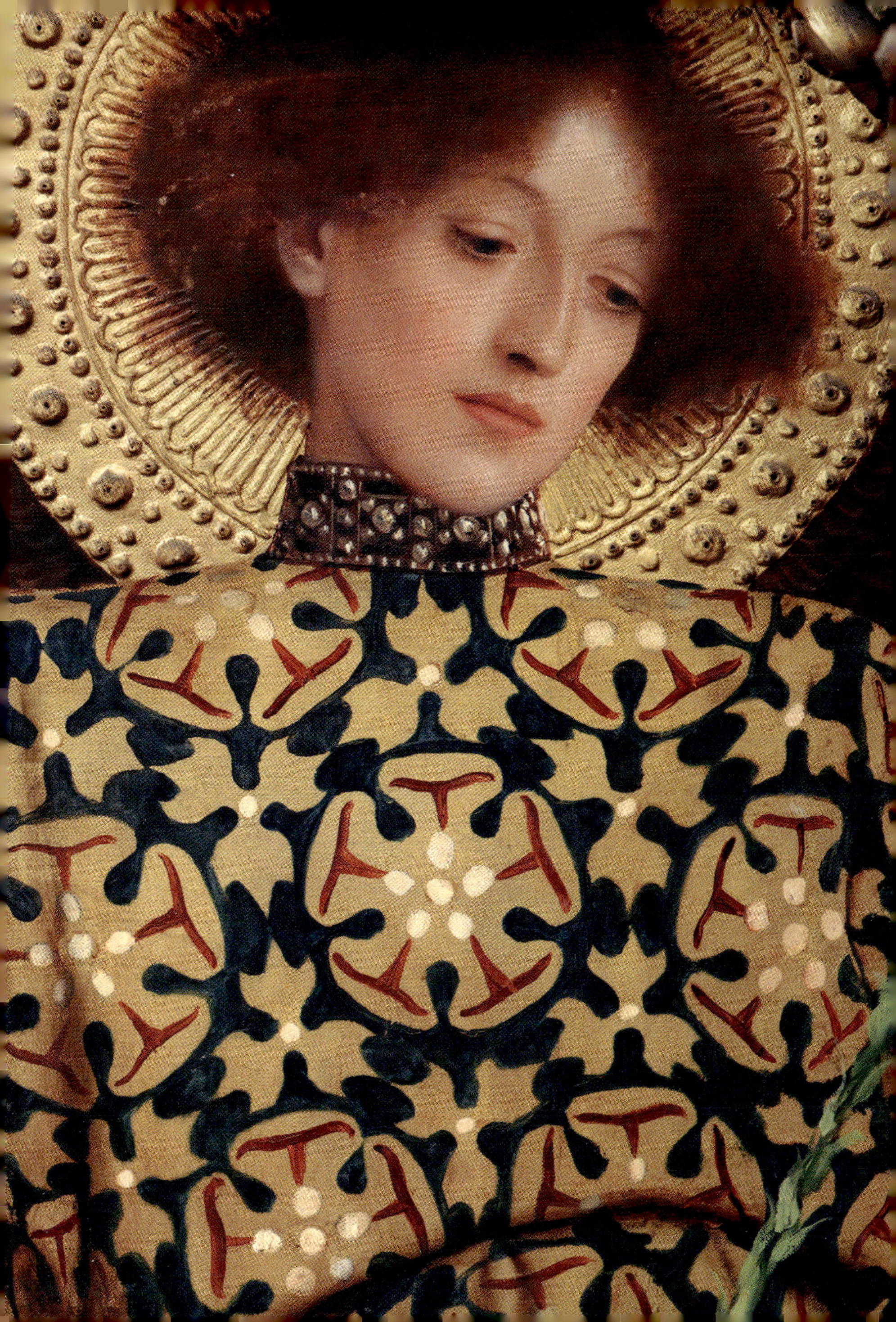

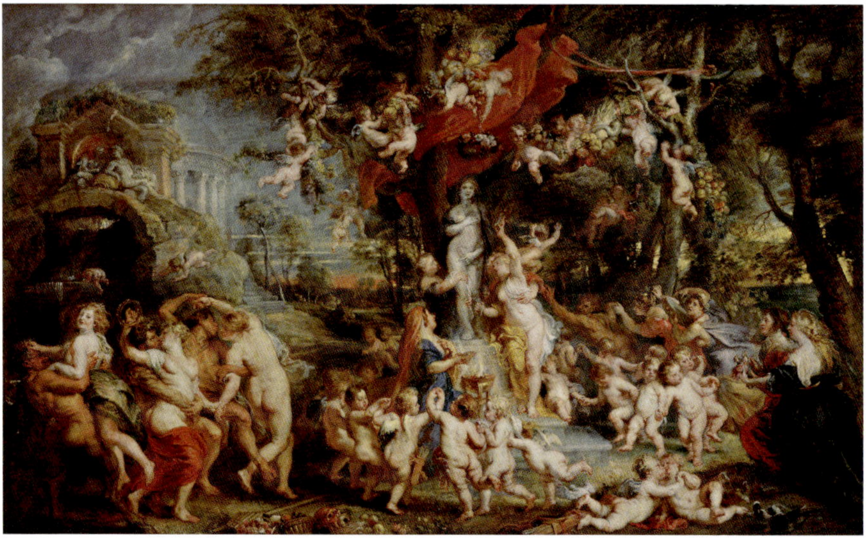

Pierre Paul Rubens, **La Fête de Vénus**, 1636/37
Huile sur toile, 217 x 350 cm. Vienne, Kunsthistorisches Museum

picturale n'est sans doute assurée que dans leurs parties principales et occupe déjà les artistes les plus remarquables. C'est pourquoi nous nous permettons d'adresser à Votre Excellence la requête suivante, à savoir de bien vouloir user de sa bienfaisante influence pour intercéder en notre faveur.» (cit. d'après Nebehay, 1969, p. 81 ; Krug 2012a, n° 1).

Grâce à ce courrier révérencieux, les jeunes artistes parvinrent, après la mort du peintre de salon Makart en octobre 1884, à obtenir une importante et lucrative commande. Ils se virent confier, conjointement à d'autres peintres proches de Makart, l'exécution du décor peint de la villa Hermès dans le Lainzer Tiergarten. Ce grand site comprenant un manège couvert était conçu comme un lieu de repos pour l'impératrice – un généreux présent de l'empereur François-Joseph Ier (1830–1916) à sa très active épouse Elisabeth (1837–1898). Matsch et les deux frères travaillèrent sous la direction de leur professeur Julius Victor Berger à la décoration de la chambre à coucher de l'impératrice – les moulures du plafond furent ainsi décorées de scènes issues du *Songe d'une nuit d'été* de Shakespeare, la pièce de théâtre préférée de la souveraine (Natter 2012, cat. 36). Mais ce fut la peinture de plafond destinée au salon, *Le Printemps* (Natter 2012, cat. 45), longue de 10 mètres, conçue d'après les propres esquisses des trois peintres et constituant, avec son vaste ciel et ses couleurs froides, une « nette antithèse à Makart » (Kitlitschka, 1981, p. 170), qui valut au trio les faveurs de l'impératrice aux goûts originaux. Une restauration manquant de rigueur, effectuée suite à d'importants dégâts des eaux, a fait perdre à cette œuvre son aspect d'origine (BDA, Vienne XIII, Lainzer Tiergarten, villa Hermès, Zl. 8450/74, Zl. 2240/75). L'architecte exécutant était Karl von Hasenauer (1833–1894), dont l'attention fut à cette occasion attirée par le talentueux trio.

Alors qu'ils étaient encore occupés à leur travail suivant, pour la ville de Carlsbad, Hasenauer confia aux trois artistes une commande très prestigieuse, qui allait marquer un tournant décisif dans leur carrière. En prononçant les paroles « Les garçons, j'ai encore une commande pour vous, qui vous permettra de gagner vos galons » (Giese, 1976, p. 13), il leur aurait demandé dès 1885 – comme Franz von Matsch le consigne dans ses mémoires – de fournir dix peintures de plafond pour les escaliers d'apparat du nouveau Hofburgtheater. Forts de leur expérience de peintres de théâtre, les artistes de la « Compagnie » se sentirent à la hauteur de cet illustre projet architectural, qu'Hasenauer dirigea d'abord en collaboration avec Gottfried Semper (1803–1879), puis seul, à compter de 1876. La première pierre du nouvel édifice fut posée en novembre 1874, à l'endroit où se trouvait le parc baroque Paradeisgarten, sur l'ancienne Löwelbastei (la Löwelbastei est une partie des fortifications de Vienne, n. d. t.). Le théâtre aurait dû être inauguré dès 1882. Mais suite à un profond différend entre Hasenauer et Semper, ce dernier, plein d'amertume, se retira de la collaboration en 1876, alors que les fondations venaient tout juste d'être jetées. Semper avait conçu les plans, tandis qu'Hasenauer était responsable des détails de la façade et de la décoration intérieure. Il engagea uniquement des sculpteurs et peintres qu'il avait personnellement choisis. Le 20 octobre 1886, la « Compagnie » reçut la commande officielle des dix peintures de plafond. Le programme iconographique, qui avait pour thème l'histoire du théâtre depuis l'Antiquité jusqu'au XVIIIe siècle, fut imposé par Adolf von Wilbrandt (1837_1911), le directeur artistique du Hofburgtheater, lequel était responsable du contenu de toutes les interventions d'artistes. La disposition, la forme et l'ordre des peintures faisaient l'objet d'une prescription précise. Seul le choix du sujet ornant les écoinçons situés au-dessus des portes d'entrée était confié aux artistes. Un honoraire impressionnant de 10 000 florins – une somme qui équivaudrait aujourd'hui à 100 000 euros – fut attribué pour l'exécution de la totalité de l'œuvre, laquelle devait, selon les termes du contrat, être « terminée au plus tard à la fin du mois de janvier 1887 » (cit. d'après Rychlik, 2007, p. 39) et dont la majeure partie fut effectivement achevée au cours de cette même année. La distribution des tâches fut décidée par tirage au sort (Giese, 1976, p. 55). Pour la première fois de leur carrière, les artistes renoncèrent à une représentation allégorique au profit d'une histoire reconstituée.

Des esquisses à l'huile de petit format issues de la succession du banquier Eduard Palmer (1838–1914), un proche de Katharina Schratt, actrice au Burgtheater et amie de l'empereur, furent vendues aux enchères en 1915 ; la plupart d'entre elles ont aujourd'hui disparu. Les cartons des peintures de plafond ont été retrouvés en 1996 dans un grenier du Burgtheater (Fillitz, 1996, p. 666). Les artistes les employaient sur le chantier et s'en servaient de modèles immédiats pour les cartons de substitution à partir desquels ils travaillaient directement sur le fond en mortier de stuc préparé à l'eau de colle (Eyb-Green, 2002, p. 106). Les peintures furent appliquées avec de l'huile de résine ; pour certaines d'entre elles, la couche d'apprêt était mélangée à du sable fin (poudre de marbre). Cette procédure ne fut apparemment pas respectée pour les écoinçons et pour les grandes compositions, vu que l'exécution n'est pas hétérogène (Krämer, 1978, sans numéro de page).

Franz Matsch créa quatre peintures de plafond : pour l'écoinçon de l'escalier gauche, il peignit *L'Autel d'Apollon*, lequel, en raison d'une esquisse s'y rapportant exécutée par Gustav Klimt, fut longtemps attribué à ce dernier, puis *L'Improvisateur antique, Le Mystère médiéval* et une *Scène de théâtre antique*. Ernst Klimt conçut *Hanswurst* (personnage de la comédie populaire allemande, n. d. t.) et *Le Théâtre de Molière*. Quant à Gustav Klimt, il peignit quatre peintures de plafond, dont trois pour l'escalier d'apparat situé du côté du Volksgarten : *L'Autel de Dionysos* sur l'écoinçon (Natter 2012, cat. 59), puis *Le Char de Thespis* et *Le Théâtre du Globe de Shakespeare* avec la scène finale de *Roméo et Juliette* (pp. 50/51 ; Natter 2012, cat. 53, 55). Pour l'escalier d'apparat se trouvant du côté opposé, il créa le tableau central *Le Théâtre de Taormine* (p. 49 ; Natter 2012, cat. 57). Selon Strobl (Strobl, I/1980, p. 55), *Le Théâtre du Globe* serait la première des peintures de plafond exécutées par Gustav Klimt. Juliette gisante, au teint d'une pâleur marbrée, brille d'un éclat lumineux devant l'obscurité du fond de la scène. À ses côtés est allongé le corps sans vie de Roméo, devant le lit apparaît la tache sombre de la dépouille de Lord Paris, et derrière le couple se tient le frère Laurent qui, horrifié, recule en frémissant à la vue du spectacle s'offrant à ses yeux. Le public hétéroclite de l'époque de la Renaissance est serré, assis ou debout, autour de la scène, et suit l'action d'un air fasciné. C'est dans le clair-obscur dramatique que l'influence d'Hans Makart, qui avait lui aussi traité le sujet, se distingue le mieux. On y trouve aussi des influences issues de l'art de salon anglais et français de l'époque, ainsi celle des corps féminins lisses comme de la porcelaine d'un Alexandre Cabanel (1823–1889). Sa *Mort de Francesca da Rimini et de Paolo Malatesta*, datant de 1870 (Paris, Musée d'Orsay), pourrait avoir inspiré le motif central du couple d'amoureux défunts figurant dans l'œuvre de Klimt.

Ses sœurs et ses collègues d'atelier servirent de modèles au peintre, comme l'attestent de nombreuses photos de pose : son frère Georg Klimt (1867–1931) joua ainsi le rôle de Roméo, sa sœur Hermine prêta son visage à diverses femmes assises dans les loges. Une particularité notable de ce tableau central est la présence, parmi les spectateurs du Théâtre du Globe, du seul autoportrait de Klimt. Le peintre s'est représenté vêtu d'un costume d'époque avec collerette, se tenant debout dans la loge de droite, entouré de ses collègues peintres Ernst Klimt et Franz Matsch. On peut noter, pour l'anecdote, une petite curiosité : sur le dessin préparatoire qui apparut sous la couche de peinture plutôt transparente, lorsque l'œuvre fut examinée

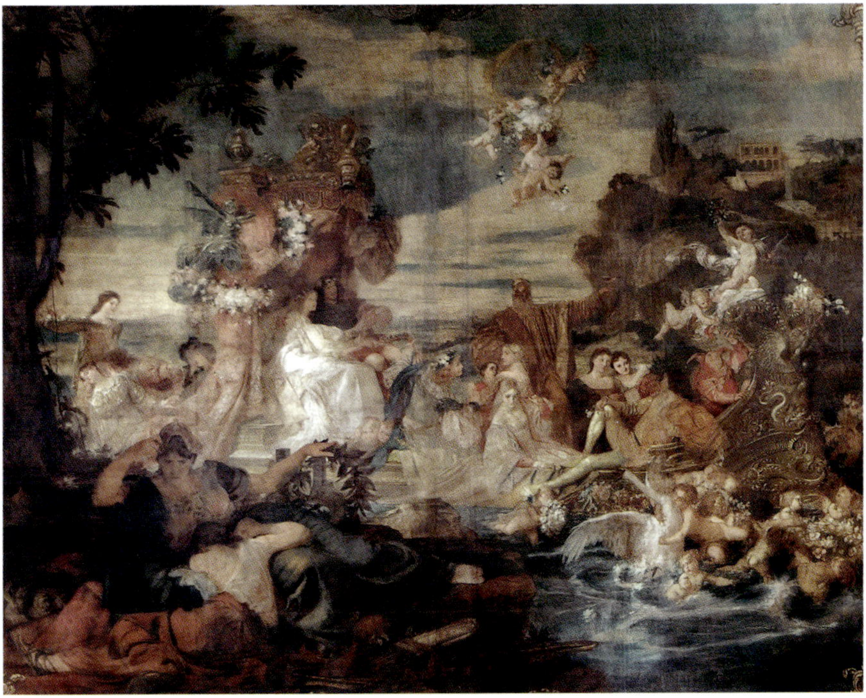

Gustav Klimt avec Ernst Klimt et Franz Matsch
Allégorie de l'Art joyeux et de l'Art sérieux, 1882/83
Détrempe sur toile, env. 1200 x 600 cm. Liberec (en all. Reichenberg), théâtre municipal

de près à l'occasion de sa restauration en 1977, Ernst Klimt est représenté une cigarette dans la main droite, adossé avec nonchalance au pilier (Krämer, 1978, sans numéro de page).

Dans *Le Char de Thespis*, l'apparition de la tragédie grecque est figurée par le mythique Thespis, qui aurait transformé un chariot en théâtre ambulant. Dans cette peinture, structurée à la manière d'un relief se détachant devant un arrière-plan constitué d'un décorum architectural et de buissons stylisés, l'accent est mis sur l'orthogonalité, laquelle, par les figures rigoureusement de profil apparaissant en bordure de l'image, renforce encore l'effet bidimensionnel recherché par le peintre. En somme, on trouve ici une structure formelle que Vienne, marquée par les œuvres de Makart, ne connaissait alors pas encore ; elle indique des « principes de forme ayant déjà traversé une certaine évolution dans le reste de l'Europe » (Rychlik, 2007, p. 23), ainsi dans les œuvres du Néerlandais Lawrence Alma-Tadema (1836–1912) et chez les préraphaélites anglais. Depuis son installation à Londres

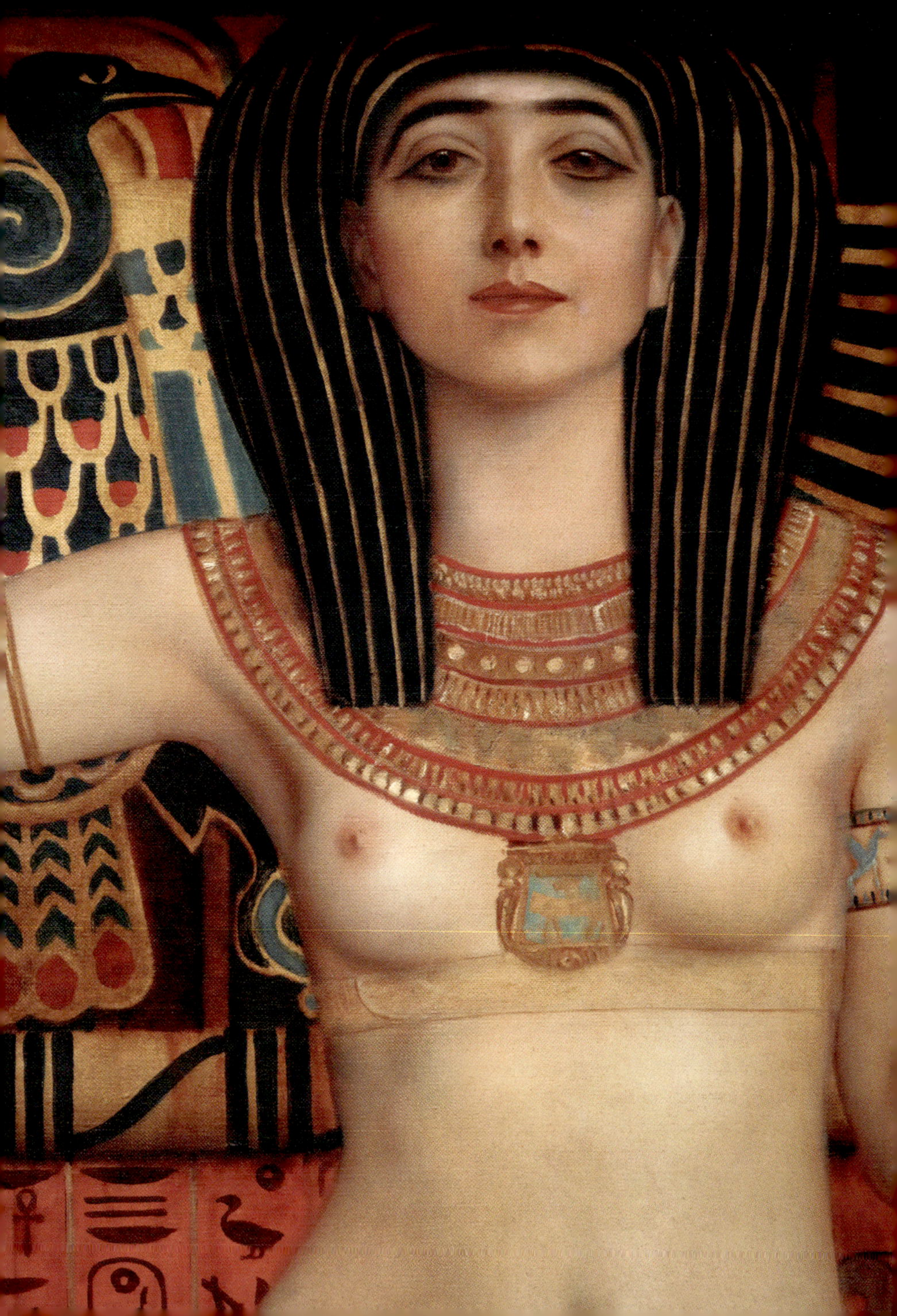

en 1870, Alma-Tadema était le chef de fil du « néoclassicisme » à l'époque victorienne. Ses tableaux mettant en scène l'Antiquité présentent un réalisme des détails, lesquels sont rendus avec une précision d'archéologue. Pour ce faire, le peintre puisait aussi dans son importante collection de photos archéologiques.

Les principes désormais appliqués par Gustav Klimt sont encore plus nettement visibles dans les deux autres peintures. Celle, de grand format, que le peintre créa pour l'escalier gauche montre la danse et la musique à l'époque romaine. *Le Théâtre de Taormine*, qui lui donne son titre, est cependant relégué à l'arrière-plan. « Ces réjouissances privées de l'époque de la décadence du monde antique [...] n'ont aucun rapport avec le théâtre en tant que tel », critique Josef Bayer, l'auteur de la première monographie de ce nouvel édifice monumental (Bayer, 1894, p. 93). Le premier plan est dominé par des filles de joie dansant et jouant de la musique pour un Romain distingué, accompagné d'un jeune garçon. En dépit de la vue s'ouvrant sur un vaste paysage méditerranéen, Klimt évite l'effet de profondeur par l'emploi habile des éléments d'architecture. La reproduction détaillée des édifices antiques témoigne, quant à elle, de l'influence d'Alma-Tadema. Peinte en 1868, *La Sieste* (Madrid, Museo del Prado), qui montre une esclave représentée – comme chez Klimt – rigoureusement de profil et jouant de la double flûte (*tibia*) en face d'un couple d'hommes, pourrait ainsi avoir servi de modèle. Pour figurer les éléments d'un décor antique, les deux peintures utilisent une sculpture miniature de la Vénus pudique – chez Alma-Tadema, elle occupe une position centrale sur la table, chez Klimt, elle sert de couronnement à une des colonnes qui soutiennent le baldaquin. Les nus lisses comme du marbre, issus de l'art de salon français dans le style d'un Alexandre Cabanel ou d'un William Adolphe Bougereau (1825–1905), pourraient, eux aussi – comme Bayer le supposait déjà (Bayer, 1894, p. 94) – avoir été une source d'inspiration.

Strobl (Strobl, I/1980, p. 57) pense que *L'Autel de Dionysos* (Natter 2012, cat. 59), qui présente l'adoration du dieu du vin et les rituels qui s'y rapportent comme étant le fondement du théâtre, fut peint en dernier. Au centre de l'image figure un buste du dieu installé sur un socle. À droite, une ménade s'est laissé tomber à terre, épuisée. Une autre, à gauche, nue et à genoux, présente une offrande votive à Dionysos. La scène est clôturée par un satyre musicien reposant nu sur une peau de tigre. Avec ses couleurs claires, cette peinture se situe nettement, elle aussi, dans la lignée de l'œuvre d'Alma-Tadema. De même, le motif du satyre étendu est, comme Strobl l'avait déjà constaté, un emprunt à *Une Lecture d'Homère* (Philadelphia Museum of Art) du peintre britannique (Strobl, I/1980, p. 56). La ménade fatiguée, qui reprend, en la développant, la figure féminine couchée apparais-

L'Art égyptien (Nekhbet et le sarcophage avec la statuette d'Isis) (détail), 1890/91
(voir ill. p. 55)

sant dans l'allégorie de la Musique de la *Frise de théâtre au château de Peleş* (Natter 2012, cat. 34), souligne l'effet bidimensionnel de la peinture. La nette influence d'Alma-Tadema fut déjà reconnue à l'époque (Ilg, 1888, p. 2; Weixlgärtner, 1912, p. 52). Son esthétique froide, créant un lien entre les nus féminins d'une beauté sculpturale et une architecture monumentale antiquisante, était très appréciée en Autriche-Hongrie – Alma-Tadema fut élevé en 1878 au rang de membre d'honneur de l'Académie des beaux-arts impériale et royale de Vienne (Wagner, 1967, p. 443). Hugo von Hofmannsthal (1874–1929) devait participer à un tableau vivant d'après Alma-Tadema (Aurnhammer, 2002, p. 295). Par ailleurs, *L'Autel de Dionysos*, « avec ses principes formels d'un caractère ornemental » (Rychlik, 2007, p. 96), préfigure le plus nettement l'illustre œuvre tardif de Klimt.

Le 14 octobre 1888, lorsque le somptueux édifice fut inauguré en présence de la plus haute société, précédée de l'empereur François-Joseph, de sa belle-fille la princesse héritière Stéphanie (1864–1945), de nombreux autres membres de la maison impériale et d'éminents invités étrangers tels que le prince de Galles, les peintures de plafond exécutées par la « Compagnie » reçurent, elles aussi, l'éloge qu'elles méritaient. L'historien de l'art Albert Ilg (1847–1896) critiqua le choix du programme iconographique qui, selon lui, aurait imposé aux artistes de « fournir des manuels peints ou sculptés traitant de la matière en question », mais il loua les « exceptionnels talents de ces jeunes artistes surdoués » (Ilg, 1888, p. 241). Grâce au généreux et luxueux aménagement et aux nouveautés technologiques telles que l'éclairage électrique, l'édifice fut bien accueilli par les Viennois. Sa mauvaise acoustique ne tarda toutefois pas à susciter la critique. À peine un mois après l'inauguration solennelle, l'empereur François-Joseph, le bâtisseur, déclara, résigné, à son amie Katharina Schratt, actrice au Burgtheater : « J'ai ouï dire que, malheureusement, on glose beaucoup sur le nouveau Burgtheater. » Et, à propos d'une audience de la grande tragédienne Charlotte Wolter, on rapporte ceci : « La conversation fut, par ailleurs, très brève, mais assez longue pour vitupérer le nouveau Burgtheater » (Hamann, 1992, p. 106). Gustav Klimt lui-même ne fut pas satisfait de sa prestation, mais ses qualités artistiques furent, comme celles de ses compagnons artistes, reconnues par l'empereur sous la forme de la croix d'or du mérite.

Cette volumineuse commande ayant été achevée avec succès, le trio d'artistes était désormais prêt pour une autre tâche prestigieuse. Entre 1872 et 1881, les musées impériaux avaient été érigés dans les grandes lignes. Gottfried Semper s'était chargé des façades, Karl von Hasenauer avait dessiné les plans pour l'aménagement intérieur. En 1882, Hans Makart se vit confier l'entière décoration de l'escalier. En 1890, le trio d'artistes reçut l'honorable demande d'achever la décoration de l'escalier du Kunsthistorisches Museum, restée à l'état d'ébauche après la mort du « prince des peintres » (pp. 54/55; Natter 2012, cat. 61–68). Ce devait être leur ultime collaboration. Tandis que les lunettes exécutées par Makart montrent les dix peintres et sculpteurs les plus importants accompagnés de

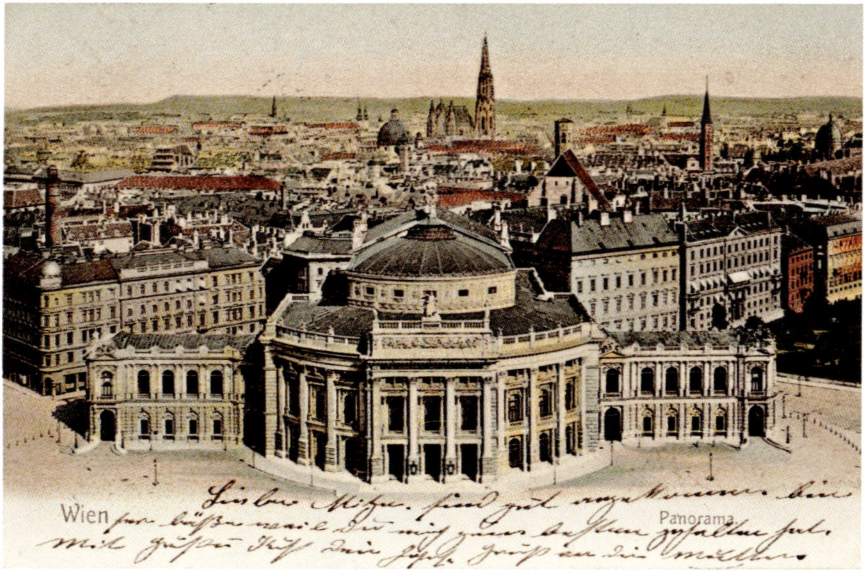

Vue du Burgtheater
Carte postale. Vienne, collection particulière

leurs modèles, ses esquisses conservées destinées aux entrecolonnements et aux écoinçons prévoyaient des nus masculins et féminins n'exprimant aucun message au contenu précis. Or, la commande passée auprès de la « Compagnie » stipule que le décor de ces surfaces murales devait, à l'appui d'objets conservés au musée, avoir pour thème principal l' « évolution des styles » et que les peintures devaient être exécutées « de manière à ce qu'elles correspondent au but recherché, aux exigences élevées de l'art et à son nom » (cit. d'après Kriller/Kugler, 1991, p. 221). Plus loin, le contrat précise que les trois artistes devaient s'adapter aux couleurs et aux proportions de l'œuvre de Makart ainsi qu'à celles de la peinture de plafond, tout en tenant compte du coloris et du matériau des colonnes encadrant les surfaces. Pour les quarante peintures d'écoinçons devant être exécutées sur toile et à l'huile, un honoraire de 14 000 florins fut accordé. Les tableaux devaient être fournis « au plus tard à la fin du mois de juillet 1890 » (cit. d'après Kugler/Kriller, 1991, p. 222). En réalité, ils ne furent achevés et fixés au mur qu'en 1891, année où eut lieu l'inauguration.

La peinture de plafond *Apothéose de la Renaissance* devait initialement être exécutée par le trio d'artistes d'après une esquisse conservée de Makart. Mais, comme Matsch le consigne dans ses mémoires (Giese, 1976, p. 18), le peintre d'histoire Mihály von

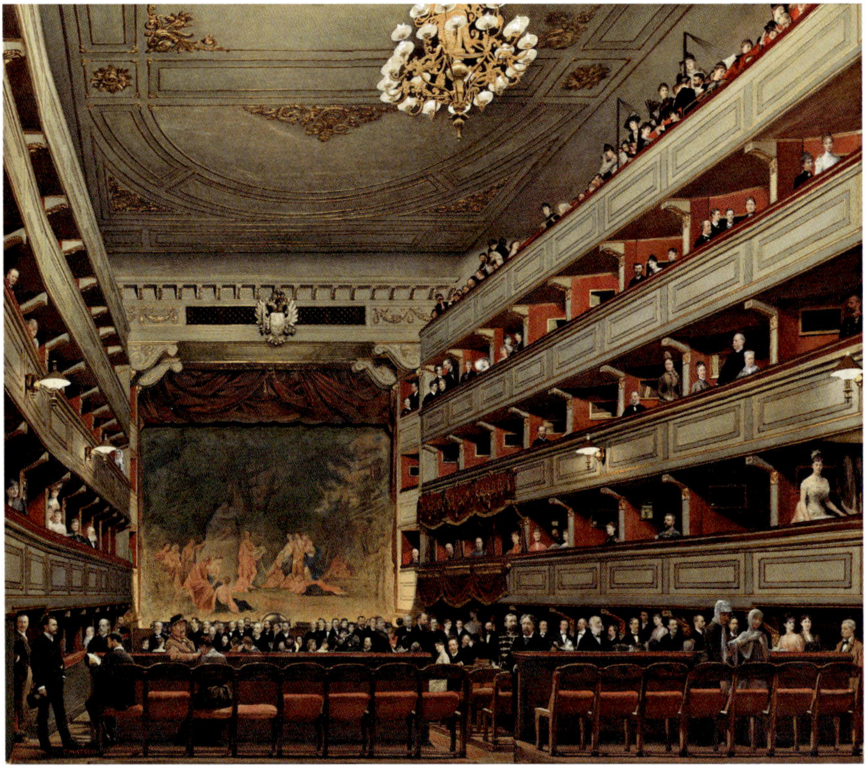

Franz Matsch, **Vue intérieure de l'ancien Burgtheater**, 1888
Gouache, 90,7 x 102,8 cm. Vienne, Wien Museum

Munkácsy (1844–1900), qui jouissait à cette époque d'une grande popularité, se vit confier cette commande pour la généreuse somme de 50 000 florins. La duchesse Marie zu Hohenlohe-Schillingsfürst (1837–1920), épouse du premier grand maître de la cour, le duc Konstantin zu Hohenlohe-Schillingsfürst (1828–1896) et « belle-fille » de Franz Liszt, avait, semble-t-il, usé de son influence.

Le programme iconographique des écoinçons et des entrecolonnements fut élaboré par Albert Ilg (1847–1896), conservateur de la collection des arts appliqués, lequel, contrairement au goût de l'époque, n'exigeait pas des artistes de représenter « l'idéal recherché d'une façon irréprochable et correcte d'un point de vue archéologique », mais de mettre en lumière « en usant d'une grande liberté artistique, certains éléments seulement, notamment les plus caractéristiques» (Ilg, 1893, p. 1). Les écoinçons représentent ainsi les époques artistiques à travers des figures isolées dont le type, les vêtements et les attributs se rapportent à la période dont elles sont issues. Le décor des entrecolonnements fait référence à celui des écoinçons. Chaque artiste travaillait à un mur, le quatrième, situé du côté ouest, fut divisé en trois. Les thèmes – l'art égyptien, l'Antiquité grecque, le Quattrocento et le Cinquecento italiens – allaient, selon Strobl, être «déterminants pour la création future de Klimt» (Strobl, I/1980, p. 83). Certaines figures semblent «des paraphrases de réalités artistiques ayant réellement existé dans l'Histoire» (Hofmann, 2008, p. 56). Ces travaux révèlent les nettes différences commençant à se faire jour dans les conceptions artistiques des trois peintres : en posant des accents clairs devant de grandes surfaces unies ou paraissant telles, Gustav Klimt accentue encore le style bidimensionnel déjà employé au Burgtheater – ce qui apparaît dans *La Renaissance italienne*, où les visages dessinés de manière naturaliste se détachent devant le tapis d'ornements créé par les vêtements. De toute évidence, l'artiste renoue avec la peinture de portrait du XVe siècle (p. 29 ; Natter 2012, cat. 67, 68). Le format, pourtant ingrat, correspond bien au goût de Klimt pour le fragmentaire et l'asymétrique. Dans L'Antiquité grecque, Pallas Athéna, aux allures sculpturales, se tenant en position frontale archaïsante devant un grand bouclier (pp. 16, 54 ; Natter 2012, cat. 65), préfigure la *Pallas Athéna* de 1898 (pp. 69, 112 ; Natter 2012, cat. 115) (Novotny/Dobai, 1975, p. 291), tandis que, dans l'entrecolonnement correspondant, la jeune fille de Tanagra surgissant derrière la colonne évoque des atmosphères inspirées de l'art des préraphaélites et des symbolistes (Dobai, 1958, p. 126). La mise en relief du contenu se voit encore renforcée par la petite Vénus en bronze posée sur la table à côté de la jeune fille et dont il existe un modèle dans la collection d'antiquités du Kunsthistorisches Museum (Kugler/Kriller, 1991, p. 231). *Le Cinquecento florentin* (Natter 2012, cat. 61) s'inspire du David de Michel-Ange (1475–1564), mais aussi d'autres représentations de cette figure dans l'art de la Renaissance italienne, telles que le David de Donatello (1386–1466), ou encore le jeune homme sûr de soi et armé d'une épée créé par Andrea del Verrocchio (1435/36–1488).

Pour *L'Art égyptien* (pp. 34, 55 ; Natter 2012, cat. 66), l'égyptologue Ernst Czerny a récemment identifié avec minutie les images imprimées dont Klimt s'était servi pour exécuter ses peintures, sans doute sur les conseils du commissaire de l'exposition (Czerny, 2009, p. 276). Les ouvrages de référence de l'époque consacrés à l'art égyptien constituaient des sources importantes, ainsi l'Album du Musée de Boulaq d'Auguste Mariette-Bey, paru en langue française en 1872, et l'Atlas de l'histoire de l'art égyptien d'Émile Prisse d'Avennes, publié à Paris en 1877. Selon Czerny, les deux scènes figurant dans l'écoinçon et l'entrecolonnement incarnent clairement la vie ici-bas et la vie dans l'au-delà, ce que révèle le contraste entre le nu féminin, plein de vitalité, posant devant une frise d'ornements, et les accessoires, tel le sarcophage, qui appartiennent au rite funéraire.

Grâce aux études intensives qu'il mena en autodidacte et aux conseils que lui dispensèrent les directeurs d'exposition, Klimt découvrit, de toute évidence, des œuvres d'art qui devaient jouer un rôle déterminant dans sa création future. Lors de l'inauguration solennelle, le 17 octobre 1891, l'empereur François-Joseph, à la vue des escaliers, témoigna aux trois artistes, présents ce jour-là, toute sa considération : « C'était sans doute une tâche extraordinairement difficile ; je me réjouis à chaque fois que je vois quelque chose qui vient de vous » (*Neue Freie Presse*, 18/10/1891, p. 6). Le *Allgemeine Kunst-Chronik* (Nossig, 1891) fit un éloge débordant du décor de l'escalier, considérant ce dernier comme « le plus somptueux au monde », non seulement en raison de l'abondance du marbre, mais aussi grâce au travail de la « Compagnie », lequel serait en harmonie « parfaite » avec les lunettes peintes par Makart. Pour Klimt lui-même, ces travaux constituaient une étape importante sur le chemin menant au symbolisme, ce qui allait se manifester plus tard dans le choix de *Ver Sacrum*, le journal de la Sécession, d'illustrer par des œuvres choisies du peintre viennois un article de Ricarda Huch consacré à la peinture symboliste romantique aux alentours de 1800 (Huch, 1898). Fernand Khnopff (1858–1921), le chef de fil du symbolisme belge, dont Klimt allait, sur le plan artistique, se rapprocher dans ses prochaines œuvres, exprima, lui aussi, son enthousiasme pour les écoinçons (Mahler-Werfel, 1997, p. 467).

Apogée, crise et nouveau départ : le chemin de Gustav Klimt vers la modernité

Dans une œuvre créée en 1890, le portrait du compositeur, chef d'orchestre et professeur de piano Joseph Pembaur (p. 56 ; Natter 2012, cat. 60), un nouveau style commença peu à peu à se dessiner : le contraste entre la précision photographique du visage et le décor bidimensionnel stylisé du fond ainsi que du cadre exécuté par le peintre lui-même témoigne de l'influence d'artistes de l'avant-garde anglaise, tels que Dante Gabriel Rossetti (1828–1882) (Novotny/Dobai, 1975, p. 295). La dernière collaboration avec l'atelier d'architecture Fellner & Helmer eut lieu grâce à une commande passée en 1888 par un magnat hongrois, le comte Nicolas Esterházy (1817–1894), qui souhaitait la construction d'un nouveau théâtre pour sa résidence d'été à Tata Tóváros (en all. Totis, située à environ une heure de route de Budapest). Le bâtiment, qui, pour des raisons inconnues, allait être démoli dès 1913 et dont aucune photo ne semble avoir été conservée, devait être décoré par Gustav Klimt de concert avec Franz Matsch et le sculpteur Ludwig Strictius (1837–1916).

L'Antiquité grecque (Jeune Fille de Tanagra et Athéna) (détail), 1890/91
(voir ill. p. 54)

Pages 42/43
Allégorie de la Fable (détail), 1883
(voir ill. p. 26)

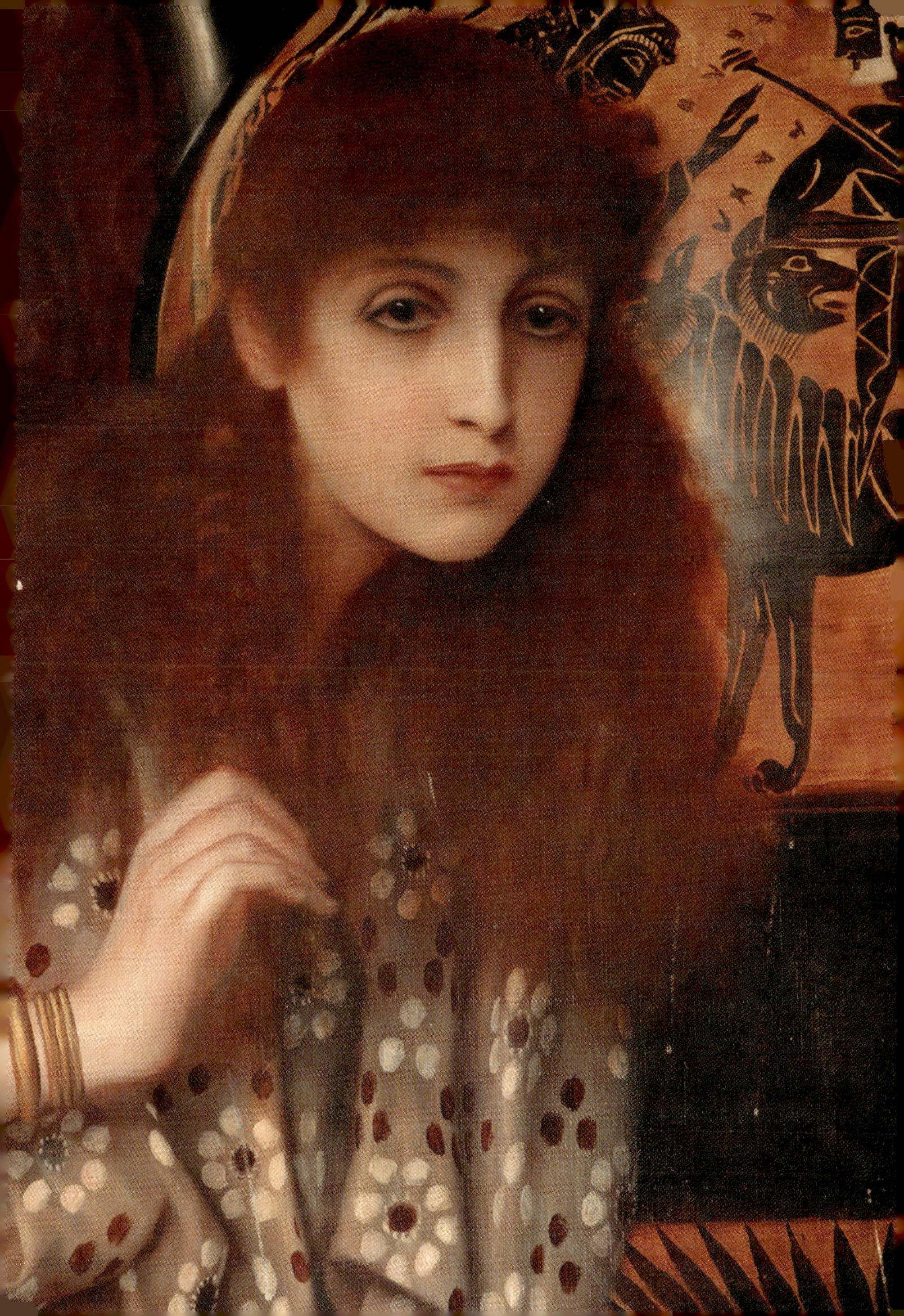

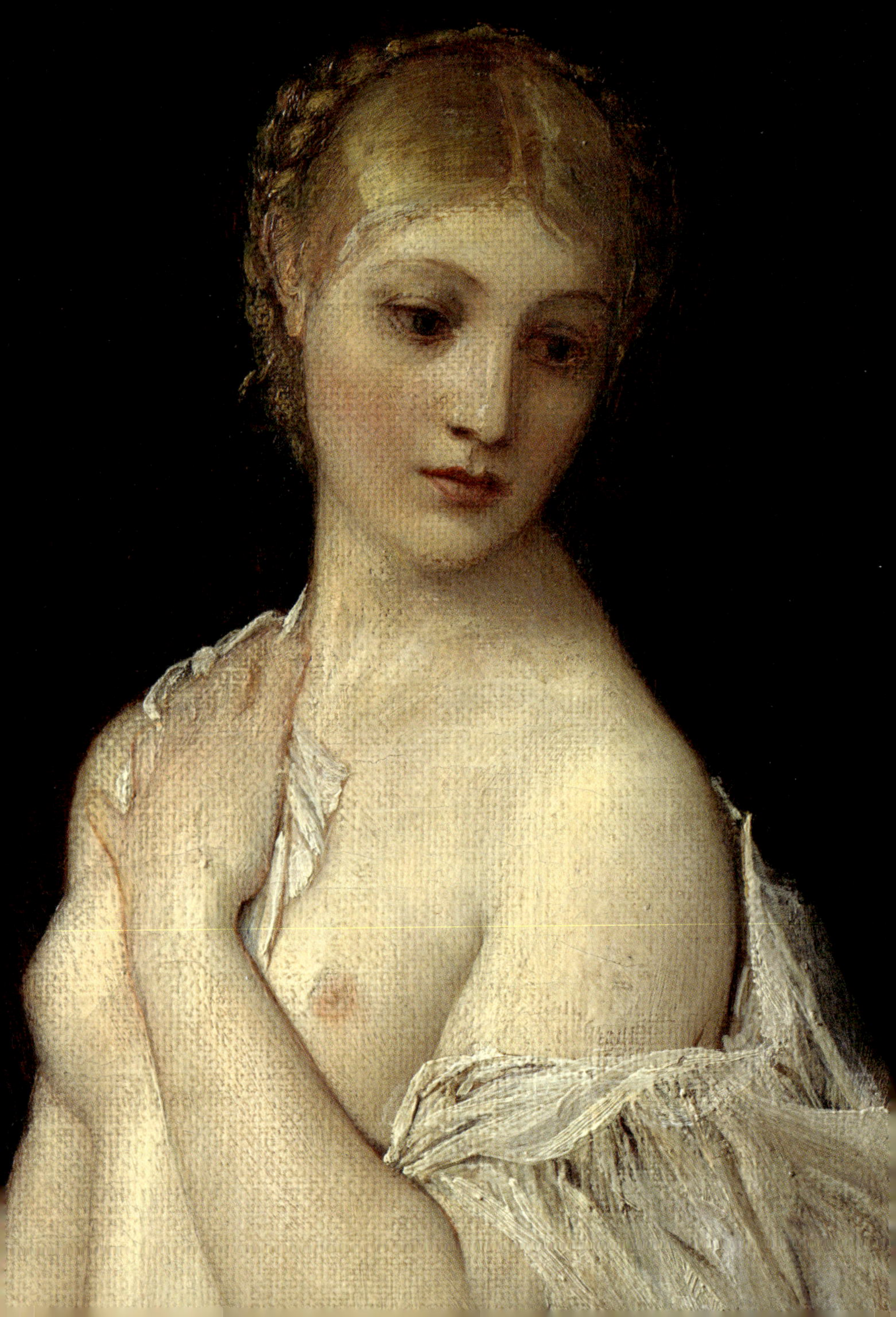

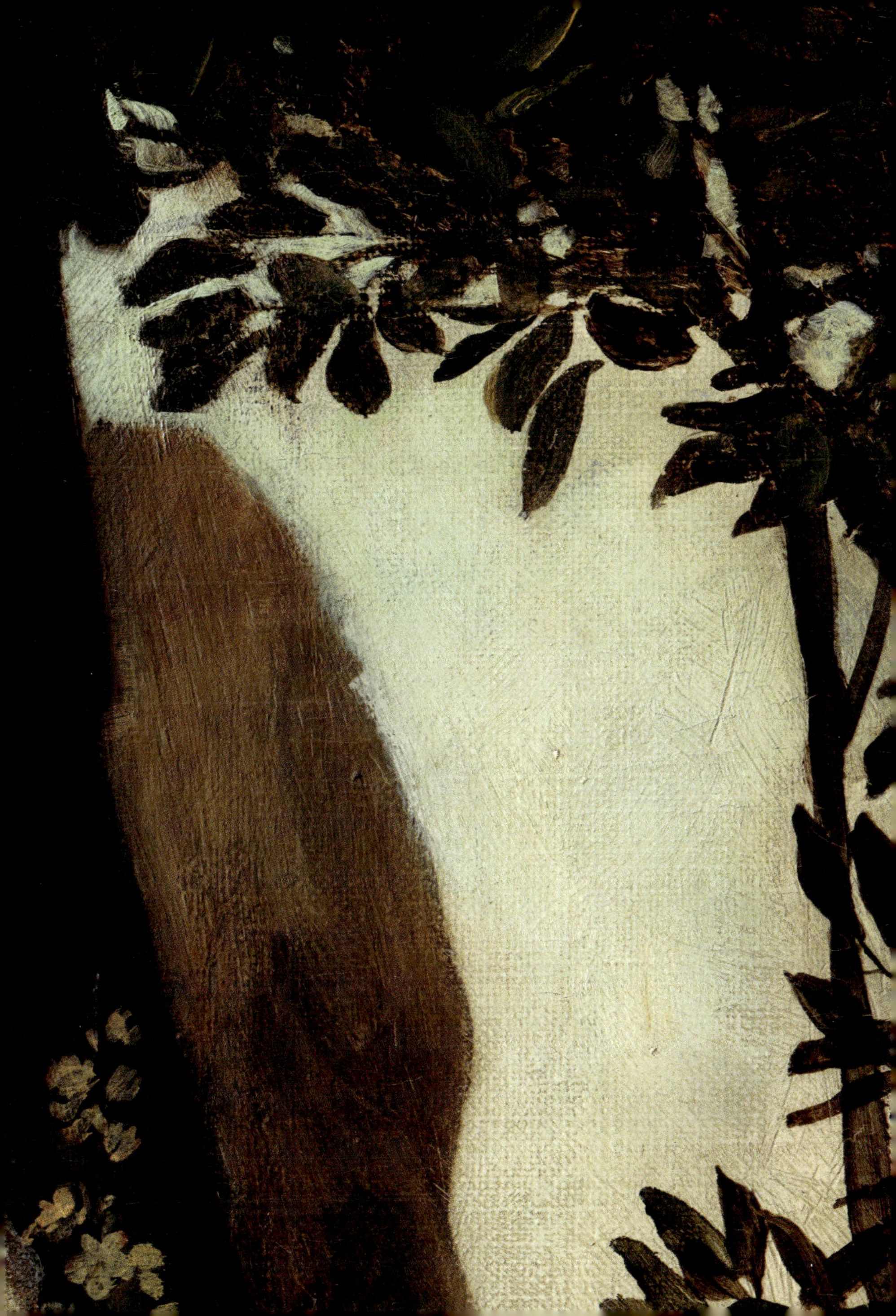

Cette collaboration mérite d'être mentionnée en raison d'une autre commande du comte, laquelle fut utilisée en tant que « dernier maillon d'une série de travaux de jeunesse dans l'art décoratif» (Nebehay, 1976, p. 80) pour illustrer, en 1898, l'article de Ricarda Huch mentionné plus haut. Quelques années après la construction du théâtre de Tata, on commanda vraisemblablement pour le count Esterházy un tableau ressemblant à la célèbre *La Salle de l'ancien Burgtheater*, une œuvre graphique qui avait été distinguée en 1890 au Künstlerhaus (la « maison des artistes », l'association des artistes de Vienne, n. d. t.) par la médaille impériale. Klimt raconte le séjour qu'il fit à Tata au Nouvel An 1892/93 et évoque l'exécution de son tableau, lequel reçut un traitement beaucoup plus pictural que l'œuvre précédente : « La même année, j'entrepris de peindre à l'huile, pour le comte Nicolas Esterházy, une vue de la salle du théâtre du château de Tata, comprenant environ 80 portraits. Encore inachevé, le tableau fut présenté à l'exposition annuelle du Künstlerhaus en 1893 et me valut d'obtenir la médaille nationale d'argent» (cit. d'après Strobl, IV/1989, p. 48 ; Krug 2012a, n°11). Par la suite, le peintre reçut, pour cette « tâche aussi ingrate et pénible que le fut le tableau du Burgtheater », le Grand Prix d'Anvers (Weixlgärtner, 1912, p. 51 sq.).

En 1892, la « Compagnie » dut quitter l'atelier de la Sandwirtgasse, car l'immeuble qui l'abritait allait être vendu. Les artistes emménagèrent dans un pavillon du VIIIe arrondissement de Vienne, au numéro 21 de la Josefstädterstrasse, à côté de la maison que Matsch habitait à l'époque. Klimt allait occuper cet atelier durant de nombreuses années.

Après avoir achevé la peinture des écoinçons pour le Kunsthistorisches Museum, un premier apogée dans l'œuvre de Klimt, l'artiste, alors âgé de trente ans, dut traverser plusieurs épreuves très difficiles : en juillet 1892, son père Ernst succomba à une apoplexie cérébrale ; en décembre de la même année, ce fut au tour de son frère Ernst, âgé de 28 ans seulement, de mourir d'une grippe mal soignée. Le peintre laissait une jeune épouse, Helene, née Flöge, et une fille âgée de quelques mois, dont Gustav Klimt devint le tuteur. C'est ainsi qu'il entra en relation avec la famille Flöge et avec Emilie Flöge (1874–1952), qui allait être sa compagne pendant de nombreuses années. En 1893, Franz Matsch et Gustav Klimt furent pressentis pour des postes de professeurs dans les écoles d'art viennoises : tandis que Matsch devint professeur de peinture à l'École des arts appliqués – sa nomination en tant que professeur impérial et royal de peinture eut lieu le 1er octobre 1893 (archive du MAK, dossier Zl. 1892–0582 ; 1893–0313) –, le Polonais Kasimir Pochwalski (1855–1940), un conservateur en matière d'art, fut nommé par l'empereur François-Joseph à l'Académie des beaux-arts à la place de Gustav Klimt. Grâce à l'obtention d'une prestigieuse commande pour l'Achilleion, la villa de l'impératrice Elisabeth à Corfou, Matsch fut élevé au rang de peintre de la cour, ce qui lui assura un succès définitif. Suite à la commande, lourde de conséquences, exécutée pour l'Université de Vienne, l'amitié entre les deux artistes finit par se briser. En qualité de représentant de la « Compagnie », Matsch reçut, en 1892, la

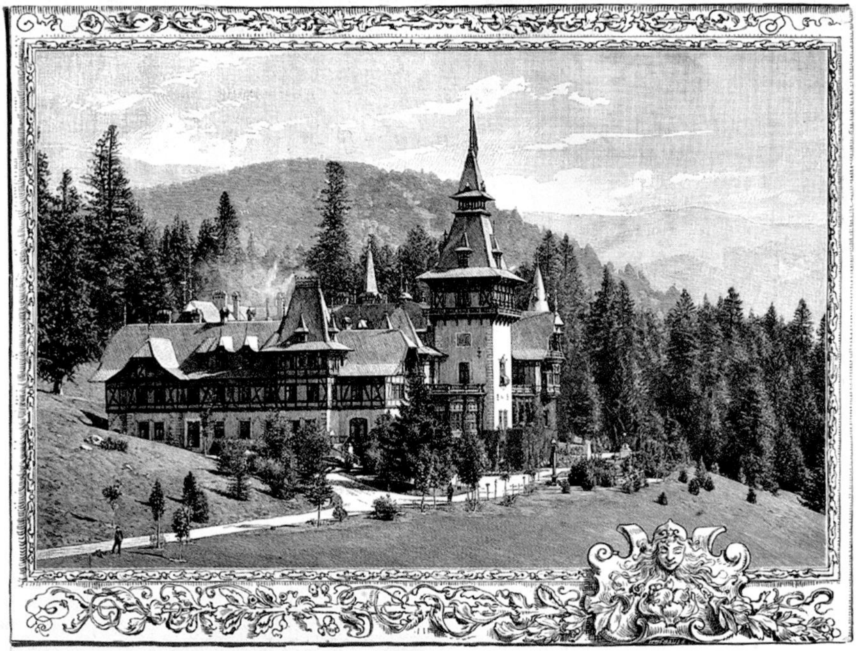

Le château de Peleş vu depuis le sud-ouest, avec l'aile de service
Extrait de : Jacob von Falke, *Das rumänische Königsschloss Pelesch*, Vienne 1893, fig. 14

demande de fournir des esquisses pour le plafond de la salle des fêtes de l'Université de Vienne, qui venait d'être construite. Sans avoir prévenu son collègue, Matsch présenta exclusivement ses propres esquisses, lesquelles furent cependant refusées, ce qui ne manque pas de piquant. Dans une deuxième phase du projet, il fallut mettre à contribution Klimt, dont Matsch avait tenté de se passer. Lorsque Klimt se retira de la commande en 1905, Matsch déclara que les œuvres des deux artistes étaient incompatibles. Mais par la suite, ses propres esquisses allaient, elles aussi, être rejetées. Franz Matsch, qui nourrissait des ambitions mondaines, s'avéra être le représentant d'un réalisme modéré mieux adapté au goût du plus grand nombre, un artiste qui allait jouir d'un grand prestige public et qui allait, en 1912, connaître la consécration de sa carrière par son admission, ardemment désirée, dans la noblesse héréditaire. Klimt, qui paraissait gauche aux yeux de la société mondaine, ne devait, quant à lui, jamais porter le « masque d'une compétence sociale virtuose » (Sternthal, 2006, p. 44). Son objectif premier demeura de « pénétrer la vie, toujours plus en profondeur, d'intentions artistiques » (Nebehay, 1969, préface, sans numéro de page).

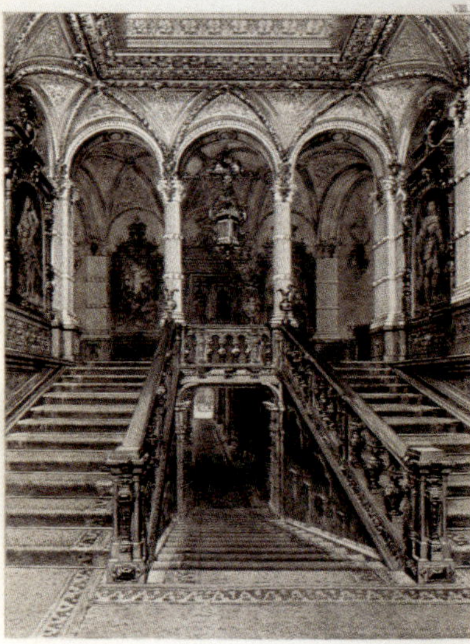

Château de Peleş, l'escalier principal
Extrait de : Jacob von Falke, *Das rumänische Königsschloss Pelesch*, Vienne 1893, pl. VIII

Vue de l'escalier du château de Peleş
Avec les portraits des comtes *Eitel-Frédéric VII de Zollern*, *Jean-Georges de Hohenzollern-Hechingen* et *Philippe-Frédéric-Christophe de Hohenzollern*, par Gustav Klimt

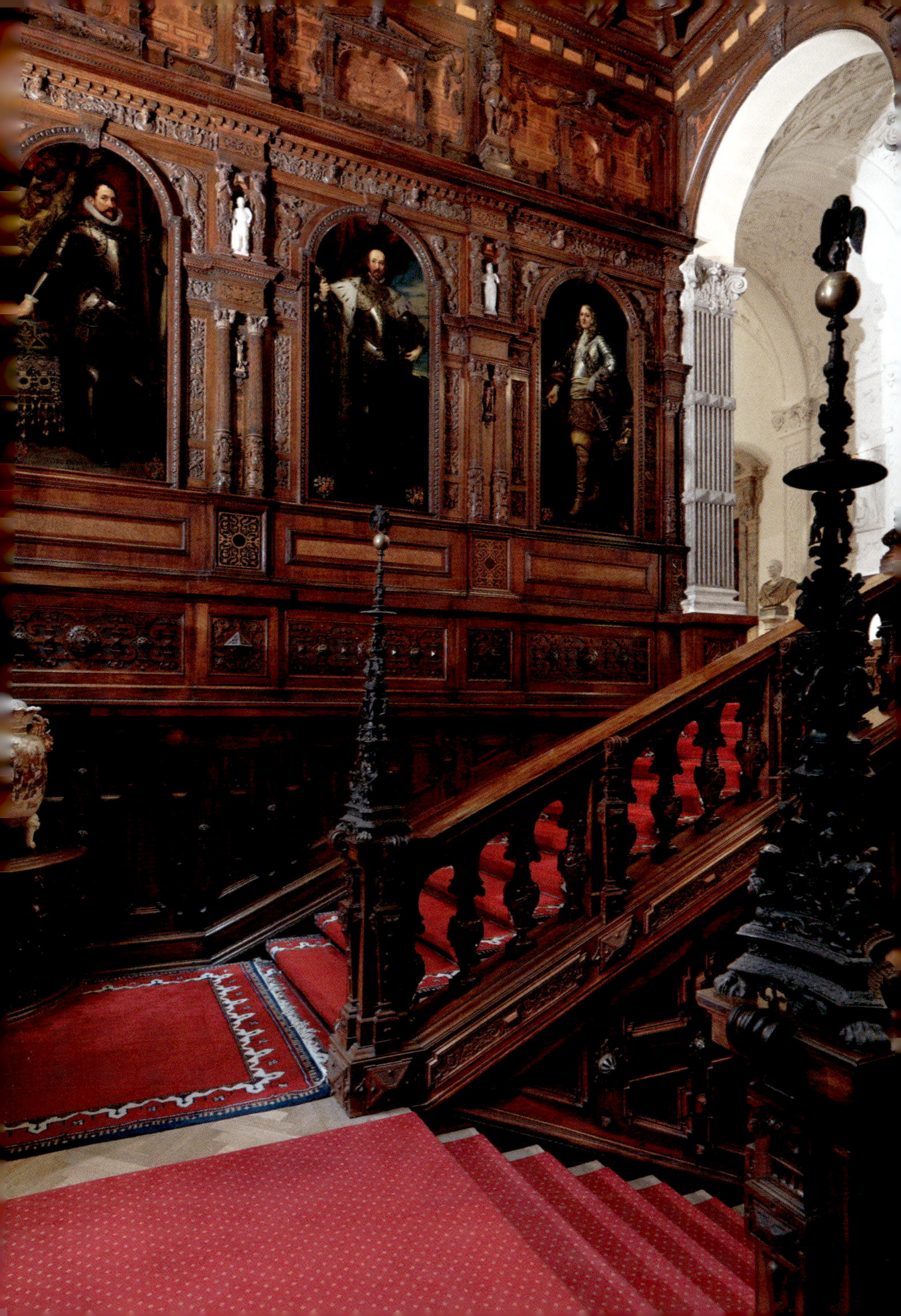

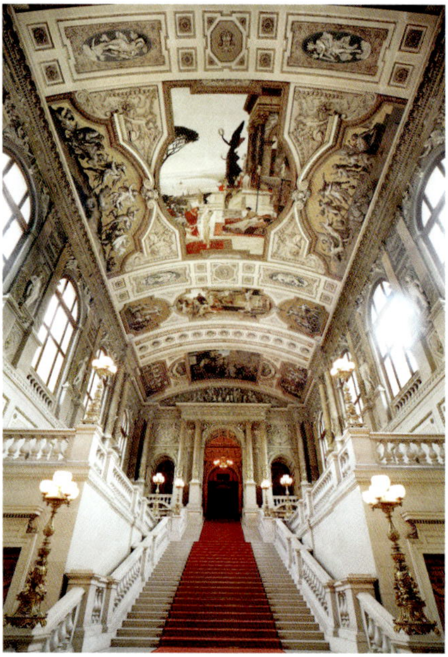

Vue de l'escalier du Burgtheater
Vienne, Burgtheater

Le Théâtre de Taormine, 1886–1888
Huile sur enduit marbré, env. 750 x 600 cm
Vienne, Burgtheater, escalier nord

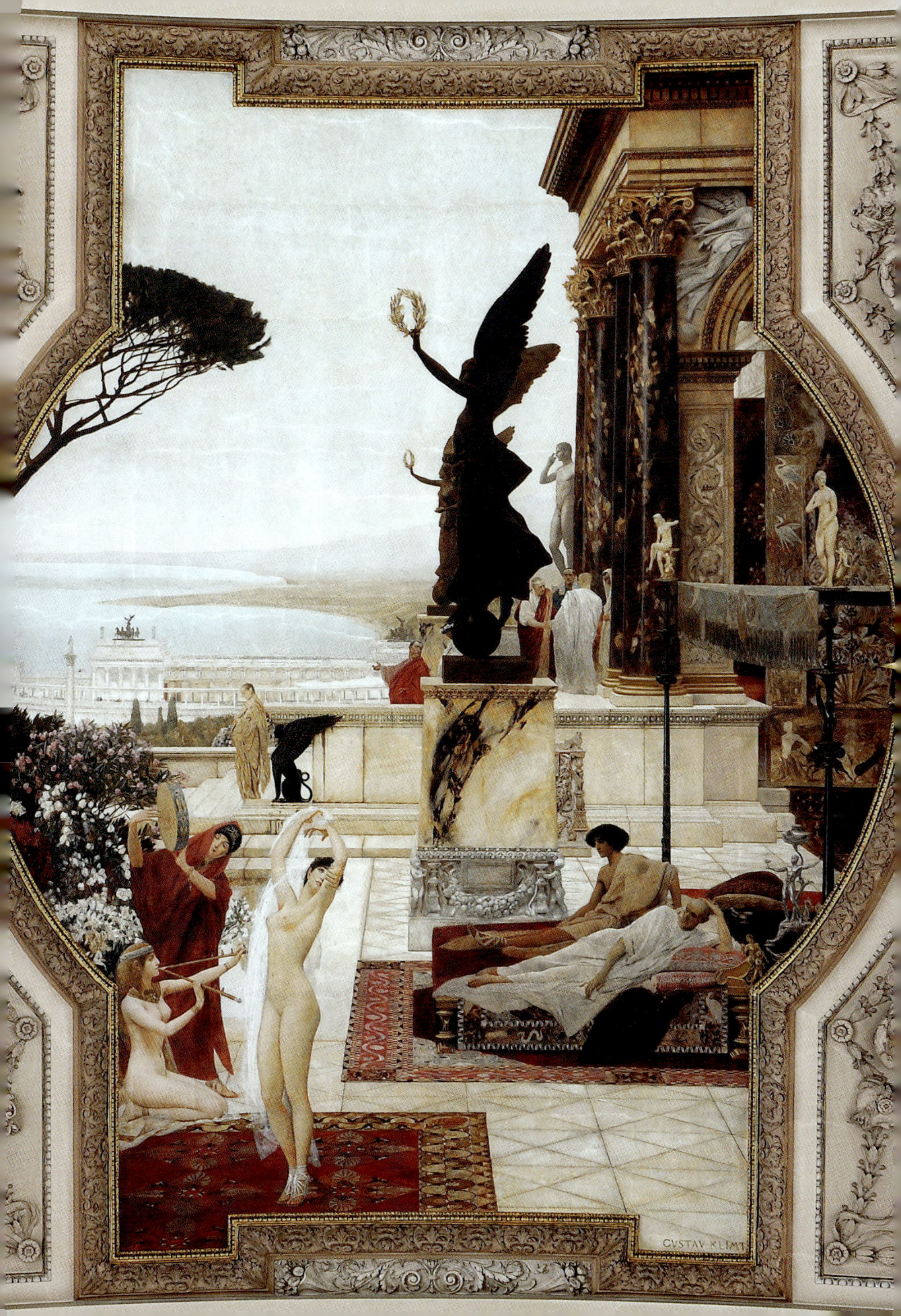
GUSTAV·KLIMT

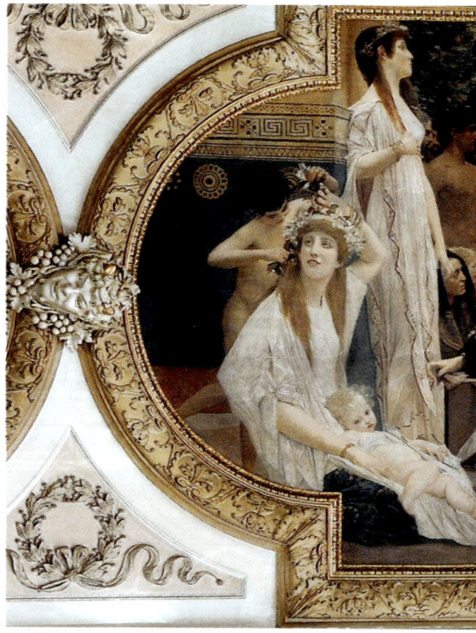

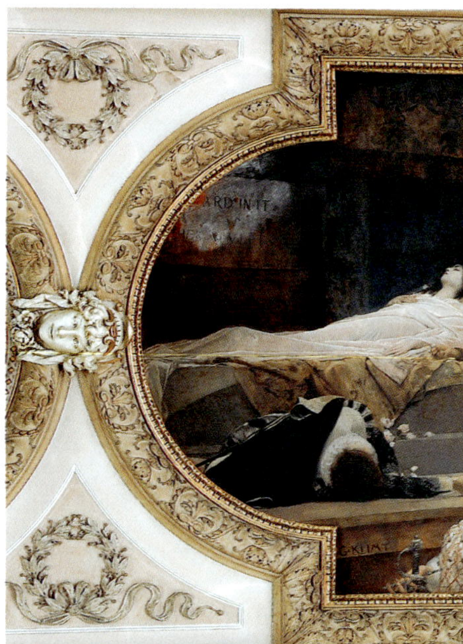

Le Char de Thespis, 1886–1888
Huile sur enduit marbré, env. 280 x 400 cm
Vienne, Burgtheater, escalier sud

Le Théâtre du Globe de Shakespeare, 1886–1888
Huile sur enduit marbré, env. 280 x 600 cm
Vienne, Burgtheater, escalier sud

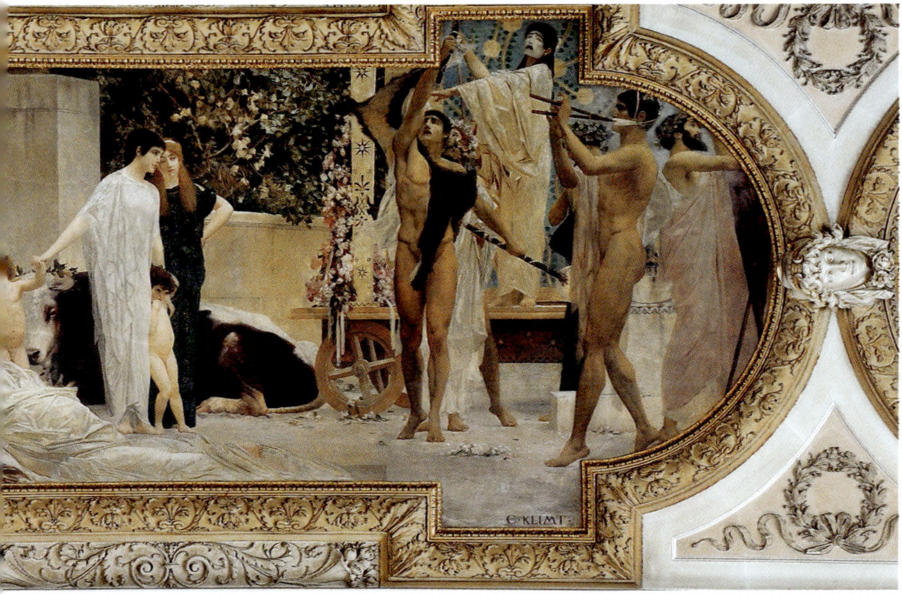
G. KLIMT

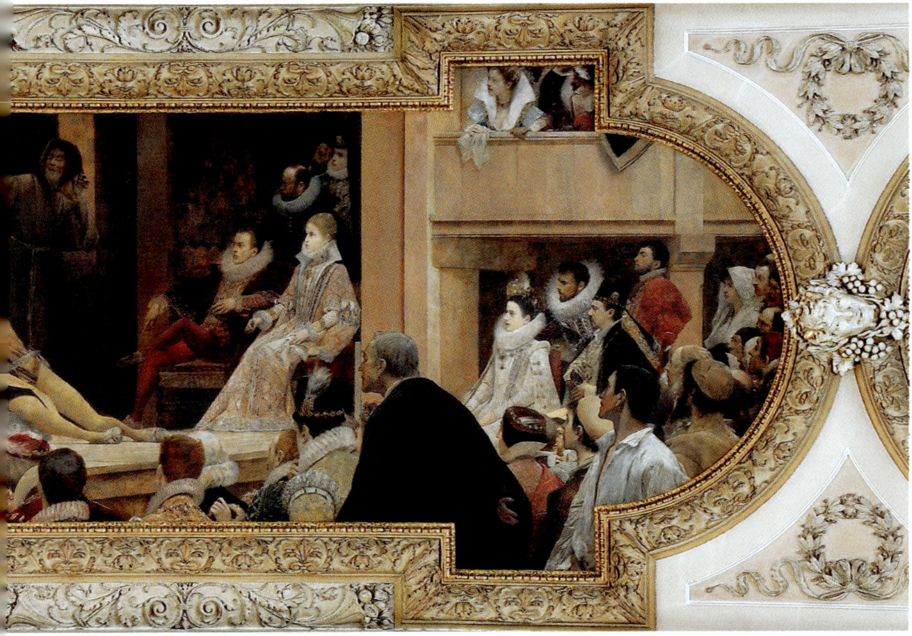

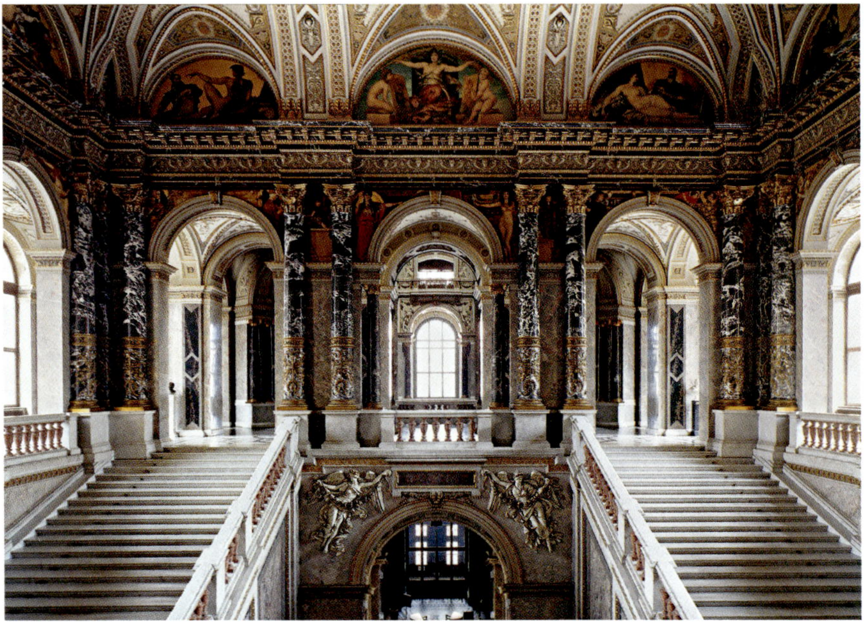

Vue de l'escalier du Kunsthistorisches Museum à Vienne
Vienne, Kunsthistorisches Museum

Après sa rupture avec Franz Matsch, la création de Klimt se rapprocha des œuvres du symbolisme belge, dont le chef de file était Fernand Khnopff. « La compréhension du monde par des symboles est l'une des conditions du grand art », déclare Friedrich Nietzsche dans *L'Innocence du devenir* (Nietzsche/Bäumler, 1956, p. 12). Les références allégoriques et symboliques contenues dans les tableaux d'Alma-Tadema se prolongent dans les œuvres de Khnopff et de Klimt. Alma-Tadema offrait le cadre dans lequel les deux peintres intégrèrent leurs propres idées (Becker, 1997, p. 79 sq.). Pour Gustav Klimt et l'Art nouveau viennois, le symbolisme belge, qui s'opposait en premier lieu au naturalisme, faisait office de catalyseur pour dépasser l'historicisme (Plakolm-Forsthuber, 2007, p. 48). Hans H. Hofstätter évoque à ce propos des « permutations de styles historiques » (Hofstätter, 1965, p. 87 sq.). Les écoinçons du Kunsthistorisches Museum restitueraient ainsi l'« ambiance d'une immersion nostalgique dans un monde historique rêvé ». En prêtant aux visages des femmes un air de fin de siècle, Klimt les aurait transformés en symboles d'un passé dont on souhaite ardemment le retour.

Avec l'esquisse pour *La Musique* (pp. 64/65 ; Natter 2012, cat. 82), Klimt reprend en 1895 le motif, traditionnel et ancré dans l'art, de la jeune fille jouant de la lyre. Il utilise cet élément en tant qu'art ornemental bidimensionnel, témoignant de son intérêt pour la création antique. Le motif du sphinx, que l'on retrouve également chez Khnopff, symbolise le mystère de la femme, « an angel meeting with animalism » (*The Studio I*, 1894, p. 202). Le changement fondamental dans le style de Klimt se manifeste dans deux œuvres, elles aussi terminées cette même année, et qui marquèrent le retour du peintre, pour la première fois depuis l'achèvement des écoinçons du Kunsthistorisches Museum, sur la scène publique. Le portrait d'un acteur vieillissant du Burgtheater, *Portrait de Josef Lewinsky dans le rôle de Carlos* (p. 57 ; Natter 2012, cat. 80), était une commande de la « Société des arts de reproduction ». Klimt exécuta ce tableau en plusieurs séances s'étalant de mai 1894 à l'automne 1895. Le peintre créa en outre, en 1895, *L'Allégorie de l'Amour* (p. 59 ; Natter 2012, cat. 81), la dernière image symbolique pour le recueil de Gerlach *Allegorien und Embleme*. Les deux peintures sont proches d'un point de vue formel : elles sont toutes deux d'un format rectangulaire allongé, les motifs centraux sont flanqués de larges champs picturaux aux couleurs contrastant avec le reste et créant une sorte de cadre. Toutes les deux donnent à voir des figures visionnaires émergeant de la brume et reprenant le thème de manière symbolique.

Klimt avait ainsi laissé derrière lui les dernières traces de la peinture de salon de l'époque de la Gründerzeit (l' « époque des fondateurs », période de prospérité économique en Allemagne et en Autriche au XIXe siècle, n. d. t.) pour se consacrer à la peinture symboliste, chargée d'atmosphère. La création de la Sécession en 1897 fut le premier point fort de ce nouveau mouvement. Cette association fondée par Klimt, Otto Wagner (1841–1918) et Josef Hoffmann (1870–1956) permettait aux artistes d'exposer « les reflets de leur âme » (Fernand Khnopff). En 1899, Klimt présenta à l'exposition de la Sécession *Schubert au piano* (pp. 62/63 ; Natter 2012, cat. 118), une peinture créée pour les deux dessus-de-porte du salon de musique du mécène Nicolas Dumba. Visiblement inspiré de Khnopff, ce tableau allait jouer un rôle clé dans la création ultérieure de Klimt. Le peintre présenta personnellement la toile à la future muse d'artistes Alma Mahler-Werfel (1879–1964) – qu'il vénérait et qui était à cette époque-là une jeune fille encore célibataire –, ce qui témoigne de l'importance que Klimt accordait à cette œuvre. Alma déclara que c'était « sans conteste la meilleure peinture de la Sécession » (Mahler-Werfel, 1997, p. 206). Le changement stylistique dans l'œuvre de Klimt inspira à Karl Kraus, le fondateur du journal satirique *Die Fackel*, un commentaire autrement plus caustique : Dumba aurait commandé au peintre une décoration pour son salon de musique, alors que « celui-ci travaillait encore dans le style sage de l'école de Laufberger et qu'il se permettait tout au plus quelques extravagances à la Makart. Or, entre-temps, Khnopff

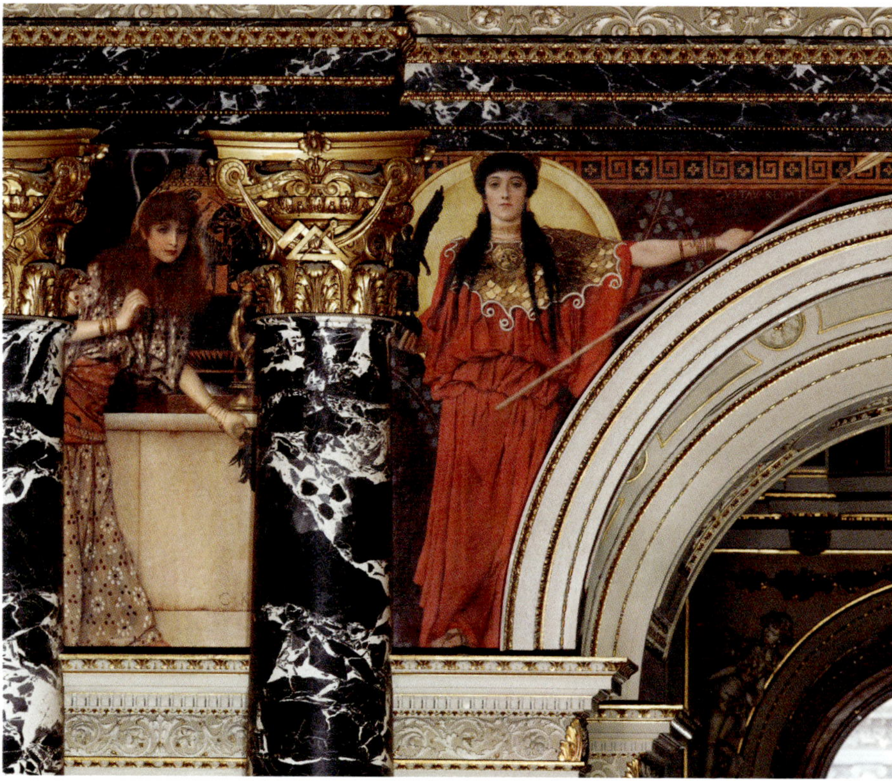

L'Antiquité grecque (Jeune Fille de Tanagra et Athéna), 1890/91
Huile sur toile, entrecolonnement 230 x 80 cm, écoinçon 230 x 230 cm
Vienne, Kunsthistorisches Museum, escalier

[allusion à Fernand Khnopff] s'était ouvert au peintre» (jeu de mots, Khnopff étant l'homonyme de Knopf, en français «bouton» – «le peintre avait ouvert un bouton», n. d. t. ; *Die Fackel*, Ière année, n° 3, avril 1899, p. 28).

Les quinze premières années de la création de Gustav Klimt furent marquées par l'enseignement reçu auprès des professeurs de l'École des arts appliquées, lesquels partageaient une conception de l'art conservatrice et académique, tout en offrant à leur élève une solide formation pratique. Sous la direction de Ferdinand Laufberger, de Julius Victor Berger et de Rudolf von Eitelberger, le protecteur de la «Compagnie», celle-ci se transforma petit à

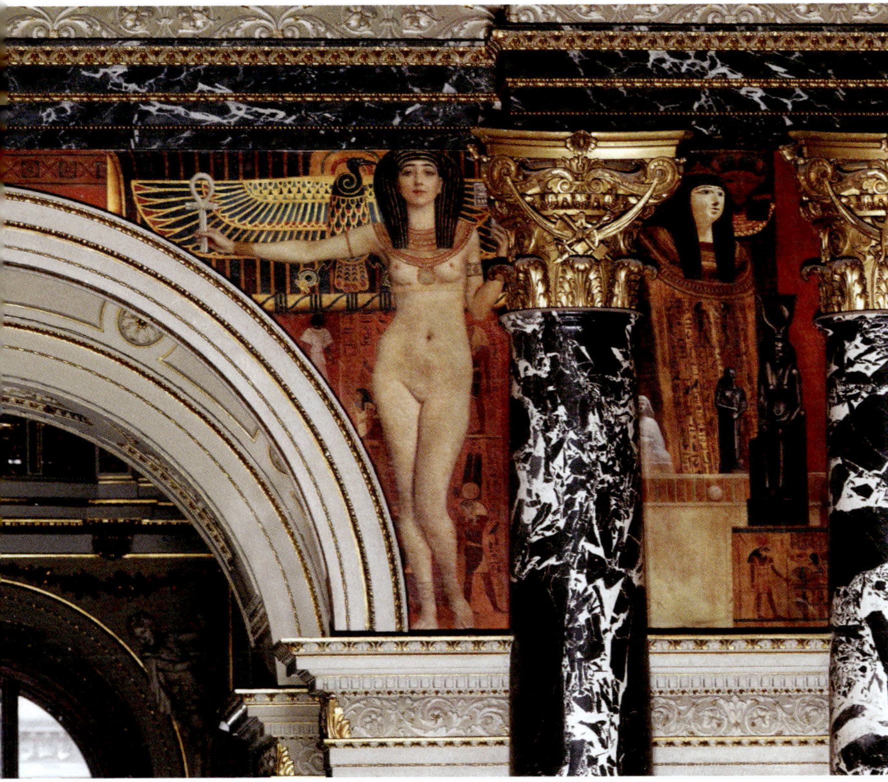

L'Art égyptien (Nekhbet et le sarcophage avec la statuette d'Isis), 1890/91
Huile sur toile, entrecolonnement 230 x 80 cm, écoinçon 230 x 230 cm
Vienne, Kunsthistorisches Museum, escalier

petit : le groupe de copistes exécutant en peinture des esquisses de leurs professeurs devint un collectif d'artistes agissant de manière professionnelle et capables de s'ouvrir à des influences nouvelles, depuis la sensuelle peinture de salon d'un Hans Makart jusqu'aux préraphaélites anglais et aux symbolistes belges, en passant par le symbolisme caché des œuvres d'Alma-Tadema. Sa vie durant, Gustav Klimt devait continuer, dans ses peintures et ses dessins, à s'intéresser au corps humain, comme il avait appris à le faire à l'école de Laufberger, devant le modèle vivant, base de sa recherche formelle artistique. Le chemin de Klimt vers la modernité n'eût guère été possible sans ces fondements.

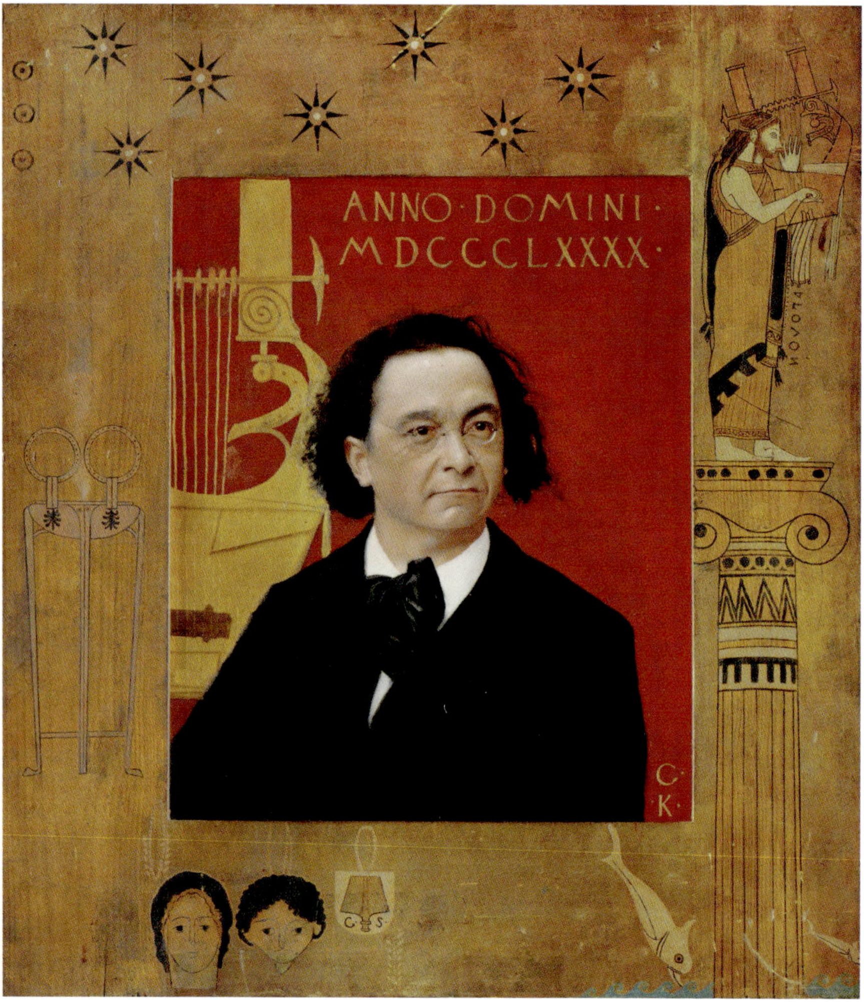
ANNO·DOMINI·
MDCCCLXXXX·
C·
K·
G·S·

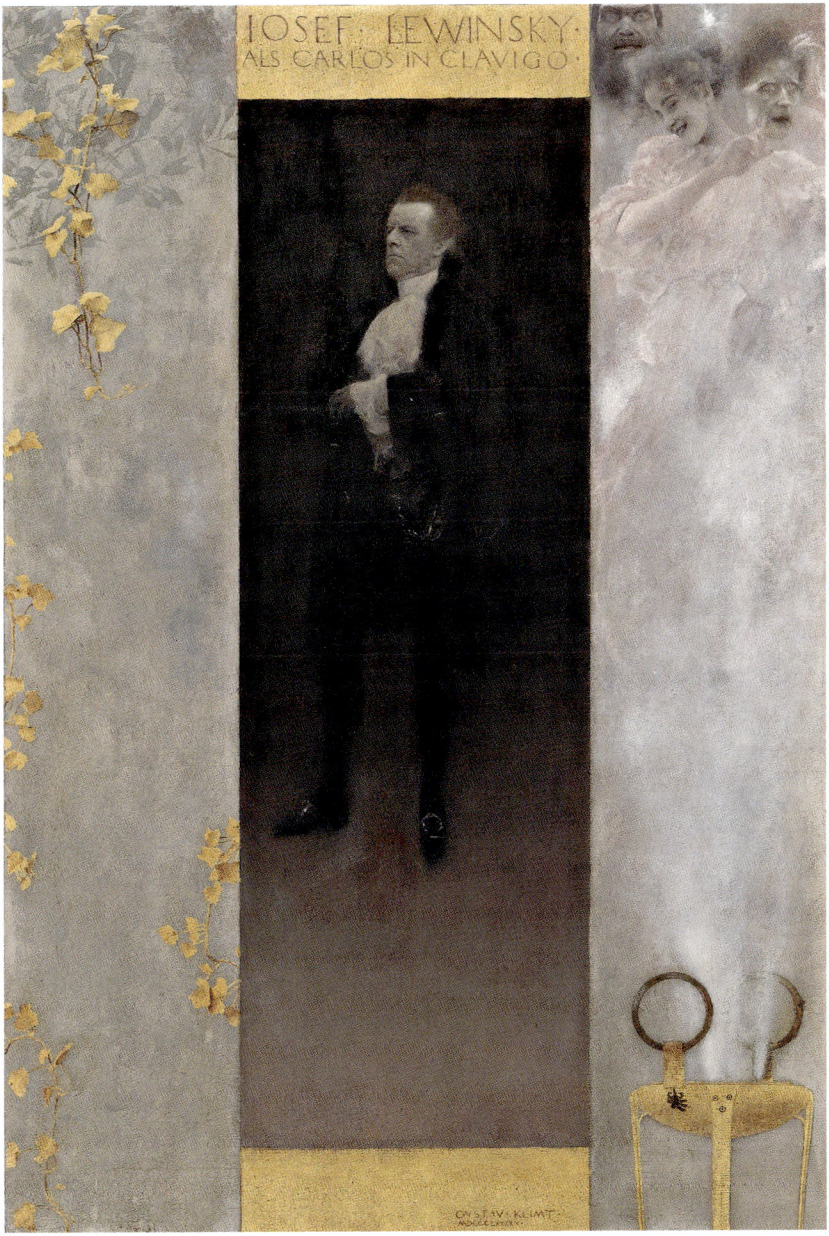
IOSEF · LEWINSKY ·
ALS CARLOS IN CLAVIGO ·
GVSTAV · KLIMT ·

Page 56

Portrait de Joseph Pembaur, 1890
Huile sur toile, 69 x 55 cm. Innsbruck, Tiroler Landesmuseen – Ferdinandeum

Page 57

Portrait de Josef Lewinsky dans le rôle de Carlos, 1895
Huile sur toile, 60 x 44 cm. Vienne, Belvedere

Allégorie de l'Amour, 1895
Huile sur toile, 60 x 44 cm. Vienne, Wien Museum

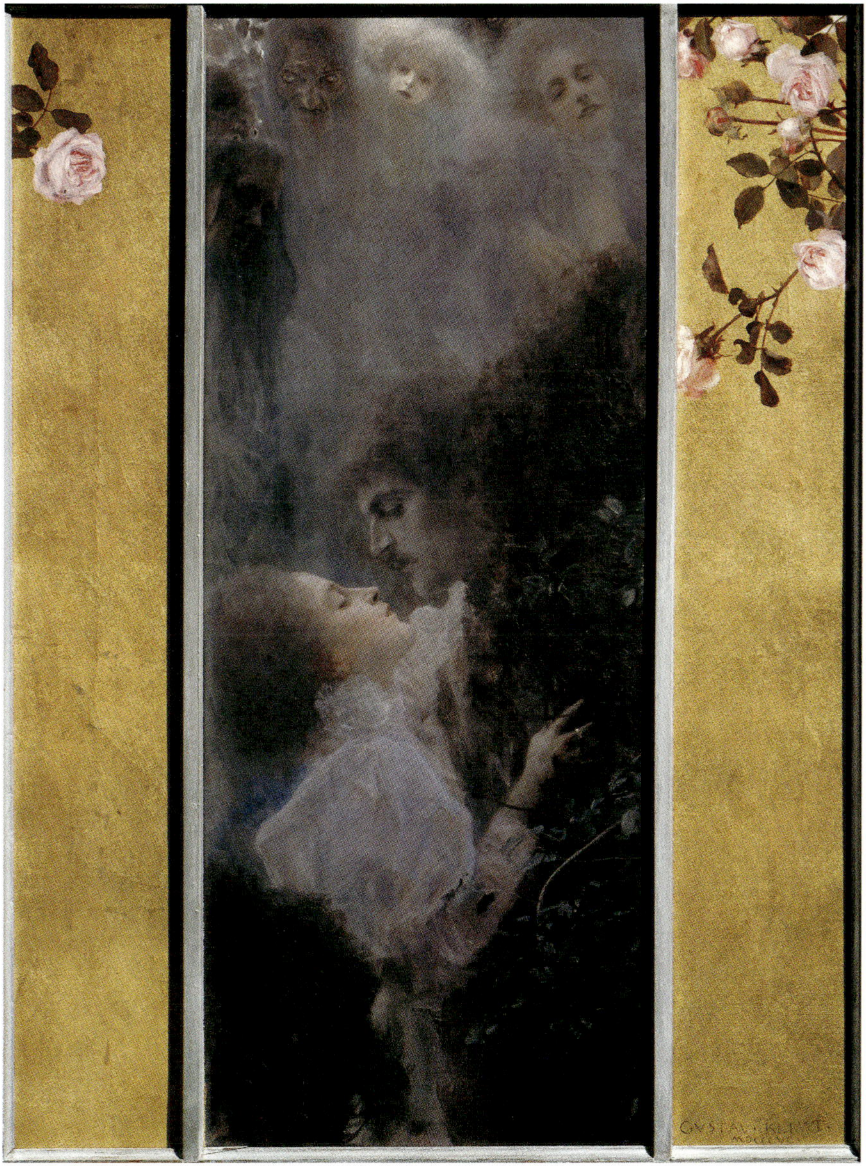

Portrait de dame, vers 1894
Huile sur toile, 155 x 75 cm. Vienne, collection particulière

Pages 62/63
Schubert au piano, 1899
Huile sur toile, 150 x 200 cm
Détruit dans l'incendie du château d'Immendorf, Basse-Autriche, mai 1945

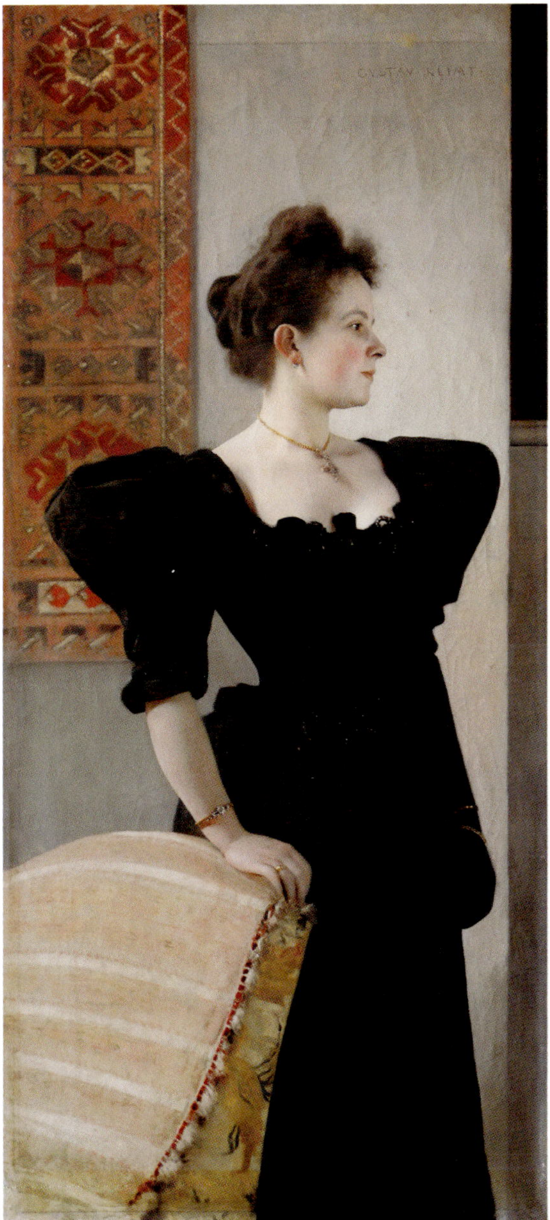

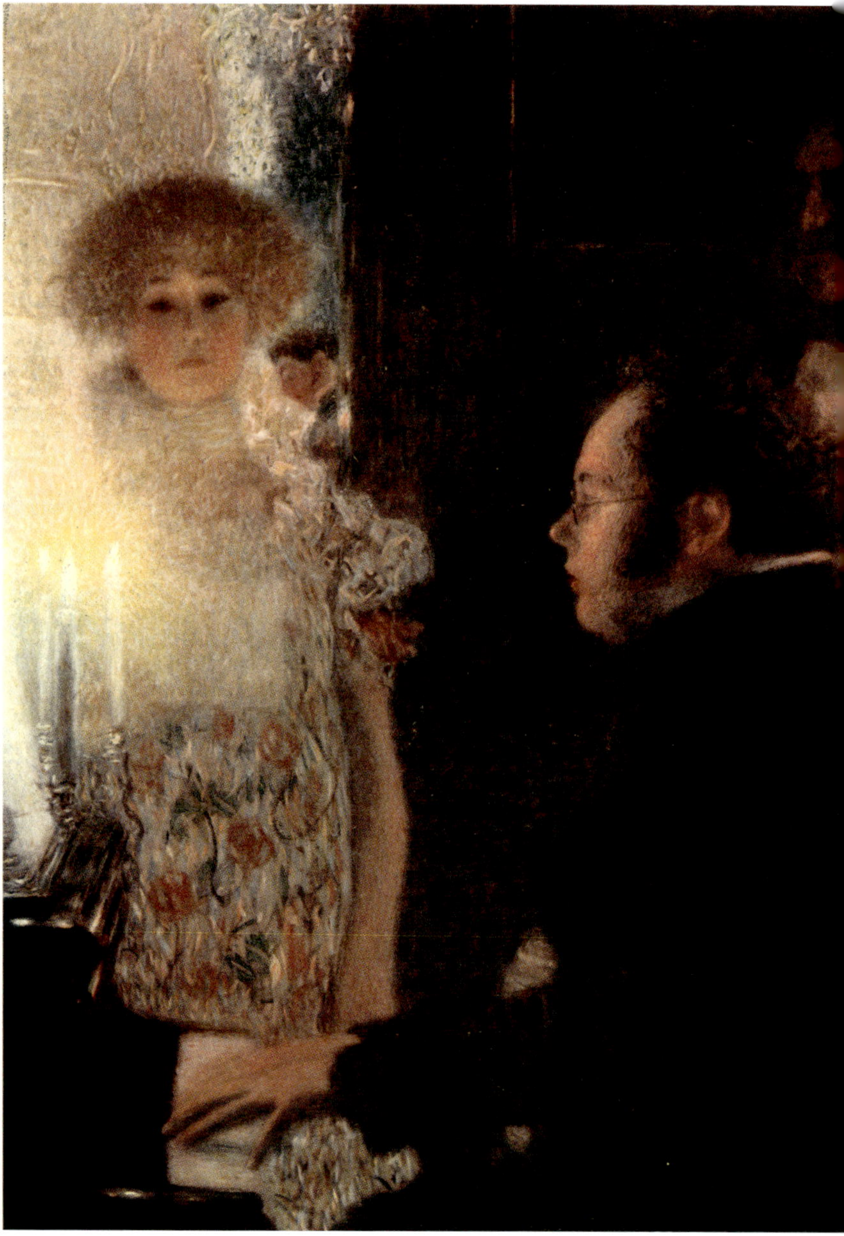

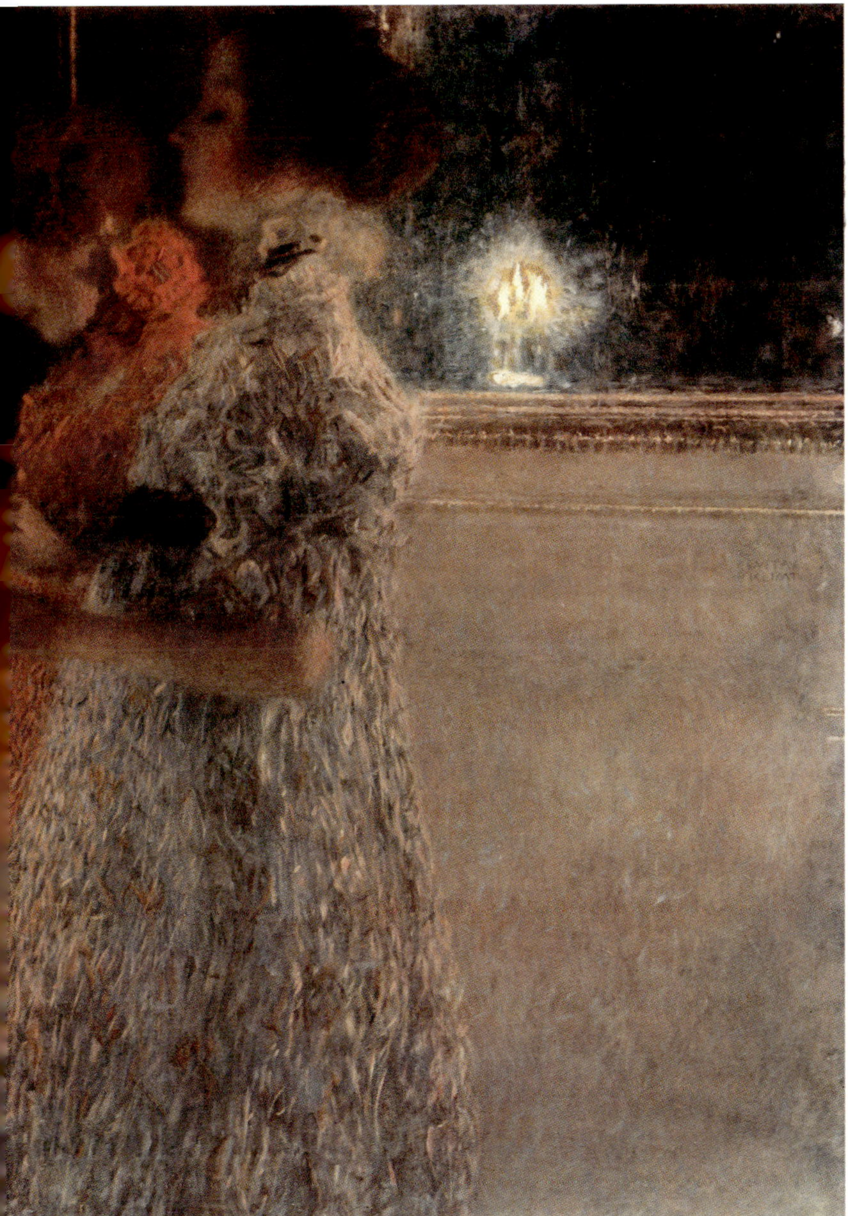

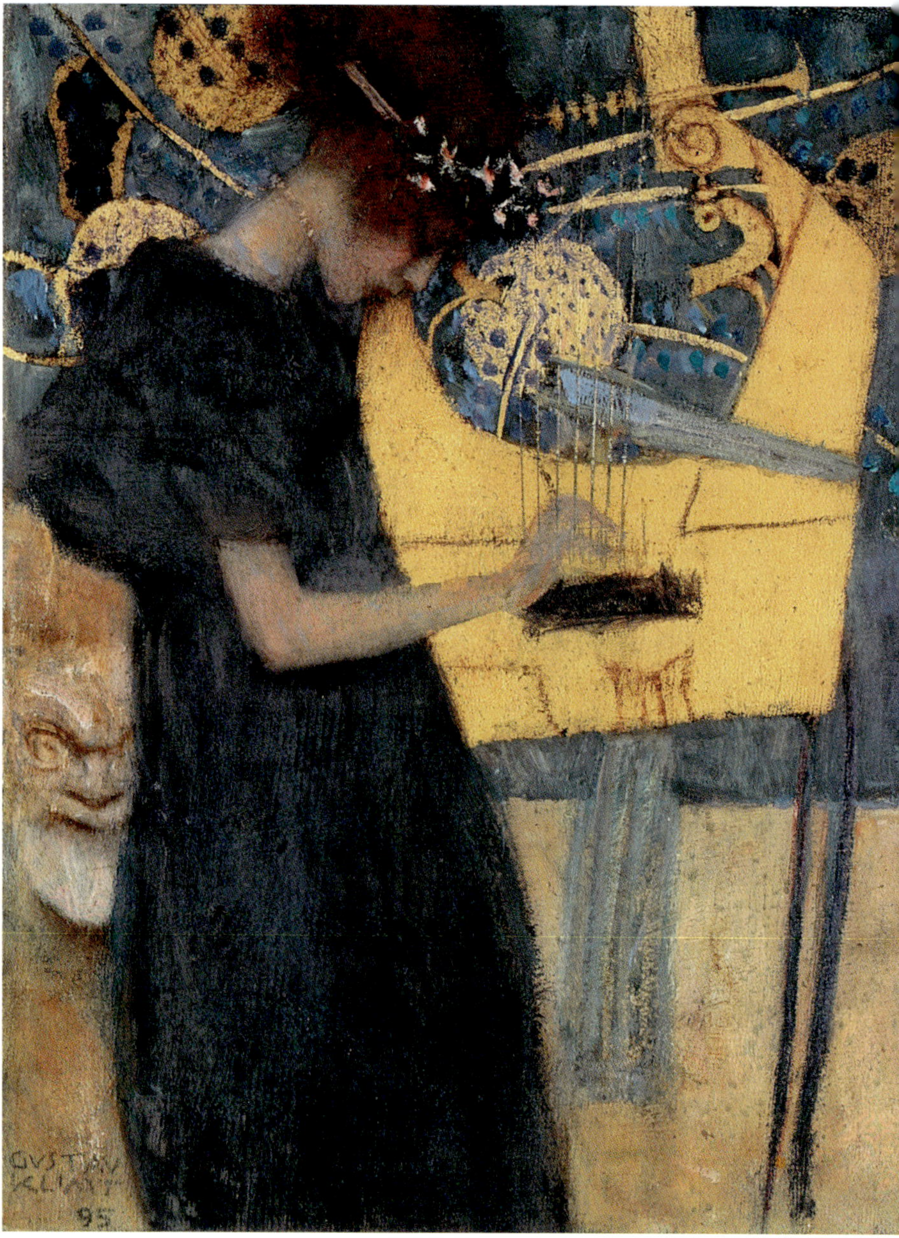

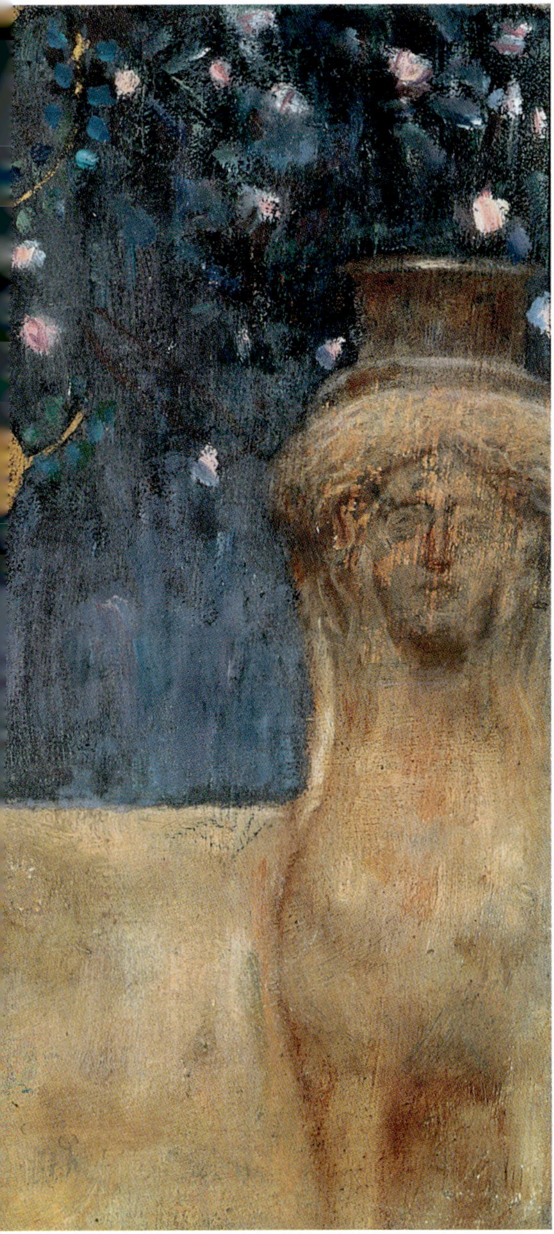

La Musique (étude), 1895
Huile sur toile, 37 x 44,5 cm
Munich, Bayerische Staatsgemäldesammlungen – Neue Pinakothek

Pages 66/67
Fritz Waerndorfer
Joseph Maria Olbrich (à g.), Franz Hohenberger, Koloman Moser et Gustav Klimt (à dr.), 1899
Dans le jardin de la villa de Fritz Waerndorfer à Vienne, XVIIIe arr., Weimarerstrasse 59
Photo. Imagno/ÖNB

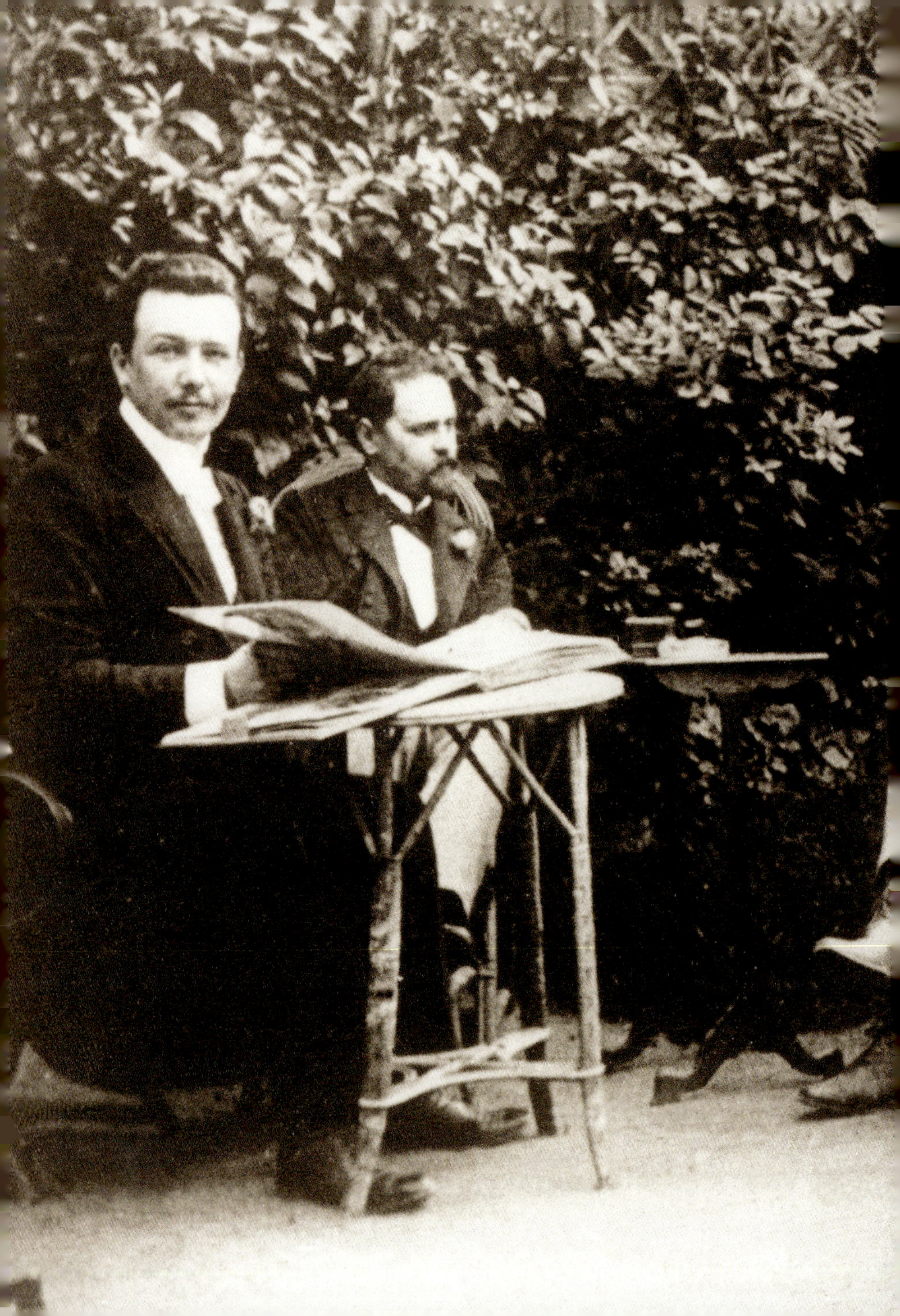

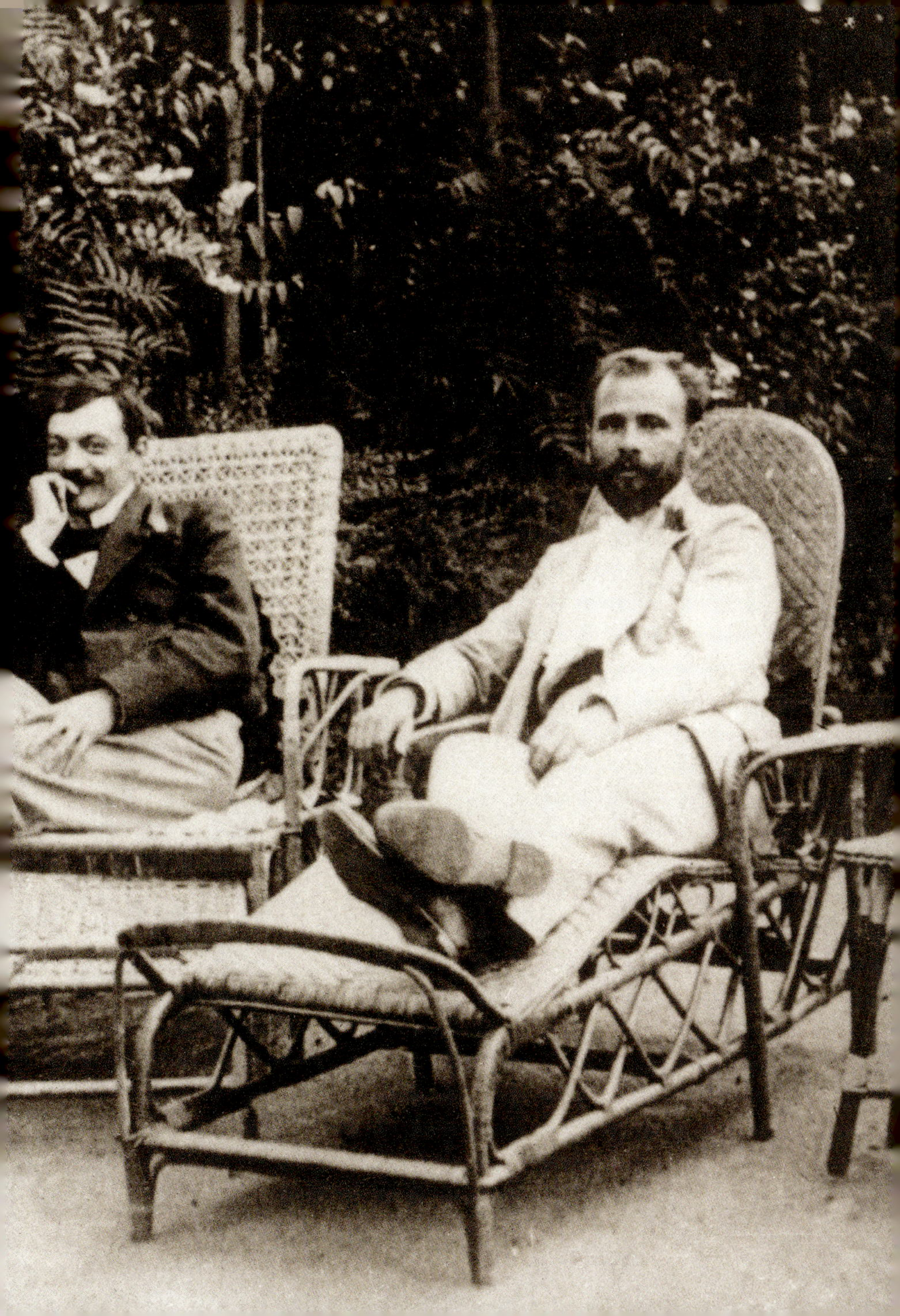

II.

Le printemps sacré et l'aube d'une ère nouvelle : la Sécession viennoise

Christoph Grunenberg

« La Sécession –
heure de naissance
d'une nouvelle ère. »

KOLOMAN MOSER, 1916/17

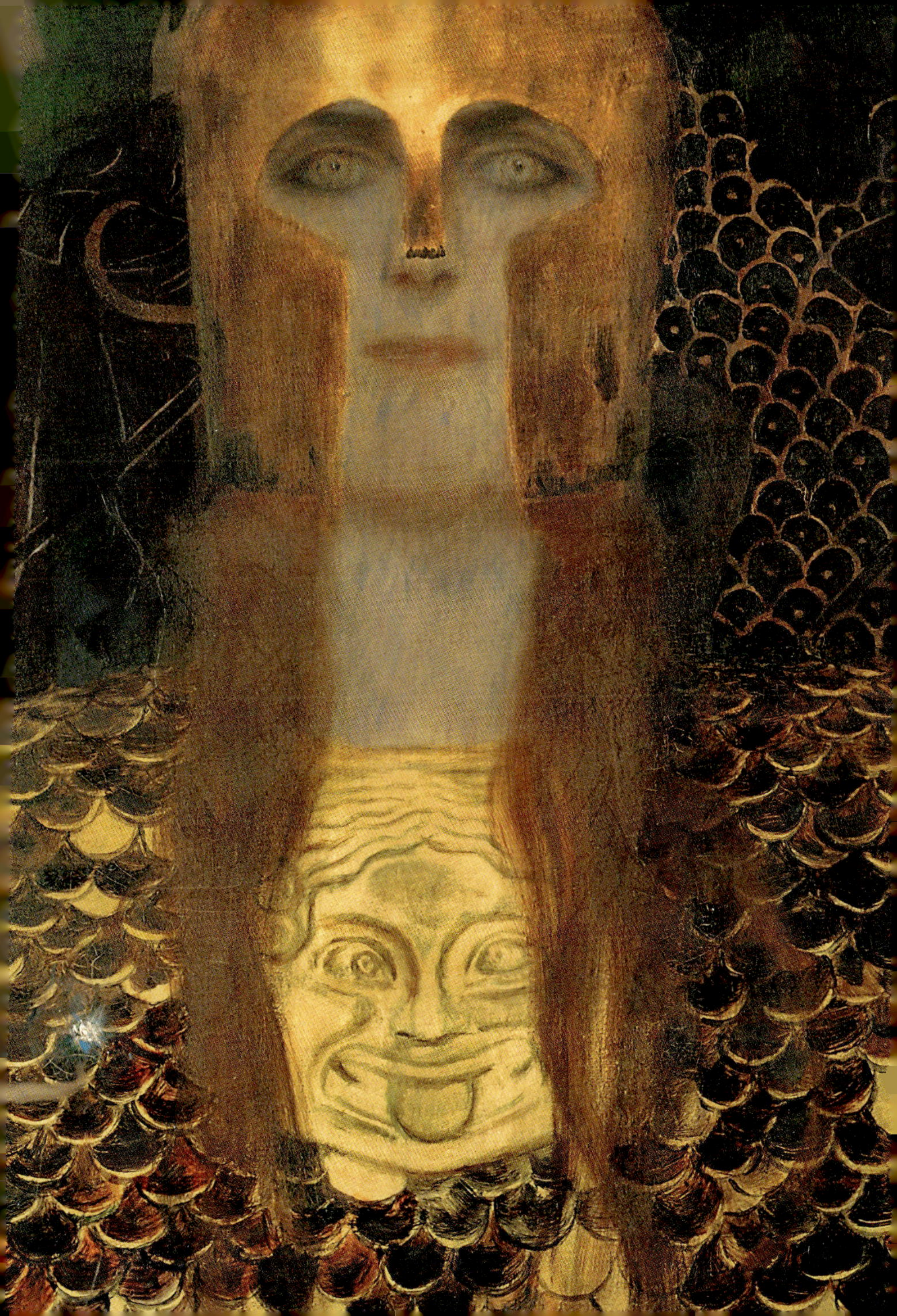

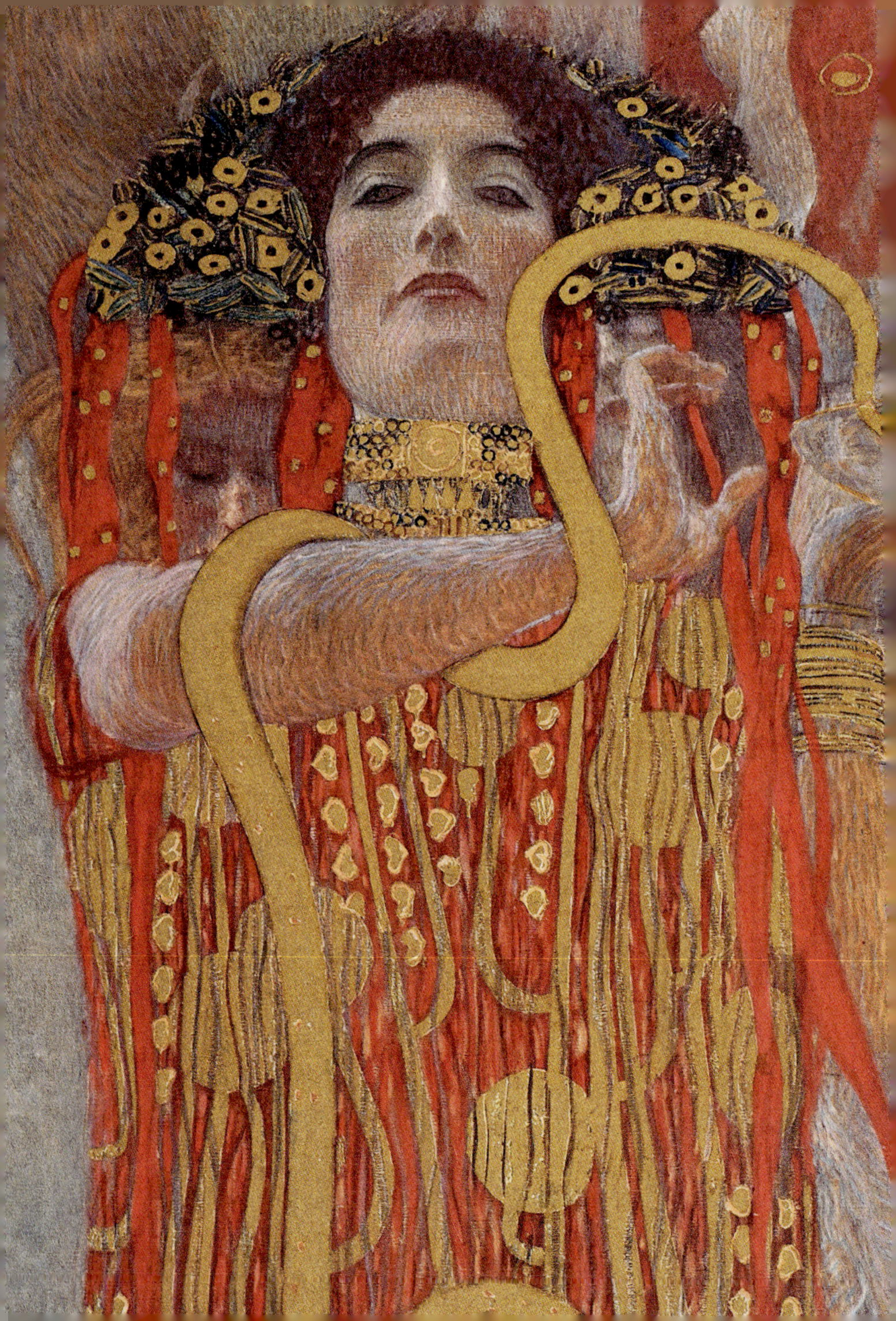

La naissance de l'art moderne est souvent présentée comme une révolution contre les forces conservatrices et les styles démodés, l'ancien étant balayé par des artistes d'avant-garde bien résolus à rompre avec le statu quo. Pourtant, les mouvements radicaux eux-mêmes ont besoin de leaders, de manifestes, de programmes, de règles, de forums et d'organes réguliers. L'une des organisations d'avant-garde les plus importantes de la fin du XIXe siècle est la Sécession viennoise, fondée au printemps 1897 pour s'opposer à l'association Künstlerhaus qui avait pignon sur rue. Gustav Klimt fut au cœur de ce mouvement progressiste à l'œuvre dans la Vienne impériale. Il en fut à la fois le premier président, la figure de proue, le vétéran et celui qui décida de l'orientation du nouveau groupe en lui donnant son identité visuelle et en exposant régulièrement lors de ses manifestations. Sa participation à la Sécession viennoise va de la création de l'association et de sa période de gloire à la scission qui donnera naissance au « groupe Klimt » en 1905.

C'est au cours de la décennie qui a suivi la création de la Sécession que Gustav Klimt est devenu l'artiste que nous connaissons aujourd'hui. D'abord peintre respecté au grand savoir-faire, mais manifestement académique, il s'est imposé comme protagoniste de l'un des plus audacieux mouvements d'avant-garde européens du tournant du siècle. Durant cette période, non seulement le style de Klimt changea de manière spectaculaire pour créer une version somptueuse et érotique du *Jugendstil* (style Art Nouveau), mais l'artiste devint l'un des adeptes les plus marquants de la *Gesamtkunstwerk* (œuvre d'art totale), prônant l'intégration de tous les arts dans une forme unifiée sous la bannière de l'architecture.

Tout au long de cette période d'extraordinaire créativité, Klimt produisit certaines de ses œuvres les plus remarquables : traitement innovateur d'un sujet classique dans *Pallas Athéna* de 1898, comble de l'opulence ornementale dans l'emblématique *Baiser* de 1907/08 (pp. 103, 142/143 ; Natter 2012, cat. 115, 179). Importante personnalité publique pendant cette époque, Klimt réalisa surtout plusieurs commandes prestigieuses destinées à des expositions ou à des bâtiments publics et des résidences privées. Les tendances décoratives de son art s'exprimèrent avec force dans des environnements modernes destinés à accueillir ses œuvres d'art, l'exemple typique étant la monumentale *Frise Beethoven* de 1901/02 (pp. 114–117, 119–125 ; Natter 2012, cat. 141). Après le scandale suscité en 1901/02 par ses

Page 69
Pallas Athéna (détail), 1898
(voir ill. p. 112)

La Médecine (détail), 1900–1907
De ce seul détail du tableau brûlé en 1945 est conservée une reproduction en couleur.
(voir ill. p. 129)

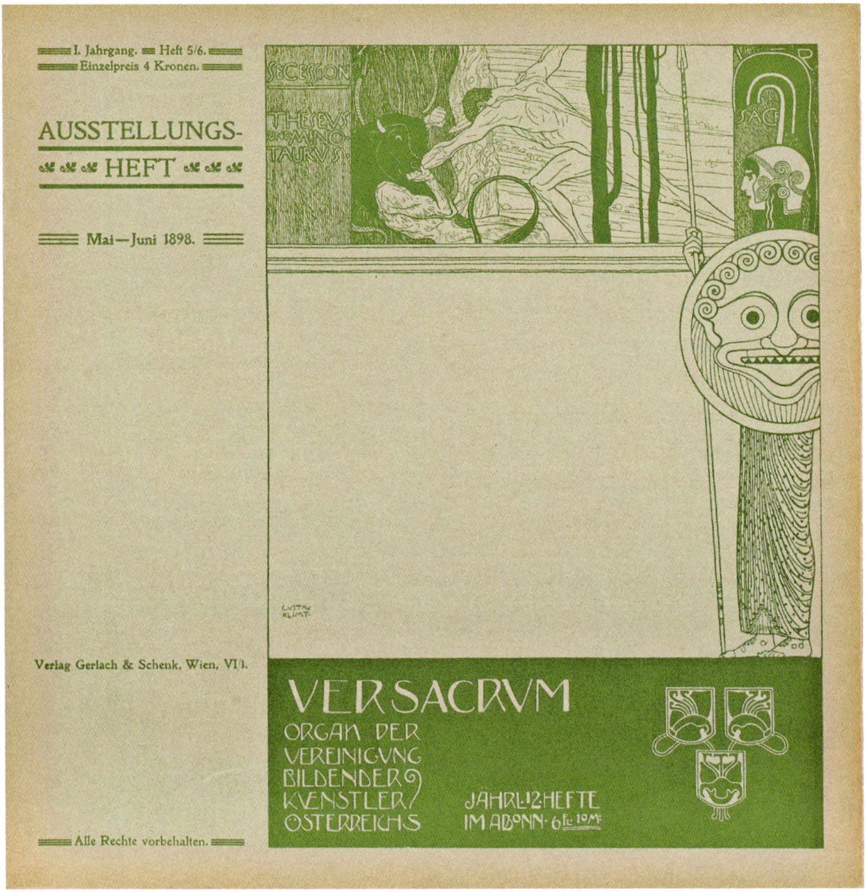

Gustav Klimt, **Jaquette de *Ver Sacrum***
Ière année, n° 5/6, mai/juin 1898. Vienne, collection particulière

« tableaux des facultés » (pp. 126, 129–131 ; Natter 2012, cat. 126, 127, 157) et l'accueil timide réservé à sa tentative de retour sur la scène publique à l'occasion de la *Kunstschau* de 1908, Klimt finit par se retirer de la vie publique pour répondre à des commandes de portraits et peindre des tableaux de paysages. La grande période de la Sécession s'était achevée, remplacée par une nouvelle génération d'artistes et rendue obsolète par l'imminence de la Grande Guerre et de la crise économique.

La naissance de la Sécession

Comme dans beaucoup de villes européennes de la fin du XIXe siècle, le climat intellectuel et artistique de Vienne était mûr pour une révolution. Tout au long du siècle, la ville s'était transformée pour devenir une métropole de deux millions d'habitants, arborant une architecture grandiose, voire pompeuse, qui convenait tout à fait à la capitale de l'Empire austro-hongrois tentaculaire et multiculturel. Capitale riche de traditions musicales, littéraires et picturales, Vienne l'était aussi dans les domaines des sciences, de l'industrie, de la médecine, de la philosophie, de la psychanalyse et de la psychologie. Elle vit naître trois générations de personnalités exceptionnelles des arts et des sciences : Sigmund Freud (1856–1939), Adolf Loos (1870–1933), Hugo von Hofmannsthal (1874–1929), Karl Kraus (1874–1936), Arnold Schönberg (1874–1951), Oskar Kokoschka (1886–1980), Ludwig Wittgenstein (1889–1951) et Egon Schiele (1890–1918). Pourtant, la ville connaissait une crise culturelle, avec la montée du nationalisme et du radicalisme politique, sources de tensions considérables dans cet État multiethnique. Les dissensions entre l'historicisme rétrograde du milieu du siècle et le modernisme naissant suscitèrent un climat propice au changement, d'où naquit la révolution créatrice de la Sécession.

C'est le 25 mai 1897 qu'est fondée la Sécession (dont les statuts ont été établis le 3 avril) pour s'opposer de manière frontale à l'establishment artistique représenté par la Société des artistes de Vienne (Genossenschaft Bildender Künstler Wien), plus connue sous le nom de son siège social, la Künstlerhaus (« maison des artistes »), située sur la Karlsplatz, la grande place viennoise. Ce soulèvement artistique prit la forme d'un groupe de jeunes artistes rompant avec le passé pour proposer un style et un moyen d'expression nouveaux, à la mesure des réalités de l'époque industrielle et de la vie moderne dans une métropole en devenir – « association ambiguë d'une révolte œdipienne collective et de la quête narcissique d'un nouveau moi », selon les mots de Carl Schorske (1980, p. 209). Pour la Sécession, une rupture historique radicale s'imposait afin qu'advienne l'aube d'une ère nouvelle grâce au pouvoir régénérateur de l'art – le « printemps sacré » évoqué dans la devise de *Ver Sacrum*, titre programmatique de la revue du groupe (p. 72). Le mouvement était animé par « l'esprit de la jeunesse grâce auquel le présent devient toujours ‹ moderne › », comme l'annonçait le numéro inaugural de la revue (Burckhard, 1898, pp. 1–3). Il imitait en cela la Sécession munichoise qui, en 1892, avait ouvert la voie, avant d'être rejointe par la Sécession de Berlin et bien d'autres groupes d'artistes qui remettaient en cause l'art officiel dans toute l'Europe.

C'est avant tout l'esprit étriqué, l'adhésion à l'académisme, les critères restrictifs d'exposition et les méthodes de présentations démodées de la Künstlerhaus que contestait la Sécession. L'affiche réalisée par Klimt pour la première exposition de la Sécession, qui eut lieu au printemps 1898, exprime avec force la rupture avec le passé en convoquant le mythe classique : le Minotaure au corps d'homme et à tête de taureau est tué par le jeune Thésée, roi fondateur d'Athènes, luttant contre un ordre archaïque et dépassé (p. 75). Une mesure de censure devenue célèbre imposa la dissimulation des parties génitales de Thésée derrière des troncs d'arbre. Sur la droite, la déesse Pallas Athéna, vue de profil, protège la Sécession comme mécène de l'art et de l'artisanat. Le mouvement eut recours à d'efficaces stratégies de communication fondées sur une « identité visuelle » cohérente, en annonçant son arrivée à l'aide d'un graphisme simple, également présent sur la couverture du catalogue de l'exposition et sur d'autres documents (p. 113). L'association d'un style net et sobre à des références à la mythologie classique servit à affirmer résolument la « sécession » d'avec l'art officiel, dans la tradition de la *secessio plebes* romaine, et à annoncer une ère nouvelle de créativité. Mais elle témoignait aussi de la tension intrinsèque qui caractérisait un mouvement dynamique, écartelé entre une avancée audacieuse et un attachement profond à la tradition et à l'ordre établi ; cet attachement s'exprimait par l'adhésion à l'iconographie classique et par la complicité avec le pouvoir, notamment par une allégeance à l'empereur.

La première exposition de la Sécession

La première manifestation du groupe fut marquante pour deux raisons. Tout d'abord, elle présenta les dernières tendances de l'art moderne européen au public viennois ; ensuite, le mode même de présentation refléta l'esprit avant-gardiste des œuvres exposées dans des environnements conçus à cet effet par les architectes et designers Joseph Maria Olbrich (1867–1908) et Josef Hoffmann (1870–1956), avec la collaboration d'un « comité de décoration ». Cette exposition réunit pour la première fois un vaste échantillon de peintres et de sculpteurs célèbres sur le plan international, parmi lesquels Arnold Böcklin (1827–1901), Pierre Puvis de Chavannes (1824–1898), Walter Crane (1845–1915), Fernand Khnopff (1858–1921), Max Liebermann (1847–1935), Constantin Meunier (1831–1905), Alphonse Mucha (1860–1939), Auguste Rodin (1840–1917), John Singer Sargent (1856–1925), Giovanni Segantini (1858–1899), Franz von Stuck (1863–1928) et James Abbott McNeill Whistler (1834–1903). Si cet échantillon rassemblait quelques-uns des plus grands noms de la peinture et de la sculpture du moment, il privilégiait de manière appuyée le symbolisme, l'Art Nouveau et le proto-expressionnisme, au détriment des derniers exemples de l'impressionnisme et du post-impressionnisme français. Les maîtres étrangers côtoyaient une sélection d'artistes de la Sécession, dont Klimt qui exposa six œuvres.

Gustav Klimt, **Affiche pour la première exposition de la Sécession (version non censurée)**, 1898
Lithographie en couleurs sur papier, 97 x 70 cm
Vienne, MAK – Österreichisches Museum für angewandte Kunst/Gegenwartskunst

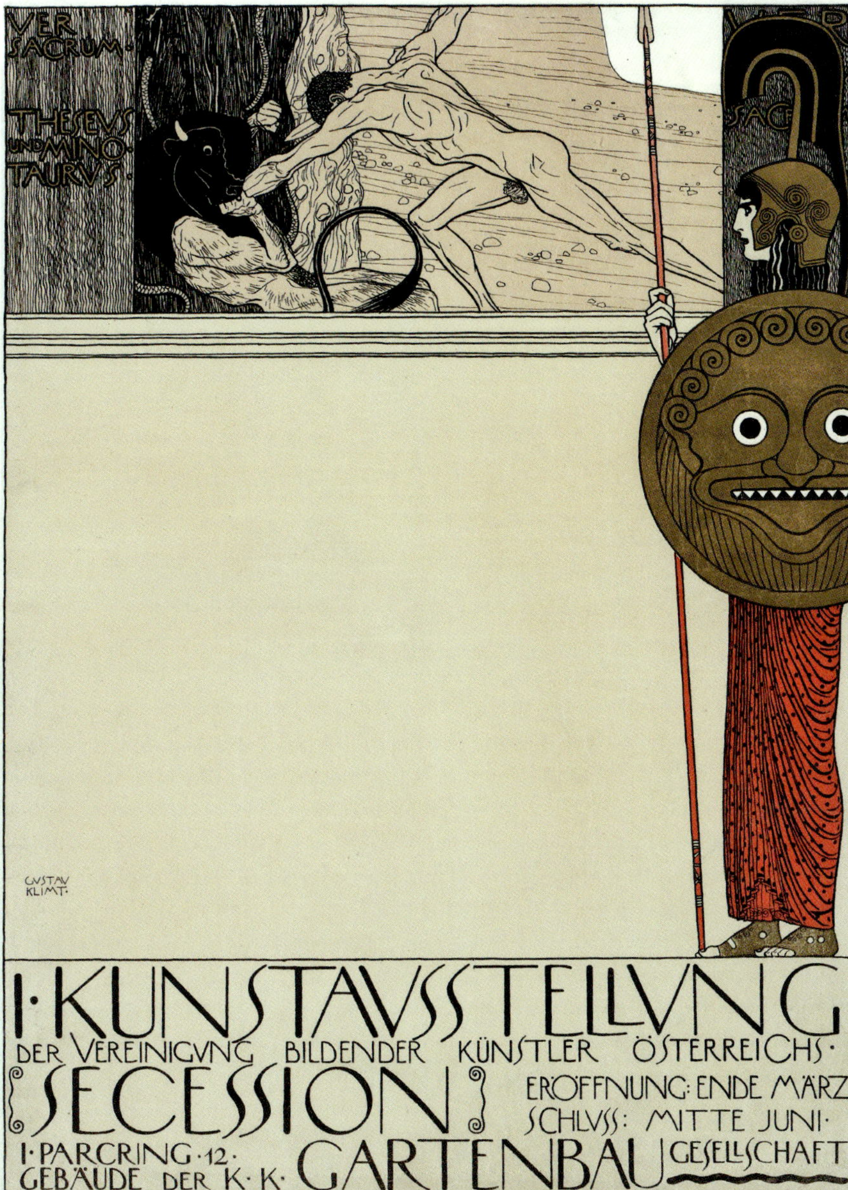
VER SACRUM·
THESEUS UND MINOTAURUS·
GUSTAV KLIMT·
I·KUNSTAUSSTELLUNG
DER VEREINIGUNG BILDENDER KÜNSTLER ÖSTERREICHS·
SECESSION
ERÖFFNUNG: ENDE MÄRZ
SCHLUSS: MITTE JUNI·
I·PARCRING·12·
GEBÄUDE DER K·K· GARTENBAU GESELLSCHAFT
LITH. ANST. v. A. BERGER WIEN 8.

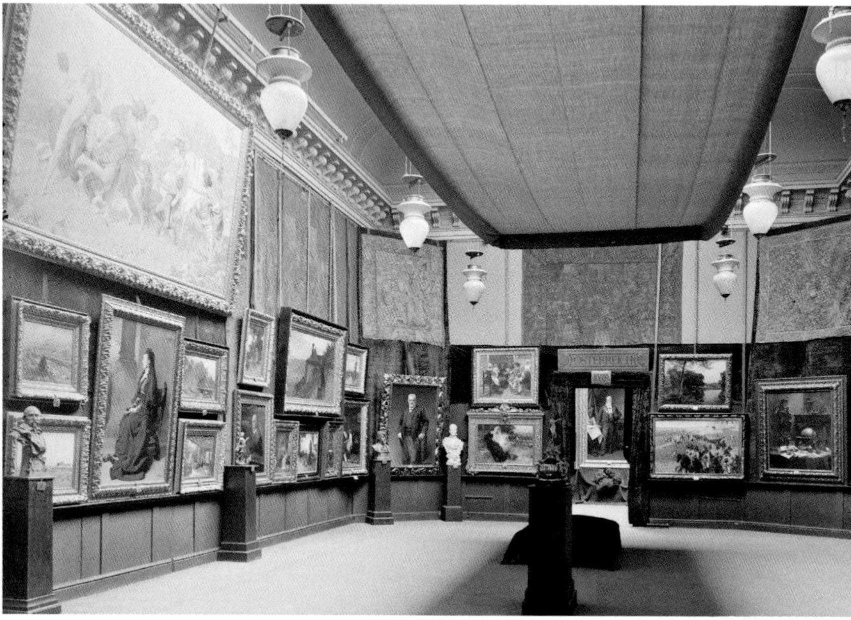

Exposition internationale au Künstlerhaus, Vienne 1894
Vienne, Österreichische Nationalbibliothek

Hermann Bahr (1863–1934), critique littéraire reconnu et grand défenseur de la Sécession, fit l'éloge de la manifestation dans *Ver Sacrum*, en qualifiant l'exposition de révolution absolue, de « miracle » par son ampleur et sa qualité, de « résumé de toute la peinture moderne ». Il ajouta qu'elle répondait totalement à la mission d'éducation que s'était donnée le comité d'organisation à l'intention des artistes et des publics intéressés d'Autriche (Bahr, 1900, p. 15).

L'architecture intérieure, moderne et curviligne, et l'élégance de l'ornementation balayaient la poussière accumulée pendant des siècles. L'un des grands chroniqueurs du monde de l'art viennois autour de 1900, Ludwig Hevesi (1843–1910), fit ce commentaire : « La manière dont est présentée l'exposition [...] est déjà en soi une œuvre d'art selon le goût moderne » (Hevesi, 1906a, p. 13). À l'époque, le « goût moderne » était synonyme d'un *Jugendstil* accompli qui tranchait nettement avec les expositions traditionnelles organisées dans des environnements historicistes ; celles-ci se caractérisaient par une profusion de matériaux (draperies, mobilier, arrangements floraux) et par un penchant pour l'accrochage de trois tableaux par mur, sur des murs sombres et dans des espaces faiblement éclairés, selon la pratique chère à la Künstlerhaus (p. 76). Principal architecte, Olbrich releva le défi de transformer « artistiquement » « la vulgarité des intérieurs ‹ mauresques › » de la Société horticole où se tenait l'exposition (Hevesi, 1906a, p. 13). La réussite de cette transformation dut beaucoup au décor de théâtre : une majestueuse arche de bois divisait en deux la salle principale, d'impressionnantes décorations ornaient les murs, des tentures flottantes régulaient la lumière et dissimulaient habilement l'architecture d'un autre âge. Rompant habilement avec l'association d'arrangements floraux à des motifs démodés, Olbrich instaura une analogie visuelle et métaphorique entre la floraison de l'ornementation moderne (grâce à la stylisation des formes végétales) et la genèse d'une ère nouvelle ; les fleurs « spécialement cultivées dans les pépinières de Sophienbad [...] s'épanouirent le jour de l'inauguration » (Hevesi, 1906a, p. 13).

« À chaque époque son art, à l'art sa liberté » : le pavillon de la Sécession

La Sécession de Vienne rencontra un succès spectaculaire. Moins d'un an après la création du groupe, celui-ci avait organisé sa première exposition triomphale et lancé une revue luxueuse, *Ver Sacrum*, qui lui servait d'organe promotionnel. Dès 1900, les Sécessionnistes étaient devenus les artistes les plus influents de Vienne. Leur style moderne fut bien accueilli non seulement par la critique, mais aussi par les collectionneurs et le grand public. L'événement le plus révélateur du succès de la Sécession fut son emménagement, en novembre 1898, dans un bâtiment d'un blanc étincelant, construit spécialement sur la Wienzeile, non loin de la Karlsplatz, dix-huit mois seulement après l'établissement des statuts de la Sécession (pp. 80, 492). Au cours des dix années suivantes, la Sécession allait devenir l'épicentre artistique de Vienne. Plusieurs expositions se succédèrent rapidement pour présenter à la ville les toutes nouvelles œuvres d'art européennes ainsi que les artistes viennois. Ces manifestations comptèrent parmi les plus marquantes de l'époque.

Construit en six mois seulement, le pavillon de la Sécession fut considéré comme un bâtiment véritablement moderne, répondant aux besoins contemporains de simplicité, d'adaptabilité et même d'éclairage : « Ici, tout est régi exclusivement par la fonction », écrivit Hermann Bahr. « Le bâtiment n'a pas la prétention d'être un temple ou un palais, mais un espace qui permet aux œuvres d'art de se déployer pleinement » (Bahr, 1900, p. 61). Klimt apporta une touche de simplicité au pavillon dessiné par Joseph Maria Olbrich, l'architecte, designer et peintre Kolo Moser (1868–1918) s'étant chargé de la décoration et des aménagements. Datées du début de 1897, les créations de Klimt semblent coïncider avec la commande passée à Olbrich en mars de la même année : la structure en forme de temple est flanquée d'ailes de part et d'autre. Témoignant d'une simple « stéréométrie protocubiste » (Karpfinger, 2003, p. 47), le pavillon, avec sa vaste façade blanche dépourvue d'ornementation, possède une dimension programmatique qui annonce une rupture radicale avec les modèles du passé en s'inspirant de l'architecture préclassique (des inspirations européennes et assyriennes ont été évoquées, le pavillon rappelant notamment « le tombeau du Mahdi » ; Hevesi, 1906a, p. 63).

L'éclatante pureté de la masse architecturale et des surfaces planes et austères est contrebalancée par l'abondance des détails ornementaux, certes sobres et surtout linéaires, composés de frises figuratives et florales couleur or, aux motifs de masques classiques, de serpents et de hiboux. Ce projet iconographique complexe est couronné par une gerbe de lauriers dorés, placée au sommet de la tour centrale, nouvelle expression de l'avènement d'une ère nouvelle et d'une renaissance spirituelle par les arts. La modernité dissimule à peine un symbolisme antique qui situe l'aspiration artistique dans l'Arcadie utopique d'un passé classique, promesse d'une élévation par la purification spirituelle et physique.

Olbrich s'est d'ailleurs davantage inspiré du temple antique que de la machine moderne à contempler des images, pour créer néanmoins un sanctuaire consacré à l'art de son temps, comme l'affirmait avec force la devise de la Sécession au-dessus de l'entrée : « À chaque époque son art, à l'art sa liberté ». L'architecte exprimait avec emphase la noblesse de ses ambitions : « Les murs seront blancs, étincelants, sacrés et chastes. Tout sera baigné d'une dignité solennelle. La dignité dans toute sa pureté telle que j'en fus saisi, seul, tremblant, face au temple inachevé de Segesta ! » (Olbrich, 1899, p. 5). Bahr, qui s'était tellement enthousiasmé pour la pure fonctionnalité des salles, proposa lui aussi une méthode méditative pour la contemplation artistique. Il décrivait l'entrée dans le pavillon comme un processus de « purification de l'âme ». Après l'acte de dévotion artistique, « avant le retour à la vie, nous pouvons demeurer par la pensée en présence des émotions de l'art, pour le contempler, pour nous recueillir. Nous aimerions ici absorber les derniers effets de l'art. Ensuite, nous pourrons sortir » (Bahr, 1900, p. 62).

Avec ce pavillon, la Sécession était tiraillée entre passé et présent, tournée vers l'Antiquité pour s'inspirer de la simplicité, de la dignité et de l'élévation de la période classique, tout en aspirant à un style moderne à la mesure des défis nés des idées progressistes du mouvement afin de répondre à une époque de changements accélérés. La réponse artistique à ces défis fut stupéfiante, avec l'invention d'un nouveau langage symbolique, destiné à dépasser la suprématie de la peinture historique et à actualiser l'hymne éculé aux dieux et aux mythes antiques. Les artistes de la Sécession ont élaboré une nouvelle expression picturale, s'accompagnant d'un goût irrépressible pour la couleur et pour la

Nuda Veritas (détail), 1899
(voir ill. p. 111)

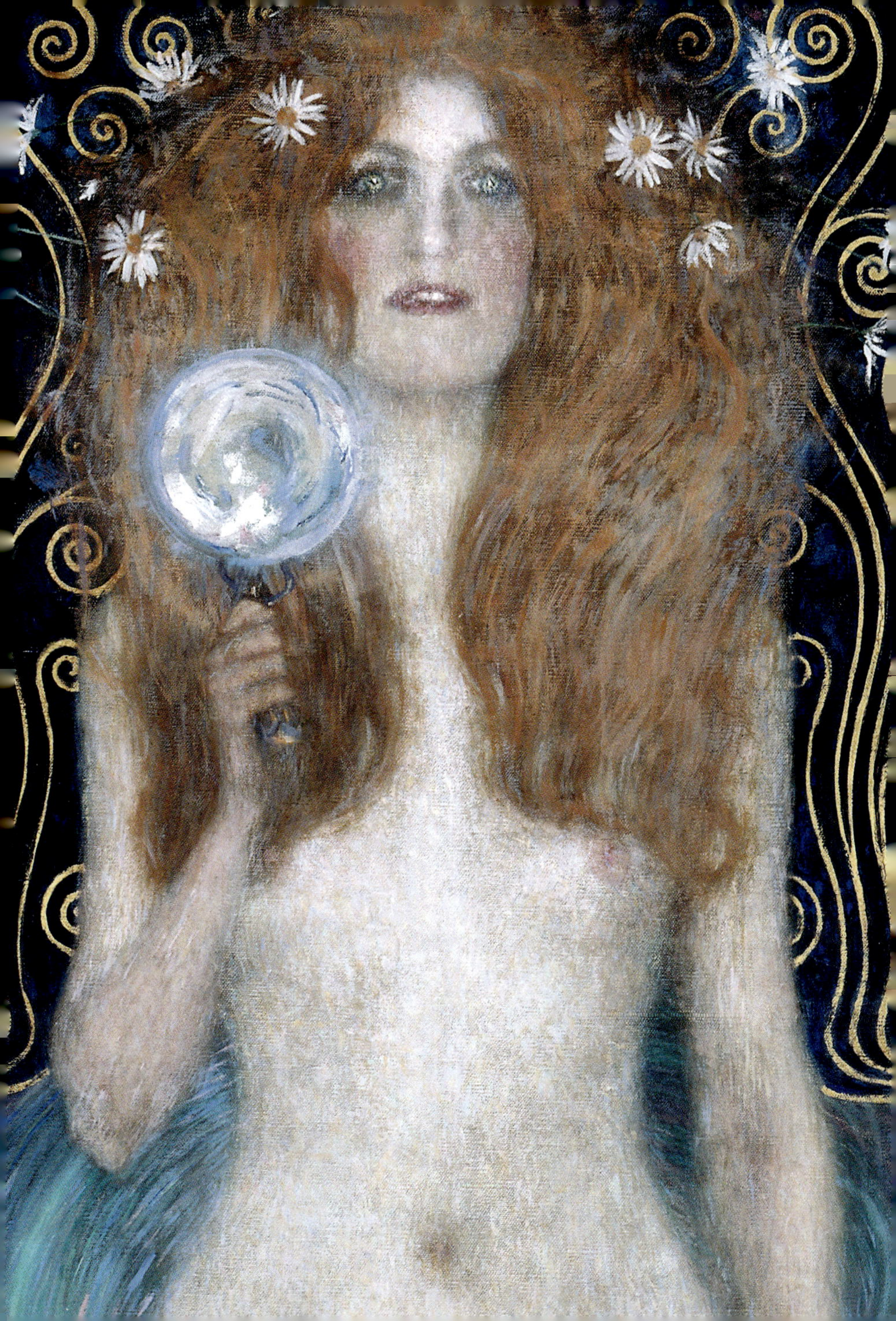

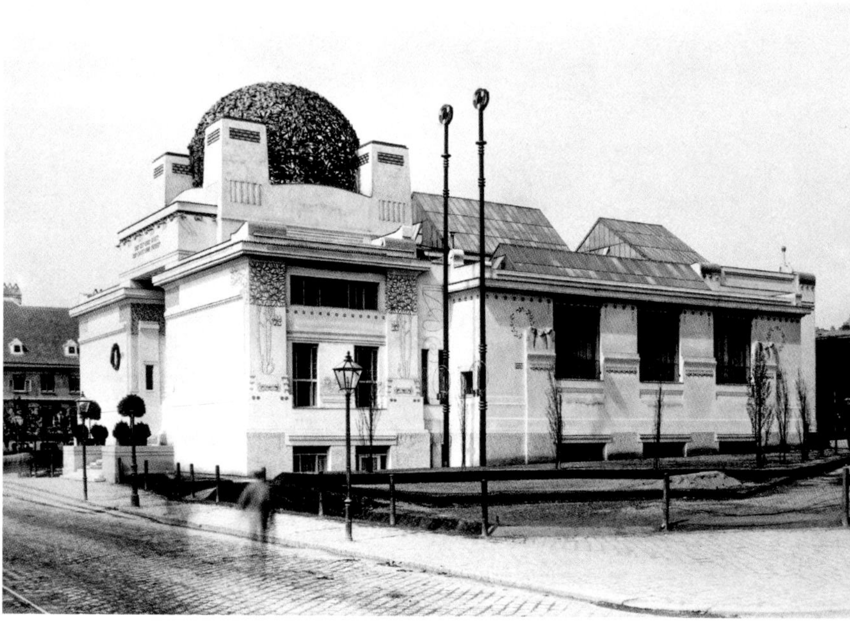

Joseph Maria Olbrich, **Le bâtiment de la Sécession viennoise**, vers 1898
Photo. Imagno/Austrian Archives

matérialité de la surface, tandis que les architectes et les designers du groupe s'orientaient vers les premières manifestations d'une souplesse et d'une fonctionnalité simplificatrices en architecture. Toutefois, on peut également noter une certaine hésitation à rompre totalement avec les mythes classiques, avec l'ornement et la décoration, et avec d'autres errements formels et thématiques. Ceci se traduit, dans sa forme la plus extrême, par la fuite pure et simple de la réalité : le pavillon de la Sécession est un temple de l'art, un refuge pour que l'âme moderne se retire des pressions de la vie urbaine, tout en donnant à voir les manifestations créatrices de l'esprit contemporain pressé que le visiteur cherchait précisément à fuir.

L'un des critiques de l'époque sut résumer le dilemme posé par la modernité, tel que l'exprima la Sécession dans un va-et-vient permanent entre l'attirance et la répulsion vis-à-vis des tentations de l'existence, du « meilleur des mondes » capitaliste, de la stupéfiante accélération des transports et de la communication et du cycle toujours changeant des modes : « Ce lieu d'exposition était destiné à nous rappeler que nous sommes des enfants de notre époque, insatiables et d'une grande capacité d'absorption. Si nous aimons les changements rapides et les plaisirs faciles, ce n'est pas parce que nous sommes devenus plus superficiels, mais parce nous sommes nous-mêmes la manifestation et le produit de nos existences, de cette vie grouillante, trépidante et scintillante qui nous entoure, de ses reflets multiples que nous recherchons dans l'art, afin de trouver un moment de paix et de communier avec notre âme» (Schölermann, 1899, pp. 205, 210).

L'art dans sa vérité nue

Pour Klimt, comme pour le monde de l'art viennois, 1897 constitua un tournant, le point de départ du «processus de désublimation de l'art par le recours à des symboles préclassiques» (Schorske, 1982, p. 208). Les déesses classiques continuent de figurer dans les tableaux de Klimt, mais elles abandonnent peu à peu leur posture hiératique et prennent vie en adoptant l'apparence contemporaine et scandaleuse de personnages humains, ordinaires et vulnérables. Présentée lors de la deuxième exposition de la Sécession, pour l'inauguration du pavillon, *Pallas Athéna* (pp. 69, 112 ; Natter 2012, cat. 115) évoque l'ancienne gardienne des arts ; comme l'écrit Hevesi, elle est «manifestement une sécessionniste d'aujourd'hui [...] une Pallas vivante [...] de son temps, de son lieu, de son créateur» (Hevesi 1906a, p. 82). L'œuvre possède un cadre de métal repoussé, orné de motifs linéaires et portant le titre de l'œuvre, cadre conçu par Georg Klimt, frère de l'artiste.

Athéna était déjà apparue dans l'œuvre de Klimt, également dans le cadre de décorations, réalisées pour le Kunsthistorisches Museum de Vienne en 1890/91 (pp. 54/55 ; Natter 2012, cat. 65). Cette œuvre antérieure témoigne d'une fascination pour l'ornementation, la richesse des matériaux et la tension sexuelle sous-jacente, ainsi que de l'intérêt du peintre pour les motifs architecturaux décoratifs. Si cette composition a certains points communs avec la *Pallas Athéna* de 1898, l'ornementation montre le chemin parcouru par Klimt pour se libérer des contraintes d'un style académique et figuratif et parvenir à une interprétation plus libre du sujet, en mettant l'accent sur la richesse des motifs et la sensualité. Délaissant le portrait grandeur nature, cette seconde version associe la dissolution des formes dans un scintillement d'écailles dorées, en avant d'une frise décorative, au portrait d'une déesse puissante vue de face, tenant, bras écartés, une figurine entièrement nue.

Cette petite figure dénudée réapparaît dans une œuvre majeure, *Nuda Veritas* (1899), grandeur nature cette fois et dans toute la nudité magnifique d'un vrai personnage humain, en lieu et place d'une statue en réduction (pp. 79, 111 ; Natter 2012, cat. 119). C'est une figure féminine contemporaine qui se présente au spectateur et le met mal à l'aise, car libérée de son armure et de la plupart de ses attributs iconographiques. Pour Klimt, il s'agit d'une œuvre programmatique et d'une réponse cinglante à ceux qui le critiquent. Il met ces derniers face à la «vérité nue», à la fois allégorique et réelle, en leur tendant le miroir aveuglant de la vérité. Klimt emprunta au poète allemand Friedrich Schiller ces mots dont il allait faire son credo artistique et celui de la Sécession : « Si tes actions et ton art ne peuvent satisfaire tous les hommes, alors ne plais qu'au petit nombre ; il n'est pas bon de plaire à la multitude. » C'est là un engagement sans concession au nom de la vérité et de ce qu'il y a de plus noble dans l'art. C'est aussi une devise résolument élitiste, reflet de la propension à la fuite qui caractérise les Sécessionnistes de la fin du XIXe siècle.

Le public accueillit très mal *Pallas Athéna* et *Nuda Veritas* quand ces œuvres furent présentées à la deuxième et à la quatrième exposition de la Sécession, en 1898 et 1899. Les deux tableaux constituent une évolution marquante dans l'œuvre de Klimt. L'artiste continue de puiser dans le répertoire familier de la mythologie classique, des figures symboliques et des attributs emblématiques, mais il leur donne une forme spécifiquement moderne. *Nuda Veritas* est, certes, une allégorie de la vérité, dotée de tous les signes de l'iconographie symboliste – des serpents et des fleurs qui s'épanouissent entourent un nu séduisant. Cependant, Klimt y fait aussi le portrait d'un être humain ancré dans le présent, et non dans une Grèce ou une Rome lointaine et classique. La peau diaphane, la longue chevelure rousse à laquelle font écho les fleurs en bouton dorées de l'ornement et la pulsation qui jaillit de l'arrière-plan bleu suggèrent la nudité vulnérable et transcendent l'allégorie symboliste et son sens manifeste selon un nouveau langage formel.

1898 marque également la fin de la période la plus active de Klimt au sein de la Sécession. Il consacrera désormais son temps à la peinture et, en particulier, à la réalisation des « tableaux des facultés ». Toutefois, il continuera à participer aux expositions du groupe, à créer de grands cycles d'œuvres et à promouvoir activement la philosophie de la *Gesamtkunstwerk*. Ainsi contribue-t-il à la scénographie d'expositions et à la réalisation d'œuvres de commande, en collaboration avec Josef Hoffmann et la Wiener Werkstätte, créée en 1903 pour favoriser la diffusion dans la vie moderne d'objets bien conçus et d'un artisanat de qualité.

« Un enfer luxueux » : les tableaux des facultés

La plus grande œuvre de commande que Klimt ait réalisée permet de retracer son évolution, du peintre historiciste accompli de ses débuts au membre de l'un des mouvements les plus avant-gardistes d'Europe. Il s'agit de la série de fresques monumentales peintes pour la grande salle de l'Université de Vienne, située dans la prestigieuse Ringstrasse où s'élevaient de nombreux bâtiments représentatifs. C'est en 1894 que Klimt et Franz Matsch, artiste, ami et collaborateur de longue date du peintre, reçurent cette impor-

Joseph Maria Olbrich, **Affiche pour la deuxième exposition de la Sécession**,
12 novembre–28 décembre 1898. Lithographie en couleur, 86 x 51 cm
Vienne, MAK – Österreichisches Museum für angewandte Kunst/Gegenwartskunst

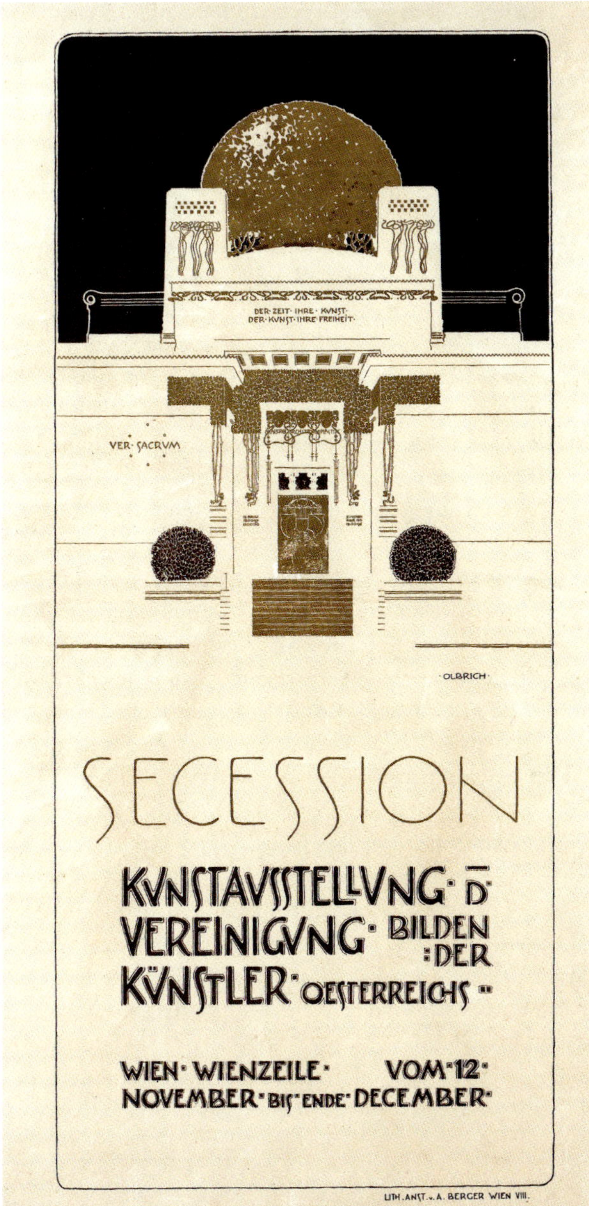
DER·ZEIT·IHRE·KVNST·
DER·KVNST·IHRE·FREIHEIT·
VER·SACRVM
·OLBRICH·
SECESSION
KVNSTAVSSTELLVNG·D·
VEREINIGVNG·BILDEN
:DER
KVNSTLER·OESTERREICHS
WIEN·WIENZEILE·
VOM·12·
NOVEMBER·BIS·ENDE·DECEMBER·
LITH.ANST.v.A.BERGER WIEN VIII.

tante commande publique. Onze ans plus tard, en 1905, Klimt se retira du projet suite à une série de scandales et de violentes attaques. Toutefois, il allait s'intéresser aux fresques jusqu'à leur achèvement en 1907.

Au lieu de produire de lointaines paraphrases à partir de l'iconographie éculée de la mythologie classique, Klimt évoque de manière convaincante, dans les tableaux des facultés, le cycle impitoyable de la naissance, de la vie et de la mort, la misère humaine provoquée par la maladie, la guerre et l'injustice, et les dilemmes moraux fondamentaux. Divinités grecques et romaines, représentations allégoriques de notions abstraites, comme l'espoir et la justice, figurent toujours dans ses œuvres. Mais les dieux de Klimt sont descendus de l'Olympe et ont adopté une forme humaine, avec toutes les faiblesses et les imperfections des êtres contemporains, cruellement dépouillés de leurs pouvoirs divins. Ces personnages sont associés au symbolisme de plus en plus fort de la surface décorative et des motifs ornementaux, évocateurs d'un éveil spirituel et sexuel. Autre procédé innovateur de l'artiste, le champ vide, presque sans structure, qui encadre la figure humaine dans un espace indéterminé de néant existentiel et de désespoir.

Klimt fut chargé de réaliser les allégories des facultés de médecine (pp. 70, 126, 129; Natter 2012, cat. 104, 127), de philosophie (p. 131; Natter 2012, cat. 105, 126) et de jurisprudence (p. 130; Natter 2012, cat. 103, 157), qui devaient entourer l'image centrale de *La Victoire de la lumière sur les ténèbres*. À partir des croquis initiaux jusqu'aux trois tableaux achevés en 1907, on constate que Klimt est passé progressivement d'allégories relativement conventionnelles à une interprétation très personnelle des trois disciplines du savoir. Si une grande partie du projet originel a subsisté, c'est la représentation explicite de personnages nus flottant dans les airs et le foisonnement de l'ornementation qui suscitèrent la consternation du public. Des personnages féminins indistincts deviennent, par exemple, de séduisantes tentatrices à la chevelure flottante décorative, entourées de motifs géométriques complexes (pp. 126, 129; Natter 2012, cat. 104, 127). Avec ses fresques, l'artiste ne voulait ni ne pouvait adhérer au positivisme dominant et aux principes rationalistes de la science. Au lieu de glorifier les bienfaits de la science et l'indépendance de la justice, Klimt s'intéresse au cycle de la vie et à l'individu qui souffre. *La Médecine* ne dissimule pas la présence constante de la mort. Le bagnard nu et décharné de *La Jurisprudence* baisse la tête, alors que le verdict est rendu loin de lui par les personnifications de la vérité, de la justice et du droit.

L'une des plus grandes réussites de Klimt est le traitement quasi abstrait de l'espace qui, dans chaque tableau, comporte un sens symbolique différent. La perspective vertigi-

La Frise Beethoven, « Gorgone » (détail), 1901/02
Panneau central (voir ill. p. 119)

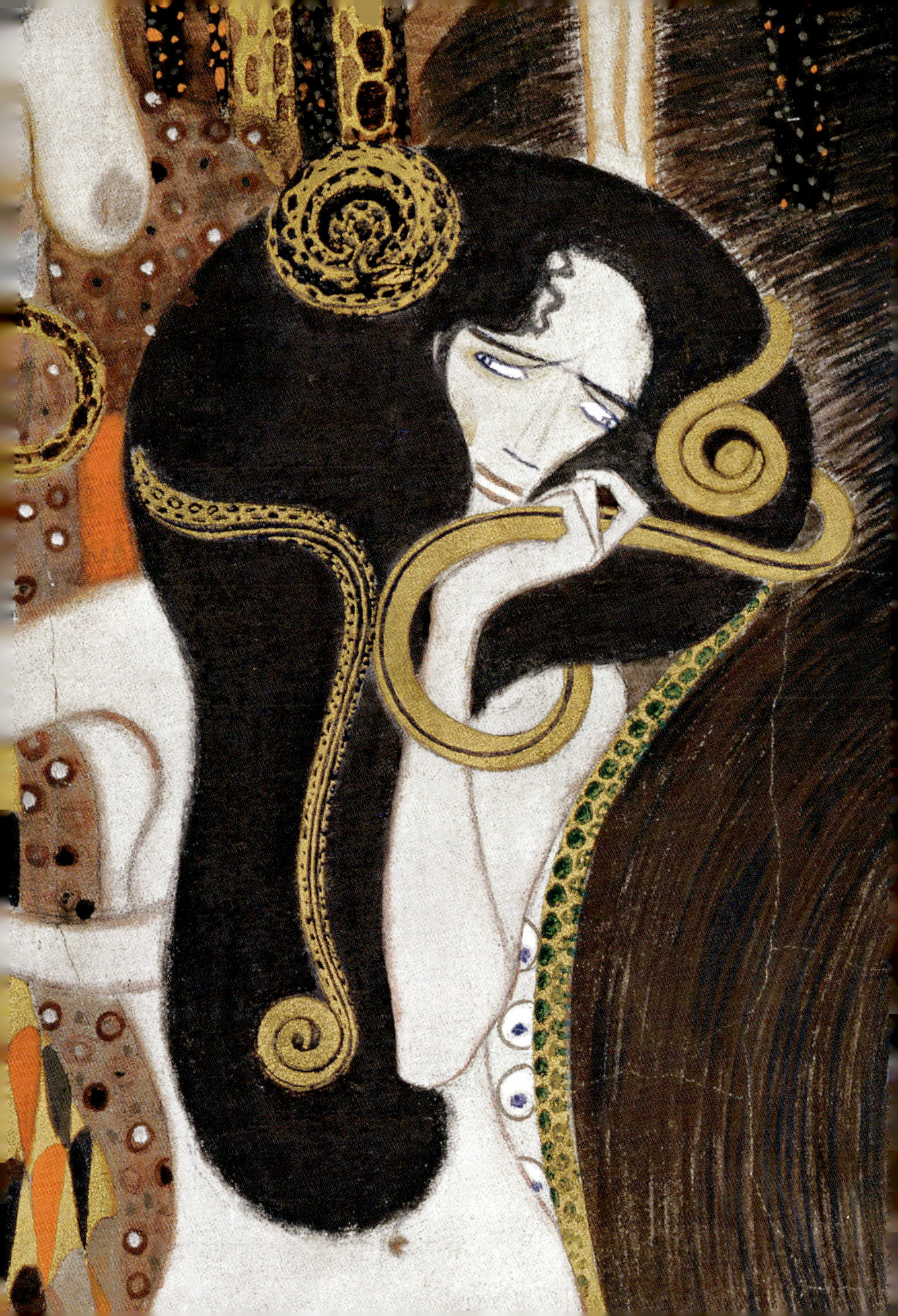

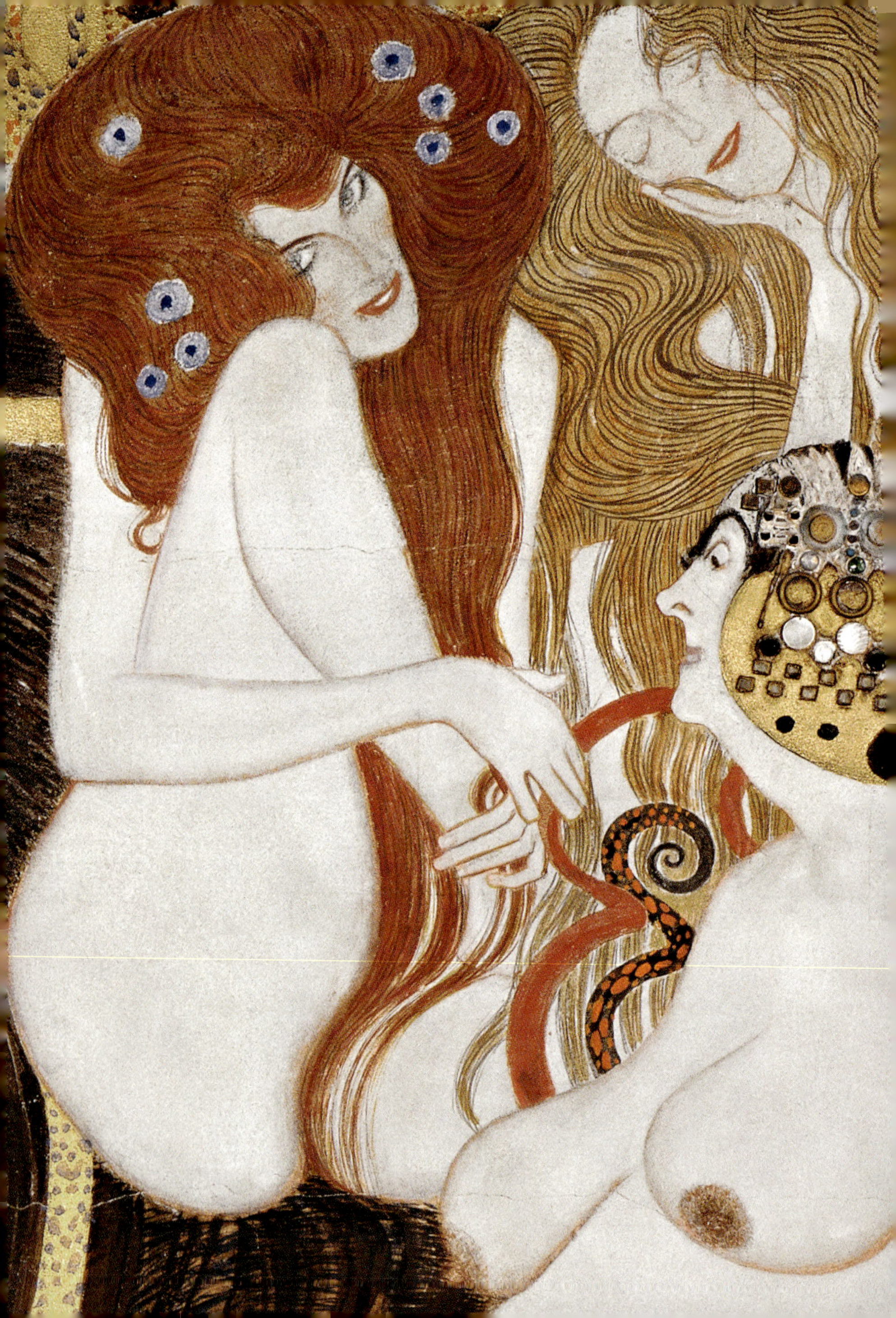

neuse empruntée à la peinture de plafond baroque lui permet de placer ses figures nues dans des positions provocantes, ce qui fait des tableaux des facultés des œuvres exceptionnelles par leur forme révolutionnaire et leur caractère programmatique. Dans *La Philosophie*, cet espace abstrait devient l'expression visuelle ou, comme l'écrit Bahr, « une métaphore picturale » de l'apparition de la vie à partir du néant et du mystère éternel de l'existence humaine, éclairée par le désir de connaissance. Pour le critique Ludwig Hevesi, cette œuvre est « une vision grandiose où règne, il faut l'admettre, une inspiration presque cosmique. On distingue dans cette scène le chaos dont elle s'est libérée, ou plutôt continue de se libérer, tandis que le flot éternel de la vie se coagule pour faire naître des formes avant de fondre à nouveau » (Hevesi 1906a, p. 333 sq.). La figure centrale qui émerge de « l'absence de forme du transcendantal est la science, ou la philosophie, ou l'esprit de discernement de l'homme » (Bahr, 1900, p. 233 sq.).

Dans *La Jurisprudence*, une masse dynamique sombre, menaçante et grouillante s'enroule comme un voile de mauvais augure autour des trois « Furies de la loi » et met en valeur la chair nue et la chevelure auburn des femmes fatales, où s'entrelacent des ornementations dorées sur un arrière-plan obscur. Nous sommes à nouveau confrontés à une interprétation très ambiguë du thème, où s'efface la différence entre le bien et le mal, entre la victime et le bourreau, entre le règne du droit et le despotisme. Cette tension entre, d'une part, l'opulence de l'ornementation des trois personnifications de la vérité, de la justice et du droit et, d'autre part, la tonalité très sombre du tableau produit ce que Hevesi a appelé « un enfer luxueux, où les instruments de torture sont dorés à l'or fin et incrustés de diamants et où le sang des martyrs est un flot de rubis » (Hevesi, 1909, p. 209). Rendant compte de la présentation de *La Philosophie* à la Sécession en 1900, Hermann Bahr reconnut que l'allégorie « pourrait d'abord ne pas être comprise, ou plutôt ressentie », tout en faisant confiance au public qui, « ces trois dernières années, a élargi l'horizon de sa capacité d'intuition » (Bahr, 1900, p. 234).

Si le public se précipita dans les diverses expositions de la Sécession où furent présentés les tableaux des facultés, Bahr avait surestimé l'attitude éclairée des spectateurs et des autorités. Klimt fut entraîné dans un tourbillon d'outrages aux mœurs, d'attitudes réactionnaires, d'intrigues universitaires et de jalousies artistiques qui finirent par le contraindre à se retirer de la vie publique et à refuser toute nouvelle commande publique : « J'en ai assez de la censure [...] », s'exclama-t-il. « Je veux me libérer. Je veux me débarrasser de toutes ces fadaises déplaisantes qui m'empêchent de travailler et de retrouver ma liberté. Je refuse tout soutien de l'État. Je n'en veux pas. [...] Mais, surtout, je m'élève contre la manière

La Frise Beethoven, « La Luxure, l'Impudicité, l'Intempérance » (détail), 1901/02
panneau central (voir ill. p. 120)

dont l'État autrichien et le ministère de l'Enseignement considèrent l'art. À la moindre occasion, on s'en prend à l'art et aux artistes authentiques. On ne protège jamais que la faiblesse et la fausseté. […] L'État ne devrait pas chercher à exercer un pouvoir dictatorial sur les expositions et les gestes artistiques ; il devrait se contenter d'être un médiateur et un agent commercial et laisser entièrement l'initiative de l'art aux artistes » (Novotny/Dobay, 1967, p. 388).

L'appel à la liberté des arts formulé par la Sécession ne fut pas entendu. Le soutien initialement apporté avec enthousiasme par l'État et l'adoption de la nouvelle esthétique par ce dernier comme miroir d'une nouvelle Autriche ne s'achevèrent pas immédiatement, mais connurent un sérieux ralentissement. Cet épisode dramatique a également été vu comme une « crise de l'artiste libéral » (Schorske 1982, p. 195 sq.) qui suscita, chez Klimt et ses contemporains, une profonde défiance à l'égard du pouvoir politique. Ils préférèrent offrir à leurs clients éclairés de la grande bourgeoisie viennoise des productions toujours plus précieuses.

Les tableaux des facultés, qui occupèrent Klimt pendant dix ans, demeurent l'une des clés de voûte de l'élaboration de son style définitif. Leur perte en est d'autant plus tragique. Pendant la Seconde Guerre mondiale, les œuvres furent envoyées au château d'Immendorf en Basse-Autriche pour y être mises en lieu sûr. Comme bien d'autres œuvres d'art importantes, elles furent brûlées par les troupes allemandes battant en retraite.

La Frise Beethoven, une œuvre d'art totale

L'élaboration du concept de *Gesamtkunstwerk* – œuvre d'art totale – et sa mise en application dans plusieurs expositions et projets architecturaux peuvent être considérées comme la réussite la plus importante de la révolution artistique à Vienne vers 1900. Peintres, architectes et designers, mais aussi poètes, dramaturges et musiciens créèrent des œuvres d'art sophistiquées dans une intense collaboration, afin de produire un ensemble artistique et stylistique cohérent, exécuté selon les critères les plus exigeants de savoir-faire et d'authenticité matérielle. Le summum de cette réunion de tous les arts fut la quatorzième exposition de la Sécession, d'avril à juin 1902, l'« exposition Beethoven ».

La notion de *Gesamtkunstwerk* – l'œuvre d'art totale définie par une interdépendance de l'art et du cadre architectural, sous l'égide d'un thème général – s'est le mieux manifestée dans les tragédies musicales de Richard Wagner (1813–1883) et s'est largement diffusée grâce à ses écrits réunis dans *L'Œuvre d'art de l'avenir* et son essai « Art et révolution », publiés en 1849. S'inspirant des tragédies grecques, Wagner souhaitait rassembler l'architecture, la danse, le théâtre et la musique au sein d'« une forme artistique commune » (Costa Meyer, 2008, p. 25) et d'un spectacle total susceptible de mobiliser et de subjuguer

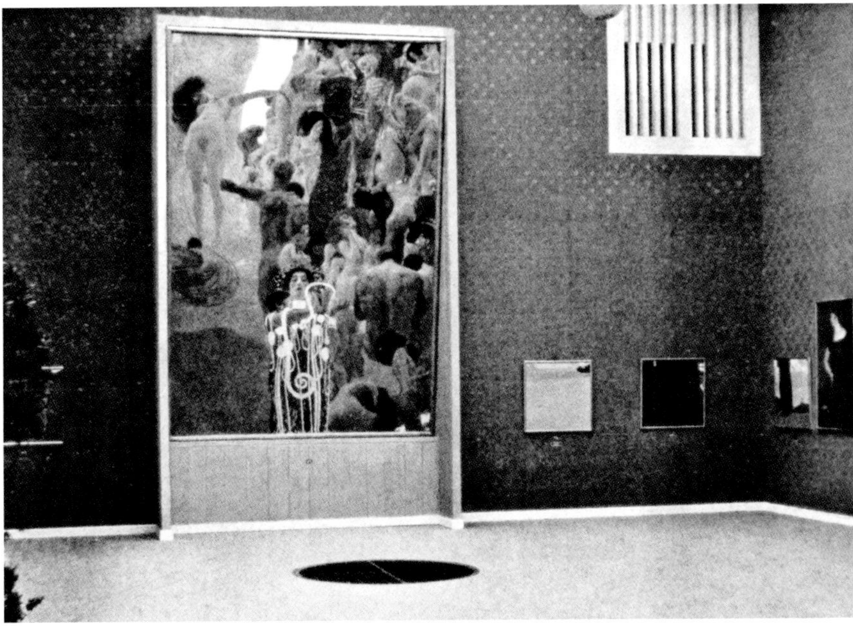

Gustav Klimt, ***La Médecine*, exposé lors de la dixième exposition de la Sécession**, 15 mars–12 mai 1901. Salle conçue par Koloman Moser
Extrait de : *Ver Sacrum*, t. IV, 1901, p. 159

tous les sens. L'influence grandissante de la *Gesamtkunstwerk* au cours du XIXe siècle était aussi le reflet du désir politique sous-jacent d'unité nationale ainsi que d'une aspiration plus abstraite à l'harmonie universelle capable de transcender l'individu aliéné.

Dans la Vienne de 1900, c'est d'abord via le théâtre musical que cette notion a pris de l'importance, avant de gagner d'autres domaines artistiques grâce aux campagnes organisées par les architectes et designers du *Jugendstil.* Ces derniers avaient élaboré un projet radical visant à créer des lieux de vie totalement unifiés dans lesquels chaque aspect était soumis à de stricts principes de conception et de style. L'influence du mouvement britannique *Arts and Crafts*, sous la direction de William Morris, fut capitale, de même que la présence à Vienne, pendant la huitième exposition de la Sécession en 1900, de Charles Rennie Mackintosh (1868–1928) et de Margaret MacDonald Mackintosh (1865–1933) ainsi que les commandes passées à Klimt et à la Wiener Werkstätte par le grand mécène Fritz Waerndorfer (1868–1939). La réunion de ce qu'on appelle les beaux-arts et les arts appliqués était l'un des principes déclarés de la Sécession : « Nous ne faisons aucune différence entre ‹ l'art noble › et ‹ l'art appliqué ›, entre l'art pour les riches et l'art pour les pauvres. L'art est un bien commun » (*Ver Sacrum*, 1ère année/1898, n° 1, p. 6). Il est significatif que plusieurs architectes et designers aient figuré parmi les membres fondateurs du mouvement. Les plus importants étaient Josef Hoffmann et Kolo Moser, lequel était également un peintre accompli.

À cette époque, la définition de l'œuvre d'art ne répondait pas à des critères rigides : les créateurs de différentes disciplines collaboraient fréquemment et activement les uns avec les autres. En outre, beaucoup d'artistes du moment possédaient des talents dans plusieurs domaines artistiques. Ainsi, Arnold Schönberg contribua à la fois à l'art musical et à l'art visuel, tandis qu'Oskar Kokoschka et Alfred Kubin (1877–1959) furent également de grands dramaturges et écrivains. L'« exposition Beethoven » permit de réunir dans un tout cohérent l'architecture, la peinture et la sculpture afin de célébrer la vie et la musique de Ludwig van Beethoven, en particulier sa Neuvième Symphonie. La splendide *Frise Beethoven* (pp. 114–117, 119–125 ; Natter 2012, cat. 141) de Klimt – la plus grande œuvre totale de l'artiste encore existante – a été conçue dans le cadre de l'hommage rendu par la Sécession au compositeur. Ce dernier était représenté par la sculpture polychrome de Max Klinger, artiste de Leipzig, pièce centrale de l'exposition (p. 94). Le groupe souhaitait créer un projet ambitieux mettant pleinement en œuvre peinture et sculpture, au sein d'un espace soigneusement conçu et consacré au culte du génie artistique de Beethoven, « un lieu sacré, une atmosphère semblable à celle d'un temple pour celui qui est devenu un dieu », selon les mots de Hevesi (Hevesi 1906a, p. 390). Il s'agissait aussi d'honorer Klinger lui-même et sa sculpture monumentale, ainsi que son œuvre pionnière et ses écrits pédagogiques au service de l'art et de la *Gesamtkunstwerk* (son essai *Malerei und Zeichnung* fut partiellement repris dans le catalogue).

Ce projet très complexe fut élaboré par les membres de l'association et, en particulier, par l'architecte Josef Hoffmann qui décida des grandes lignes architecturales et de la disposition de la *Frise* de Klimt. Les murs de toutes les salles furent recouverts de plâtre brut dans un souci d'homogénéité. La *Frise* fut placée dans l'une des deux ailes du pavillon ; une grande ouverture sur l'une des façades permettait de voir la statue située dans l'espace central. Composée de deux longs murs latéraux encadrant le petit mur servant de panneau central, la *Frise* devait se lire de gauche à droite comme l'illustration, selon le catalogue, du « désir de bonheur » de l'humanité et de ses efforts pour parvenir à l'accomplissement (Max Klinger Beethoven, 1922, p. 23).

La Frise Beethoven, « Gorgone » (devant)
avec « Les Puissances hostiles » (détail), 1901/02
panneau central (voir ill. p. 119)

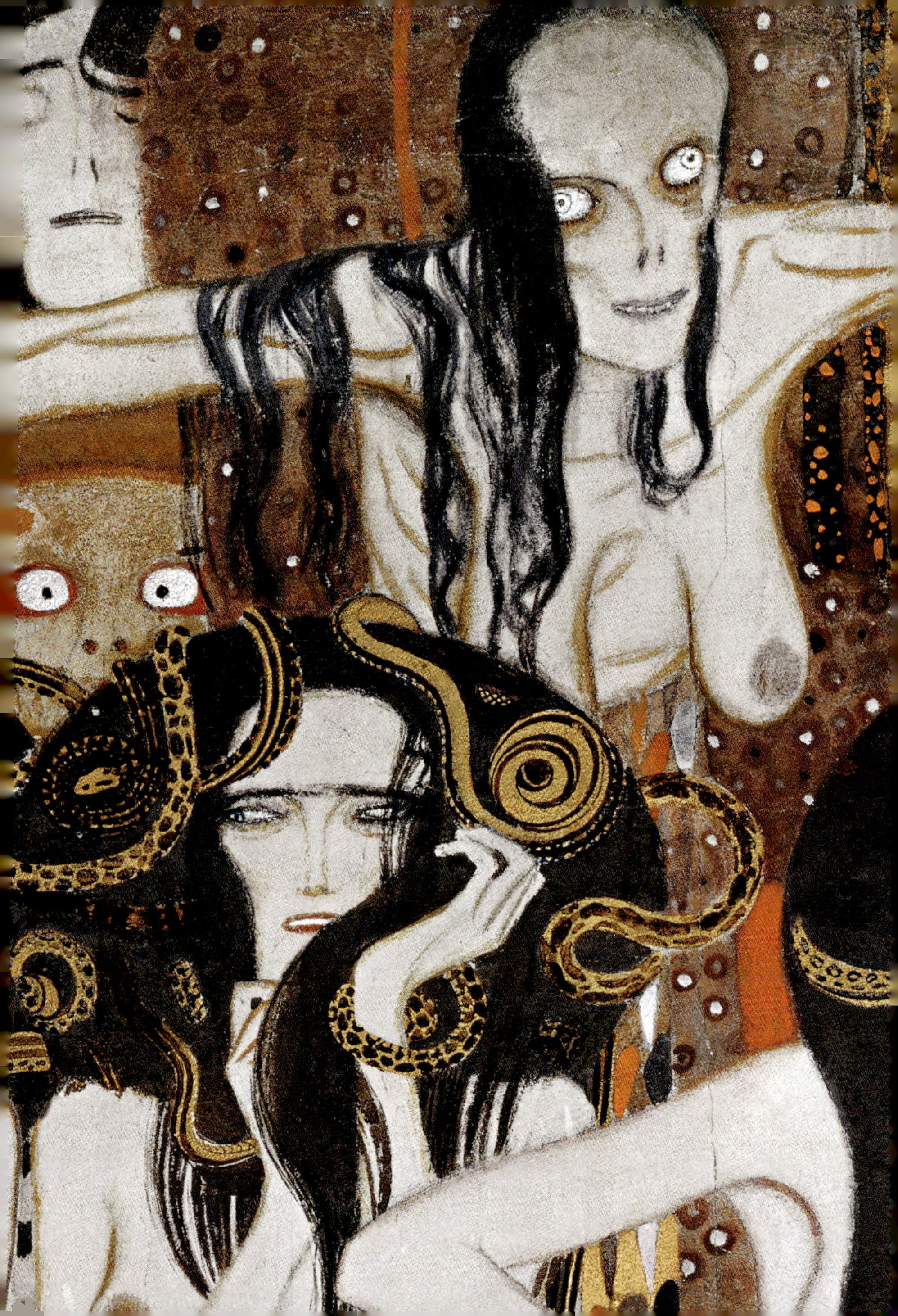

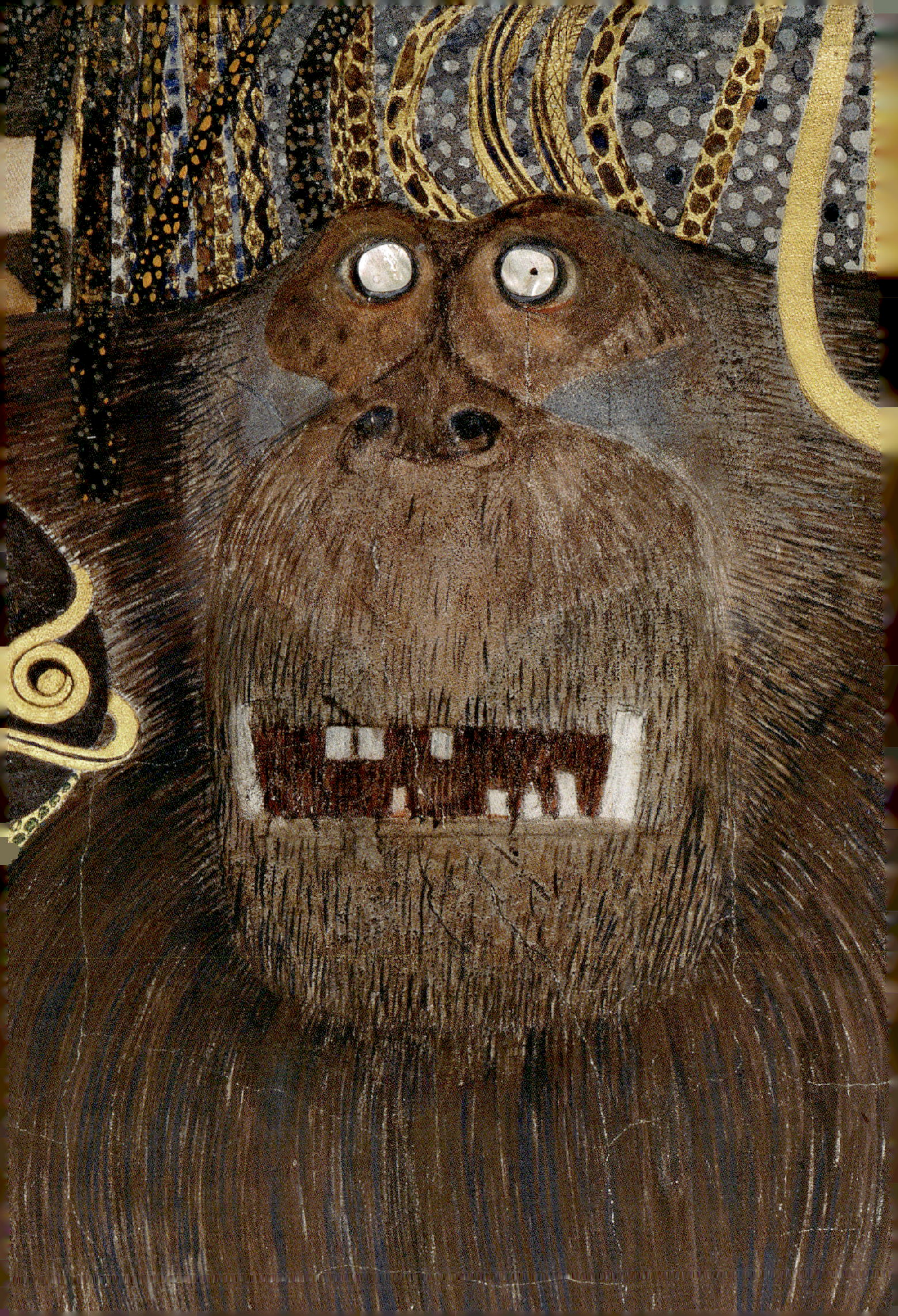

La Frise Beethoven décrit, en chapitres successifs, le parcours de l'humanité et sa lutte contre l'adversité dans son désir de bonheur, avec l'espoir de parvenir triomphalement à l'accomplissement, exprimé dans la joie commune. Du côté gauche, l'homme fort et bien armé, flanqué par l'Ambition et la Compassion, répond aux appels de l'Humanité souffrante et fragile – trois figures nues et émaciées, représentées par Klimt dans un état de désespoir et avec une cruelle véracité. À bien des égards, le panneau central est la pièce maîtresse de la *Frise*. On y voit les forces hostiles et les vices que l'humanité doit surmonter dans sa quête du bonheur, sous la forme de figures féminines séduisantes et lascives, tentant de détourner hommes et femmes du chemin de la vertu. Le géant Typhée (pp. 92, 119/120) domine la scène, entouré de ses trois filles, les Gorgones, divinités du destin (pp. 85, 119). Les tentations sont également représentées par la Lascivité, l'Impureté et l'Intempérance (pp. 86, 120), Klimt ayant fait de cette dernière une femme nue et voluptueuse, vêtue d'une étoffe brodée d'or et portant des bijoux précieux. La figure du Souci qui ronge – personnage nu, aux traits anguleux, proche de l'effondrement et recouvert par un sombre voile transparent – incarne le dénuement de l'humanité. Logées au-dessus des Gorgones, les créatures aux visages évoquant des masques symbolisent la maladie, la folie et la mort.

Les Génies en suspension triomphent de l'adversité et progressent vers la résolution grâce à la poésie et à l'art : « Les arts nous conduisent au royaume de l'idéal où, seuls, nous pouvons trouver la joie pure, le bonheur pur, l'amour pur. Chœur d'anges célestes » (Max Klinger Beethoven, 1902, p. 26 ; pp. 124/125). C'est la dernière partie de la frise qui est la plus proche de la Neuvième Symphonie de Beethoven et de l'« Hymne à la joie » de Friedrich Schiller : « Joie, belle étincelle divine. » « Ce baiser au monde entier » (p. 125). Le chœur d'anges célestes semble presque flotter dans une jubilation spirituelle à l'arrière-plan du « Baiser ». Simultanément, le couple enlacé paraît isolé dans une perfection érotique. Klimt contredit ainsi le sous-texte politique du « Baiser de la fraternité humaine » de Schiller.

La *Frise* est un hommage très personnel rendu par Klimt à la Neuvième Symphonie de Beethoven. Le peintre interprète l'œuvre musicale selon un récit visuel regorgeant d'inventivité et d'imagination. Mais c'est, avant tout, un hommage au pouvoir de l'art et à la suprématie de la musique, plus particulièrement dans l'accomplissement de la destinée humaine. Comme l'a souligné Peter Vergo, il s'agit d'une lecture de Beethoven à travers le regard de Richard Wagner et de son interprétation schopenauerienne de la

La Frise Beethoven, « Le Géant Typhée » (détail), 1901/02
panneau central (voir ill. pp. 119/120)

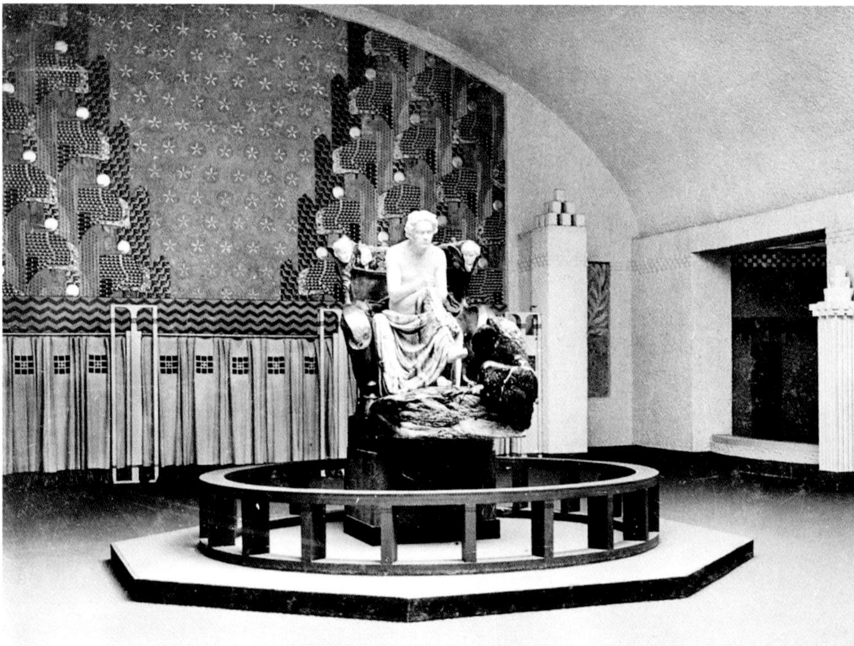

Max Klinger, **Statue de Beethoven exposée lors de la quatorzième exposition de la Sécession (« exposition Beethoven »)**, 15 avril–27 juin 1902
Photo. Imagno/Austrian Archives

musique comme forme artistique suprême et comme « pure réflexion non seulement sur la volonté individuelle, mais aussi sur la quintessence du monde » (Vergo, 1993, p. 72). En tant que telle, la *Frise* est une célébration programmatique de la fusion de tous les arts, au sein même de l'une des mises en œuvre les plus réussies de la *Gesamtkunstwerk*. L'installation trouva, de manière appropriée, son achèvement et son accomplissement avec l'interprétation du chœur final de la Neuvième Symphonie de Beethoven, dirigé par Gustav Mahler.

C'est avec *La Frise Beethoven* que la fusion unique en son genre réalisée par Klimt a connu son apogée, fusion de la richesse d'ornementation du *Jugendstil*, d'un érotisme puissant, d'un réalisme sans concession, voire brutal, et de la mythologie classique, fusion effectuée dans le cadre d'un projet thématique et architectural dépassant l'œuvre elle-même. Cette synthèse demeure aujourd'hui capitale en ce qu'elle annonce l'avenir de l'abstraction : les grandes zones vides et les surfaces recouvertes de motifs ornementaux

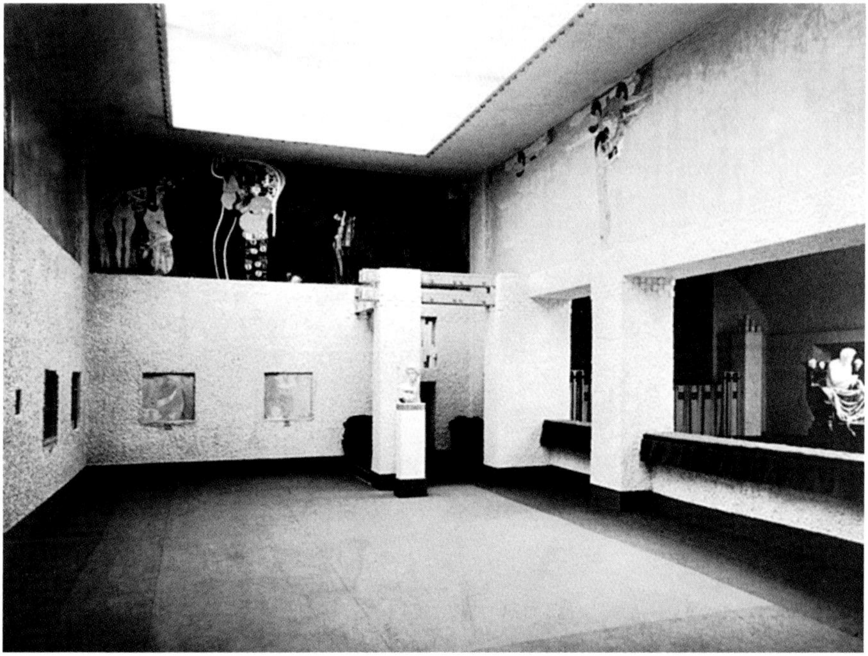

Salle dédiée à Klimt lors de la quatorzième exposition de la Sécession (« exposition Beethoven »), 1902
Photo. Imagno/Austrian Archives

uniformes suggèrent la naissance imminente de l'art non-figuratif. Ainsi, l'une des sources les plus improbables de l'abstraction est manifestement ce goût prononcé pour l'ornementation des surfaces et la bidimensionnalité des fresques et d'autres projets décoratifs réalisés à Vienne vers 1900. Cette œuvre de Klimt en est l'exemple le plus réussi et le plus absolu, avec ses « mosaïques d'une grande pureté, composées d'éléments géométriques, colorés, dorés, argentés : surface pure, non-plastique » (Hevesi, 1909, p. 211). Pour Klimt et ses contemporains, cette forme d'abstraction avant la lettre ne fut possible sous cette forme absolue que dans le cadre d'un projet décoratif éphémère (la *Frise* aurait dû être détruite après l'exposition). La transformation d'éléments ornementaux ordonnés en quelque chose de quasi abstrait n'en fut pas moins un accomplissement que Klimt allait poursuivre au cours des dix années suivantes en créant une série de tableaux opulents et d'une intense richesse.

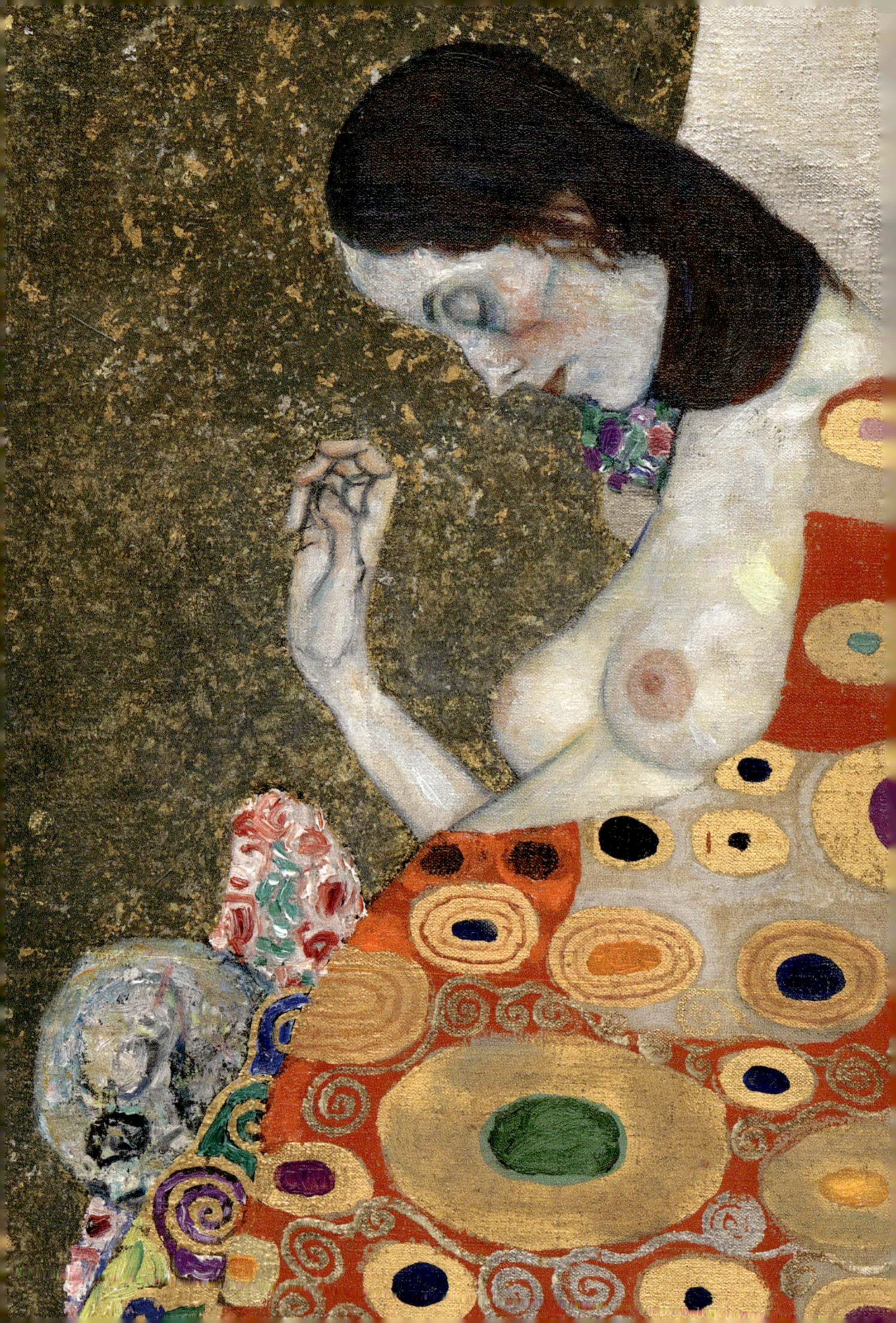

Allégories humaines et métaphores de la vie

Les tableaux des facultés et la *Frise* marquèrent à la fois l'apogée et la fin de la participation de Klimt à des créations allégoriques complexes, destinées à des lieux publics et à des expositions thématiques. Dans ces deux domaines, Klimt avait déjà abandonné l'iconographie traditionnelle inspirée du symbolisme chrétien et de la mythologie classique, au profit d'un projet plus abstrait consistant à explorer les expériences et les valeurs fondamentales de l'humanité. Durant les dernières années de sa vie, Gustav Klimt allait consacrer ses efforts picturaux à ces allégories humaines ainsi qu'à des nus érotiques (issus de ses projets thématiques plus ambitieux), à des portraits de membres de la haute société et à des paysages.

Les Trois Âges de la femme de 1905 (pp. 140/141 ; Natter 2012, cat. 168) est l'une de ses études les plus émouvantes du cycle de la vie, dont les racines sont à trouver dans les tableaux des facultés et *La Frise Beethoven*. Le peintre a réuni la délicatesse de la psychologisation, la richesse de l'ornementation et la radicalité du vide dans une œuvre d'un réalisme très cru et, à la fois, d'une abstraction sans concession. L'enfant observé avec une grande sensibilité, la jeune mère et l'incarnation de la vieillesse sont simultanément encadrés et façonnés par un tapis composé de motifs égyptiens, de formes géométriques anguleuses, de structures cellulaires organiques et d'ornements végétaux ; des voiles translucides s'enlacent vigoureusement autour des corps de la mère et de l'enfant. Hautement symbolique, l'ornementation place la destinée humaine dans le cycle plus vaste et fondamental de la vie et de la mort et souligne l'importance accordée par Klimt à la « fonction purement biologique de la reproduction » (Comini, 2000, p. 242). Les germes et les éléments végétatifs de la vie en expansion contrastent avec les structures cellulaires microscopiques, aux teintes plus ternes, de la maladie et de la vieillesse. La forme phallique qui enveloppe les trois figures féminines pénètre une bande noire horizontale, annonçant l'obscurité imminente de la mort. Dans *Les Trois Âges de la femme*, Klimt oppose avec force l'ornement comme « métaphore de la procréation » (Hoffmann, 1970, p. 30) au champ à deux dimensions qui l'entoure comme métaphore de la vie interrompue, la régression et la mort étant le destin ultime commun à tous les êtres humains.

Dans d'autres œuvres de cette période, l'allégorie n'est guère plus qu'un prétexte à l'invention de scénarios érotiques d'une grande vigueur dont la femme est le cœur, comme dans le magnifique *Serpents d'eau I*, réalisé de 1904 à 1907 (pp. 104, 137 ; Natter 2012, cat. 163). Dans cet incunable sur vélin exécuté à la perfection, deux sirènes mythiques sont

L'Espoir II (Vision) (détail), 1907/08
(voir ill. pp. 144/145)

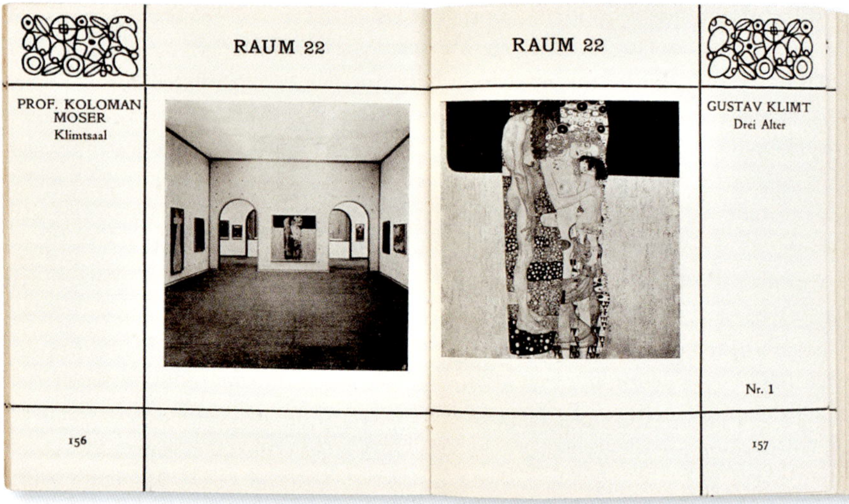

RAUM 22

PROF. KOLOMAN MOSER
Klimtsaal

156

RAUM 22

GUSTAV KLIMT
Drei Alter

Nr. 1

157

Salle dédiée à Klimt lors de la Kunstschau
Conçue par Koloman Moser, à droite le tableau de Klimt *Les Trois Âges de la femme* (pp. 140/141)
Extrait de : catalogue de la Kunstschau, Vienne 1908, pp. 156/157

entourées d'un décor richement détaillé de flore et de faune sous-marines, présentant le monde aquatique comme un lieu onirique de séduction et de procréation. Portrait d'une femme nue endormie ou en train de rêver, *Danaé* (1907/08 ; p. 136 ; Natter 2012, cat. 177) transforme un mythe déjà érotique – Zeus fécondant Danaé sous la forme d'une pluie d'or – en l'image à peine voilée de l'extase sexuelle.

Klimt poursuivit ses créations d'œuvres d'art totales, mais, désormais, dans des espaces privés sous la forme d'environnements et d'intérieurs exquis et luxueux, conçus en collaboration avec Josef Hoffmann et la Wiener Werkstätte. L'exemple le plus spectaculaire est la salle à manger du palais Stoclet à Bruxelles, dont Klimt réalisa la frise (chap. III). De riches mécènes passèrent au peintre de plus en plus de commandes de portraits, genre qui avait occupé une place importante dans son répertoire. Le repli dans la sphère privée coïncide avec une intériorisation et un confinement spatial accrus de la figure féminine, au sein d'une architecture rigide, reflets du raffinement esthétique et de la tyrannie stylistique absolus des intérieurs de la Wiener Werkstätte (les portraits réalisés par Klimt après 1899 sont exclusivement féminins).

Dans le *Portrait de Fritza Riedler* de 1906 (p. 323 ; Natter 2012, cat. 170), les vagues de la robe blanche de la commanditaire du tableau tombant en cascade sont contenues par une surface plane et géométrique, elle-même structurée par un motif régulier. Seul le fauteuil recouvert d'un motif égyptien en forme d'œil, aux ondulations irrégulières, déstabilise un ordre par ailleurs rigide et contribue à la tension dynamique entre la partie gauche du tableau, à la structure architectonique, et la partie droite, plus animée et plus organique, constituée de la figure vêtue et du fauteuil. Malgré le goût de plus en plus marqué de Klimt pour les structures anguleuses et les motifs décoratifs, le visage et les mains curieusement posées font de Fritza Riedler un personnage à la psychologie raffinée, dans ce portrait finement observé.

L'ornementalisme byzantin de Klimt est à son comble dans le *Portrait d'Adele Bloch-Bauer I* (1907), où le modèle disparaît derrière un écran de particules dorées d'une intense stylisation géométrique (pp. 286, 328/329 ; Natter 2012, cat. 174). La figure humaine devient un élément, parmi d'autres, d'un motif ornemental en expansion ; la pose adoptée par le sujet est aussi artificielle que les ornements de la surface plane recouvrant les différentes sections qui s'emboîtent, surface n'ayant guère de rapports avec la réalité ou avec la perspective spatiale. Il s'agit d'une cage dorée où est emprisonnée la mécène sophistiquée, membre de la haute société éclairée de Vienne. Le symbolisme hermétique de l'ornement abstrait se substitue à la psychologisation et à l'expression de sentiments véritables. Avec le *Portrait d'Adele Bloch-Bauer I*, Klimt avait atteint une extrémité formelle et esthétique qui ne pouvait le mener qu'à une impasse : l'ornement pour l'ornement et l'abandon au luxe hédoniste. Quittant peu à peu cette impasse, Klimt s'engagea dans une autre voie, celle d'un style plus libre qui trouva son expression la plus fructueuse dans le traitement décoratif de motifs textiles aux couleurs exubérantes, comme dans l'œuvre monumentale qu'est *La Mort et la Vie*, réalisée en 1910/11 et remaniée en 1915/16 (pp. 336/337 ; Natter 2012, cat. 193).

La fin d'une époque : la « Kunstschau de 1908 »

De 1903 à 1908, Klimt n'exposa pas à Vienne, mais d'importantes expositions de ses œuvres eurent lieu à l'étranger, comme à Berlin et à Mannheim. En 1905, non seulement il renonça à achever les tableaux des facultés, mais il mit aussi un terme à sa longue participation à la Sécession, dont il avait été l'un des fondateurs huit ans plus tôt, déchiré par un rude conflit politique à propos de la question fondamentale du rôle de la peinture. Un groupe d'artistes qui s'intitulaient les *Nur-Maler* (« peintres seulement ») considéraient avec défiance l'association étroite du « groupe Klimt » avec des architectes et des designers, ainsi que l'objectif affirmé d'intégration de la peinture dans un contexte spatial et décoratif plus vaste. Au printemps 1905, en collaborant avec la grande Galerie H. O. Miethke (p. 106), le peintre Carl Moll (1861–1945), membre du groupe Klimt, se vit reprocher de succomber aux sirènes de la commercialisation. La Sécession connut un schisme entre « un groupe du style et un groupe réaliste. L'un considère ‹ l'art › comme une unité, comme un grand ensemble décoratif de genres architectoniques, picturaux et appliqués ; les autres ne s'intéressent en rien à la soumission, à l'harmonisation de l'œuvre d'art au sein d'une totalité » (Zuckerkandl, 1905b, p. 441).

L'ambitieuse exposition *Kunstschau* de 1908 devait constituer le retour en force de Klimt et de ses amis sur la scène publique et au premier plan du monde de l'art viennois, avec la réaffirmation de la *Gesamtkunstwerk* comme forme artistique majeure. Au sein d'un complexe tentaculaire, conçu par Josef Hoffmann, composé de plus de cinquante salles, de cours et de jardins, la *Kunstschau* présentait la peinture et la sculpture autrichiennes, ainsi que les exemples les plus réussis des arts décoratifs. Cette manifestation tentait de proposer des environnements mettant en œuvre le désir exprimé par le groupe Klimt et par la Wiener Werkstätte de créer un style homogène et cohérent se diffusant dans tous les domaines de l'existence (un *« Stilkunst »*), afin d'abolir la frontière entre l'artiste et le consommateur. La contemplation d'une œuvre d'art est un acte de consommation créatrice, déclarait Klimt dans un rare discours prononcé lors de l'inauguration de la *Kunstschau* : « Et nous donnons au mot ‹ artiste › un sens aussi large qu'à l'expression ‹ œuvre d'art ›. Les artistes ne sont pas seulement ceux qui créent des œuvres dignes de ce nom, mais aussi tous ceux qui sont capables de ressentir et d'apprécier la création artistique. Dans notre esprit, le ‹ monde de l'art › est une communauté idéale de créateurs et d'amateurs » (Nebehay, 1969, p. 394).

Pourtant, peinture et arts décoratifs ne se mélangèrent guère dans la *Kunstschau*, la distinction entre beaux-arts et arts appliqués ayant été respectée. Les arts appliqués prirent la forme d'un ensemble d'environnements domestiques et publics totalement stylisés et consacrés à toutes sortes de fonctions, dans lesquels la peinture jouait un rôle décoratif complémentaire, sans en constituer un élément fondamental. C'est dans l'exposition, ambitieuse et sophistiquée, des œuvres d'art que la peinture, l'architecture et l'ornementation furent montrées sous leur meilleur jour, notamment dans la grande salle centrale, dessinée par Kolo Moser et consacrée à Klimt. Le peintre y présenta plusieurs œuvres récentes et toutes nouvelles, comme *Les Trois Âges de la femme*, 1905, le *Portrait de Fritza Riedler*, 1906, *Le Baiser*, 1907/08, le *Portrait d'Adele Bloch-Bauer I*, 1907 et ses ors étincelants, quelques compositions allégoriques comme les *Serpents d'eau I*, 1904/07 et *Danaé*, 1907/08. L'architecture et l'installation de l'exposition représentent un moment marquant de ce qu'on désignait à l'époque par le terme *Raumkunst* (« art de l'intérieur ») et que l'on appelle aujourd'hui la scénographie (p. 98). Les nouveaux tableaux de Klimt étaient exposés sur des murs blancs, recouverts d'une grille régulière composée de petits carrés, ainsi que de frontons géométriques très ornementés, inspirés du monogramme stylisé du peintre. Les murs mêmes étaient encadrés d'une mince décoration en noir et blanc. Il en

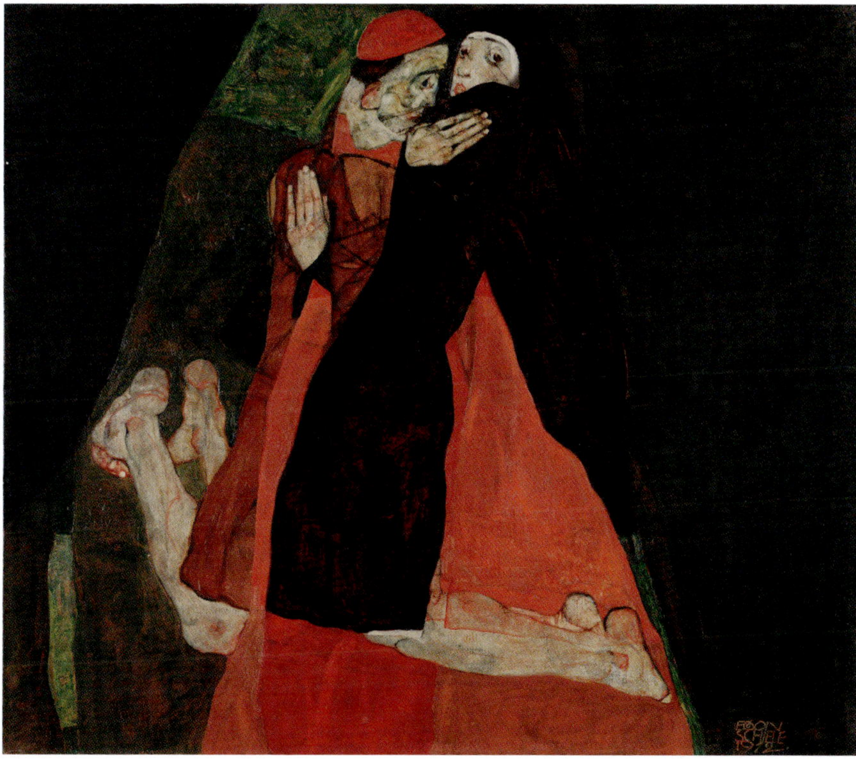

Egon Schiele, **Le Cardinal et la nonne**, 1912
Huile sur toile, 69,8 x 80,1 cm. Vienne, Leopold Museum

émanait un ordre architectural puissant qui enveloppait la somptuosité des surfaces en désintégration de Klimt.

L'accrochage précis d'œuvres individuelles au centre d'un mur, ou d'ensembles d'œuvres espacés, est une pratique qu'avait inaugurée, quelques années plus tôt, l'architecte et peintre Kolo Moser pour les expositions de la Sécession. Moser avait également eut recours aux murs presque entièrement blancs pour les dix-septième et dix-huitième expositions du groupe en 1903. Lors de cette dernière eut lieu la magnifique rétrospective d'œuvres de Klimt, avec 48 tableaux et 30 dessins. À cette occasion, le travail de Moser fut salué pour la « grande sobriété de sa présentation [...] montrant, si possible, un seul tableau par mur et coordonnant les quelques œuvres d'une même salle selon l'harmonie des couleurs. L'espace environnant les œuvres est, par conséquent, aussi calme et discret que possible» (Zuckerkandl, 1903/04b, pp. 341, 344). Le classicisme contenu de cette scénographie fournissait un arrière-plan décoratif mettant les œuvres en valeur sans rivaliser avec elles. En outre, elle ancrait les tableaux dans l'espace, tout en soulignant avec force le *Flächendekor* (décor à deux dimensions) du *Baiser*, 1907/08 et de portraits récents comme le *Portrait d'Adele Bloch-Bauer I*, 1907. L'opulence des œuvres de Klimt de cette période était soulignée par cet ordre architectonique maîtrisé, contrastant avec «la sensualité décorative et ornementale» et «l'élément versatile, le principe ornemental en soi» de son ornementation linéaire (Hevesi, 1906a, pp. 450, 449).

La *Kunstschau* ne suscita pas l'attention qu'avaient reçue les précédentes expositions. Sa baisse de popularité était directement liée à l'accueil réservé aux productions de la Sécession et de la Wiener Werkstätte. Ce ne fut pas nécessairement l'échec de la *Gesamtkunstwerk*, mais cette notion trouva désormais ses manifestations les plus réussies dans des réalisations décoratives complexes et dans des architectures d'intérieur, davantage que dans des projets artistiques ambitieux. À cet égard, cette exposition contenait en germe, comme l'écrivit Carl Schorske, «une réaffirmation explosive de la peinture comme moyen d'expression de la vérité instinctive», qui vit le jour entre la première et la deuxième *Kunstschau* l'année suivante, en même temps que l'émergence des expressionnistes Oskar Kokoschka et Egon Schiele (Schorske 1975, p. 41). La Sécession avait violemment rompu avec le passé et instauré une nouvelle ère artistique. La génération suivante marcha sur ses traces, tout en éprouvant le besoin de remplacer le raffinement esthétique et la diffusion de la beauté raffinée dans toute l'existence par une forme plus puissante et plus brute d'expression créatrice.

Au-delà de l'ornement

La naissance et le triomphe de la Sécession coïncidèrent avec l'évolution de l'artiste Gustav Klimt, à la fois géniteur et accoucheur de la période la plus marquante de l'art autrichien du XXe siècle. Membre d'une fraternité spirituelle, animé par l'enthousiasme né de l'insurrection artistique contre un ordre dépassé, Klimt s'est libéré du carcan historiciste et d'un style naturaliste. Au cours des dernières années du XIXe siècle et de la première décennie du XXe siècle, l'artiste est parvenu à réunir de manière exceptionnelle un symbolisme sombre, l'allégorie humaine, le réalisme expressif et l'ornementation façon *Jugendstil*. Il a ainsi produit un ensemble substantiel de tableaux d'une grande intensité émotionnelle et ornementale, dont la figure centrale est la femme.

Le Baiser (détail), 1907/08
(voir ill. pp. 142/143)

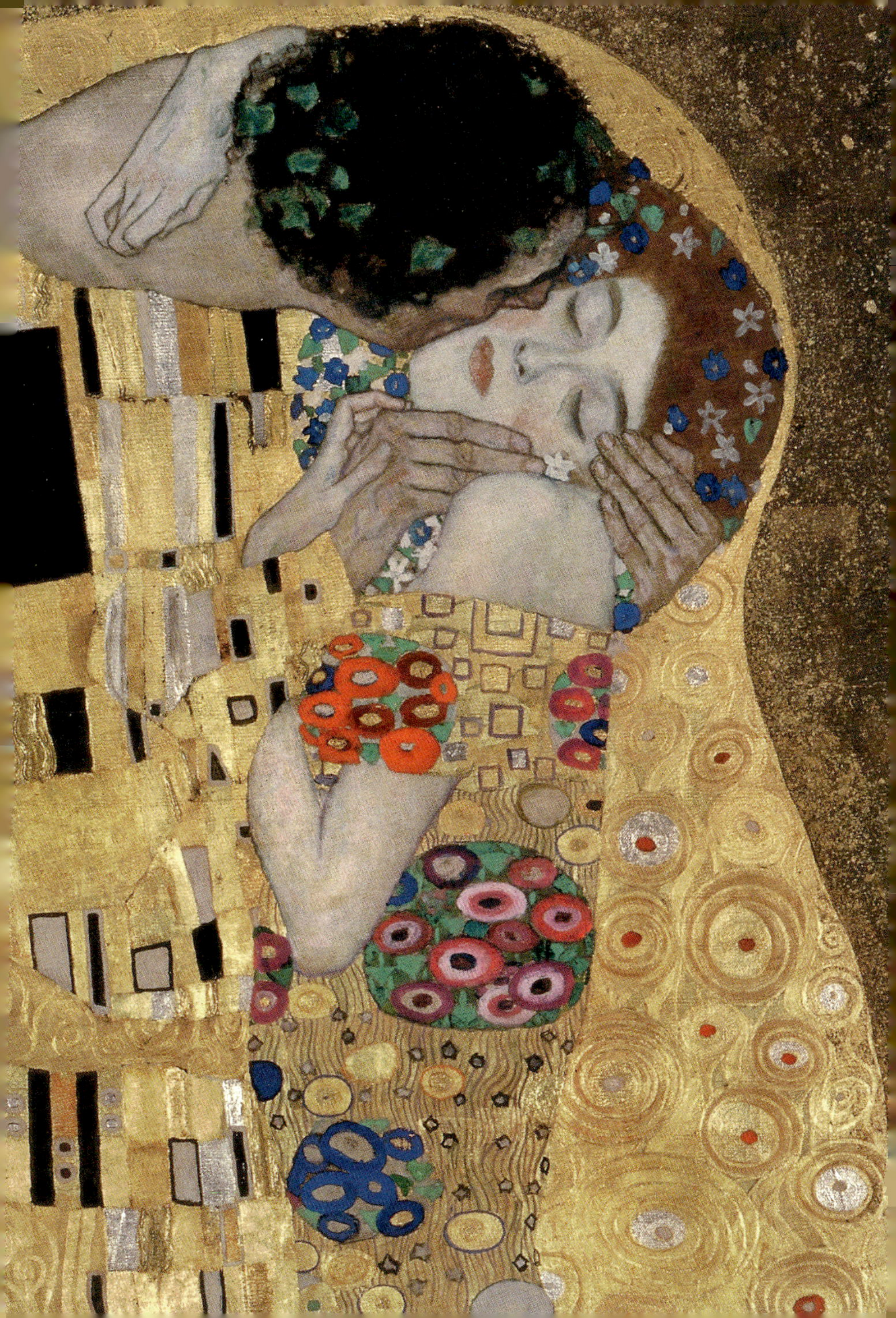

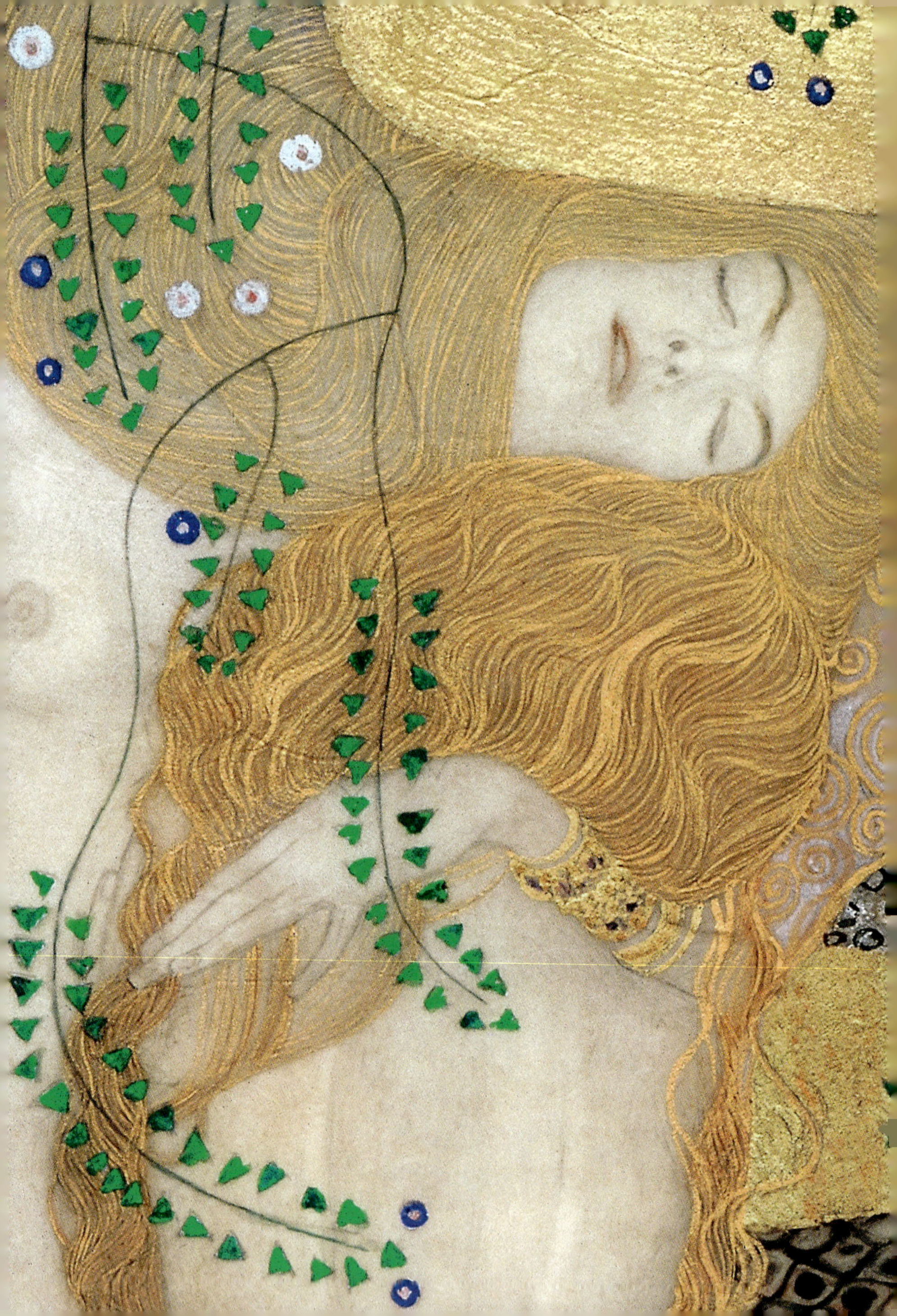

Serpents d'eau I (détail), 1904–1907
(voir ill. p. 137)

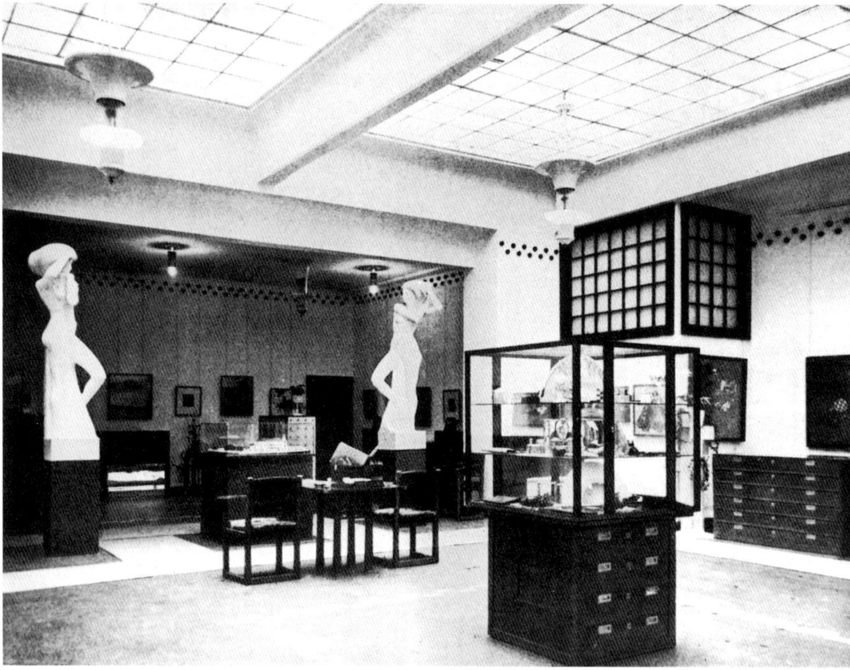

Josef Hoffmann, **La galerie H. O. Miethke, Vienne, Ier arr., Graben 17**
Photo, 1905. Imagno/Austrian Archives

Ses œuvres les plus achevées rassemblent tous ces éléments variés et, parfois, apparemment conflictuels, comme dans *Les Trois Âges de la femme* de 1905 (pp. 140/141 ; Natter 2012, cat. 168) qui se caractérise par la sensualité exacerbée de l'ornementation des lignes et des surfaces et par la représentation impitoyable des effets de la vieillesse. En 1908, le mouvement du pendule avait désormais entraîné son art vers une forme extrême d'ornementation, où la figure humaine et le projet allégorique disparurent quasiment sous un tapis de décorations dorées et de motifs géométriques.

On a souvent vu dans l'évolution de Klimt un déclin, un sacrifice de l'introspection psychologique et de l'expression des tourments spirituels d'une culture en crise au profit d'un savoir-faire minutieux et d'une « peinture de mosaïque » superficielle ; autrement dit, l'abandon du grand projet d'un art unifié au bénéfice de la beauté pure et de la décoration précieuse, au service de la haute société viennoise. Cependant, les productions de la « période dorée » de Klimt continuent d'exercer une attraction irrésistible qui ne peut s'expliquer exclusivement par le simple attrait du clinquant et du scintillement de pierres à demi précieuses. Klimt est parvenu à transformer la stylisation et l'artifice absolus en un moyen d'expression visuelle lourd de sens et profondément symbolique. Comme l'abstraction, l'ornement devient un mode de représentation immédiat, grâce auquel le sens naît de la forme matérielle et de la couleur expressive – métaphore vivante de la création, de la croissance, de l'exaltation et de la mort.

Les tableaux de Klimt séduisent par la richesse de leurs délices visuels et par un surplus de plaisirs esthétiques. Mais, simultanément, ils dérangent par de subtiles allusions à des secrets psychologiques, à des ambiguïtés morales et aux effets débilitants de cette maladie fort répandue qu'est l'hypersensibilité névrotique. Sous la grande séduction des surfaces éblouissantes sont tapies des émotions non exprimées, des traumatismes refoulés et des pulsions sexuelles inassouvies. L'œuvre de Klimt est symptomatique d'une époque profondément tourmentée au cours de laquelle l'inexorable progrès de la science et de l'industrie – caractérisé par la récente découverte et l'analyse rationnelle des secrets de l'âme et par la permissivité sexuelle – s'est opposé à l'autoritarisme oppresseur, au refoulement sexuel, à la peur de la décadence et aux tendances à la fuite.

La manière dont Klimt et la Sécession se sont entièrement consacrés à la *Gesamtkunstwerk* fut, à bien des égards, révélatrice de la lutte opposant le rêve d'une esthétisation totale de tous les aspects de l'environnement humain à l'intériorisation absolue, ainsi qu'au retrait des réalités sociales et politiques de la vie moderne. Dans l'art de Klimt, cette tension dynamique entre mondes intérieurs et réalités extérieures, entre surface et substance, entre artisanat et art noble ne trouve pas de résolution, mais se manifeste dans une sensibilité nouvelle et séduisante.

Pages 108/109
L'Espoir I (détail), 1903/04
(voir ill. p. 133)

Page 110
Hermann Bahr devant la *Nuda Veritas*, vers 1905
Dans le cabinet de travail de sa villa à Ober Sankt Veit
Tirage à la gélatine d'argent. Vienne, Österreichisches Theatermuseum

Page 111
Nuda Veritas, 1899
Huile sur toile, 252 x 56,2 cm. Vienne, Österreichisches Theatermuseum

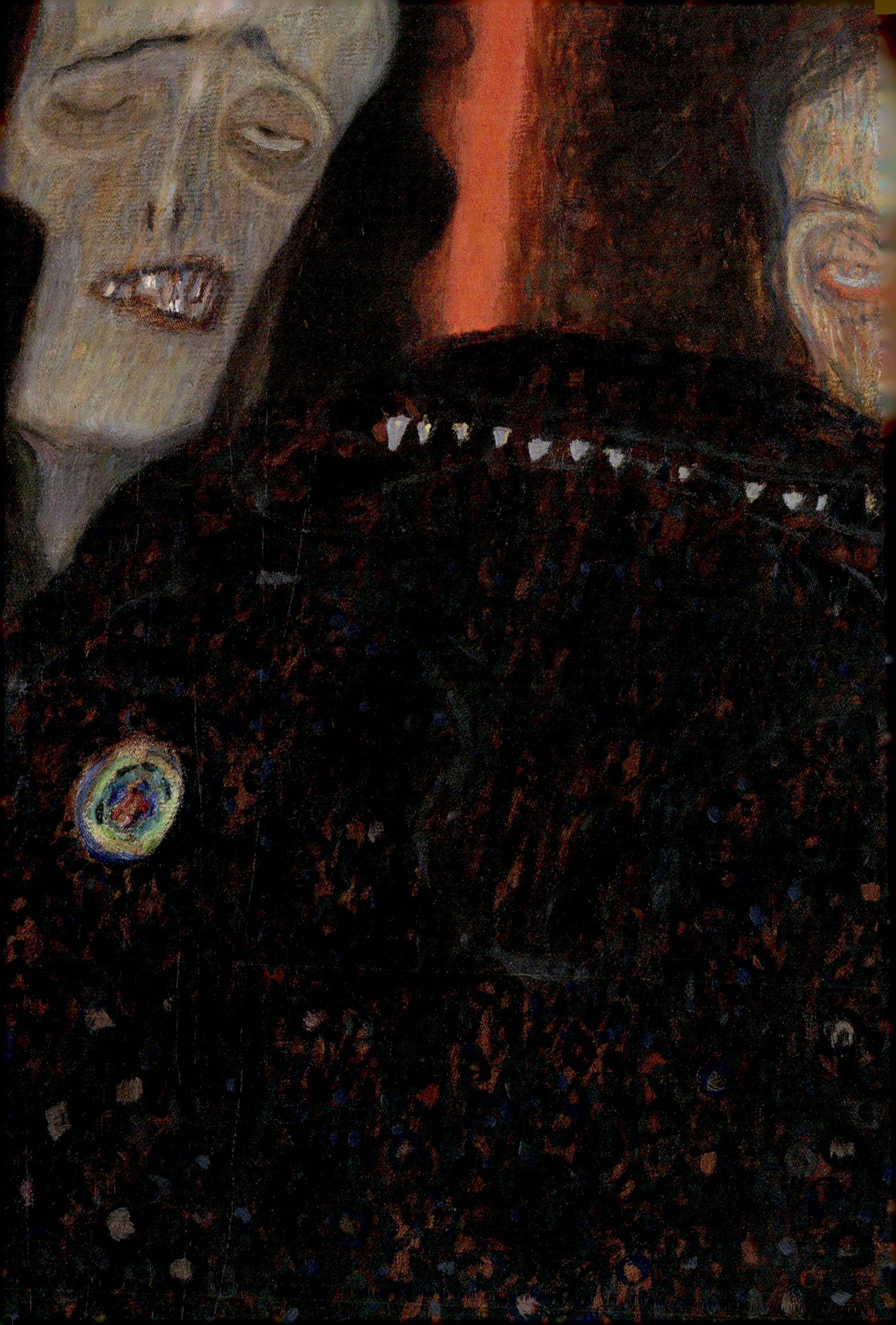

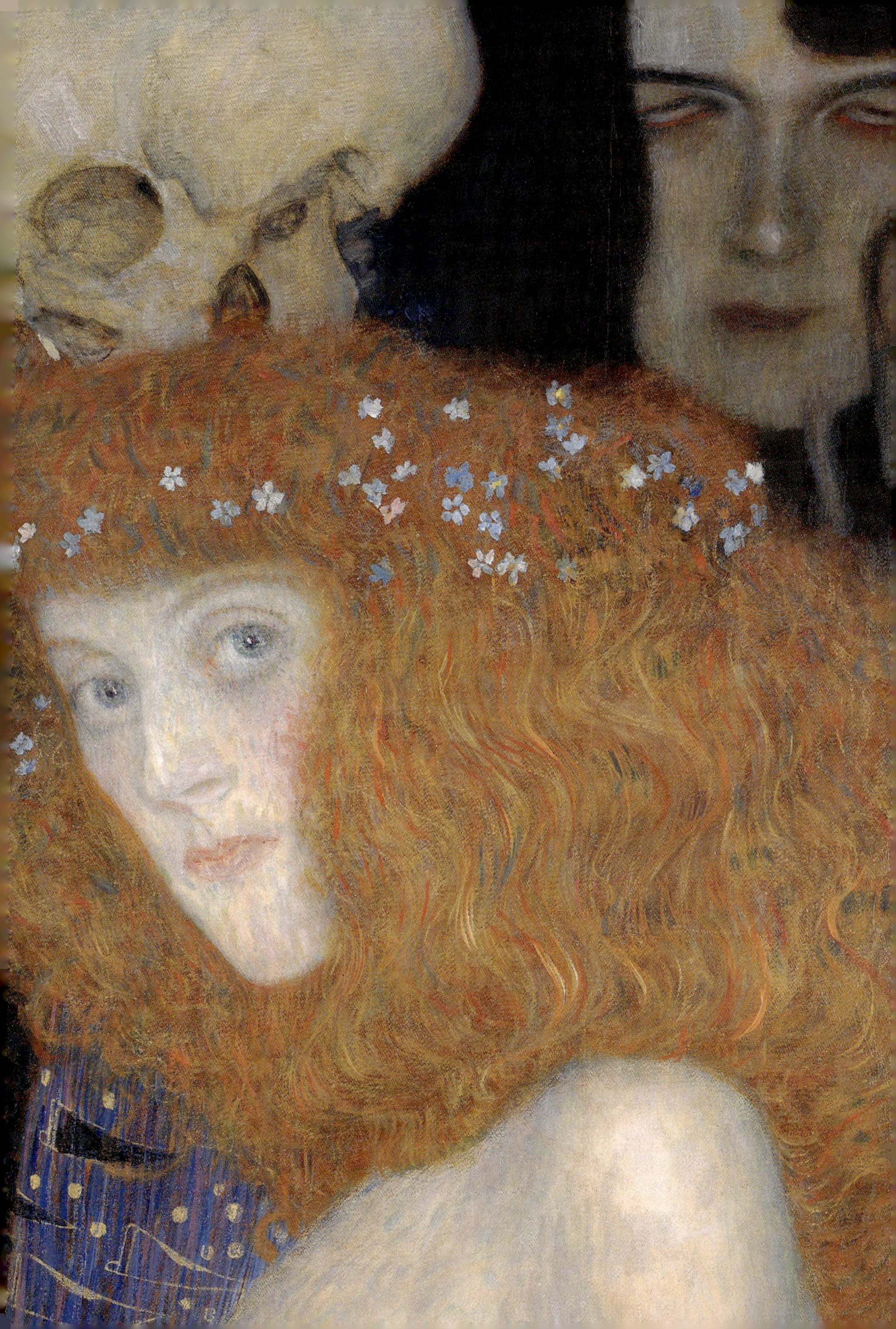

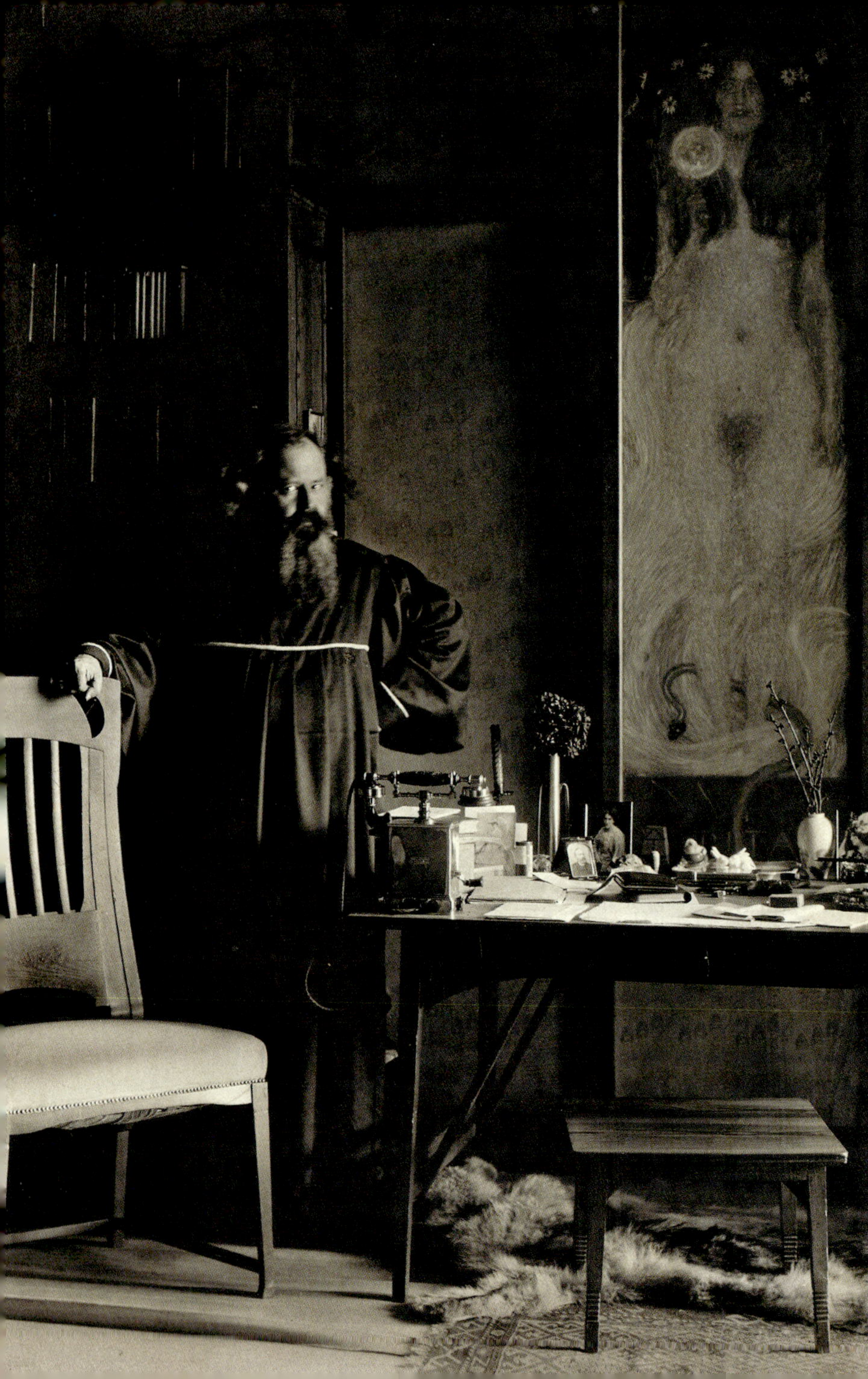

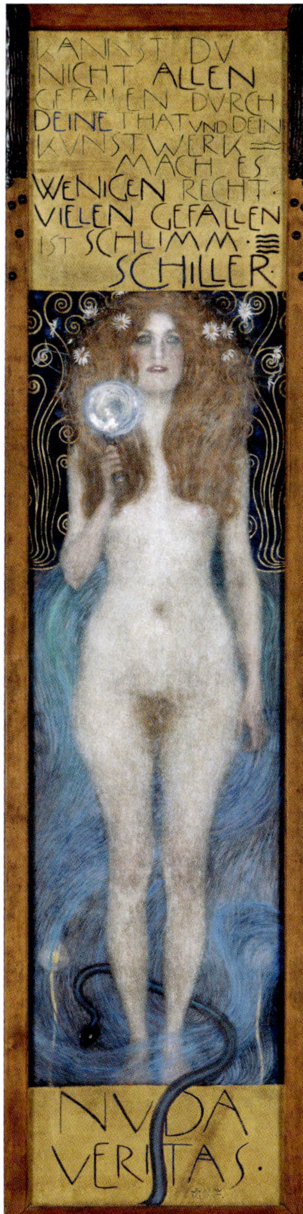

« Lorsque j'ai terminé un tableau, je ne veux pas perdre encore des mois à le justifier auprès du grand public. Pour moi, l'important n'est pas qu'il plaise à un grand nombre, mais à qui il plaira. »

GUSTAV KLIMT, 1901

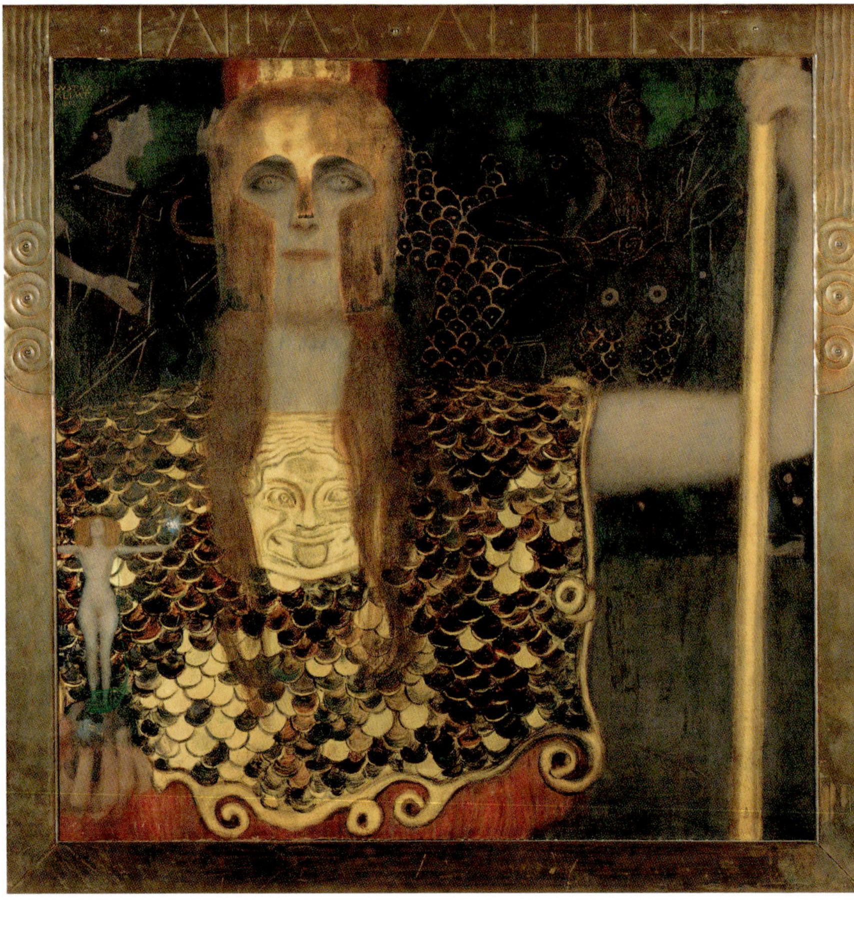

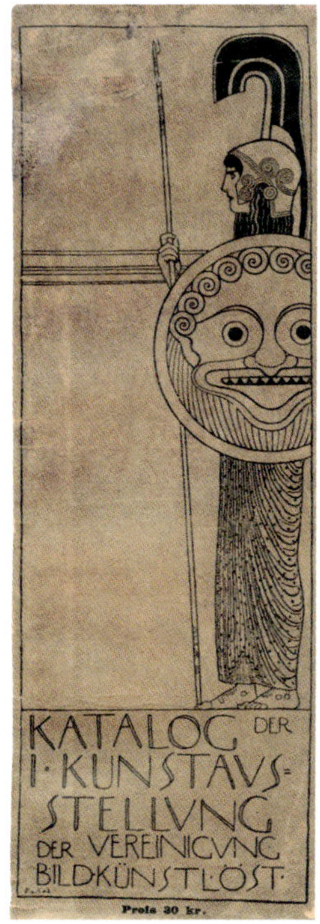

« Fascinant par le regard limpide et glacé des yeux gris clair. »

ARPAD WEIXLGÄRTNER, 1912

Pallas Athéna, 1898
Huile sur toile, 75 x 75 cm. Vienne, Wien Museum

Catalogue de la première exposition de la Sécession en 1898, avec une illustration de *Pallas Athéna* de Gustav Klimt
Vienne, MAK – Österreichisches Museum für angewandte Kunst/Gegenwartskunst

Pages 114–117
Détails de : **La Frise Beethoven**, 1901/02
« **L'Homme fort et bien armé** », paroi gauche
« **La Poésie** », paroi droite

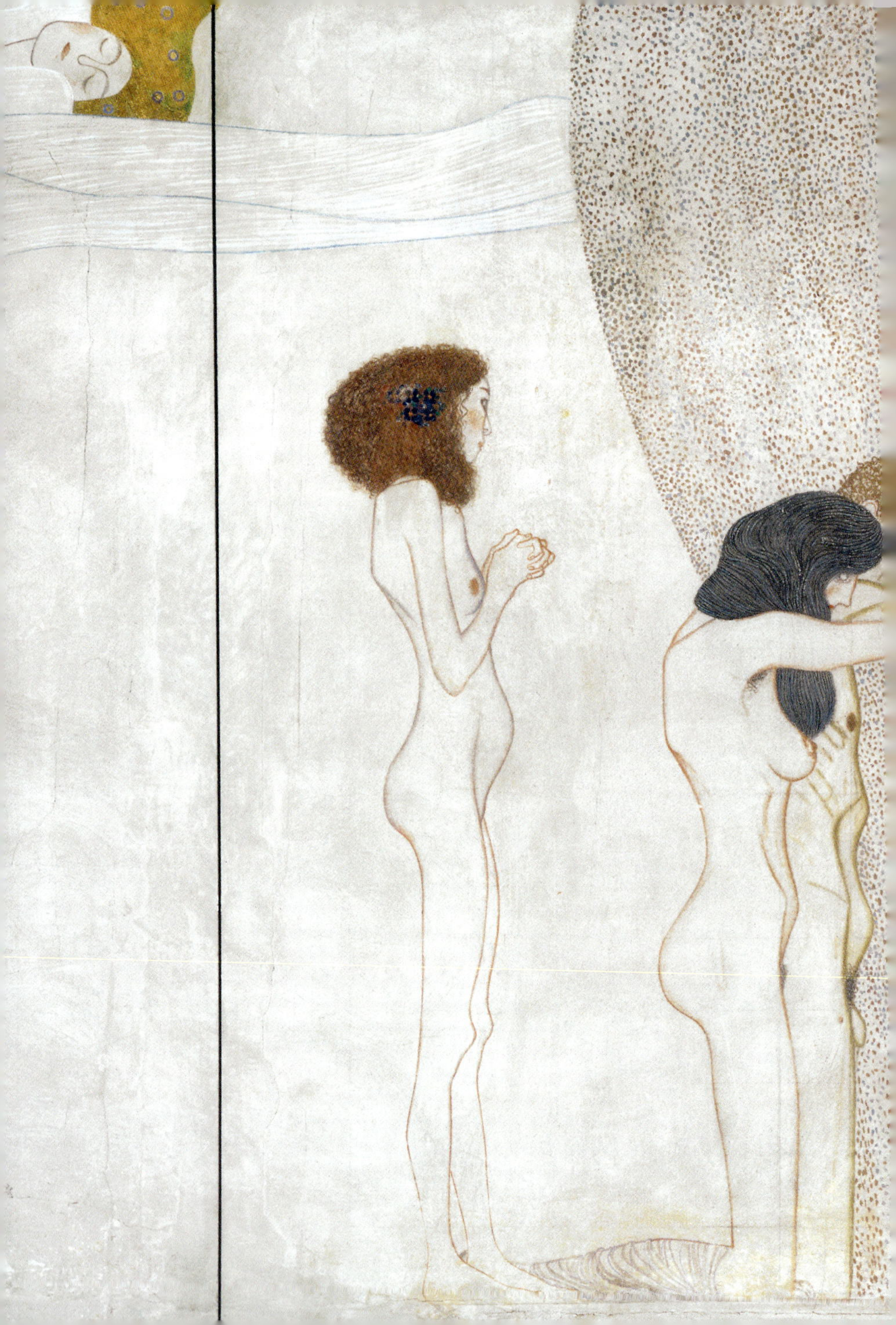

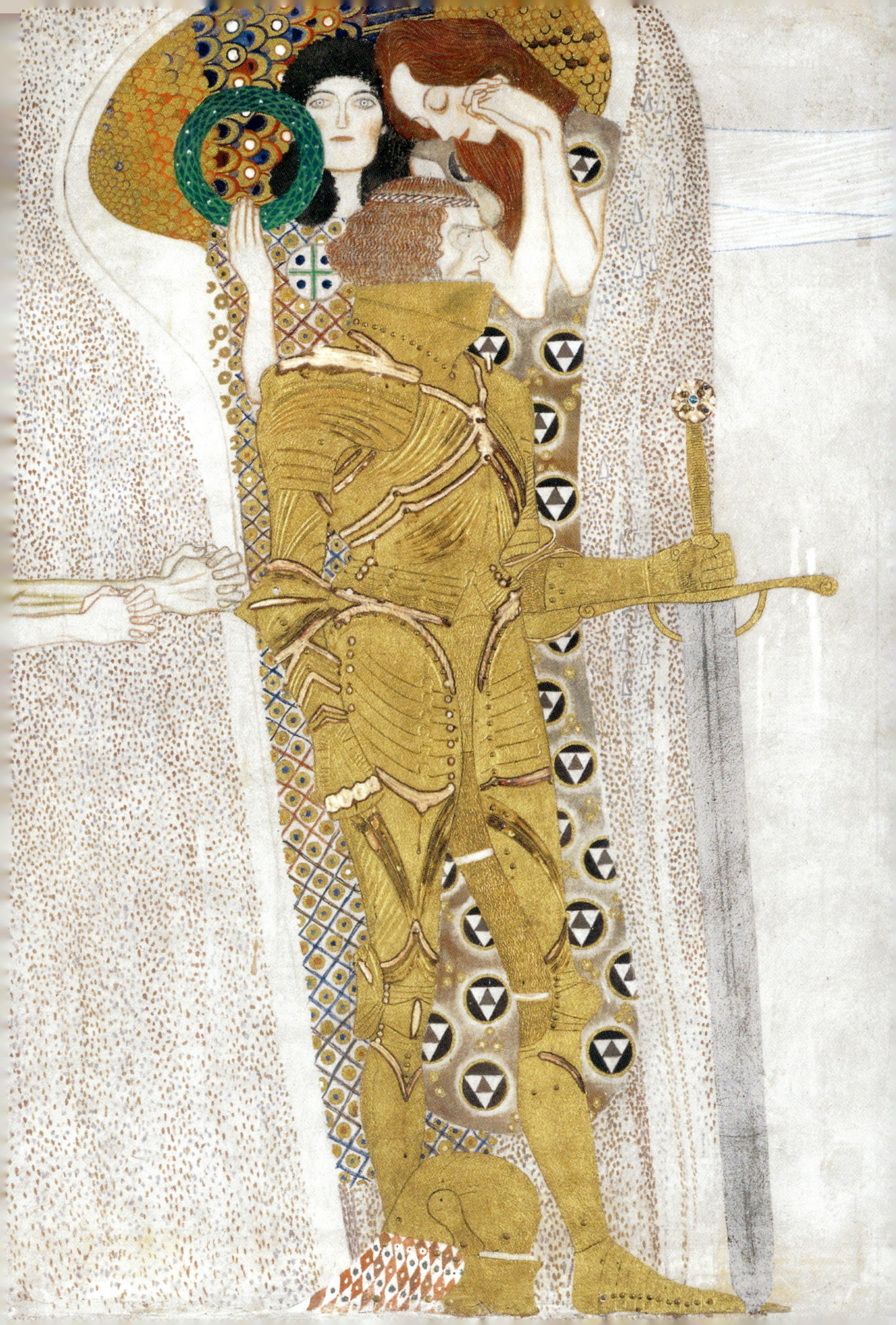

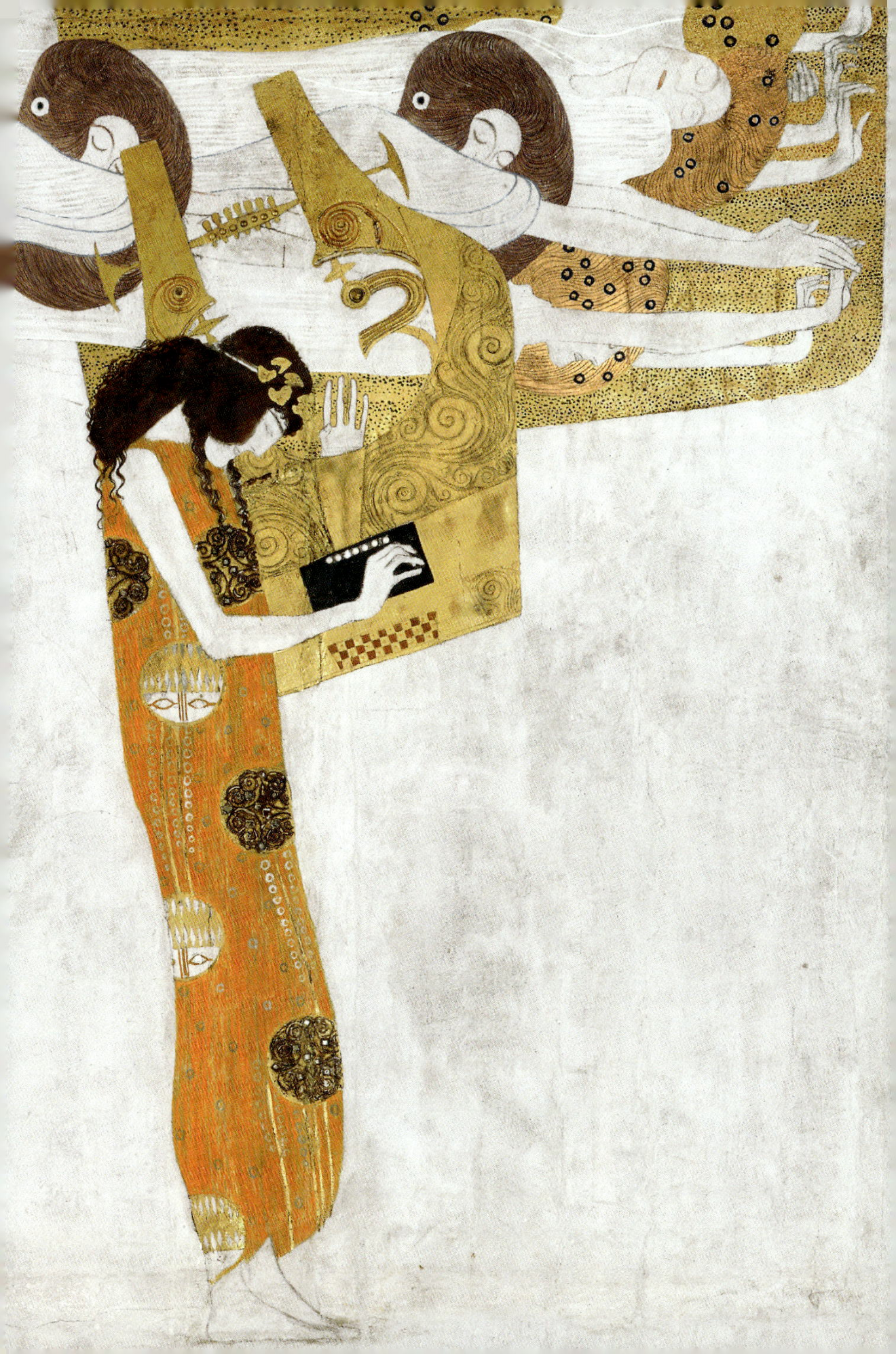

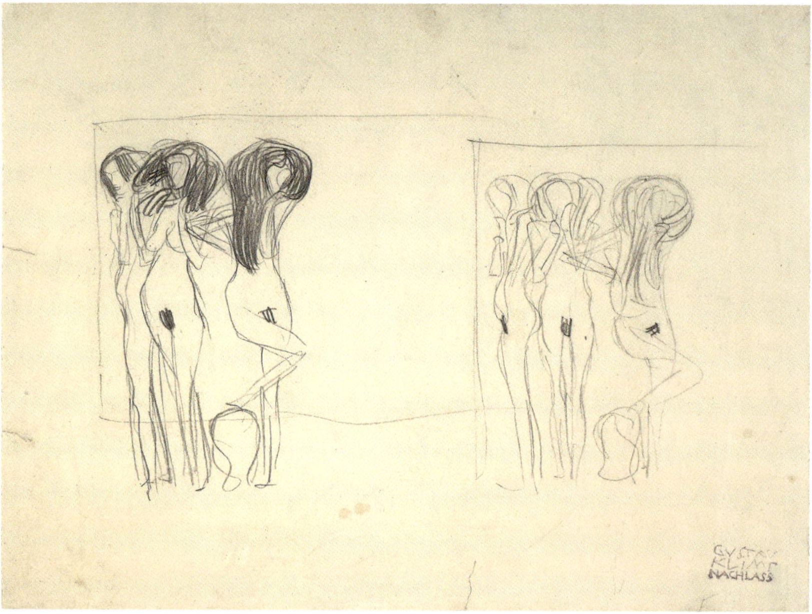

« Dans aucune exposition viennoise
la nudité n'a encore célébré de telles orgies. »

HERMANN BAHR, 1903

Deux esquisses de composition pour le groupe des « Trois Gorgones »
de *La Frise Beethoven*, 1901/02
Mine de plomb, 29,9 x 39,7 cm. Vienne, Albertina

Pages 119–125
Détails de : **La Frise Beethoven**, 1901/02
« **Les Arts** », paroi droite (p. 123)
« **Les Puissances hostiles** », panneau central (pp. 119–122)
« ‹ **Joie, belle étincelle des dieux** ›. ‹ **Ce baiser au monde entier !** › », paroi droite (pp. 124/125)

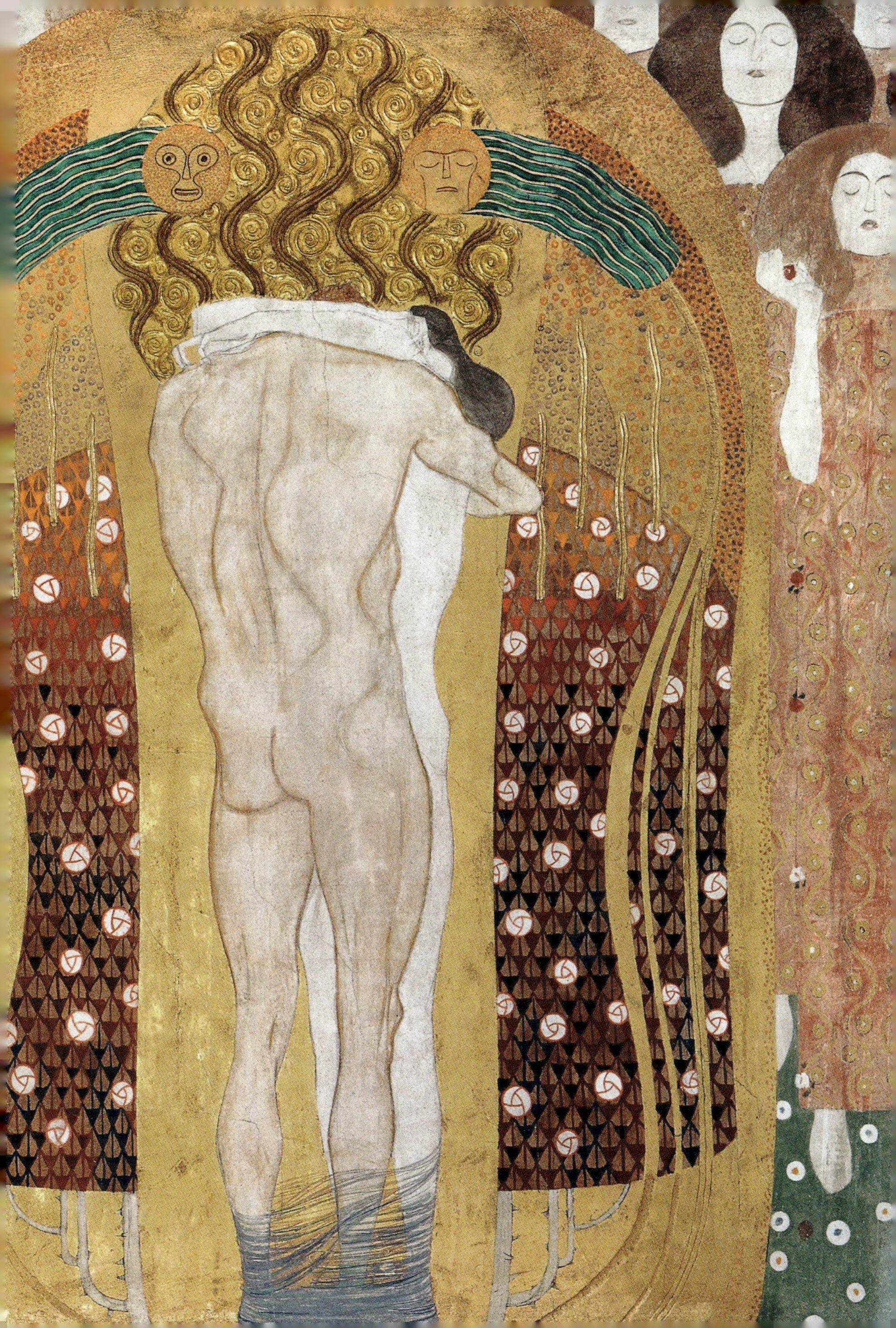

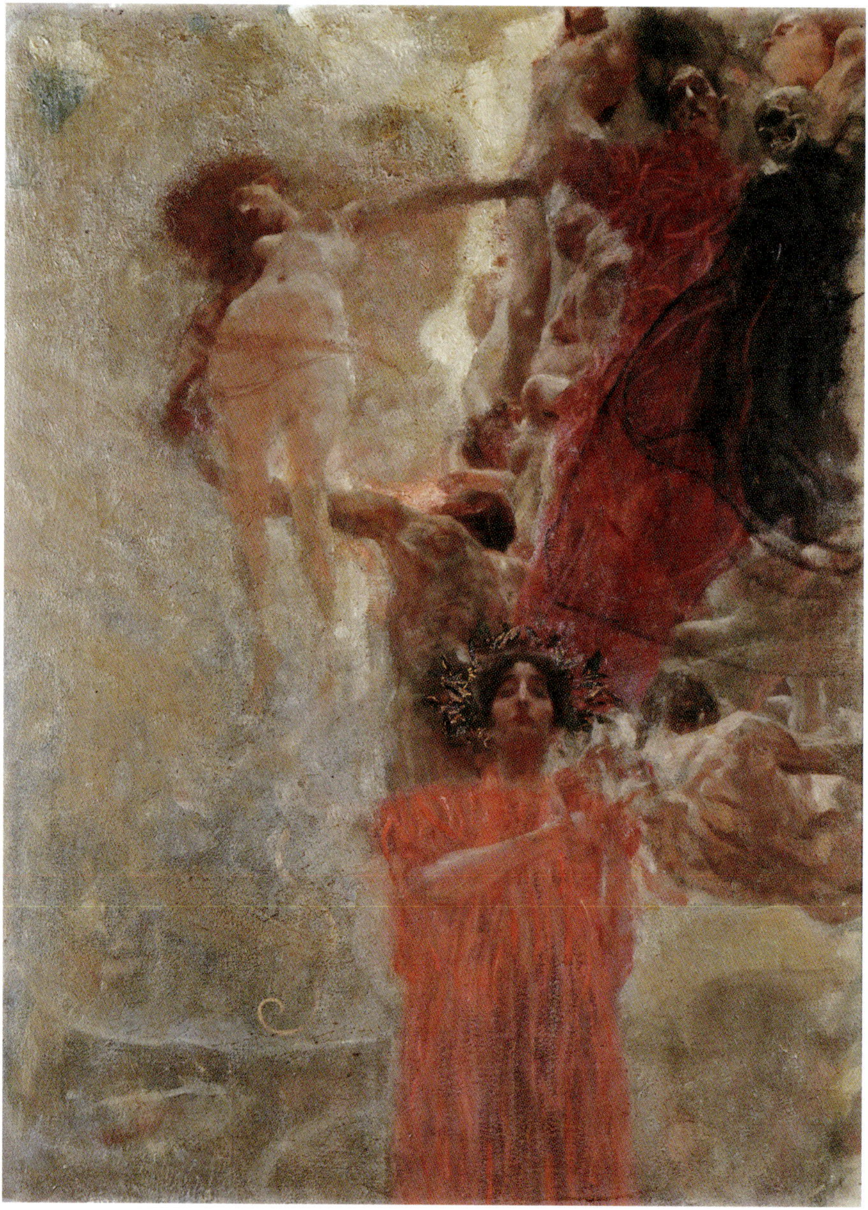

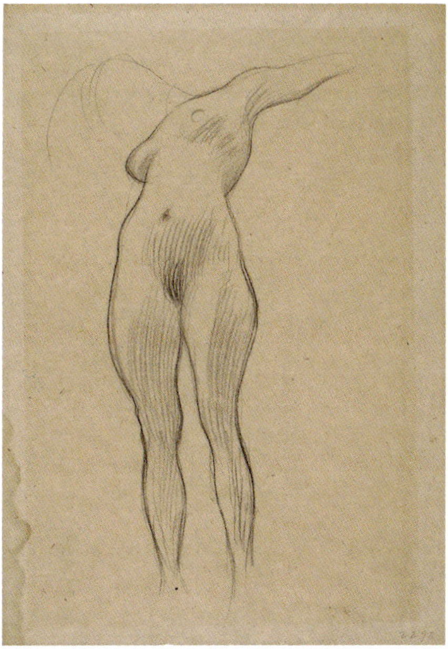

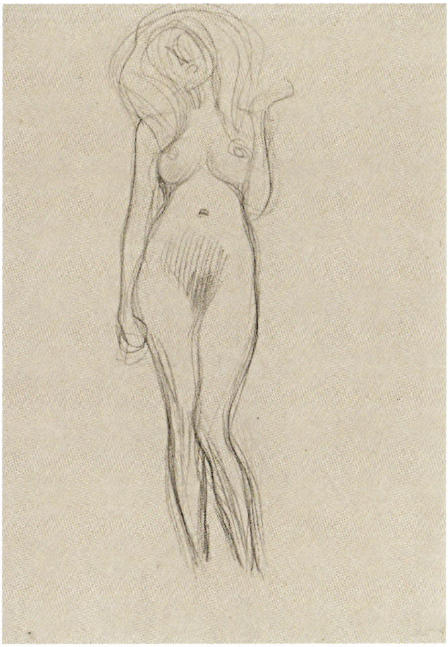

La Médecine (étude de composition), 1898
Huile sur toile, 72 x 55 cm. Jérusalem, Musée d'Israël

Étude pour la femme flottante dans *La Médecine*, 1900/01
Crayon noir, 41,5 x 27,3 cm. Vienne, Albertina

Étude pour la figure de la « Veritas » dans *La Jurisprudence*, 1902/03
Crayon noir, 42,7 x 30,1 cm. Vienne, Leopold Museum

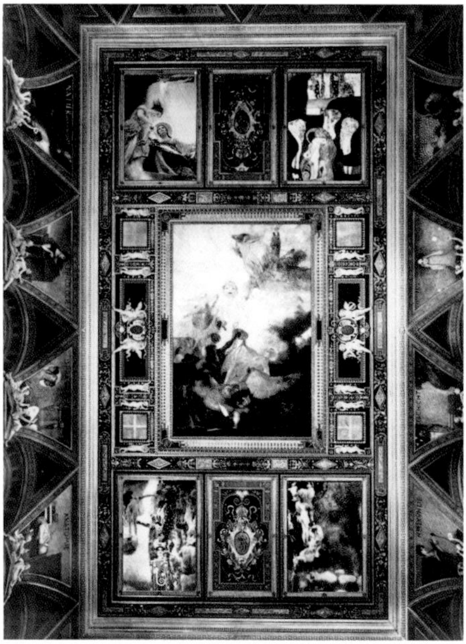

« Voici enfin le véritable tableau mural. Généreux de surface et de style, tout proche de l'idéal bidimensionnel, recouvrant et rehaussant un mur. Peinture construite pour une surface murale construite. »

LUDWIG HEVESI, 1907

Reconstitution de la disposition des tableaux des facultés
En haut à gauche : Franz Matsch, *La Théologie* ; en haut à droite : Gustav Klimt, *La Jurisprudence* ;
en bas à droite : Gustav Klimt, *La Philosophie* ; en bas à gauche : Gustav Klimt, *La Médecine* ;
au centre : Franz Matsch, *La Victoire de la lumière sur les ténèbres.*
Reconstitué par Alice Strobl, 1964

La Médecine, 1900–1907
Huile sur toile, 430 x 300 cm
Détruit dans l'incendie du château d'Immendorf, Basse-Autriche, mai 1945

Page 130
La Jurisprudence, 1903, version finale, 1907
Huile sur toile, 430 x 300 cm
Détruit dans l'incendie du château d'Immendorf, Basse-Autriche, mai 1945

Page 131
La Philosophie, 1900–1907
Huile sur toile, 430 x 300 cm
Détruit dans l'incendie du château d'Immendorf, Basse-Autriche, mai 1945

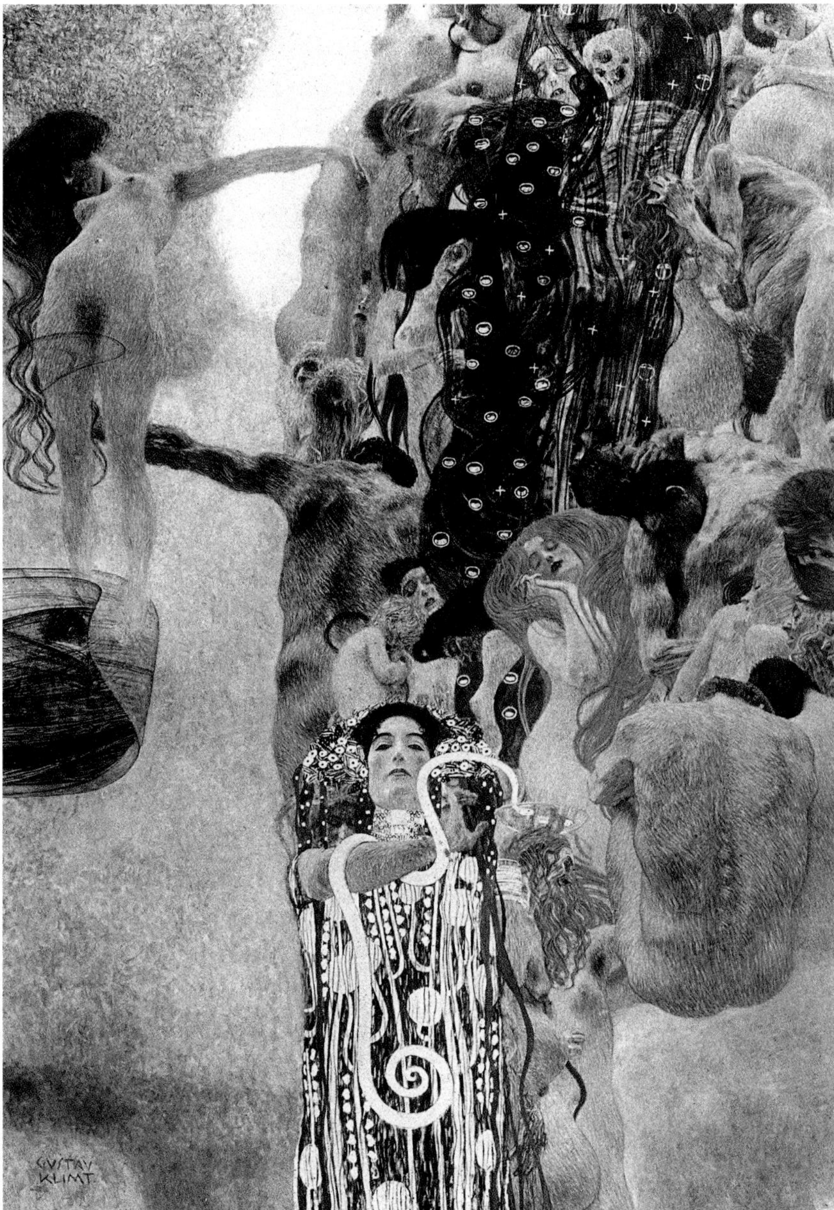
GVSTAV
KLIMT

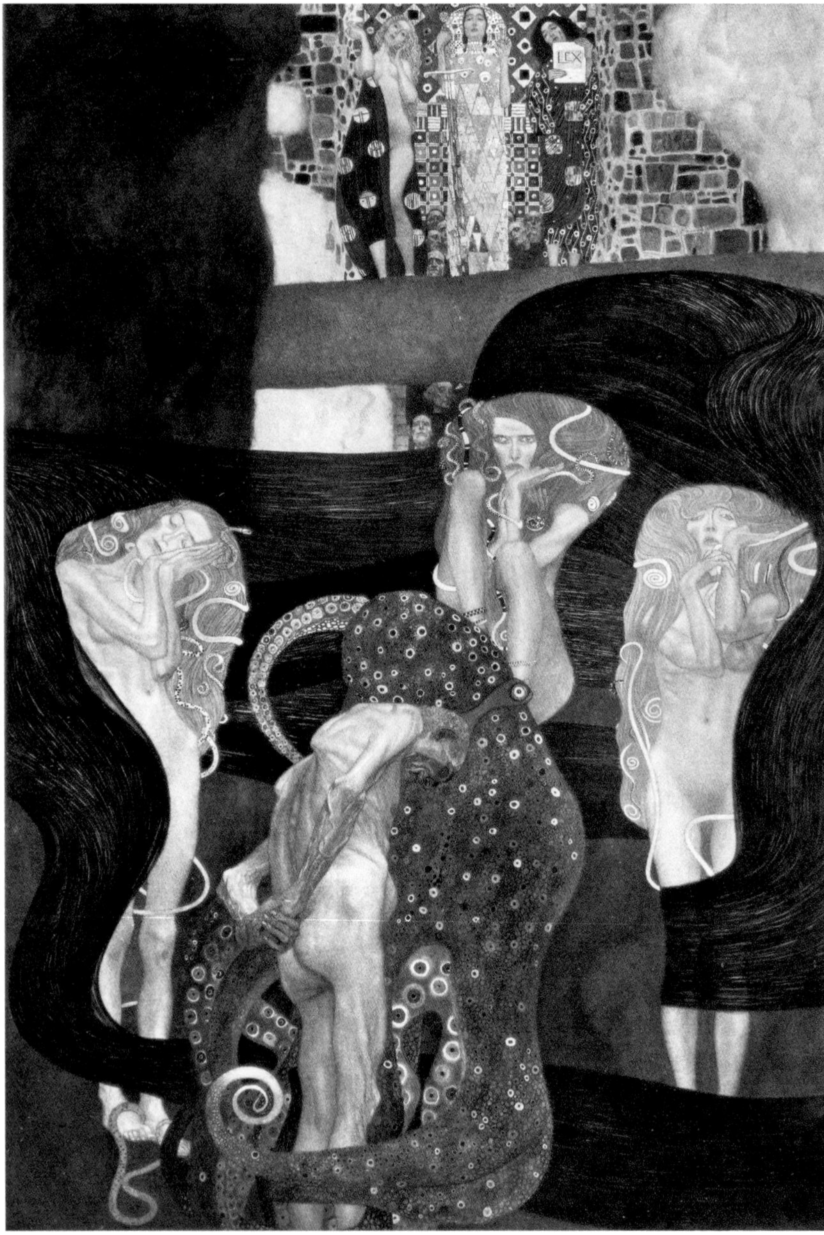
LEX

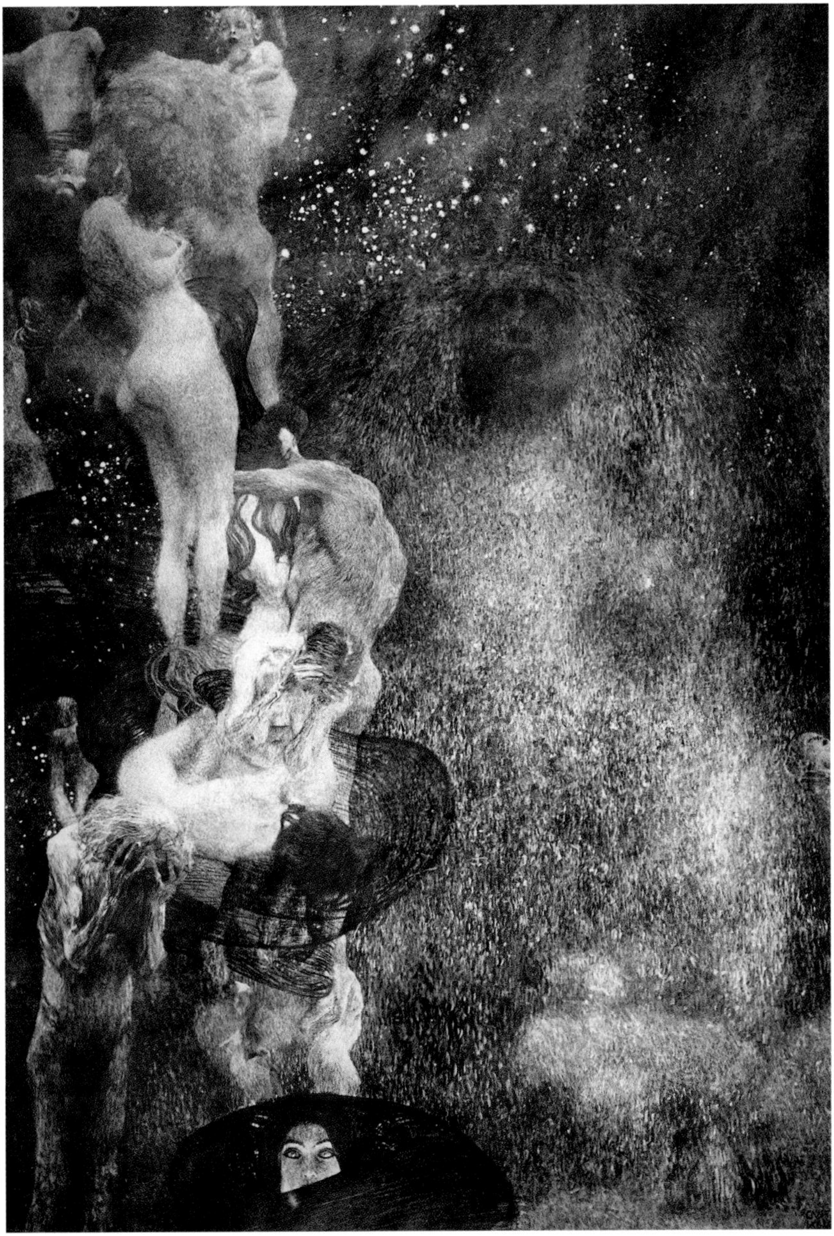

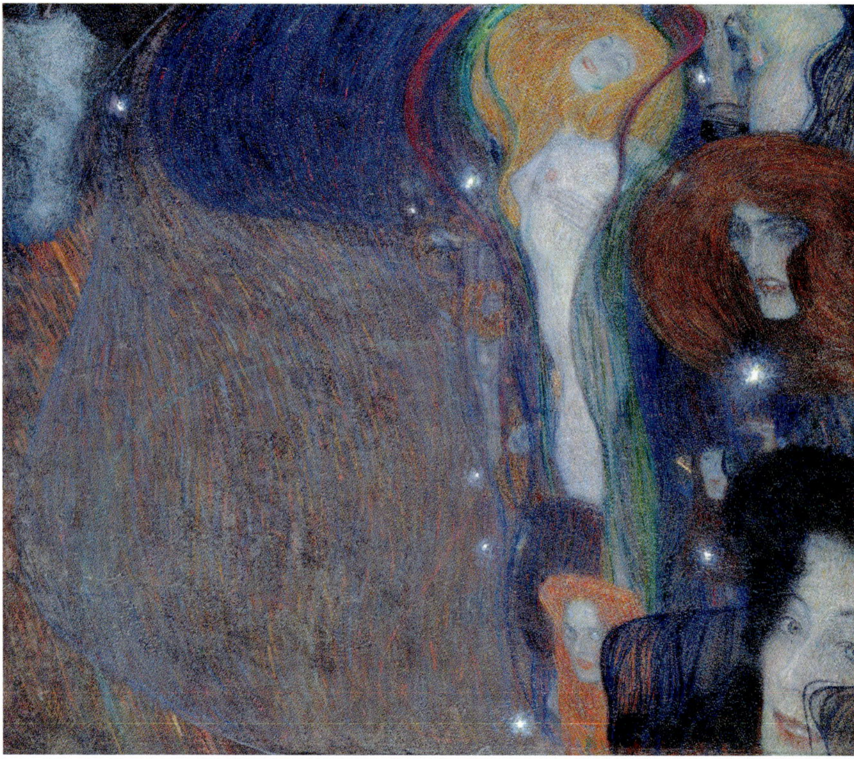

Feux follets, 1903
Huile sur toile, 52,1 x 59,7 cm. Collection particulière

L'Espoir I, 1903/04
Huile sur toile, 189,2 x 67 cm. Ottawa, National Gallery of Canada

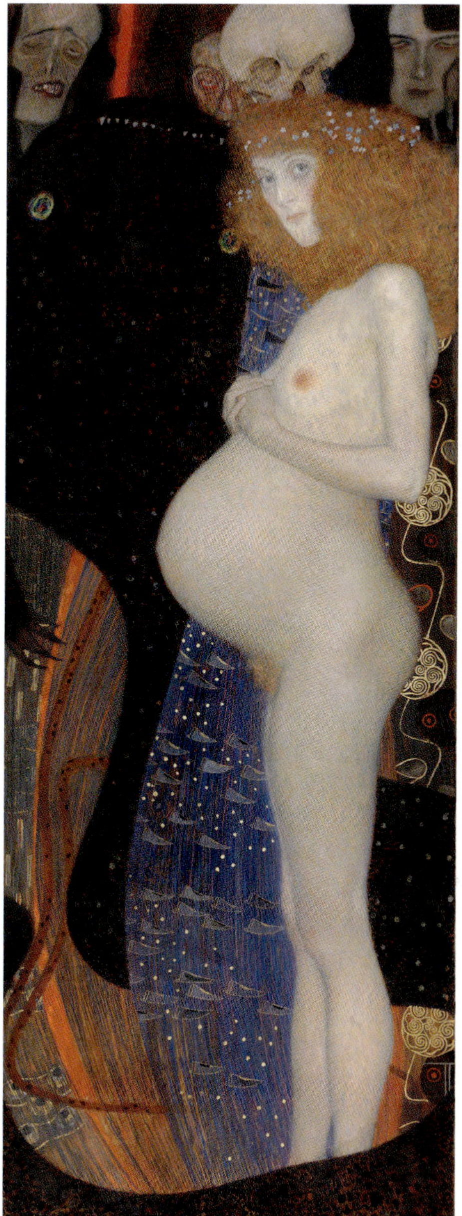

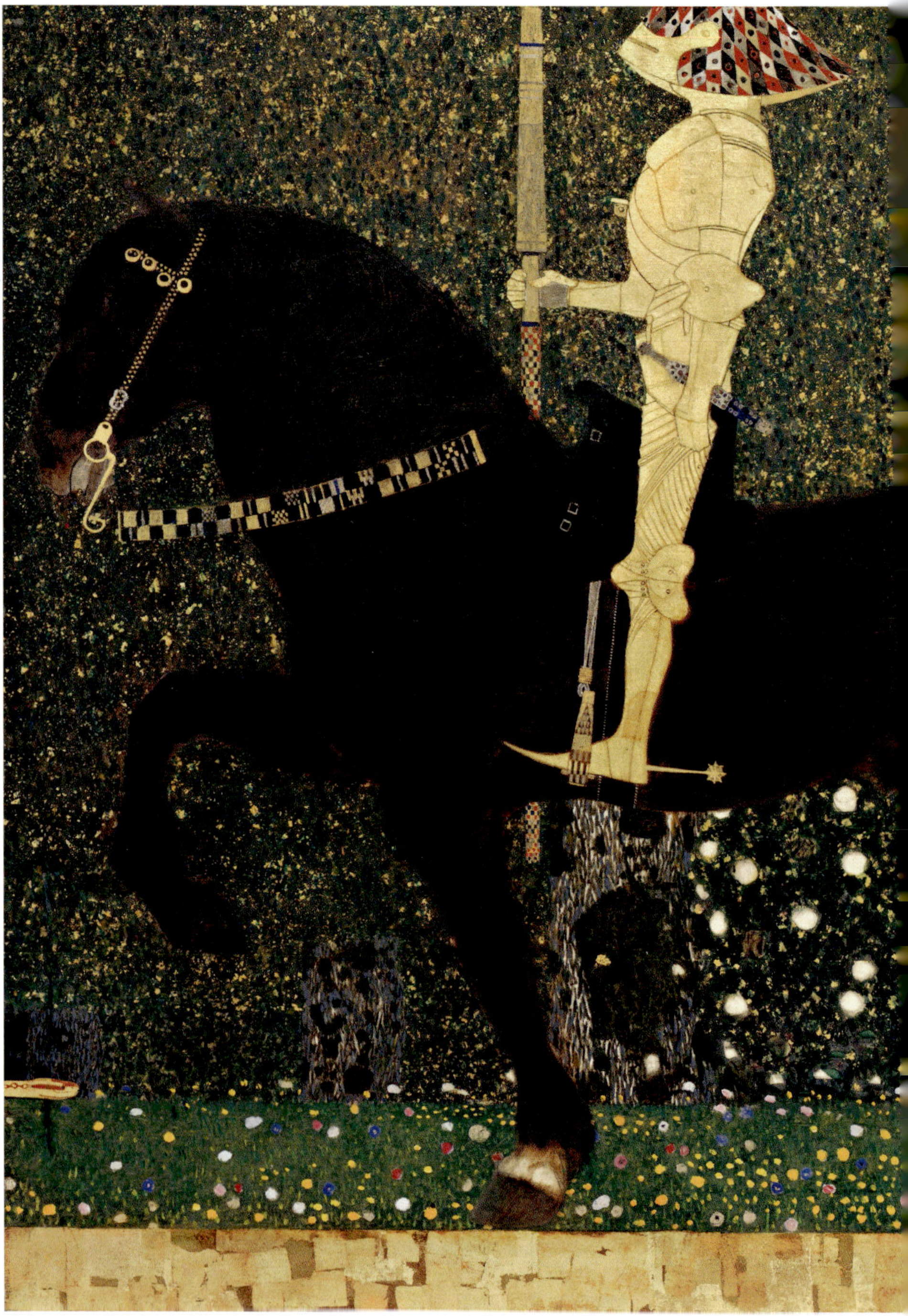

« La figure humaine n'est plus utilisée que comme matière première propice aux jeux de l'imaginaire. ... Une œuvre d'une singulière exquisité ; force est de recourir à ce type d'expressions savoureuses. »

LUDWIG HEVESI, 1907

Le Chevalier d'or (La Vie est un combat), 1903
Huile sur toile, 103,5 x 103,7 cm
Nagoya, Aichi Prefectural Museum of Art

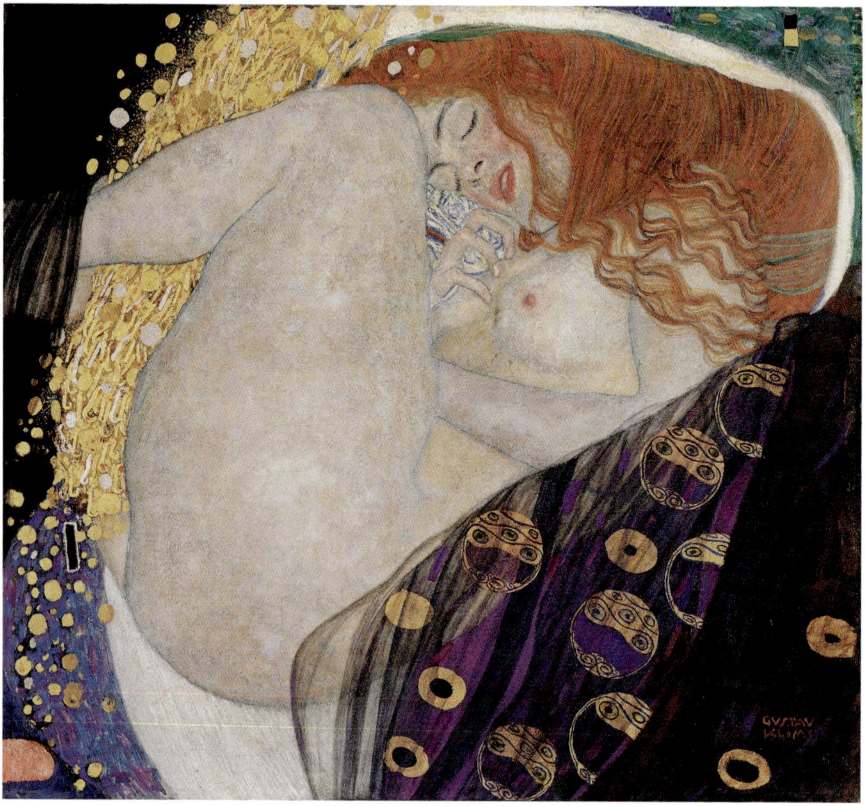

Danaé, 1907/08
Huile sur toile, 77 x 83 cm. Vienne, Famille Dichand

Serpents d'eau I, 1904–1907
Mine de plomb sur parchemin, aquarelle, gouache, rehaussé de bronze doré et argenté et d'applications de feuilles d'or, 50 x 20 cm. Vienne, Belvedere

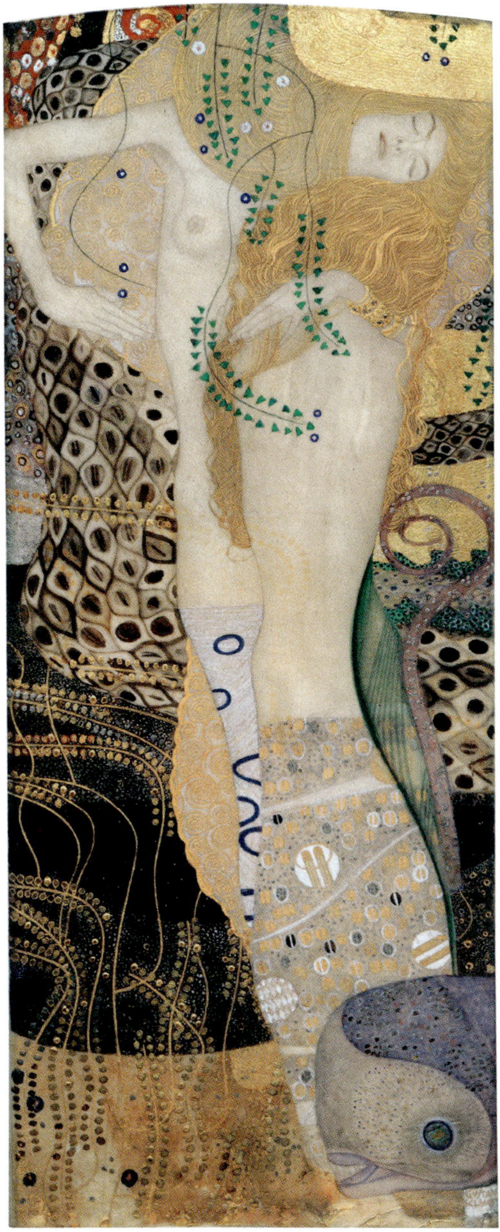

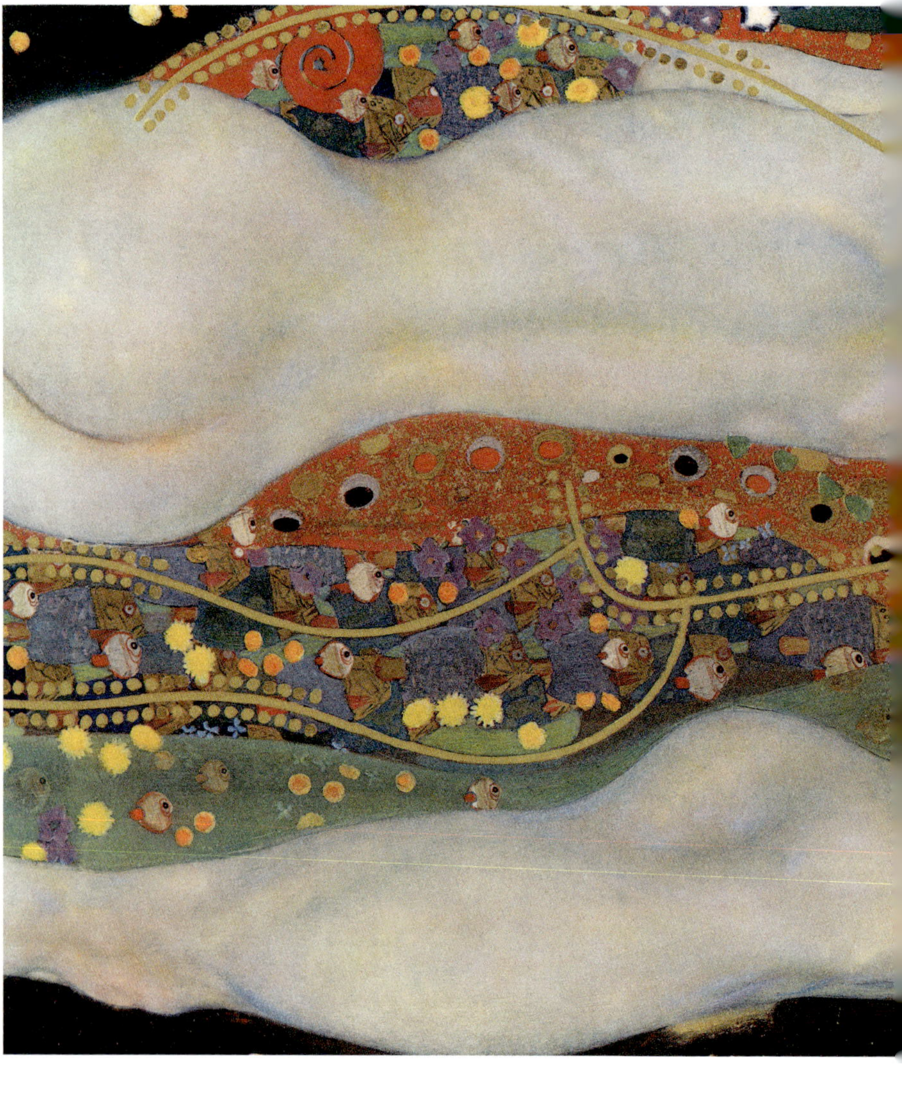

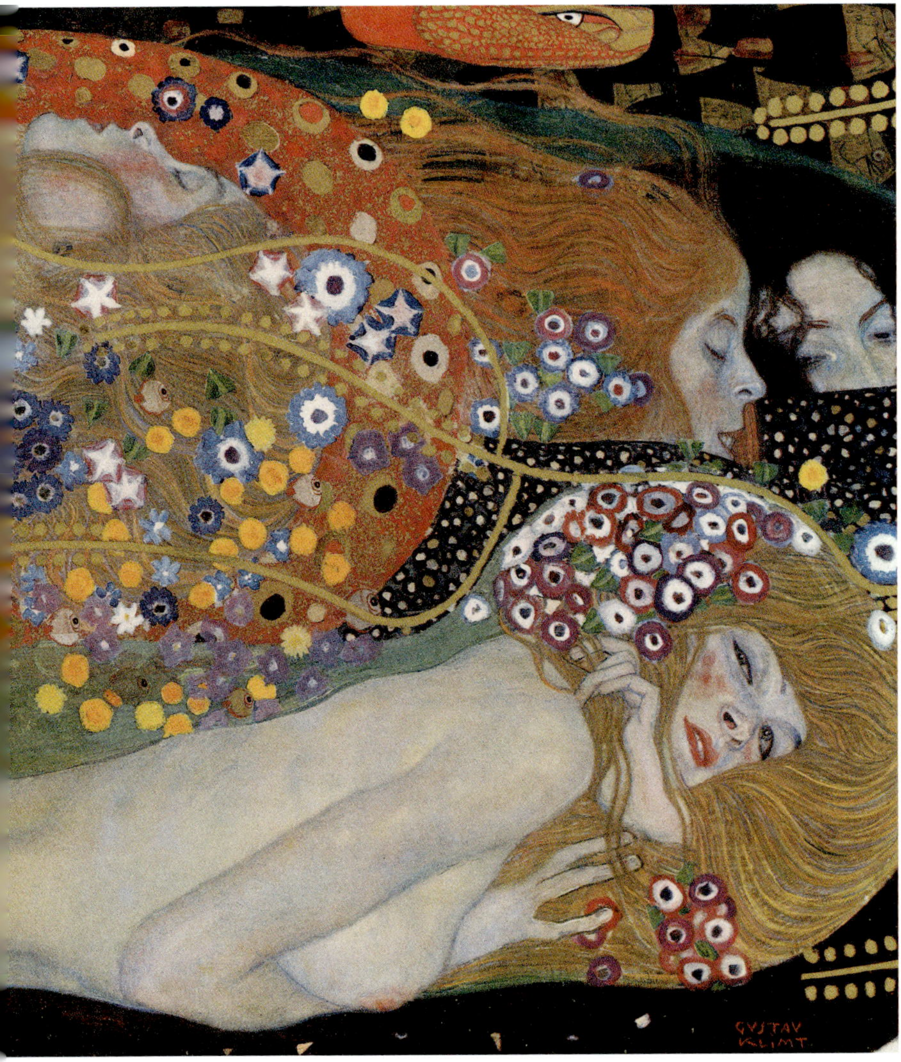
GVSTAV
KLIMT

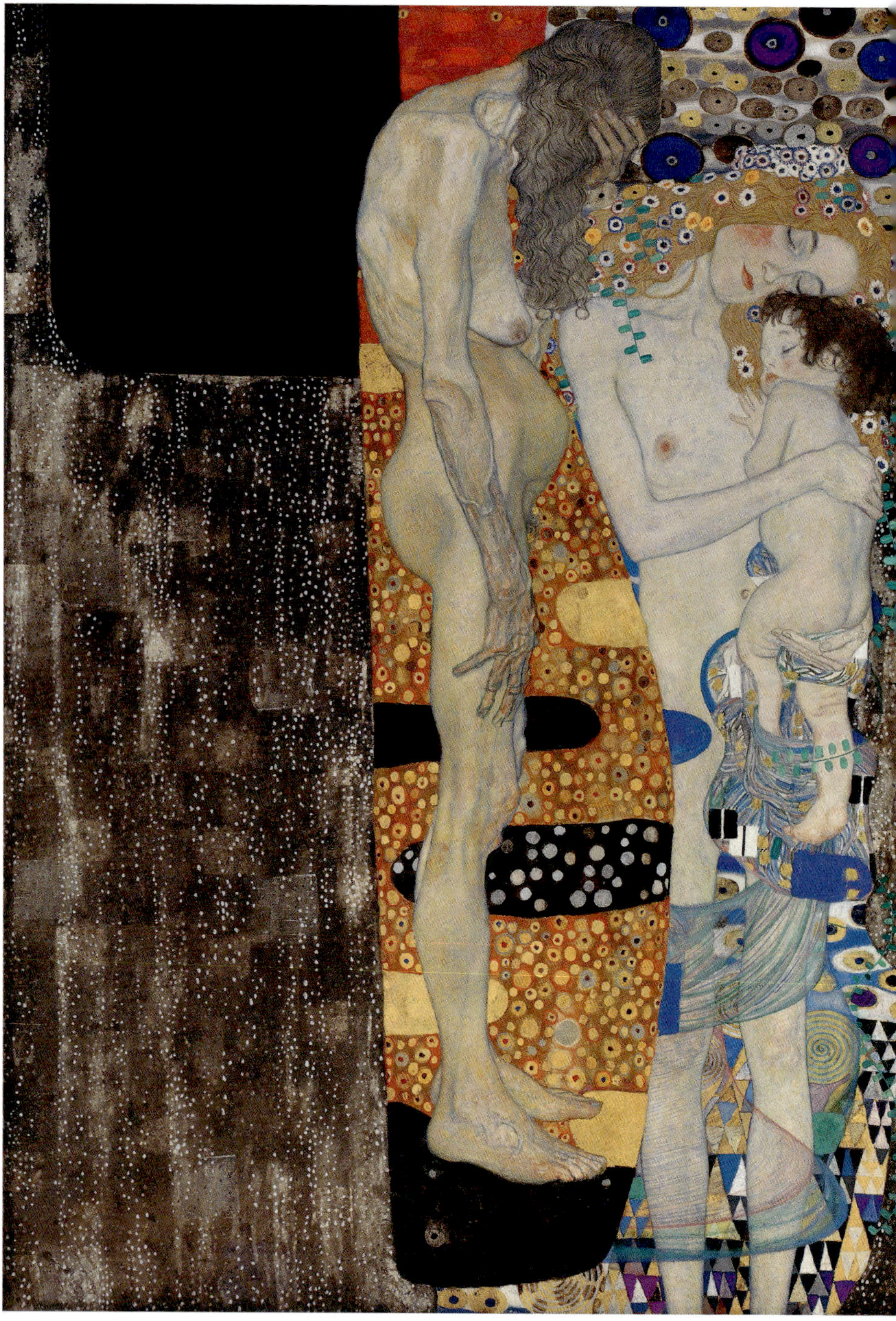

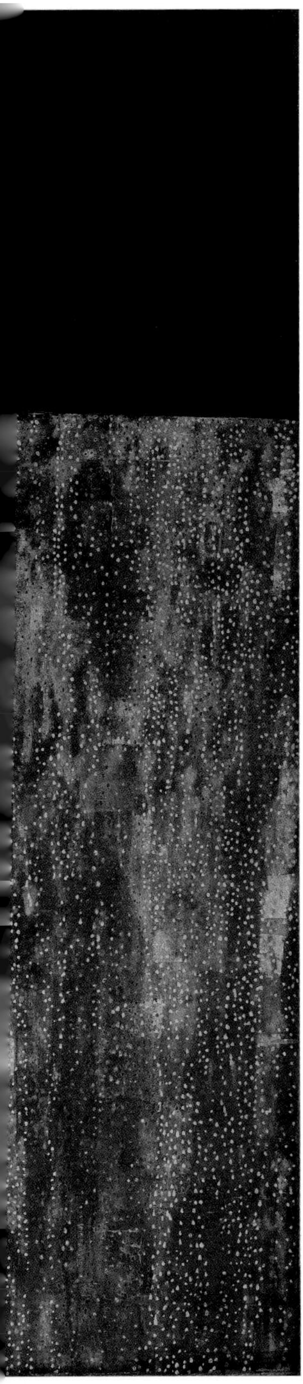

« Jeunesse et vieillesse, floraison et flétrissure,
toute la fatalité du plaisir et de la douleur,
liée à la vie humaine. Et le groupe symbolique intimement
imbriqué et dévoré par son instinct de mosaïque. »

LUDWIG HEVESI, 1907

Pages 138/139
Serpents d'eau II, 1904, remanié en 1906/07
Huile sur toile, 80 x 145 cm. Collection particulière

Les Trois Âges de la femme, 1905
Huile sur toile, 180 x 180 cm
Rome, Galleria Nazionale d'Arte Moderna e Contemporanea

Le Baiser, 1907/08
Huile sur toile, 180 x 180 cm
Vienne, Belvedere

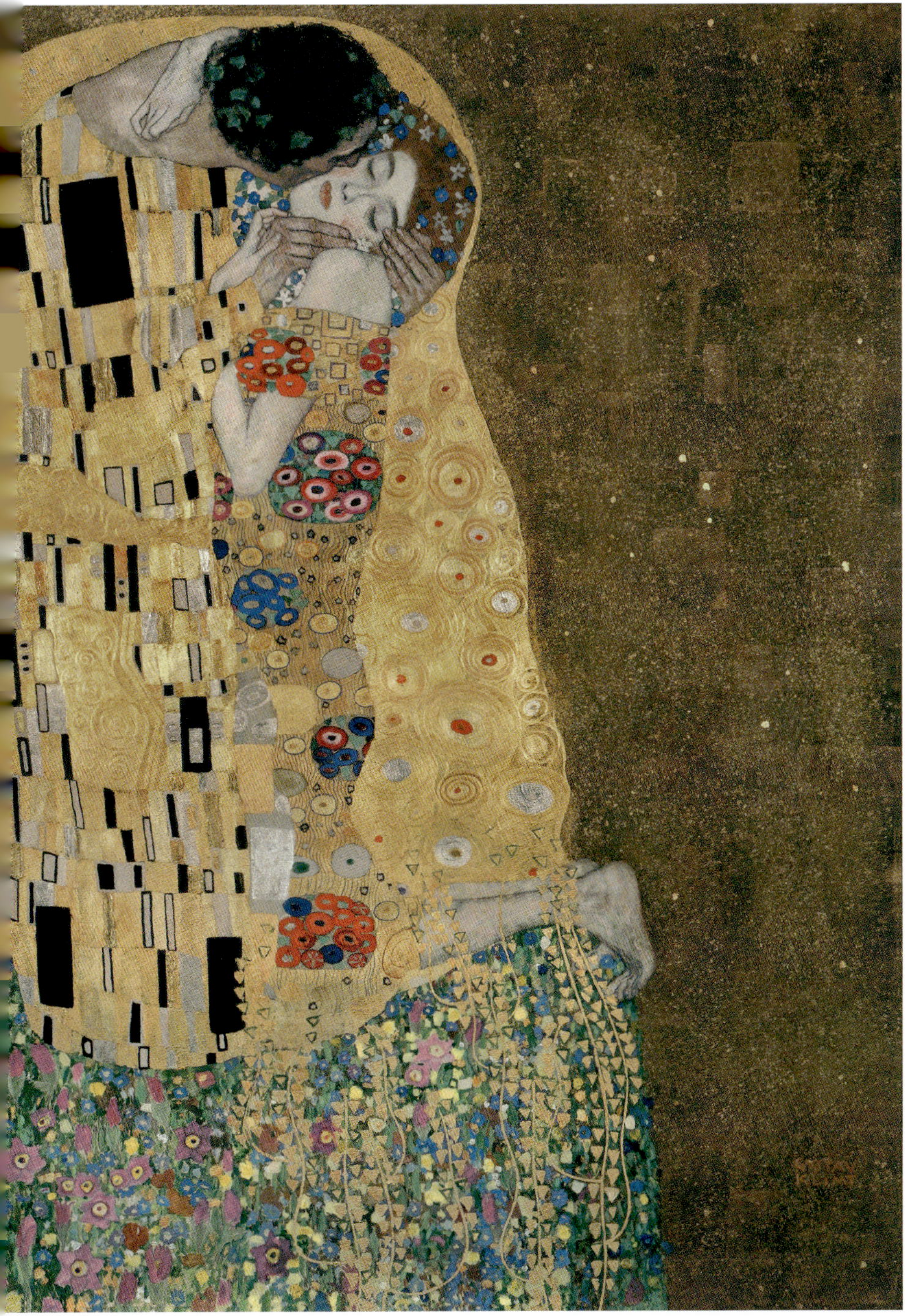

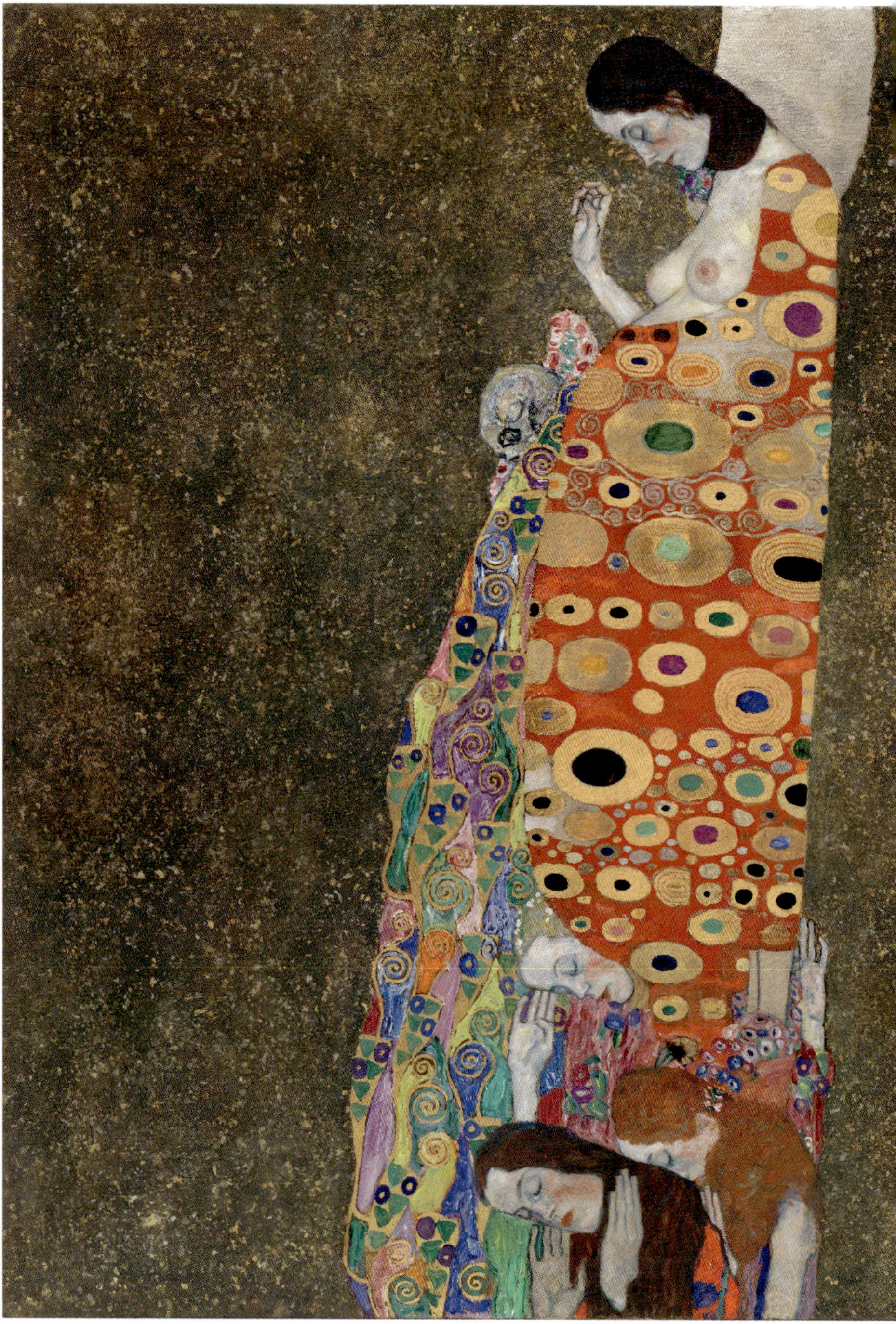

L'Espoir II (Vision), 1907/08
Huile sur toile, applications d'or et d'argent, 110,5 x 110,5 cm
New York, The Museum of Modern Art,
acquis grâce à Jo Carole et Ronald S. Lauder,
au Helen Acheson Funds et à Serge Sabarsky

Pages 146/147
L'Espoir II (Vision) (détail), 1907/08

Pages 148/149
Moritz Nähr
Membres de la Sécession viennoise posant lors de la quatorzième exposition de la Sécession (« exposition Beethoven »), 1902
À l'arrière-plan, de gauche à droite : Anton Stark, Gustav Klimt, Adolf Böhm, Wilhelm List, Maximilian Kurzweil, Leopold Stolba, Rudolf Bacher. Devant : Koloman Moser, Maximilian Lenz, Ernst Stöhr, Emil Orlik, Carl Moll
Photo. Imagno/Austrian Archives

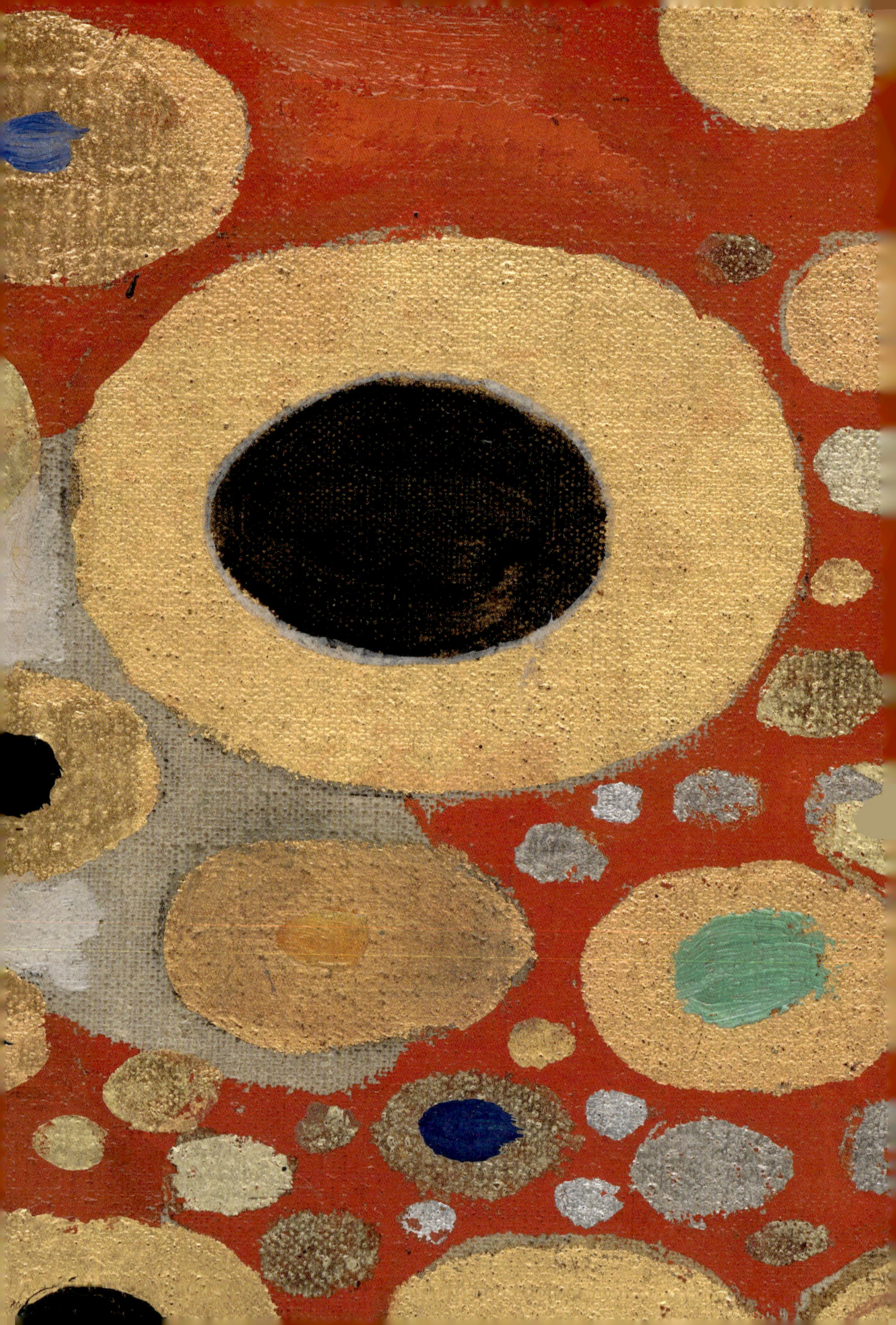

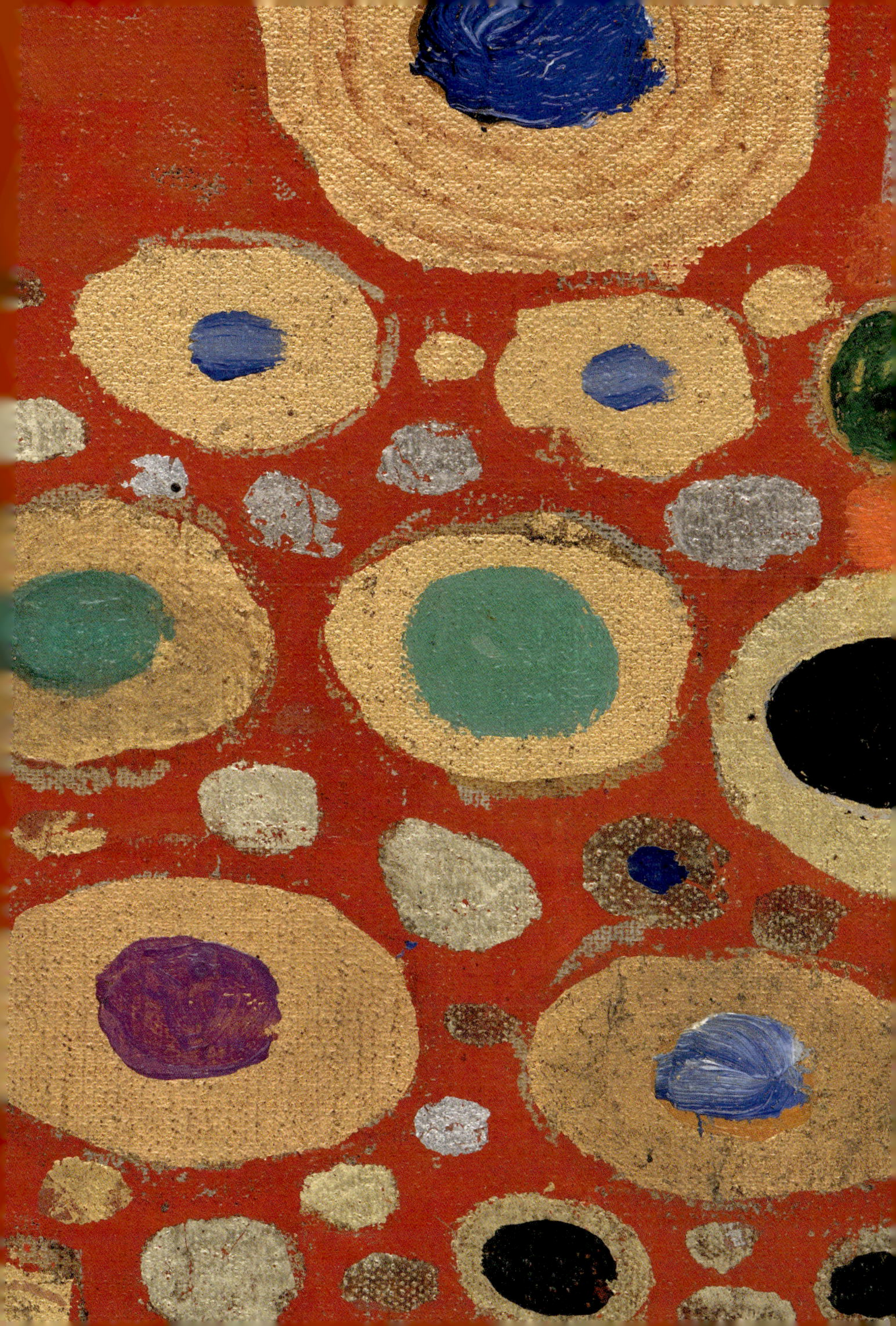

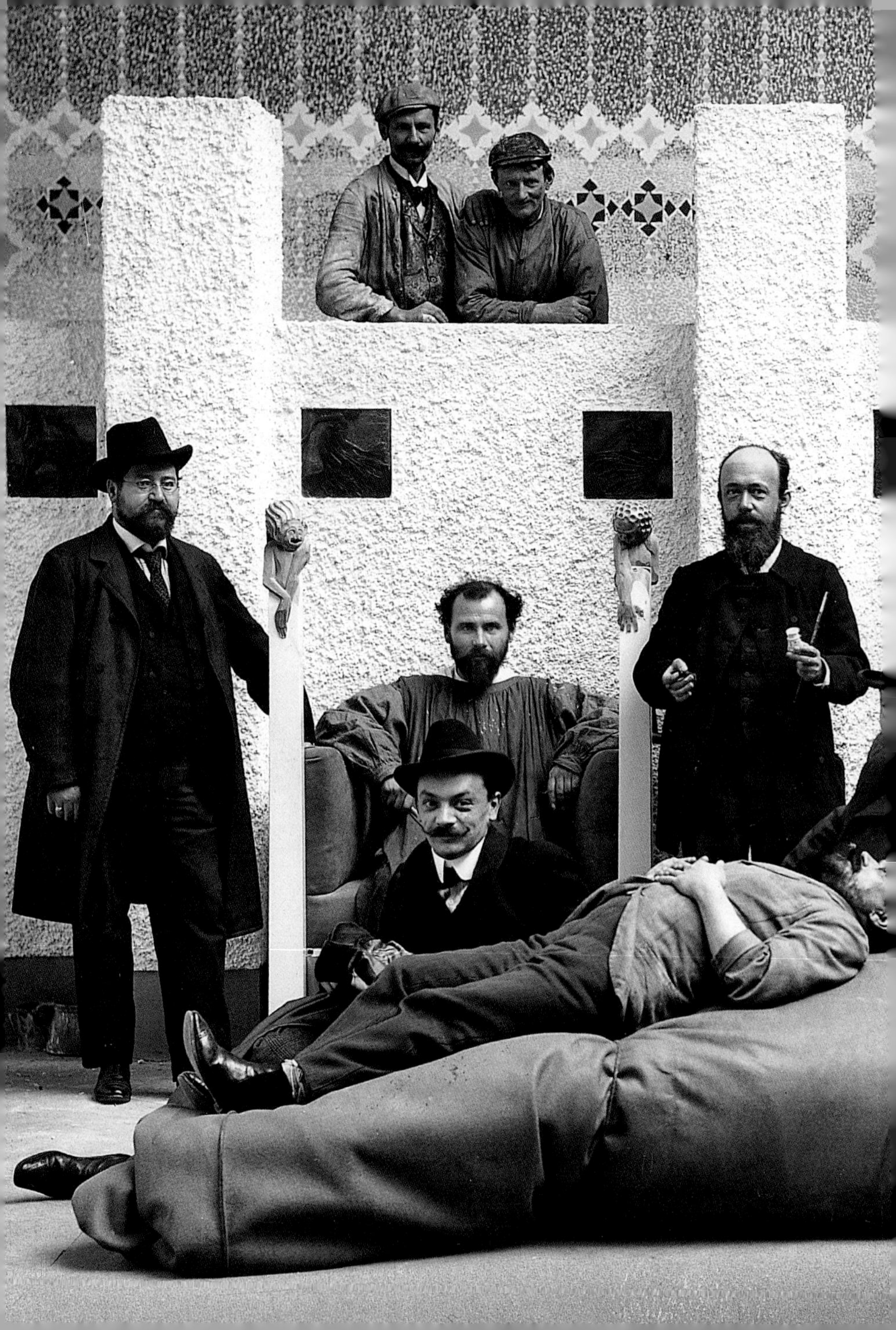

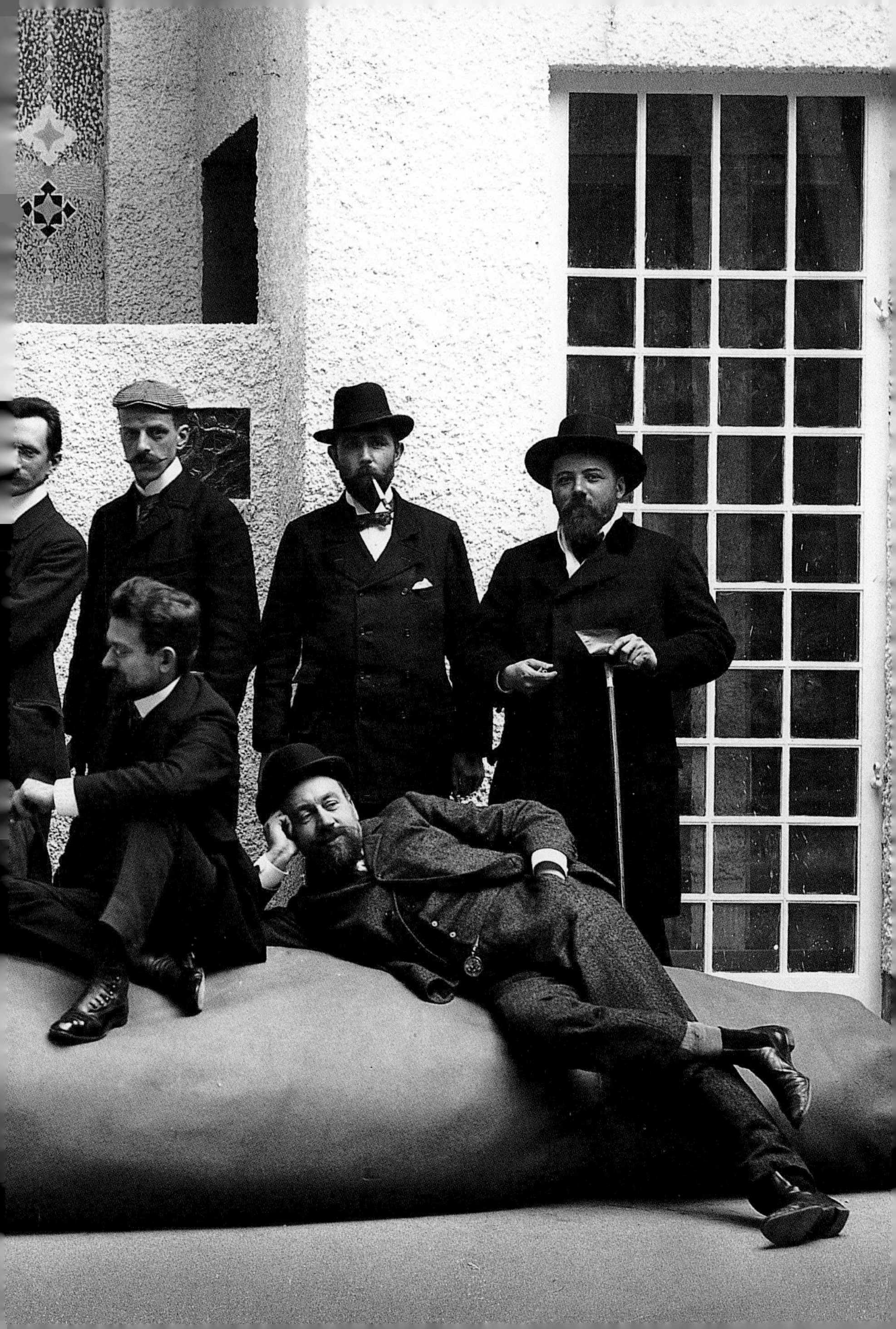

III.

La Frise Stoclet: un jardin artificiel au cœur de la maison

Anette Freytag

« Un artiste n'a que rarement l'occasion d'accomplir une œuvre d'art au travers de laquelle son imagination se sent pousser des ailes, ses pensées deviennent réalité et son talent artistique peut pleinement s'épanouir. [...] Parmi ces maisons, le palais Stoclet brille comme le ferait, au milieu de pierres de moindre valeur, un précieux joyau d'une beauté exquise. »

A. S. LEVETUS, 1914

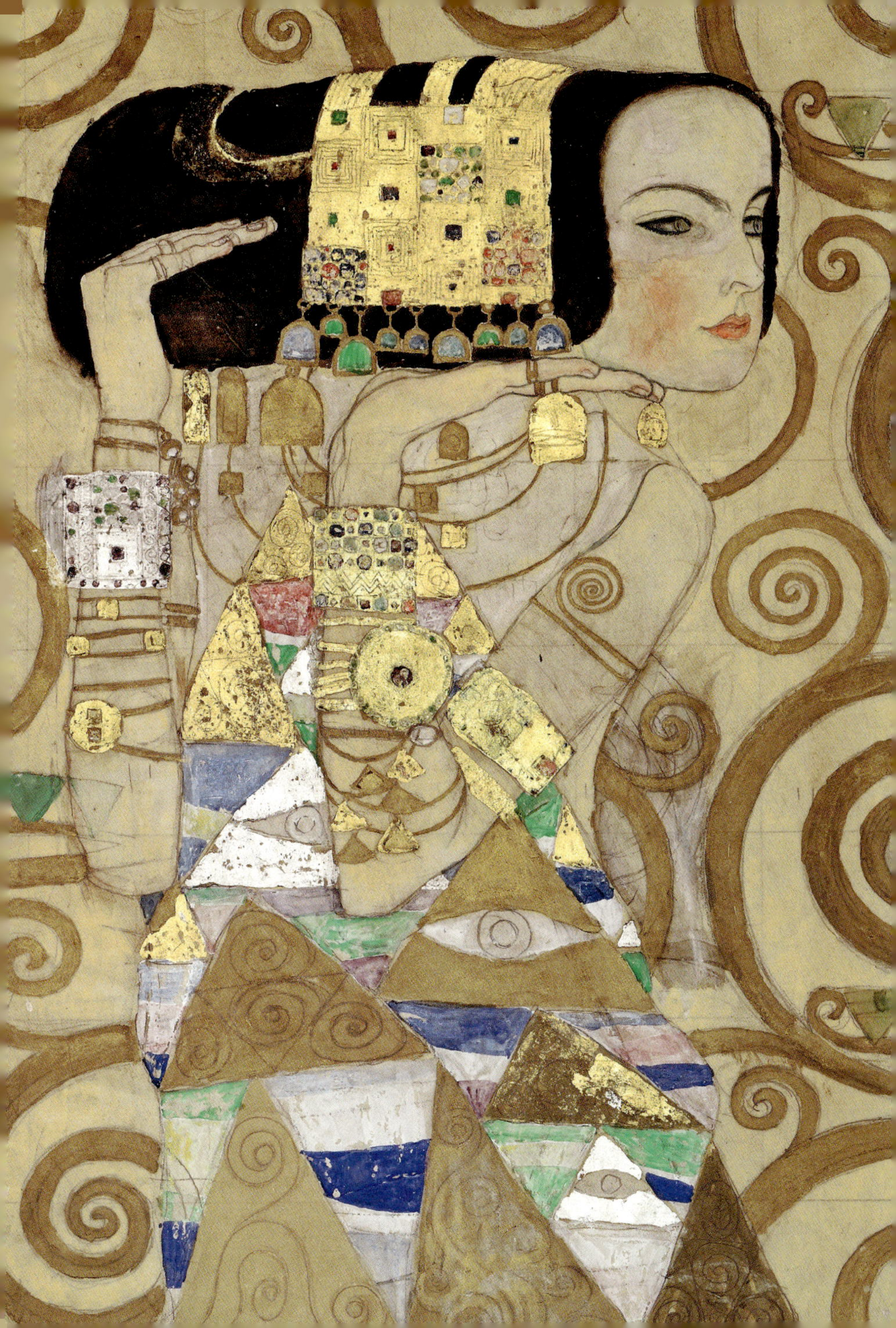

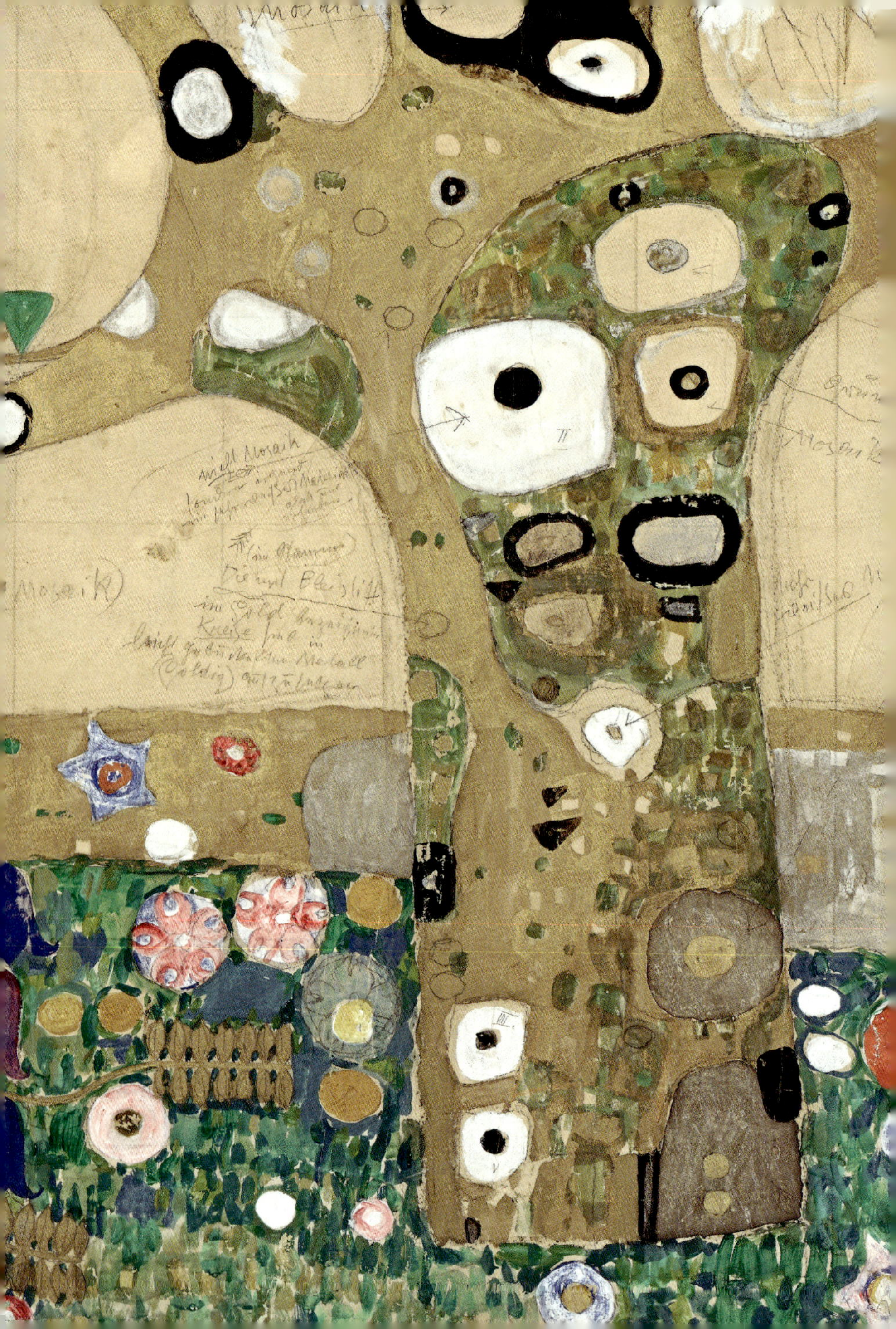
nicht Mosaik
Mosaik
Mosaik

Lorsque, le 22 septembre 1912, les architectes belges visitèrent pour la première fois le palais Stoclet de Bruxelles (1905–1911), l'excitation fut immense. Composé d'une maison, d'un jardin et d'un intérieur, cet ensemble, dont la salle à manger ornée de la célèbre *Frise Stoclet* de Gustav Klimt constitue le point d'orgue, a été conçu et exécuté, depuis le plan jusqu'à la petite cuillère en argent, par l'architecte autrichien Josef Hoffmann et par les artistes et les artisans de la Wiener Werkstätte. Parmi les façades historicistes de l'élégante avenue de Tervuren, il apparut aux architectes belges comme venu d'un autre monde (pp. 254/255). « Je crois être sur la planète Mars ! », s'exclama, incrédule, l'un d'entre eux lors de la visite (Tekhne, 1912, p. 802). De fait, la construction cubique fait l'effet d'une forteresse tout en semblant, en raison du décor de sa façade, flotter étrangement : elle est entièrement revêtue de plaques de marbre, lesquelles, à en juger par l'impression d'optique, ne sont portées que par les fines bordures de bronze qui les encadrent. Côté rue, l'édifice conçu comme un hôtel particulier destiné à la représentation présente pourtant une façade singulièrement moderne. Hoffmann construisit aussi cette maison pour abriter l'importante collection d'art des propriétaires, l'ingénieur et financier belge Adolphe Stoclet (1871–1949) et son épouse Suzanne Stevens (1874–1949), une femme au goût artistique prononcé. Côté jardin, sa façade au relief constitué d'encorbellements, de balcons et de terrasses en fait une *villa suburbana*. (pp. 156/157). Édifice à « deux visages » pourrait-on dire, cette maison devait offrir à la famille nombreuse les avantages d'un confortable hôtel particulier et d'une maison de campagne.

Ce faisant, Josef Hoffmann ne se rattacha nulle part à une tradition architecturale connue en Belgique. Aussi n'est-il pas surprenant que les architectes belges décrivissent ce corps étranger avec un mélange de scepticisme et d'euphorie : « C'est de l'art évidemment, mais un art intellectuel » (Tekhne, 1912, p. 802), déclara l'un d'entre eux à propos de l'édifice qui, dans son aspect extérieur et dans l'aménagement des pièces de service, annonçait la sobre modernité des années 1920 (p. 170). Les salles de réception, en revanche, ont été décorées avec un luxe inouï et pourvues des matériaux les plus précieux : « Baudelaire aurait rêvé de cela : c'est d'une magnificence un peu austère. C'est du marbre et de l'or. C'est froid et prenant » (Tekhne, 1912, p. 802). Ces paroles enthousiastes prononcées par un visiteur, en 1912, se réfèrent probablement à la frise en trois parties, mise en place un an plus tôt dans la salle à manger du palais –

Pages 151–152
Dessins d'étude pour « La Danseuse », (« L'Attente »)
et pour *La Frise Stoclet* (détails), 1910
Crayon noir, aquarelle et gouache, gouache blanche, feuille d'or,
applications d'argent et bronze doré sur papier calque, 195 x 120 cm chacun
Vienne, MAK – Österreichisches Museum für angewandte Kunst/Gegenwartskunst

un ouvrage incrusté dans du marbre et un chef-d'œuvre des arts appliqués, lequel donne à celui qui est convié le sentiment de dîner au milieu d'un jardin magique étincelant (pp. 188/189).

L'interaction de la frise de Klimt, de l'architecture d'Hoffmann et du mobilier de la Wiener Werkstätte a fait de cette salle à manger l'un des intérieurs les plus célèbres du XXe siècle (Sekler, 1982, p. 309). D'un point de vue programmatique, cette pièce illustre les aspirations du groupe de Klimt, lequel, à partir de 1905, s'éloigna de la Sécession viennoise : faire pénétrer l'art dans tous les domaines de la vie humaine (cf. Rainer, 2006, p. 81). Dans le palais Stoclet, ce programme est omniprésent. Cet ensemble, composé d'une maison, d'un intérieur et d'un jardin, est l'œuvre majeure de Josef Hoffmann et de la Wiener Werkstätte ; c'est aussi la seule de leurs œuvres qui soit, jusqu'à aujourd'hui, conservée pour ainsi dire telle qu'elle fut livrée à ses commanditaires, en 1911. La famille Stoclet a gardé et entretenu avec amour cet ensemble d'exception pendant quatre générations et continue de le préserver jalousement, si bien qu'il n'est pas accessible au public. C'est pourquoi l'article qui suit doit permettre au lecteur de pénétrer un court instant dans un monde qui, jusqu'à nouvel ordre, lui demeure fermé dans la vraie vie.

La Frise Stoclet – un chef-d'œuvre de Klimt et de la Wiener Werkstätte

Klimt choisit pour sujet de la frise l'un des désirs les plus anciens de l'humanité. Sur les deux parois longitudinales de l'œuvre s'élèvent, au-dessus d'une prairie en fleurs multicolore, deux arbres de vie dorés dont les branches en forme de volutes remplissent la totalité de la surface murale. Des faucons Horus noirs sont perchés sur des branches isolées. Associés à deux rosiers autour desquels volètent des papillons, la prairie en fleurs et les arbres de vie constituent un jardin artificiel. Sur le mur nord de la salle à manger, le « Chevalier » – une figure imposante et abstraite logée dans une étroite mosaïque rectangulaire – semble surveiller la scène, cependant que, près des fenêtres, sur le mur ouest, la « Danseuse » – une figure féminine parée de vêtements fastueux et de bijoux des plus raffinés – se tient sur la prairie en fleurs, devant l'arbre de vie doré ; en face d'elle, sur le mur est, un « Couple d'amoureux » s'étreint. Le somptueux manteau de l'homme dissimule presque entièrement, comme s'il l'engloutissait, la délicate figure féminine en robe de fleurs qui l'enlace, ce qui ajoute à l'exotisme du jardin une touche érotique (pp. 214–219, 222–223).

Figurant parmi les œuvres majeures de la « période dorée » de Klimt, *La Frise Stoclet* est considérée comme le « dernier fruit » de son évolution ornementale (Zuckerkandl, 1911), après que le peintre eut, à la faveur d'un voyage à Paris, puis en Espagne, à l'automne 1909, modifié ses intentions artistiques (Strobl, 1991, p. 65), sous l'influence des œuvres du peintre hispano-grec El Greco (1541–1614). À cette époque, Klimt avait déjà exécuté

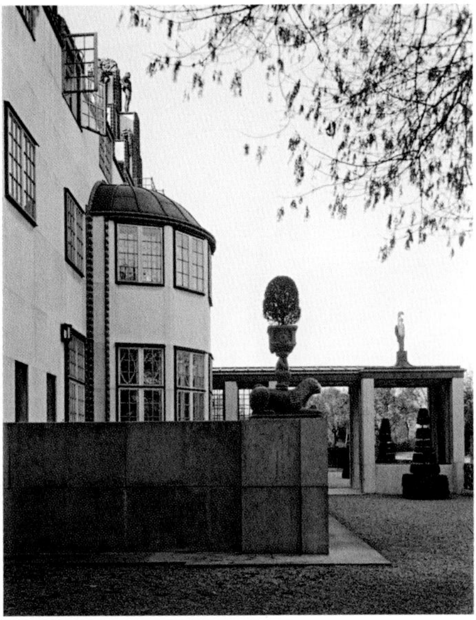

les premiers dessins de projet pour la frise (pp. 200/01, 224/225 ; Murr 2012) ; bien qu'à contrecœur (Fischer, 1987, pp. 178–182), il resta fidèle à leur style, jusqu'aux cartons préparatoires grandeur nature achevés vers 1910 (pp. 151, 152, 159, 160, 167, 168, 177–179). Guidés par les nombreuses instructions manuscrites notées par Klimt sur le papier transparent des cartons, les ateliers entreprirent la transposition de ces derniers dans les matériaux les plus variés.

La collaboration de Klimt avec la Wiener Werkstätte s'était intensifiée depuis son départ de la Sécession viennoise, qui se fit conjointement à celui d'Hoffmann. Dans la revue *Deutsche Kunst und Dekoration* de 1906, Franz Blei (1871–1942) souligna l'empreinte artistique dont Klimt marqua l'atelier : « Ainsi il me semble voir en Klimt celui qui amène les dissemblances des maîtres viennois vers cette communauté d'expression qu'on appelle le style de la Wiener Werkstätte » (cit. d'après Sekler, 1982, p. 94). Quatre ans plus tard, le critique Franz Servaes (1862–1947) allait jusqu'à émettre ce jugement : « Pour comprendre enfin pleinement le tout nouveau Klimt, il est nécessaire de connaître le lien étroit qui l'unit à la ‹ Wiener Werkstätte › de Moser et Hoffmann [...] » (cit. d'après Sekler, 1982, p. 507, note 23).

Les contemporains de l'artiste admirèrent l'influence orientale dont témoignait la version finale de l'œuvre et saluèrent le rôle historique que Vienne joua dans l'ouverture de l'Europe sur l'Orient (Tekhne, 1912, p. 802). La frise en mosaïque attestait l'influence de l'art persan (Tekhne, 1912, p. 802), tout comme celle de l'Asie orientale (Strobl, 1991, p. 79) et des premiers siècles de l'ère chrétienne (Weidinger, 2007d, p. 132). Lorsque fut analysée la figure de la « Danseuse », les spécialistes renvoyèrent par ailleurs – se référant

Josef Hoffmann, **Palais Stoclet à Bruxelles, entrée côté rue par l'est**
Photo, 1917/18. Bildarchiv Foto Marburg

Pages 156/157
Josef Hoffmann, **Vue du palais Stoclet depuis le jardin**
Tirage à la gélatine d'argent, 1910. Bildarchiv Foto Marburg

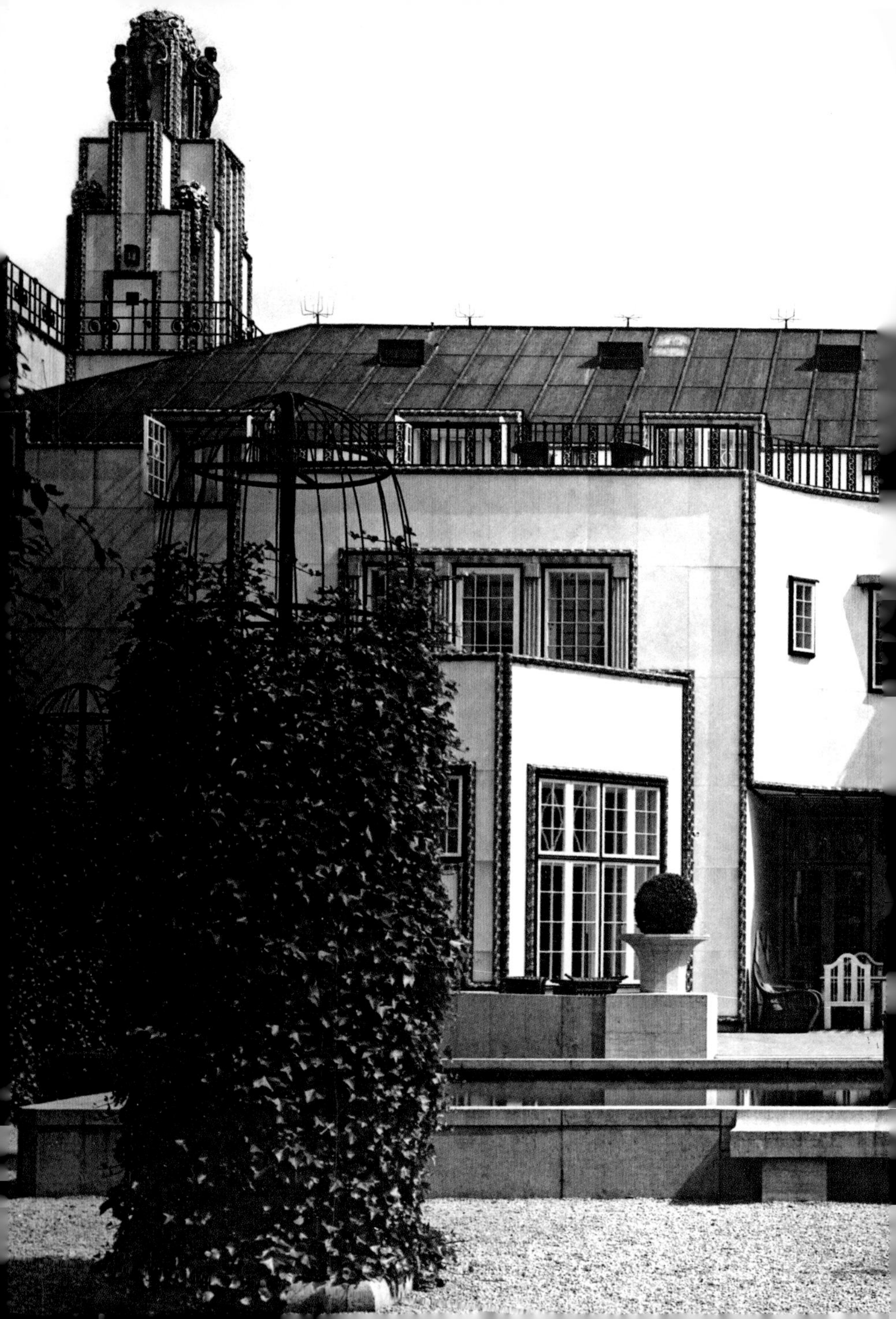

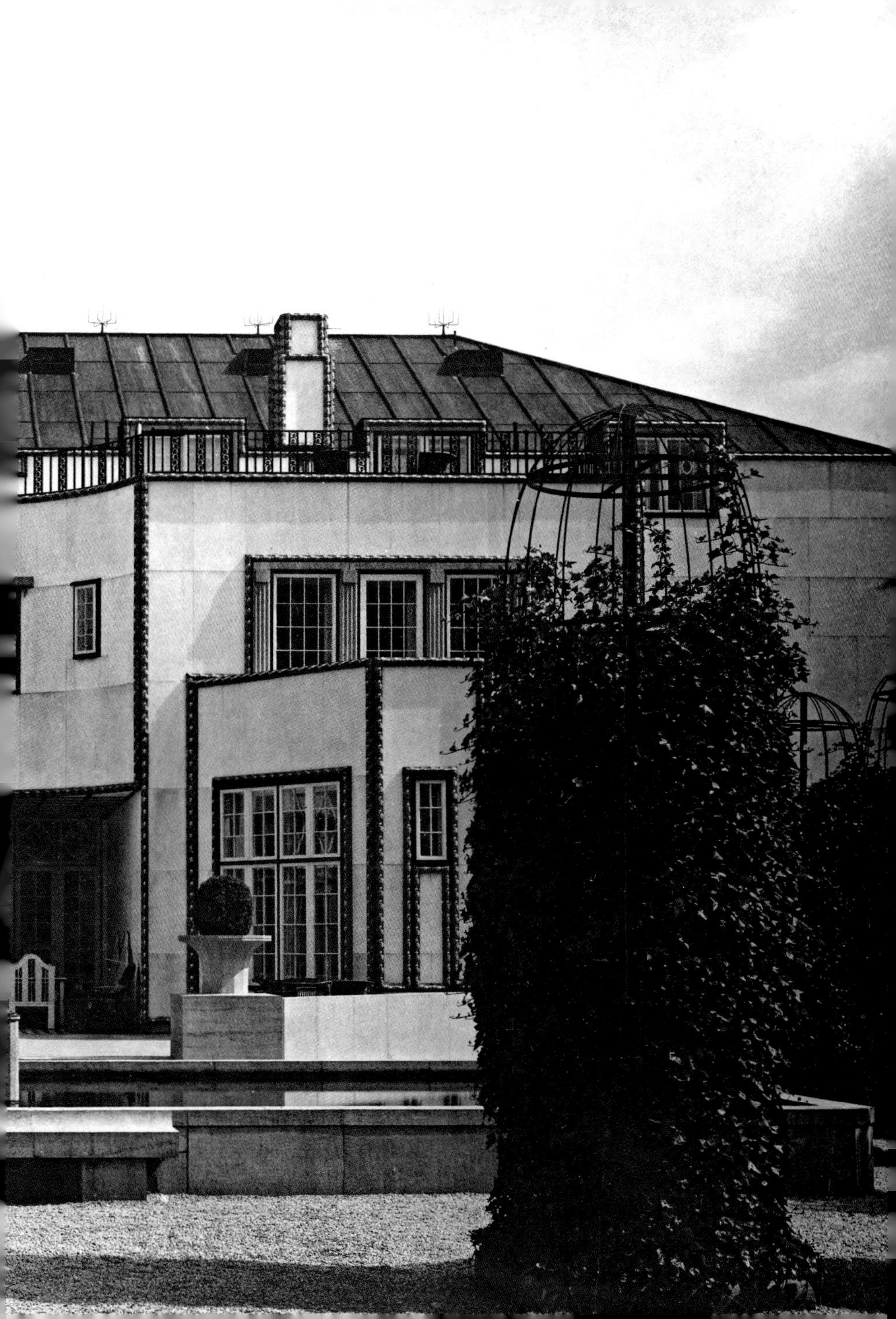

aux monumentales décorations pariétales des chambres funéraires égyptiennes, lesquelles auraient inspiré Klimt – à la fascination que l'art sépulcral égyptien exerçait sur le peintre (Weidinger, 2007d, p. 127).

En dépit de tous ces emprunts stylistiques, techniques et symboliques, les contemporains de Klimt regardèrent avec étonnement cette œuvre qu'ils considérèrent comme un travail sans précédent, ainsi que le rapporte la critique d'art Berta Zuckerkandl (1864–1945) dans le *Wiener Allgemeine Zeitung* du 23 octobre 1911 ; évoquant la courte présentation de la frise, qu'un cercle choisi de Viennois avait été autorisé à contempler avant qu'elle ne fût livrée à Bruxelles, elle s'exprima ainsi : « Gustav Klimt exigea de ses collaborateurs le maximum d'achèvement technique, de compréhension et de maîtrise du processus de transposition. Si l'aboutissement est à ce point remarquable, c'est parce que rien de semblable n'avait jusque-là vu le jour. Parce qu'on ne trouve, dans le passé, aucun exemple, aucune référence d'ouvrage incrusté dans le marbre ; parce que jamais personne n'avait osé tenter de fixer sur le mur, avec des trésors tels que les pierres précieuses, l'émail, les pièces d'orfèvrerie, et même les incrustations de vraies perles, une image d'un pareil éclat, aux couleurs d'une ardeur si rayonnante. [...] À elle seule, la fabrication matérielle de l'œuvre, dont l'achèvement technique requit un an et demi de travail, coûta plus de 100 000 couronnes » (Zuckerkandl, 1911).

La Frise Stoclet occupe, dans l'œuvre de Klimt comme dans la production de la Wiener Werkstätte, une place particulière. Le coût des matériaux que nécessita son exécution était à lui seul deux fois plus élevé que le capital dont la Wiener Werkstätte disposait au moment de sa fondation en 1903 (cf. Hoffmann, 1972 [posthume], p. 11). La frise en trois parties se compose de quinze plaques de marbre mesurant chacune deux mètres de haut et un mètre de large. Chacun des deux murs longitudinaux contient un arbre de vie se déployant sur sept plaques de marbre, le quinzième panneau accueille la mosaïque du « Chevalier ». Outre l'atelier de métallurgie et d'orfèvrerie de la Wiener Werkstätte, l'atelier de mosaïque de Leopold Forstner (1878–1936), lequel collaborait étroitement avec ce dernier, et l'atelier viennois de céramique de Bertold Löffler (1874–1960) et Michael Powolny (1871–1954) ainsi que les artistes émailleuses de l'École des arts appliqués de Vienne, Adele von Stark (1859–1923) et Leopoldine König, contribuèrent à l'exécution de la frise d'après les dessins préparatoires de Klimt (Zuckerkandl, 1911 ; ÖBL vol. 13/2007, p. 105 sq.).

Pages 159–160

Dessins d'étude pour *La Frise Stoclet* (détails), 1910
Crayon noir, aquarelle et gouache, gouache blanche, feuille d'or,
applications d'argent et bronze doré sur papier calque, 195 x 120 cm chacun
Vienne, MAK – Österreichisches Museum für angewandte Kunst/Gegenwartskunst

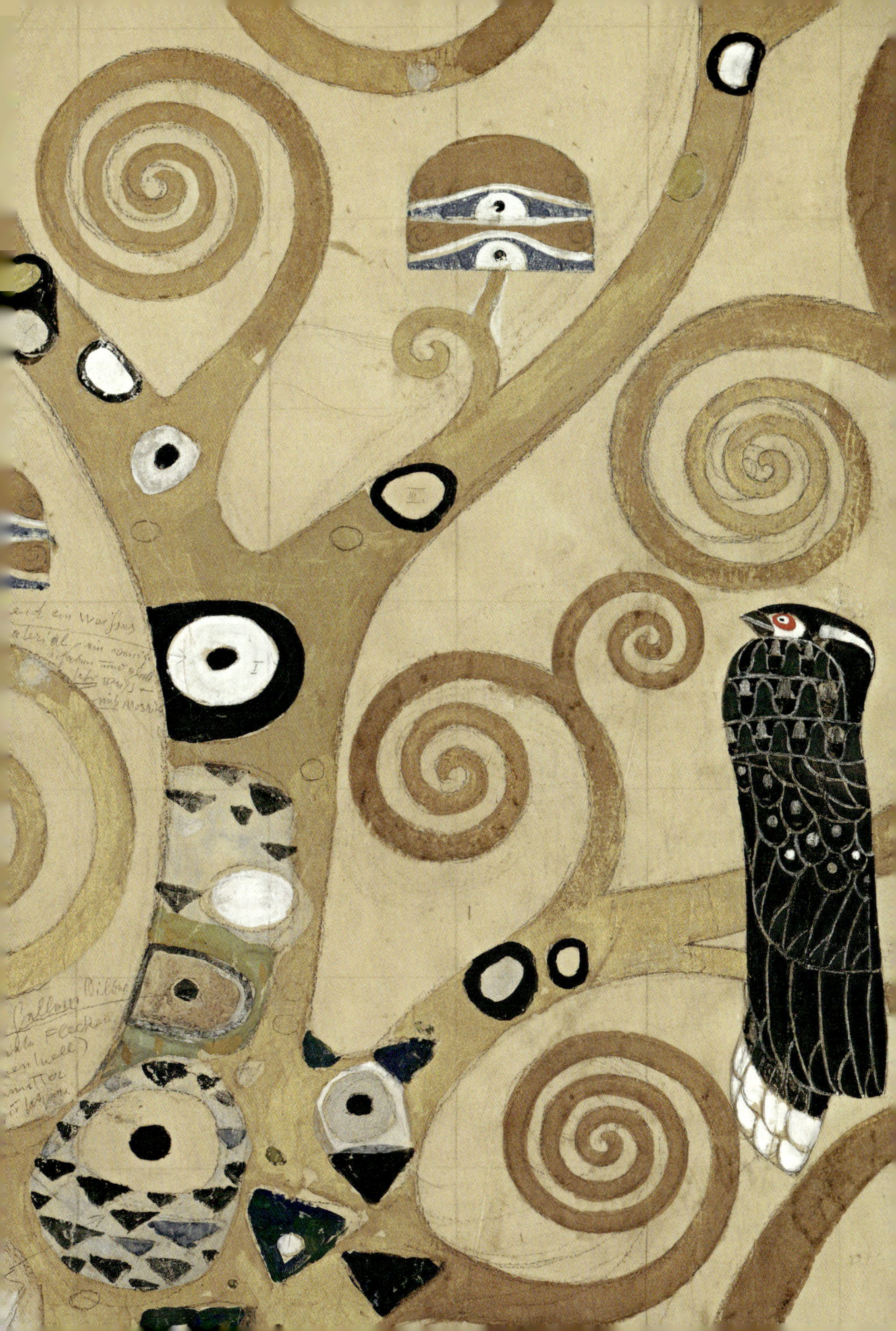

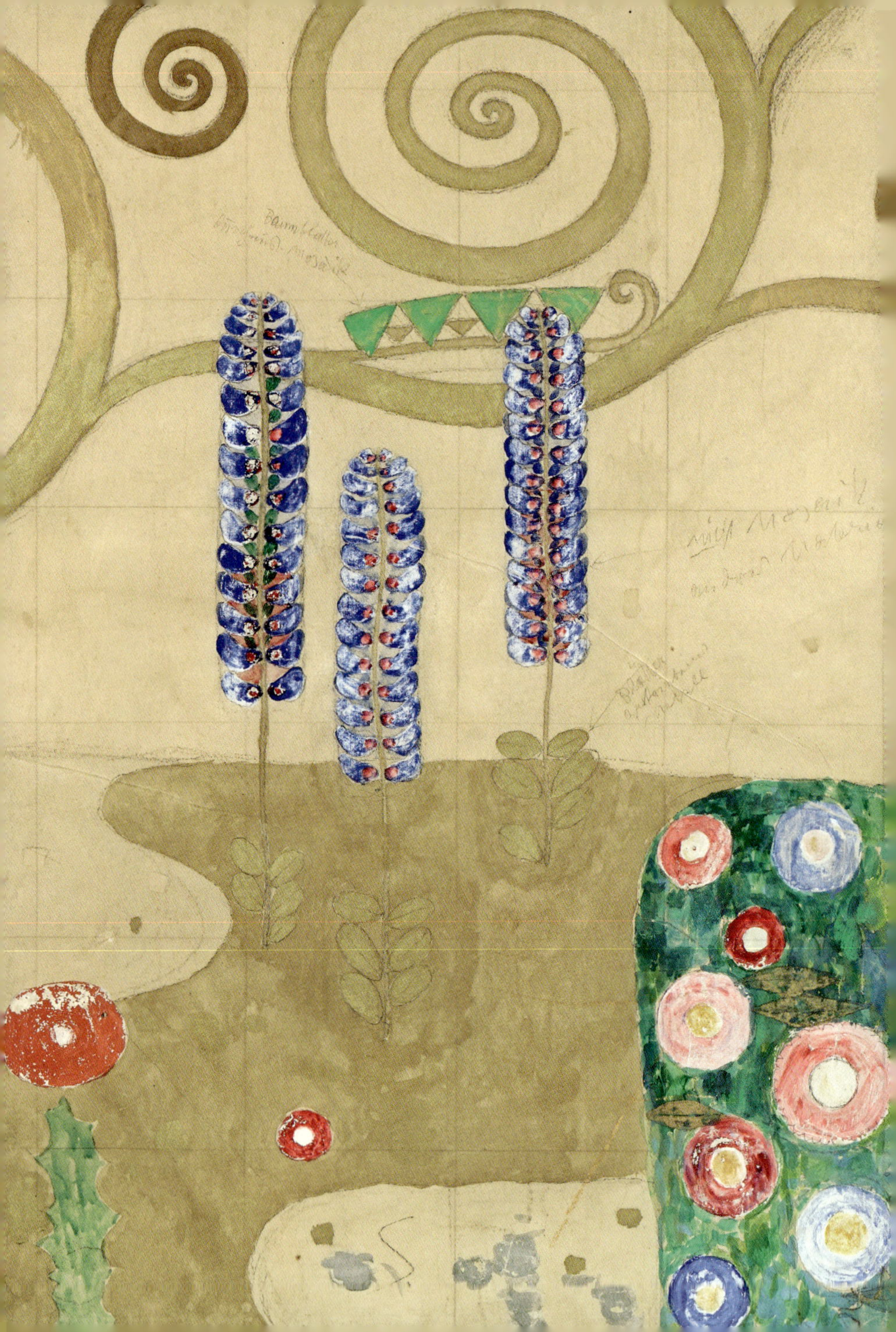

L'interaction de leur savoir-faire respectif permit de concrétiser les idées du peintre et de donner à la frise en mosaïque la splendeur que ce dernier lui avait prêtée en imagination (pp. 188/189, 190–195). Les bijoux de la « Danseuse » ont été fabriqués, comme ceux créés par la Wiener Werkstätte pour un usage réel, en or repoussé et autres métaux précieux, puis garnis de perles et de pierres semi-précieuses (p. 203). Sur le fond de la prairie constitué de tesselles d'or et d'argent, des centaines de fleurs en émail polychrome ont été posées ; certaines sont pourvues d'étroites tiges en métal repoussé, pareilles à celles qui structurent les deux rosiers, dont les innombrables feuilles vertes en émail et les roses en verre blanc aux délicats pétales dessinés par des filets de verre rouge semblent avoir été enfilées sur les branches de métal. Les faucons Horus noirs et les papillons rouges et bleus ont été – tout comme les « fleurs aux yeux » surgissant en maints endroits des branches dorées des arbres – cuits en céramique, recouverts d'émail coloré et appliqués sur les mosaïques incrustées dans les plaques de marbre porteuses. Les parois en mosaïque acquièrent de ce fait un relief prononcé. Les surfaces ne sont pas planes ; tour à tour, les matériaux utilisés s'avancent et reculent légèrement (cf. Sekler, 1982, p. 92).

À l'occasion de la présentation de la frise avant sa mise en place à Bruxelles, Berta Zuckerkandl rapporta également les dépenses des différents ateliers et la difficulté qu'ils eurent à satisfaire aux attentes de Klimt : « C'est à Leopold Forstner, dans l'atelier de mosaïque duquel la frise vit le jour, […] qu'incombait de dégrader les tons dorés, de pressentir le rythme créé par les effets de lumière et d'ombre, lesquels, dans le matériau, allaient inévitablement s'exprimer autrement que sur le dessin en couleur. Dans onze échantillons en or […], Forstner se livra aux essais les plus laborieux avant d'atteindre les intentions originelles dans un esprit ‹ klimtien ›. C'est ainsi que Mademoiselle von Starck est, elle aussi, venue à bout d'un ouvrage virtuose. Le rosier porte près de deux cents feuilles, et la palette du maître sut trouver pour chacune d'elles une nuance de vert différente. Obtenir ce résultat en émail semble frôler le domaine de l'impossible. Surtout si l'on songe que chaque petite plaque est enfournée revêtue d'émail blanc et que le processus chimique de transformation doit être dosé, deviné, ressenti *à l'avance*. […] Les détails céramiques de Löffler et Powolny, ainsi l'essaim de papillons étincelants et les silhouettes aux contours nets des rapaces, rappellent quant à eux – dans la rigoureuse observation stylistique des lois du matériau, laquelle transforme néanmoins de manière efficace la ‹ peau › des choses en surfaces remplies de vie – les modèles de l'art ancien japonais » (Zuckerkandl, 1911).

Parmi les points culminants de la collaboration des différents ateliers comptent enfin les vêtements polychromes des quatre figures de la frise avec leurs applications en émail coloré et en métaux précieux repoussés. Ils représentent un véritable feu d'artifice

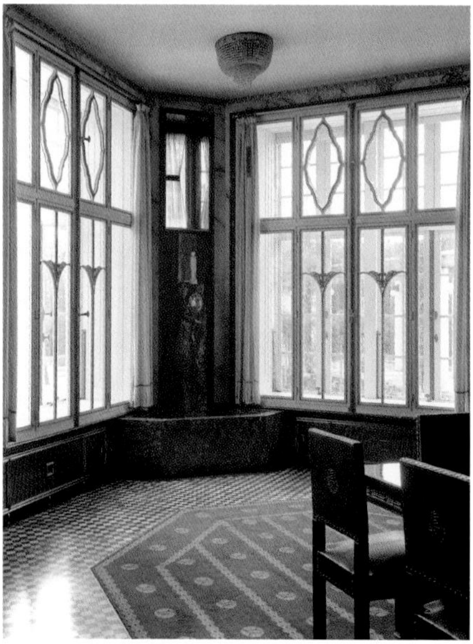

d'idées pour la construction de figures à partir d'ornements, même si Klimt conduit nettement vers l'abstraction les possibilités de la représentation de corps tridimensionnels sur une surface. Les vêtements recouvrant presque entièrement les corps des figures en témoignent très clairement.

L'interaction de la frise, de l'architecture et du mobilier

L'ancrage de la frise dans la salle à manger et l'interaction, obtenue de concert par Gustav Klimt et l'architecte Josef Hoffmann, entre l'architecture de la pièce et le déroulement scénique de la frise est exemplaire. Le décor est complété par les meubles de la Wiener Werkstätte ainsi que par l'argenterie spécialement conçue pour la salle à manger des Stoclet et qui est elle aussi liée à l'architecture et à la frise – un lien qui se manifeste le plus clairement dans la forme des imposants candélabres en argent, lesquels reprennent la structure géométrique échelonnée de la tour qui surplombe le palais. Les bougies placées dans les candélabres font scintiller la frise.

Ici s'annonce ce que confirme tout examen plus poussé : dans le palais Stoclet, chaque élément du décor se rattache à d'autres éléments, architectoniques ou artistiques. Dans leur combinaison, les éléments isolés renvoient toujours à un système d'interaction artistique auquel ils sont subordonnés. La mise en scène spatiale de la frise de Klimt en témoigne elle aussi : depuis le hall d'entrée, le visiteur pénètre par une porte à deux battants, située à l'extrémité nord de la salle à manger longue de quatorze mètres (pp. 188/189). De là, son regard glisse le long du côté ouest de la frise et rencontre, après avoir dépassé le rosier et l'arbre de vie, la « Danseuse ». Puis il passe devant l'avant-corps à angle aigu – situé côté sud et pourvu des seules fenêtres de la pièce – avant de se diriger vers la frise du mur

Josef Hoffmann
Les fenêtres de la grande salle à manger ; Vue de la fontaine en marbre située dans le hall au rez-de-chaussée
Photos, 1917/18. Bildarchiv Foto Marburg

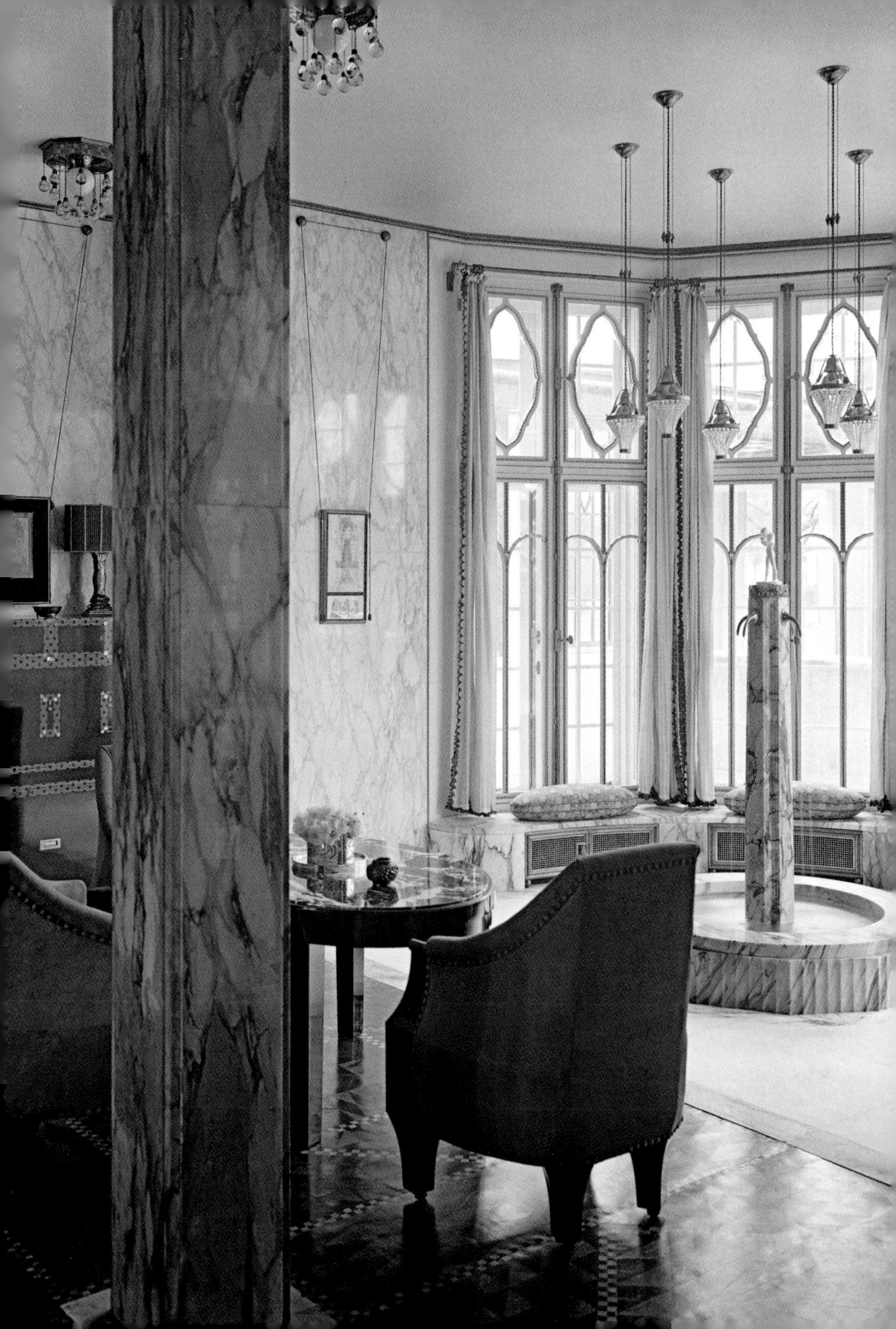

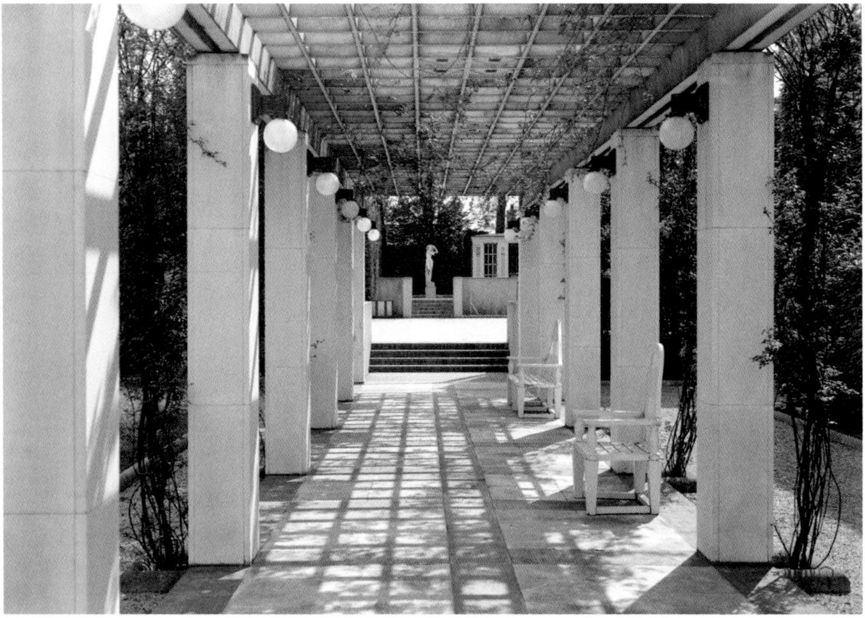

Josef Hoffmann, **Pergola dans le jardin du palais Stoclet**
Photo, 1917/18. Bildarchiv Foto Marburg

opposé, laquelle s'ouvre par la représentation du « Couple d'amoureux ». Enfin, le regard balaye le second arbre de vie et tombe sur un nouveau rosier qui, telle l'image inversée de son vis-à-vis, sert lui aussi, à proximité de la porte, de contrepoids formel aux figures situées près des fenêtres. L'équilibre de la frise, dont l'arbre s'étend sur la totalité de la surface murale, est ainsi préservé. Le regard attiré par les murs longitudinaux jusqu'au fond de la salle à manger, le visiteur, le plus souvent, ne perçoit réellement la troisième mosaïque, le « Chevalier » qui occupe le mur nord de la pièce, que lorsqu'il entre dans celle-ci et qu'il se retourne (pp. 240/241, 243–253).

Sous les parties de la frise contenant les arbres de vie se déroule une bande de mur en marbre paonazzo légèrement jaunâtre et fortement veiné ; les différentes plaques ont été appliquées de manière à ce que les marbrures se rencontrent symétriquement, ce dont résultent, dans toute la pièce, des motifs particulièrement beaux et équilibrés. La frise, elle-même un ouvrage incrusté dans le marbre, recule quelque peu en comparaison des parties de mur revêtues de marbre paonazzo ; les applications et incrustations constituent toutefois un relief dépassant ces dernières. De part et d'autre et en bas, la frise est encadrée par une fine moulure de cuivre perlée, tandis que sa partie supérieure touche le plafond badigeonné de blanc de la salle à manger. La transition est ici assurée par une moulure en cuivre dorée au feu et pourvue d'un délicat ornement (cf. Weidinger 2007d, p. 133), laquelle court le long de la salle à manger et réunit en un tout l'ensemble des murs et ressauts revêtus de marbre ainsi que les fenêtres et les portes encadrées de plaques de marbre (pp. 188/189, 212/213). Ce détail subtil montre clairement la manière dont Hoffmann voulait que soit lue son architecture : comme une pièce formant un tout dans lequel chacun des murs a, comme dans les églises baroques, la même importance. Dans le même temps, la salle à manger est, par la disposition rythmée des parties de la pièce qui se succèdent, « l'entrée avec ses murs à redans et la mosaïque du chevalier au fond – les murs longitudinaux avec la table au centre – la niche vitrée avec la fontaine de marbre », divisée en trois espaces (voir Sekler, 1982, p. 309). Tout est conçu afin que les mouvements, non seulement celui des regards étudiant la frise, mais aussi celui des visiteurs se déplaçant dans la pièce, décrivent un cercle : stimulés par les scènes de la frise, les regards se meuvent, en sens inverse des aiguilles d'une montre, le long des différentes surfaces murales ; l'invité se mouvant dans l'espace fait le tour de la table monumentale qui se dresse au centre et regagne l'entrée.

Cependant, la bordure dorée au plafond ne détermine pas à elle seule l'impression d'espace clos. Installées relativement haut, les frises en mosaïque ornant les deux murs longitudinaux surmontent un buffet en marbre noir de Portovenere garni de portes en bois sombre de Macassar, lequel, tel un long socle, sert de support aux images. Le marbre et le bois sont tous deux étincelants. Lors des repas de fête de la famille Stoclet, on dresse sur le buffet et sur ses étagères en marbre la vaisselle d'argent produite par la Wiener Werkstätte et garnie de pierres de malachite – corbeilles à fruits, coupes d'argent, plateaux, chauffe-plats, candélabres et bien d'autres pièces. Tous ces objets se reflètent dans les surfaces en marbre claires et foncées et semblent, selon l'incidence de la lumière, se multiplier par deux ou par trois.

L'aspect pratique de la vie moderne n'a, dans la salle à manger du palais Stoclet, rien à envier à tous ces effets optiques : Hoffmann a pourvu les murs en marbre courant au-dessus du buffet de nombreuses prises d'électricité qui alimentent les chauffe-plats. En 1911, l'alimentation en courant d'un ménage privé, de même que l'installation d'un chauffage central, lequel se dissimule ici sous les rebords de fenêtre, derrière des grillages conçus par Hoffmann (p. 162), n'allaient pas de soi. Sous la plaque de marbre où figure le « Chevalier » se dresse enfin une table sculptée avec art, dont la largeur a été précisément adaptée à celle du portrait (pp. 240/241). De part et d'autre du meuble trônent deux chaises en cuir noir. Mais ce qui constitue le plus clairement un encadrement, ce sont les plaques de marbre qui clôturent les surfaces murales de part et d'autre du « Chevalier » : Hoffmann choisit pour cet endroit un marbre dont les veines, par l'installation symétrique des plaques, dessinent deux cercles presque concentriques, au milieu desquels l'œuvre de Klimt est particulièrement mise en valeur.

Cette forme de théâtralité est caractéristique de l'articulation entre l'architecture, l'art et le mobilier de la salle à manger. Car, de la même façon que l'argenterie se reflète dans les murs en marbre, les mosaïques de Klimt se reflètent dans la longue table étincelante, qui constitue l'élément central de la pièce. Le dessus marqueté est fait des bois les plus précieux ; les bords sont décorés de motifs façonnés à la main ; les pieds sont sculptés, d'une manière pareillement artistique, dans du solide ébène. La table est tellement grande que ses différentes parties ont dû être assemblées sur place par les artisans de la Wiener Werkstätte (Hotermans, 2006, p. 379). Vingt-deux personnes au total peuvent y prendre place. D'après le témoignage de la famille Stoclet, le maître de céans, Adolphe Stoclet, s'asseyait toujours sous la mosaïque du « Chevalier », au bout de la table. Les chaises sont recouvertes de cuir noir fixé par des clous d'or. Tout comme ceux de la table, les pieds des chaises ont été sculptés dans un solide ébène ; les dossiers en cuir présentent de chaque côté une gravure en or circulaire, un motif que l'on retrouve dans les ornements marron jaunâtre du tapis de couleur aubergine. Ce dernier, sur lequel se dressent la longue table et les nombreuses chaises, est posé sur le sol de la salle à manger, un pavement en mosaïque constitué de petits carrés de marbre noir et blanc (pp. 188/189).

Le carré était le module d'Hoffmann, la forme à ses yeux la plus importante. Il dessinait tous ses projets sur du papier carré et élaborait ainsi le rythme de ses édifices (cf. Sekler, 1967, p. 229). Dans le même temps il voulait, au moyen des carrés noirs et blancs, développer une forme qui se refusât à toutes les références historiques et qui, de ce fait, pût faciliter à son architecture le chemin vers une nouvelle modernité. En face du sol en mosaïque noir et blanc s'étend le plafond dénudé de la salle à manger – le deuxième élément extrêmement moderne de cette pièce. Car concevoir le plafond comme une surface blanche était, à l'époque d'Hoffmann, un pari esthétique inhabituel. D'un point de vue chromatique aussi bien que formel, le pavement et le plafond constituent un arrière-fond accentuant encore l'effet des mosaïques dorées de Klimt. Dans leur simplicité, ils contrastent en effet sciemment avec ces dernières et offrent au spectateur la possibilité de se remettre, dans la monotonie du blanc et du noir et blanc, de la profusion des images de Klimt et de la multiplicité de leurs motifs, avant que les regards ne poursuivent leur exploration.

Pages 167–168
Dessin d'étude pour *La Frise Stoclet* (détails), 1910
Crayon noir, aquarelle et gouache, gouache blanche, feuille d'or, applications d'argent et bronze doré sur papier calque, 195 x 120 cm
Vienne, MAK – Österreichisches Museum für angewandte Kunst/Gegenwartskunst

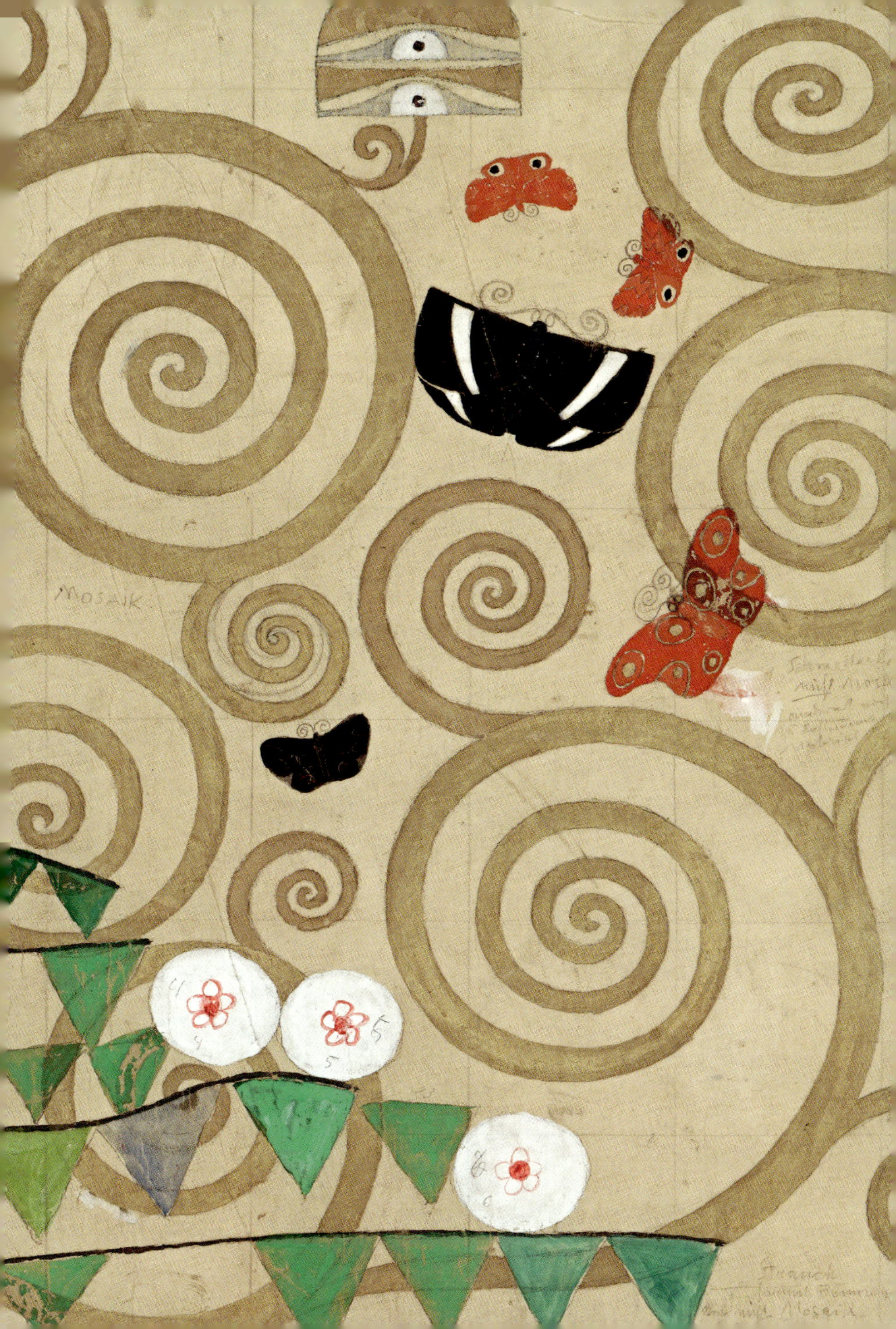
MOSAIK

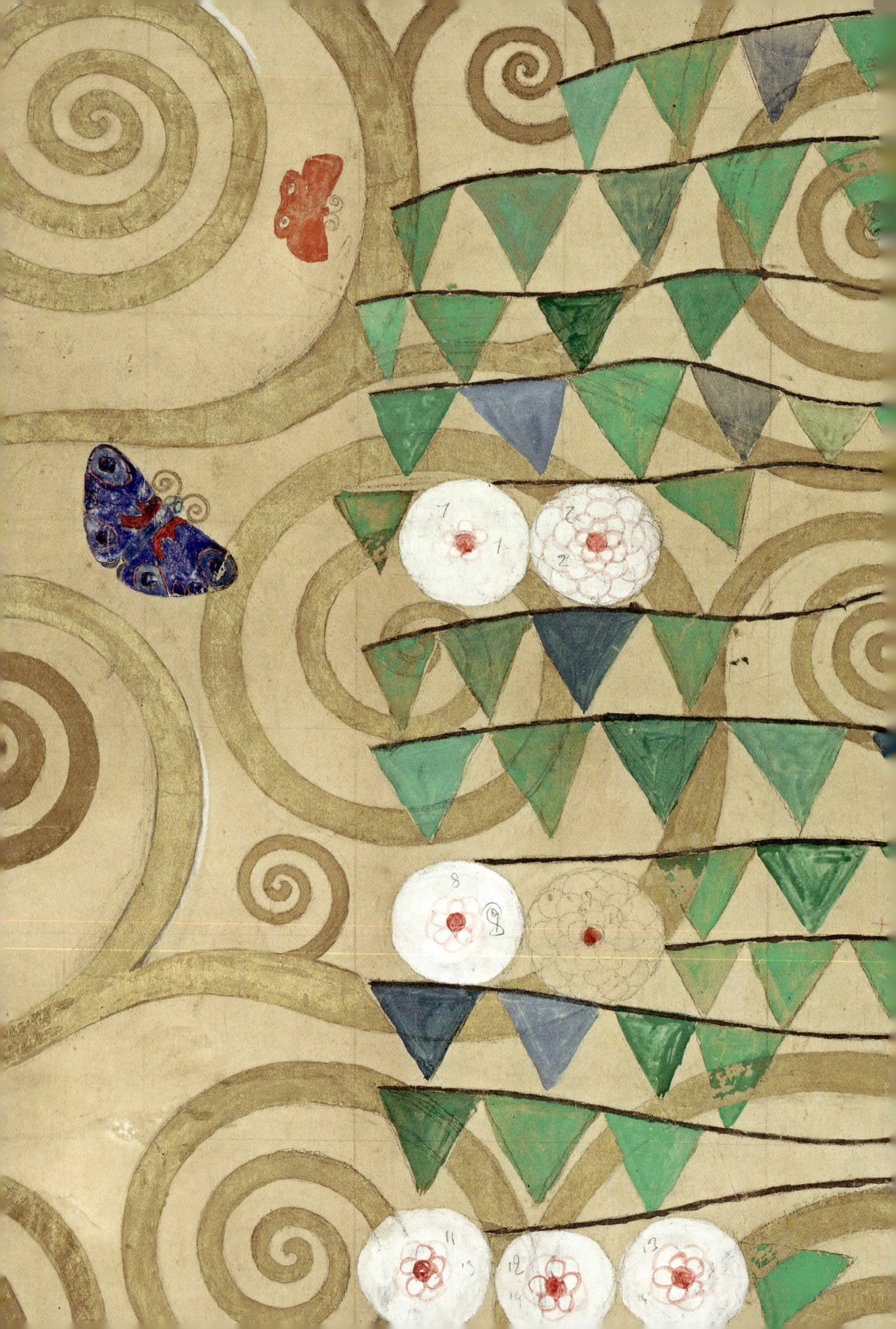

Dans l'articulation entre l'architecture, l'art et le mobilier, l'élément principal est celui-là même pour lequel les mosaïques, à l'origine, furent inventées et fabriquées par les hommes : la lumière. Dans la salle à manger du palais Stoclet, celle-ci et ses réfléchissements possibles ont été pris en considération jusque dans le moindre détail. Cette multiplication de la lumière due aux mosaïques a une longue tradition qui remonte à l'Égypte ancienne, à Byzance et aux débuts du christianisme. Si les mosaïques réfléchissent la lumière du jour, leur principale fonction est toutefois de réfléchir la lueur des bougies.

La salle à manger de jour : le jardin artificiel et le vrai jardin

La salle à manger de quatorze mètres de long possède une seule source de lumière naturelle : les trois fenêtres percées dans l'avant-corps situé côté sud. Elles font partie de la façade qui, côté jardin, comprend balcons, terrasses et encorbellements (pp. 156/157). Les deux fenêtres latérales recueillent le soleil du matin, puis du soir, le premier faisant étinceler, sur la frise de Klimt, la figure de la « Danseuse », le second, le « Couple d'amoureux », ce qui, outre les ravissants effets visuels, est intéressant du point de vue symbolique. Par ce double alignement sur la lumière du soleil qui pénètre, Klimt et Hoffmann semblent vouloir placer l'interaction de l'art et de l'architecture dans une relation cosmique qui dépasse ces derniers. En outre, la « Danseuse » est surnommée, dans la littérature spécialisée, « L'Attente », et le « Couple d'amoureux », « L'Accomplissement », les motifs étant assimilés à « L'Aspiration », c'est-à-dire aux couples d'amoureux de *La Frise Beethoven* (Natter 2012, cat. 141) de Klimt (cf. Bisanz-Prakken, 1977, pp. 47–49) – des surnoms que n'avait guère prévus l'artiste (cf. Strobl 1991, p. 87).

Située exactement en face du portrait du « Chevalier », la troisième fenêtre est trop éloignée de celui-ci pour que l'incidence de la lumière produise un quelconque effet dans cette partie de la frise. Cependant, la fenêtre et le « Chevalier », tous deux d'un format rectangulaire oblong, sont placés tels des miroirs réciproques, même si la frise est nettement plus grande que la fenêtre. Eu égard à la genèse de l'œuvre, le placement du « Chevalier » dans l'axe de la fenêtre médiane, laquelle – du point de vue de ce dernier – offre une vue directe sur le jardin réel des Stoclet, mérite d'être remarqué. Dans le premier projet préparatoire à la frise figure, sur le vêtement du « Chevalier », le futur rosier, sur les branches duquel sont perchés des rapaces noirs (pp. 196–198). Des recherches toutes récentes ont interprété cette conception précoce de l'habit du chevalier comme une vue sur un paysage imaginaire, faisant observer que Klimt avait exécuté la quasi-totalité de ses dessins préparatoires dans la villa Oleander, sur les berges de l'Attersee – un environnement naturel qui aurait été très important, non seulement pour ses paysages, mais aussi pour cette frise (Weidinger, 2007d, p. 122). Les frondaisons taillées des tilleuls

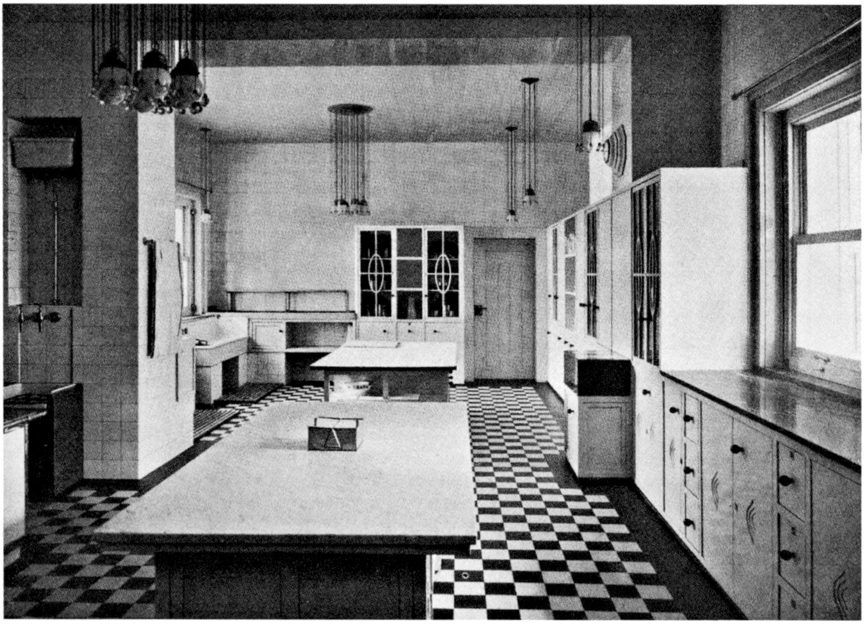

Josef Hoffmann, **Vue de la cuisine du palais Stoclet**
Extrait de : *Moderne Bauformen*, XIII, 1914, p. 28

ourlant la rive de l'Attersee ont très probablement inspiré à Klimt la forme des arbres de vie qui se déploient dans sa frise (Strobl, 1991, p. 71 ; Weidinger, 2007d, p. 122). Ce détail dans l'habit du chevalier pourrait aussi, plutôt que d'être interprété comme une vue sur un paysage, être lu comme un motif de jardin, non seulement parce que l'art humain, dans les jardins, joue un rôle bien plus décisif que dans les paysages, mais aussi parce que le « Chevalier » de Klimt, ainsi que nous le démontrerons par la suite, symbolise l'artiste qui ennoblit la vie par l'art. Un autre indice plaide en faveur de cette lecture : le motif du jardin, qui, dans le vêtement du chevalier, apparaît à travers le rosier aux rapaces, resurgit, dans tous les dessins préparatoires suivants, dans les arbres de vie qui y sont introduits, les faucons Horus noirs étant désormais perchés sur ces derniers, tandis que le rosier est mis sur le même plan que les figures.

Cette dissociation des motifs résulta d'une réorganisation spatiale de la salle à manger, laquelle intervint au cours du processus d'élaboration du plan de la maison : dans un projet non réalisé datant de 1904/05, Hoffmann avait conçu la salle à manger parallèlement à la façade du jardin, dans le sens est-ouest, et la frise de Klimt devait décorer le mur nord situé en face des fenêtres de la pièce (cf. Weidinger, 2007d, p. 122). La nouvelle disposition de la salle à manger dans l'axe nord-sud impliqua une tripartition de la frise. Tandis que sur les murs latéraux le motif du jardin fut accentué à travers les arbres de vie et la prairie où ils sont enracinés, le rosier disparut du vêtement du « Chevalier ». Mais ce dernier, dans sa version définitive, jouit d'une « vue » directe sur le jardin réel de la famille Stoclet, et la partie de celui-ci située devant la salle à manger contient justement des rosiers et des plantes à feuilles persistantes.

À maints égards, le jardin artificiel de Klimt est lié au vrai jardin du palais Stoclet. Hoffman, qui s'enthousiasmait pour les structures grillagées et les plantes grimpantes y accrochant leurs vrilles, a conçu pour le jardin Stoclet des treillages tout particuliers : seize armatures en fil de fer de forme cylindrique se rejoignent à leur extrémité supérieure pour former, comme les rosiers de Klimt, une demi-sphère et entourent – couvertes de lierre – le bassin central qui précède la maison (pp. 156/157). De part et d'autre s'étendent deux parterres de roses avec des rosiers à hautes tiges. Suivent, à l'est et à l'ouest, des pergolas portées par des piliers de marbre, lesquelles sont couvertes de roses grimpantes (p. 164). Enfin, la couronne en bronze de la tour du palais Stoclet est – probablement sur le modèle du dôme de la Sécession viennoise – constituée de roses et de lauriers forgés – un motif que l'on retrouve dans plusieurs sculptures du jardin.

La symbolique du jardin d'Éden et de son pendant païen, l'âge d'or, où règne le printemps éternel, ne cesse de surgir, de différentes manières, dans l'ensemble constitué par la maison, le jardin et l'intérieur (cf. Freytag, 2010, p. 362–365). L'Art Nouveau se définissait lui-même comme l'arrivée d'un « printemps sacré » – d'un « Ver sacrum » pour l'art de la jeune génération. Depuis leur séparation d'avec la Sécession viennoise, Gustav Klimt et Josef Hoffmann se concevaient comme pionniers de ce printemps sacré, et le couple Stoclet voulait, dans l'esprit d'un idéal humaniste, les aider à faire fleurir leur art. C'est seulement dans ce contexte que l'on peut comprendre les liens formels et thématiques qui existent entre l'immarcescible jardin artificiel, au cœur de la maison, et le jardin aux feuilles persistantes, devant ses fenêtres. Le « Chevalier » de Klimt veillant sur l'un et l'autre se voit attribuer un rôle particulier.

Le chevalier en tant qu'artiste, l'artiste en tant que sauveur

L'historien de l'architecture Eduard F. Sekler (1920–2017), selon lequel Klimt, sur les murs longitudinaux de la salle à manger, a « manifestement […] [représenté] un jardin de désir et d'amour […] avec de divins faucons Horus », comprit que le portrait occupant le mur frontal était important, en raison de son ancrage architectonique, pour le déchiffrage du programme artistique de la frise : « […] son installation dans une niche peu profonde située dans un double renfoncement fait immanquablement naître le sentiment, comme la fausse porte d'un mastaba égyptien ou les niches des édifices sacrés de la Mésopotamie ancienne, de se trouver dans une zone de passage entre deux mondes. Si l'on réussit un jour à pénétrer le sens de la composition abstraite, on comprendra ce à quoi ici, à l'endroit le plus protégé de l'intérieur de la pièce, Klimt voulait confronter les invités lors des repas communs […] » (Sekler, 1982, p. 94). C'est Klimt lui-même qui fournit l'indication à ce sujet, dans une carte postale contenant une reproduction de la salle à manger, qu'il envoya le 18 mai 1914 à Emilie Flöge depuis Bruxelles. Il y loua d'abord la « très, très » belle maison et le jardin d'une beauté « au-delà de toute attente » avant de repenser « avec force » au temps passé avec elle à « Kammerl », où les esquisses préparatoires à la frise avaient vu le jour. À propos de la salle à manger reproduite sur la carte, il nota en conclusion : « Cette photo-là non plus ne lui rend pas justice. Mon pauvre chevalier y est tout noir et vert. Le dessin de son vêtement est bien trop ‹ noueux ›, mais les nuances du métal ne sont pas trop mal. Il y a certaines choses que j'aurais dû faire différemment. Il y a beaucoup de choses que l'atelier aurait gagné à faire différemment. Le mur, lui, aurait supporté bien plus d'or ! TRÈS CORDIALES salutations GVS » (ÖNB archives d'images, Inv. n° 800 369B).

À l'appui de cette carte postale, la spécialiste de Klimt Alice Strobl put identifier ce que Sekler entendait par « composition abstraite » comme étant le prolongement de la figure du « Chevalier », qui revêtait déjà, pour la symbolique de La Frise Beethoven, une importance cruciale : « La Frise Beethoven illustrait la manière dont le chevalier aide les hommes éprouvés par la souffrance à surmonter le mal et à parvenir à la félicité pure au moyen de l'art, sachant qu'il s'agit d'une idéologie sécularisée de la Rédemption. […] Pour le palais Stoclet, il importait en premier lieu de créer un monde particulièrement beau, imprégné de tous les arts, une œuvre d'art totale et, partant, une matérialisation de la conception idéale de l'Art Nouveau. Le créateur de ce paradis était l'artiste, le chevalier. Mais qu'il ne puisse s'agir que d'un paradis terrestre, c'est ce que suggèrent les motifs apotropaïques des arbres de vie ornés de fleurs aux yeux censées protéger contre le mal et la mort, incarnés par les rapaces » (Strobl, 1991, p. 87).

Il serait toutefois insuffisant de considérer l'artiste comme l'unique auteur de la transfiguration du quotidien, à laquelle aspirait l'Art Nouveau. Le « Chevalier » du palais Stoclet était une œuvre de la Wiener Werkstätte, et la collaboration de Klimt avec cette dernière était marquée par un projet commun. Car, dans ce renouvellement des arts, l'artisanat se voyait attribuer une force particulière. Le programme artistique, partant, était aussi socio-politique, au double sens du terme : la Wiener Werkstätte militait d'une part contre la fabrication industrielle de produits et contre les mauvaises conditions de travail des ouvriers d'usine. D'autre part, elle voulait améliorer l'existence de ses clients,

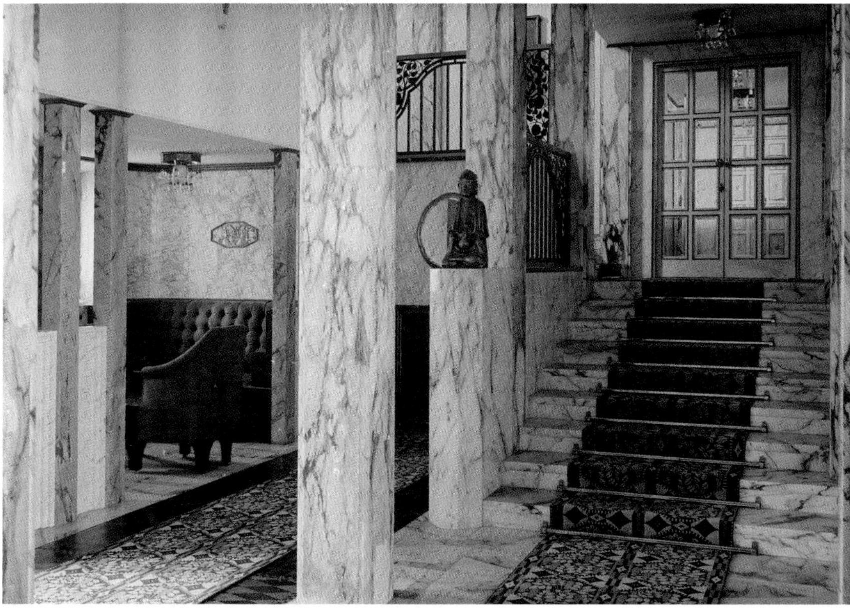

Josef Hoffmann, **Vue du hall, escalier montant à l'étage supérieur**
Photo, 1917/18. Bildarchiv Foto Marburg

intimement convaincue que la qualité et la beauté des objets qu'elle fabriquait pour l'usage quotidien influerait sur le caractère de leurs utilisateurs (cf. programme de travail de la Wiener Werkstätte 1905, in : Noever, 2003). L'objectif non atteint était de ne pas produire pour un seul cercle de privilégiés, mais de permettre à toutes les couches de la société d'avoir part à ces bons et beaux produits. Par conséquent, non seulement les pièces de réception et d'habitation du palais Stoclet, mais aussi la cuisine et les chambres des domestiques furent conçues par la Wiener Werkstätte (p. 170). Le lien profond qui unit ces deux intentions a été mis en évidence par l'historien de l'art Werner Hofmann (1928–2013) : « Cette esthétisation totale de tous les domaines de l'existence se réclame du vrai originel, du langage formel non encore corrompu de l'artisan. Le consommateur doit vivre en ayant conscience du goût. Cela signifie […] que l'on veut le libérer des ‹ puissances hostiles › de la marchandise anonyme de masse (dans laquelle le mal a pris une forme sécularisée !). Cette haute exigence de salut redonne au ‹ confort › le sens noble que le mot avait à l'origine en anglais, lorsqu'il signifiait réconfort de l'âme » (Hofmann, 1983, p. 88 sq.).

Un mur en marbre pourvu de prises pour le courant électrique, un chauffage central qui réchauffe les hôtes, cependant qu'ils songent à la symbolique des mosaïques en or garnies de perles et de pierres semi-précieuses : dans la salle à manger du palais Stoclet, le confort de la vie moderne est associé à la consolation que peut offrir un art qui obéit aux idéaux bourgeois de l'éducation. Dans le reflet du jardin artificiel de Gustav Klimt, le palais Stoclet se métamorphose, devenant cette « maison de rêve » à laquelle le philosophe et sociologue Walter Benjamin (1892–1940) attribuait la particularité de tenir lieu de refuge dans un monde différent, de coquille et d'enveloppe qui protégeaient ses occupants de la vie citadine moderne en constante accélération, cependant que le monde s'armait, devant les façades de ces maisons de rêve, pour la Première Guerre mondiale (Teyssot, 2011). Selon Benjamin, le phénomène de la « maison de rêve » marqua le tournant du siècle. Il n'est rien de tel pour traduire cette atmosphère évoquée par le philosophe que l'expérience de la salle à manger de nuit – lorsque, dans le palais Stoclet, la lumière électrique se mêle à celle des bougies.

La salle à manger de nuit : le palais Stoclet, une « maison de rêve »

Dans la lumière artificielle des lustres en cristal de Lobmeyr suspendus au plafond et dans le reflet des bougies vacillantes disposées dans les candélabres en argent d'Hoffmann posés sur le buffet en marbre, devant les réflecteurs dorés des bougeoirs de l'artiste Carl Otto Czeschka (1878–1960) appliqués sur les murs, eux aussi en marbre, la frise semble prendre vie : en se réfléchissant dans les mosaïques, chaque mouvement de lumière laisse derrière lui une traînée scintillante. Les petites tesselles en or et en argent, les pierres semi-précieuses, la nacre, les céramiques, les perles et les métaux précieux repoussés déploient un étincellement étrange et vacillant. En outre, toutes les pièces d'argenterie créées par la Wiener Werkstätte se reflètent dans le mur en marbre poli ourlant la frise et dans le marbre noir du buffet. À travers ces réfléchissements, les chandeliers en argent, les chauffe-plats et soupières semblent multipliés par trois ! Un processus qui, considéré dans son ensemble, transforme la scène en expérience irréelle.

La maison enchantée – c'est ainsi que les enfants et petits-enfants de Suzanne et Adolphe Stoclet appelaient le palais. Tandis que la « Danseuse » de la frise resplendissait dans la lumière artificielle, de vrais spectacles de danse étaient donnés, deux pièces plus loin, dans le salon de musique et de théâtre du palais. Les représentations nocturnes, telles que la danse de la célèbre danseuse indienne Nyota Inyoka devant la statue d'un danseur Khmer issue de la collection d'art du couple, étaient autant de moments d'exception dont une petite-fille des maîtres de maison garde, aujourd'hui encore, un souvenir ému (Freytag, 2006, p. 360). Au tournant du siècle, la danse était considérée comme l'expression d'un sentiment existentiel accru, voire comme le symbole de la vie même, laquelle puise sa force dans l'infini : « La vie est une femme qui danse, et qui cesserait divinement d'être femme, si le bond qu'elle a fait, elle y pouvait obéir jusqu'aux nues », telles sont les paroles que l'écrivain français Paul Valéry (1871–1945) prêtait à Socrate, en 1923, dans un dialogue imaginaire de philosophes. « Mais comme nous ne pouvons aller à l'infini, ni dans le rêve ni dans la veille, elle, pareillement, redevient toujours elle-même ; cesse d'être flocon, oiseau, idée ; – d'être enfin tout ce qu'il plut à la flûte qu'elle fût, car la même Terre qui l'a envoyée, la rappelle, et la rend toute haletante à sa nature de femme et à son ami… » (Valéry, 1923, cit. d'après l'éd. 1990, p. 10).

Transcender et transformer la réalité par le son d'une flûte, les mouvements d'une danseuse, une frise semblant prendre vie à la lumière des bougies ou par le bel éclat d'une argenterie appartenait aux objectifs premiers du groupe de Klimt. Là où « les objets d'usage courant sont traités à la manière d'œuvres d'art », analyse Hofmann, « le moindre geste [se dote d'] une aura solennelle : le quotidien tout entier se transforme en rituel » (Hofmann, 1983, p. 89). Adolphe et Suzanne Stoclet cultivaient ce type de rituel, ce dont témoignent les souvenirs de leurs contemporains : « (…) il va de soi que les fleurs – toujours d'un seul ton – sur la table et la cravate de M. Stoclet s'assortissaient sur la toilette de Madame », c'est en ces termes qu'un ami de la famille décrivit leur entrée en scène en qualité d'hôtes (de Bruyn, 1949, p. 3). Les descriptions de témoins de l'époque ne cessent de souligner l'harmonie sans pareille qui régnait entre la maison, ses objets et ses occupants. Elle semblait régir le moindre détail du décor et de la vie des Stoclet et tout, jusqu'au clapotement des fontaines en marbre, dit-on, s'y soumettait (cf. Lion-Goldschmidt, 1956, p. XIV).

La maison et le jardin Stoclet étaient ainsi le théâtre, non seulement d'une parfaite mise en scène des espaces, mais aussi des personnes, et Adolphe et Suzanne Stoclet semblaient doués d'un talent inné pour jouer le rôle principal qu'ils étaient censés y incarner. Car en raison de leur ouverture d'esprit et de leur généreuse hospitalité, leur maison ne tarda pas à devenir un lieu de rendez-vous pour les personnalités les plus créatives de l'époque : Karl Ernst Osthaus, Serge Diaghilev, Jean Cocteau, Anatole France, Sacha Guitry, Darius Milhaud, Robert Mallet-Stevens, les Pitoëff et bien d'autres fréquentaient le palais Stoclet, comme l'attestent les inscriptions contenues dans le livre d'or.

Adolphe et Suzanne Stoclet étaient disposés à consacrer leur vie à la réalisation des idéaux du groupe de Klimt. Ils en avaient les moyens financiers et savaient faire preuve de la discipline nécessaire pour vivre au quotidien dans une telle « maison de rêve ». Comme le souligne l'hommage posthume rendu au couple décédé en 1949, une « splendeur aussi puritaine » exigeait en effet « un mode de vie ascétique », parce que le palais Stoclet, tel que Josef Hoffmann et la Wiener Werkstätte l'avaient livré au bâtisseur, était achevé et que l'ensemble n'était pas compatible avec l'ajout de « souvenirs de famille, cadeaux de Nouvel An ou gains de tombolas » (cf. de Bruyn, 1949, p. 3).

La famille devait, du moins dans les pièces de représentation, renoncer à tout ceci et se soumettre à ce que l'architecte Adolf Loos (1870–1933) qualifia, dans sa parabole *Histoire d'un pauvre homme riche, de curatelle de l'art* (Loos, 1900). Publiée en 1900, la satire de Loos semble, eu égard à la vie au palais Stoclet, visionnaire dans plus d'un passage. Contrairement aux Stoclet, qui vivaient très heureux dans leur palais, Loos considérait que celui qui acceptait une telle maison renonçait à sa propre vivacité. Peut-être Klimt n'a-t-il pas, comme le pensent les chercheurs, pérennisé Emilie Flöge et lui-même dans le « Couple d'amoureux » de la frise ornant la salle à manger (Strobl, 1991, p. 81 sq.), mais Adolphe et Suzanne Stoclet. Car l'amour que ces derniers se portaient l'un l'autre était légendaire. Lorsque Adolphe Stoclet mourut en 1949, son épouse le suivit en l'espace de dix jours. Pour eux deux, le palais, cette « dernière œuvre d'art totale viennoise » (Hofmann, 1983, p. 90), était le symbole d'une vie réussie et remplie.

Au paradis, l'homme était libre dans son choix : continuer de vivre sans souci dans le jardin d'Éden ou manger les fruits de l'arbre de la connaissance. Le reste, c'est de l'histoire.

Pages 177–179
Dessin d'étude pour « Le Couple d'amoureux » (« L'Épanouissement ») (détails), 1910
Crayon noir, aquarelle et gouache, gouache blanche, feuille d'or,
applications d'argent et bronze doré sur papier calque, 195 x 120 cm
Vienne, MAK – Österreichisches Museum für angewandte Kunst/Gegenwartskunst

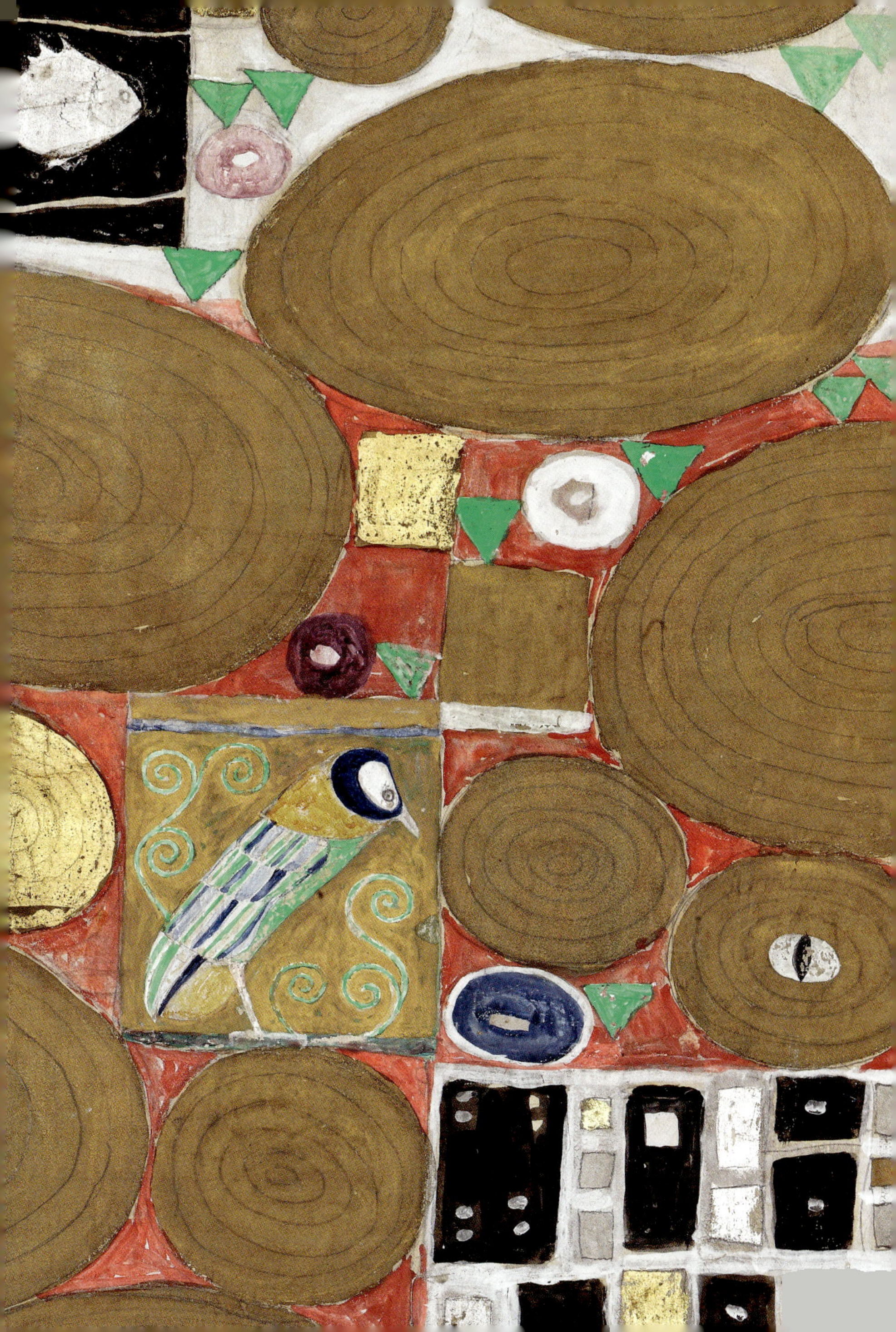

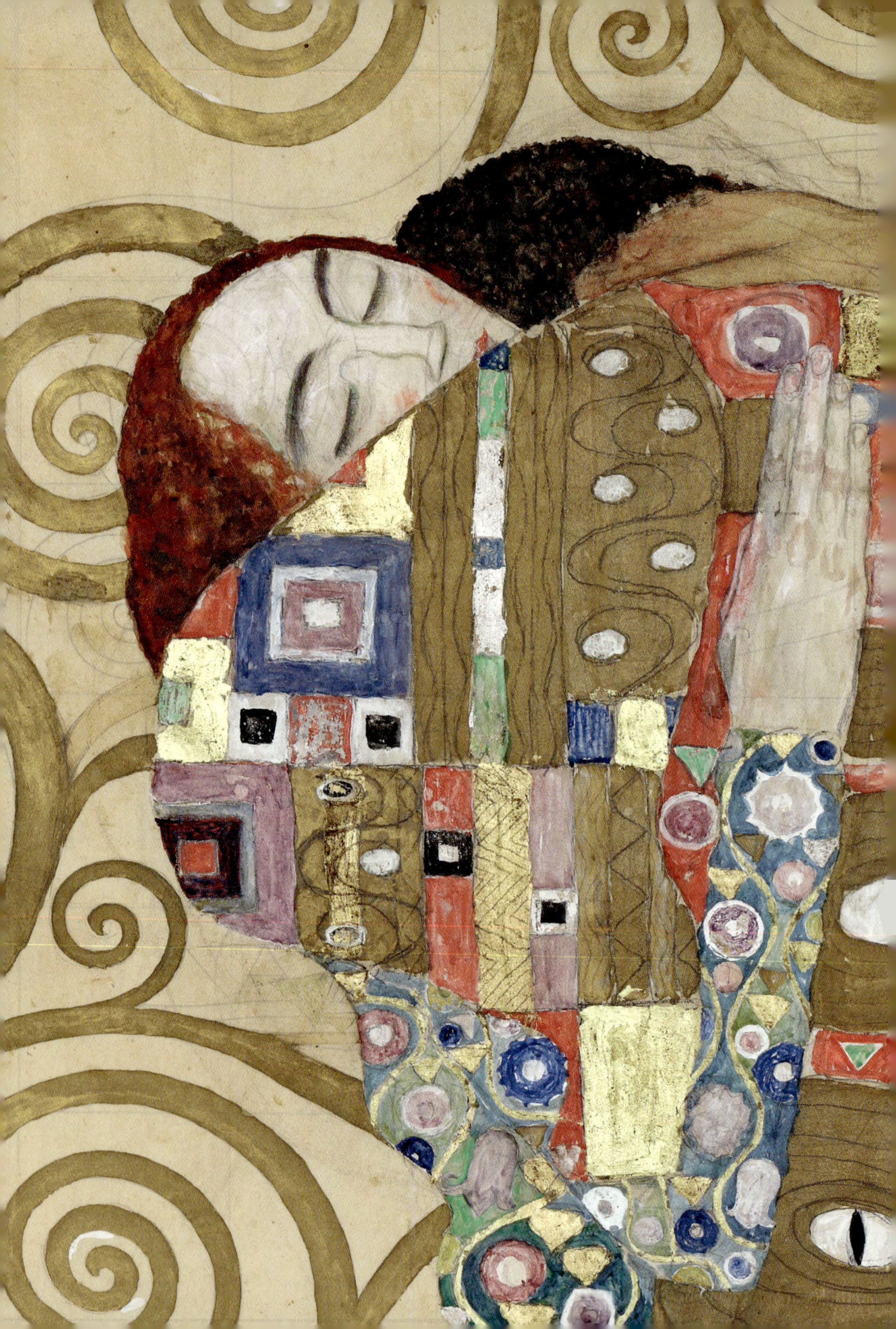

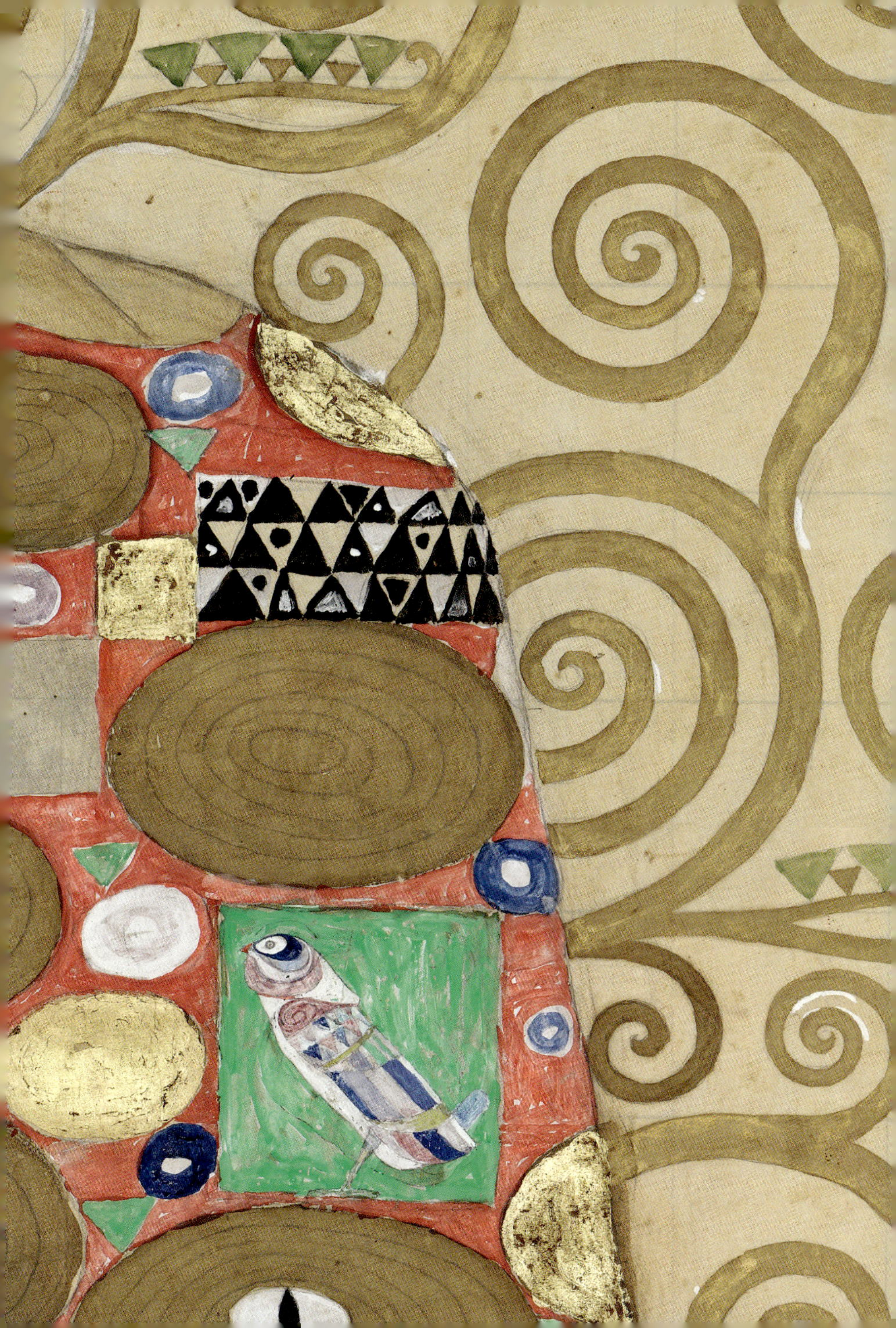

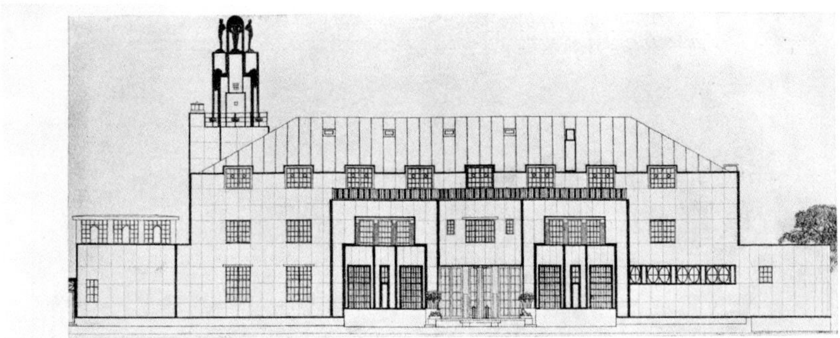

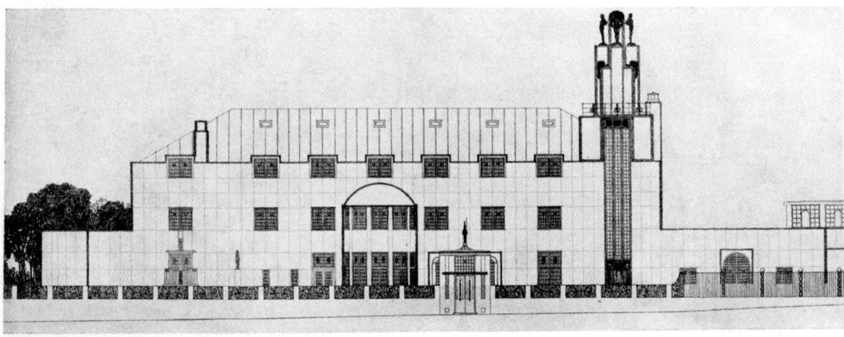

Josef Hoffmann, **Palais Stoclet, vue d'ensemble des façades côté rue et côté jardin**
Extrait de : *Moderne Bauformen*, XIII, 1914, p. 7

Josef Hoffmann, **Vue de la façade du palais Stoclet, côté jardin**
Tirage à la gélatine d'argent, 1910. Bildarchiv Foto Marburg

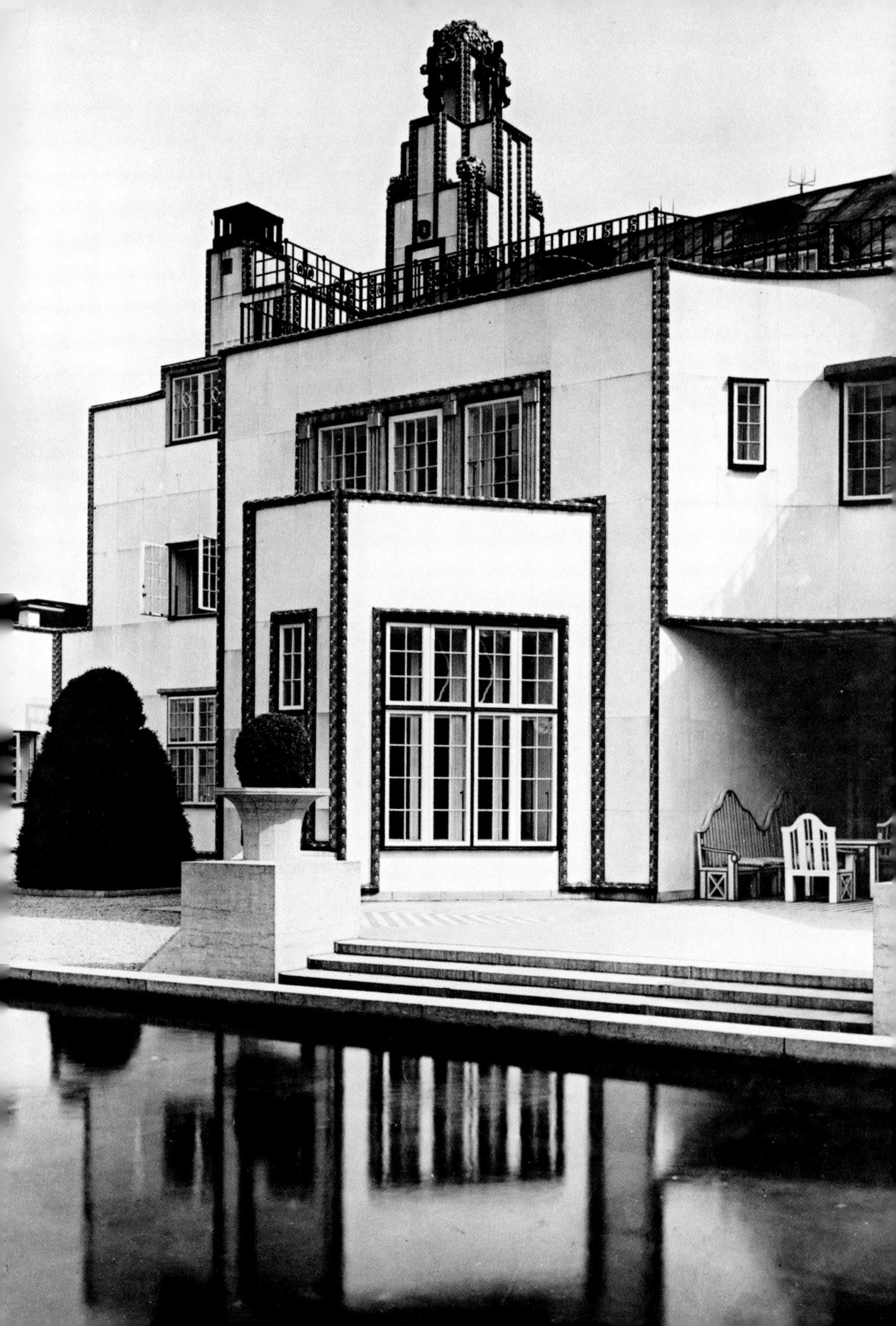

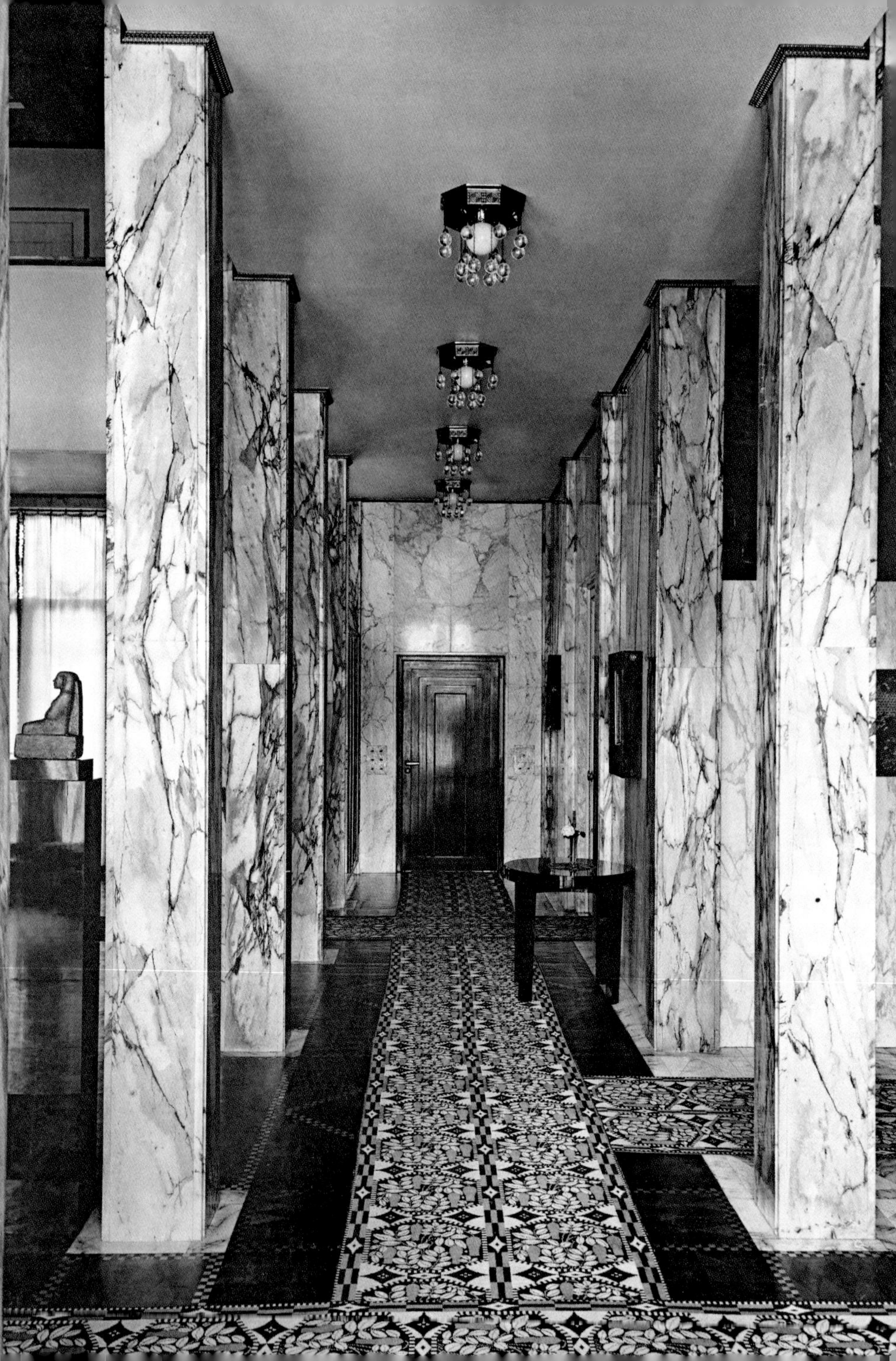

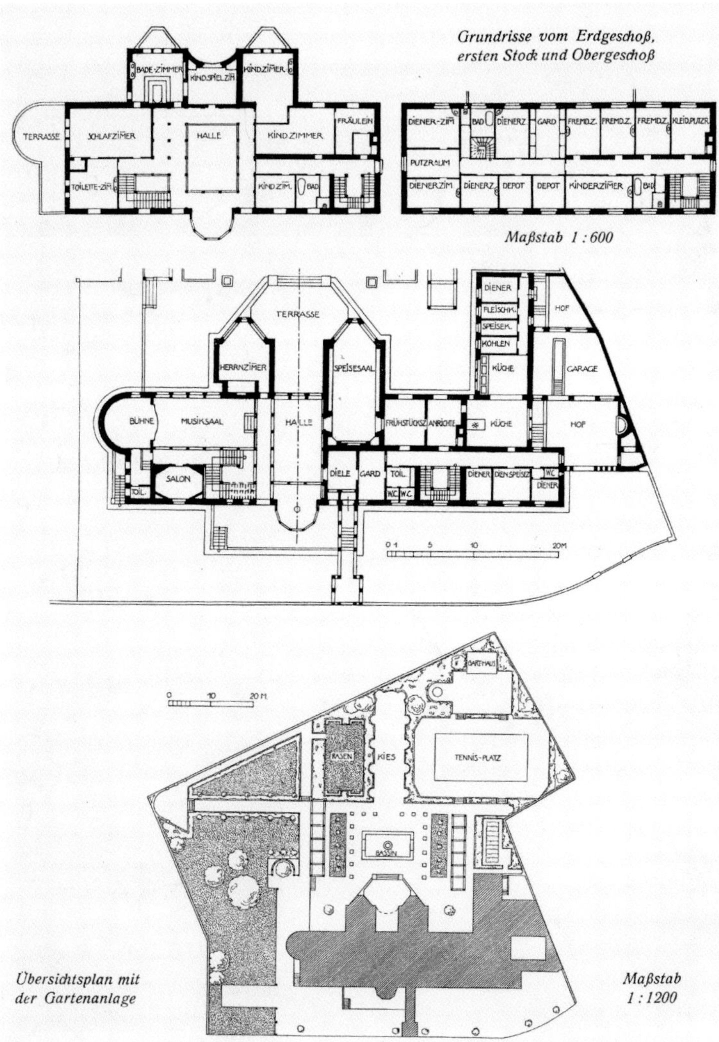

Josef Hoffmann, **Vue du hall d'entrée du palais Stoclet**
Tirage à la gélatine d'argent, 1910. Bildarchiv Foto Marburg

Josef Hoffmann, **Palais Stoclet, plans de la maison et du jardin**
Extrait de : *Moderne Bauformen*, XIII, 1914, p. 6

Josef Hoffmann
Vue du salon de musique ; Vue de l'entrée du salon de musique
Photos, 1917/18. Bildarchiv Foto Marburg

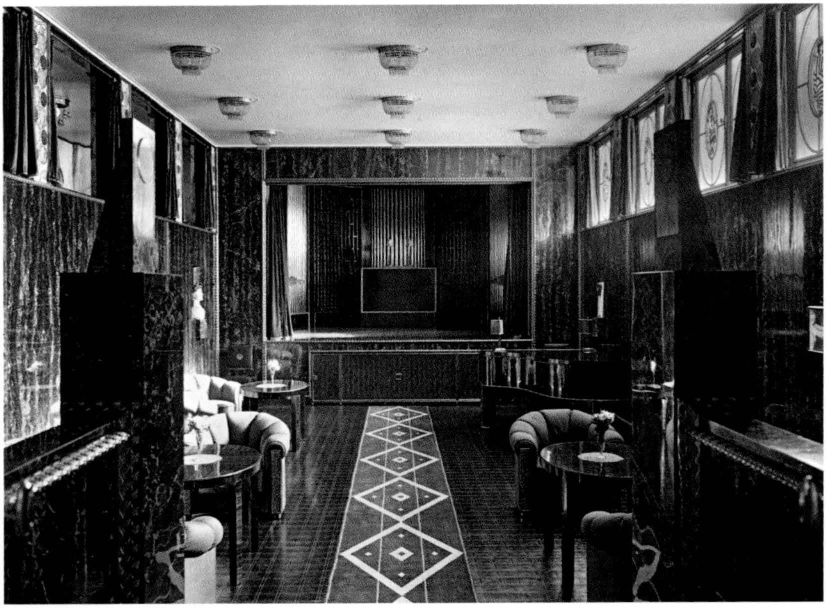

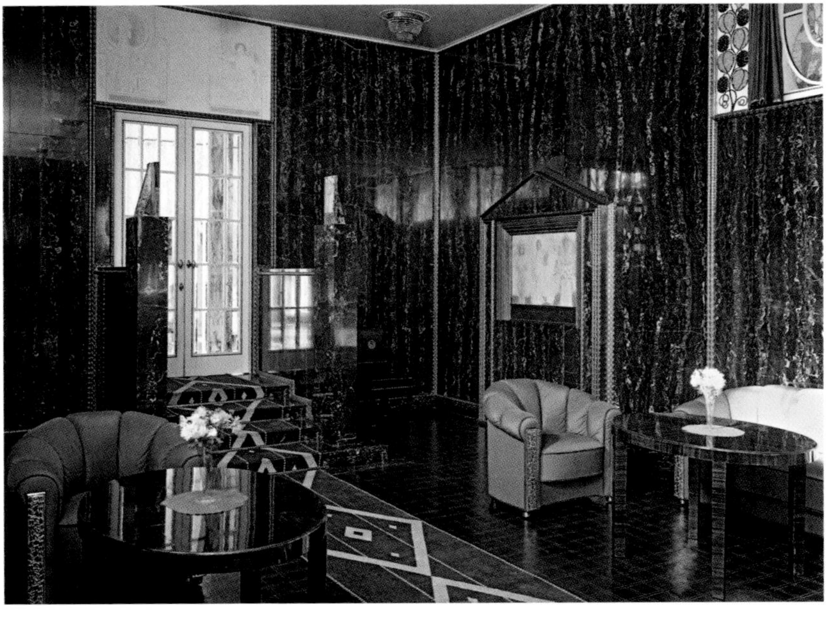

Josef Hoffmann, **Vue sur le hall avec l'oriel s'ouvrant sur la rue**
Photo, 1917/18. Bildarchiv Foto Marburg

Pages 188/189
Josef Hoffmann et Gustav Klimt, **Vue de la grande salle à manger du palais Stoclet**
Frise de mosaïque : marbre de Carrare, mosaïque d'or et d'argent, pièces de mosaïque colorées, céramique, émail, nacre, pierres de verre, pierres semi-précieuses, cuivre et laiton en lames repoussé, doré et argenté, laiton en lames, profilé en laiton, applications de feuille d'or
Panneaux longitudinaux respectivement 200 x 738 cm, panneau central 200 x 89 cm

Pages 190/195
**Vue du panneau latéral avec la « Danseuse » (« L'Attente »)
au-dessus des buffets de marbre et d'ébène de Josef Hoffmann**, 1909–1911

Pages 191–194
Frise de mosaïque avec la « Danseuse » (« L'Attente »), 1909–1911

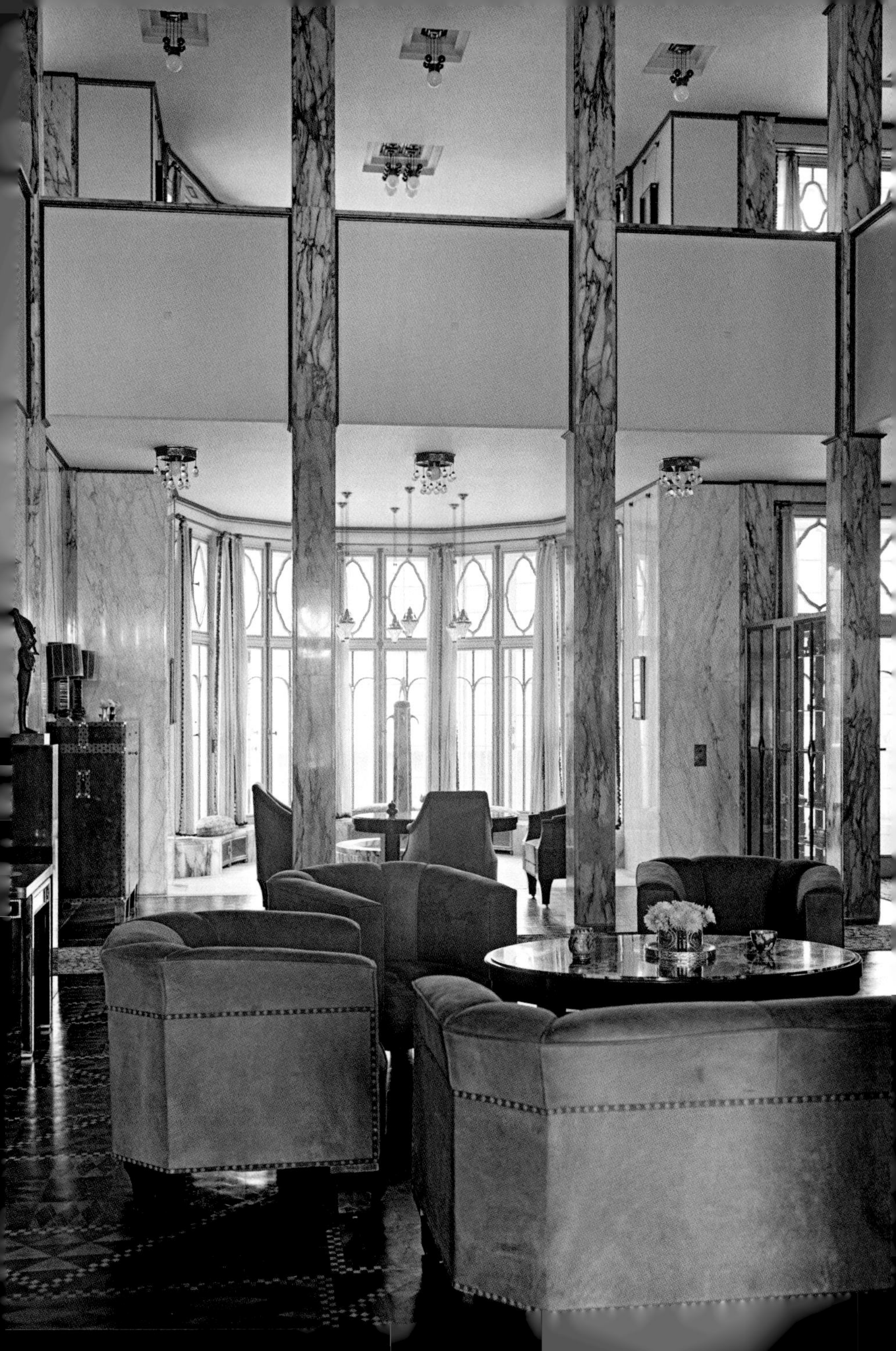

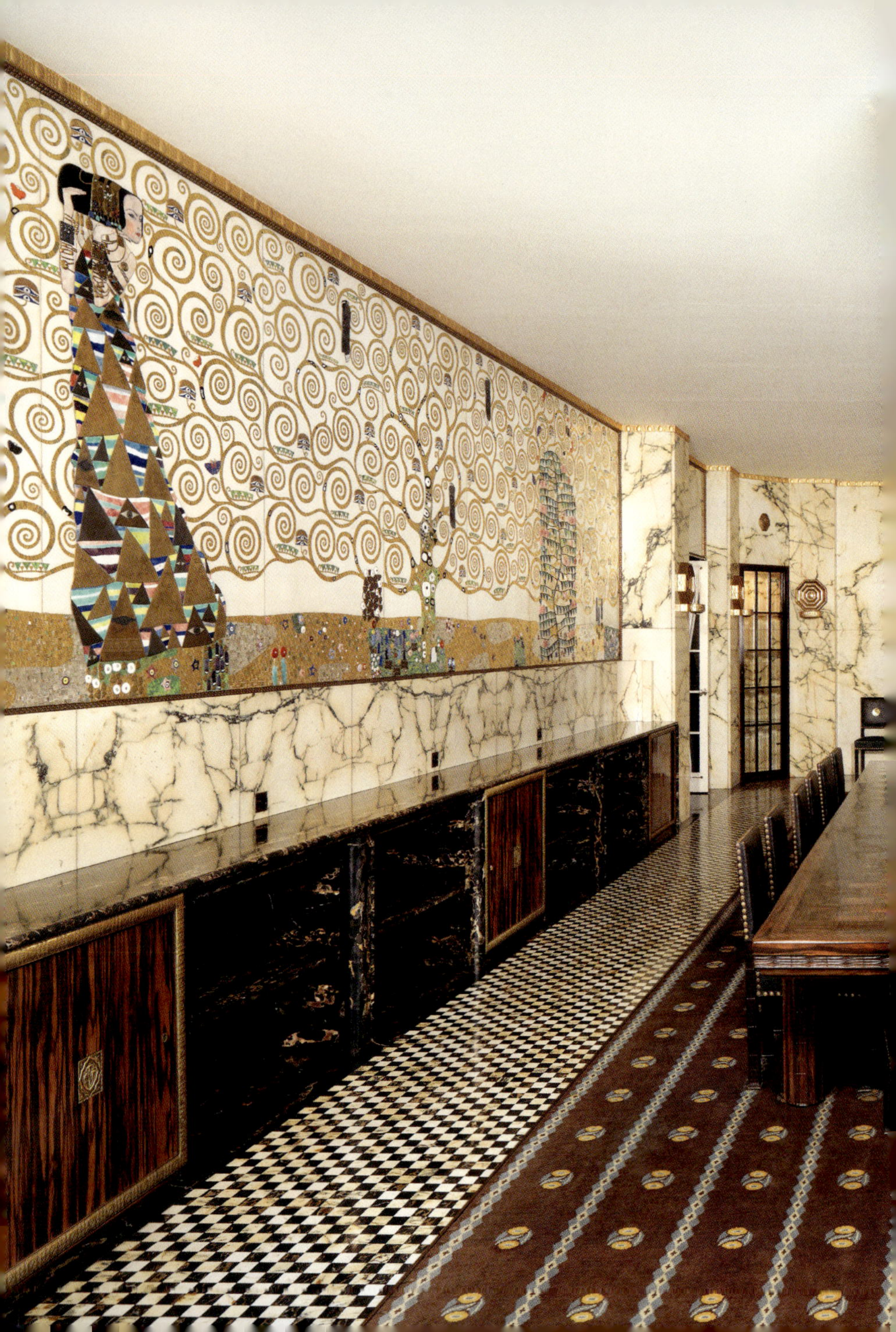

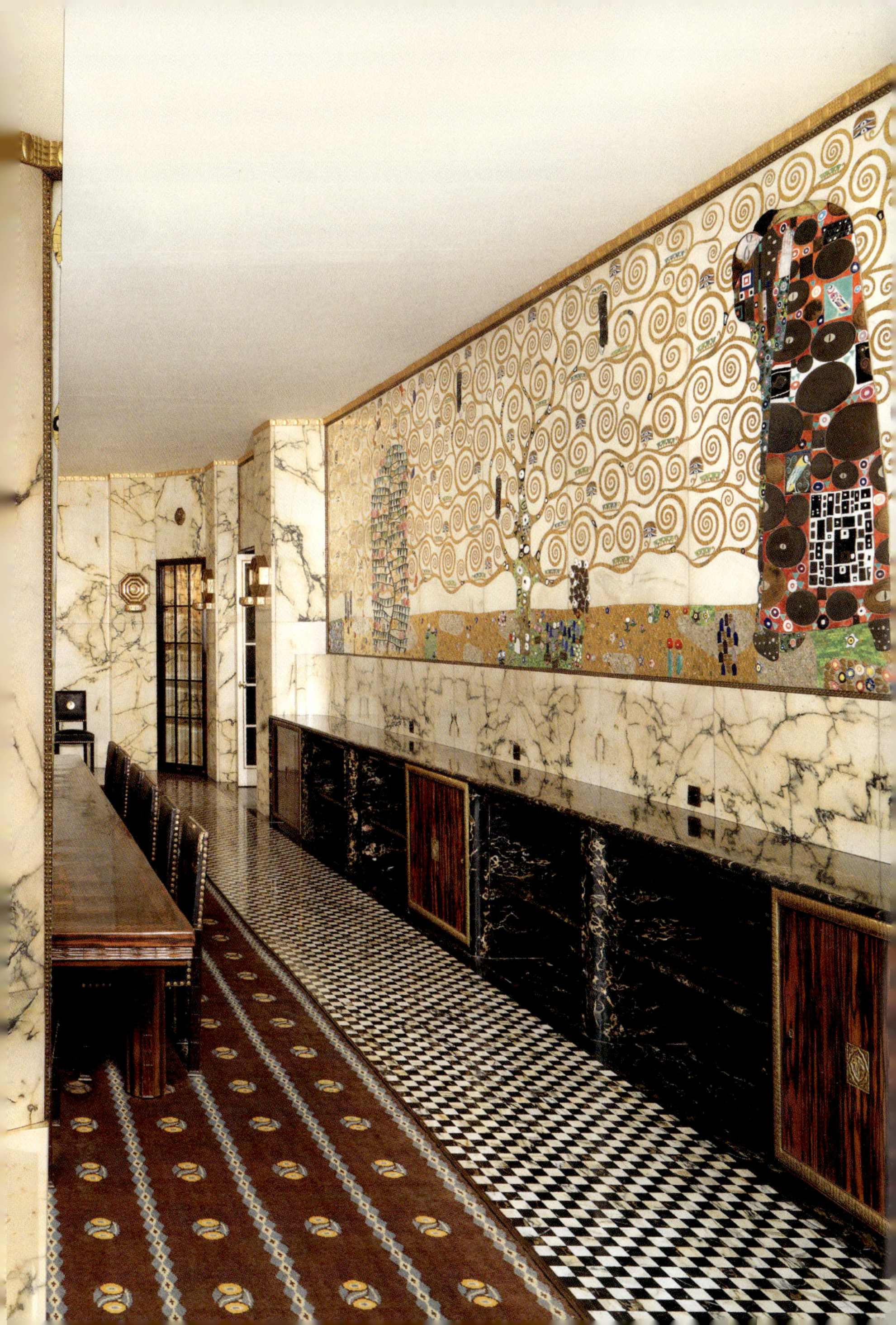

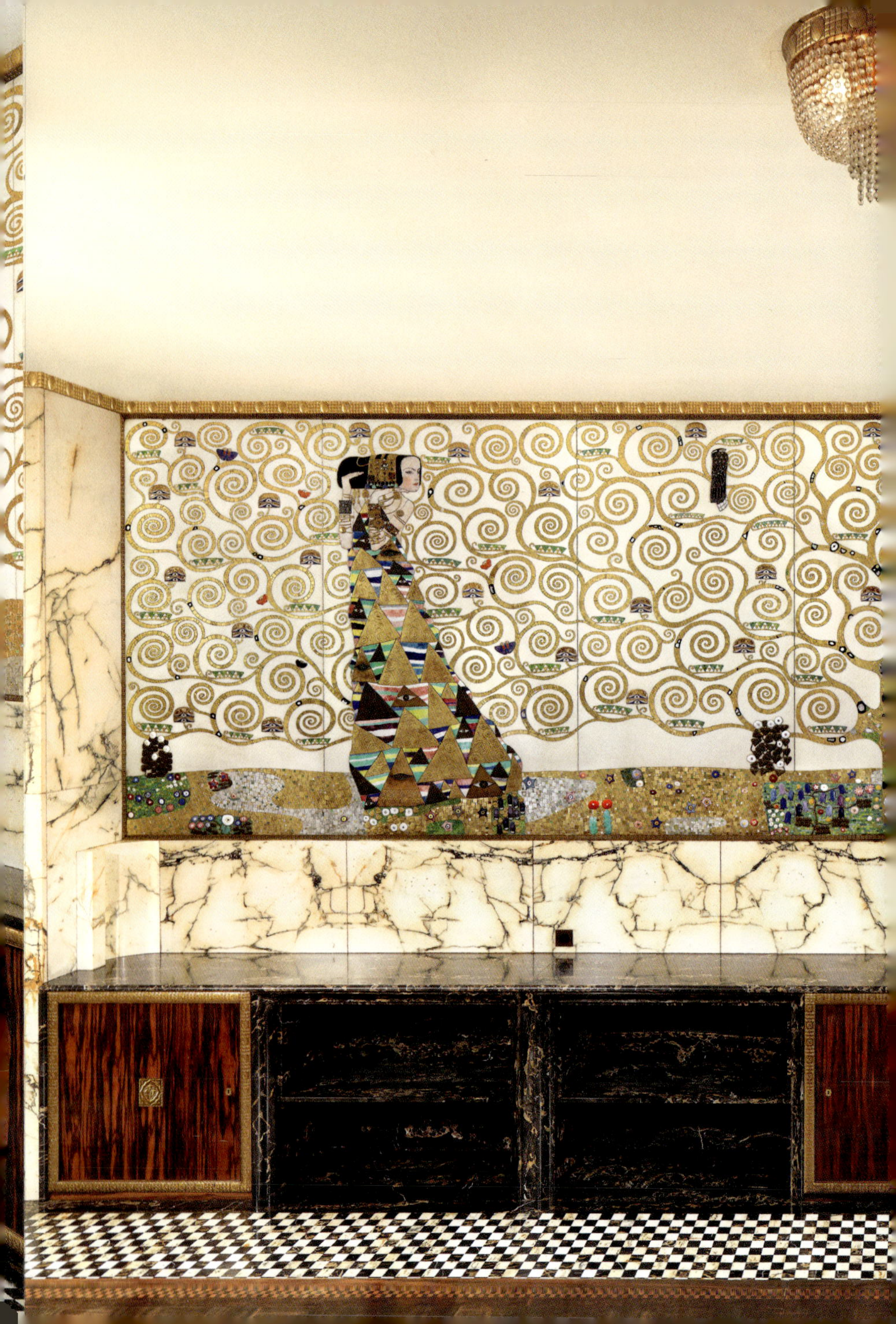

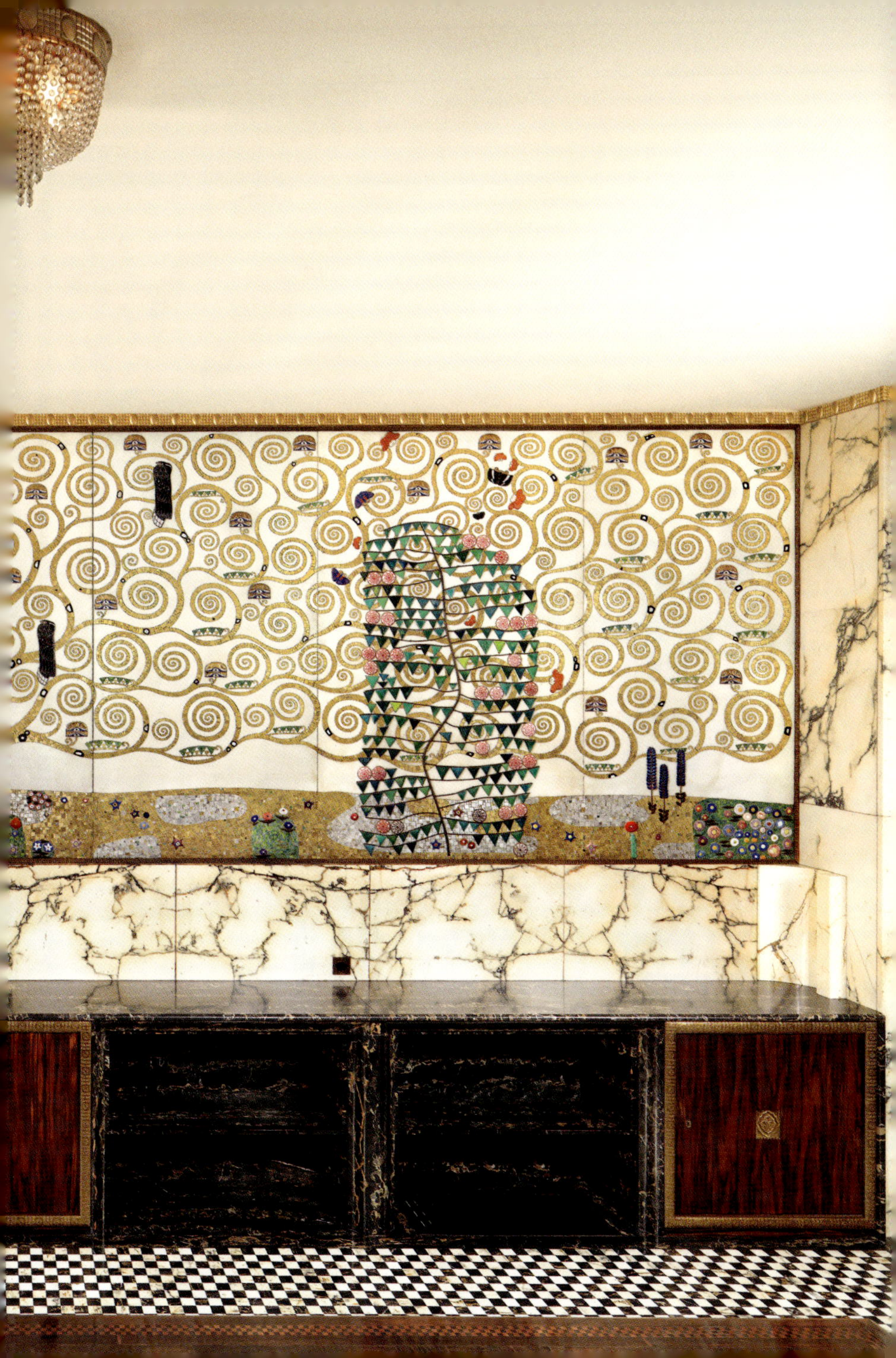

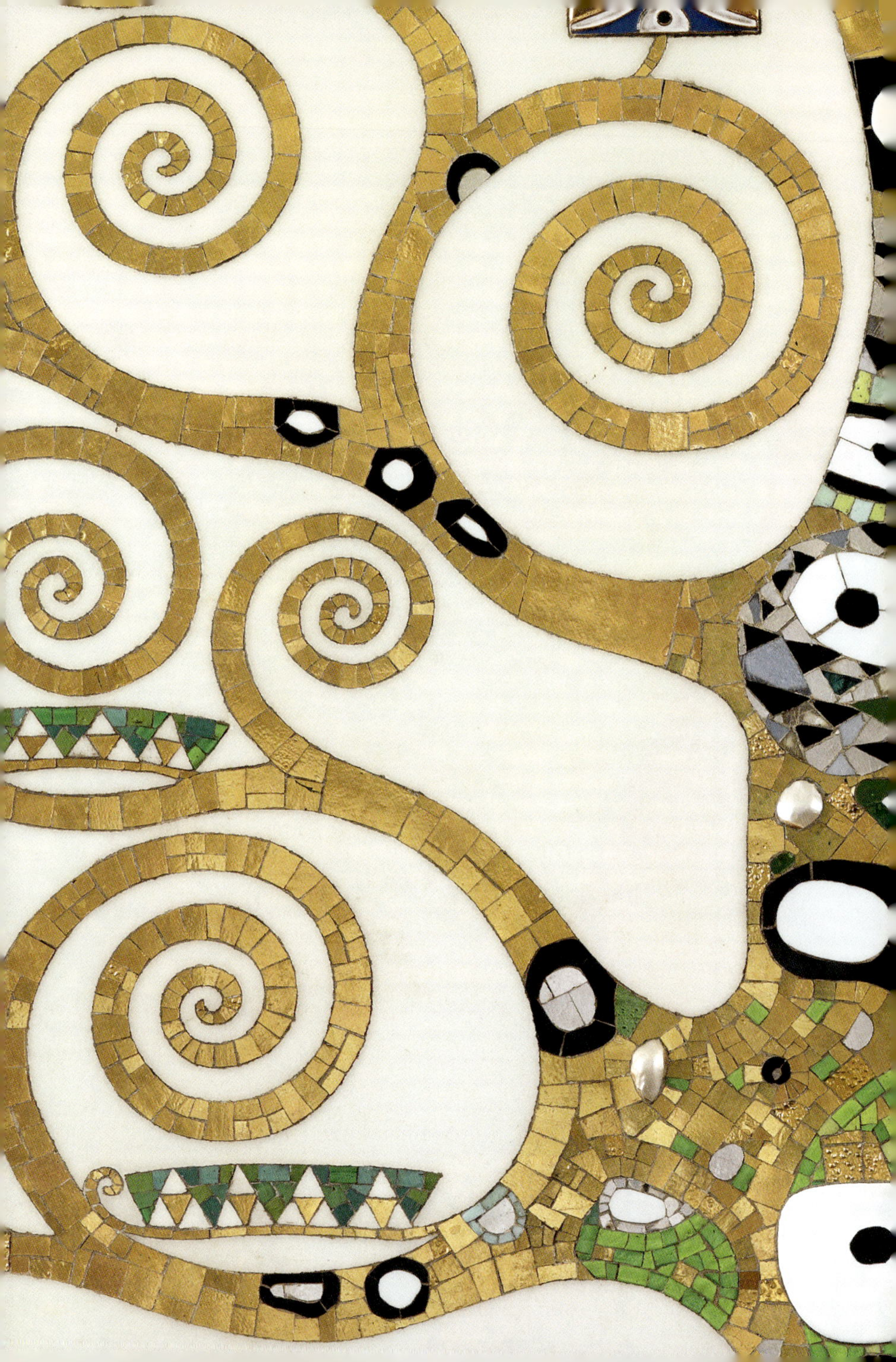

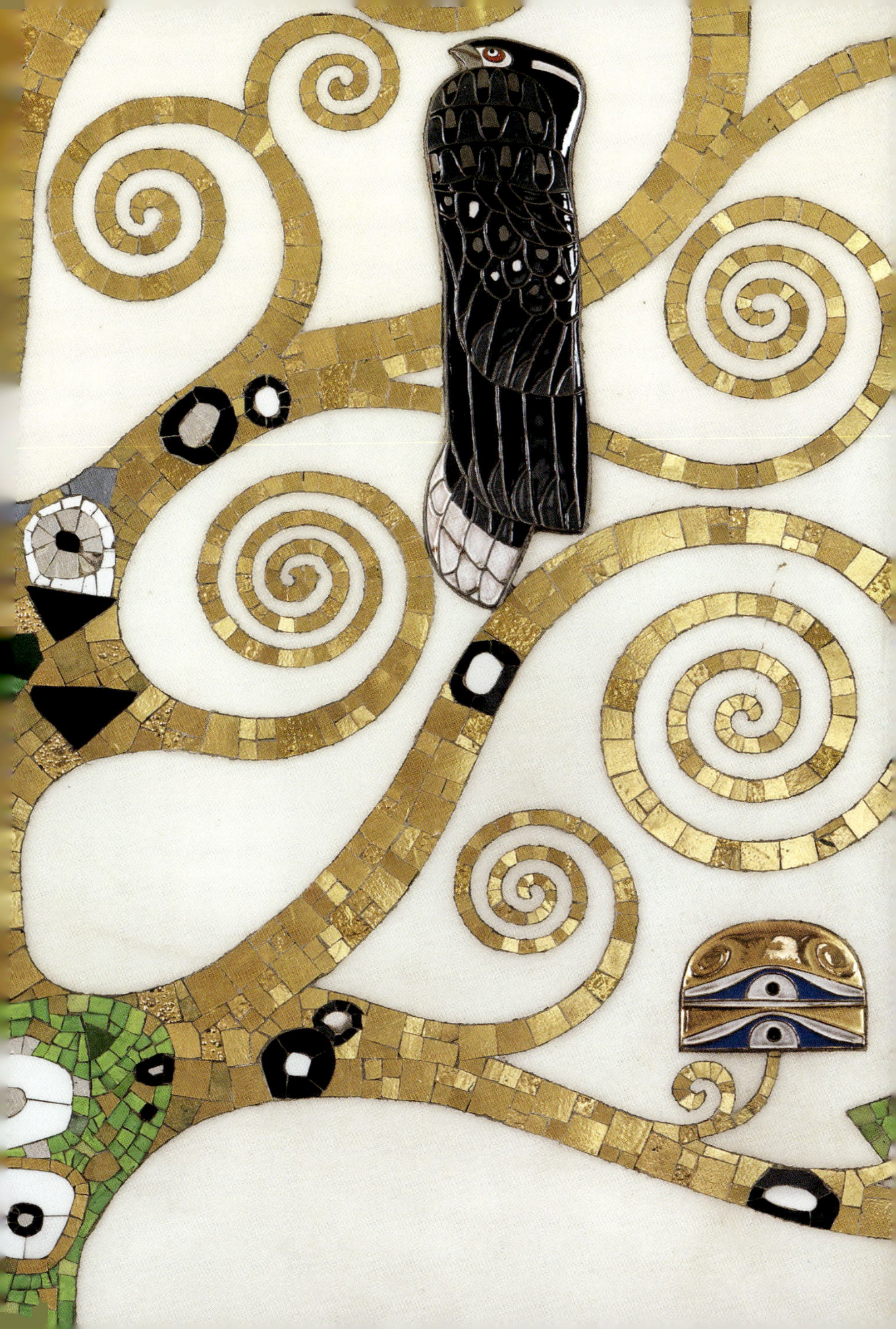

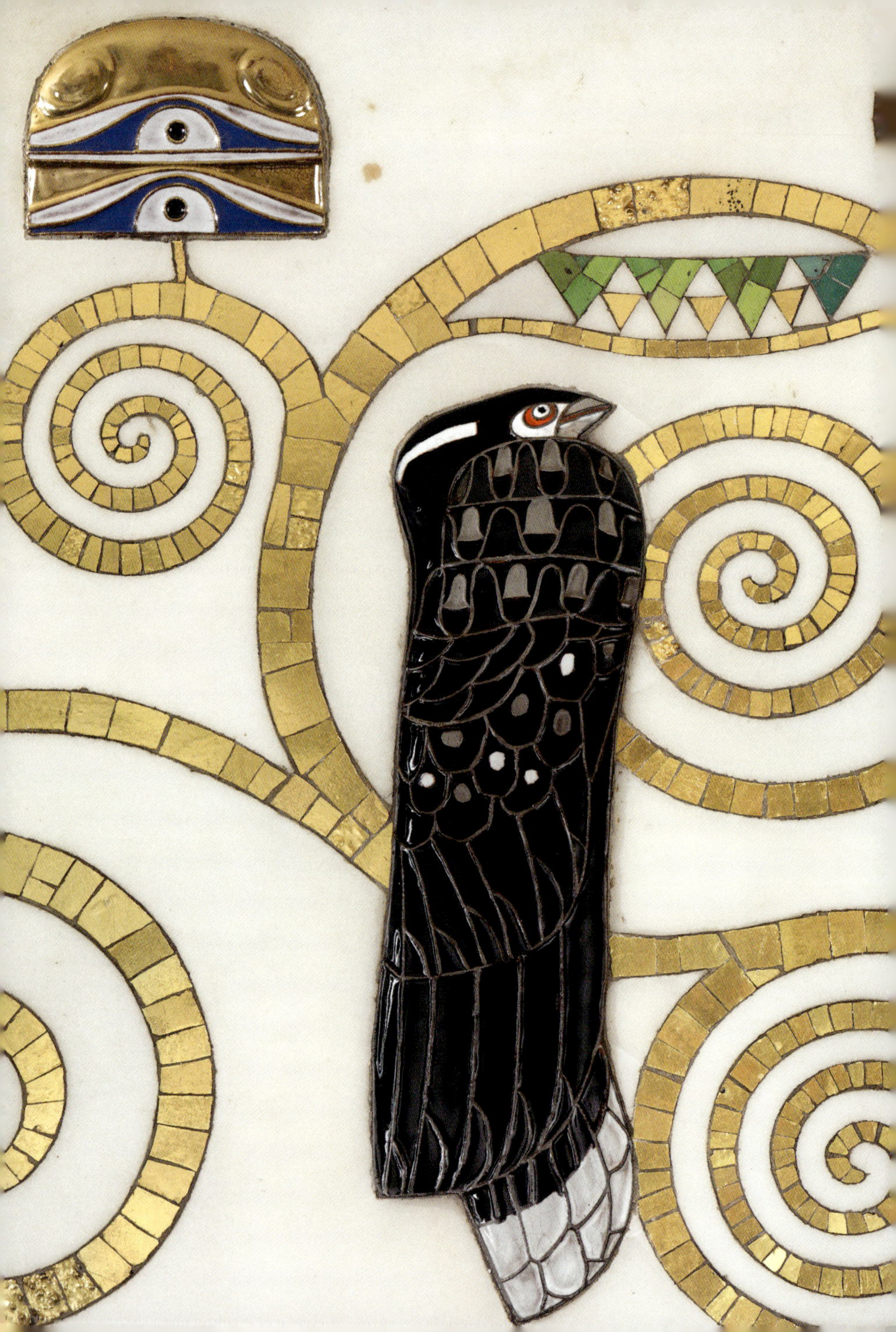

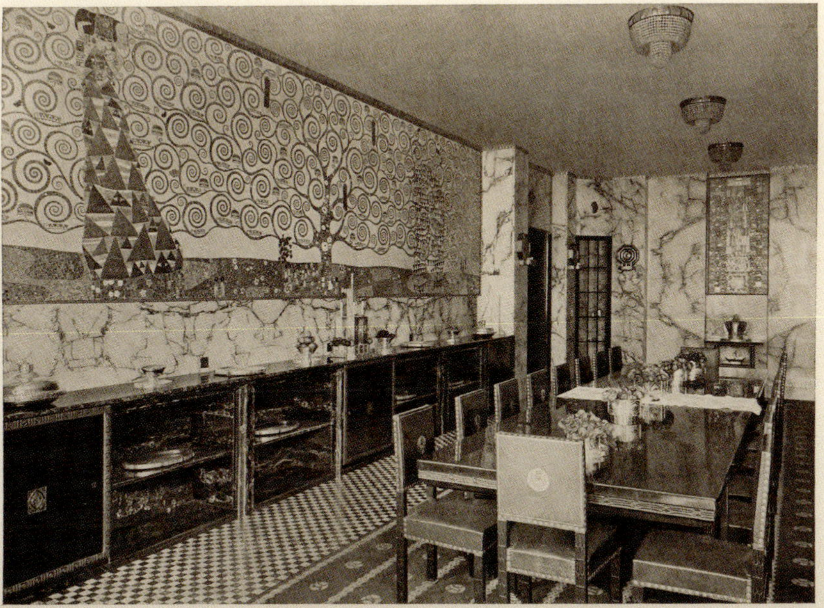

REGIERUNGSRAT PROFESSOR JOSEF HOFFMANN, WIENER WERKSTÄTTE, WIEN
Das Stoclethaus zu Brüssel. — Der große Speisesaal. Fries von Gustav Klimt, Wien

Pages 196–198
Détail avec faucons, 1909–1911

La salle à manger avec argenterie, candélabres et décoration florale, 1913
Extrait de : *Moderne Bauformen*, XIII, 1914, pl. 4

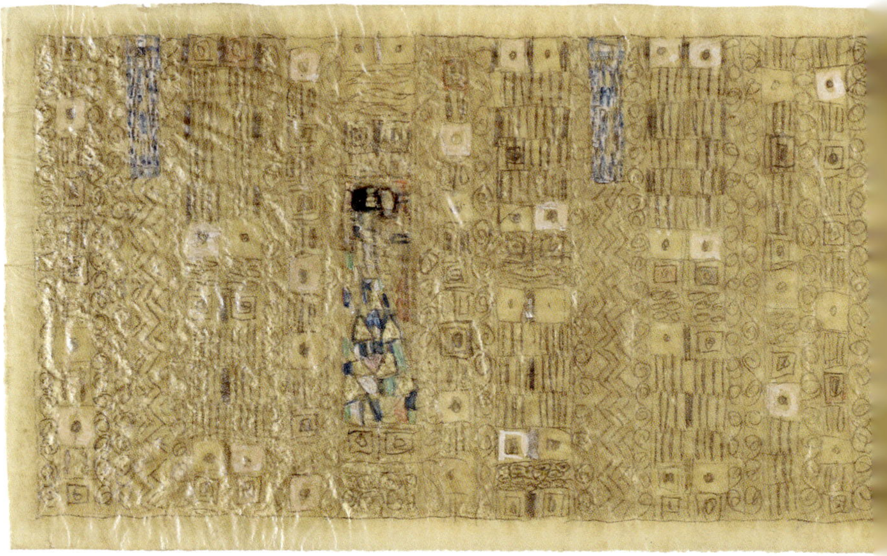

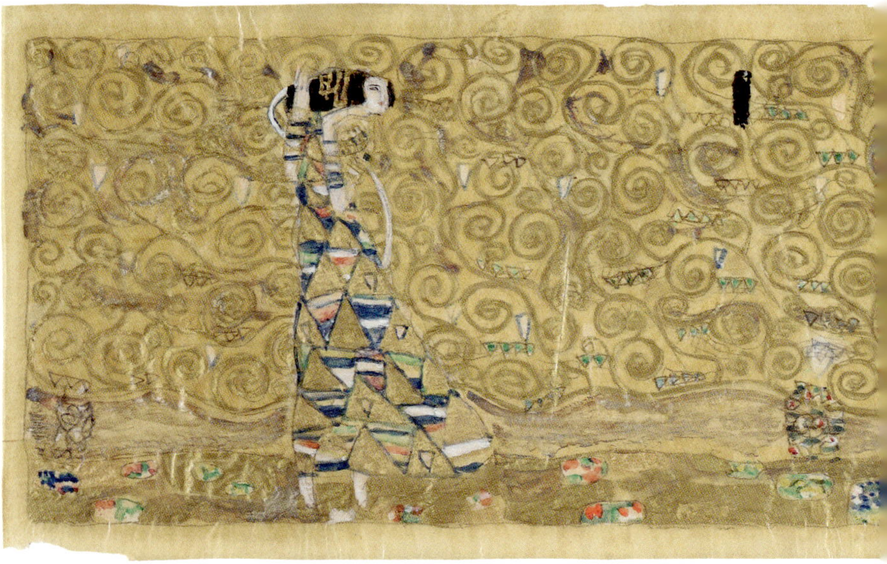

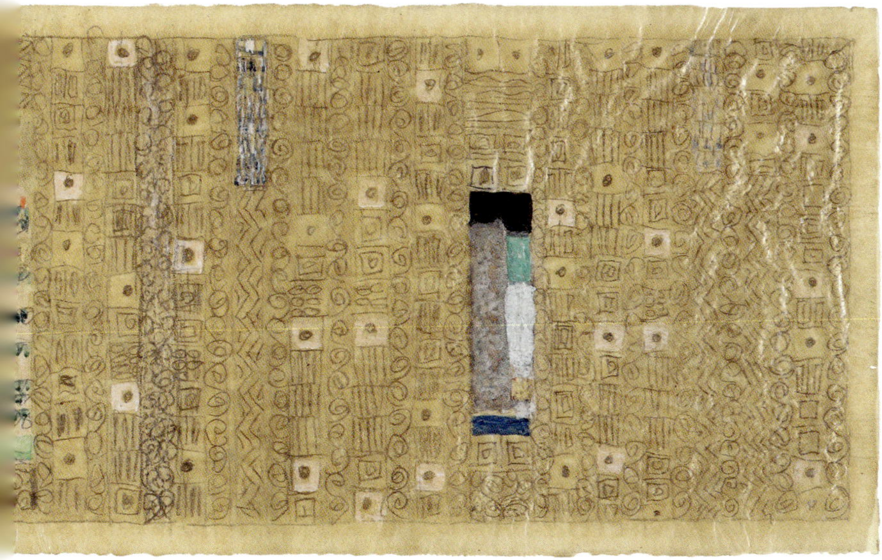

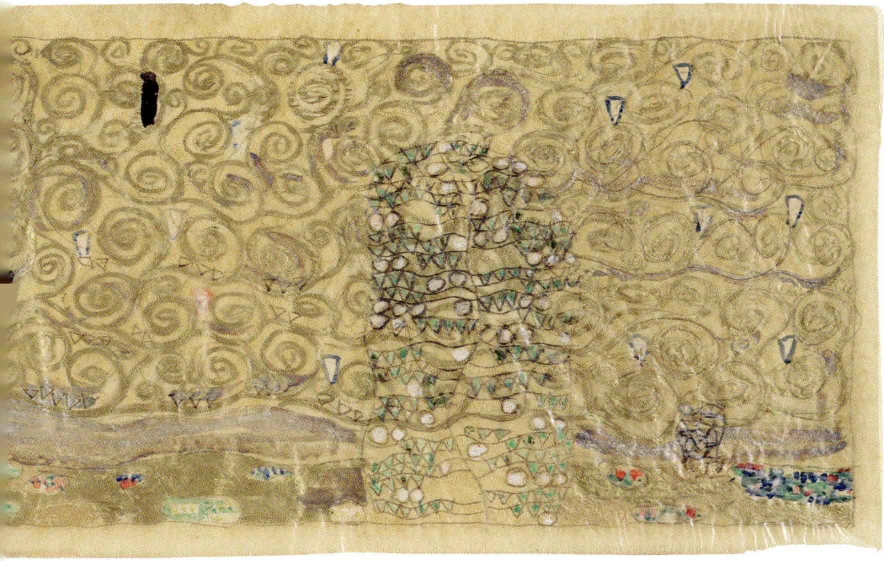

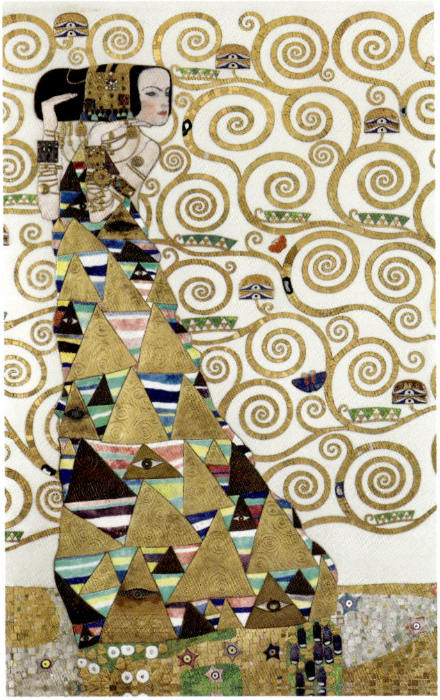

Pages 200/201
Petite étude avec « Danseuse », « Rosier » et « Chevalier » (non exécutée), 1907/08
Mine de plomb, aquarelle sur papier calque, 22 x 75,3 cm
Vienne, MAK – Österreichisches Museum für angewandte Kunst/Gegenwartskunst

Petite étude avec la « Danseuse » (exécutée), 1907/08
Mine de plomb, aquarelle sur papier calque, 22 x 75,3 cm
Vienne, MAK – Österreichisches Museum für angewandte Kunst/Gegenwartskunst

Pages 202–205
Frise de mosaïque avec la « Danseuse » (« L'Attente ») (détails), 1909–1911

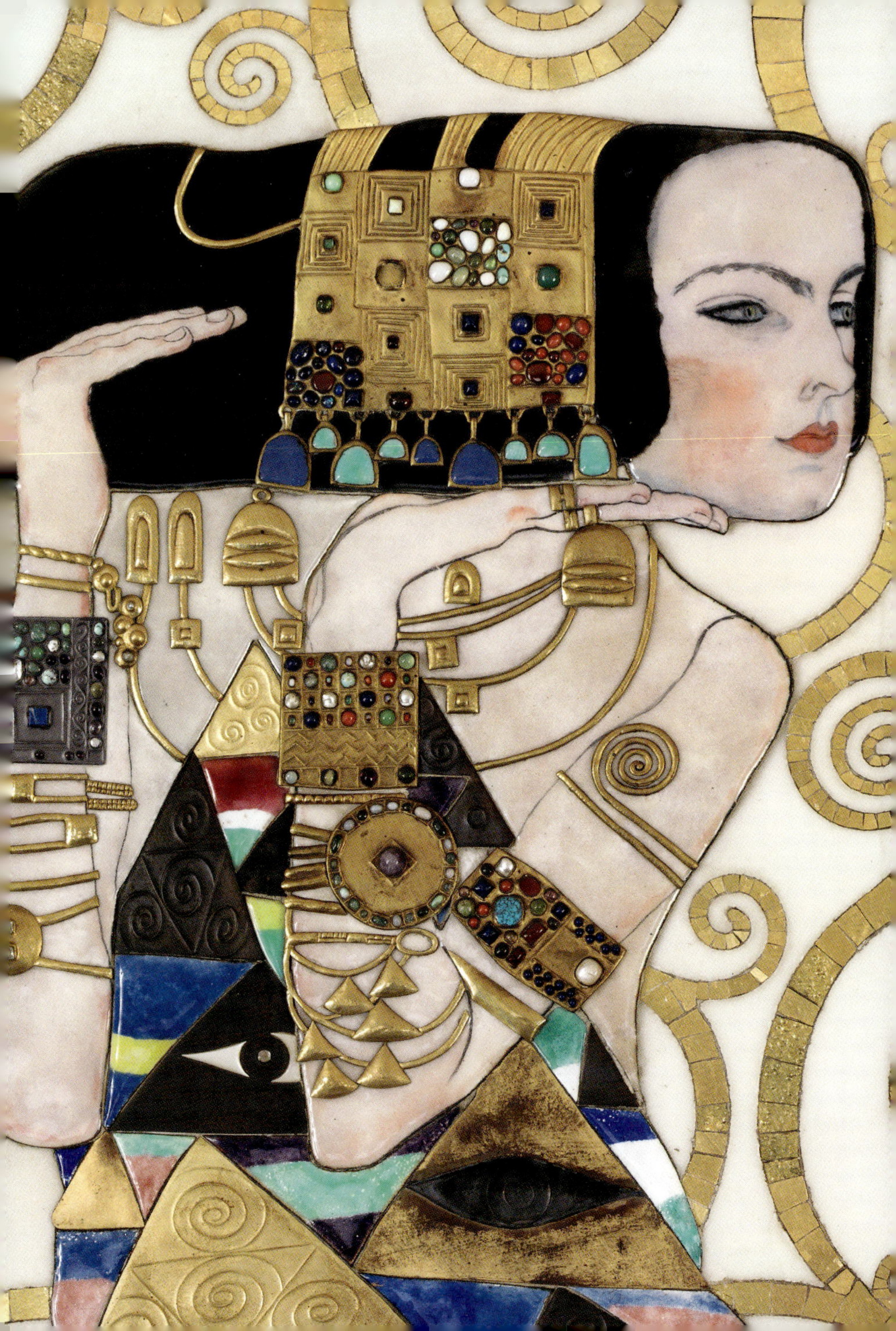

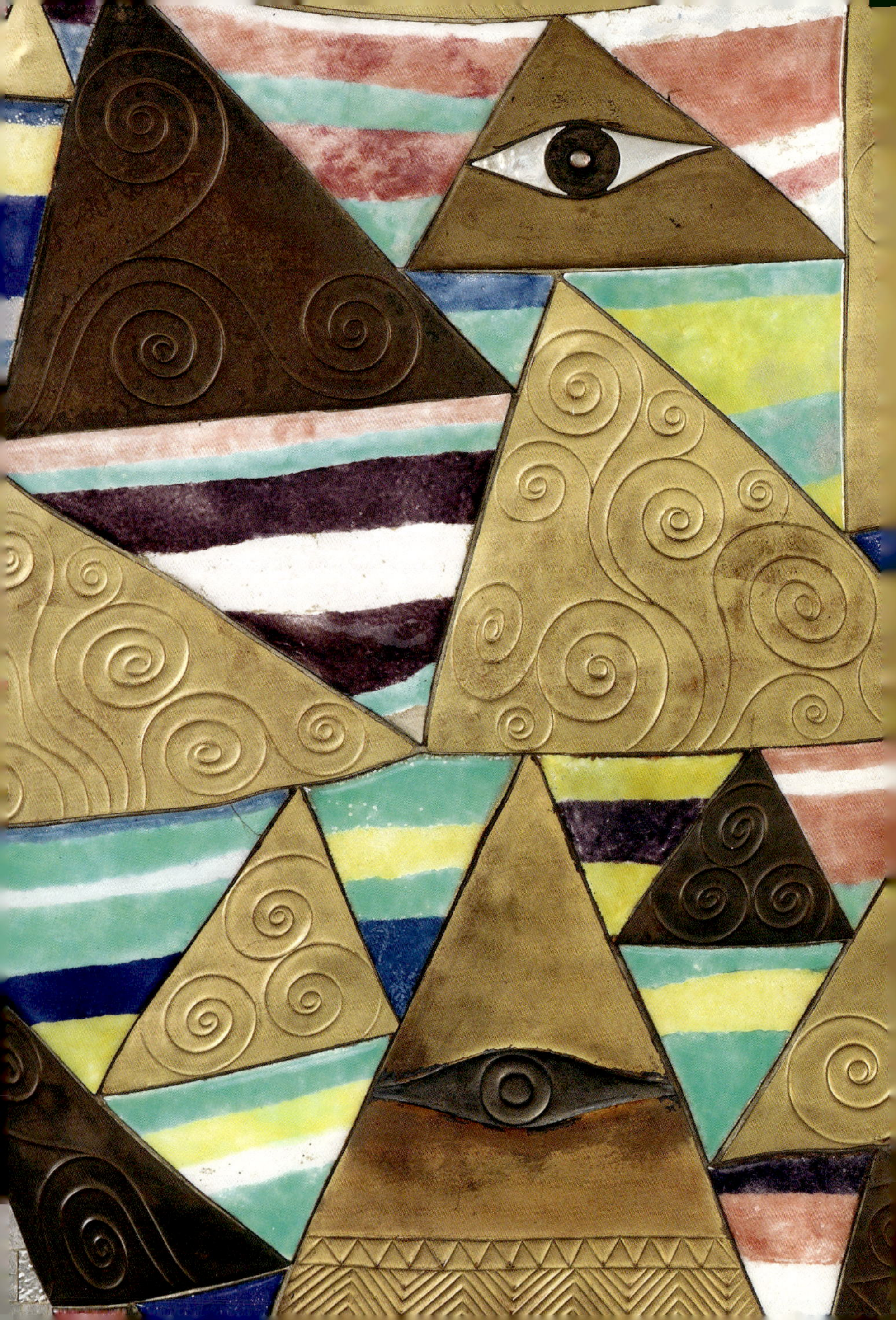

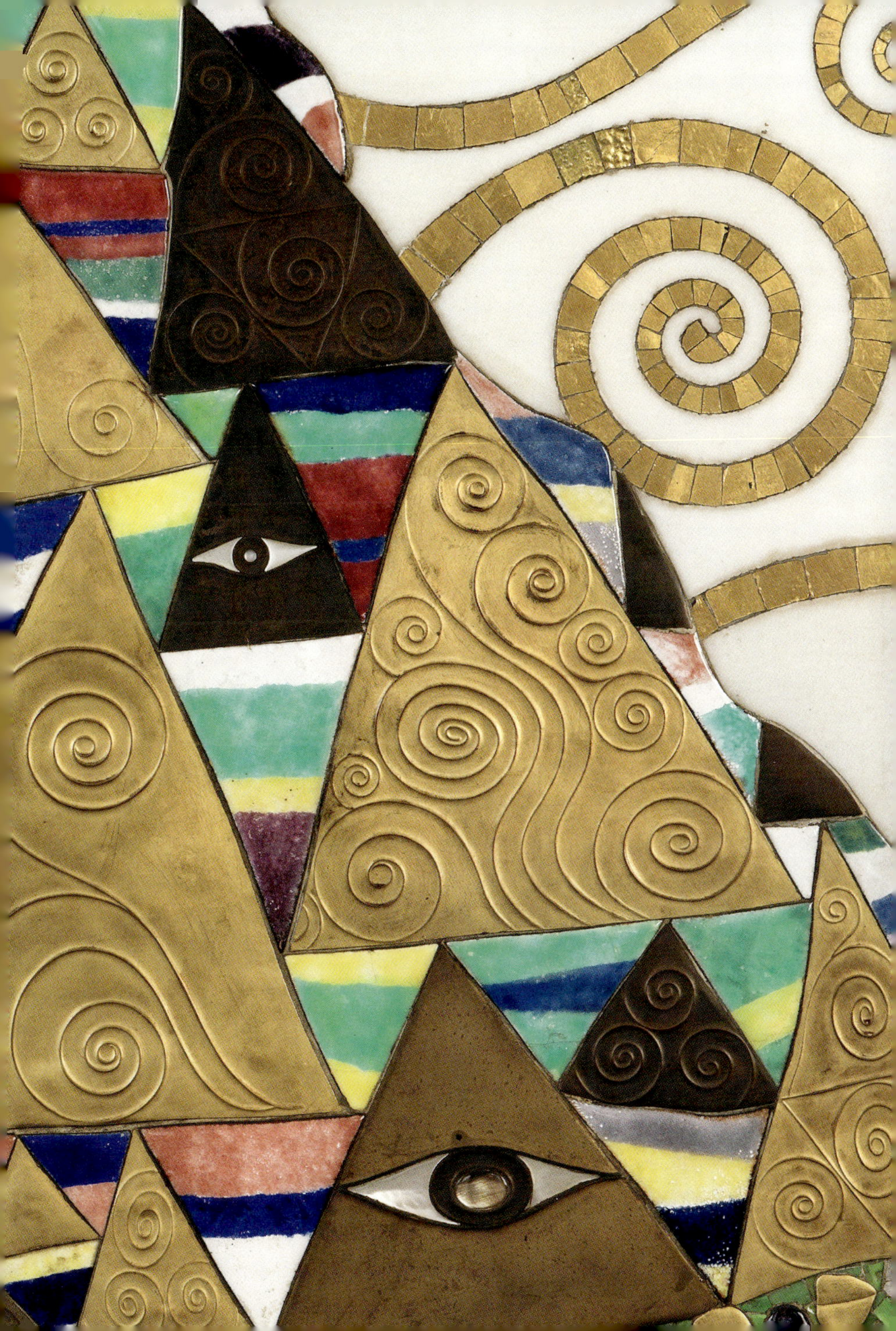

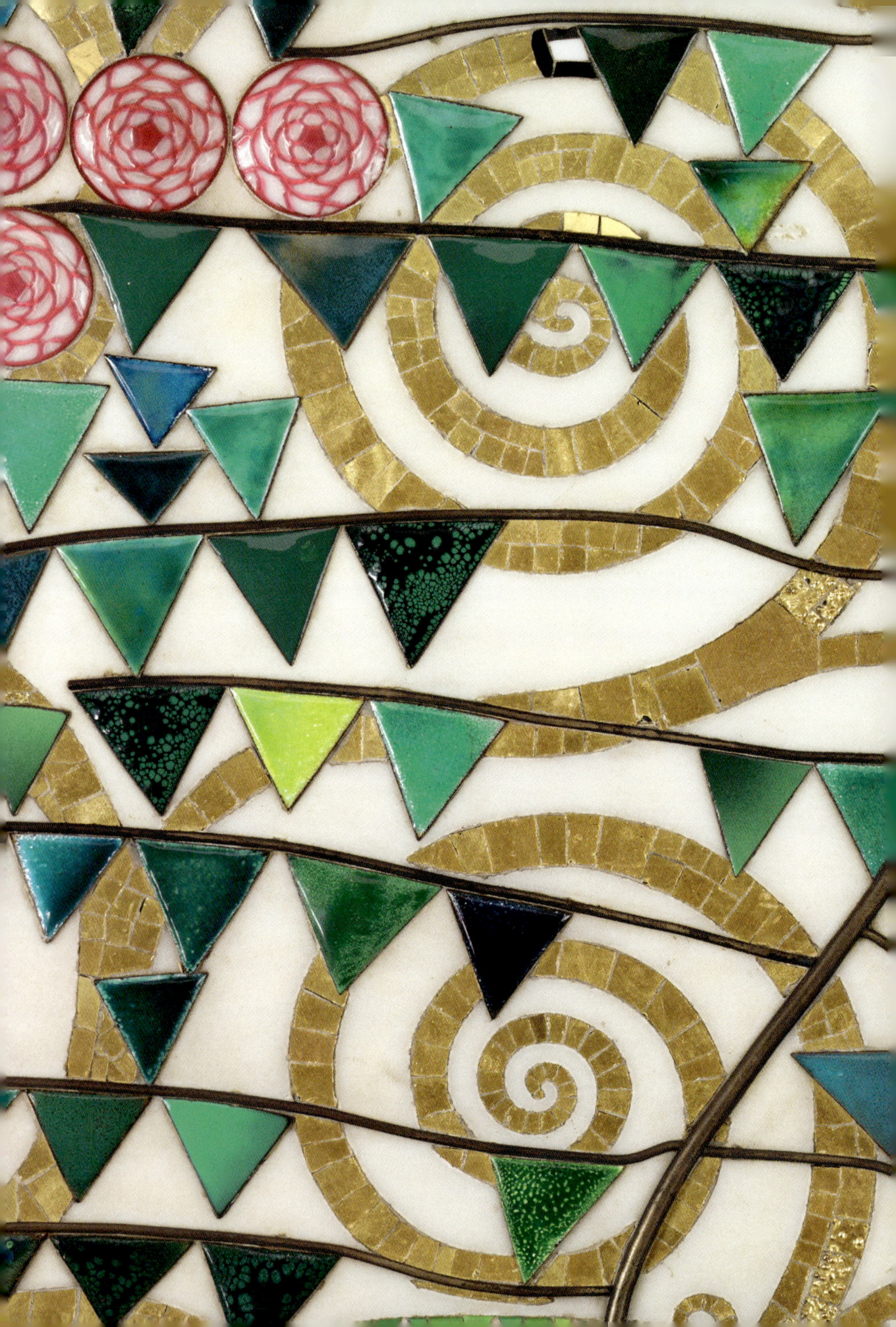

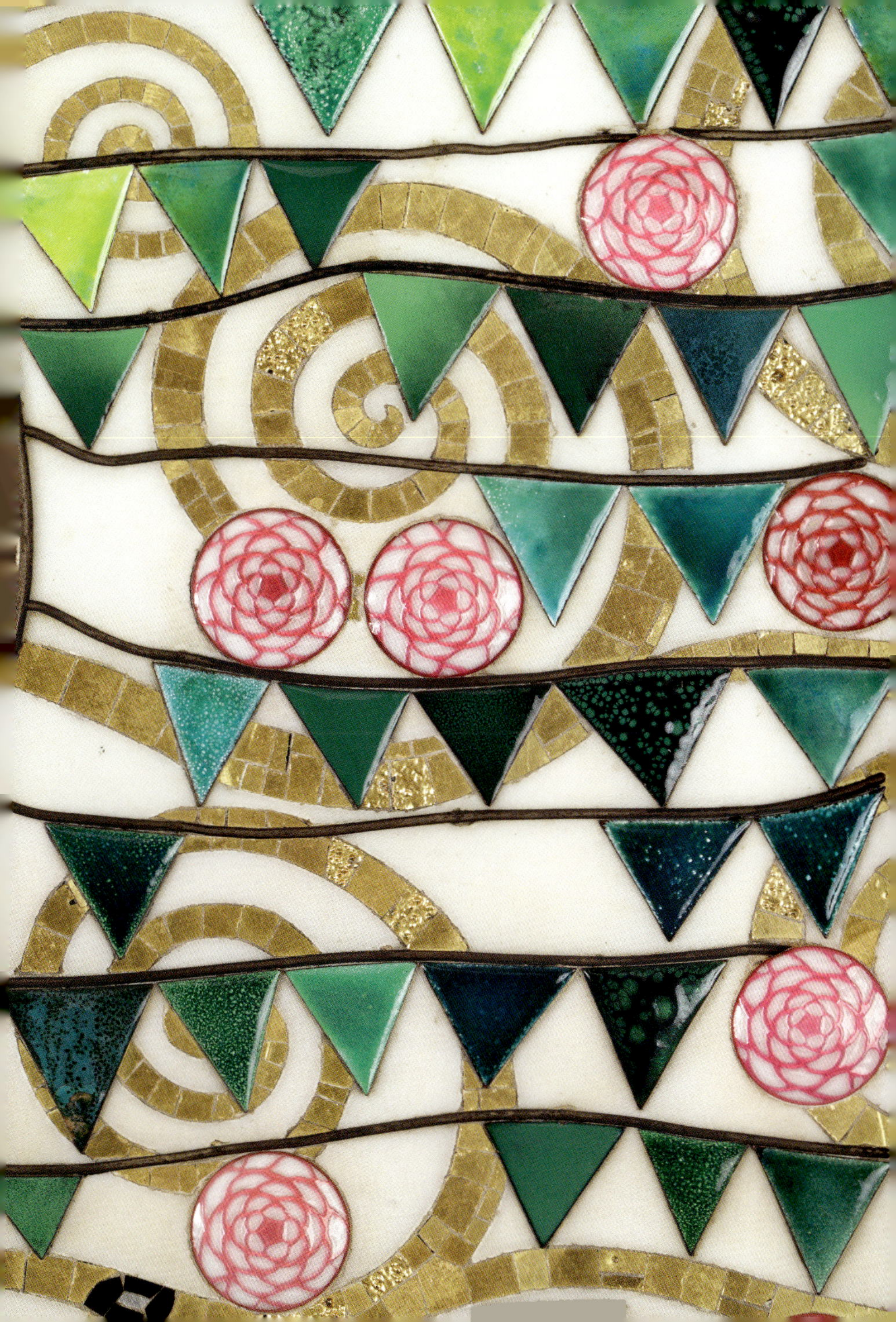

Pages 206/207, 209–211
Détails du panneau droit de la mosaïque, 1909–1911

Pages 212/213
Vue de la grande salle à manger avec vue sur le jardin

Pages 214/219
**Vue sur le panneau latéral avec le « Couple d'amoureux » (« L'Épanouissement »)
au-dessus des buffets de marbre et d'ébène de Josef Hoffmann**, 1909–1911

Pages 215–218
Frise de mosaïque avec le « Couple d'amoureux » (« L'Épanouissement »), 1909–1911

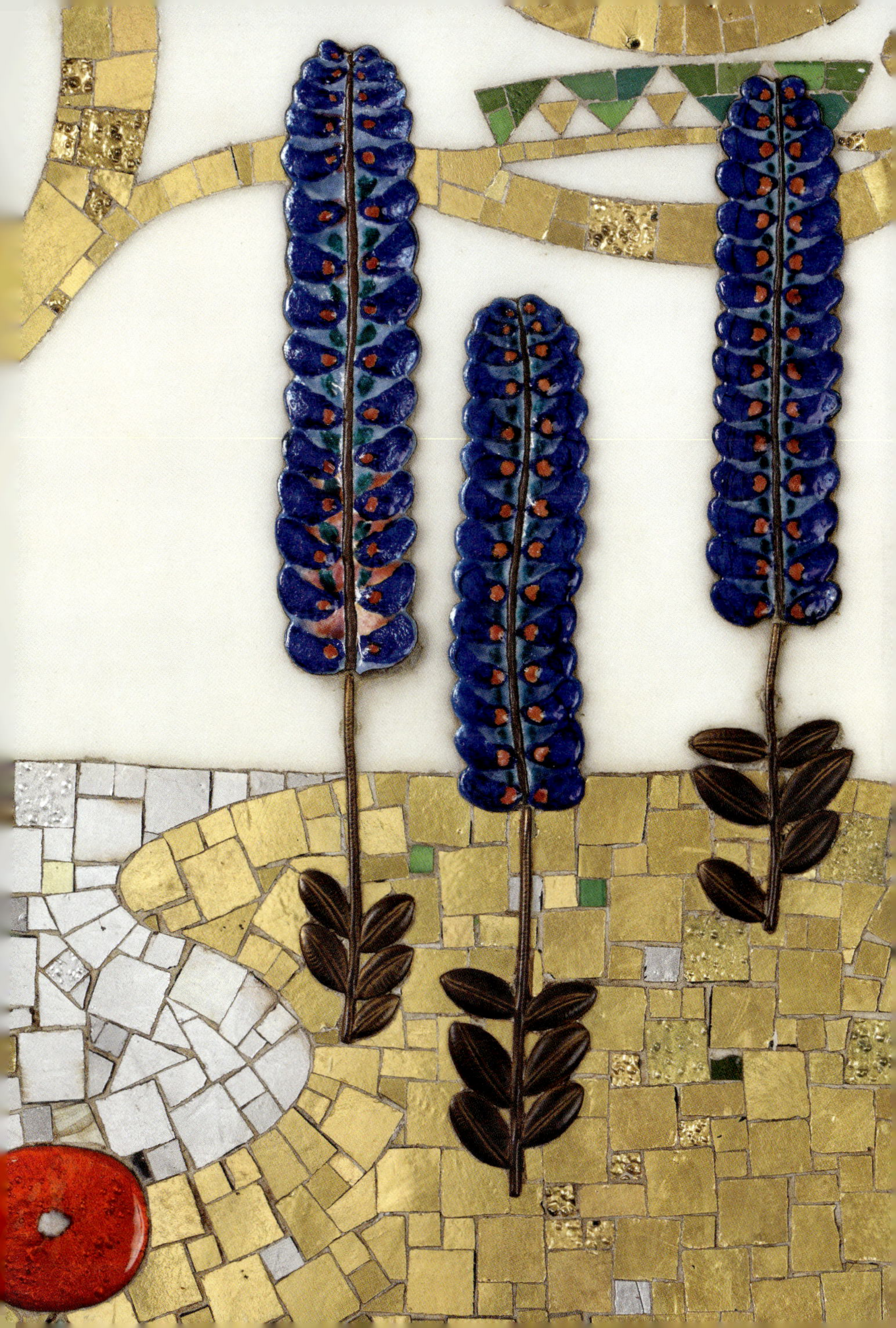

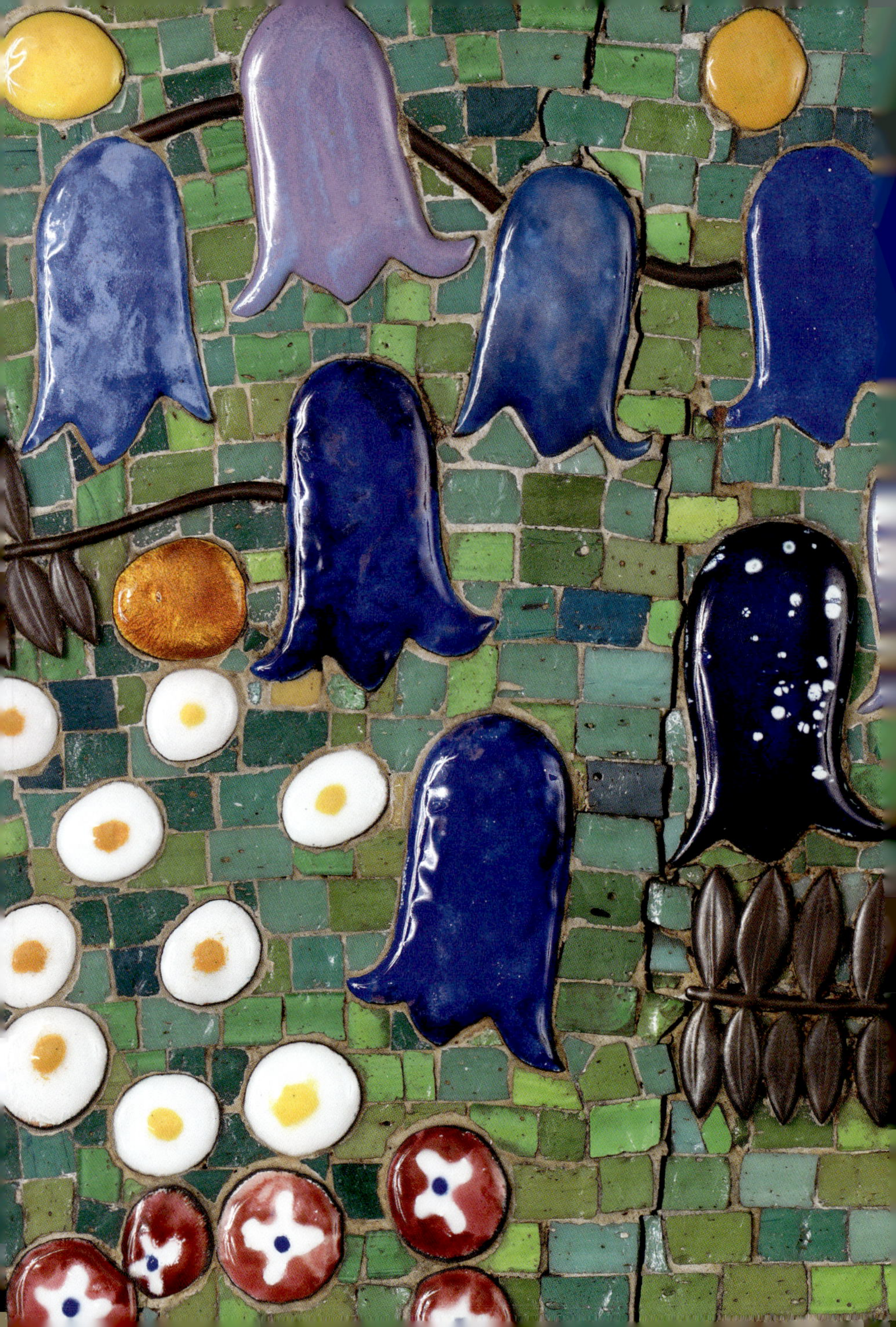

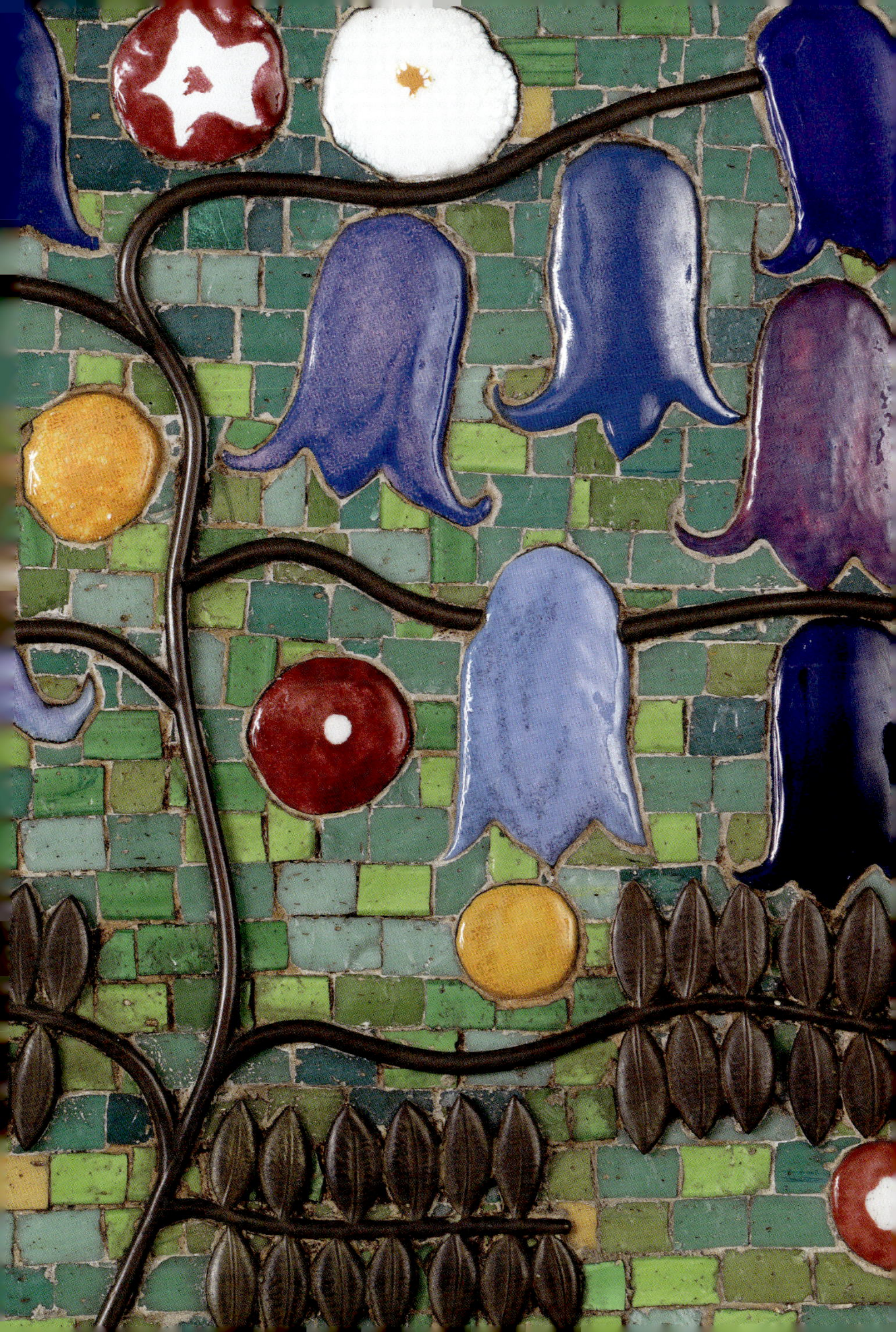

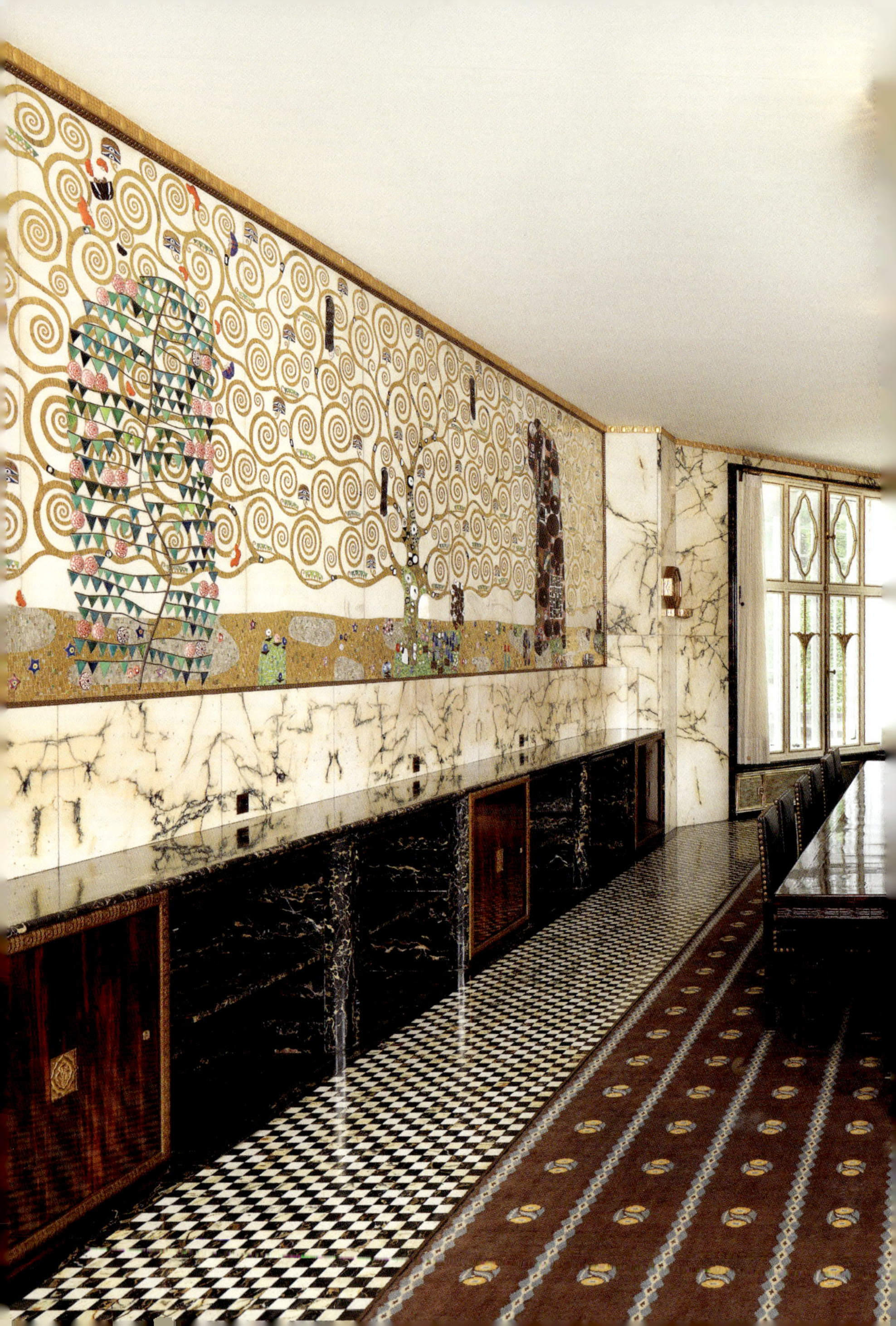

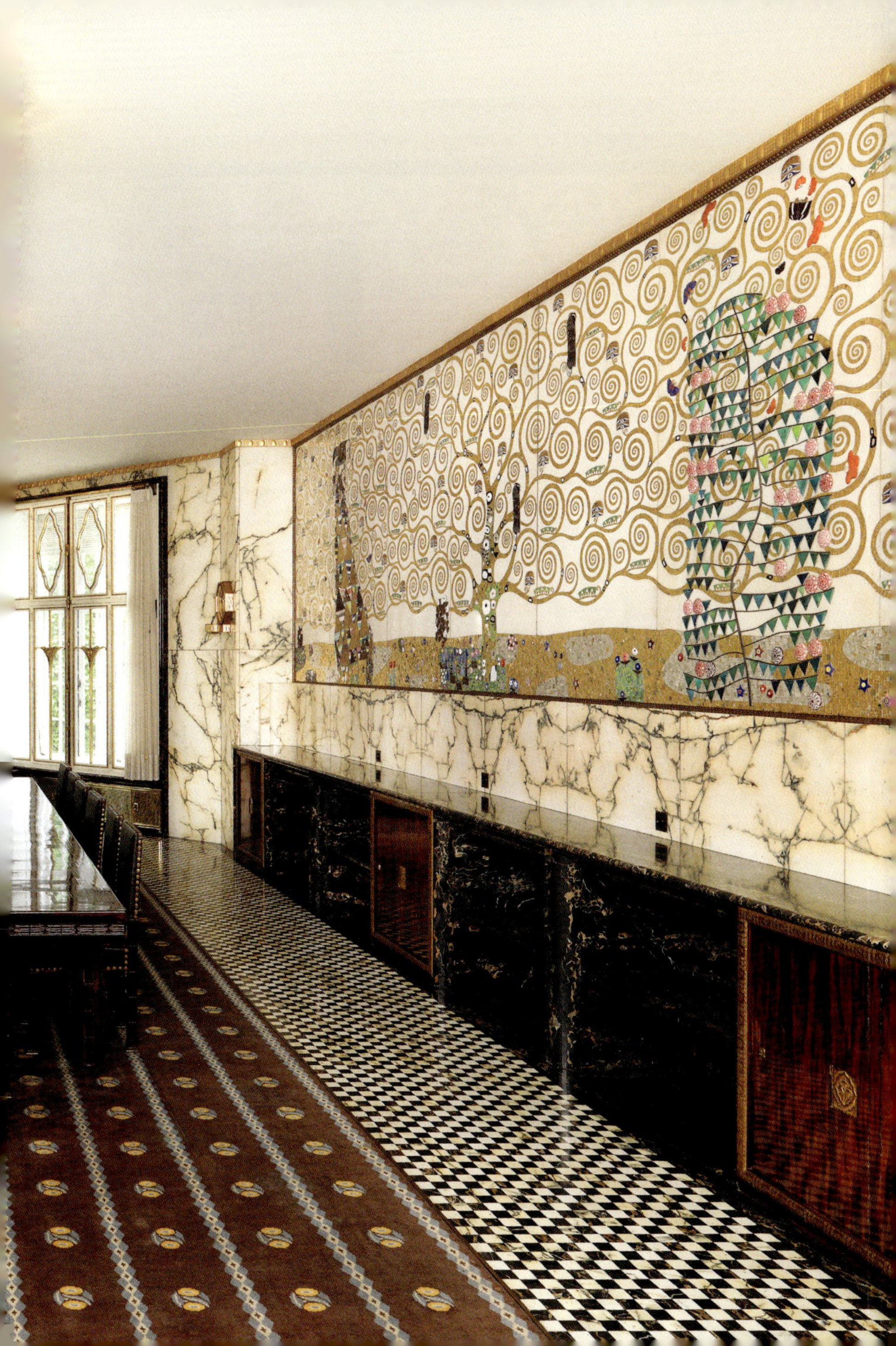

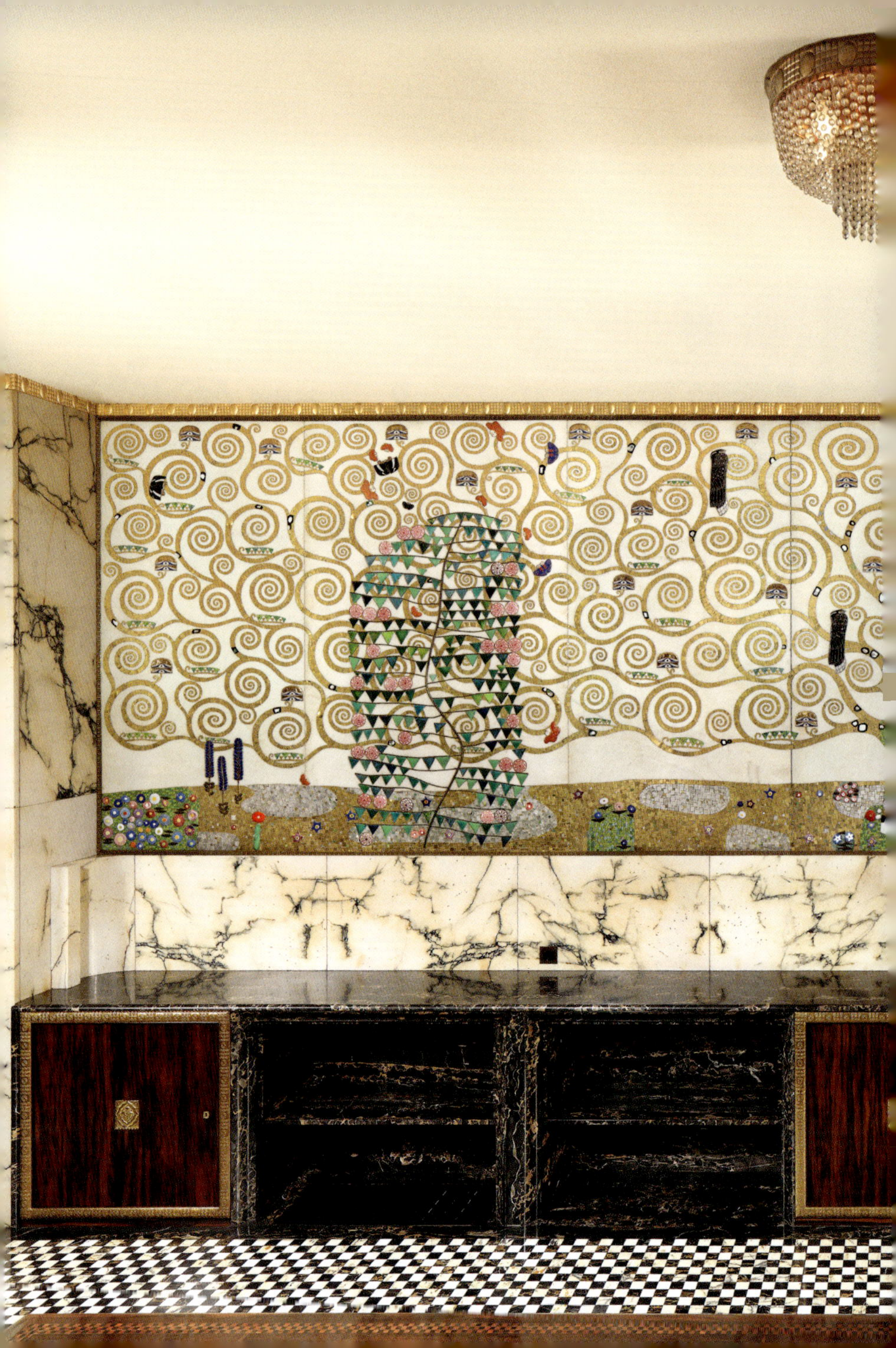

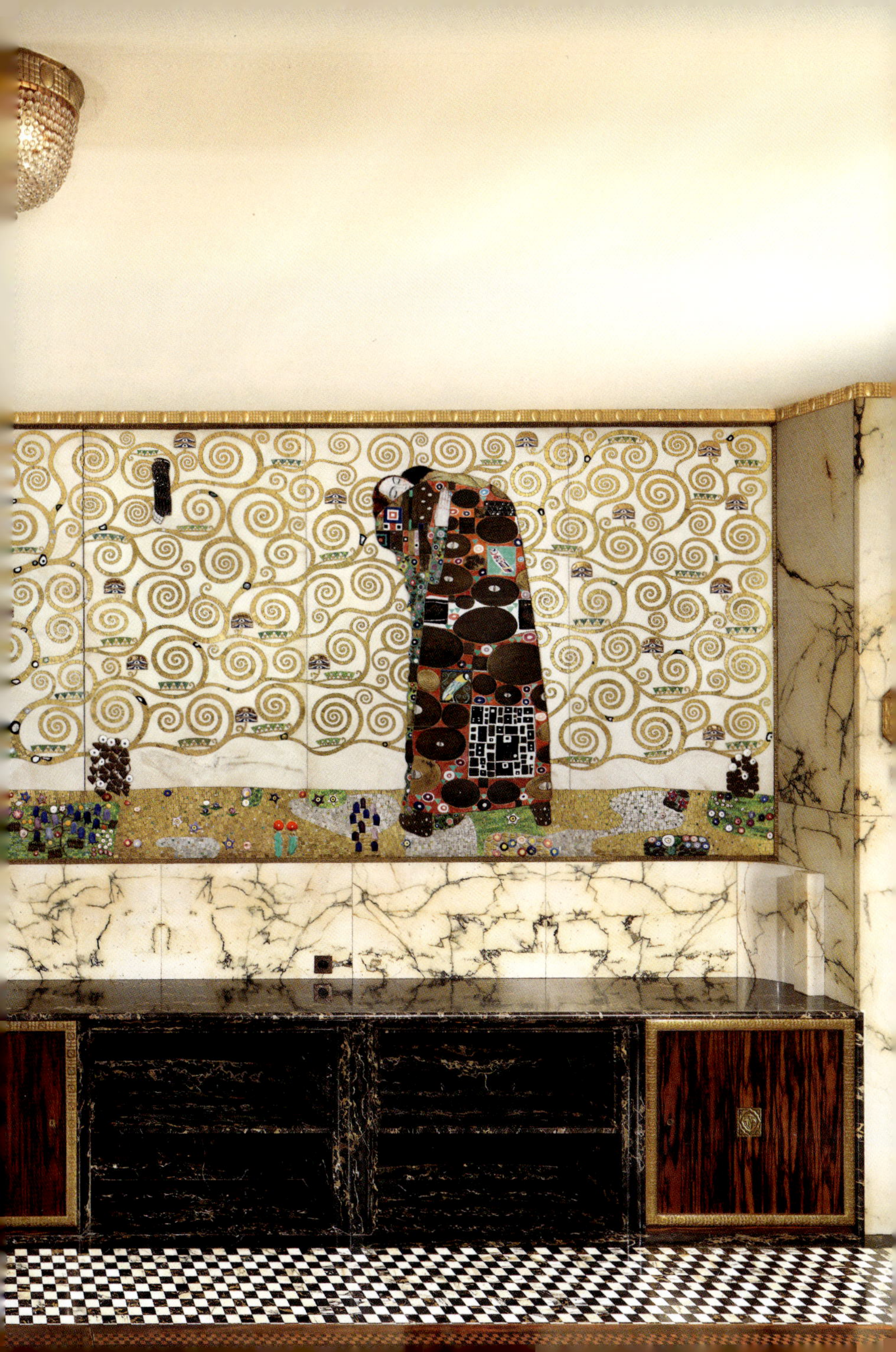

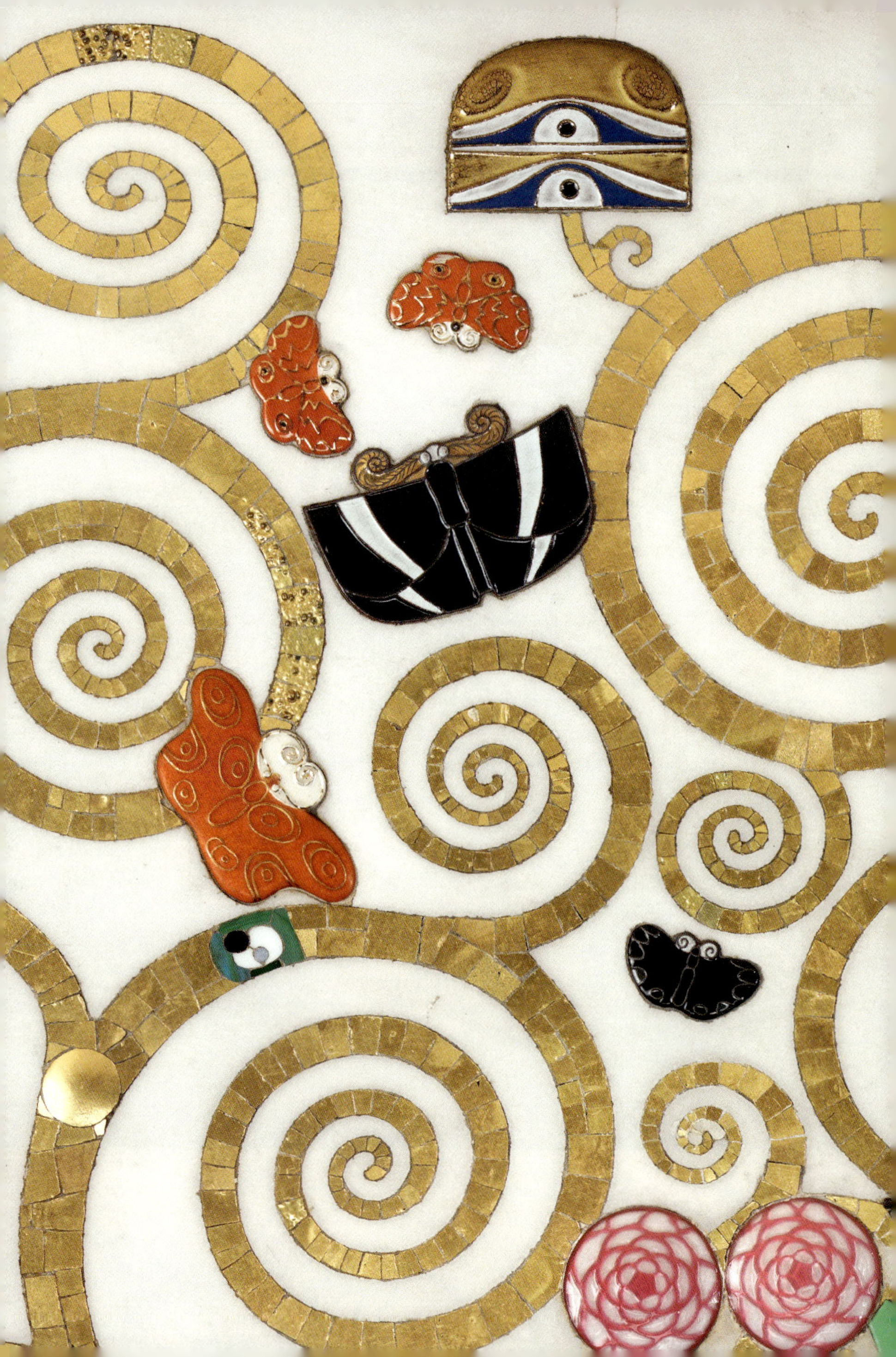

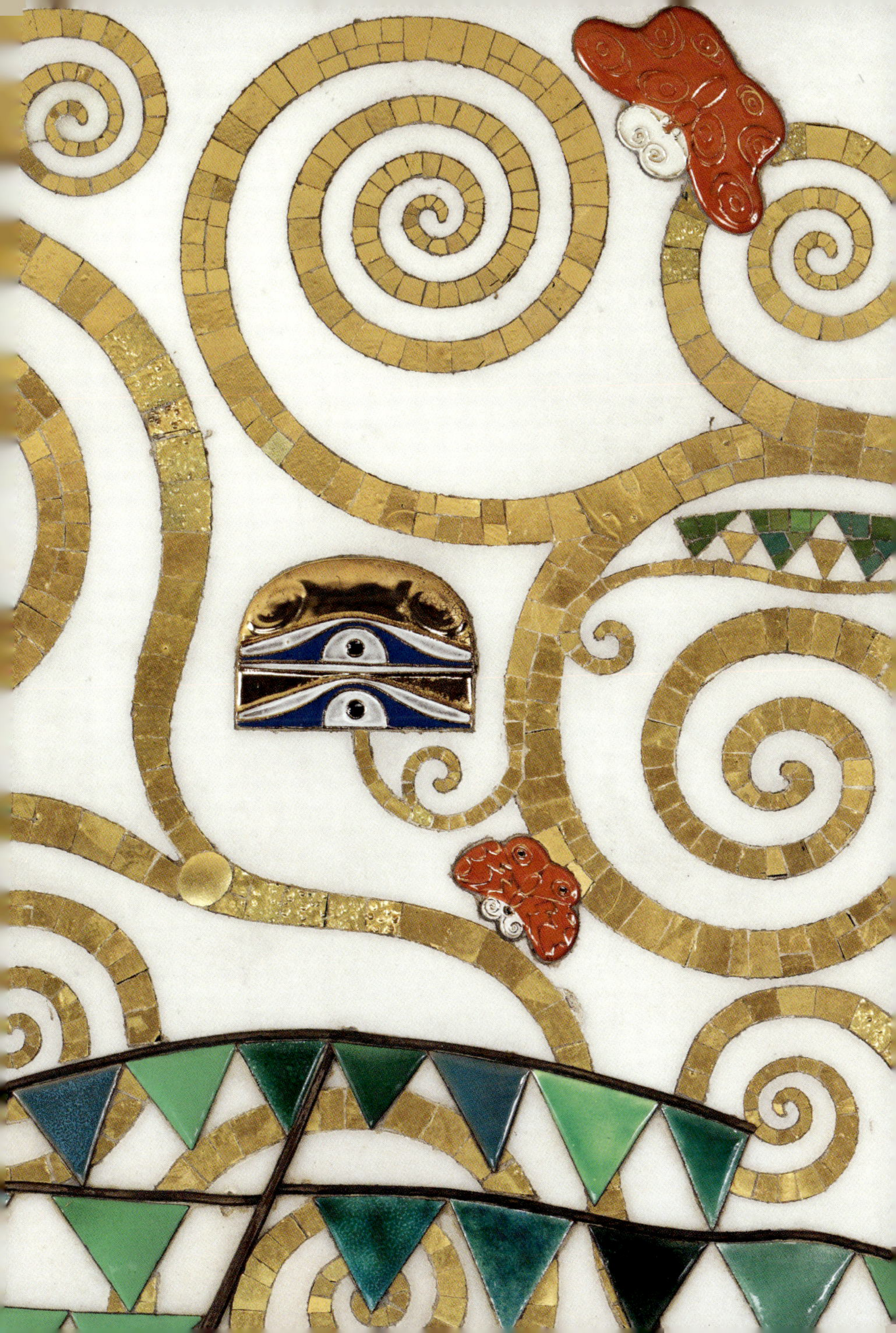

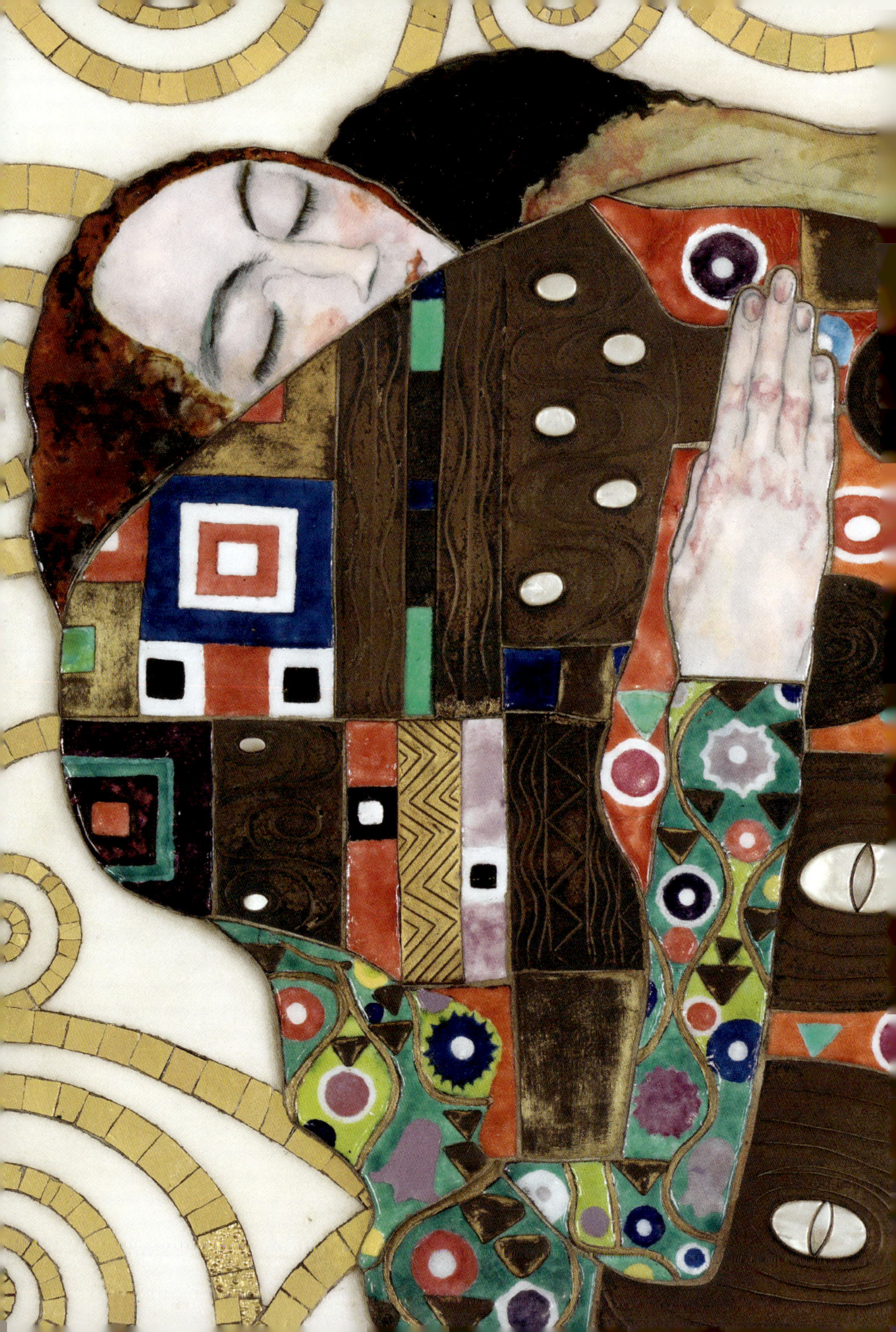

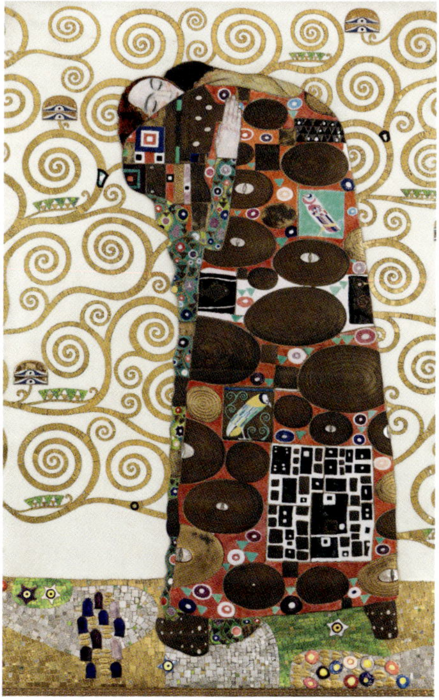

Pages 220/221
Détails du panneau gauche de la mosaïque, 1909–1911

Pages 222–223
Le « **Couple d'amoureux** » (« **L'Épanouissement** ») (détails), 1909–1911

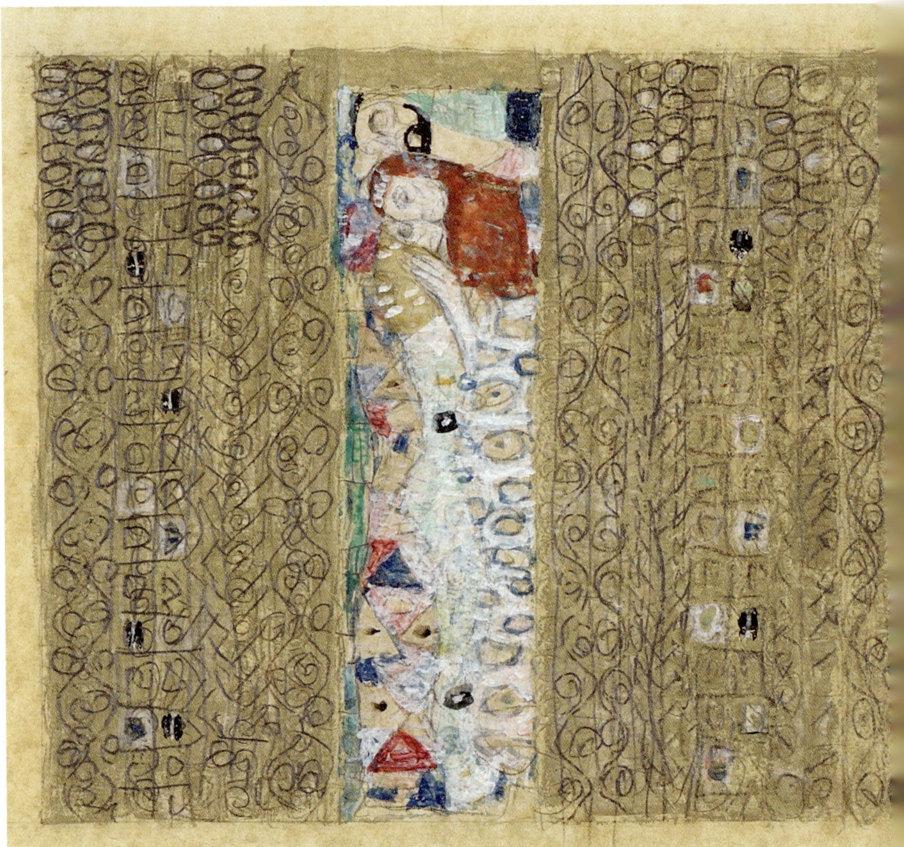

Petite étude avec « Famille » (non exécutée) (détail), 1907/08
Mine de plomb, aquarelle sur papier calque, 22 x 75,3 cm
Vienne, MAK – Österreichisches Museum für angewandte Kunst/Gegenwartskunst

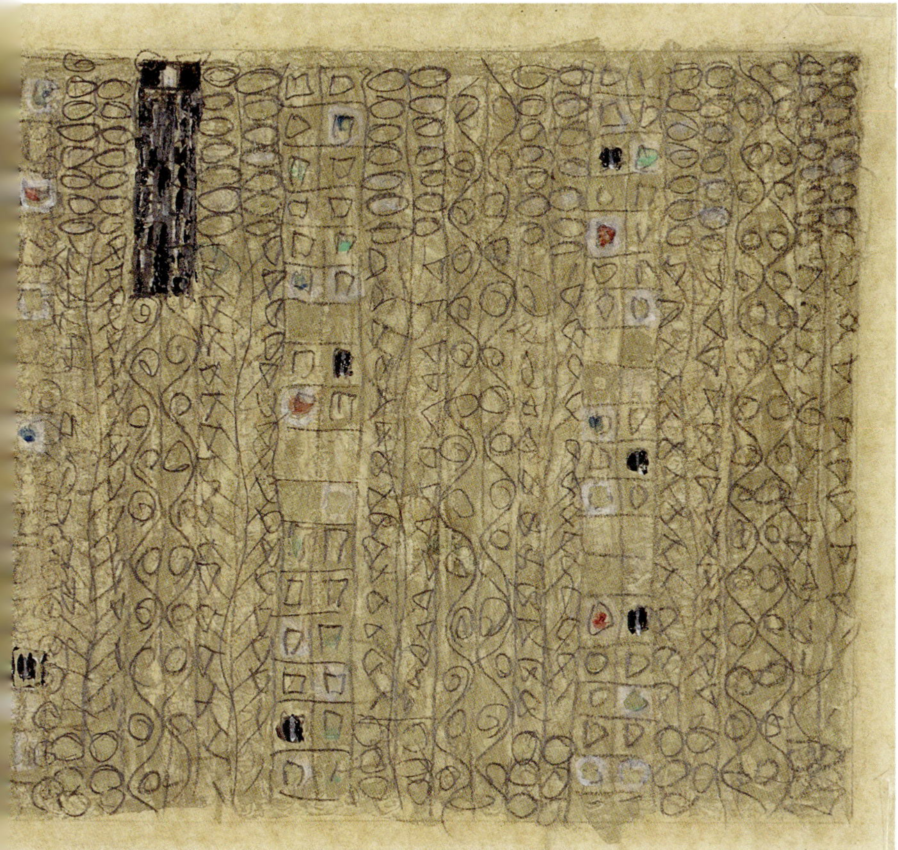

Pages 227–237
Détails du panneau gauche de la mosaïque, 1909–1911

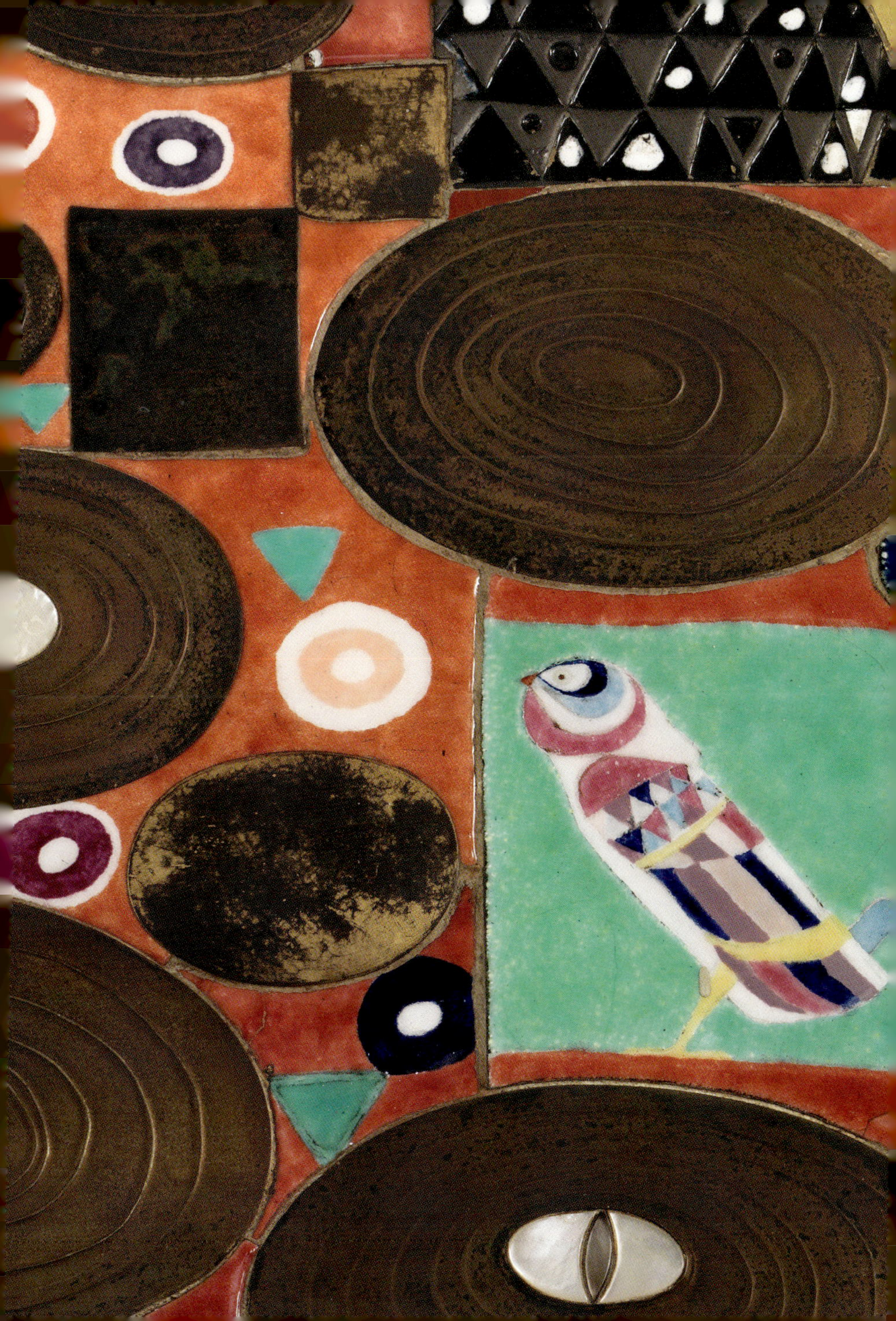

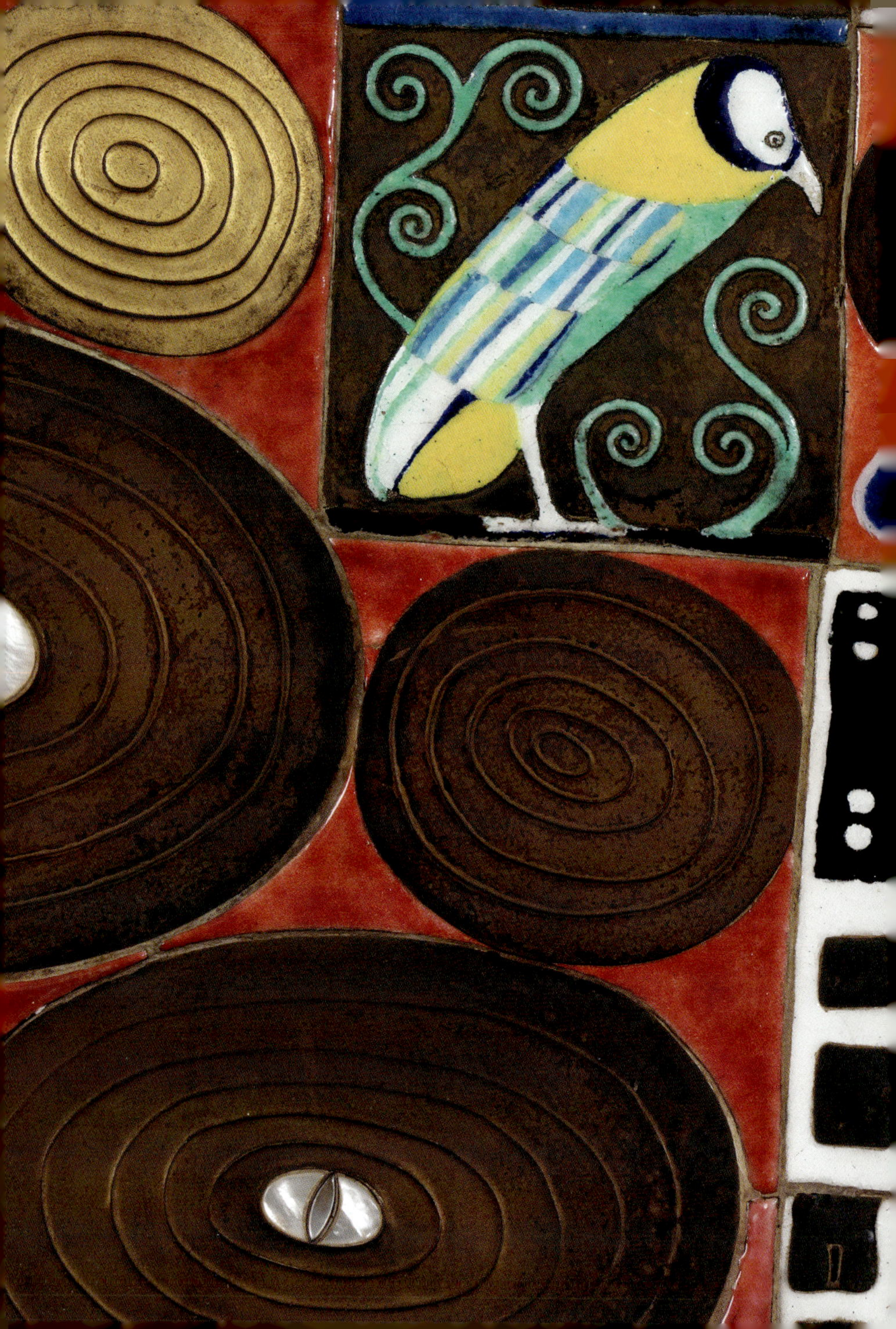

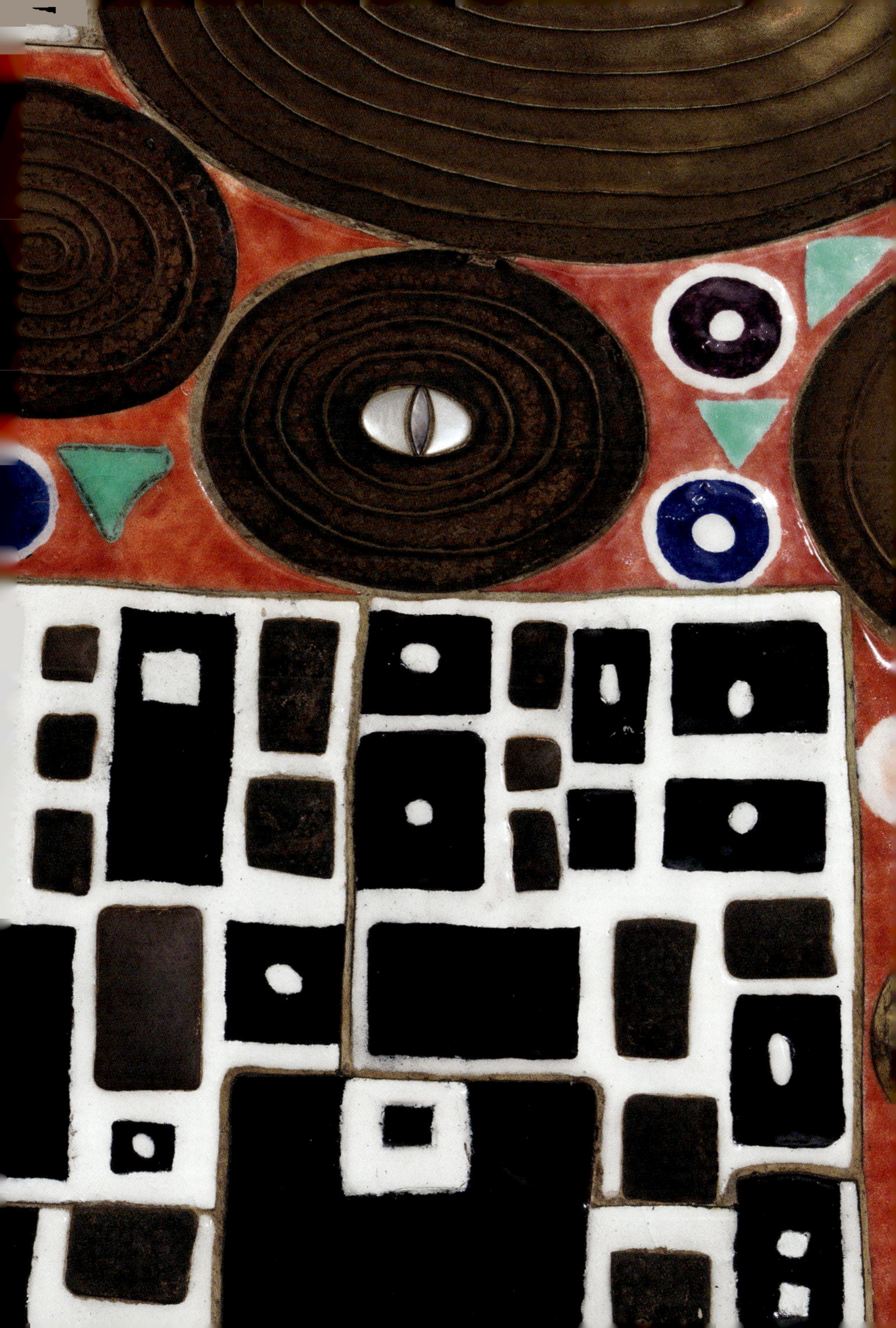

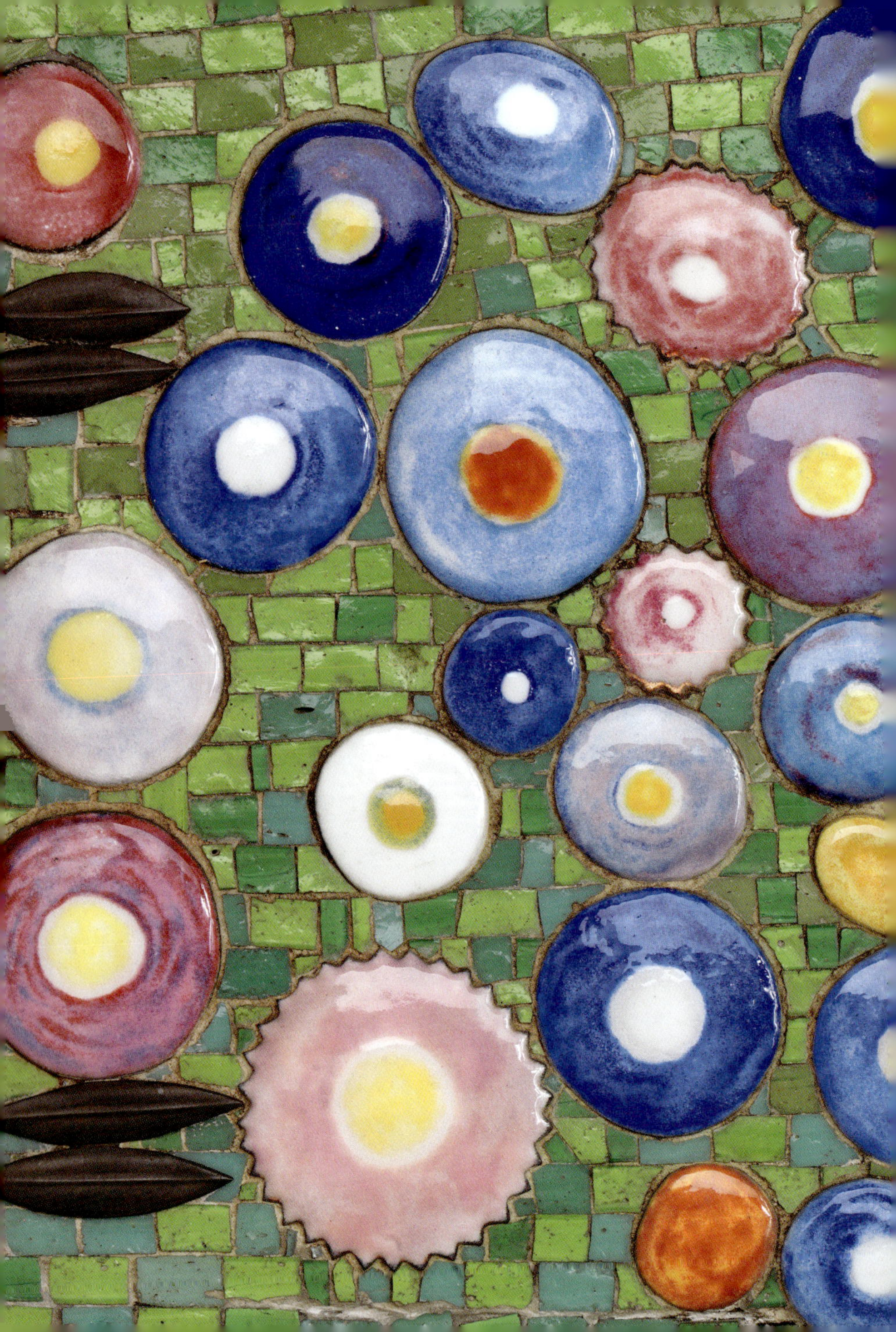

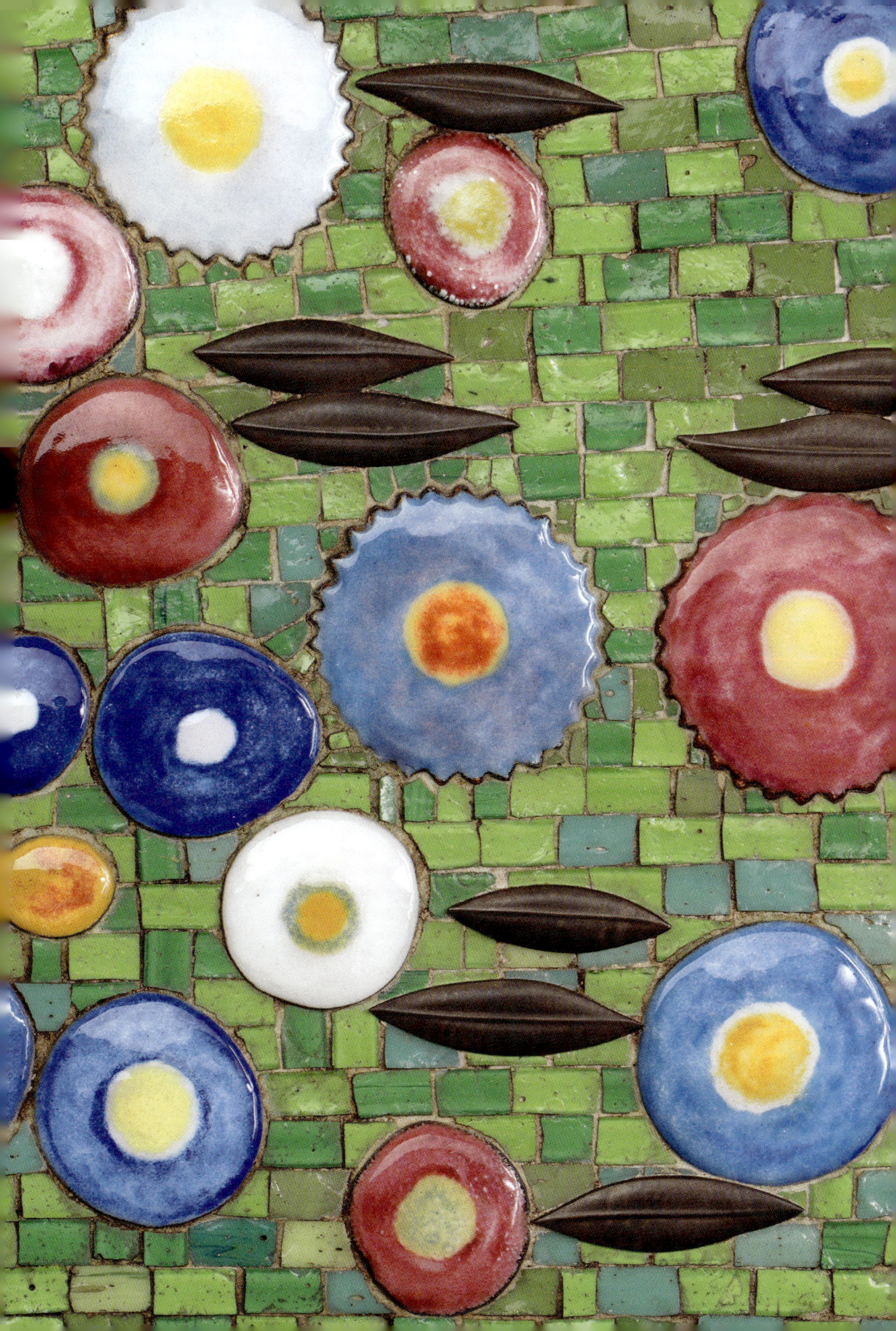

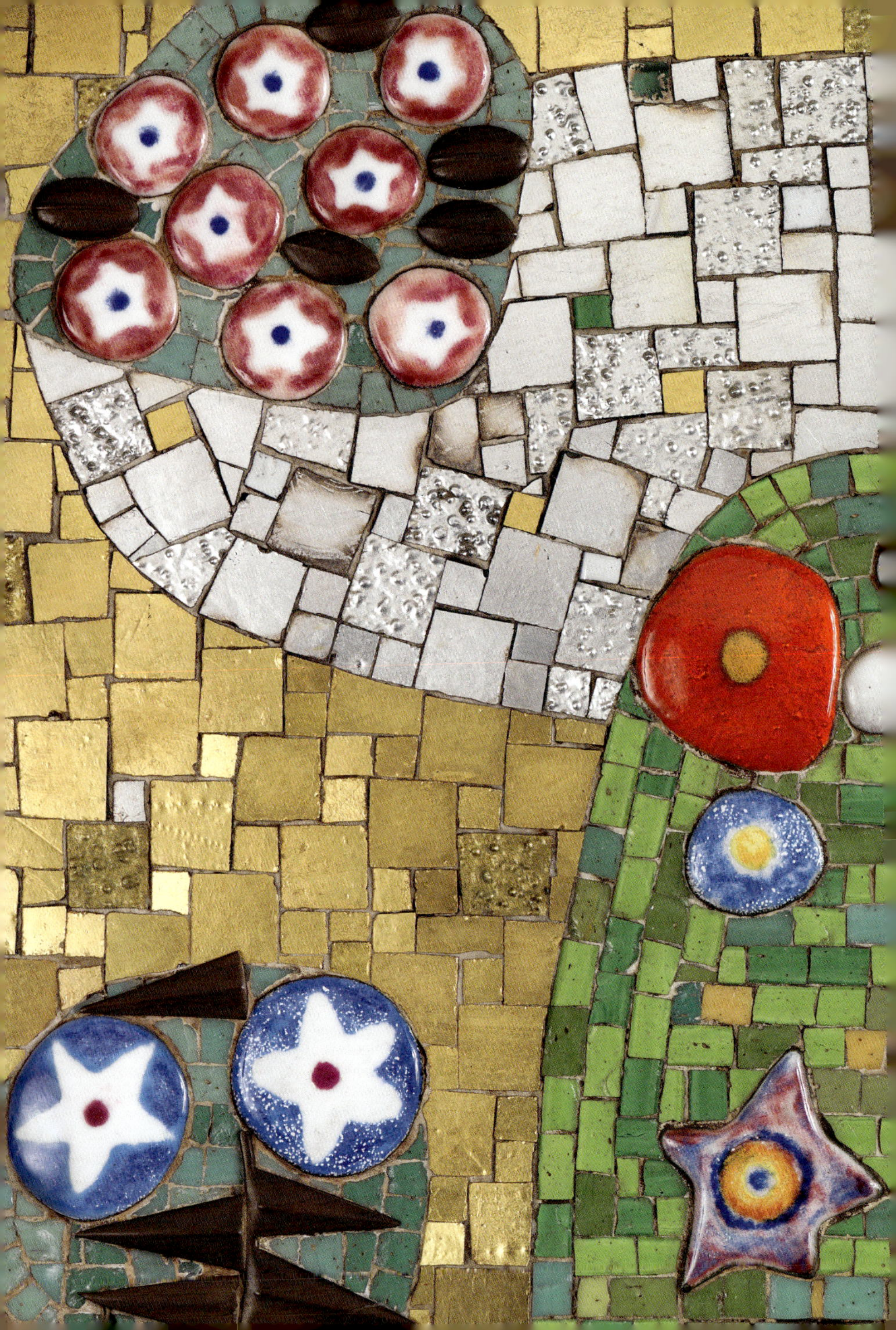

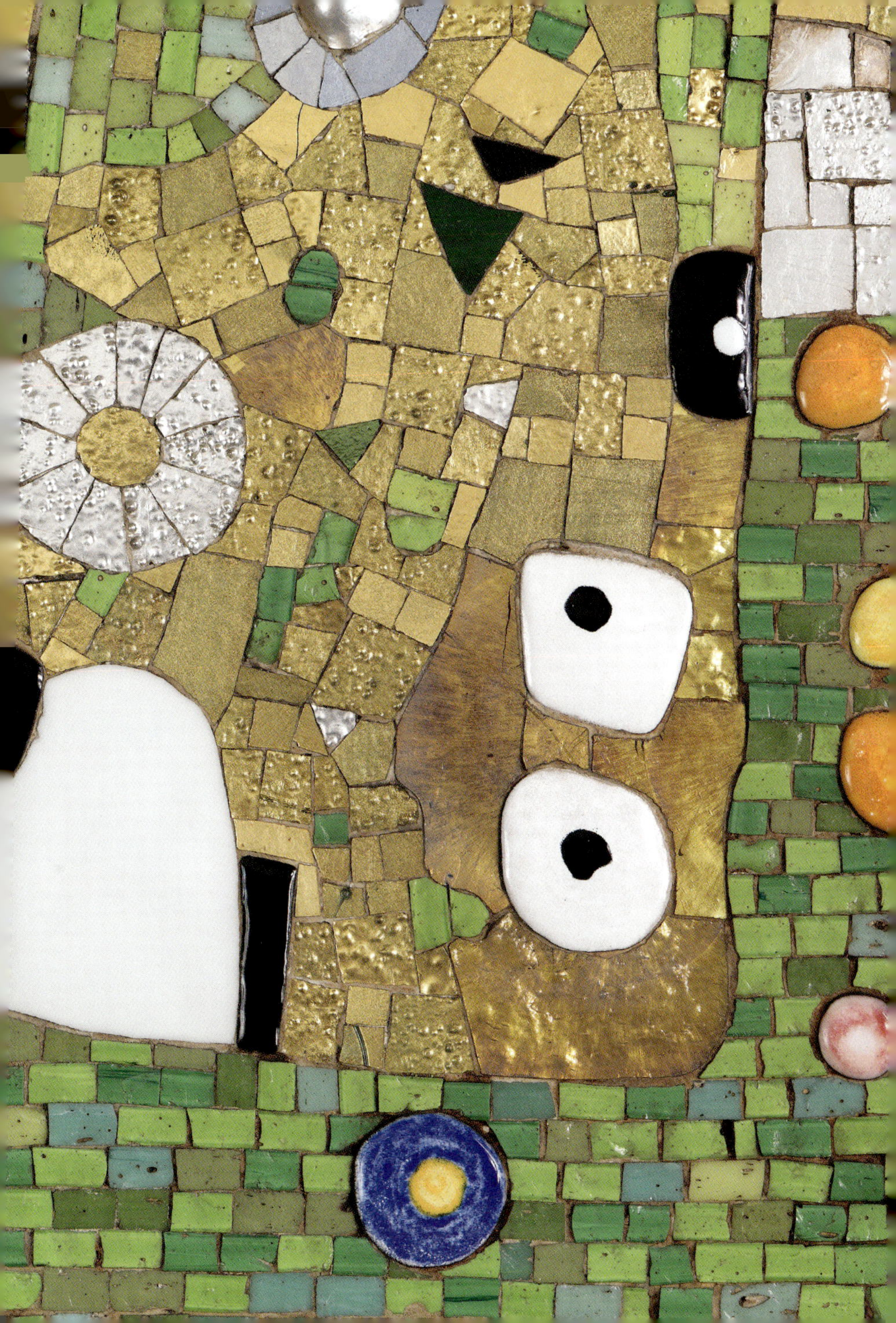

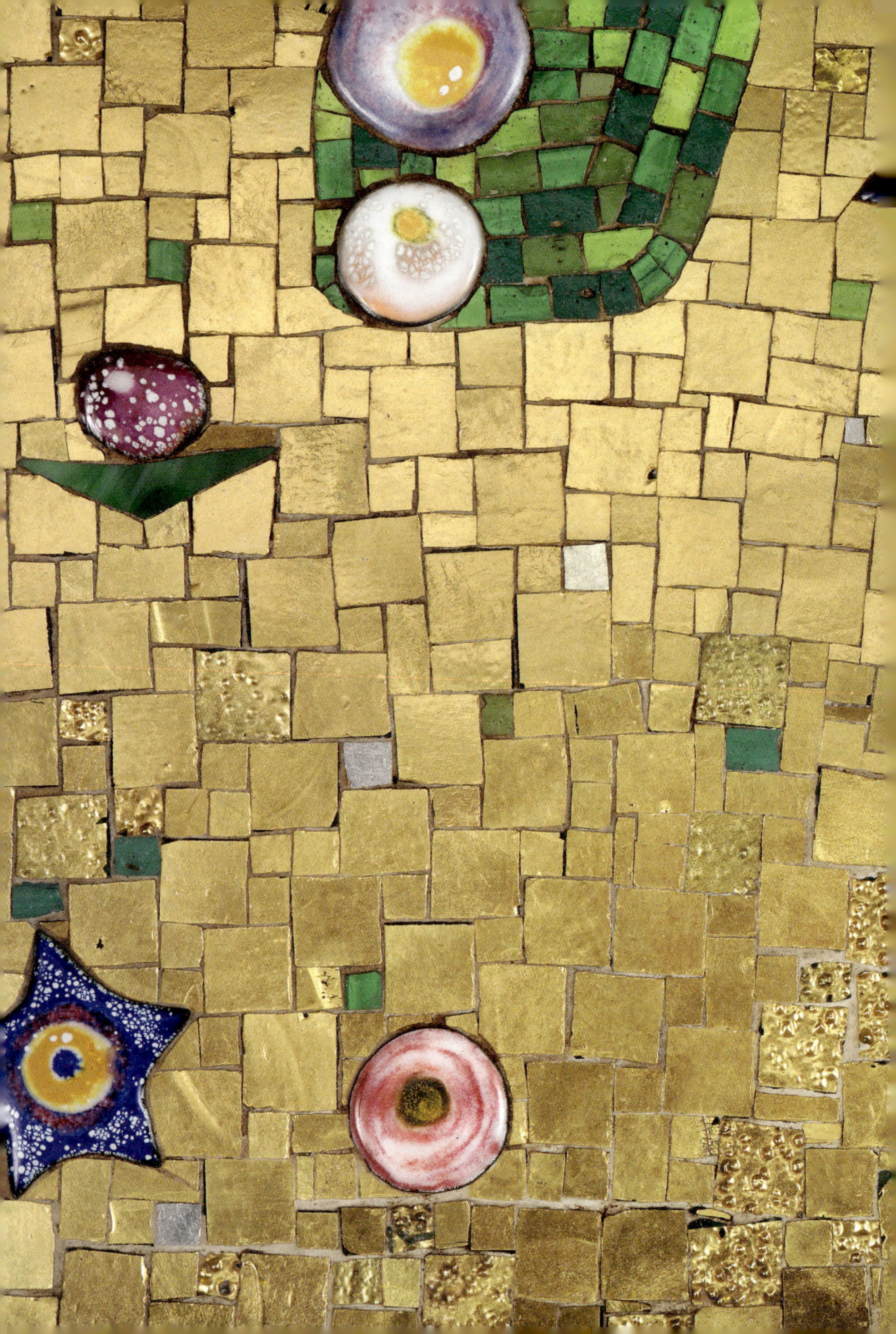

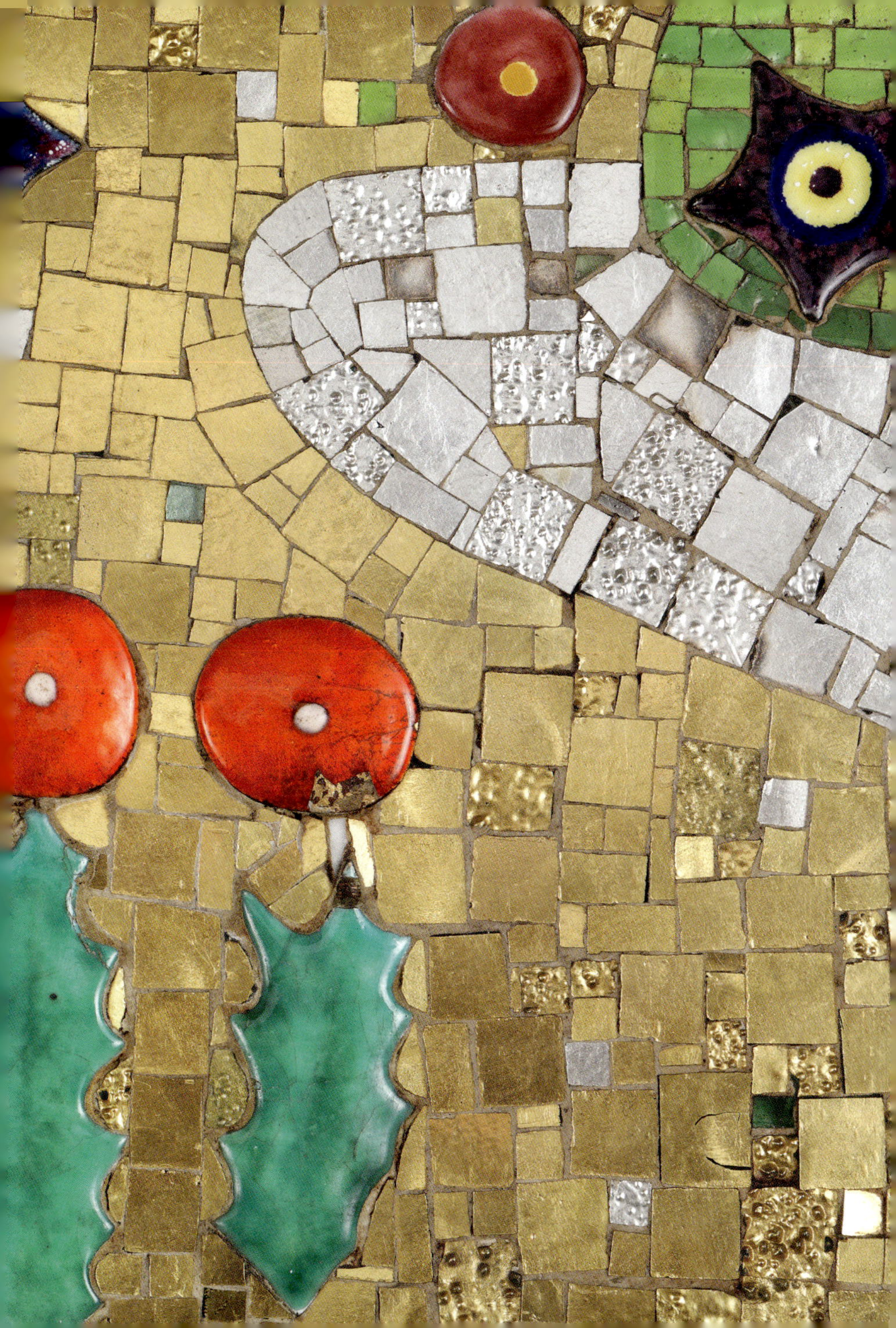

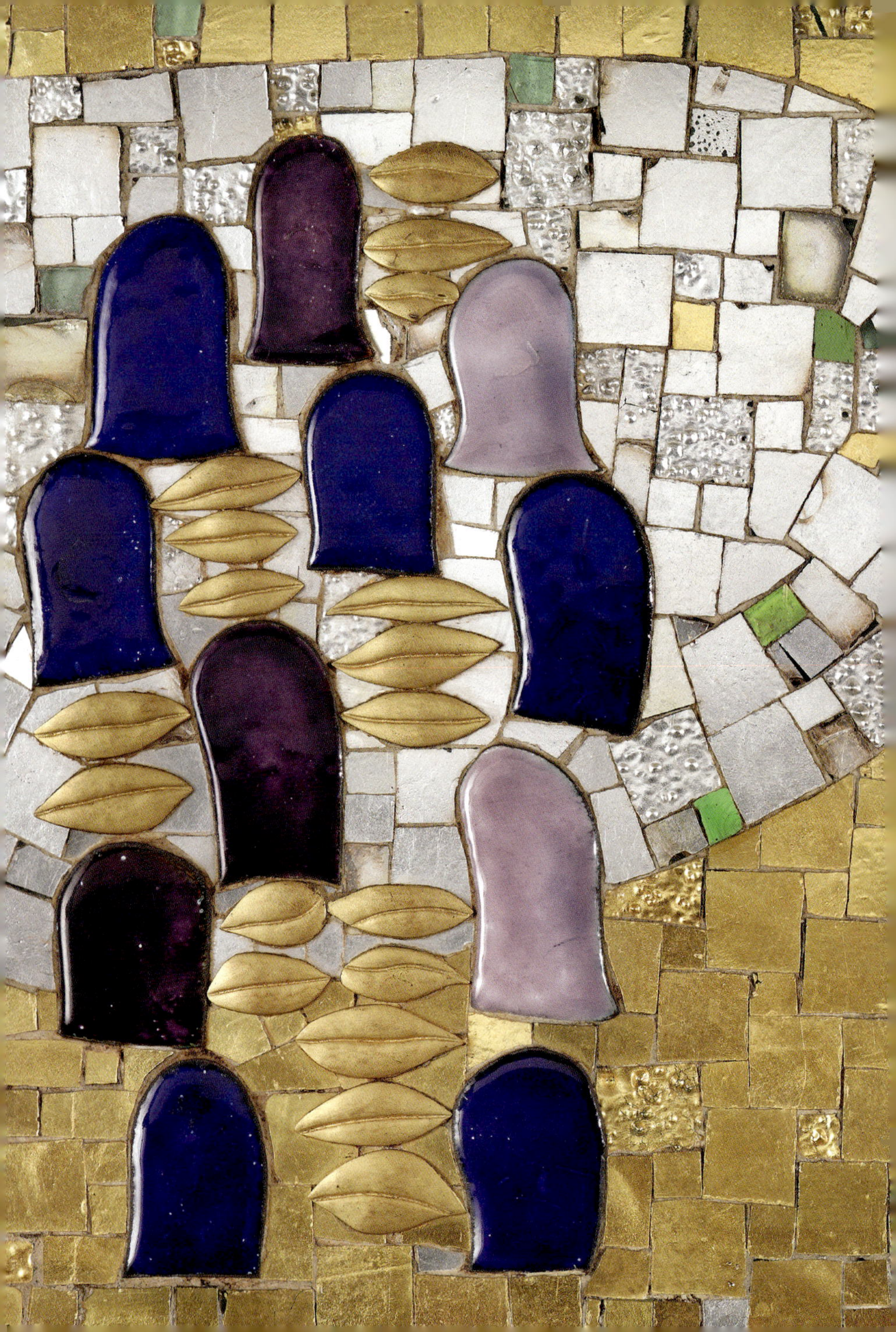

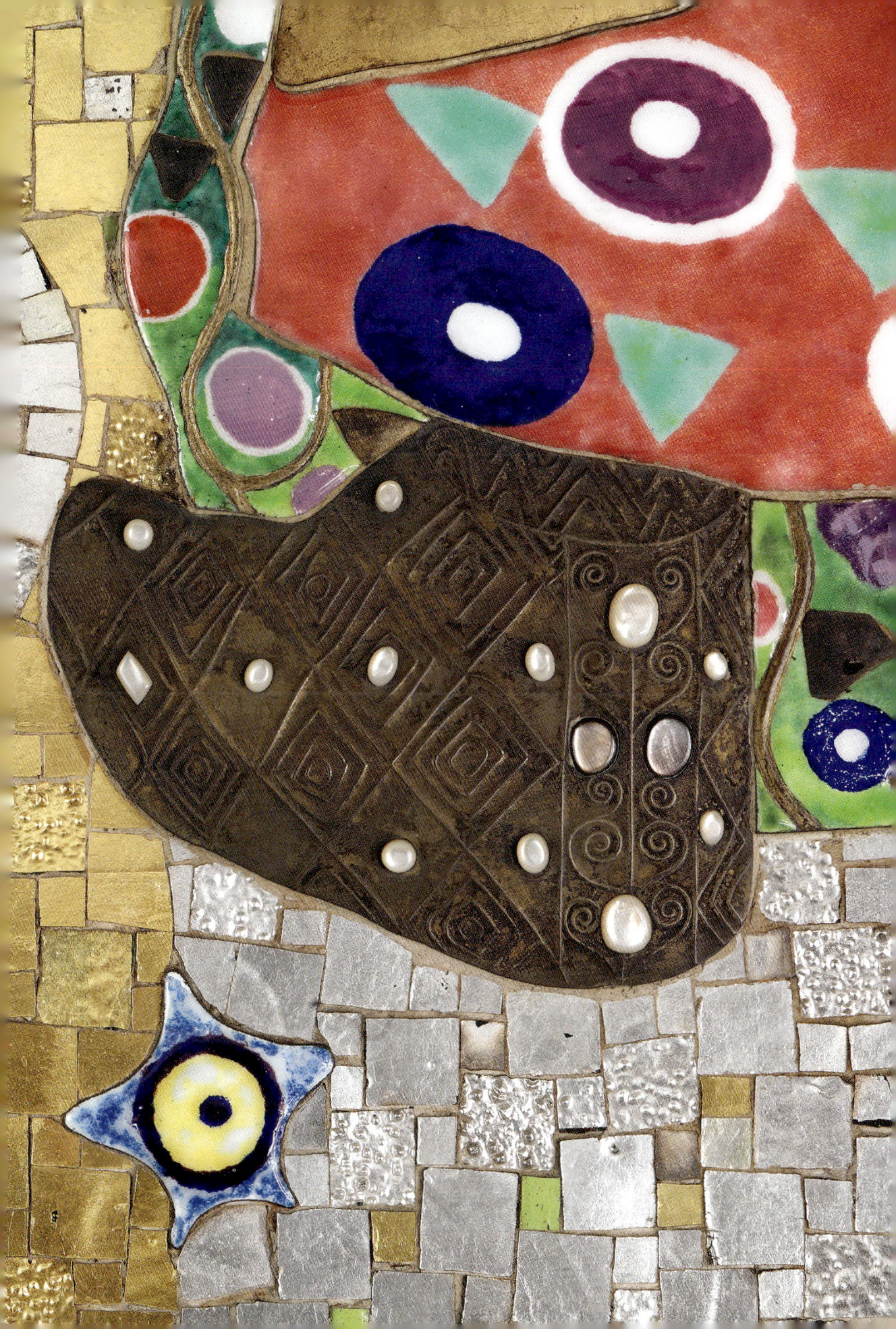

Détail du panneau gauche de la mosaïque, 1909–1911

Pages 240/241
Vue du mur d'entrée avec le « Chevalier », 1909–1911

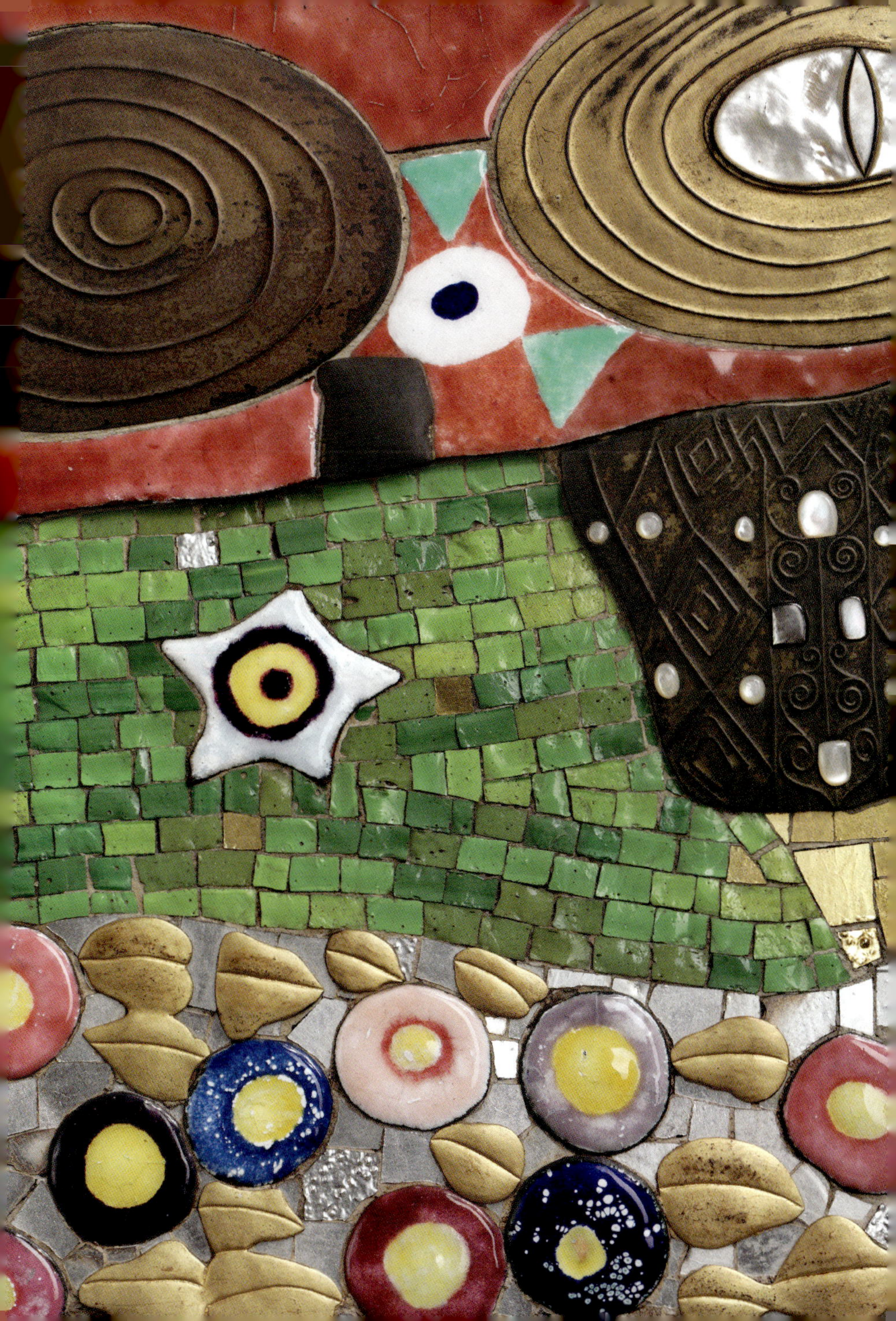

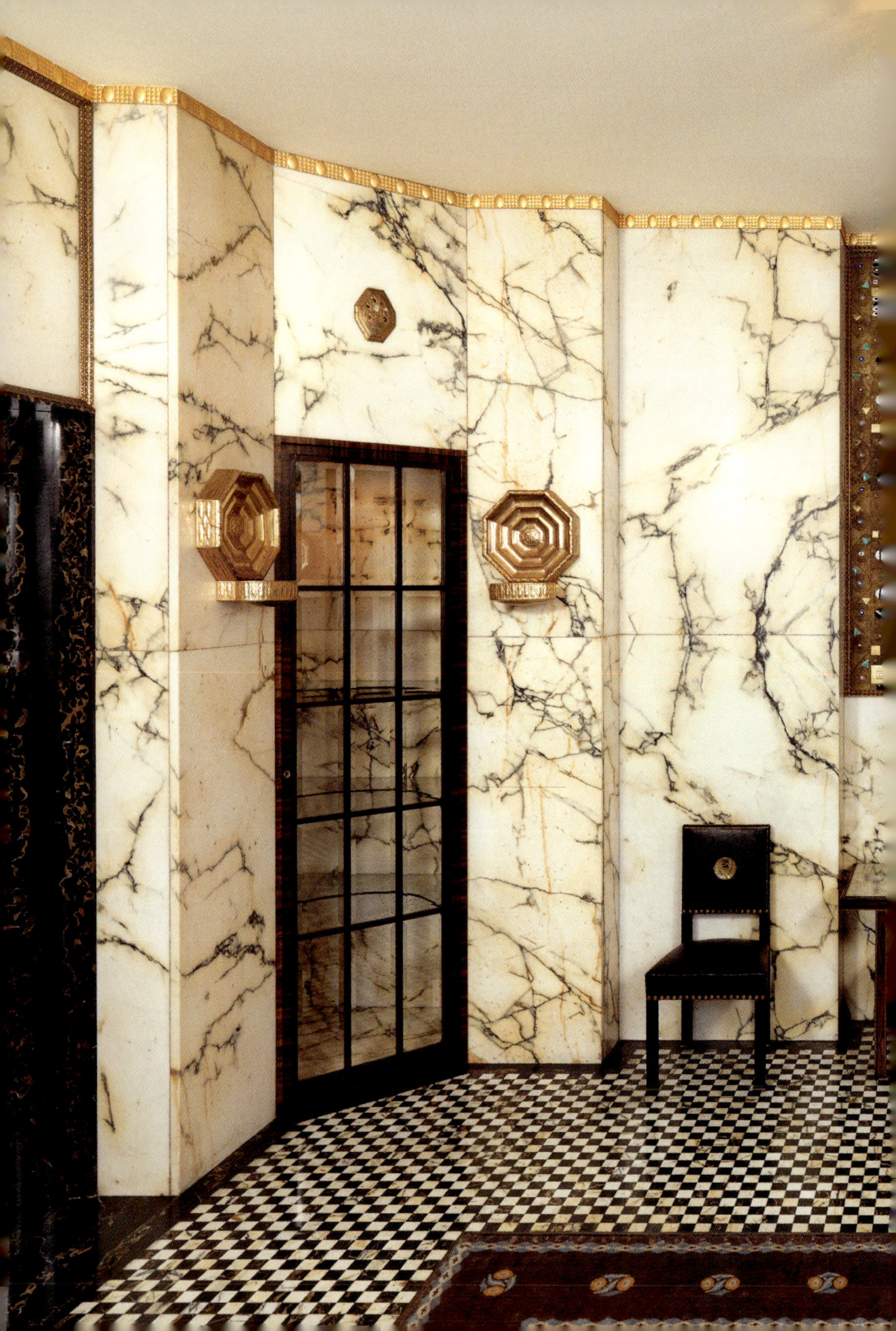

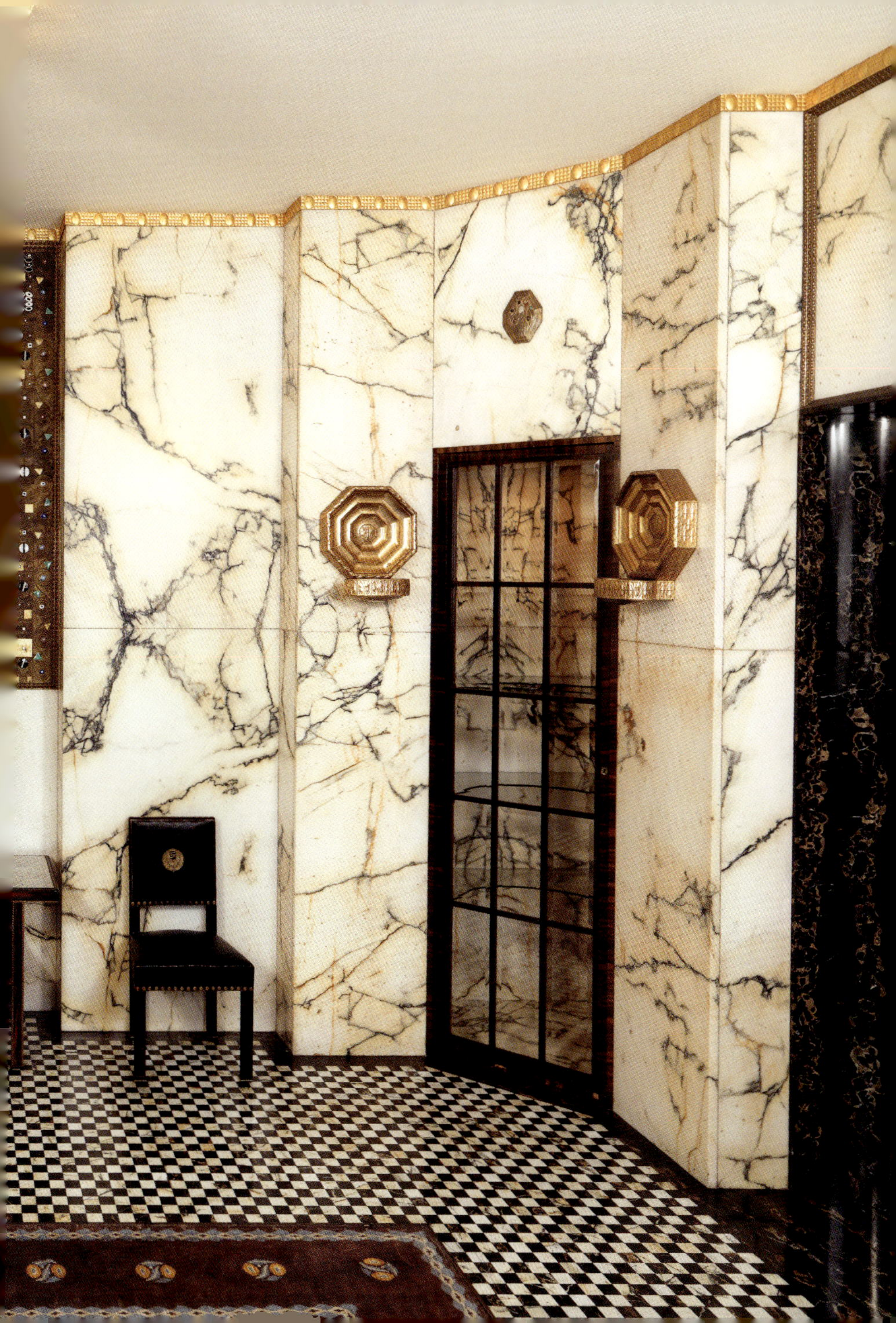

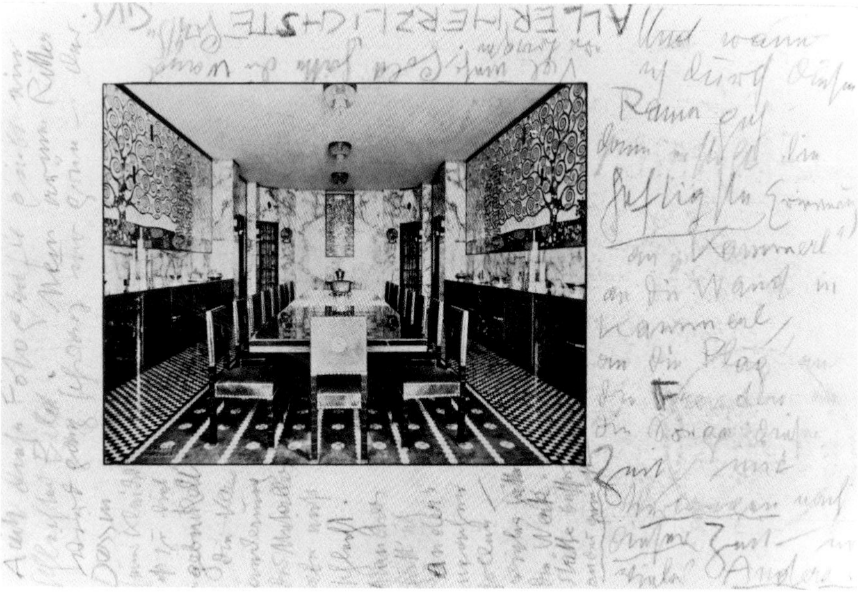

Gustav Klimt, **Carte postale à Emilie Flöge avec vue de la salle à manger du palais Stoclet**, 18. 5. 1914
Possession privée (voir aussi ill. pp. 188/189)

Mosaïque « Le Chevalier », 1909–1911

Pages 244–253
Détails du « Chevalier », 1909–1911

Pages 254/255
Josef Hoffmann, **Façade extérieure du palais Stoclet, vue depuis la rue**
Tirage à la gélatine d'argent, 1910. Bildarchiv Foto Marburg

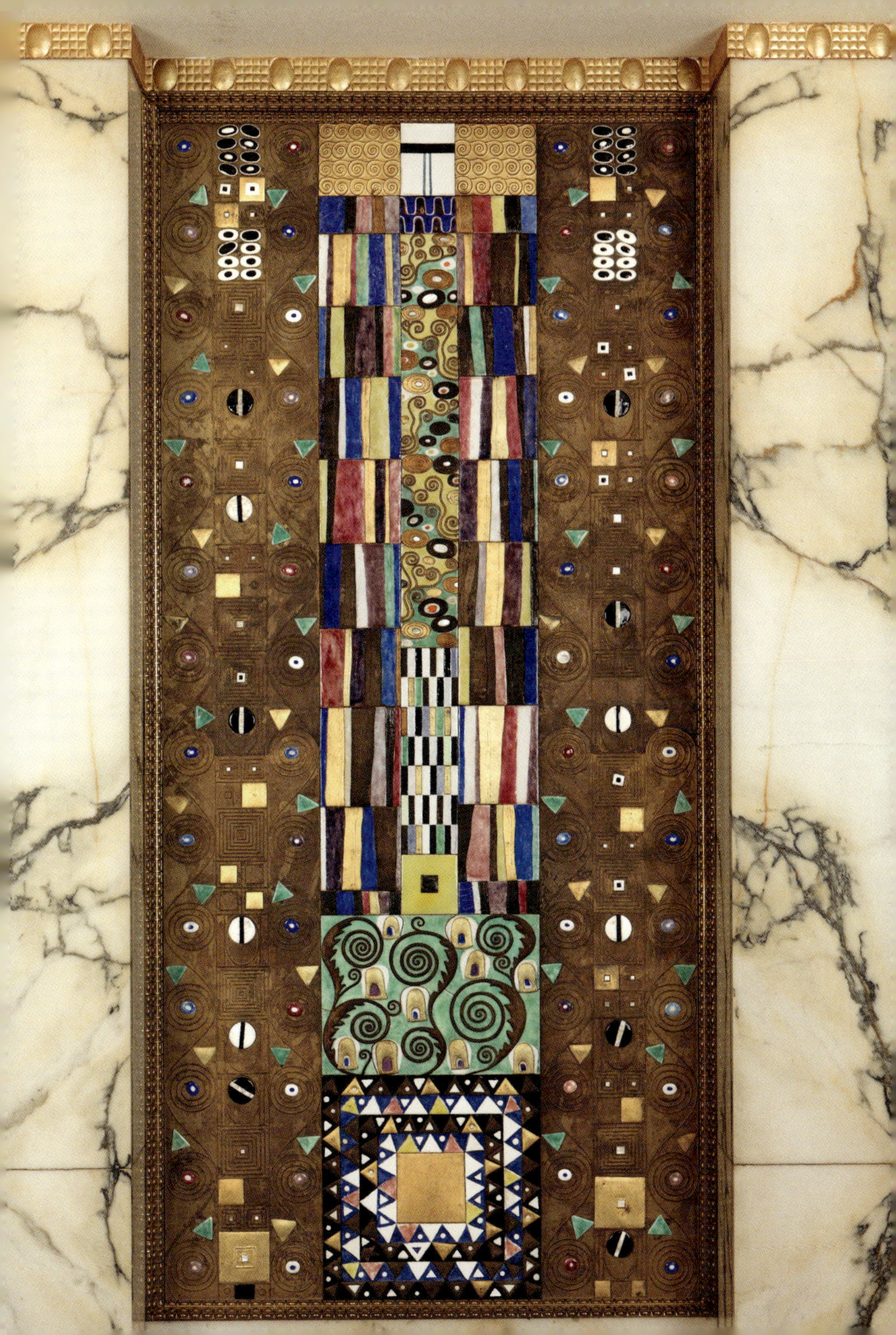

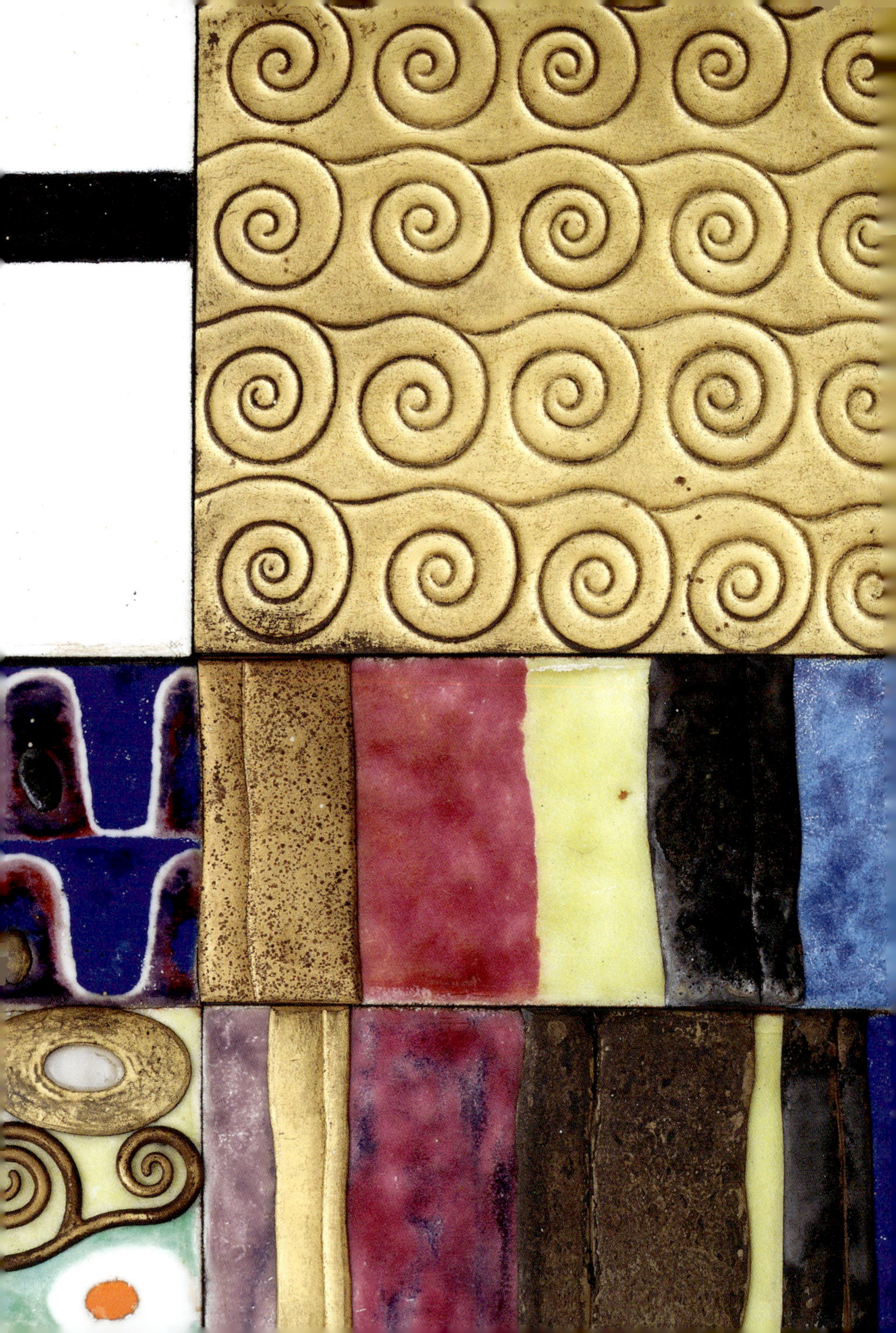

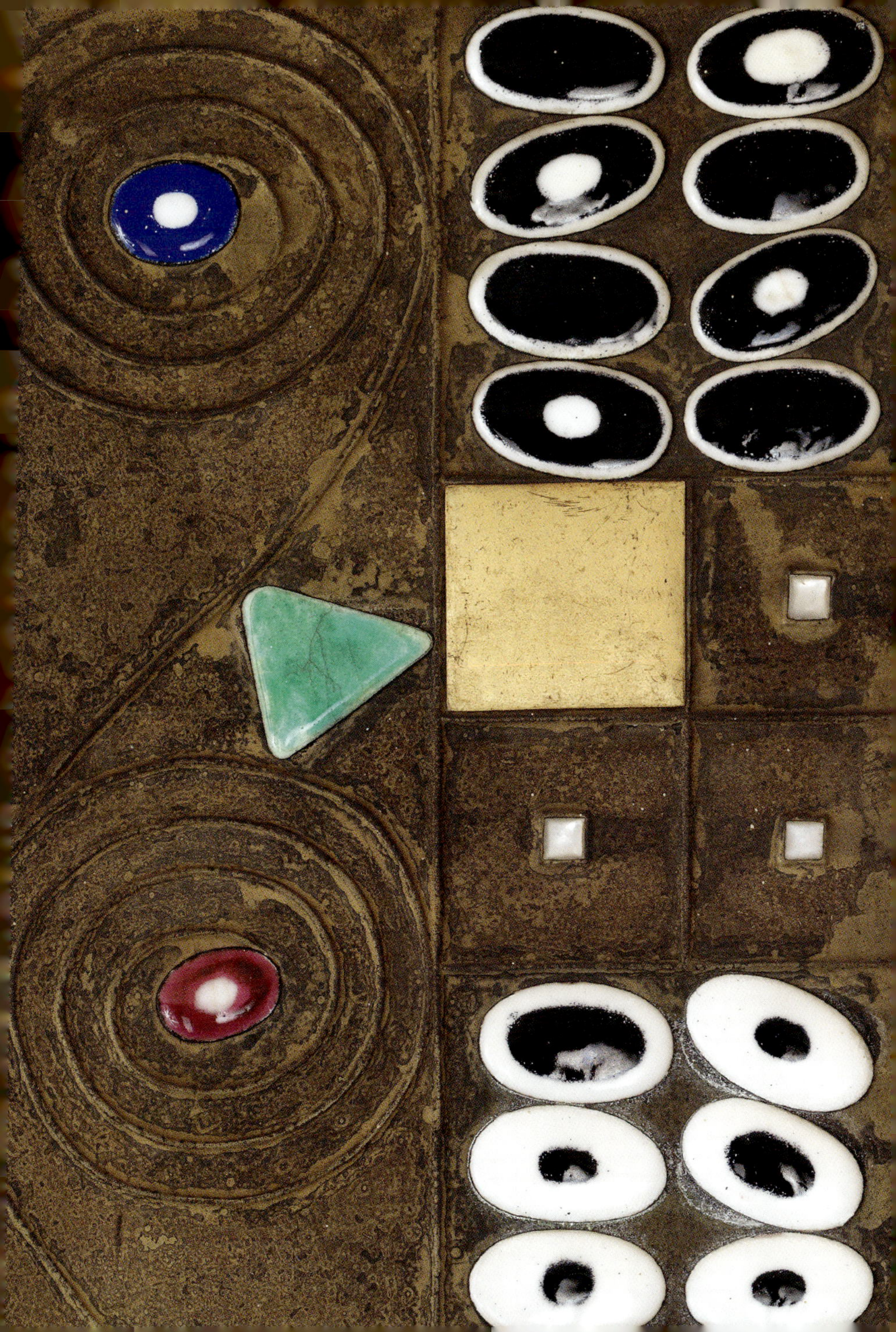

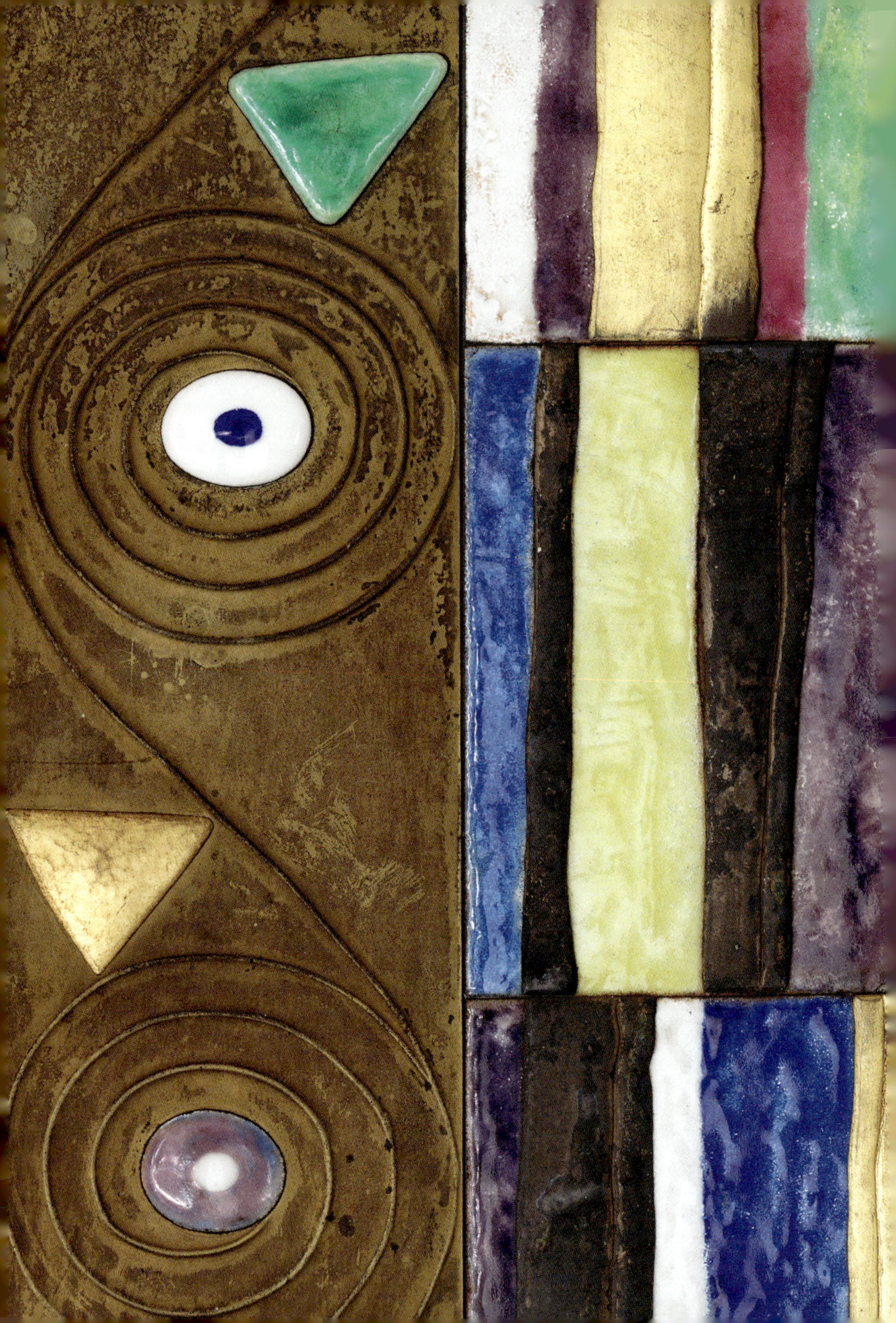

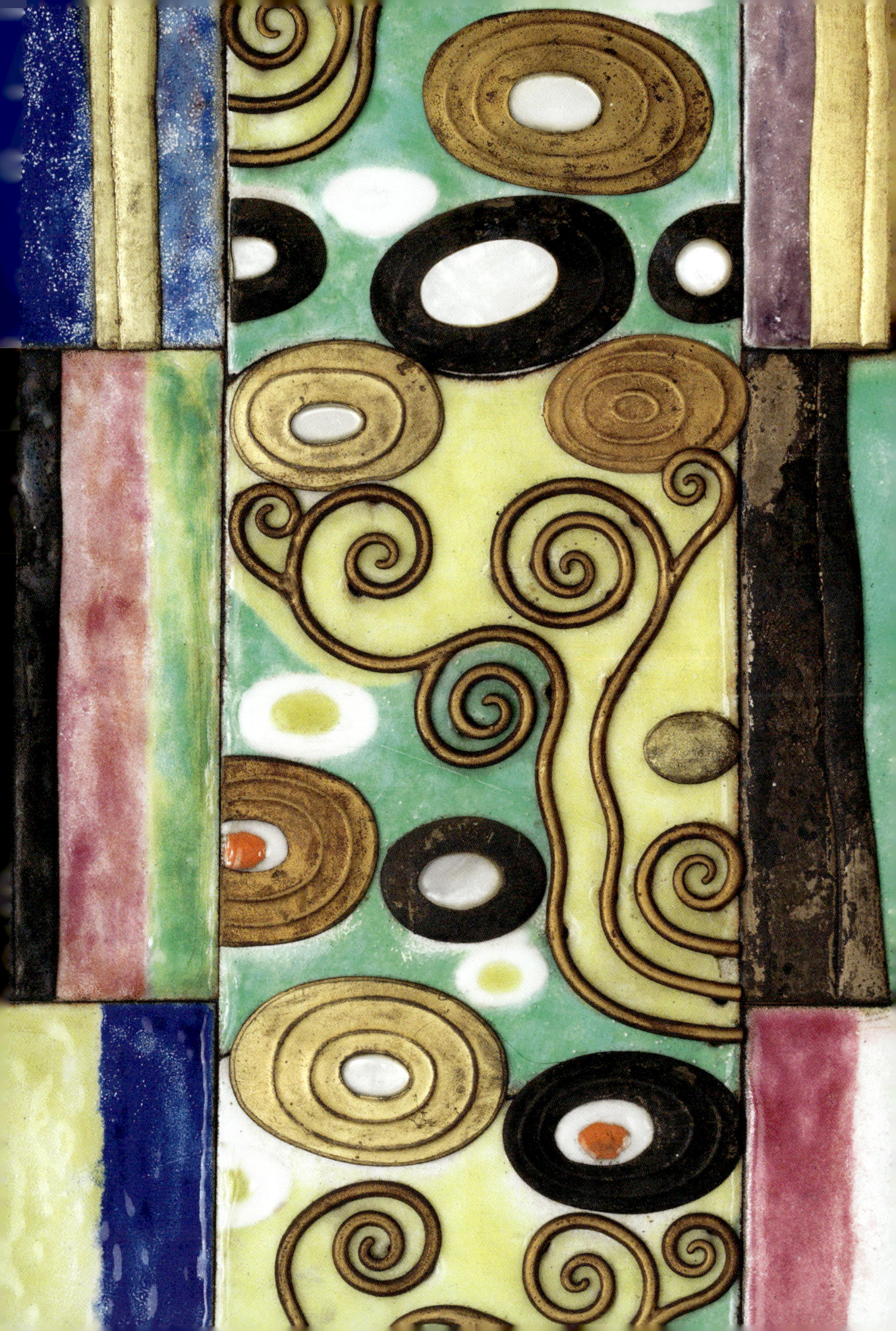

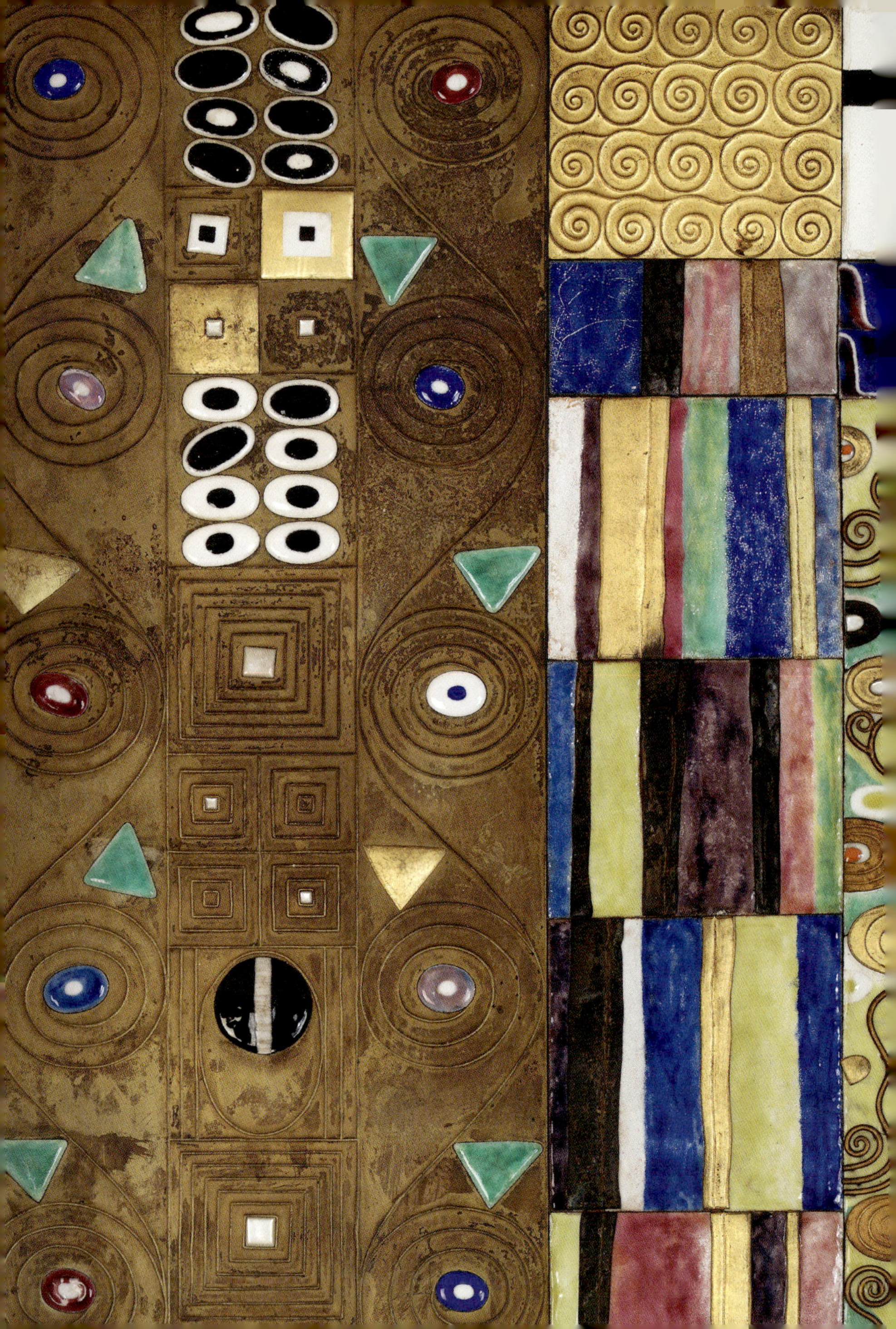

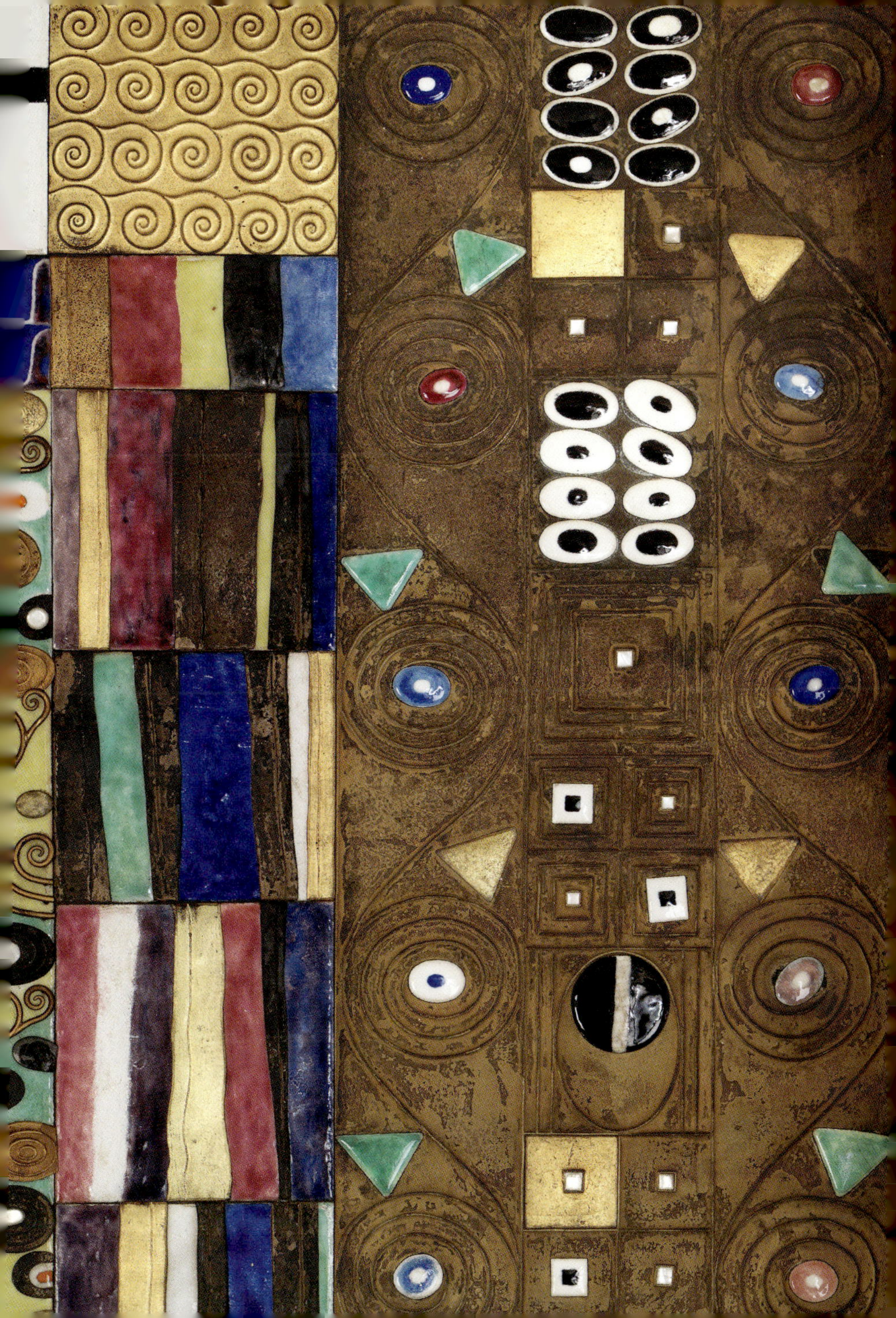

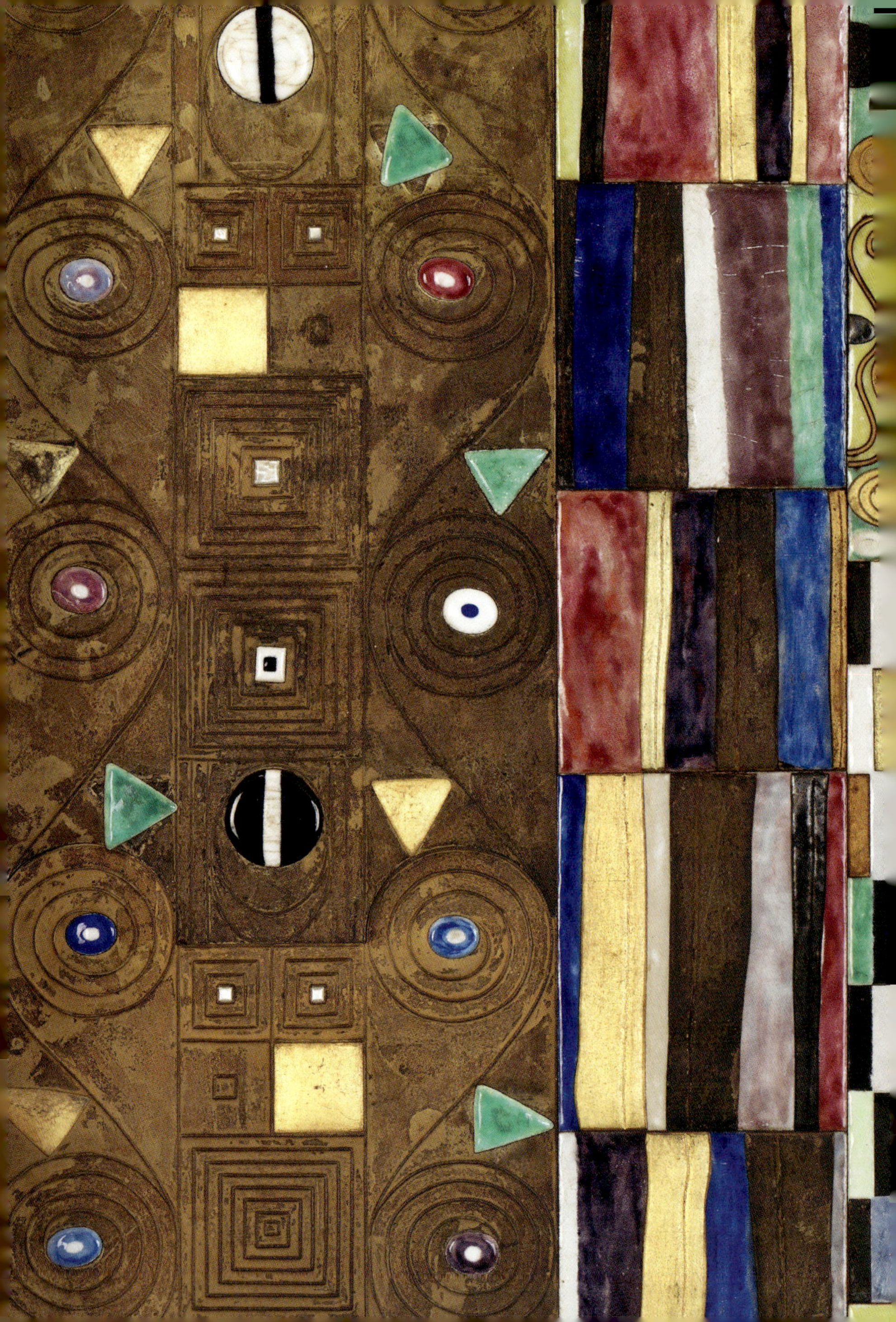

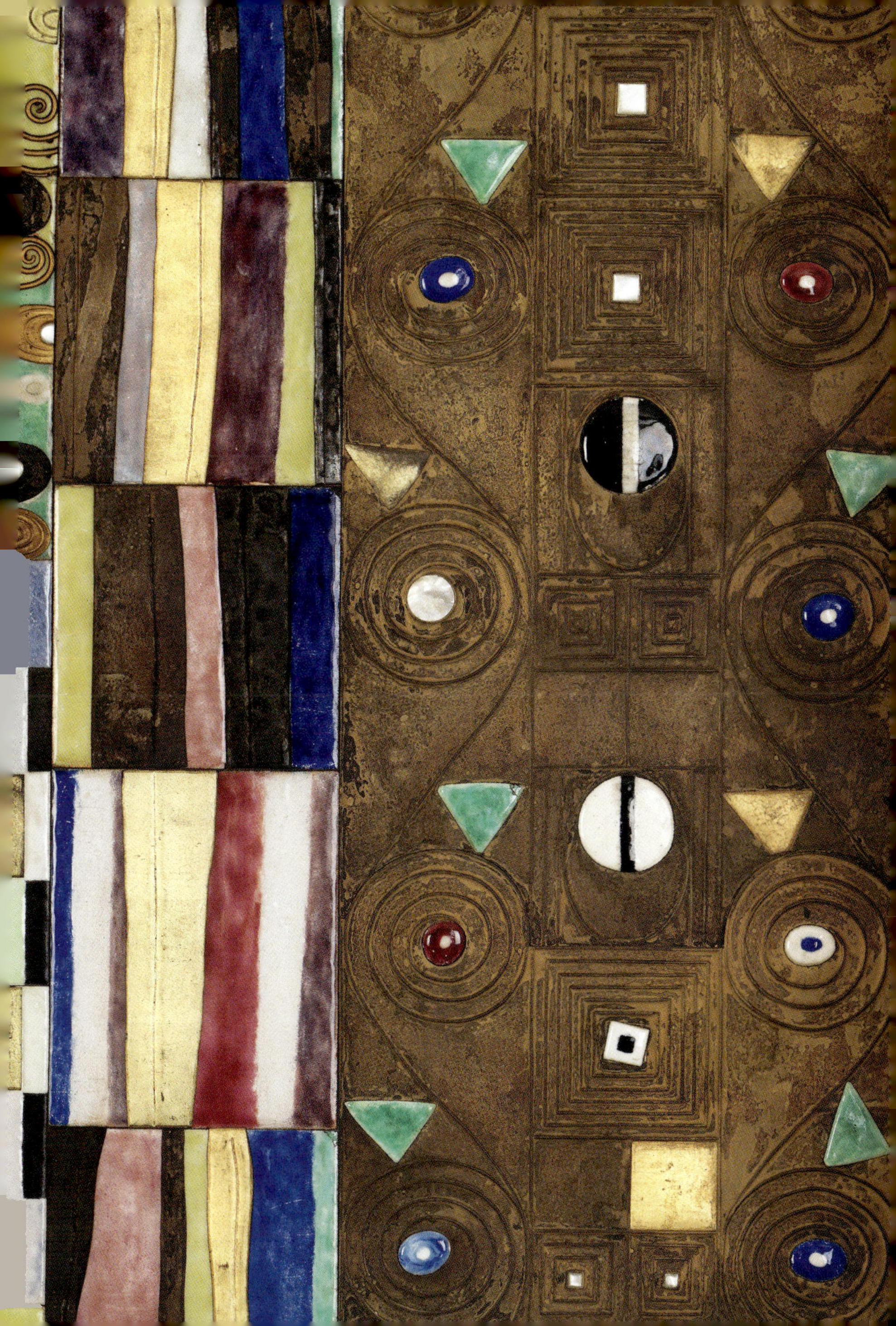

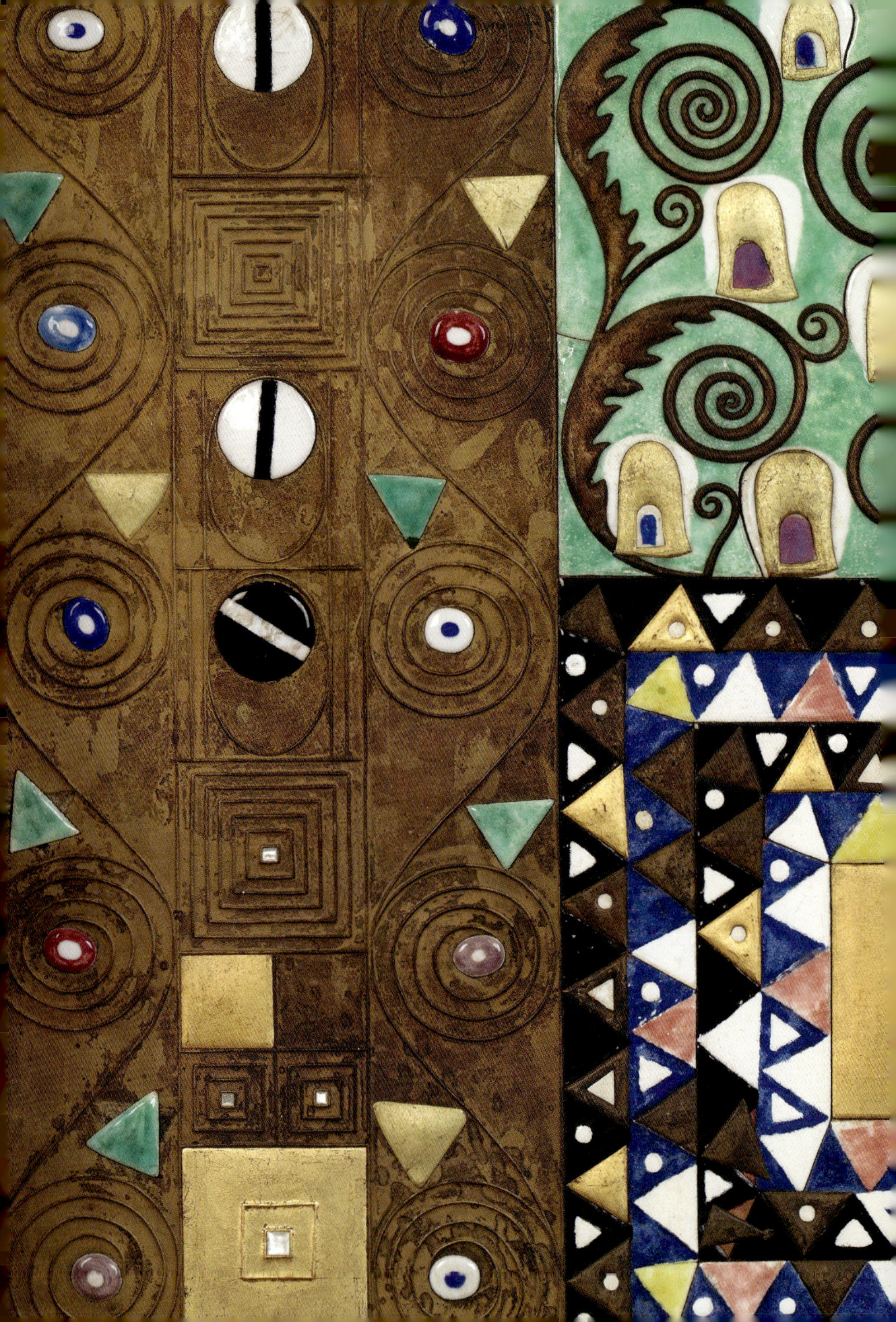

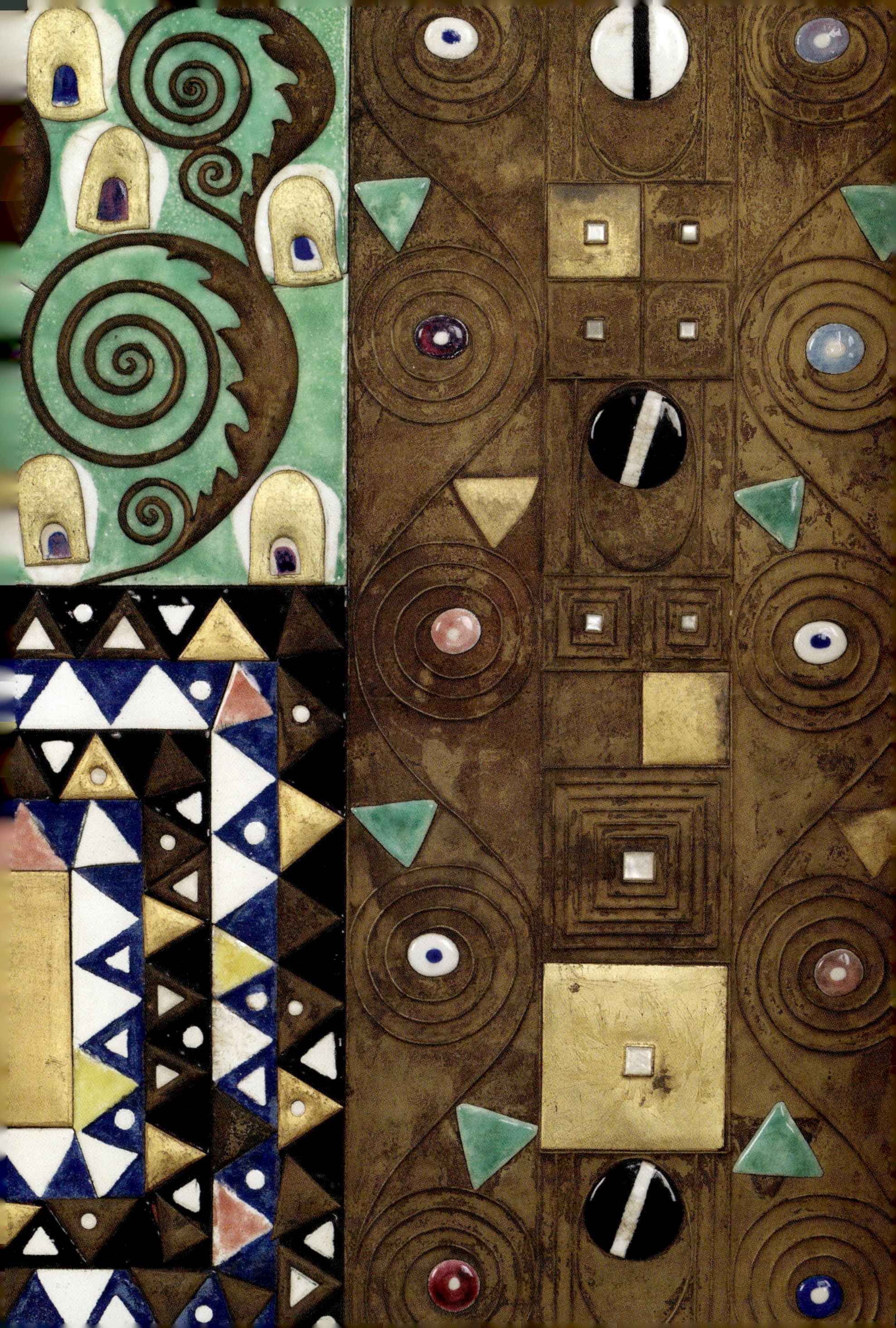

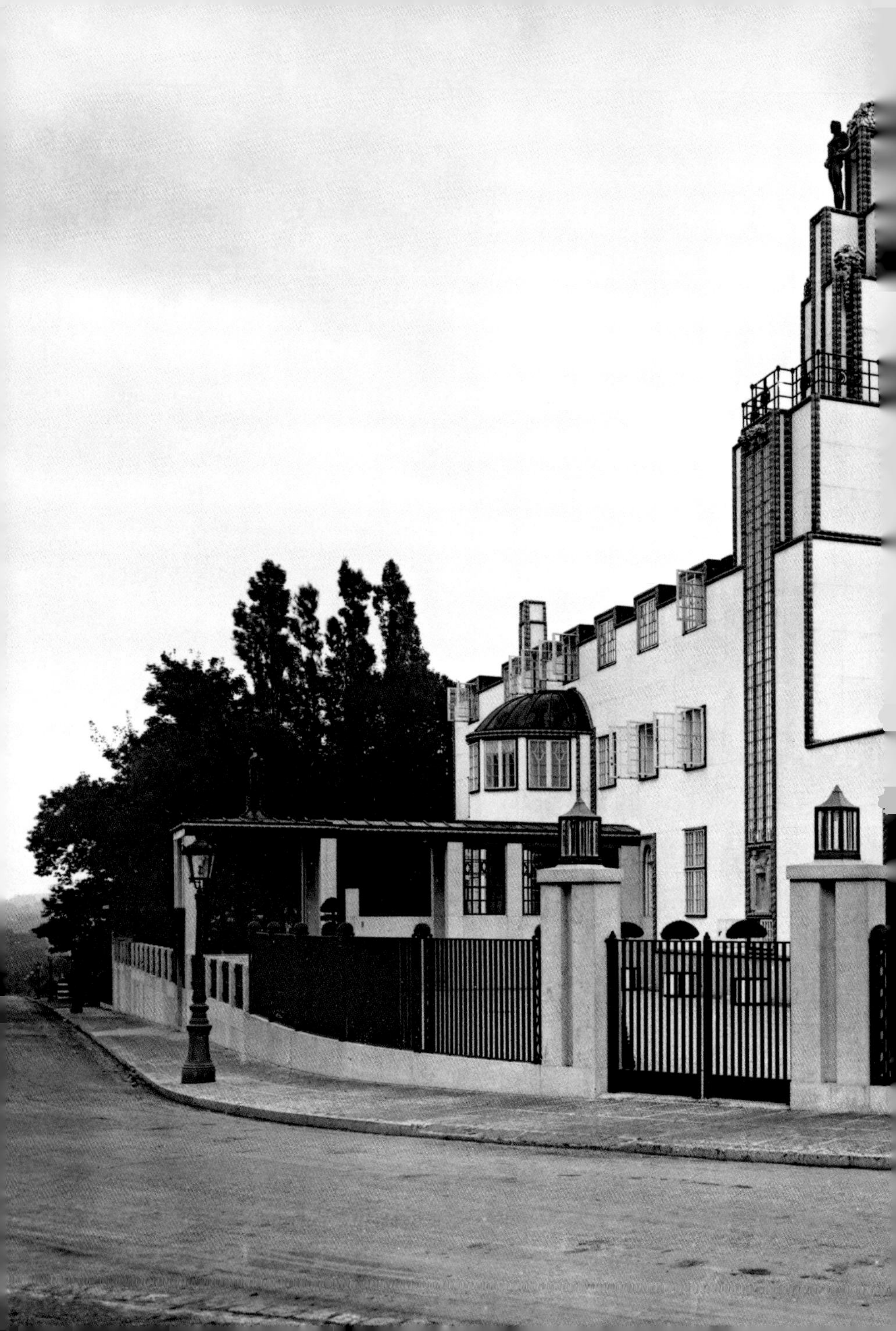

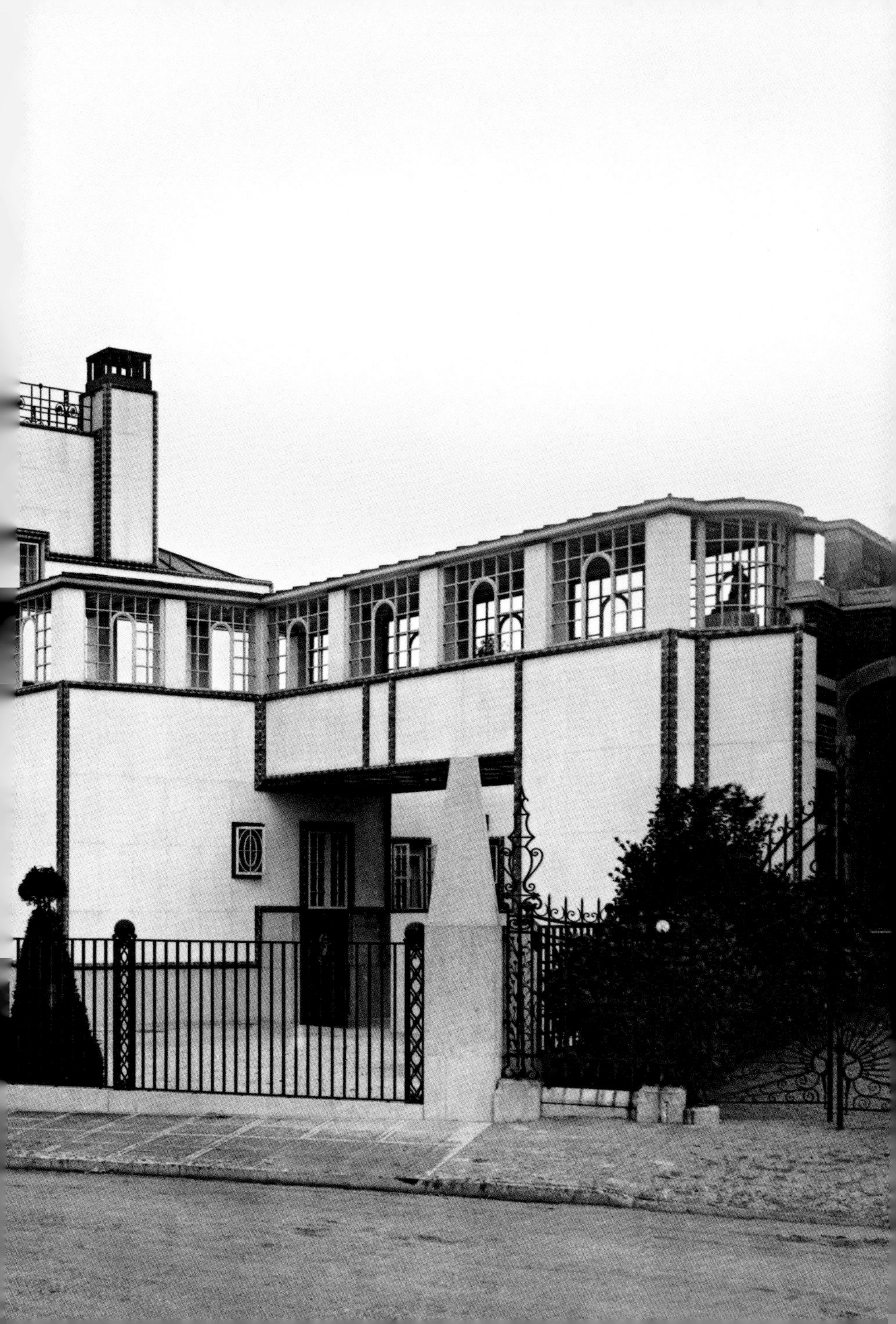

IV.

Représentations de femmes

Susanna Partsch

«... il leur donnait, jusqu'à un certain point, un air figé et en faisait presque des joyaux artificiels, comme si, couvertes de bijoux, elles se voyaient elles-mêmes, à coups de marteau, changées en bijoux.»

FRANZ SERVAES, 1917/18

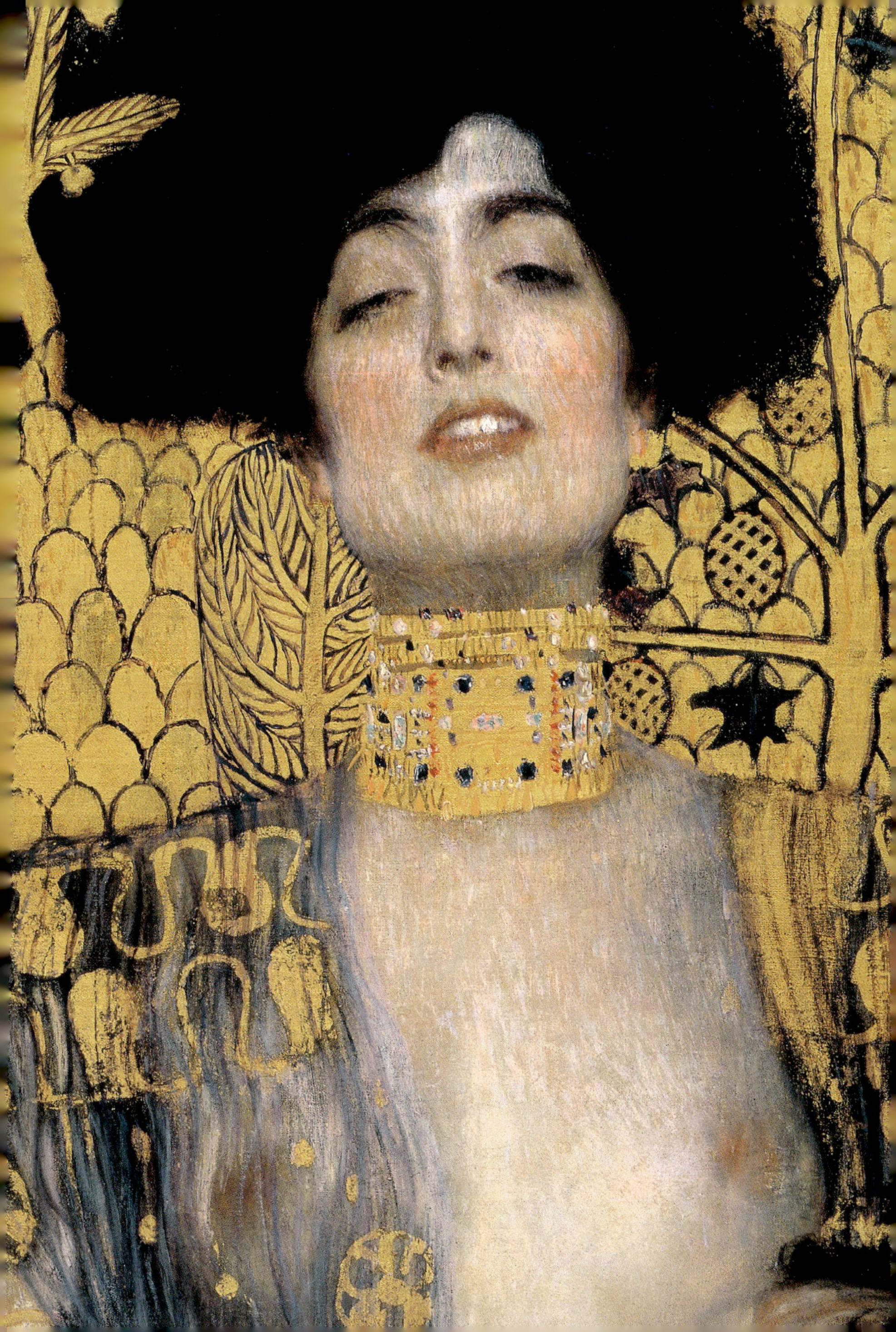

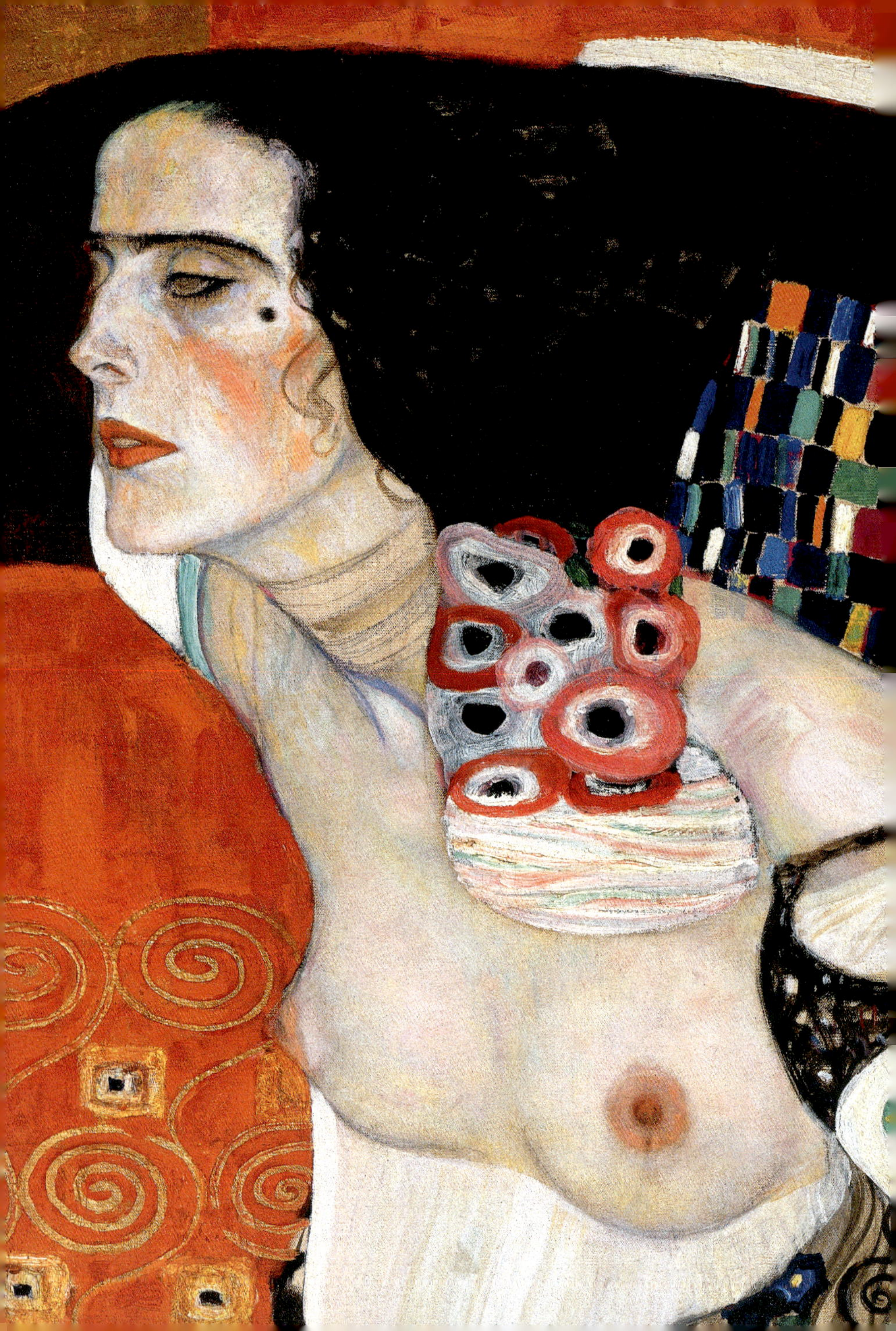

« Le portrait de femme viennois connaît ici une nouvelle particularité, ou une nouvelle stylisation. Pour la première fois depuis Makart. De même que, depuis ce grand homme, c'est la première fois qu'entre en scène un peintre conquérant auquel Vienne doit se soumettre », écrivait le critique d'art Ludwig Hevesi le 21 novembre 1903, à l'occasion de la 18e exposition de la Sécession, à laquelle – selon Hevesi – furent montrées environ 80 œuvres de Gustav Klimt (Hevesi, 1906a, p. 452), dont plus de 40 peintures. Parmi celles-ci se trouvaient douze portraits et sept allégories et figures mythologiques, soit un total de 19 portraits de femmes. (Concernant le nombre réel des œuvres montrées lors de cette rétrospective Klimt, les avis divergent. Dans sa publication [Nebehay, 1969, p. 311], Nebehay cite, outre 48 peintures, 30 dessins ; Strobl [Strobl, I/1980, p. 327] parle, quant à elle, de plus de 50 dessins, répartis sur plusieurs salles.)

Ludwig Hevesi rendit compte à différentes reprises de l'exposition, n'accordant toutefois, le plus souvent, que peu de mots aux portraits, et ce, sans citer les noms des modèles, ce qui rend leur identification parfois difficile. L'éloge fit cependant consensus et Gustav Klimt n'eut d'ailleurs pas, par la suite, à se plaindre de commandes insuffisantes de portraits.

Son premier succès en tant que peintre des femmes n'était guère récent. Lorsque, en 1888, il dut peindre le tableau *La Salle de l'ancien Burgtheater* contenant 150 personnalités éminentes, dont les plus belles femmes de Vienne, les dames de la haute société prirent d'assaut son atelier. Il n'y avait prétendument pas assez de place sur la toile pour tout ce monde. Pourquoi, dans ce cas, Klimt mêla-t-il au public ses sœurs et leurs amies ? Sans doute les femmes disposées à se faire peindre ne suffisaient-elles pas en réalité.

Depuis le début de sa carrière artistique, les visages de membres de sa famille et d'amis avaient servi d'objets d'étude à Klimt. Le peintre utilisait en outre des photos. On peut supposer que celles-ci lui servirent de modèles pour un grand nombre des notables figurés dans le tableau du Burgtheater. Exécutés dans la technique des miniatures, les grands de Vienne y sont reconnaissables. Une lithographie qui, conjointement au tableau, est conservée au Wien Museum, permet, aujourd'hui encore, d'identifier les différents personnages.

Page 257
Judith I (détail), 1901
(voir ill. p. 305)

Judith II (Salomé) (détail), 1909
(voir ill. p. 331)

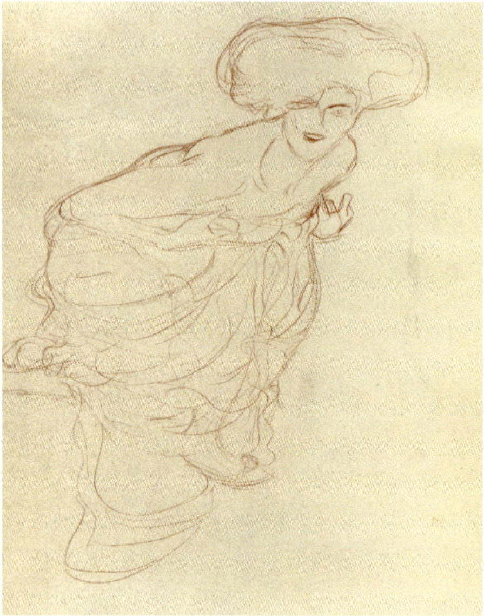

Portraits de femme des débuts

De premiers signes de transformation dans la représentation des femmes se firent jour dans le portrait d'Emilie Flöge, alors âgée de vingt ans ; le modèle pourrait aussi bien être Helene Klimt, la sœur d'Emilie, comme le suppose Bisanz-Prakken qui situe aussi, pour la première fois, la date du portrait en 1894 (voir chap. VI, p. 595 ; Bisanz-Prakken en préparation). Il s'agit d'un pastel peint sur carton, l'artiste utilise donc une technique similaire à celle qu'il a employée pour le tableau du Burgtheater. Le visage de la jeune Emilie est peint avec précision, l'œuvre est ainsi tout à fait fidèle au style du Ring de Vienne. On a même l'impression de pouvoir distinguer le moindre de ses cheveux. Avec ses touches claires effleurant la toile, le diadème dans la chevelure foncée s'accorde aussi peu avec le visage peint à la manière des anciens maîtres que la robe blanche qui, avec ses touches distinguables et les éclaircissements qui suggèrent les plis et la matérialité, montre un tournant vers l'impressionnisme. Le fond blanc brunâtre fait l'effet d'un patron et rappelle – comme le constata déjà Natter – la photographie (Natter/Frodl, 2000, p. 76). Klimt orna le cadre doré de fleurs de cerisier, d'herbes et de fleurs des prés. L'influence de la peinture japonaise apparaît ici clairement, qui, depuis l'impressionnisme, ne cessa de se propager en Europe et joua, également pour l'Art Nouveau, un rôle important.

Le portrait d'Emilie Flöge n'est pas seulement un portrait féminin des débuts, mais aussi l'un des tout premiers de Klimt dont le modèle soit nommé. Quatre ans plus tôt, le portrait du compositeur et chef d'orchestre *Joseph Pembaur* (p. 56; Natter 2012, cat. 60) avait vu le jour. Il ne contient pas le moindre signe d'une touche succincte. Klimt se servit

Étude pour le tableau *Judith II*
Mine de plomb (Strobl 1695). Collection particulière

Portrait d'Helene Klimt, 1898
Huile sur carton, 60 x 40 cm. Berne, Kunstmuseum, prêt d'une collection particulière

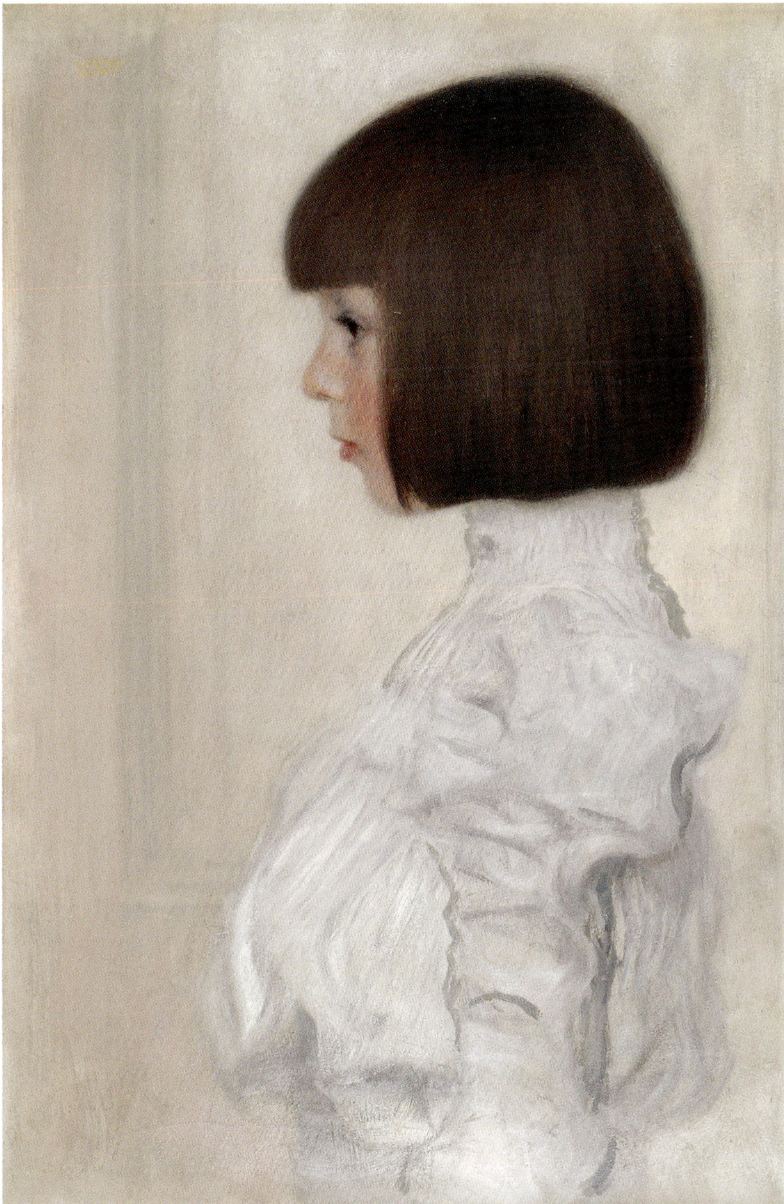

alors encore exclusivement de la technique picturale précise du Ring de Vienne. Seuls les cadres conçus pour les deux portraits peuvent être comparés l'un à l'autre.

Le caractère expérimental du portrait Flöge, qui se manifeste dans le traitement pictural si nouveau du tissu, indique qu'il ne résulta pas d'une commande officielle. Le contraire serait d'ailleurs étonnant, car Emilie Flöge était depuis 1891 la belle-sœur d'Ernst Klimt. Les frères Klimt et les sœurs Flöge se connaissaient vraisemblablement depuis 1889. Un an plus tard, Ernst Klimt aurait demandé la main d'Helene Flöge (1871–1936). Le mariage eut lieu en octobre 1891.

On ignore la raison pour laquelle Gustav Klimt peignit le portrait d'Emilie Flöge. Lors de travaux de commande exécutés auparavant, tels que l'achèvement de la peinture de chevalet *Hanswurst improvisant dans la cité de Rothenburg* (Natter 2012, cat. 76), il lui avait déjà paru naturel de la solliciter, ainsi qu'Helene, comme modèle, de la même manière qu'il avait intégré ses frères et sœurs et ses amis dans le tableau *Salle de l'ancien Burgtheater* ainsi que dans d'autres œuvres. L'étude en pied exécutée pour le portrait montre la jeune femme, vêtue de la toilette qu'elle porte dans la version finale du pastel, dans un jardin laissé à l'abandon. Se tenant debout devant un mur, la figure est flanquée, à droite, d'un laurier-rose, à gauche, d'un fourré de buissons, d'arbres, d'herbes et de fleurs. Sa toilette très ajustée lui souligne la taille, elle tient une main posée sur la hanche. Elle ne regarde pas devant elle, mais vers la gauche. Attribué aujourd'hui à Ernst Klimt, cette étude vit probablement le jour au plus tard en 1892, et non en 1893 (Weidinger, 2007b, p. 112 sq.)

À peu près à la même époque que le portrait d'Emilie Flöge, Klimt peignit un *Portrait de dame* (p. 61 ; Natter 2012, cat. 79), optant ici déjà pour le format rectangulaire vertical d'un grand nombre de portraits ultérieurs. Vêtue d'une élégante robe du soir noire, la femme représentée pour ainsi dire grandeur nature s'appuie d'une main sur le dossier d'un meuble rembourré. Derrière elle, on aperçoit le fragment d'un tapis mural. Le modèle regarde vers la droite, de la même manière qu'Emilie Flöge regardant vers la gauche. Cependant, on ne trouve ici guère d'influence impressionniste. Le tissu de la robe, le drapé, les dentelles, les broderies et les bijoux sont rendus avec la même précision que le visage, la coiffure et l'espace qui entoure la jeune femme.

L'œuvre fut pour la première fois montrée publiquement et reproduite en couleur en 2000 (Natter/Frodl, 2000, p. 79). C'est pourquoi la plupart des analyses des portraits féminins de Klimt ne la mentionnent pas. Elle ne fut pas non plus présentée lors de la rétrospective Klimt de 1903 évoquée au début de cet article. N'y figuraient, parmi les plus anciens portraits, que celui, privé, de sa petite nièce Helene Klimt et le *Portrait de Sonja Knips* (p. 301 ; Natter 2012, cat. 114), tous deux achevés en 1898. La vingtaine de portraits de modèles le plus souvent inconnus ayant vu le jour entre 1891 et 1898 semble avoir été des exercices de doigté sur le chemin conduisant vers un nouveau style.

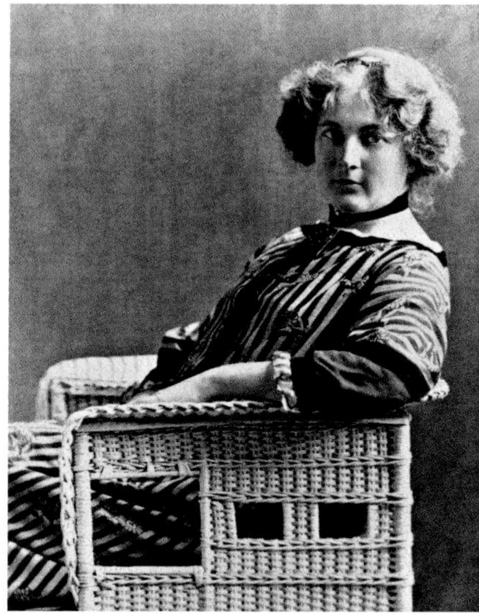

Un style nouveau

Le *Portrait d'Helene Klimt* (p. 261 ; Natter 2012, cat. 113), dont le peintre devint le tuteur après le décès de son frère Ernst, présente les mêmes dimensions que le pastel de la jeune Emilie exécuté quatre ans plus tôt. Il possède, lui aussi, un fond qu'on ne peut précisément localiser, mais dont le blanc, grâce à différentes nuances, fait un effet plus vivant. La robe blanche, dont les plis projettent des ombres bleues, s'en détache, créant un contraste surprenant. Mais en dépit – ou justement en raison – de ces plis, on ne peut guère deviner le corps du modèle. Les cheveux – une coupe droite au carré – couvrent la joue, si bien que du profil on aperçoit tout juste l'œil, le nez, la bouche et le menton, le front se dissimulant sous la frange. Le peu que nous puissions distinguer du visage n'est plus peint avec autant d'exactitude que les portraits antérieurs.

Ce tableau importait manifestement beaucoup à Klimt, qui le montra à l'occasion de différentes expositions. Lors de la rétrospective de 1903 déjà mentionnée, Hevesi n'y prêta guère attention. Mais il mit en évidence un autre tableau : « Klimt avait entrepris dans le tableau de Schubert son ruissellement singulier, vibrant. Considérons également le rose ruisselant de la jeune femme assise, son premier portrait dans cette manière résolument dernier cri » (Hevesi, 1906a, p. 451). Qu'Hevesi se réfère, non pas à la version finale de la peinture *Schubert au piano* de 1899 (pp. 62/63 ; Natter 2012, cat. 118), mais à l'esquisse de 1896 (Natter 2012, cat. 83) ou qu'il se trompe dans la datation, il ne peut s'agir, désigné par la jeune femme assise en rose ruisselant, que du *Portrait de Sonja Knips*, lequel avait déjà été montré à la deuxième exposition de la Sécession, entre novembre et décembre 1898, puis à l'Exposition universelle de Paris, en 1900, avant d'être présenté, en 1903, à la rétrospective Klimt de la Sécession.

Sonja Knips portant une robe issue de la mode réformiste et conçue par Eduard Josef Wimmer-Wisgrill, vers 1911
Photo. Imagno/Austrian Archives

Pour le *Portrait de Sonja Knips*, Klimt choisit pour la première fois le format carré. La jeune femme vêtue d'une robe rose pâle a glissé vers la moitié droite du tableau. Elle est assise tout au bord d'un large fauteuil rembourré et s'appuie sur l'accoudoir comme si elle s'apprêtait à se lever. Dans la main droite, elle tient un petit livre rouge. Le corps orienté vers la gauche, elle tourne la tête sur le côté, de sorte qu'elle adresse au spectateur, qu'elle fixe droit dans les yeux, un regard frontal. Derrière ses cheveux bouclés faisant écho aux ruches de la robe apparaissent des fleurs – lis ou orchidées – qui soit poussent dans un jardin soit dépassent d'un grand vase posé au sol. Fleurs et branches dessinent au-dessus du bord du tableau un arc invisible – ou, plutôt, imaginaire – qui, à travers une autre fleur figurée dans l'angle supérieur gauche, réapparaît dans le tableau.

Cette partie gauche de la toile est constituée de deux surfaces chromatiquement séparées l'une de l'autre. Le brun clair tirant par endroits sur le vert, dans la partie inférieure gauche, tranche à peine sur la toilette rose tendre et constitue un sol, quelle qu'en soit la nature. Dans le brun noirâtre qui domine, avec lequel contrastent les fleurs et le personnage féminin, se trouvent quelques parties plus claires, lesquelles donnèrent des ailes à l'imagination de beaucoup d'interprètes, les incitant à supposer que Klimt avait recouvert une scène de jardin. Un examen à l'infrarouge ne confirme toutefois pas cette supposition. On ne peut donc toujours pas dire avec certitude si le modèle se tient dans une pièce ou un jardin. Cependant, le fauteuil rembourré plaide plutôt en faveur de la première hypothèse, d'autant que tous les autres portraits de femme ultérieurement peints par Klimt se situent – autant qu'on puisse le reconnaître – dans un espace intérieur.

Comme dans le portrait de la jeune Emilie Flöge, touches succinctes et précision de l'exécution alternent. Le visage et les fleurs qui l'encadrent font l'effet d'une photo parfaitement nette, tandis que la robe, le fauteuil et l'espace qui entoure le modèle sont flous, estompés. Dans ses œuvres antérieures, Klimt s'approchait encore à tâtons des possibilités d'une telle technique picturale ; désormais, il la maîtrise avec virtuosité et crée une interaction de précision et de flou, laquelle contribue à déstabiliser le spectateur.

La différence réside toutefois, non seulement dans une plus grande maîtrise du style pictural, mais aussi dans la taille et la forme du tableau ainsi que dans l'absence de crainte des espaces vides. C'est à juste titre que l'on renvoya ici à l'influence du peintre américain James Abbott McNeill Whistler, en particulier du tableau *Arrangement en gris et noir n° 1 – Portrait de la mère de l'artiste* de 1867/71 (Paris, Musée d'Orsay). Le portrait de Whistler est toutefois d'un format rectangulaire légèrement transversal, la figure n'est pas aussi nettement décalée vers le bord droit du tableau et la surface vide montre un mur et un rideau.

Portrait de Margaret Stonborough-Wittgenstein (détail), 1905
(voir ill. p. 321)

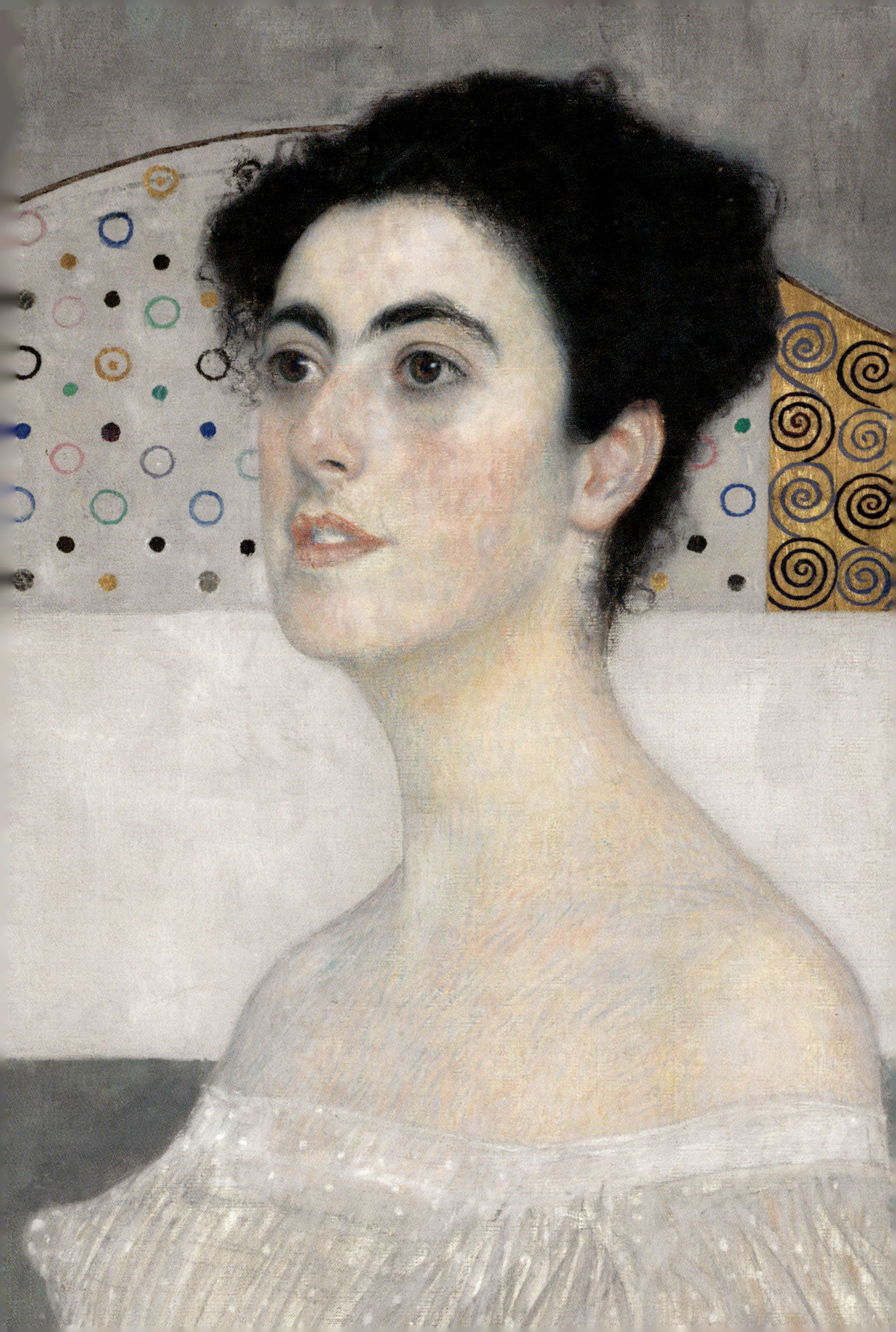

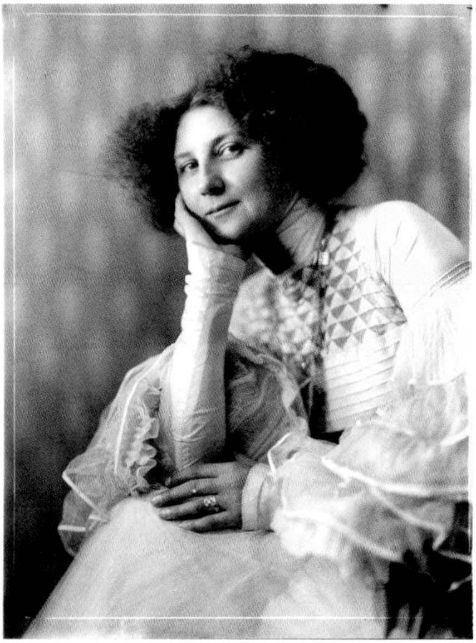

Le format carré et les dimensions du tableau allaient devenir une des marques de fabrique de Klimt, pas tant, toutefois, dans les portraits des années suivantes que dans les paysages. Comme pour la plupart des tableaux de cette période, le cadre en métal exécuté par Georg, le frère de Klimt, appartient à l'impression d'ensemble. Le cadre en bois autour du portrait en pastel de la jeune Emilie est beaucoup plus large, l'or est peint avec des fleurs de cerisier, des branches et des feuilles qui rappellent les dessins japonais à l'encre de Chine. Les reliefs obtenus par repoussage sur l'étroit cadre en métal autour du *Portrait de Sonja Knips* produisent un effet différent, donnent au tableau un aspect moins fermé.

On ne cesse de lire que Sonja Knips fut l'une des très rares aristocrates dont Klimt peignît le portrait. Or la jeune femme, dont le grand-père avait été anobli en raison de ses performances militaires, n'était pas issue d'une vieille famille noble, mais d'une vieille et estimée famille d'officiers, les Potier des Echelles. Ceux-ci n'étaient pas non plus fortunés, raison pour laquelle Sonja suivit une formation, puis travailla comme dame de compagnie. C'est dans la maison de Josefine Krassl von Traissenegg qu'elle fit la connaissance du grand industriel Anton Knips (1865–1946), qu'elle épousa le 15 février 1896. Deux ans plus tard, le portrait, probablement commandé dès 1897, était achevé. Ce fut le premier d'une série de portraits de femme dont les commanditaires appartenaient à la noblesse d'argent viennoise.

Un éventail qui se trouvait, aux côtés du petit carnet de croquis rouge restitué dans le portrait (voir à ce sujet Nebehay, 1987, passim), dans sa succession atteste que Sonja Knips connaissait déjà Gustav Klimt avant de se marier. Sur cet « éventail poétique »,

Atelier d'Ora, **Emilie Flöge portant une robe issue de la mode réformiste et conçue par Eduard Josef Wimmer-Wisgrill**, 1909
Photo. Imagno/ÖNB

Portrait d'Emilie Flöge (détail), 1902/03
(voir ill. p. 311)

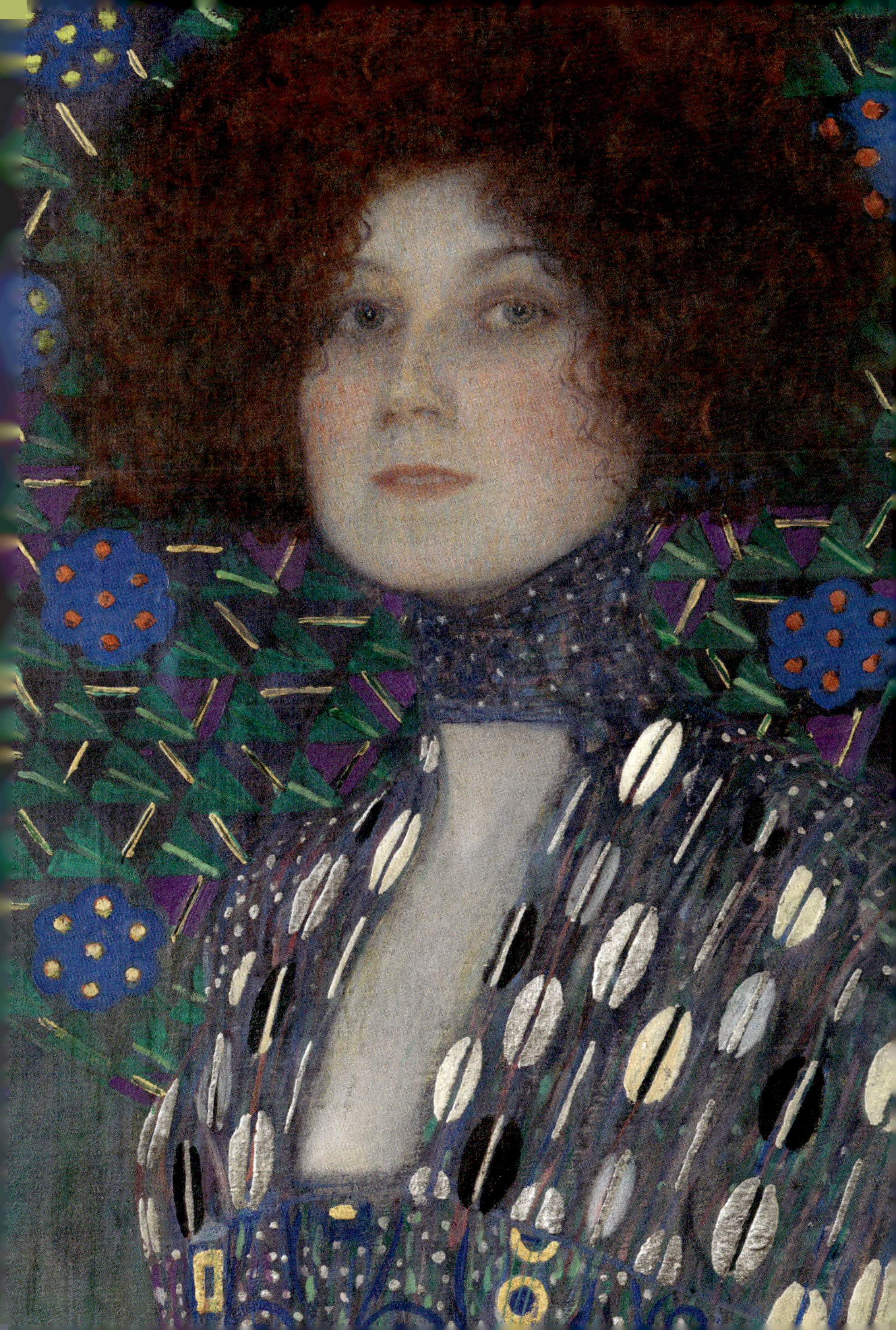

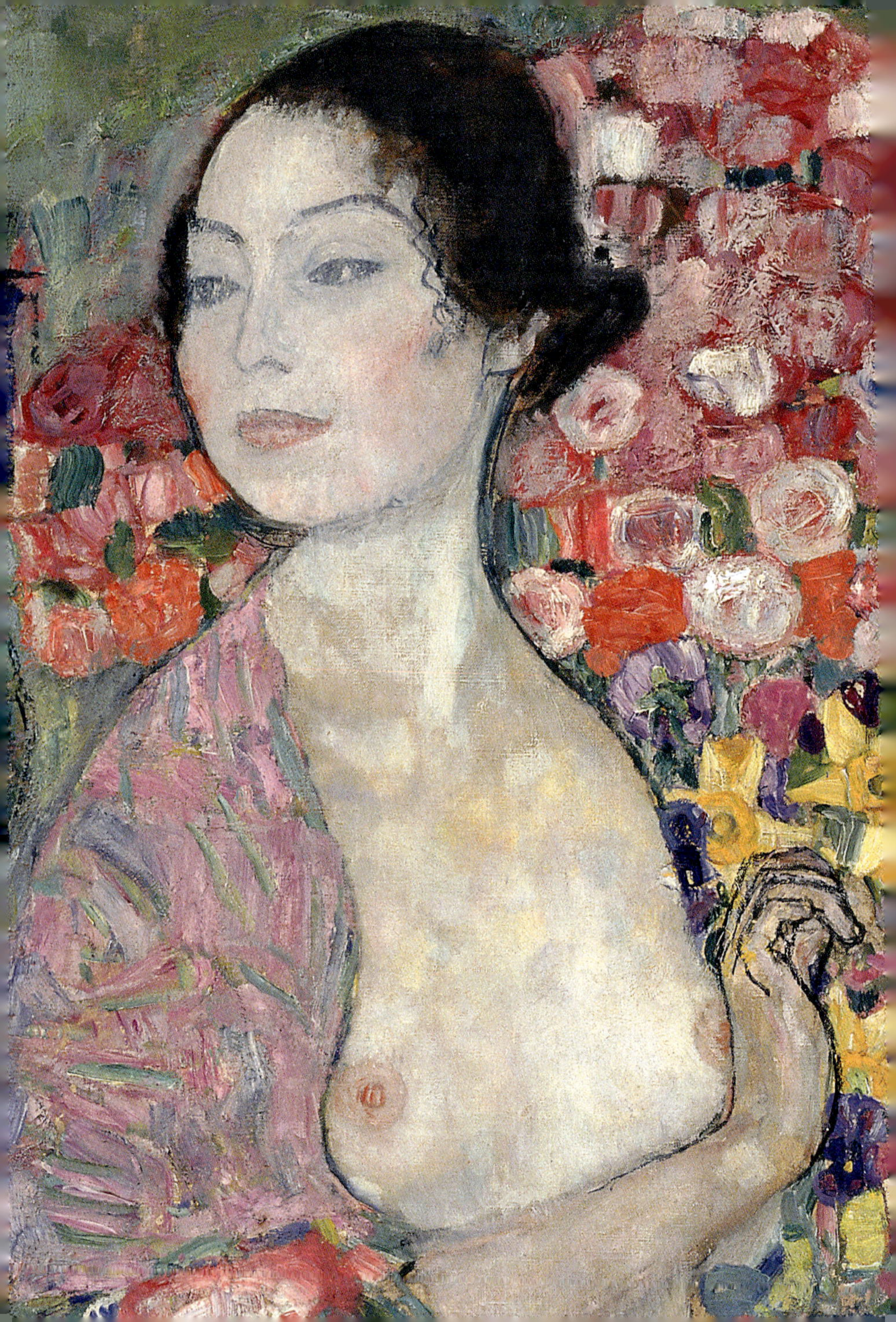

amis et parents avaient inscrit des maximes – comme on les trouve également dans les albums de poésie –, dans les cartouches ornant la face antérieure. Le revers avait été, quant à lui, réservé à Klimt. « La liberté est une mer / Ses poissons sont des cœurs ; / Ils vont et viennent à la nage / À leur aise et sans douleurs. / Mais ce plaisir, quel dommage ! / Ne dure qu'un temps ; / Habite sur le rivage, / Se tenant aux aguets / Amour, la pêcheuse. / Elle pêche avec ses propres filets ; / Elle pêche avec des boucles d'ambre ; / Les poissons pourpres / Arrivent intrépides, / Ils se laissent trop volontiers / Par la mauvaise attirer, / Et l'un après l'autre / À sa ruse ils succombent » – à ce poème d'Hafez dédié à la pêcheuse Amour, il joignit l'image d'une jolie femme en robe blanche (de mariée) qui pêche dans l'eau un tas de petits cœurs. Au-dessus d'elle plane un cœur ailé et transpercé de flèches, autour duquel flottent des têtes de bébé ailées. À droite de ces dernières figurent un aphorisme de Goethe (« L'amour vagabonde sur tous les sentiers / La fidélité vit seule et retirée / L'amour vient à nous sans tarder / La fidélité, on la doit visiter » [extrait de Claudine von Villa Bella, 1788, remaniement du texte de 1775]), la signature de Klimt et la date du 3 janvier 1895.

Sur la base de ce revers d'éventail, Manu von Miller (2004, p. 21 sq.) reconstruit une relation amoureuse entre Gustav Klimt et Sonja Knips antérieure au mariage de celle-ci. Klimt se serait servi de l'éventail pour rompre cette liaison tout comme il l'aurait fait, en 1899, à l'aide d'un autre éventail, dont la propriétaire nous serait malheureusement inconnue et sur lequel il avait écrit ces mots : « Mieux vaut une fin effroyable qu'un effroi sans fin » (à propos de l'éventail, Strobl, IV/1989, p. 66, n° 3309). À l'appui de témoignages épistolaires, Hansjörg Krug démontre que Klimt peignit cet éventail pour Camilla Sodoma (1874–1953 ; Krug 2012a, p. 461 sq.).

Selon moi, l'éventail de Sonja Knips n'indique ni relation amoureuse entre le peintre et le modèle ni séparation de ces derniers. Les inscriptions de Klimt ressemblent davantage à des vœux de bonheur adressés à la jeune femme à l'occasion de ses fiançailles. L'aphorisme de Goethe figurait déjà, vers 1900, sur des cartes de vœux et compte même aujourd'hui parmi les citations pour SMS. Si le poème d'Hafez et l'image de la pêcheuse étaient peut-être un peu taquins envers la jeune fiancée, ils n'étaient certainement pas compromettants. Dans le cas contraire, Sonja Knips ne se serait pas dessaisie une nouvelle fois de l'éventail. Or y figure, sur la face antérieure, l'inscription d'un certain Adolf Hlaver, lequel écrivit son aphorisme le 23 avril 1895, soit plus tard que Klimt. En faveur de vœux de fiançailles plaident en outre les têtes de bébés volantes par lesquelles le peintre souhaita à la fiancée de nombreux enfants.

La Danseuse (détail), 1916/17
(voir ill. p. 353)

Peu après, Sonja Knips confia à Josef Hoffmann et à la Wiener Werkstätte l'aménagement de son appartement, puis, en 1924/25, d'une grande maison d'habitation. Outre son propre portrait, elle possédait la peinture *Arbres fruitiers* (pp. 426/427; Natter 2012, cat. 136) de 1901 et fit l'acquisition, dans la succession de l'artiste, de l'œuvre inachevée *Adam et Ève* (p. 362; Natter 2012, cat. 243). Jusqu'à sa fermeture en 1936, elle s'habilla au salon Flöge. Pendant toutes ces années, elle fut donc, tout comme plusieurs autres femmes peintes par Klimt, ainsi Serena Lederer (1867–1943), dont le portrait vit le jour un an après celui de Sonja Knips, très liée à l'artiste, à sa compagne Emilie Flöge et à la Wiener Werkstätte.

Serena Lederer connaissait, elle aussi, Klimt avant son mariage avec le grand industriel August Lederer (1857–1936). En 1888, le peintre avait déjà immortalisé la jeune femme, née Pulitzer, aux côtés de son oncle Sigmund et de l'épouse de ce dernier, dans la *Salle de l'ancien Burgtheater*. Les Lederer devinrent par la suite les principaux mécènes de Klimt, lesquels permirent à ce dernier de racheter les « tableaux des facultés » (pp. 129–131; Natter 2012, cat. 126, 127, 157). Outre de nombreuses peintures à l'huile, ils possédaient une des plus volumineuses collections de dessins de l'artiste. Klimt était un invité assidu de la maison et donna même des cours de peinture à Serena Lederer. Plus tard, il peignit sa fille Elisabeth (épouse Bachofen-Echt; p. 347; Natter 2012, cat. 212) et sa mère Charlotte Pulitzer (Natter 2012, cat. 234).

Le *Portrait de Serena Lederer* (p. 302; Natter 2012, cat. 121) mesurant 190,8 x 85,4 cm montre le modèle debout, enveloppé dans une élégante robe blanche qui – à taille haute et au tombé fluide – correspond à la robe Empire de la dernière mode. Les touches délicates de blanc et de bleu suggèrent un tissu finement plissé. Le mur et le sol sont, eux aussi, blancs, de sorte que seuls les cheveux noirs, les yeux foncés et les lèvres rouges du modèle introduisent des accents de couleur. Ce tableau impose, lui aussi, une comparaison, déjà établie par Zaunschirm (1987, p. 29), avec une peinture de Whistler, la *Symphonie en blanc* de 1862 (Washington, D. C., National Gallery of Art), dans laquelle la figure vêtue de blanc se tient devant un rideau blanc. L'espace en tant que tel y est encore distinguable. Chez Klimt, en revanche, le mur et le sol se transforment en surfaces peintes dans différents tons de blanc, lesquelles annoncent déjà l'ornementation de tableaux ultérieurs.

Il convient ici de faire appel à deux autres œuvres pouvant être comparées au *Portrait de Serena Lederer*: les *Essais de Figure en plein air* de Monet (1840–1926) peints en 1886, dans lesquels le personnage est respectivement tourné vers la gauche puis vers la droite (tous deux Paris, Musée d'Orsay). Même si Monet poursuivait ici d'autres intentions, la conception des figures ainsi que les vêtements les enveloppant pourraient tout à fait avoir servi de modèles à Klimt. Dans le même temps, les paysages de ce dernier contiennent, eux aussi, des réminiscences de Monet (Weidinger, 2007a, p. 145), ce qui n'est guère éton-

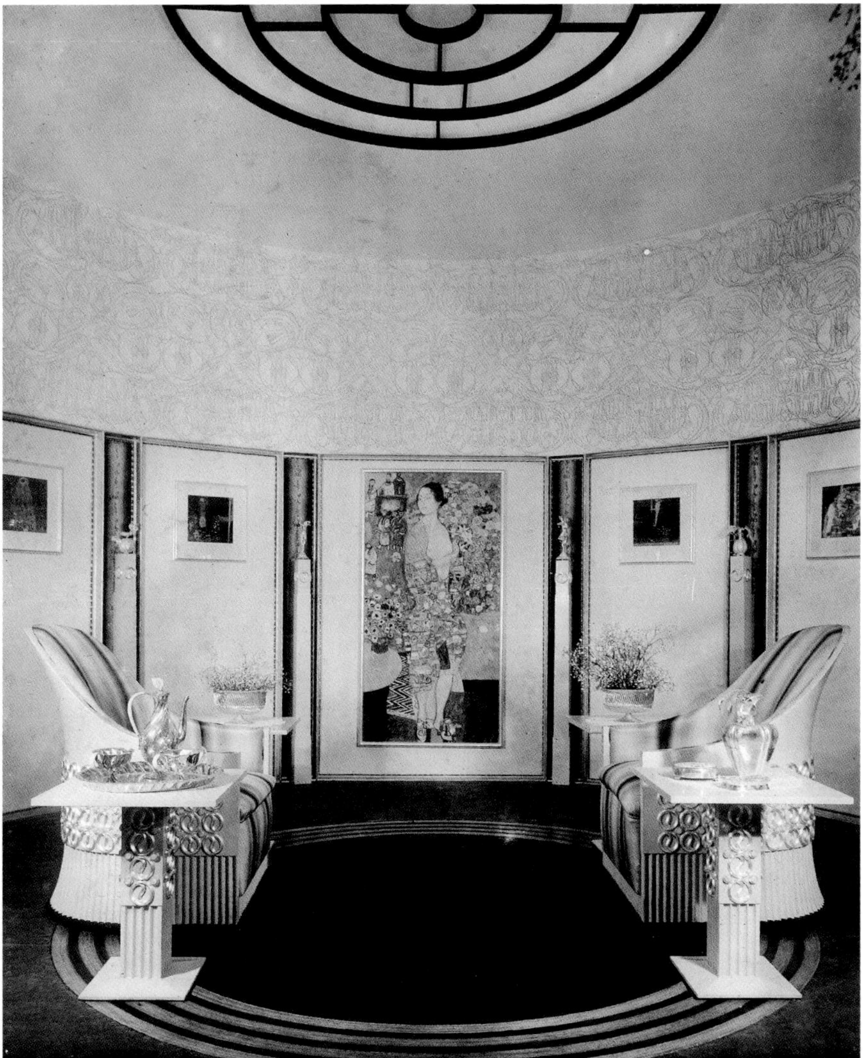

Local de vente de la Wiener Werkstätte, New York, 1922
À l'arrière-plan, *La Danseuse*
Photo. Vienne, MAK – Österreichisches Museum für angewandte Kunst/Gegenwartskunst

nant, Klimt ne se penchait-il pas depuis longtemps déjà sur la peinture impressionniste.

Au plus tard depuis la publication des dessins de Gustav Klimt par Alice Strobl, on connaît le rapport qu'entretiennent les esquisses avec la version finale du tableau. L'Esquisse de report conservée pour le *Portrait de Serena Lederer* illustre une nouvelle fois clairement la manière de travailler de Klimt. À travers des dessins préparatoires, le peintre s'approchait d'abord à tâtons de la personne dont il devait exécuter le portrait ; suivait l'esquisse de report, au moyen de laquelle il disposait ensuite le modèle sur la toile (Vienne, Albertina ; Strobl, 442]).

La dissolution du fond en surfaces de couleur apparaît également dans le *Portrait de Rose von Rosthorn-Friedmann* peint en 1900/01, qui présente à son tour le format rectangulaire vertical pour lequel Klimt, comme nous le savons, avait une prédilection s'agissant des portraits de femme (p. 314 ; Natter 2012, cat. 133). Devant un fond bleu, le modèle s'appuie contre une surface rouge que l'on peut interpréter comme le dos d'un fauteuil rembourré, ce que confirme l'esquisse de report (Vienne, Albertina ; Strobl, 511). Elle s'appuie de la main droite sur le bord supérieur du dossier, comme si elle s'apprêtait à se mettre en mouvement dans la direction où portent ses regards. Elle est vêtue d'une robe de soirée cintrée garnie de paillettes argentées. Son cou est orné d'un large collier de perles, le poignet de son bras nu est paré de plusieurs bracelets en or. La carnation du décolleté, du bras et du visage se détache sur les couleurs sombres, la coiffure des cheveux foncés se distingue à peine dans le bleu de l'arrière-plan.

Le dossier du fauteuil, la pose et la robe de soirée noire garnie de paillettes rappellent le *Portrait de dame* (p. 61) exécuté six ans plus tôt. Dans ce dernier, les objets sont toutefois encore reconnaissables en tant que tels ; la pose, celle d'une femme en représentation, n'est ni élégante ni lascive, contrairement à celle de Rose von Rosthorn-Friedmann. Cependant, il apparaît ici aussi que Klimt ne rompit pas brutalement avec les traditions. De la même manière qu'il lui fallait beaucoup de temps pour l'exécution d'un tableau, son style pictural évolua peu à peu. S'ils se réduisent de plus en plus, les éléments de décor montrés dans le *Portrait de dame*, tels que le dossier du fauteuil, la surface murale vide et l'ornement (le tapis mural), demeurent présents.

Il est rare de discerner, dans les portraits de Klimt, l'individualité d'une femme, son caractère, ses facultés. Et il en est de même pour le *Portrait de Rose von Rosthorn-Friedmann*. Dans son apparence réduite à l'élégance et à la lascivité, rien n'indique que cette femme fut une des premières alpinistes, la première à gravir la face orientale du Watzmann et le sommet de la Thurwieserspitze du massif de l'Ortles. Alma Schindler, future Mahler-Werfel, fit courir le bruit qu'elle était la nouvelle maîtresse de Klimt, un bruit qu'il faut prendre avec précaution, notamment parce qu'Alma était alors elle-même encore amoureuse de Klimt (Mahler-Werfel, 1997, p. 431).

Ondines et femmes tueuses d'hommes

À l'exposition de la Sécession de 1903, mentionnée au début de cet article, le tableau figurait sous le titre « Portrait de dame », mais celui de « Dame en noir » s'imposa chez les critiques d'art. Rose von Rosthorn-Friedmann était assurément connue à Vienne. Aussi les Viennois reconnurent-ils également son visage et sa posture dans un second tableau de l'exposition, intitulé « Ondines » (« Poissons d'argent » ; p. 315 ; Natter 2012, cat. 148), daté des alentours de 1899, de 1901/02 ou encore de 1902/03, et faisant partie des tableaux aux créatures aquatiques flottantes. Dans son compte rendu déjà cité, Ludwig Hevesi écrivit, après s'être prononcé sur la forme des deux ondines et les avoir – de manière peu flatteuse – comparées à des carrelets et des têtards : « L'une d'elles ressemble vraiment à l'un de ses meilleurs portraits de femme. La manière parfaitement vraisemblable dont le peintre a su insérer ces visages relève tout bonnement d'un traitement humoristique de la nature » (Hevesi, 1906a, p. 451).

Dès 1980, Alice Strobl démontra de façon concluante, à l'appui d'une photo du *Portrait de Rose von Rosthorn-Friedmann*, alors tenu pour disparu, à quel « portrait de femme » se réfère cette citation (Strobl, I/1980, p. 159), sans toutefois connaître l'identité de la femme représentée. C'est seulement en 1987, lors de la vente aux enchères du tableau chez Sotheby's, que celle-ci fut dévoilée, ce qui permit à Strobl (Strobl, IV/1989, p. 61) d'associer d'autres dessins à cette peinture. Sur certains d'entre eux, Klimt avait placé une rose dans la main du modèle – une allusion à son prénom (Strobl, 3328a). On ignore si Rose von Rosthorn-Friedmann s'est reconnue dans les *Ondines* et si, le cas échéant, elle s'est sentie flattée ou contrariée.

À l'exposition de la Sécession de 1903 était accroché un autre tableau dont le modèle fut tacitement reconnu. Il s'agit du tableau *Judith I* (p. 305 ; Natter 2012, cat. 134) peint en 1901, mais projeté dès 1899, comme l'atteste un dessin préparatoire (p. 304). À propos de cette *Judith*, l'écrivain Felix Salten (1869–1945) écrivit dans son livre sur Klimt paru en 1903 : « La Judith de Klimt illustre en détail la modernité de l'œuvre du peintre : la manière dont il prend une figure issue du présent, une figure vivante – dont le sang chaud est capable de l'enivrer – pour ensuite l'installer dans l'ombre magique de siècles éloignés […]. On imagine cette Judith vêtue d'une robe pailletée provenant de l'atelier du Ring, on la voit comme une belle dame juive, que l'on rencontre partout et qui, lorsqu'elle fait son entrée dans les soirées de première, accompagnée par le bruissement de ses jupons en soie, attire les regards de tous les hommes. Une femme mince, souple et agile, aux yeux sombres où brille un feu sensuel, à la bouche cruelle et aux ailes de nez frémissant de passion. […] Voilà qu'un artiste leur retire leurs vêtements dernier cri, prend l'une d'elles et nous la présente parée de son intemporelle nudité […] » (cit. d'après Breicha, 1978, p. 31).

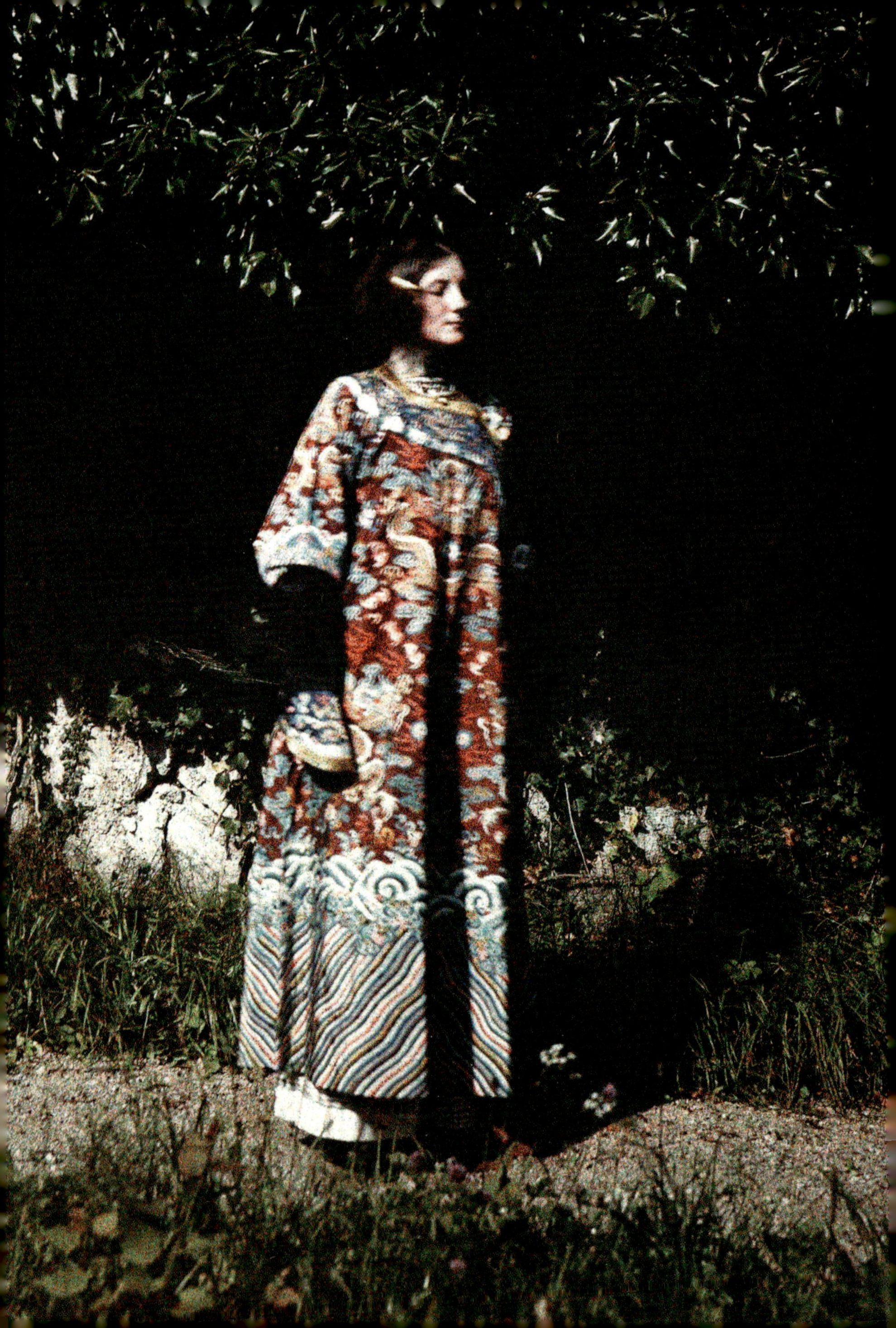

Dans sa *Comédie des séductions* de 1923, Arthur Schnitzler (1862–1931) formule ce principe d'une manière encore plus générale. À propos du peintre Gysar, à travers lequel l'écrivain rend à Klimt un hommage littéraire posthume, on lit dès le début : « Ne savez-vous donc pas qu'il peint, de chaque femme qui pose pour lui, deux tableaux ? L'un, officiel, habillé et puis un autre » (Schnitzler, 1924, p. 19). Ce Gysar est un séducteur qui « peignit chacune de ses amantes, disons – à peu près comme Le Corrège a peint Io alors que le nuage descendait sur elle. Et c'est toujours lui le nuage » (ibid., p. 119).

On ne trouve bien entendu, chez Schnitzler, aucune indication d'éventuelles maîtresses, Salten ne nomme pas, lui non plus, la belle femme juive à laquelle il songe. Depuis un certain temps déjà, on prétend reconnaître en elle Adele Bloch-Bauer, que Klimt, en 1907, allait faire totalement disparaître dans l'or. Jusque-là, c'est surtout dans *La Frise Beethoven* et dans ses représentations allégoriques qu'il avait utilisé l'or. À ces dernières appartiennent les peintures *Pallas Athena* (p. 112 ; Natter 2012, cat. 115) de 1898, *Nuda Veritas* (p. 111 ; Natter 2012, cat. 119) de 1899 et, enfin, *Judith* de 1901.

Ce tableau qui, avec ses 84 x 42 cm, est en comparaison des portraits peints à la même époque relativement petit, est entouré d'un étroit cadre en bois exécuté, lui aussi, par Georg Klimt et pourvu, dans sa partie supérieure, d'une bande de métal nettement plus large. Entre des ornements repoussés qui se prolongent dans le cadre latéral, sont écrits en lettres majuscules (également repoussées) les noms JUDITH UND HOLOFERNES, l'accent étant mis sur JUDITH.

Cette Judith occupe la quasi-totalité de la surface picturale. Son abondante chevelure noire est coupée par le bord supérieur de la toile ; elle repose tel un casque sur sa tête. Des arbres et des écailles en or stylisés évoquent des reliefs assyriens, une allusion à Holopherne, général en chef des Assyriens. La lasciveté du regard sous les paupières mi-closes est accentuée par la bouche entrouverte. En guise d'habillement, Judith porte un tour de cou en or garni de pierres précieuses, une ceinture pareillement ornée occupant le bord inférieur du tableau et plusieurs bracelets au bras. Sur ses épaules tombe un voile transparent imprimé d'or, lequel ne dissimule toutefois que son sein droit. L'autre est dénudé, tout comme le nombril que l'on aperçoit au-dessus de la ceinture en or. De sa main droite, Judith saisit tendrement les cheveux d'Holopherne, dont la tête apparaît négligemment dans le bord inférieur droit du tableau.

En dépit du titre de cette œuvre, le modèle fut souvent pris pour Salomé, le personnage biblique qui, après une danse exécutée devant son beau-père, réclama de celui-ci,

Friedrich G. Walker, **Emilie Flöge en robe dragon chinoise**, 1913
Dans le jardin de la villa Paulick à Seewalchen au bord de l'Attersee
Plaque autochrome. Imagno/Austrian Archives

en guise de récompense, la tête de Jean-Baptiste. Judith, quant à elle, était une veuve respectable qui trancha de ses propres mains la tête d'Holopherne – et sauva, par cet acte héroïque, le peuple juif de l'asservissement aux Assyriens auquel il était promis.

Cette Judith, dont l'histoire compte parmi les récits apocryphes de la Bible, fit longtemps partie des héroïnes chrétiennes positives, jusqu'à ce qu'elle soit abaissée, (au plus tard) au XIXe siècle, notamment à travers la pièce de théâtre du même nom créée par Friedrich Hebbel (1813–1863), au rang de femme fatale tueuse d'hommes. Et c'est aussi sous ces traits que la représente Gustav Klimt : séductrice, armée du plus précieux de tous les métaux et prête au pire. L'or joue dans ce tableau un rôle prédominant – avant même que le peintre ne se rendît à Ravenne, en 1903, où les mosaïques en or des débuts de l'époque byzantine l'impressionnèrent et lui inspirèrent son style « doré ». Cependant, la manière de peindre en délicates petites touches, telles que nous pûmes les observer pour la première fois dans le *Portrait de Sonja Knips* (p. 301 ; Natter 2012, cat. 114), confère à la carnation de la figure un certain flou et voile ainsi sa nudité.

Portrait et ornement

En 1903, le tableau appartenait déjà au médecin Dr Anton Loew (mort en 1907), propriétaire du plus grand et du plus ancien sanatorium de Vienne. Il avait par ailleurs commandé à Klimt un portrait de sa fille *Gertrud Loew* (p. 317 ; Natter 2012, cat. 145), lequel fut également montré en 1903. Gertrud épousa en secondes noces l'industriel Elémer Baruch von Felsöványi (né en 1882). C'est alors que le tableau fut également intitulé « Portrait de Gertha Felsöványi ».

Dans cette peinture extrêmement étroite, on distingue à peine le fond. Le tableau étant peint blanc sur blanc, ce sont surtout – de la même manière que dans le *Portrait de Serena Lederer* – les cheveux foncés, les yeux également foncés et les lèvres rouges qui frappent le spectateur. Les quatre rubans bleu pâle qui bordent les ourlets verticaux de la robe blanche ajoutent un accent de couleur. Le tissu de la robe, d'un blanc aux légers reflets brunâtres, se répète derrière la tête et les épaules du modèle, constituant un arrière-plan que prolonge une surface blanche, comme si la jeune femme se tenait devant un meuble blanc posé devant un mur plus foncé. Le cadrage resserré ne permet pas même de distinguer un sol. La figure fusionne encore plus nettement avec le fond du tableau et paraît « corporellement dématérialisée » (Natter/Frodl, 2000, p. 98). Le contraste entre Judith et cette figure en blanc virginal, les mains chastement croisées, le corps tout entier enveloppé dans une robe tombant avec fluidité, ne saurait être plus saisissant. Ce n'est toutefois

Portrait de Ria Munk III (détail), 1917
(inachevé) (voir ill. p. 355)

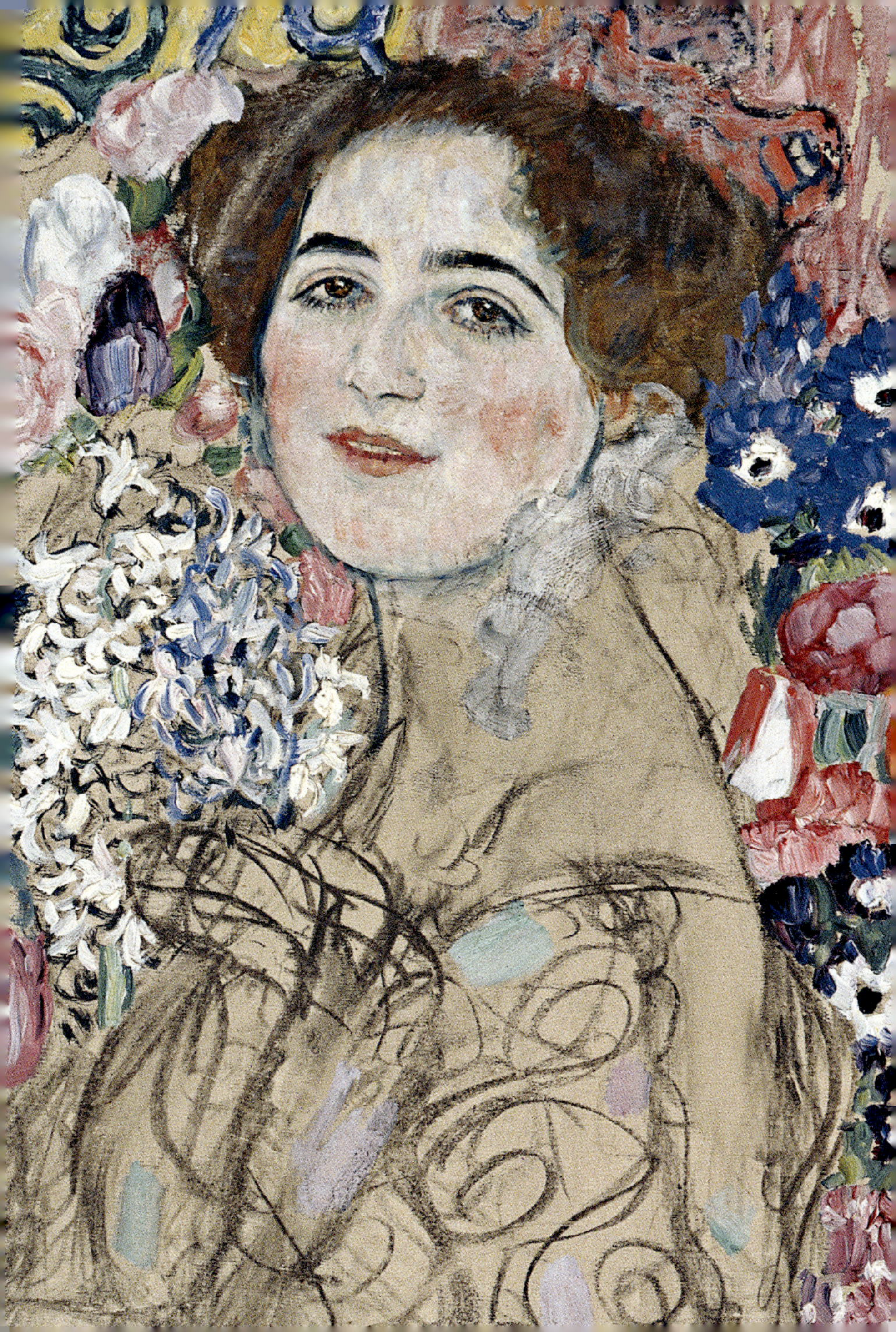

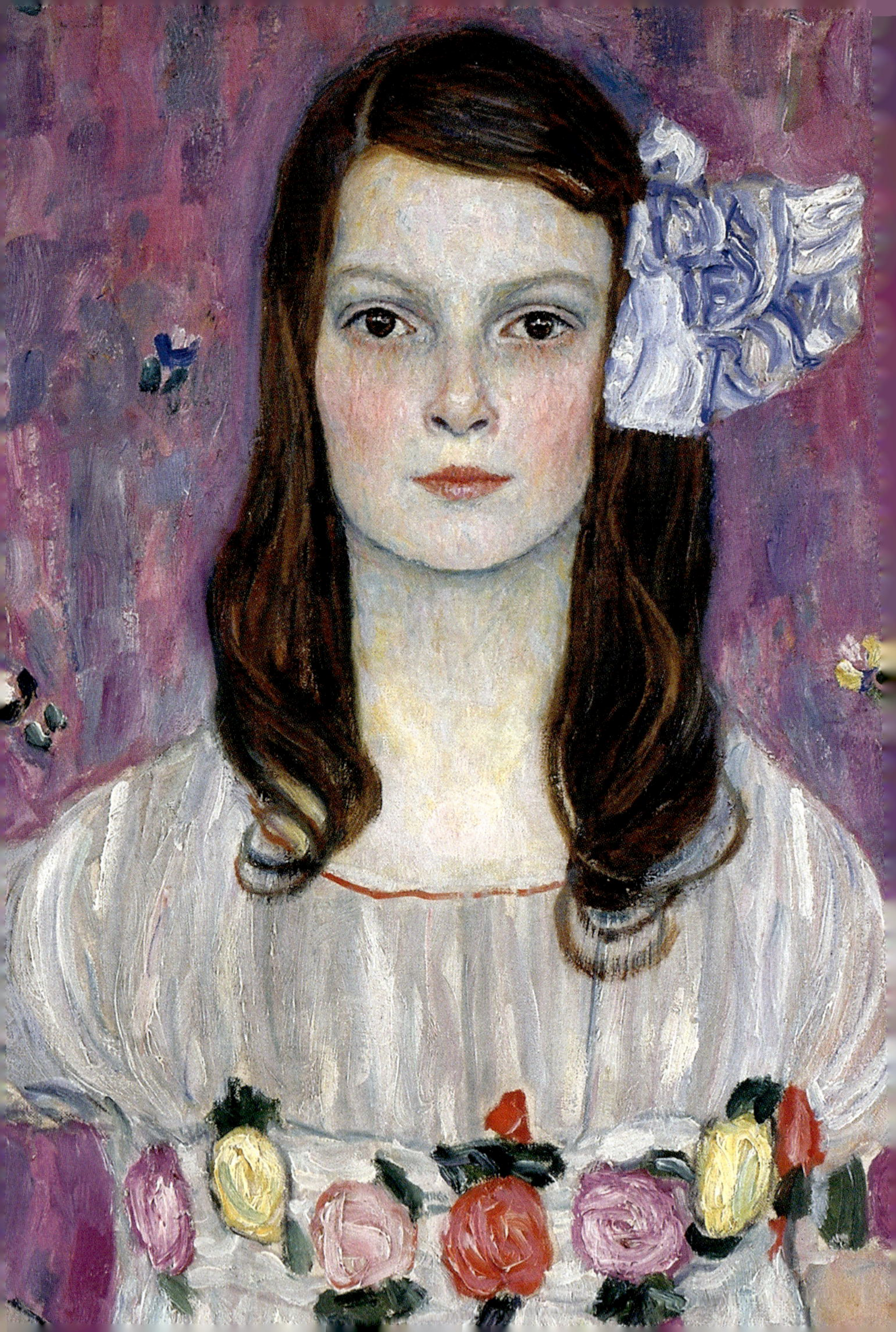

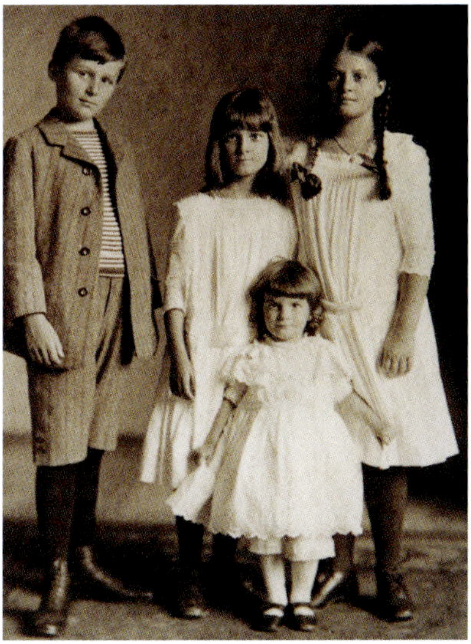

pas ce contraste qu'évoque Hevesi, mais celui qui existe entre Gertrud Loew et le Portrait de Rose von Rosthorn-Friedmann, lorsqu'il note ceci : « Considérons la nature ardente et vigoureuse de la dame en noir peinte il y a quelques années et [...], comme son opposé, la toute jeune fille en blanc de cette année, d'une pureté vaporeuse, avec ses quatre rubans de soie lilas qui courent le long de sa robe légère et froissée. Chaque ruban ondoie différemment dans la chute scintillante du tissu ; un hasard où gît le plus subtil des projets picturaux » (Hevesi, 1906a, pp. 451 sq.)

À l'exposition de 1903 se côtoient l'imposante déesse *Pallas Athena*, figure symbolique de la Sécession, *Judith*, la Femme fatale qui, en de nombreux points, forme un tout avec les *Ondines*, et le tableau *Poissons d'or* (p. 309 ; Natter 2012, cat. 140), également peint en 1901/02, que Klimt voulait initialement intituler « À mes détracteurs » et à travers lequel il exprima son indignation devant les réactions suscitées par les « tableaux des facultés » (Natter 2012, cat. 126, 127, 157) – autant d'œuvres qui contrastent avec les portraits de Klimt dans lesquels la femme devient décoration et disparaît de plus en plus dans l'ornement. Cette tendance se retrouve également – bien qu'atténuée – dans le portrait grand format de sa compagne Emilie Flöge (p. 311). Klimt le signa et le data en 1902 bien qu'il ne l'achevât qu'après 1904. À propos de cette œuvre, montrée avant son achèvement, notamment lors de l'exposition déjà mentionnée, Hevesi nota ceci : « Une autre, inachevée, semble venue d'un monde bleu chamarré, rempli de majoliques et de mosaïques (Hevesi, 1906a, p. 444), ajoutant un peu plus loin : « [...] la [femme] debout, en bleu, vert et or influencée par l'art japonais et la faïence [...] » (Hevesi, 1906a, p. 452).

L'affirmation récurrente, selon laquelle Emilie et sa mère se seraient accordées pour rejeter ce tableau est dénuée de fondement. Dès la fin de l'année 1903 ou au début de l'année 1904, Klimt reçut une offre d'achat de la part de l'État, qu'il ne put refuser.

Portrait de Mäda Primavesi (détail), 1913
(voir ill. p. 340)

Les frères et sœurs Primavesi, 1910
Photo. Collection particulière

Il répondit, en janvier 1904, qu'il n'avait pas songé « vendre le portrait de Mademoiselle Flöge. S'agissant toutefois, dans le cas présent, d'une éventuelle acquisition pour la galerie nationale, je consens, d'un commun accord avec la propriétaire, à vendre le tableau, celui-ci une fois terminé, à la Moderne Galerie » (cit. d'après Natter/Frodl, 2000, p. 100).

En 1908, la vente à la Niederösterreichische Landesgalerie fut réalisée pour la belle somme de 12 000 couronnes ; la mère (on ignore s'il s'agit de celle de Klimt ou d'Emilie Flöge) protesta et commanda un nouveau portrait qui ne vit toutefois jamais le jour. Cette désapprobation de la vente ne plaide pas, elle non plus, en faveur de l'idée selon laquelle le tableau aurait déplu au cercle familial intime. Il est plutôt probable que Klimt, à l'époque du scandale provoqué par les « tableaux des facultés », ne voulût pas laisser échapper l'occasion de voir une œuvre, laquelle était postérieure à sa période dite du Ring, en la possession de l'État – une thèse que vient étayer la lettre citée plus haut. La vente ne pouvait être parfaite que l'année où le peintre vendit également *Le Baiser* (pp. 142/143 ; Natter 2012, cat. 179) à la Österreichische Galerie, ce qui ne pouvait alors guère être prévu.

Si ce tableau marque un pas supplémentaire sur le chemin menant au « style doré », il met aussi en valeur le modèle. La jeune femme grande et élancée se tient dans un espace indéfinissable. Les surfaces de couleur, exécutées en gris, en vert et en rose entre lesquelles elle figure, rappellent les meubles rembourrés d'autres tableaux et donnent à cette peinture une étonnante profondeur. À quoi s'ajoute l'esquisse d'un sol sur lequel le modèle semble se tenir, même si sa robe descend jusqu'à terre. Le champ supérieur peint en bleu ne forme qu'un faible contraste avec la robe bleue, ce qui n'est pas sans rappeler le blanc sur blanc du *Portrait de Serena Lederer*. Emilie Flöge porte une robe qui, sans être cintrée, épouse d'assez près le corps ; cousue dans une étoffe diaprée de bleu et de vert, elle est couverte de points blancs, de cercles et de carrés dorés ainsi que d'ornements de couleur noire en spirale. Sur le tableau elle ne porte aucun bijou, bien que Klimt lui en ait offert plusieurs, réalisés à la Wiener Werkstätte (pp. 322, 385).

Certains spécialistes de la mode qualifient de réformiste la robe d'Emilie, d'autres soulignent qu'on ne peut la ranger parmi les tendances de la mode d'alors. Selon Angela Völker, elle fait l'effet d'une enveloppe ornementale abstraite, immatérielle (in Natter/Frodl, 2000, p. 46). Les connaissances approfondies de son amie dans le domaine de la mode ont-elles dissuadé Klimt de la vêtir d'une toilette dernier cri ? Était-ce le propre souhait d'Emilie ou les raisons de ce choix étaient-elles tout autres ? La question demeure en suspens, d'autant que nous n'avons conservé aucune étude pour cette œuvre. Le corps du modèle est en rotation vers la gauche ; le bras appuyé sur la hanche, la jeune femme tourne la tête sur le côté de façon à regarder le spectateur. Le regard qu'elle lui adresse n'est pas lascif, il n'est pas non plus timide ni fuyant, mais plein d'assurance, ce qui n'étonne guère de la part d'une créatrice de mode possédant son propre salon.

Derrière la tête du modèle figure une sorte d'auréole qui reprend les couleurs du tissu, mais dont la conception est plus géométrique et qui semble constituée d'un matériau rigide. Déjà perceptible dans le *Portrait de Sonja Knips*, cette manière de mettre en valeur le visage par des motifs floraux est accentuée, à travers l'ornementation dorée, dans le portrait de *Judith* et plus nettement géométrisée dans celui d'*Emilie Flöge*. Cette tendance se retrouve dans les portraits de *Margaret Stonborough-Wittgenstein* (pp. 265, 321 ; Natter 2012, cat. 169) et de *Fritza Riedler* (p. 298/299, 323), puis culmine, bien sûr, dans celui d'*Adele Bloch-Bauer I* (pp. 286, 328/329).

Femme disparaissant dans l'or

Le *Portrait d'Adele Bloch-Bauer I* est le seul portrait de Gustav Klimt que l'on puisse véritablement rattacher au « style doré ». L'or de *La Frise Beethoven* et, surtout, de *La Frise Stoclet* ne se retrouve dans une telle profusion que dans deux tableaux de chevalet : dans *Le Baiser* et dans le portrait dont il est ici question. Ce à quoi Klimt parvint, dans les autres portraits, au moyen de couleurs soigneusement choisies, il l'accentua dans le *Portrait d'Adele Bloch-Bauer I* par l'utilisation de l'or : la réduction du corps féminin à l'ornement.

Le tableau de format carré montre, devant un fond doré et une zone verte constituant un socle, Adele Bloch-Bauer vêtue d'or, assise dans un fauteuil pareillement doré. Si l'on distingue les différents éléments, c'est seulement parce que Klimt a peint sur l'or des ornements, utilisant d'autres couleurs, notamment l'argent et le noir, mais aussi le jaune, l'orange, le bleu, le gris et le marron. C'est ainsi que les accoudoirs du fauteuil sont garnis de volutes argentées, que l'on retrouve au-dessus de la tête – au fond à gauche. Manifestement, le dossier du fauteuil ne transparaît qu'à cet endroit ; il est en grande partie recouvert d'un motif évoquant celui que l'on aperçoit derrière la tête d'Emilie Flöge. Constitué de différentes formes rondes et en amande auxquelles se joignent, sur les côtés, des carrés, lesquels sont à droite nettement plus petits qu'à gauche, cet ensemble peut être interprété comme un coussin, ainsi que le suggèrent des esquisses.

Devant ce dernier se trouve le visage du modèle. Ce qui frappe le spectateur, ce sont les cheveux noirs, les yeux foncés, les lèvres rouges. La carnation du visage, elle, contraste à peine avec l'or, celle du décolleté et des bras se rapproche, par sa couleur jaunâtre, encore plus nettement de l'or. Adele Bloch-Bauer porte une robe ajustée, garnie d'yeux insérés dans des triangles. Ces derniers rappellent autant les hiéroglyphes égyptiens que l'œil chrétien de Dieu et sont mêlés à de multiples petits triangles le plus souvent argentés, dont les pointes indiquent tous la gauche. Conformément à la convention de l'époque, notamment due à Otto Weininger (1880–1903), ces petits triangles incarnent chez Klimt le principe masculin.

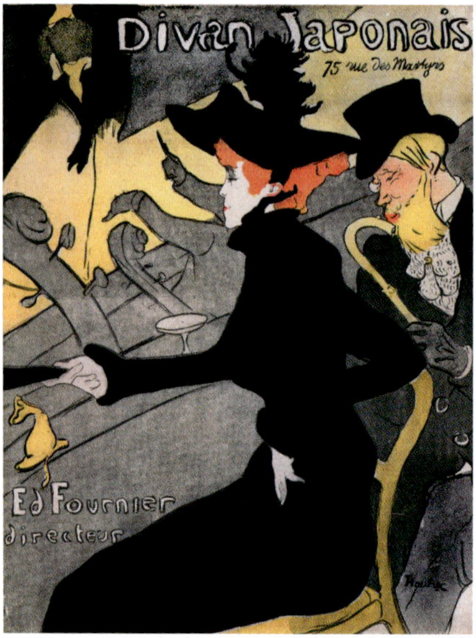

Henri de Toulouse-Lautrec, **Divan Japonais**, 1892/93
Lithographie

La robe laisse deviner la silhouette du modèle, tout en suggérant que la jeune femme se tient debout. Elle est encadrée par un ample tissu ; malgré l'aspect rigide de celui-ci, les touches agitées font penser à des plis. Aux petits triangles, cette fois en or et tendant vers le haut, se joignent des ornements japonais insérés dans des carrés – tels qu'on les trouve également sur la robe d'Emilie Flöge –, à quoi s'ajoutent d'autres symboles qui rappellent les cachets du portfolio édité à partir de 1908. Les lettres A et B, soit les initiales d'Adele Bloch, laquelle n'ajouta son nom de jeune fille à son nom d'épouse qu'en 1917, se répètent elles aussi. Dans l'angle inférieur droit de la toile figure, précisément dans un de ces carrés, la signature accompagnée de la date 1907. À la vue du tissu, il est difficile de déterminer, même à l'appui des dessins préparatoires, s'il s'agit d'un manteau (Natter/Frodl, 2000, p. 116 ; Seiser, 2007a, p. 286) ou d'une partie de la robe (Koja/Kugler, 2006, p. 168). Alice Strobl mentionne près de cent dessins d'étude (Strobl, I/1980, nos 1054–1151, et IV/1989, n°s 3520–3531c). Dans ces derniers, commencés dès 1903, Klimt représenta Adele Bloch-Bauer aussi bien assise que debout.

Lorsqu'il reçut la commande, le peintre venait de découvrir les mosaïques byzantines dans différentes églises de Ravenne. C'est à juste titre que le tableau leur est associé. Les figures y sont logées dans la sphère céleste, laquelle trouve dans l'or sa remarquable expression. C'est ainsi que devait également disparaître toute représentation en perspective telle qu'on la connaissait (encore) de l'Antiquité.

Klimt renonça, lui aussi, à la perspective. La comparaison avec les tableaux des souverains ornant la basilique San Vitale de Ravenne est tout aussi légitime que le renvoi au fait que, en 1907, soit au même moment, Pablo Picasso (1881–1973), dans son tableau des *Demoiselles d'Avignon* (New York, The Museum of Modern Art), bannissait la perspective tout comme Vassily Kandinsky (1866–1944) dans ses paysages précoces de Murnau. Si, avec l'ornement, il emprunta un autre chemin vers l'abstraction, Klimt s'accordait, d'une certaine façon, avec l'esprit de son temps. Dans le tableau des *Demoiselles*, Picasso renonça, de même que dans les œuvres cubistes créées peu après, aux couleurs contrastées. C'est aussi ce que fit Klimt. En outre, ce dernier fit « disparaître » Serena Lederer, Gertrud Loew ou encore Margaret Stonborough-Wittgenstein dans le blanc et Emilie Flöge dans le bleu. Pour Adele Bloch-Bauer, il choisit l'or comme matériau. Peut-être répondait-il ce faisant à la volonté des commanditaires. Peut-être l'honoraire élevé qu'il pouvait escompter du fabricant de sucre lui permettait-il d'utiliser l'or pour son portrait. Chercher dans ce précieux matériau les réminiscences d'une relation amoureuse (passée) me semble en revanche hasardeux. Celle-ci a-t-elle existé ? Laissons la question en suspens.

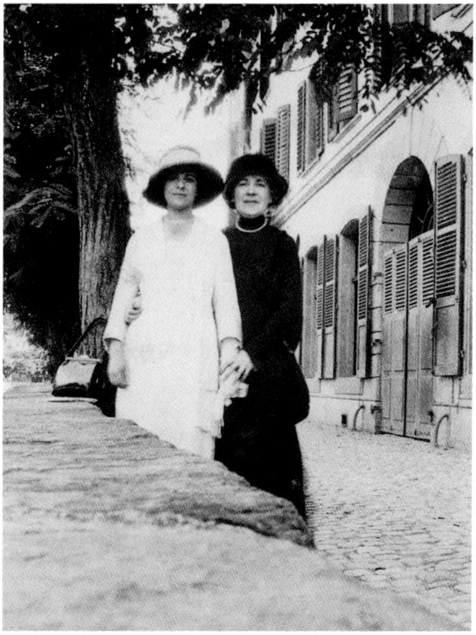

Portraits de femme anonymes avec chapeau

Cinq ans plus tard, Klimt peignit un second portrait d'Adele Bloch-Bauer. Dans la période intermédiaire, il n'exécuta pas d'autres portraits, mais seulement des tableaux de femme manifestement peints sans commande. Ceux-ci montrent par ailleurs clairement que la « période dorée » de Klimt était, après *Le Baiser* et *La Frise Stoclet*, terminée. Un exemple qui en témoigne est la *Femme avec chapeau et boa de plumes* (p. 335 ; Natter 2012, cat. 192), peinte vers 1910 et dont le chromatisme et la conception picturale sont tout nouveaux.

D'un format vertical légèrement rectangulaire, le tableau possède un fond sombre, peint avec des touches larges, où apparaissent à plusieurs reprises des parties claires rappelant des points lumineux – autant de motifs suggérant la grande ville, tout comme le large bandeau au centre, dans lequel surgissent des formes rouges, vertes et jaunes pareilles à des lumières. Une telle interprétation est toutefois erronée. Il s'agit tout simplement – comme put le démontrer de manière concluante le restaurateur du tableau, Erhard Stöbe

Serena Lederer et sa fille Elisabeth, vers 1914
Photo. Collection particulière

(Stöbe, 1995), de figures asiatiques, à peine esquissées, ornant une commode. La sculpture métallique jaune sur le bord gauche du tableau, laquelle représente un bœuf avec cavalier, en témoigne avec le plus d'évidence.

C'est précisément devant ce bandeau coloré que se trouve la tête du modèle ou, plus exactement, ce qu'on en voit. Entouré d'un grand chapeau et d'un boa de plumes qui le dissimule jusqu'à la lèvre inférieure, le visage est réduit aux yeux mi-clos sous de délicats sourcils arqués, au nez fin et à la lèvre supérieure maquillée de rouge. La pâle carnation est animée par deux taches de fard à joues. La chevelure blond vénitien dessine des boucles qui dépassent du chapeau. Un champ de couleur blanche apparaissant sous le boa de plumes pourrait être une garniture de fourrure appartenant au manteau. Le chapeau sombre est orné d'une écharpe bleu violacé, flottant en arrière et coupée par le bord supérieur de la toile.

Bien qu'on ne puisse pas même distinguer son vêtement et que son visage soit presque entièrement couvert, la femme représentée dégage davantage de féminité que les portraits exécutés plus tôt. Cela ne tient assurément pas au modèle, probablement Hilde Roth (vers 1876/80–1970), qui travailla près de quinze ans dans l'atelier de Klimt et dont le visage n'est pas reconnaissable dans ce seul tableau (voir à ce sujet Partsch, 2006), mais à l'orientation nouvelle du peintre. Celle-ci se fait également jour dans *Le Chapeau de plumes noires* (p. 333 ; Natter 2012, cat. 189) exécuté la même année.

Peint en blanc, ce tableau, lui aussi d'un format rectangulaire vertical et seulement légèrement plus grand, montre à son tour une femme à mi-corps. Sa posture suggère qu'elle est assise. Elle est accoudée, le menton appuyé sur la main, le visage incliné vers le bas, le regard dirigé vers la gauche. La pose songeuse dans laquelle Klimt la dépeint ne s'accorde pas vraiment avec l'ample chapeau de plumes qui semble flotter sur ses cheveux châtains coiffés en arrière. Le contour, absent des tableaux antérieurs, détache la toilette blanche du blanc de l'arrière-plan.

Ce tableau a souvent été comparé aux lithographies de Toulouse-Lautrec (1864–1901 ; par ex. Natter/Frodl, 2000, p. 122). Celles-ci furent plusieurs fois montrées à Vienne à partir de 1899, et il est probable que Klimt en ait vu quelques-unes lors de son voyage à Paris en 1909 (p. 282). Des tableaux des Fauves furent en outre exposés à Vienne à la *Kunstschau* de 1909. Ces influences furent sans doute déterminantes pour la fin de la « période dorée » et pour un nouveau départ, lequel se manifesta d'abord dans ces portraits anonymes avant que Klimt, par la suite, ne parvînt, avec les tableaux de Mäda Primavesi et d'Adele Bloch-Bauer, à de nouvelles solutions.

Portait d'Eugenia (Mäda) Primavesi (détail), 1913/14
(voir ill. p. 342)

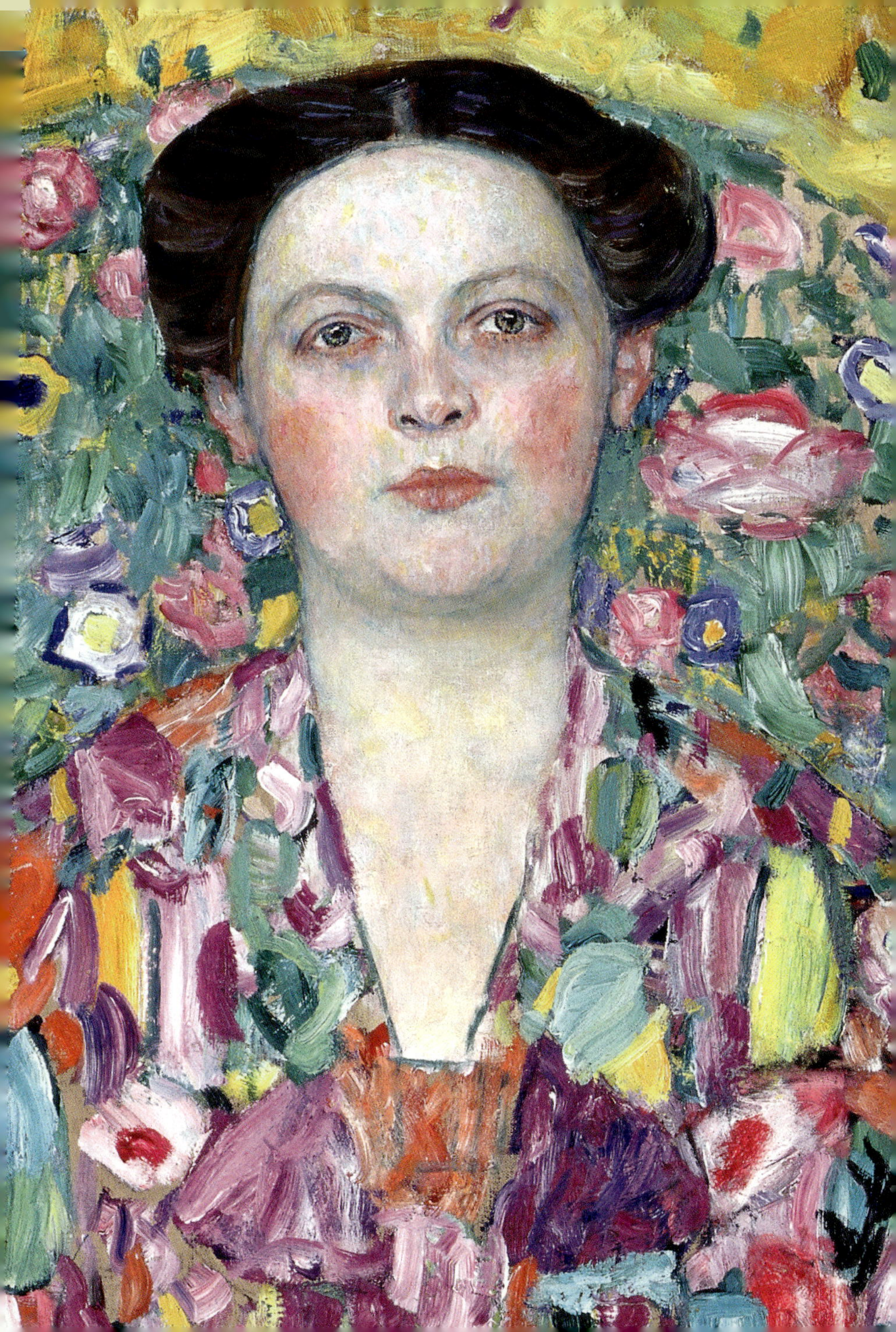

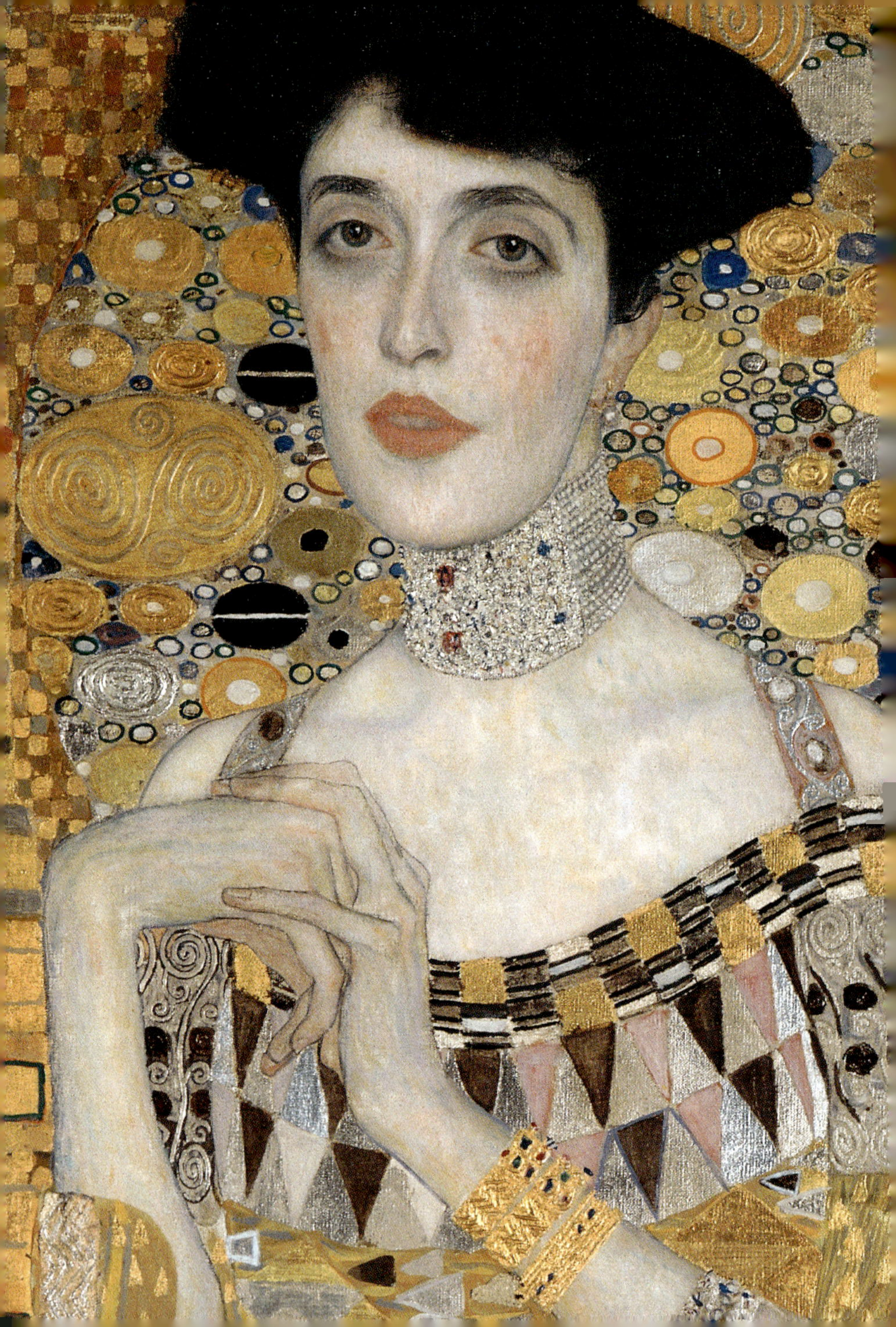

Portraits riches en couleurs de l'époque tardive

Lorsque Klimt peignit le *Portrait de Mäda Primavesi* (pp. 278, 340 ; Natter 2012, cat. 202), celle-ci n'était pas une femme, mais une enfant d'à peine dix ans. Se tenant les jambes écartées au tout premier plan du tableau et occupant l'espace pictural presque jusqu'en haut, elle est représentée grandeur nature. Elle adresse au spectateur un regard vif et scrutateur, un bras en appui sur la hanche, l'autre disparaissant derrière le dos. Garnie d'une ceinture de fleurs, la robe plissée descend jusque sous les genoux. Les jambes nues se terminent par des pieds exagérément grands, chaussés de ballerines.

Derrière Mäda se déploie une surface blanche sur laquelle poussent des touffes d'herbe et des fleurs, et où un poisson, un petit chien, un oiseau et probablement d'autres animaux se côtoient. Cette surface blanche est délimitée sur les côtés par une sorte de tapis qui, par ses touches vertes, blanches et rouges, rappelle les nymphéas de Monet. Derrière s'élève un mur rouge sur lequel sont éparpillées des fleurs qui pourraient aussi bien être des papillons se balançant au gré du vent. Aux touches rouges dominantes se mêlent d'autres taches colorées, le plus souvent vertes. Cette surface agitée et animée fait un effet néanmoins plus paisible que le « tapis aux nymphéas » et les trois lignes en forme de vagues qui, au premier plan, dessinent le sol où se tient la jeune fille.

Dans la manière dont il représentait ses modèles, Klimt faisait manifestement une différence entre les femmes intégrées dans l'ornement – et dans leurs contraintes sociales – et une enfant encore exempte de ces dernières. Ceci apparaît particulièrement dans le *Portrait d'Adele Bloch-Bauer II* (p. 345 ; Natter 2012, cat. 196) peint par Klimt en 1912. Si l'on reconnaît le visage du modèle (p. 293), le tableau ne peut par ailleurs guère être comparé à la peinture dorée. Klimt, ici, choisit de nouveau le format vertical. Avec ses 190 x 120 cm, le portrait est même encore plus grand que celui d'*Emilie Flöge* et plus large que celui de *Margaret Stonborough-Wittgenstein*.

Le modèle porte une robe montante de couleur claire qui commence juste au-dessous du large collier, lequel n'est pas, cette fois, constitué d'or et de pierres précieuses, mais composé de fines chaînes ou de petites perles – on ne peut le distinguer précisément. Boutonnée dans sa partie supérieure, la robe est serrée sous les seins par une large ceinture bleue puis descend, près du corps, jusqu'à terre. Au-dessous de la hanche, elle est divisée en bandes horizontales de différentes largeurs. La plupart d'entre elles présentent des rayures verticales, la plus large est pourvue d'un motif constitué de touches grossières. Partant du cou, un châle garni de fourrure, prenant dans les dessins la forme d'un manteau (p. 292), se déroule presque jusqu'à terre. Les pieds disparaissent – comme il est

Portrait d'Adele Bloch-Bauer I (détail), 1907
(voir ill. pp. 328/329)

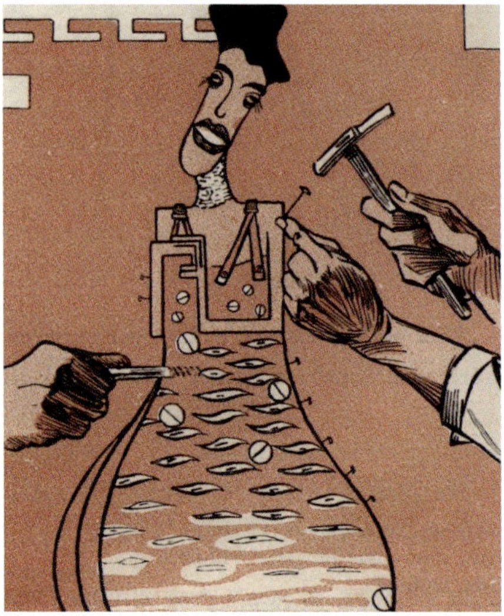

usuel chez Klimt – sous la jupe. Le visage et les mains sont les seules parties du corps visibles. La coiffure se dissimule sous un immense chapeau dont on ne peut voir le large bord que par en dessous. Le peu de blanc que l'on distingue sur ce dernier permet de supposer que le chapeau est orné de plumes blanches. Le visage aux sourcils foncés dessinant un arc élevé, aux lourdes paupières et à la grande bouche fardée de rouge fait face au spectateur. Ni la tête ni le corps n'accomplissent la moindre rotation, une frontalité qui donne à la figure un air rigide. Elle manque tout autant de vitalité que les femmes auparavant figées dans l'ornement. Adele Bloch-Bauer se tient sur un tapis à motifs. Aux côtés de cercles et de fleurs, on reconnaît des lignes sinueuses qui rappellent les B du tableau doré. Est également figuré un demi-cercle semblant provenir de ceux disposés les uns en face des autres dans le premier portrait. Klimt emprunta à ce dernier quelques ornements pour le second portrait d'Adele Bloch-Bauer. Le reste du fond, le « mur », est divisé en différentes zones. Devant une surface violet pâle se trouve un carré vert – peut-être une sorte de rideau mural –, qui est parsemé de fleurs et rappelle ainsi une prairie. Sur la zone rouge située au-dessus, des cavaliers galoppent en direction d'une maison qui ressemble à un temple. On aperçoit en outre des figures dont seules les jambes sont visibles, comme si Adele Bloch-Bauer se tenait devant une frise se prolongeant vers le haut.

Dans la *Dame avec chapeau et boa de plumes* (p. 335), Klimt avait déjà peint sur les côtés du visage des figures asiatiques, certes à peine distinguables, idée avec laquelle il renoua ici. Les œuvres d'art asiatiques qui se trouvaient dans son propre atelier lui servirent de

Siegmund Skwirczynski, **Caricature du *Portrait d'Adele Bloch-Bauer I***
Extrait de : *Die Muskete*, Vienne 1908

Pages 290/291
Josef Hoffmann, **Salle dédiée à la Wiener Werkstätte lors de l'Exposition Internationale de Mannheim en 1907**
Extrait de : *Deutsche Kunst und Dekoration*, t. XX, 1907

modèles. Dans le même temps, il est manifeste que l'artiste s'inspira des Fauves, notamment d'Henri Matisse (1869–1954). On le reconnaît à la manière dont il juxtapose des champs de couleur et répartit sur ceux-ci formes et figures.

Les derniers portraits achevés de Klimt présentent de semblables couleurs vives et sont également insérés dans des figures d'Asie orientale et, de ce fait, de nouveau « emprisonnés » dans un autre ornement. Parmi eux figure le *Portrait d'Elisabeth Lederer* (p. 347), souvent appelé le « Portrait de la baronne Elisabeth Bachofen-Echt ». La fille d'August et de Serena Lederer n'épousa toutefois le baron et brasseur Wolfgang von Bachofen-Echt qu'en 1921, soit longtemps après l'exécution du tableau. Lorsque ses parents commandèrent ce dernier à Klimt en 1914, Elisabeth était déjà une jeune femme, mais elle était encore très attachée à la maison paternelle. Elle raconta plus tard les disputes de sa mère avec Klimt, lequel ne fut jamais satisfait du tableau. En 1916, Serena Lederer le lui arracha alors qu'il ne le considérait toujours pas comme achevé.

Comme il l'avait fait pour sa mère, Klimt enveloppa Elisabeth Lederer dans une toilette blanche. Il ne s'agit toutefois pas ici d'une robe au tombé fluide, mais d'un corsage ajusté et d'une jupe entravée rappelant les pantalons bouffants alors dernier cri. Par-dessus, Elisabeth porte un châle de crêpe également blanc à motifs floraux. La robe blanche accentue la pâleur du teint, les cheveux et les yeux paraissent encore plus foncés. Seules les lèvres et les joues sont maquillées de rouge. Sous la jupe plissée et relevée, on aperçoit les pieds dans des escarpins blancs à hauts talons. Un tout petit pas de côté accentue la légère rotation du corps.

Elisabeth se tient – tout comme Adele Bloch-Bauer – sur un tapis, dont l'ornementation est toutefois distinguable et dont le rouge clair resplendit. Le fond, quant à lui, est totalement flou, ce qui est peut-être dû au fait que Klimt n'a pas pu achever le tableau. Sur une surface aux reflets gris, bleus et roses, des figures chinoises se dirigent vers le modèle et semblent – à une distance respectueuse – lui rendre hommage. Extraites du contexte d'un ou de plusieurs tableaux, elles font l'effet de figures oniriques. Elles s'accordent en outre avec le champ ornemental qui s'élève derrière Elisabeth Lederer et qui est emprunté à un costume chinois tel que celui que Klimt possédait. La matérialité du tissu n'est toutefois pas visible, seules les figures – les dragons bleus et rouges, les chauves-souris et les fleurs stylisées, autant de porte-bonheur – forment ensemble une sorte d'auréole qui se termine derrière les épaules du modèle.

C'est avec beaucoup moins de distance que Klimt peint sa commanditaire suivante dans le *Portrait de Friederike Maria Beer* (p. 349 ; Natter 2012, cat. 217). Les bouts des escarpins noirs de la jeune femme touchent le bord inférieur de la toile. Représenté dans une position frontale caractéristique de Klimt, le modèle occupe la quasi-totalité de l'espace pictural, même si, derrière lui, des figures grand format se livrent un combat

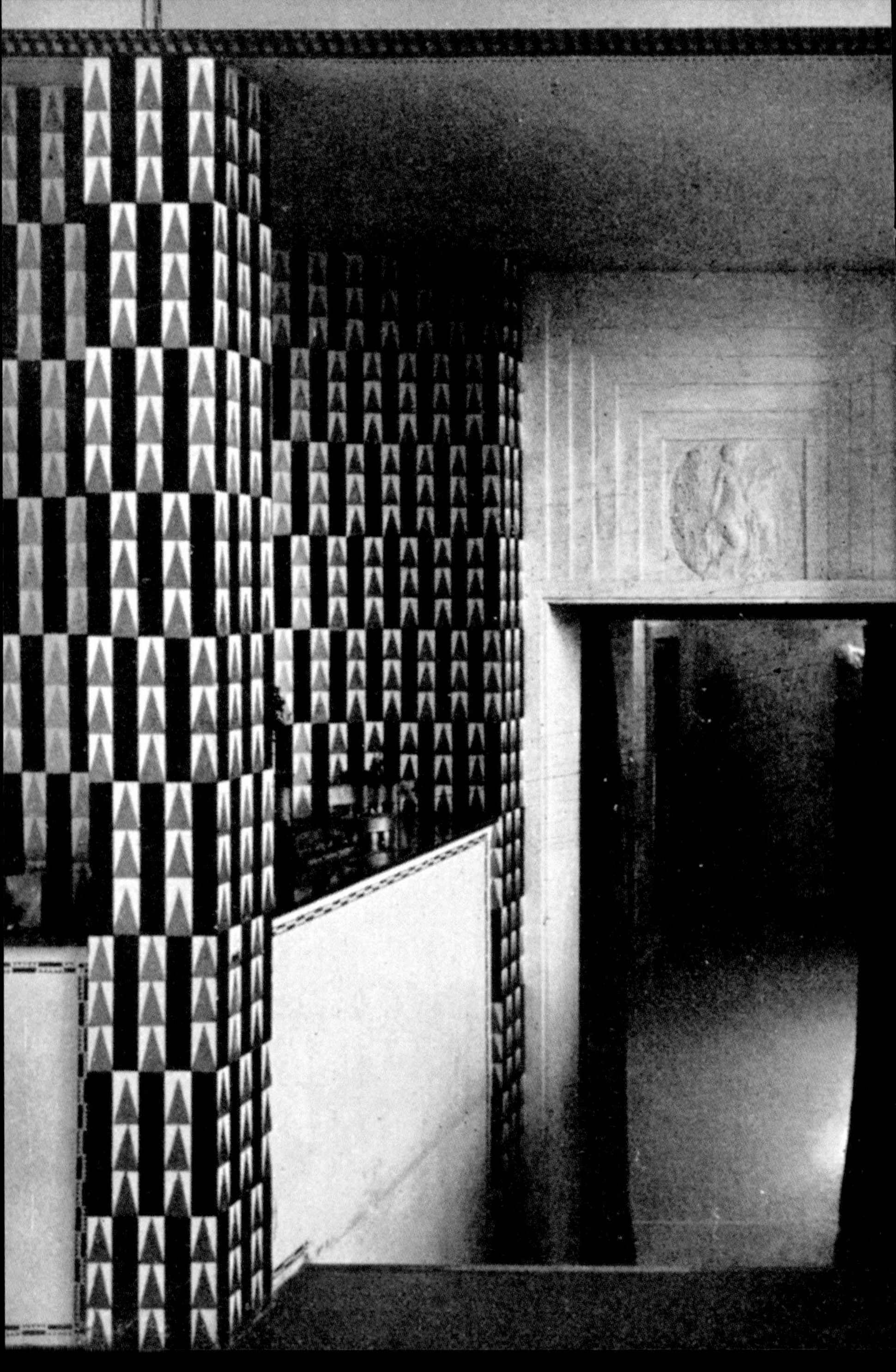

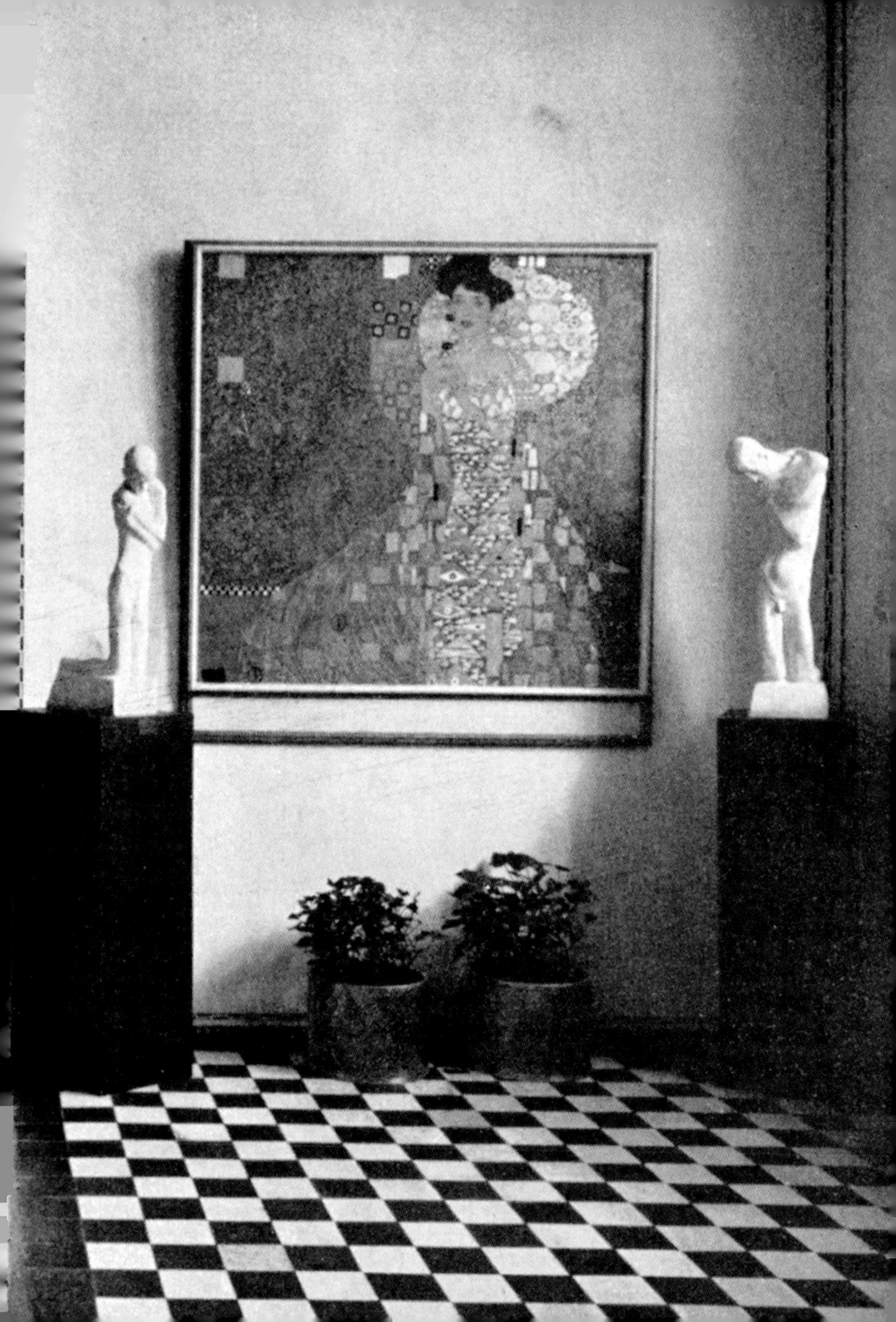

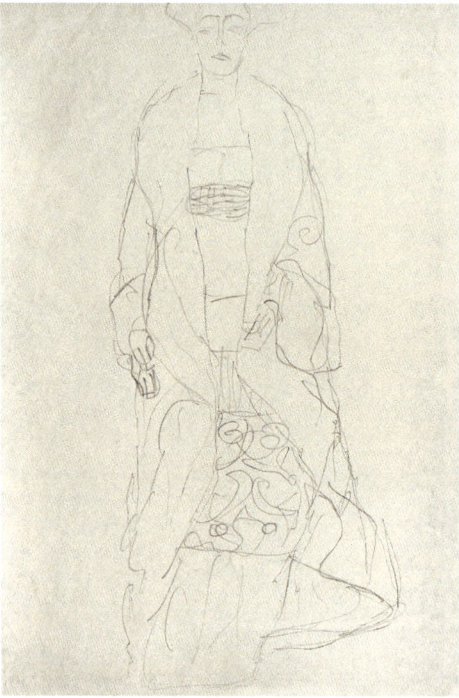

sauvage. D'après Friederike Maria Beer, il s'agit de scènes empruntées à un vase asiatique qui appartenait à Klimt. Elle-même porte, au-dessus d'une robe de la Wiener Werkstätte sillonnée de motifs, une veste en putois que Klimt lui a suggéré de mettre à l'envers parce que la doublure en soie créée par l'Atelier viennois le fascinait. Celle-ci présente une ornementation en partie florale, si bien que la robe, la veste et le fond rivalisent mutuellement. Les seuls îlots de calme sont le tapis vert au premier plan du tableau et le visage encadré par les cheveux noirs du modèle dont les yeux foncés fixent le spectateur.

Jusqu'en 1917, quinze autres portraits de femme virent le jour. L'un d'entre eux, *Les Amies II* (p. 350 ; Natter 2012, cat. 225), passa – comme tant d'autres tableaux – en la possession de la famille Lederer et disparut dans l'incendie du château d'Immendorf en 1945. Dans un format probablement carré, il montre deux femmes représentées de manière fragmentaire. Celle au premier plan est enveloppée dans un vêtement rouge qui se détache à peine sur le fond et porte un turban. À ses côtés, légèrement derrière elle, se tient l'amie dénudée, qui tient sa tête appuyée contre la sienne. À côté des deux figures se côtoient, sur le fond rose, des oiseaux et des fleurs, lesquels ne sont disposés ni en groupe, comme dans le portrait d'Elisabeth Lederer, ni de manière débordante, comme dans celui de Friederike Maria Beer, mais sont répartis plutôt librement. On remarque les deux oiseaux, sur la droite et sur la gauche du tableau, qui rappellent le paon et le cygne, tous deux des symboles, entre autres, de beauté. Dans la pose qu'elles adoptent, les deux jeunes femmes évoquent les peintures allégoriques plus tardives. On les dirait sorties d'un de ces tableaux.

Adele Bloch-Bauer vêtue d'un manteau et d'une robe ornementée, vers 1912
Mine de plomb, 56,5 x 37,0 cm. Vienne, Collection de Monsignore Otto Mauer

Représentations allégoriques de femmes de l'époque tardive

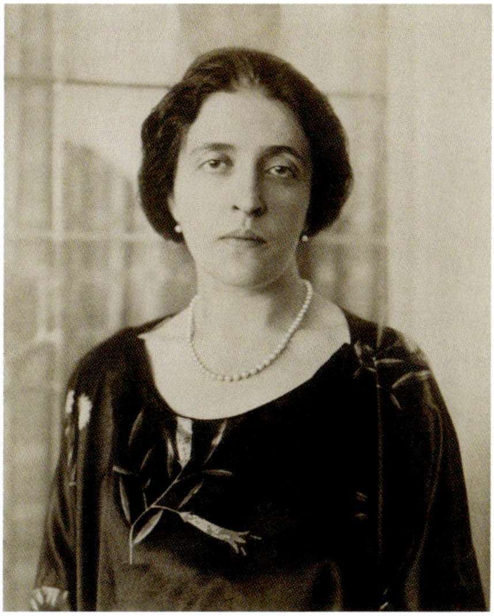

Car outre les portraits de femme, exécutés avec ou sans commande – au nombre desquels comptent également les figures issues de la mythologie antique –, Klimt continua de peindre des allégories. Si celles-ci changèrent sur le plan stylistique, le peintre conserva les conceptions de la vie et de la mort qu'il avait formulées dans le tableau *Allégorie de l'Amour* (p. 59 ; Natter 2012, cat. 81) de 1895. Dans *La Mort et la Vie* (pp. 336/337 ; Natter 2012, cat. 193), qui porte aussi les titres « La Mort », « Mort et Vie », « Mort et Amour » ainsi que « La Crainte de la mort », on peut parfaitement reconstruire ces changements, dans la mesure où Klimt peignit ce tableau en 1910/11, l'exposa aussitôt, puis le remania vers 1915.

Mesurant 180,5 x 200,5 cm, le tableau, qui fait presque l'effet d'un carré, se divise en deux parties. À gauche se tient la Mort, enveloppée dans un vêtement bleu. On ne la reconnaît qu'à sa tête de mort et à ses mains osseuses – du moins dans la version dont nous disposons aujourd'hui. La partie la plus grande du tableau est occupée par les figures humaines – pour la plupart des femmes – disposées sur une prairie en fleurs.

Lorsque le tableau fut montré pour la première fois, à l'Exposition Internationale d'art de Rome en 1911, la Mort, très étroite et d'aspect totalement incorporel, tenait la tête basse. Son crâne disparaissait à moitié dans le manteau bleu, essentiellement orné d'épaisses croix noires. L'auréole dorée qui la coiffait n'était pas seulement une dernière réminiscence de sa « période dorée », mais transportait la Mort dans une sphère céleste. En face d'elle se trouvaient cinq personnages : une mère avec son enfant, une vieille femme et un couple. Leurs corps dénudés étaient en partie dissimulés par des étoffes (ou des couvertures) parsemées d'ornements. Tous avaient les yeux clos, ne regardaient donc pas la Mort en face, sans que celle-ci leur inspirât une peur visible.

Dans l'état de l'œuvre que Klimt montra ensuite, en 1916, à l'exposition de la Sécession berlinoise et que nous connaissons aujourd'hui, la Mort a adopté une posture plus mena-

Portrait d'Adele Bloch-Bauer vêtue d'une robe de la Wiener Werkstätte, vers 1910
Photo. Imagno/Austrian Archives

çante. Tenant dans ses mains une massue de couleur rouge et ricanant, elle dirige ses regards vers l'écheveau de corps humains. Son vêtement s'est élargi et dessine des formes corporelles, comme si se tapissait sous une robe très ajustée le corps d'une femme. Le crâne a perdu son auréole dorée, le fond du tableau n'est plus brun rouge, mais peint dans un ton oscillant entre le vert et le bleu.

La prairie de fleurs s'est agrandie et à l'écheveau humain déjà présent se sont ajoutées plusieurs figures. Tout en bas, la femme du couple continue de baisser la tête de sorte qu'on ne voit que ses cheveux. Ces derniers n'étant toutefois plus détachés, on aperçoit désormais son bras gauche. L'homme figuré derrière elle l'enlace de son bras droit. Sa main gauche qui, dans le premier état du tableau, tenait l'épaule de la jeune femme, disparaît à présent derrière le buste dénudé de celle-ci. Un tissu aux ornements pour l'essentiel rouges recouvre partiellement le corps de la femme, dont la posture laisse deviner qu'elle se tient debout. Il serait pourtant plus logique qu'elle repose sur les genoux de l'homme assis derrière elle. Le buste nu redressé de ce dernier est extrêmement musclé. Sa carnation est d'un brun surprenant, surtout si on le compare au teint blanc de la femme. L'étoffe qui l'enveloppe à partir de la taille présente des motifs rappelant la tunique de l'homme dans *Le Baiser*. Derrière lui, la vieille femme se tient assise. Elle porte une coiffe bleue et incline avec humilité son visage aux joues creuses. Ses yeux sont clos, tout comme ceux de la jeune mère et de son nourrisson allongés derrière elle. Le bébé repose sur le dos. Aucun tissu ne couvre sa nudité, de sorte qu'il est aisé de reconnaître qu'il s'agit d'un garçon. La mère l'entoure d'une main. Légèrement éloignée de son corps, la tête du bébé est appuyée contre le visage d'une jeune fille. Les têtes de ces deux derniers encadrent celle de la vieille femme. Sur le côté se détachent des étoffes une autre tête ainsi qu'un corps, le lien unissant les deux n'étant pas évident à définir. De l'autre côté, en direction de la Mort, on distingue deux autres jeunes femmes. L'une d'entre elles a les yeux grands ouverts et porte ses mains à sa gorge, comme si elle ressentait une menace imminente.

La comparaison avec les représentations de danses macabres connues depuis le Moyen Âge semble s'imposer et a déjà souvent été établie. Klimt renonce toutefois à reproduire les différentes classes sociales et à traduire en images la peur des hommes. « Tous les hommes », ce sont pour lui les âges de la vie et les deux sexes, même si la jeunesse, dans la version définitive du tableau, domine. Ce qui est par ailleurs intéressant, c'est la représentation différente des sexes. Les femmes – qu'elles soient jeunes ou vieilles – possèdent une blanche carnation, qui vire légèrement au bleu verdâtre et rappelle ainsi les créatures aquatiques que Klimt n'a eu de cesse de peindre. La peau du nourrisson est en revanche

Portrait de Friederike Maria Beer (détail), 1916
(voir ill. p. 349)

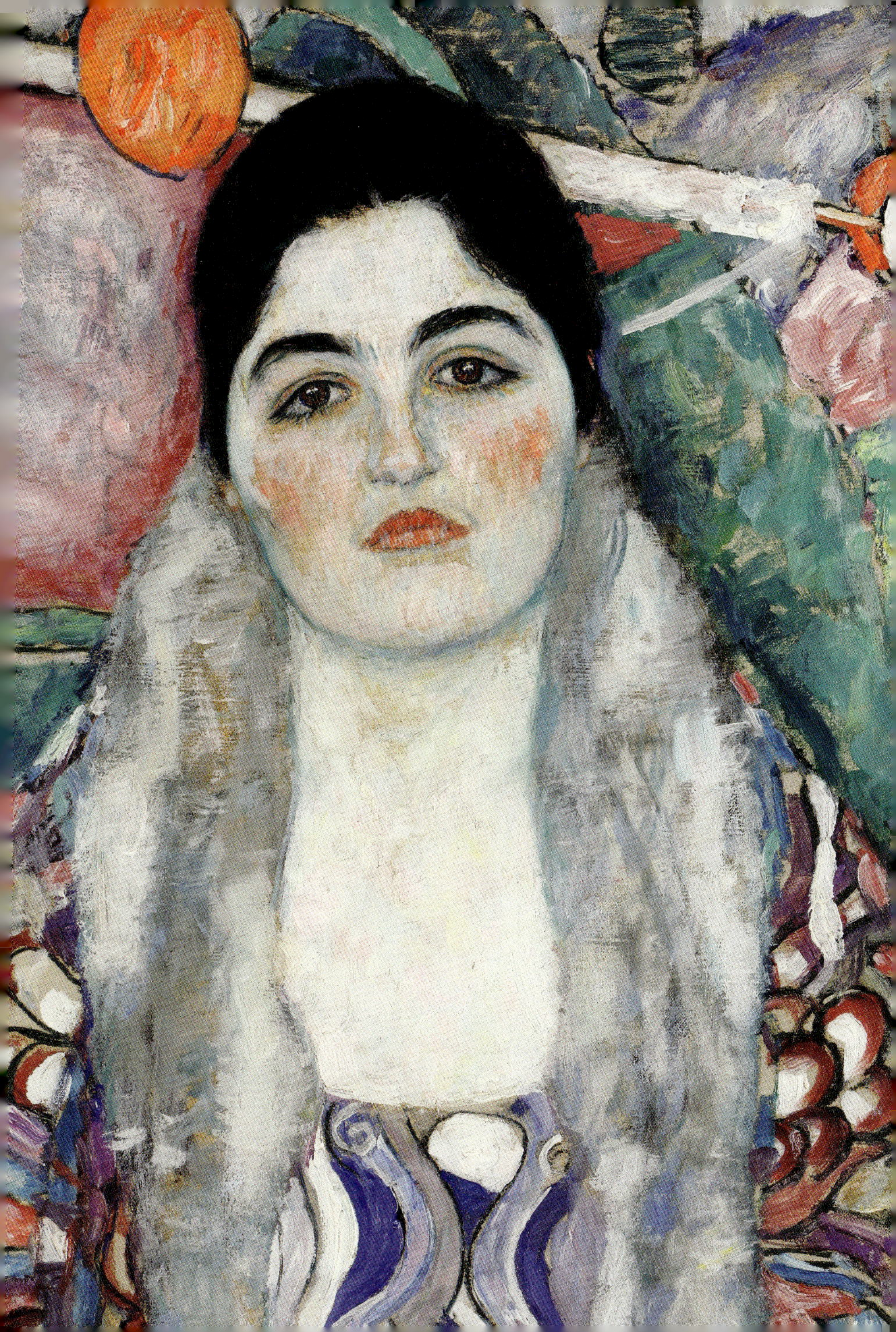

d'une saine couleur rose ; le personnage masculin fait penser, avec sa peau brune et sa constitution musclée, à un sportif débordant de santé, ce qui ne s'accorde guère avec sa posture dans le même temps humble et protectrice.

La menace que la mort fait peser sur la vie est un thème qui parcourt l'œuvre entier de Klimt. On le trouve déjà, comme mentionné plus haut, dans le tableau *Allégorie de l'Amour* de 1895, mais ensuite également dans *La Frise Beethoven*, dans les « tableaux des facultés » et dans beaucoup d'autres peintures, jusqu'au *Baiser. La Mort et la Vie* réunit pour ainsi dire ce dernier et *Les Trois Âges de la femme*.

D'une composition similaire, *La Vierge* (pp. 338/339 ; Natter 2012, cat. 203), où sont absentes la composante masculine et la figure menaçante de la Mort, fut achevée en 1913 et servit peut-être de modèle au remaniement du tableau *La Mort et la Vie*. La quasi-totalité de l'espace pictural est occupée par la prairie en fleurs où sommeille la vierge, enveloppée dans une couverture dont les ornements circulaires suggèrent, comme il est usuel dans l'œuvre de Klimt, la féminité. Elle est entourée de femmes nues, d'enfants innocents et de femmes ayant déjà connu les délices du plaisir. Plus que toute autre, la figure de dos apparaissant sur la gauche du tableau, qui ne repose pas sur des fleurs, mais sur des étoffes rappelant des draps froissés, peut être lue de cette manière. La ressemblance avec le tableau *La Mort et la Vie* n'est ainsi pas seulement formelle. Car la jeune fille vierge et son corps sont menacés – cette fois-ci par son propre désir.

Dans une de ses dernières peintures, le tableau inachevé *L'Épousée* (pp. 366/367 ; Natter 2012, cat. 244), Klimt s'empare une nouvelle fois du thème. L'épouse, au centre, est enveloppée dans un long vêtement. Ses yeux clos, son port de tête et les traits de son visage font penser à la femme figurée dans le « Baiser » de *La Frise Stoclet*. Sur sa gauche, elle est escortée par l'écheveau humain que nous avons déjà rencontré dans *La Mort et la Vie*, de nouveau constitué pour l'essentiel de femmes nues, d'enfants, d'un bébé, mais aussi d'un homme contre l'épaule duquel repose la tête de l'épousée. Il tente de se tourner vers elle. Et – ce qui est remarquable – on distingue son visage. Depuis 1900, Klimt n'avait peint aucun homme aux traits reconnaissables. Plus bas, une figure de dos rappelle dans sa posture la peinture *Poissons d'or*. À droite de l'épousée figure, couchée sur un fond pas encore exécuté, un nu féminin dont la tête n'est que vaguement suggérée et dont les jambes écartées sont dissimulées par un motif (une jupe ?) non (encore ?) couvrant. Il n'est guère possible de dire combien de références à des peintures antérieures Klimt voulait réunir dans ce tableau. Le peintre s'est intensivement penché sur le thème, ce dont témoignent les plus de 150 dessins d'étude exécutés pour cette œuvre.

La notoriété de Klimt repose sur le « style doré », sur les femmes peintes en or. Mais on réduit ainsi l'artiste aux deux frises, au *Baiser* et au *Portrait d'Adele Bloch-Bauer I*. Si l'on considère que ce tableau marque l'apogée des portraits féminins, on peut observer, depuis le portrait des débuts d'*Emilie Flöge*, une constante évolution vers le faste ornemental. Partant de Whistler, intégrant plus tard Jan Toorop (1858–1928) et Fernand Khnopff dans son évolution stylistique, sans négliger les impressionnistes, Klimt parvint à un Art Nouveau incluant le japonisme et le symbolisme, et rendit hommage à l'ornement, lequel conduisit aussi à une certaine abstraction formelle, telle qu'elle laissa son empreinte la plus forte dans *La Frise Stoclet*. Si elle ne peut être, d'un point de vue stylistique, comparée à Picasso et au cubisme ni à Kandinsky et à l'expressionnisme, cette « abstraction ornementale » puise toutefois dans de mêmes racines.

Dans ses peintures plus tardives, Klimt abandonna « son » style doré au profit d'un chromatisme soutenu, tout en restant fidèle à l'ornement, même si, devant un petit nombre de tableaux, on a le sentiment de discerner le caractère du modèle. La *Femme avec chapeau et boa de plumes* ainsi que *Mäda Primavesi* sont des exemples qui en témoignent. Au japonisme se mêla l'influence des Fauves qui faisaient alors fureur à Paris. Les peintures de Klimt conduisirent toutefois à une impasse. La jeune génération puisa son inspiration ailleurs que chez le grand peintre de style.

Le style spécifique de Klimt et la prédominance de l'ornement se manifestent dans les cachets que l'artiste attribua, 1908, à ses peintures, lesquelles parurent en cinq livraisons dans le portfolio *Das Werk von Gustav Klimt*. Au moyen de ces marques, il pourvut chaque œuvre peinte d'un ornement, peu importe qu'il s'agît d'un portrait ou d'un paysage. Aussi ces cachets ne me semblent-ils pas « clairement attribuables » (Weidinger, 2007b, p. 182) ni « pour ainsi dire peints sur mesure pour les commanditaires » (ibid.). On ne peut distinguer ceux attribués à un paysage de ceux destinés à un portrait et, dans ces derniers, on ne reconnaît pas ce qui caractérise le modèle, à moins qu'on ne se réfère au *Portrait d'Adele Bloch-Bauer I* et à la lettre A qui en constitue le cachet. Mais les formes ovales de celui d'*Emilie Flöge* ne ressemblent guère à celles réparties sur sa robe. Or, c'est parce que les cachets ne montrent pas de caractéristique du modèle que la thèse selon laquelle la femme, dans les portraits de Gustav Klimt, disparaît dans l'ornement, se voit confirmée. Que ce dernier soit doré ou en couleur, rigoureusement géométrique ou issu de touches se croisant librement, n'a aucune importance.

Pages 298/299
Portrait de Fritza Riedler (détail), 1906
(voir ill. p. 323)

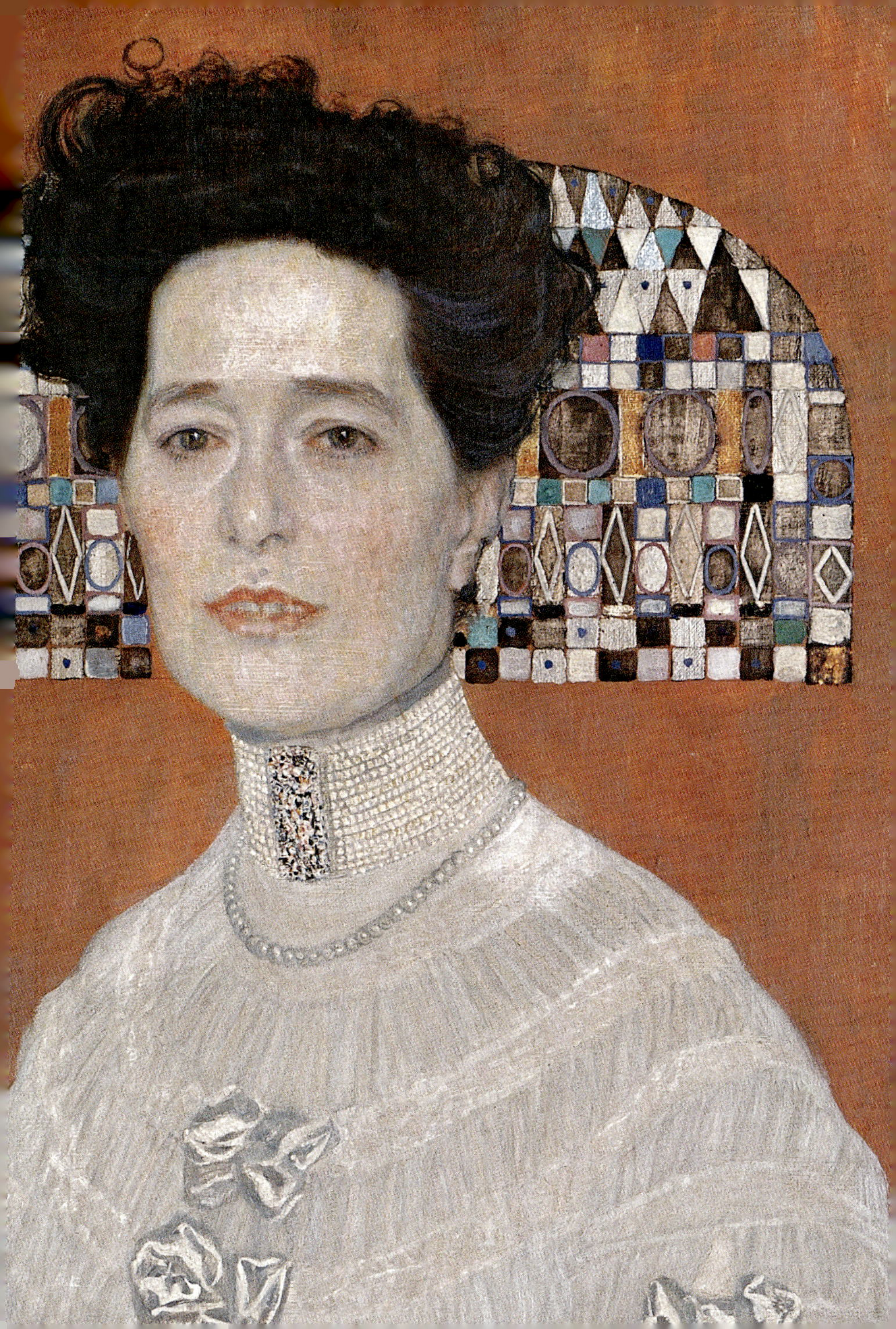

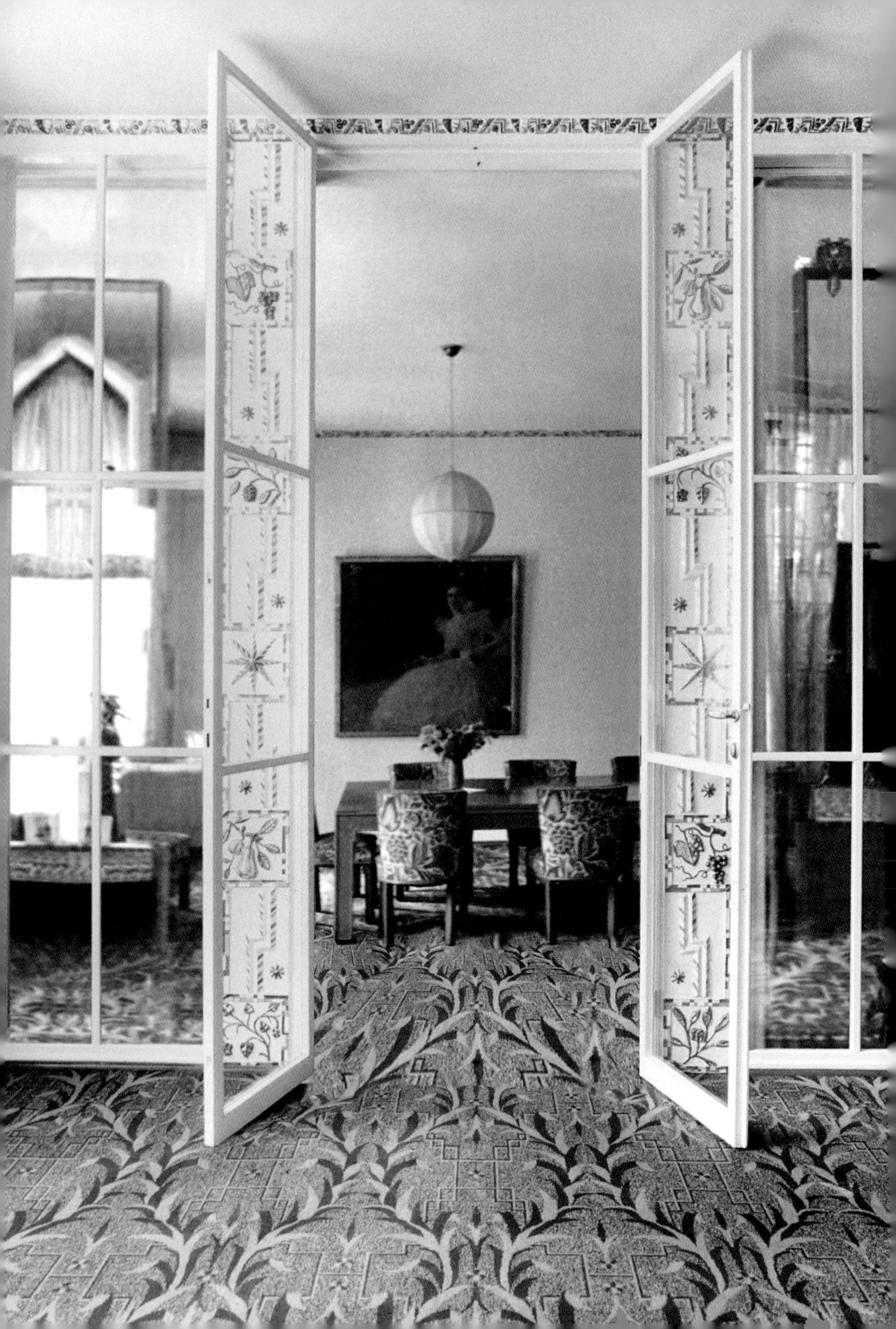

*« Un parfum de douce féminité vole vers nous.
Même le pinceau, semble-t-il, a dû être amoureux. »*

FRANZ SERVAES, 1901

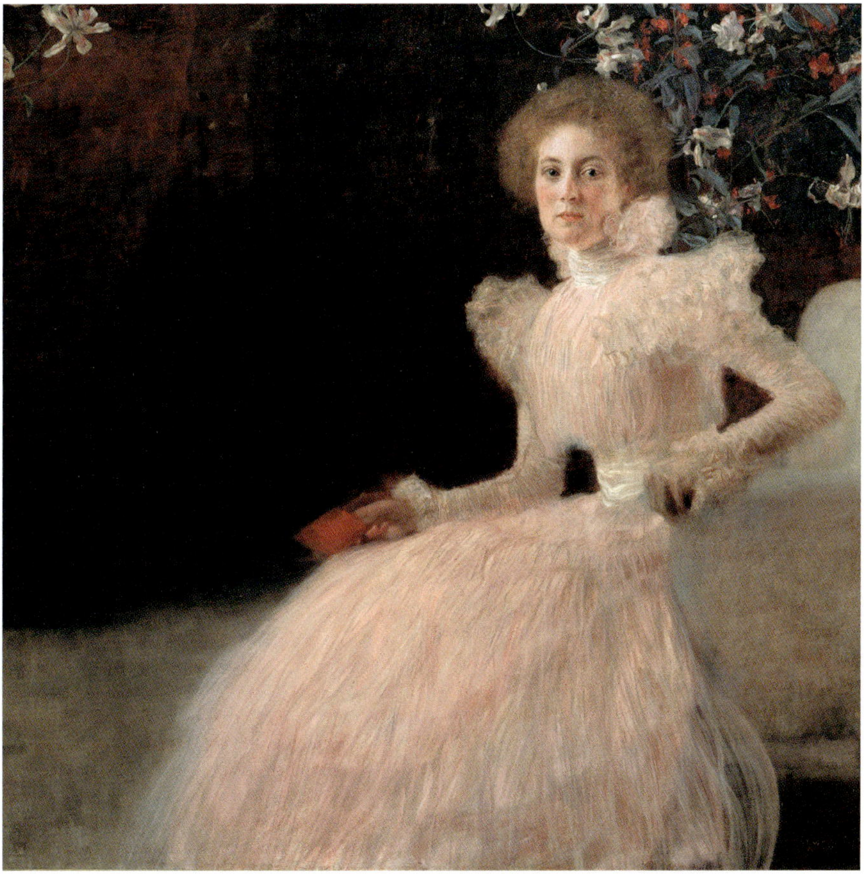

Vue de la salle à manger de la villa Knips à Vienne, 1915
Photo. Imagno/Austrian Archives

Portrait de Sonja Knips, 1898
Huile sur toile, 145 x 146 cm. Vienne, Belvedere

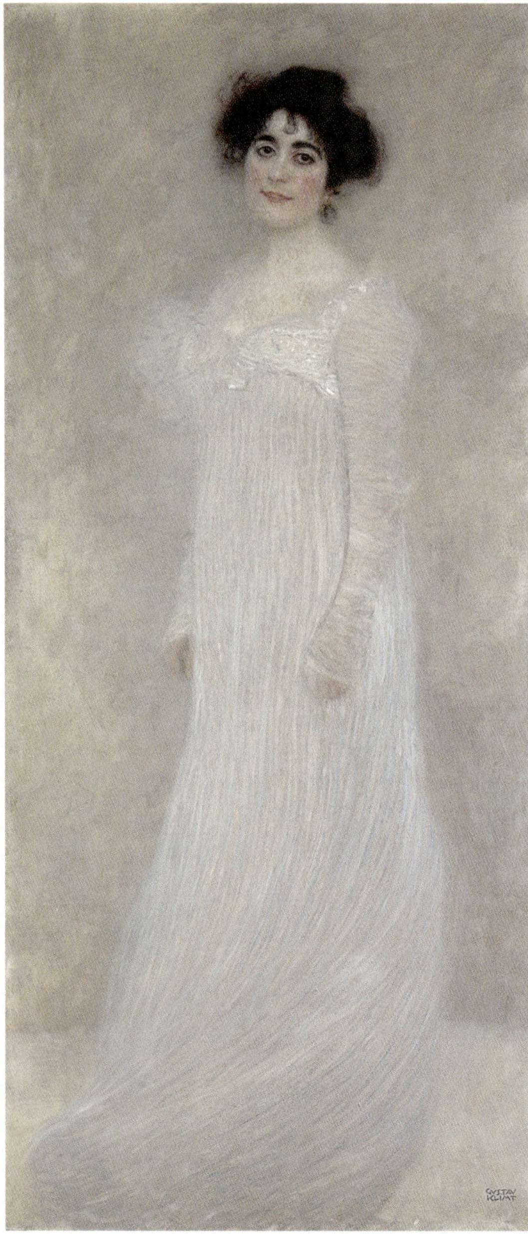
GUSTAV
KLIMT

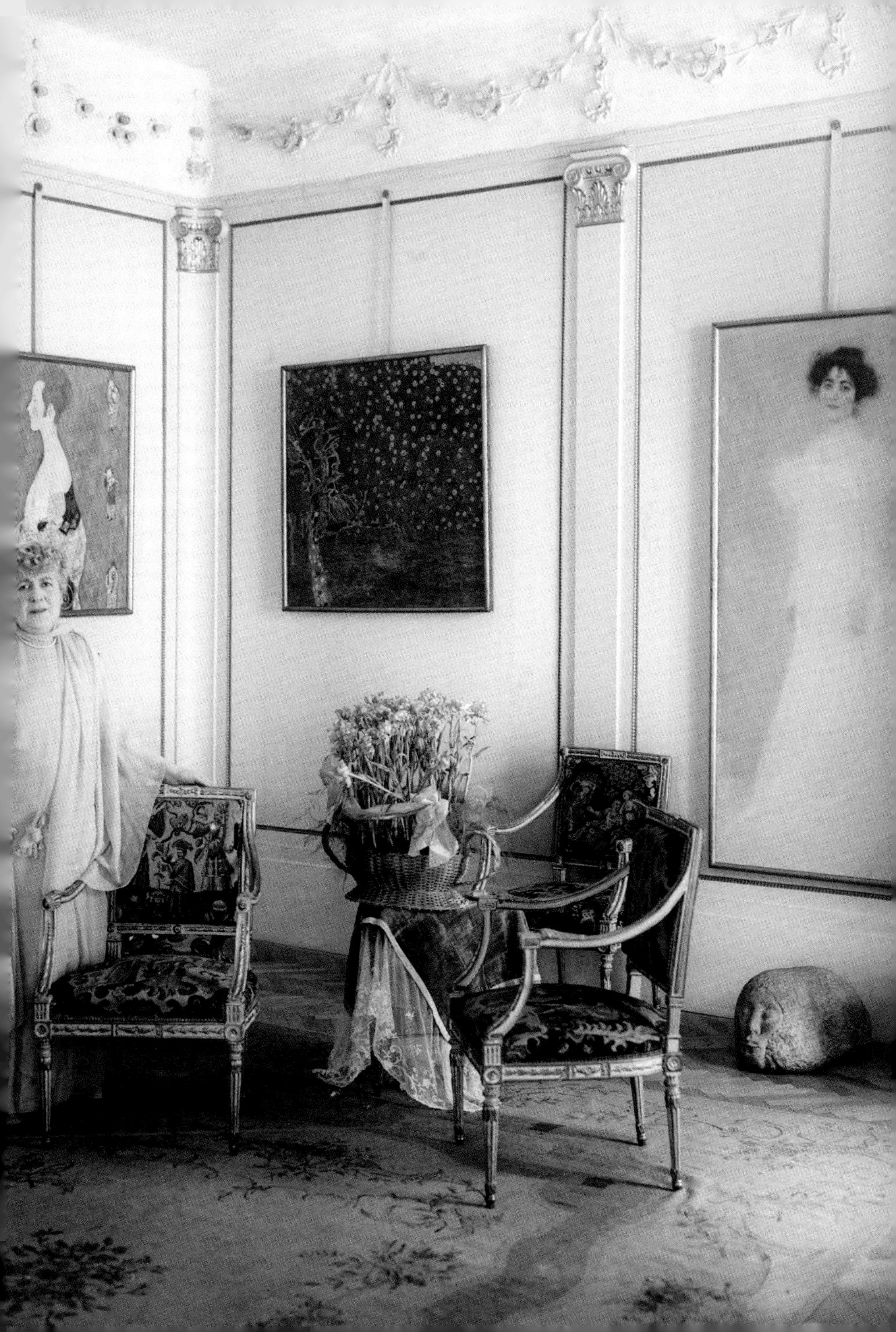

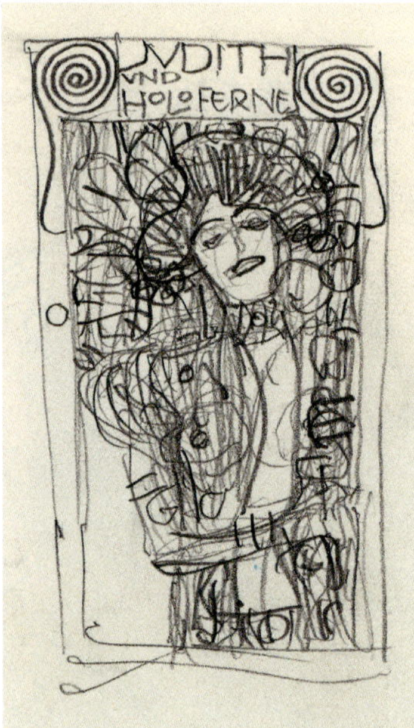

« Dans le fond, la célèbre Judith est, elle aussi, avec toute sa magnificence issue de l'Orient ancien, une créature féminine très moderne, élevée au rang de symbole, laquelle possède un charme séducteur et pervers. »

FRANZ SERVAES, 1903

Page 302
Portrait de Serena Lederer, 1899
Huile sur toile, 190,8 x 85,4 cm. New York, The Metropolitan Museum of Art, Inv. n° 1980.412, acquis grâce au Wolfe Fund, au Rogers and Munsey Fund et au don de Henry Walters, legs de Catharine Lorillard Wolfe et Collis P. Huntington, par échange

Page 303
Martin Gerlach, **Serena Lederer dans son salon**, vers 1930
Avec les tableaux de Klimt *Wally*, *Pommier d'or* et le portrait de Serena
Photo. Imagno/ÖNB

Esquisse pour le tableau de *Judith I*, vers 1899
Mine de plomb, 13,8 x 8,4 cm. Vienne, Belvedere, carnet d'esquisses de Sonja Knips

Judith I, 1901
Huile sur toile, 84 x 42 cm. Vienne, Belvedere

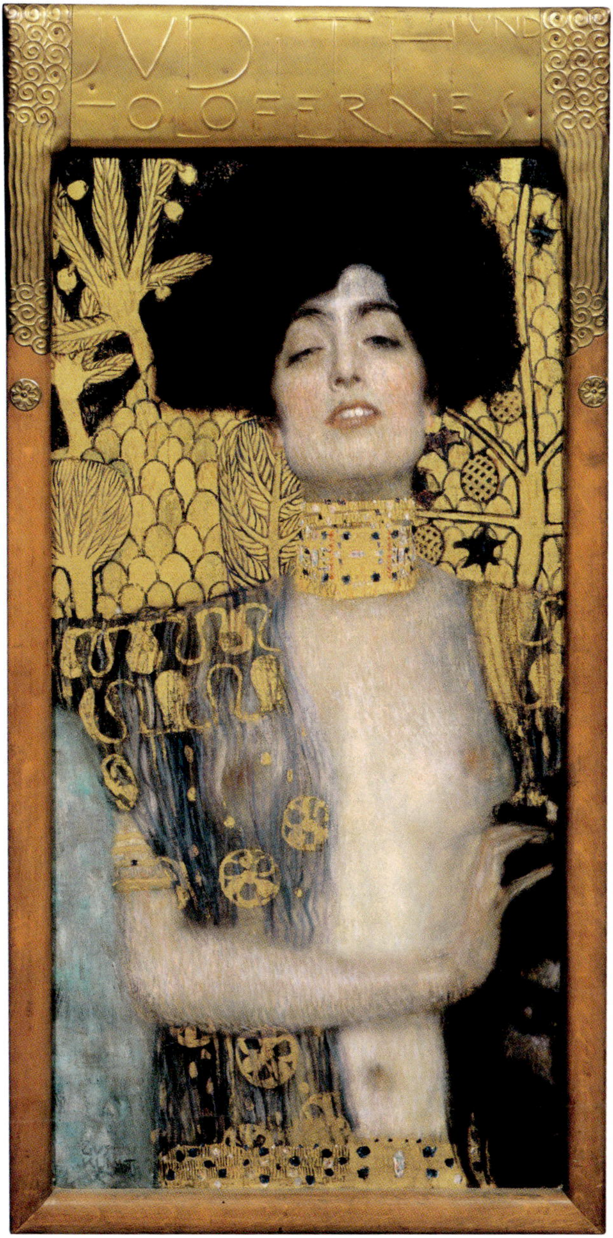
VDITH UND
HOLOFERNES

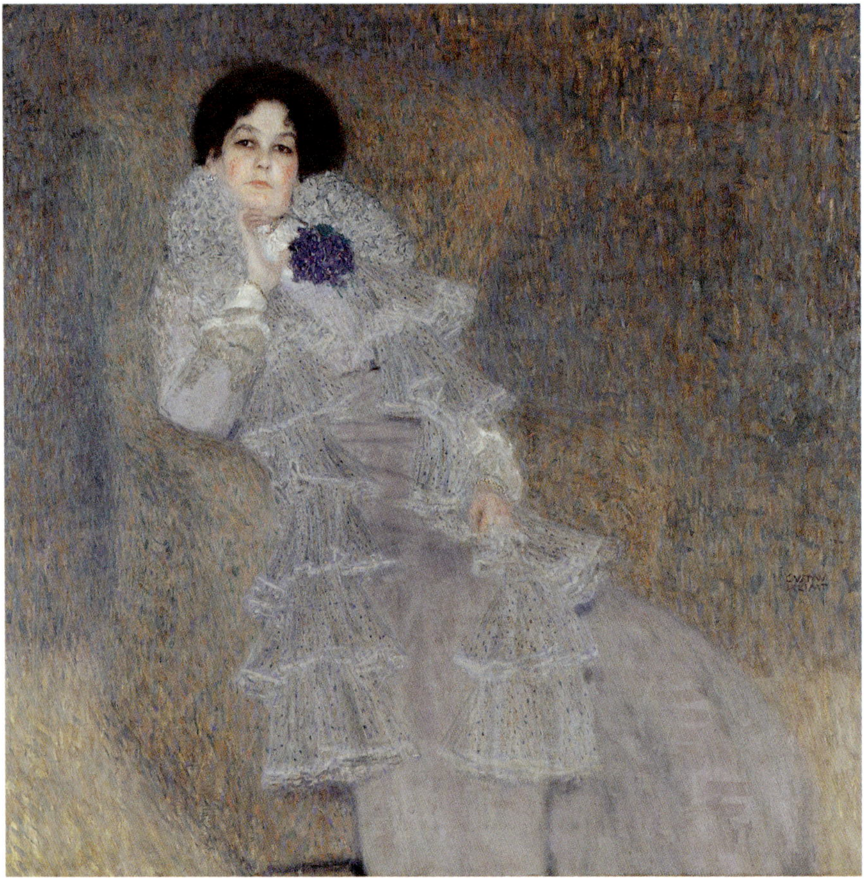

Portrait de Marie Henneberg, 1901/02
Huile sur toile, 140 x 140 cm. Halle (Saxe-Anhalt), Staatliche Galerie Moritzburg, Landeskundemuseum Sachsen-Anhalt

Josef Hoffmann, **Vue du hall de la villa Henneberg sur la Hohe Warte**, 1900
Photo. Vienne, MAK – Österreichisches Museum für angewandte Kunst/Gegenwartskunst

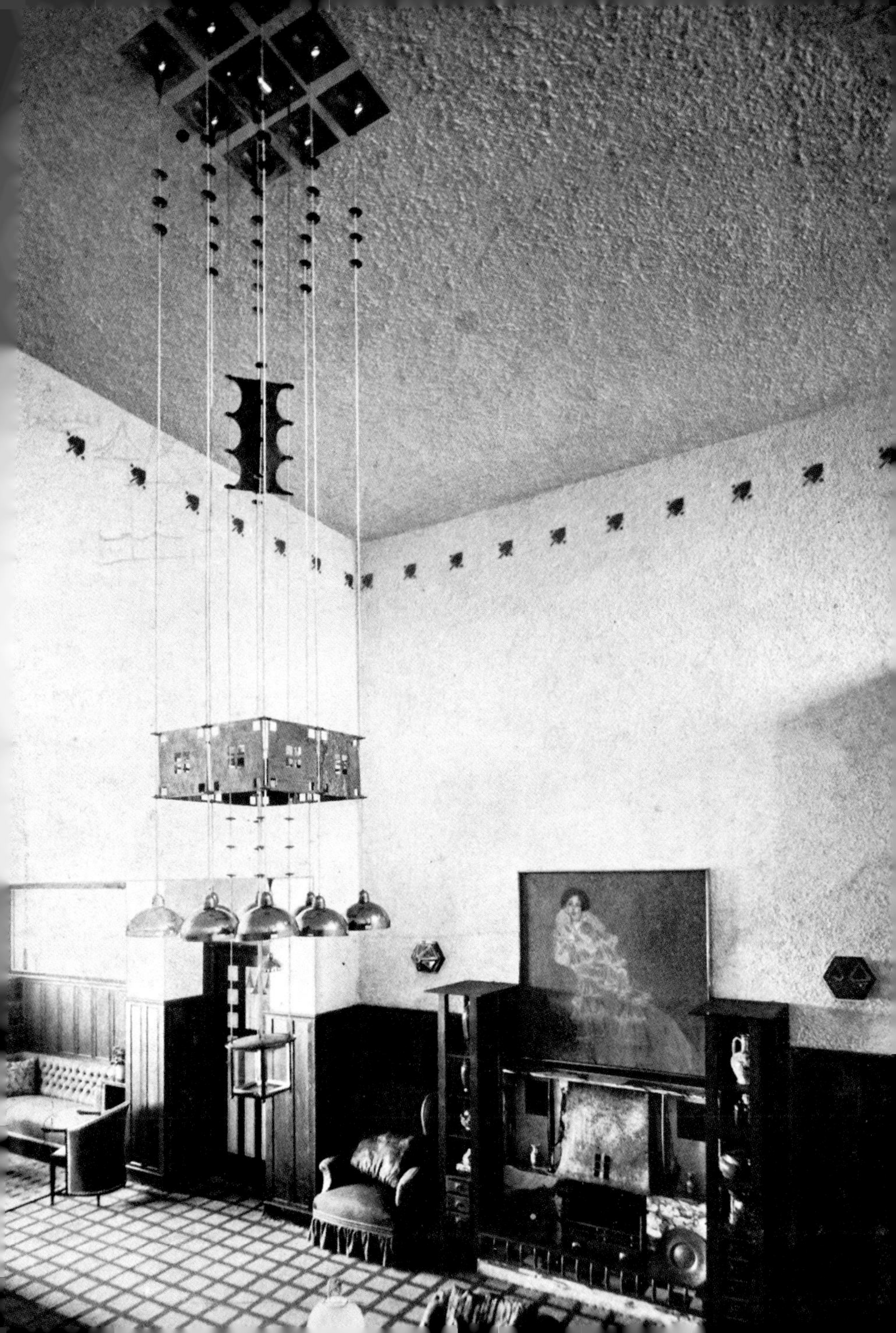

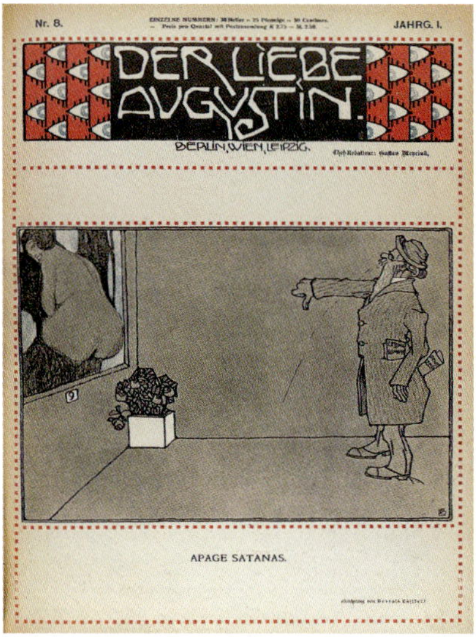

« Lorsque ses tableaux de faculté déchaînèrent une tempête, il peignit une réponse compacte pour tous ses détracteurs : Une œuvre qui fait découvrir au spectateur ‹ l'autre côté › tout en relief. Il intitula ce rébus ‹ Poissons rouges ›. »

FELIX SALTEN, 1903

Bertold Löffler
Apage Satanas*. Page de titre pour *Der liebe Augustin,
1ère année de parution, 1904, n° 8

Poissons d'or, 1901/02
Huile sur toile, 181 x 67 cm. Soleure, Kunstmuseum, Dübi-Müller Stiftung

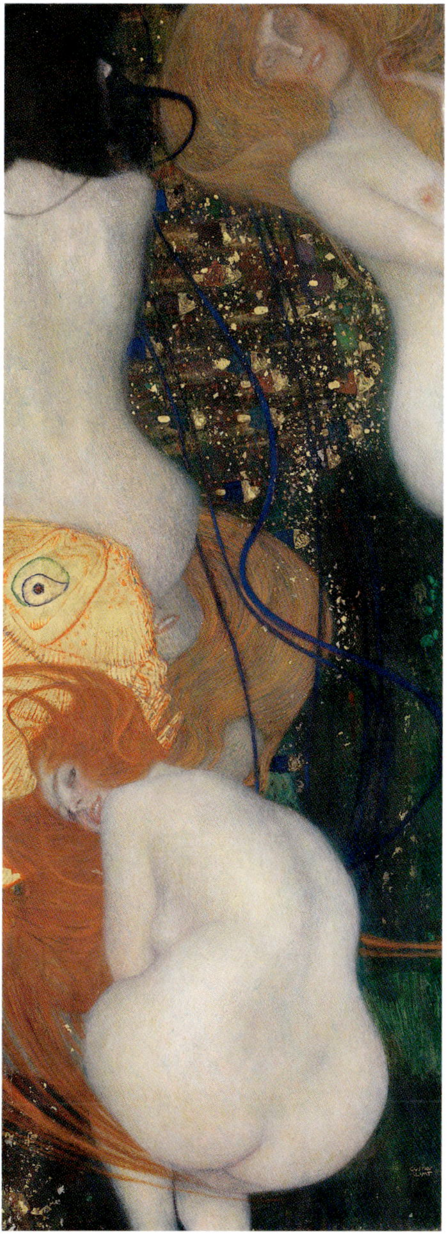

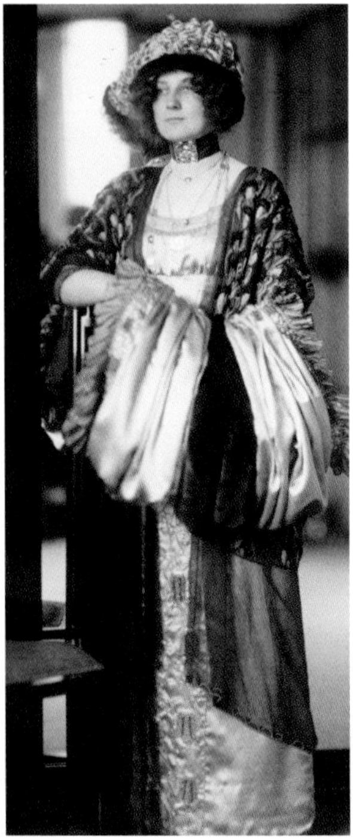

« Une chatoyante ode de Klimt à la beauté des femmes de Vienne. Car ici ce n'est plus une femme isolée qui semble être représentée, mais le charme enivrant d'une ville entière qui, tel un joyau, resplendit dans la femme et nous envoûte avec la grâce flottante du papillon. »

FRANZ SERVAES, 1903

Atelier d'Ora, **Emilie Flöge, vêtue d'une robe de style Art Nouveau avec manchon**, 1910
Dans la boutique de mode des sœurs Flöge
Photo. Imagno/Austrian Archives

Portrait d'Emilie Flöge, 1902/03, avec des remaniements ultérieurs
Huile sur toile, 181 x 84 cm. Vienne, Wien Museum

Pages 312/313
Portrait d'Emilie Flöge (détail), 1902/03

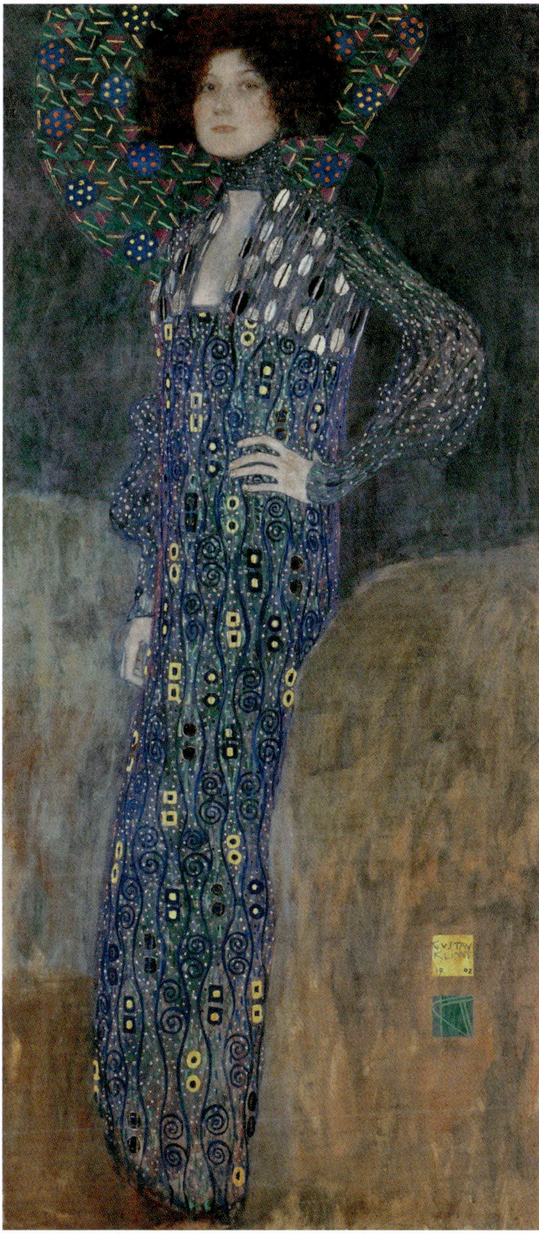
GVSTAV
KLIMT
19 02

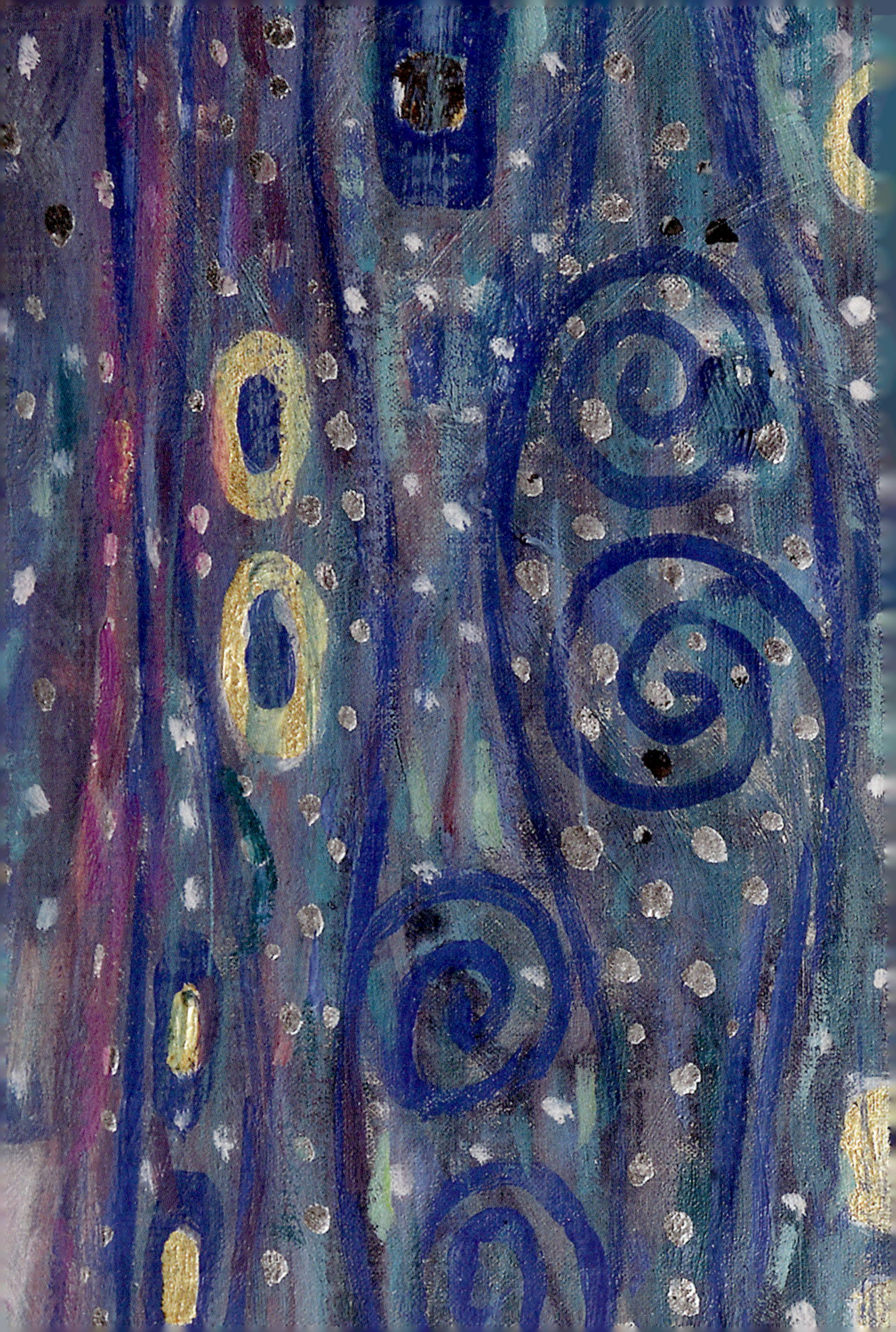

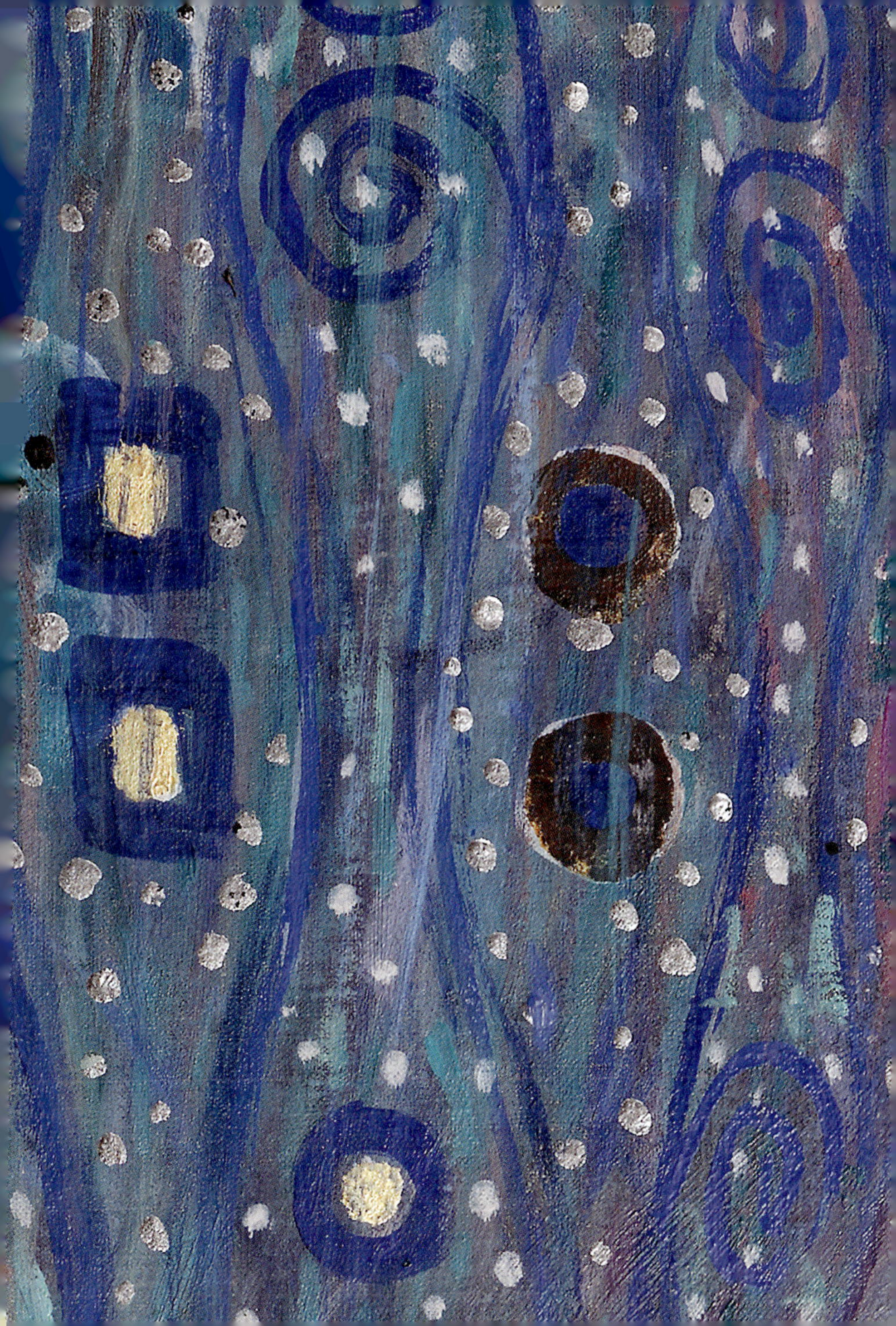

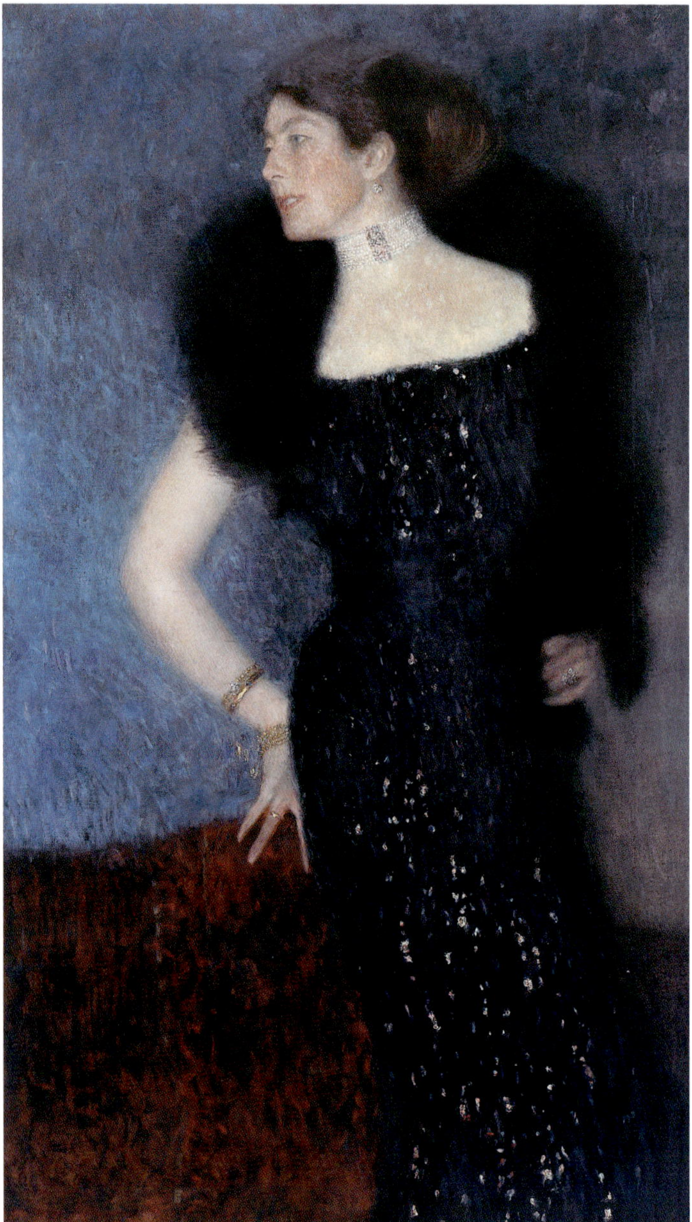

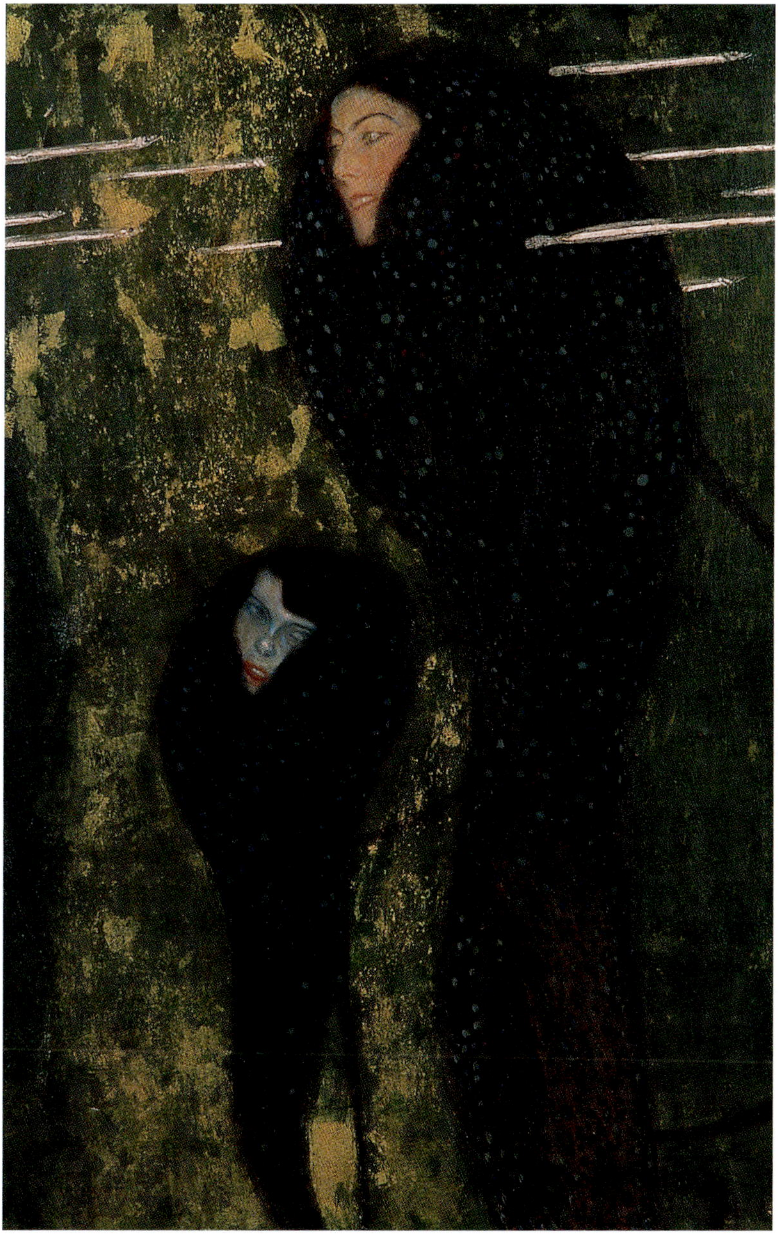

Page 314
Portrait de Rose von Rosthorn-Friedmann, 1900/01
Huile sur toile, 140 x 180 cm. Collection particulière

Page 315
Ondines (Poissons d'argent), vers 1902/03
Huile sur toile, 82 x 52 cm. Vienne, Kunstsammlung Bank Austria

Portrait de Gertrud Loew, 1902
Huile sur toile, 150 x 45,5 cm. The Lewis Collection

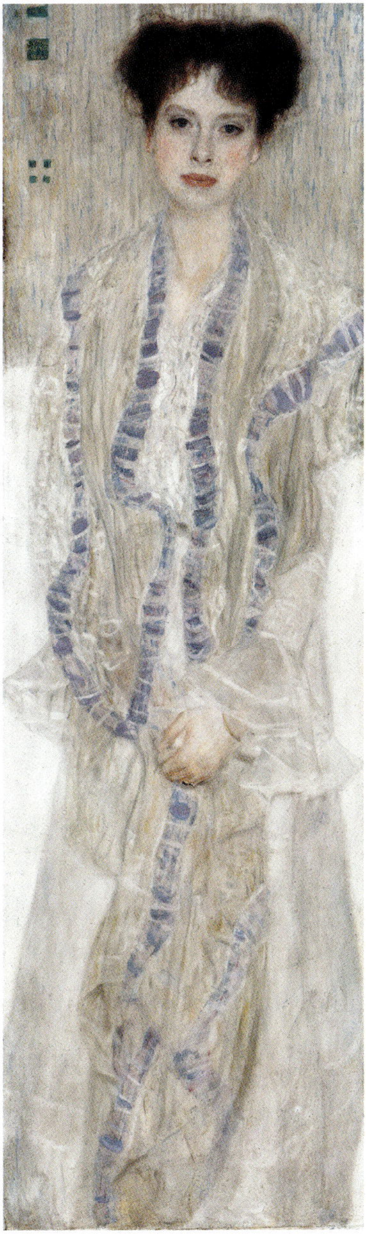

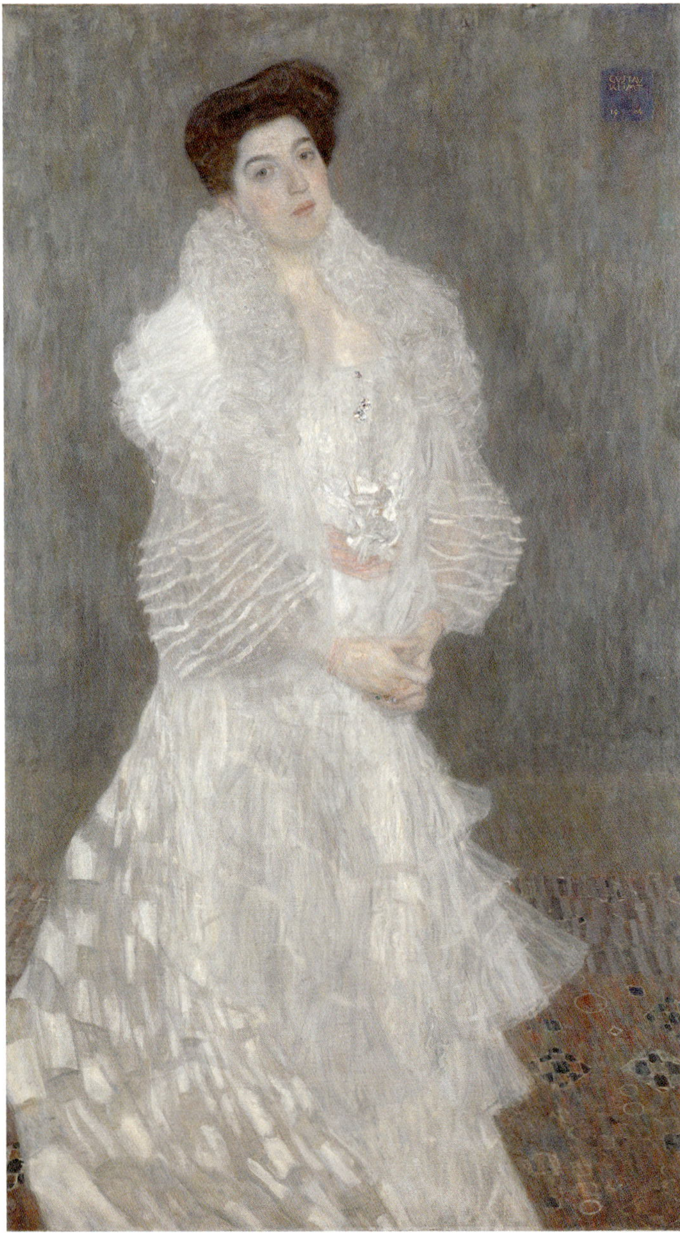

Portrait d'Hermine Gallia, 1903 avec des remaniements datant de 1904
Huile sur toile, 170,5 x 96,5 cm
Londres, The National Gallery (en prêt à la Tate Modern, Londres)

Page 320
Vue de la salle dédiée à Klimt lors de l'exposition internationale d'art de Rome en 1911
Aux murs les œuvres de Gustav Klimt *Portrait de Margaret Stonborough-Wittgenstein* (p. 321), *Le Parc* (pp. 434/435) et *La Jurisprudence* (p. 130)
Extrait de : catalogue de l'exposition de Rome, 1911

Page 321
Portrait de Margaret Stonborough-Wittgenstein, 1905
Huile sur toile, 180 x 90 cm
Munich, Bayerische Staatsgemäldesammlungen – Neue Pinakothek

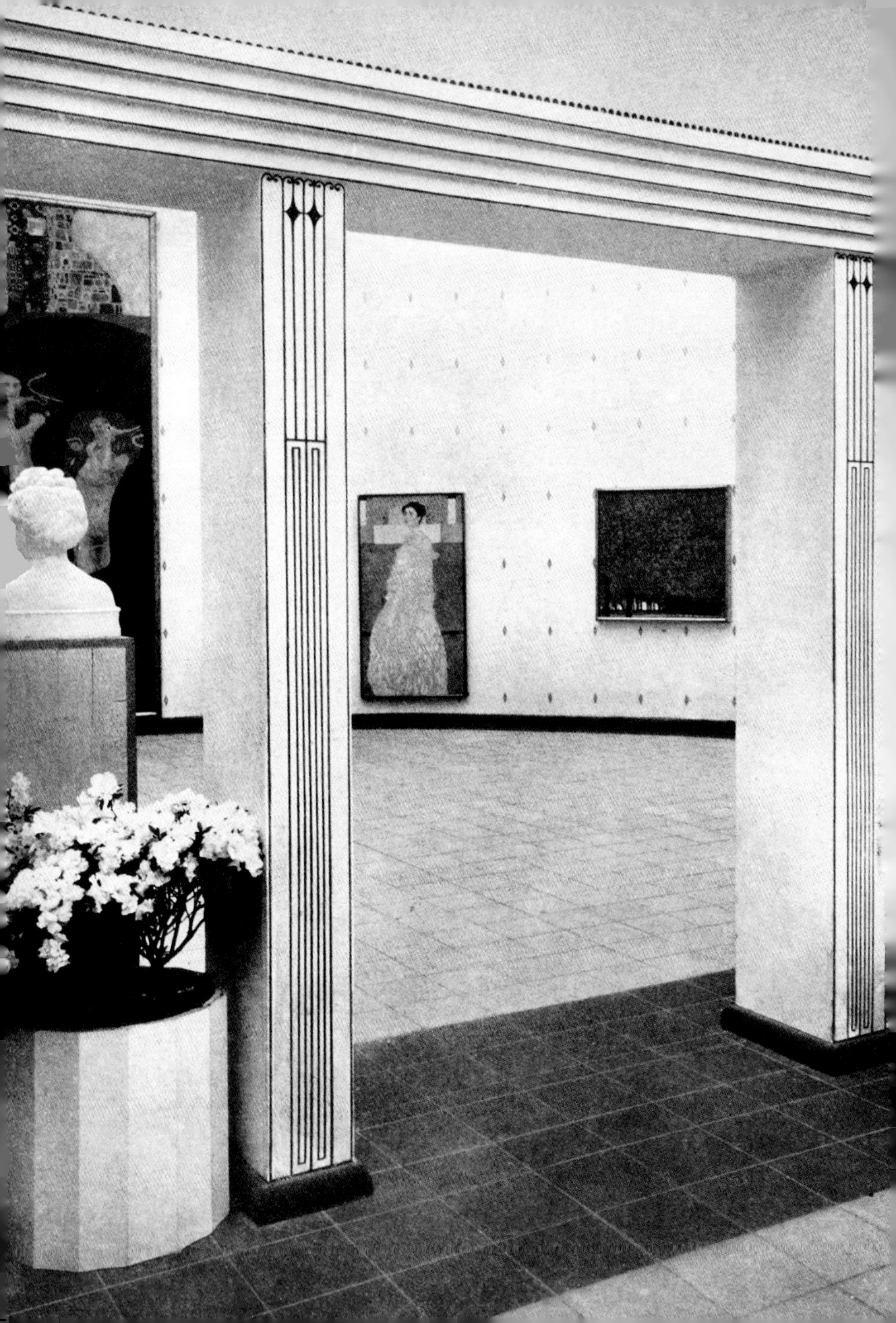

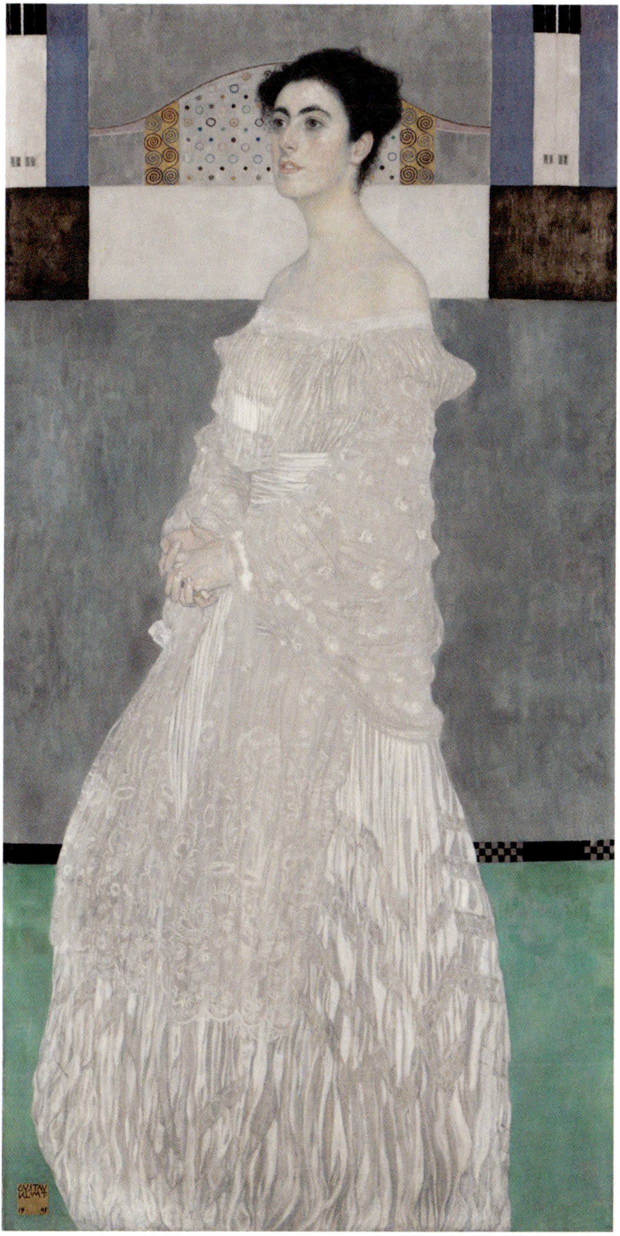

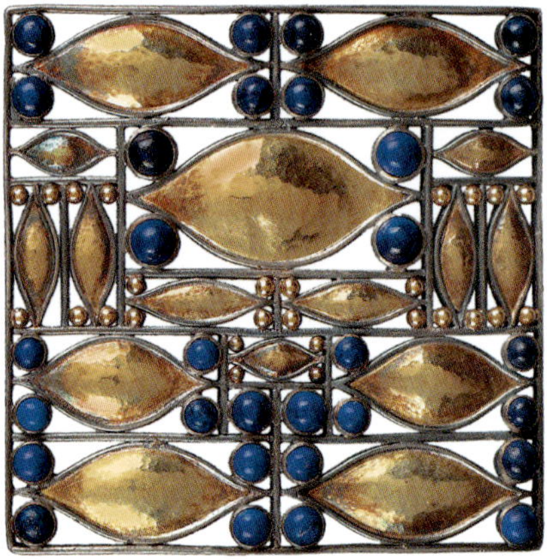

Josef Hoffmann, **Broche ayant appartenu à Emilie Flöge**, 1911
Exécution : Wiener Werkstätte (modèle n° G 0688). Collection particulière

Portrait de Fritza Riedler, 1906
Huile sur toile, 153 x 133 cm. Vienne, Belvedere

Pages 324/325
Portrait de Fritza Riedler (détail), 1906

Pages 326/327
Josef Hoffmann, **Salle de la Wiener Werkstätte à l'Exposition Internationale de Mannheim en 1907**
Extrait de : *Deutsche Kunst und Dekoration*, t. XX, 1907

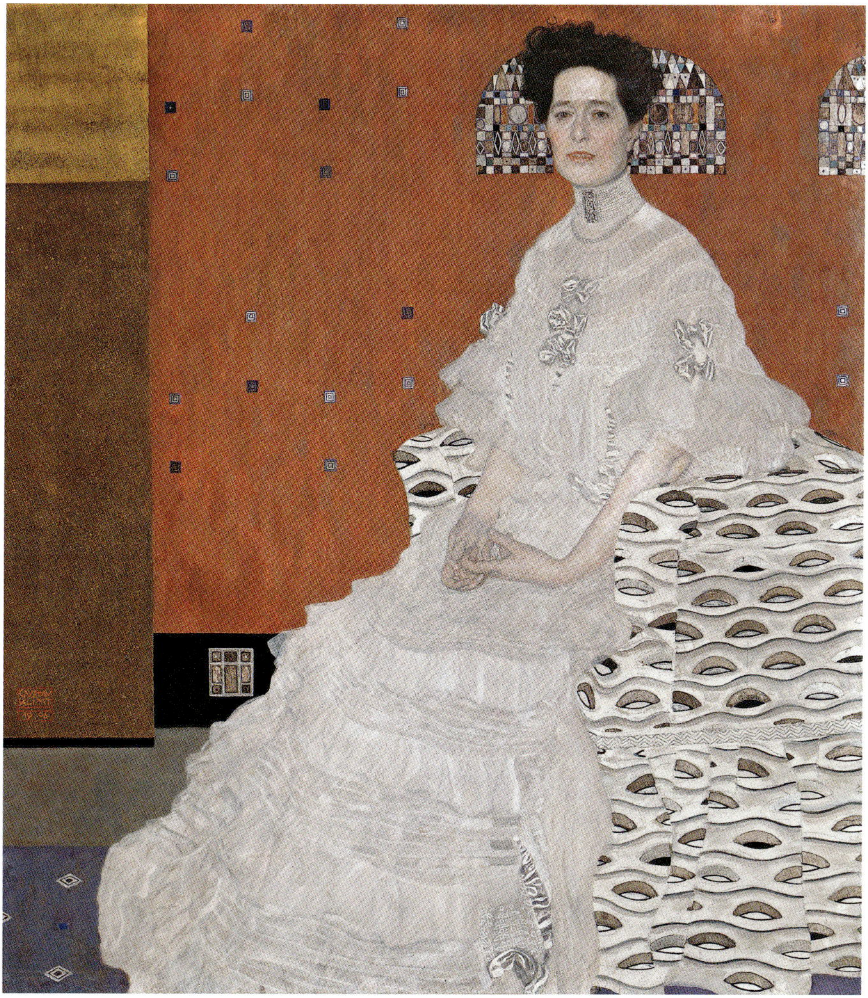

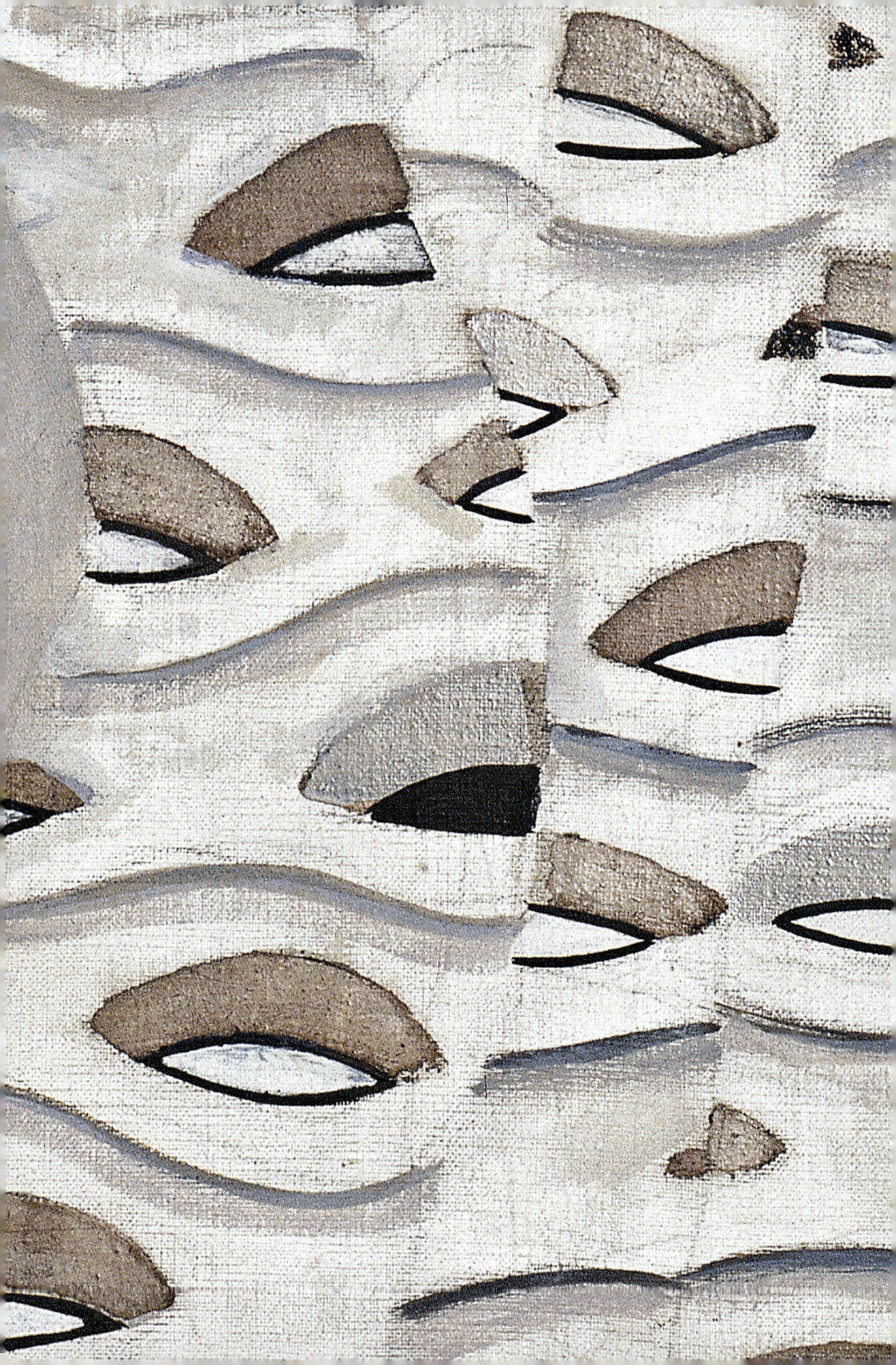

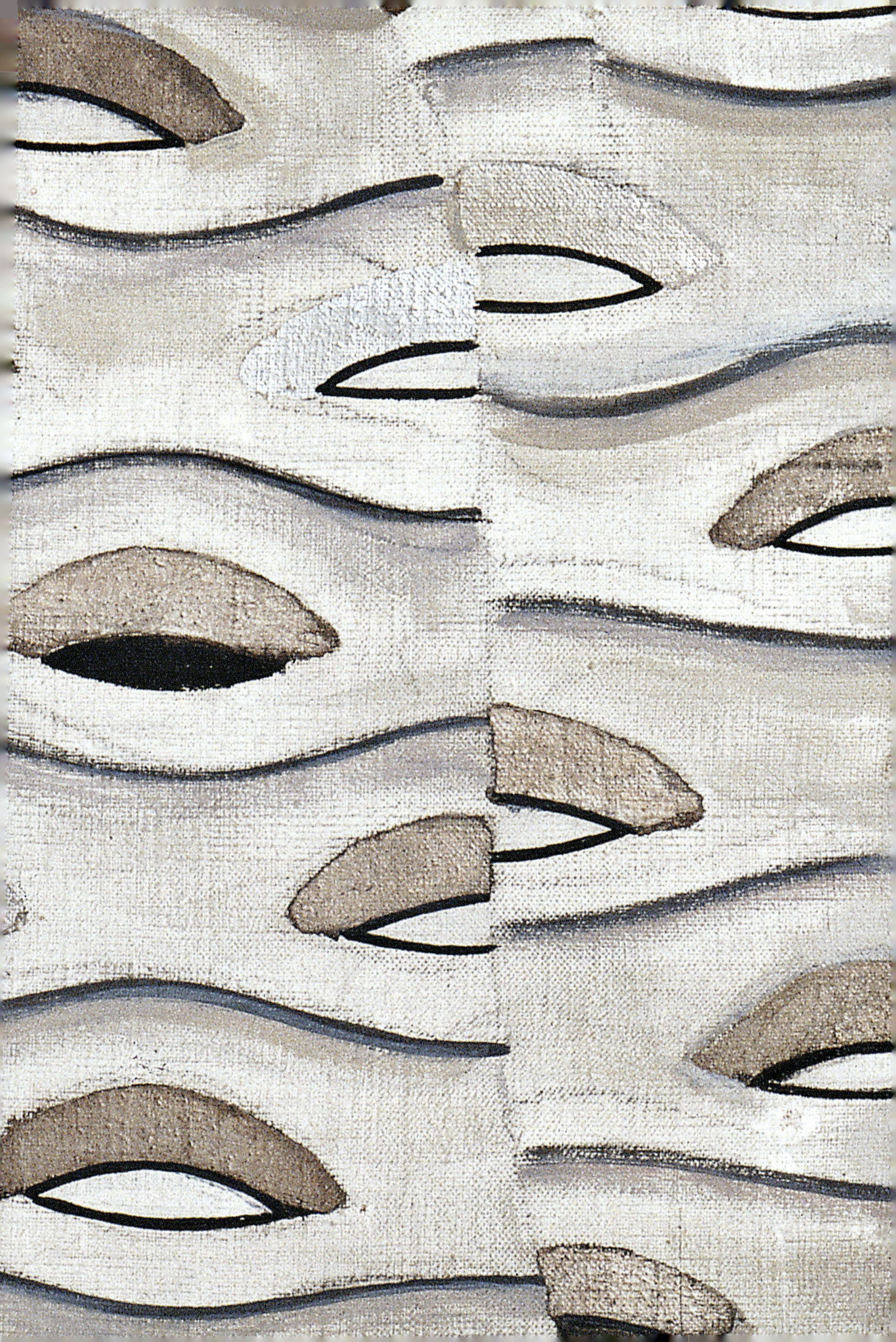

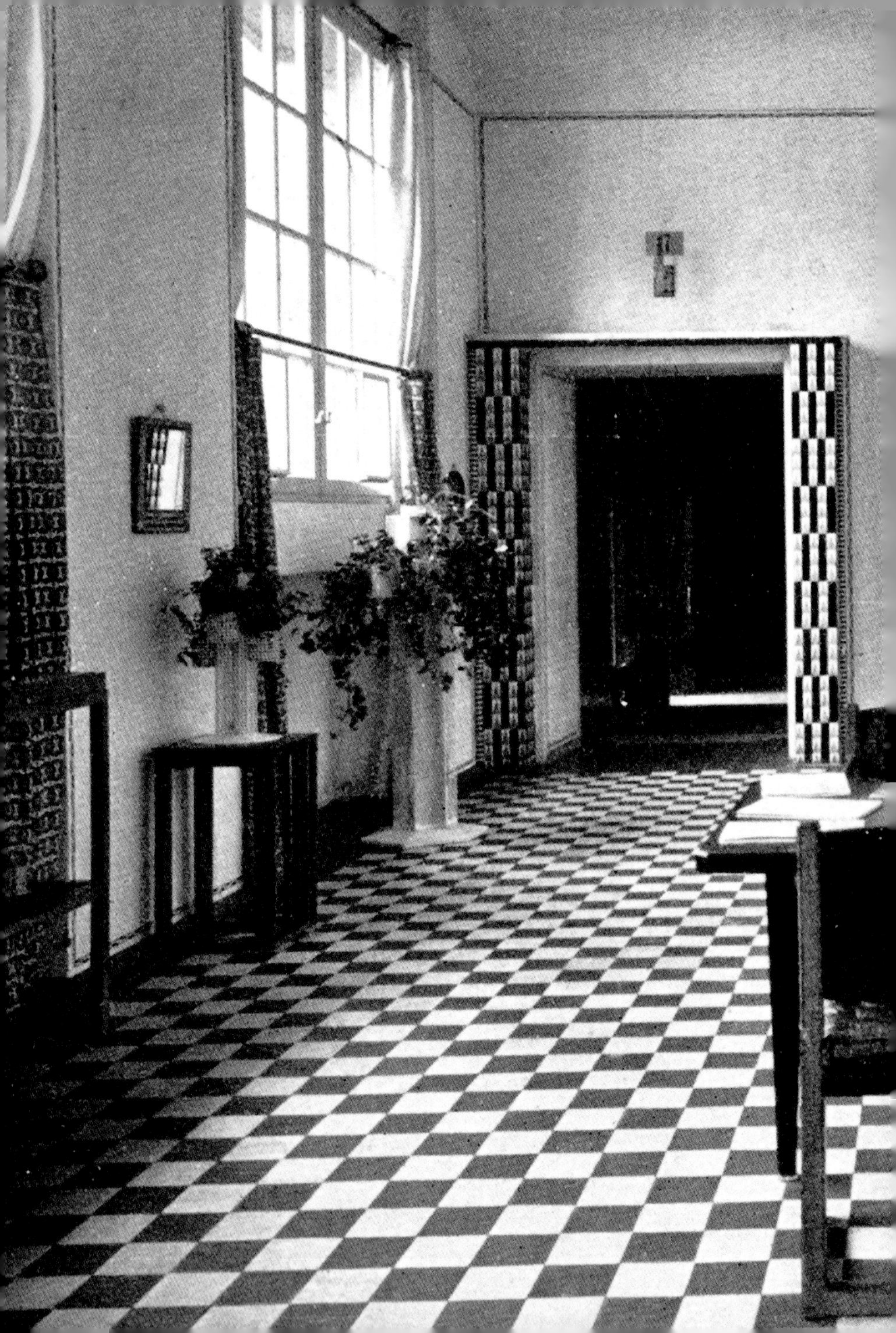

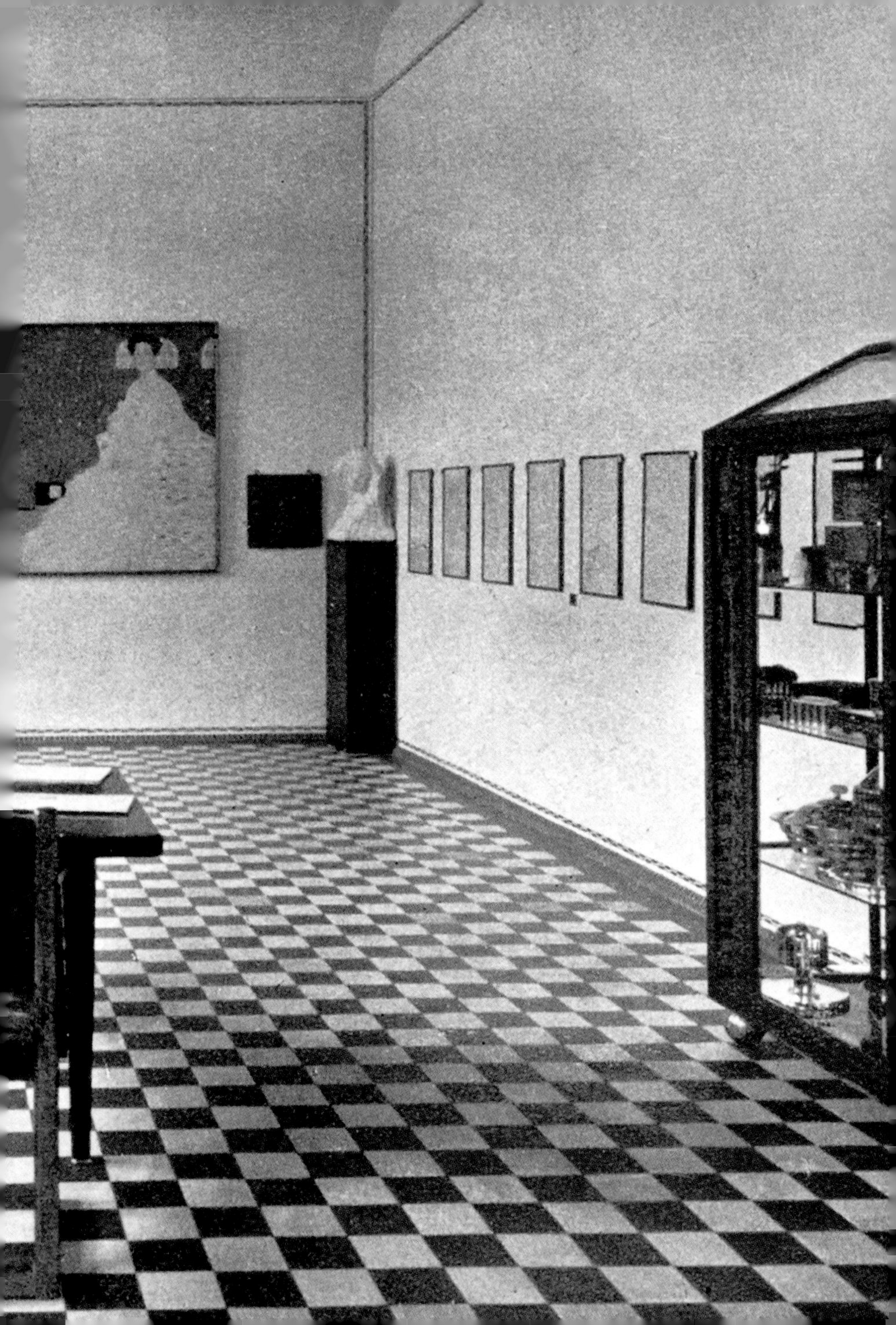

Portrait d'Adele Bloch-Bauer I, 1907
Huile et application d'or sur toile, 140 x 140 cm
New York, Neue Galerie

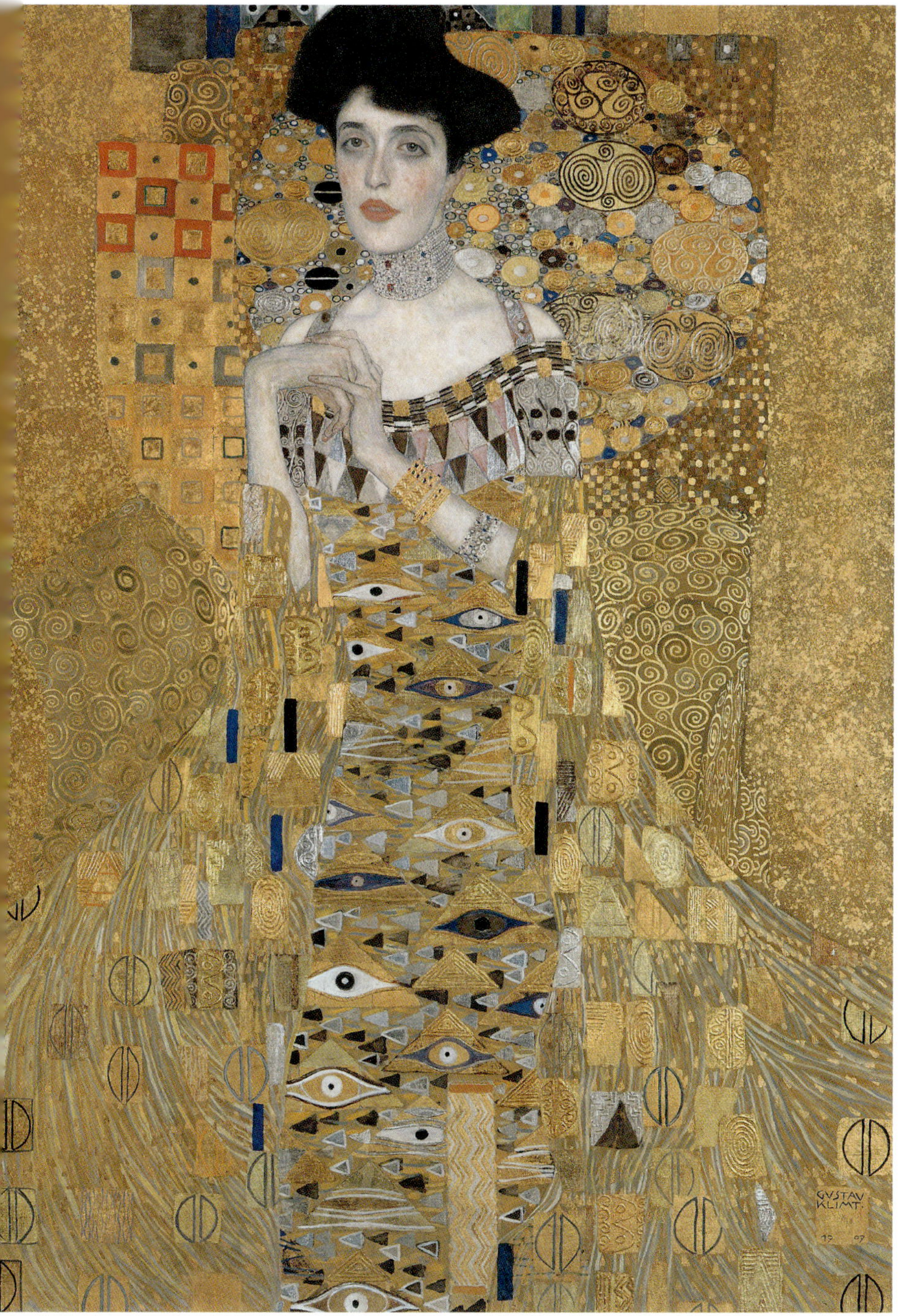
GVSTAV
KLIMT.
19 07

« Aucune Judith n'a rêvé de vengeance et de sang avec pareille soif de violence ... Douée d'une merveilleuse audace de silhouette, des élans les plus sublimes d'une pulsion physique dramatique, la créature féminine surgit avec une vitalité qui jaillit des sources immanentes de la vie. »

BERTA ZUCKERKANDL, 1909

Judith II (Salomé), 1909
Huile sur toile, 178 x 46 cm. Venise, Ca' Pesaro, Galleria Internazionale d'Arte Moderna, Musei Civici Veneziani

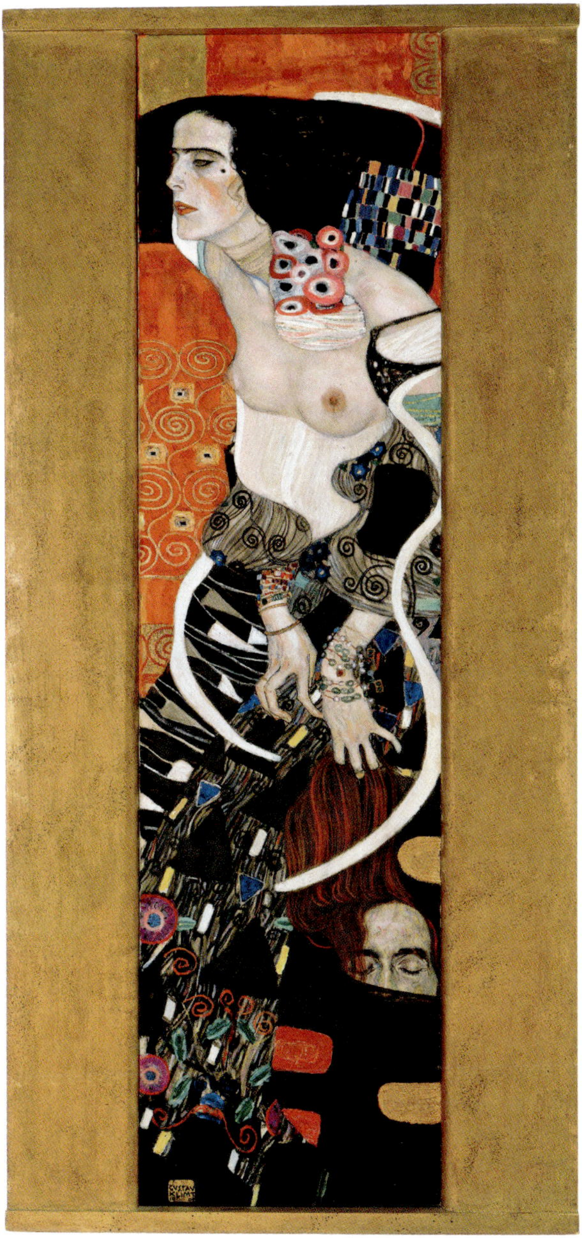
GUSTAV KLIMT

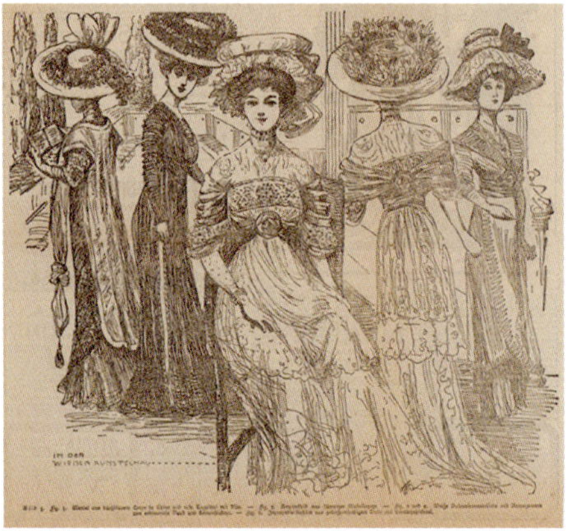

« À la Wiener Kunstschau … »
Extrait de : *Die Moden-Zeit,* Vienne 1908

Le Chapeau de plumes noires, 1910
Huile sur toile, 79 x 63 cm. New York, collection particulière

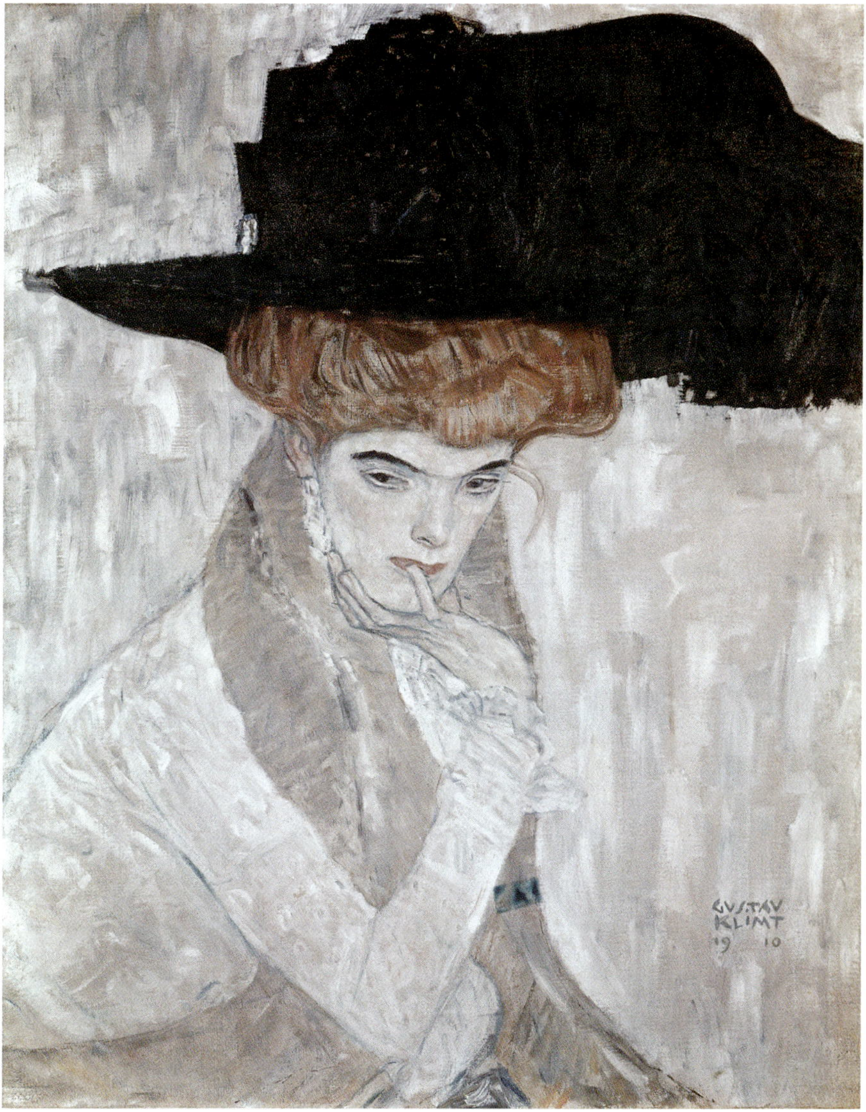
GUSTAV
KLIMT
19 10

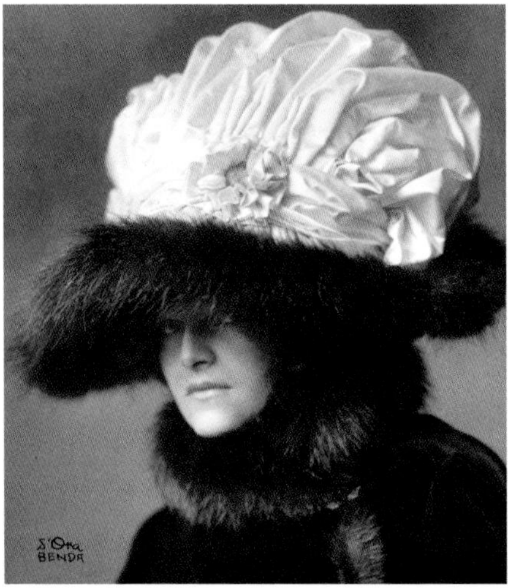

*« La nouvelle Viennoise – une sorte bien précise de nouvelle Viennoise,
petite-fille de Judith et de Salomé – a été découverte
ou inventée par Klimt. Elle est adorablement vicieuse,
exquisément pécheresse, perverse à ravir. »*

ILLUSTRIERTES WIENER EXTRABLATT, 1909

Atelier d'Ora, **Helene Jamrich portant un chapeau d'hiver conçu par Rudolf Krieser**, 1910
Papier à gélatino-bromure d'argent. Imagno/Austrian Archives

Femme avec chapeau et boa de plumes, vers 1910
Huile sur toile, 69 x 55 cm. Collection particulière

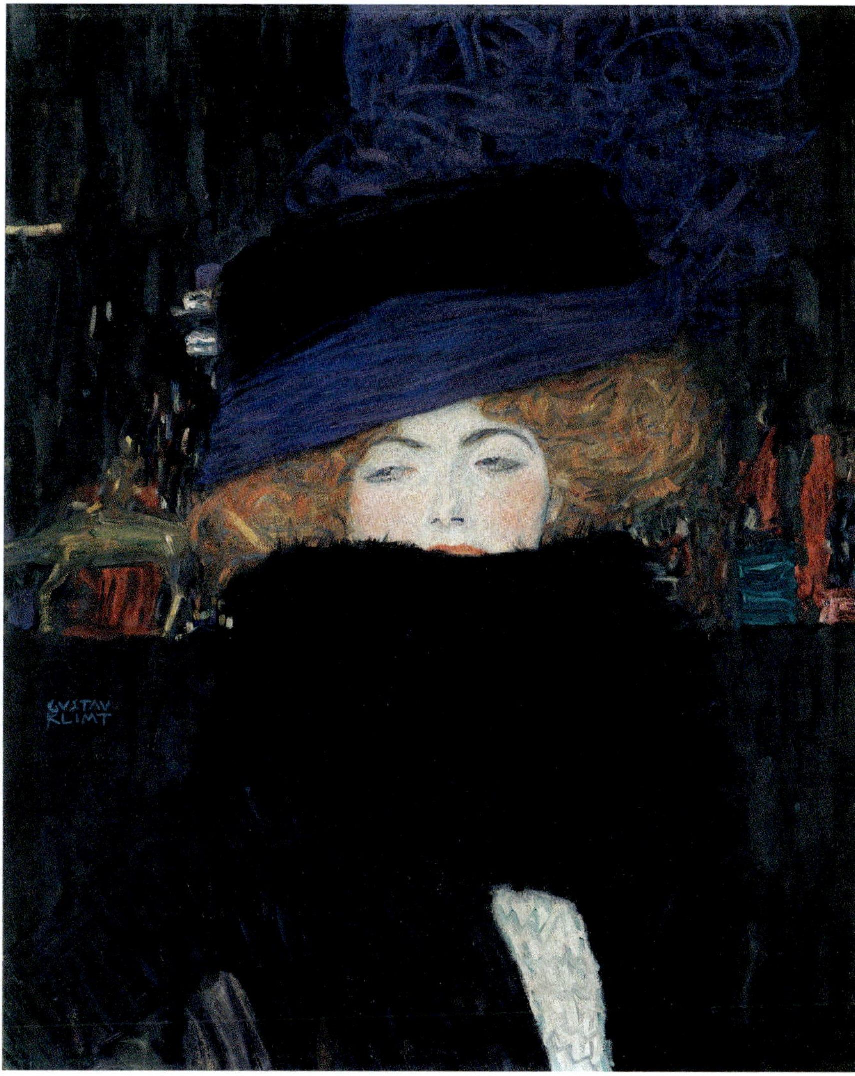
GUSTAV
KLIMT

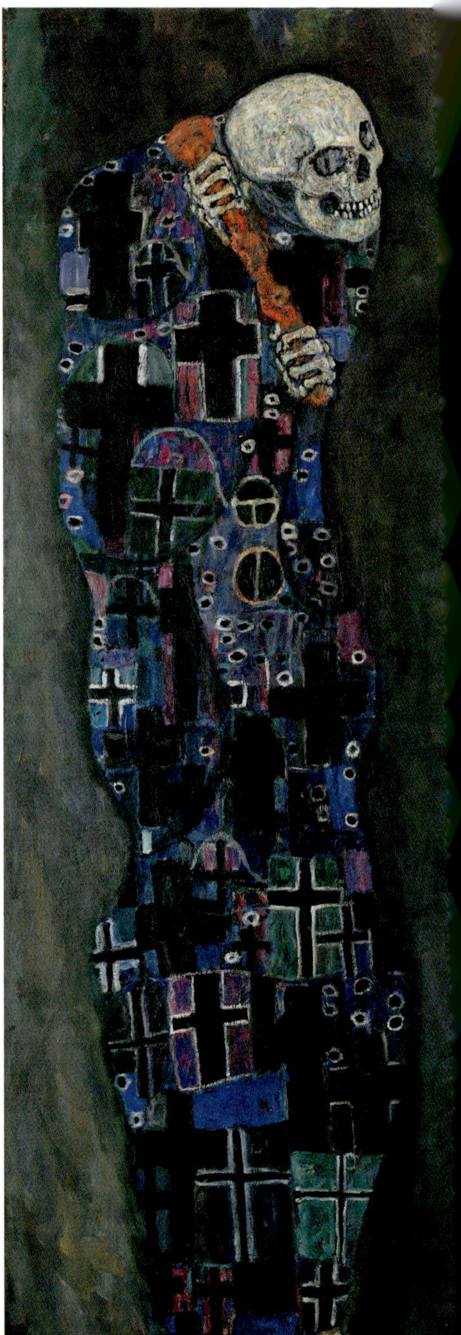

La Mort et la Vie, 1910/11, remanié 1915/16
Huile sur toile, 180,5 x 200,5 cm
Vienne, Leopold Museum

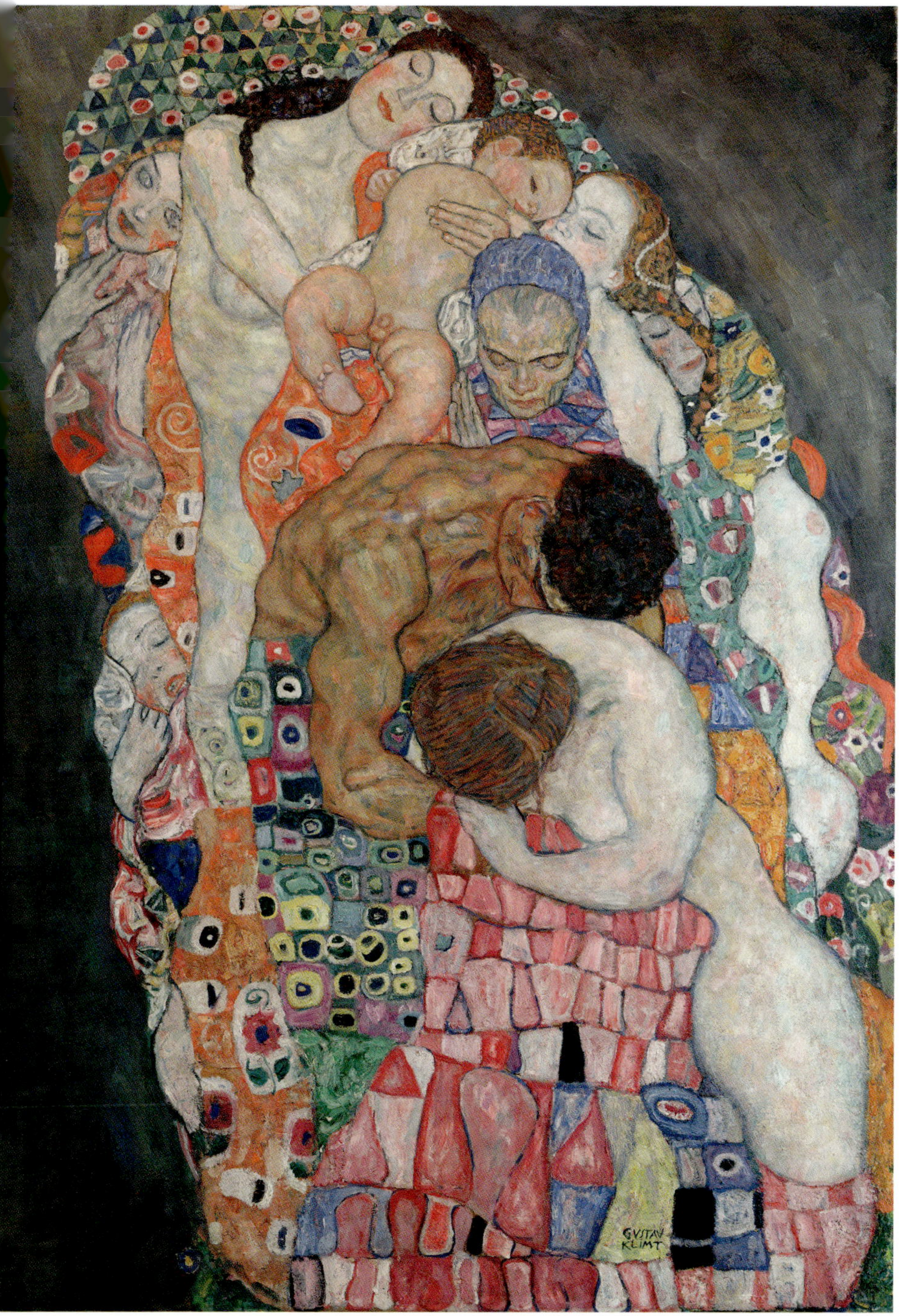
GVSTAV
KLIMT

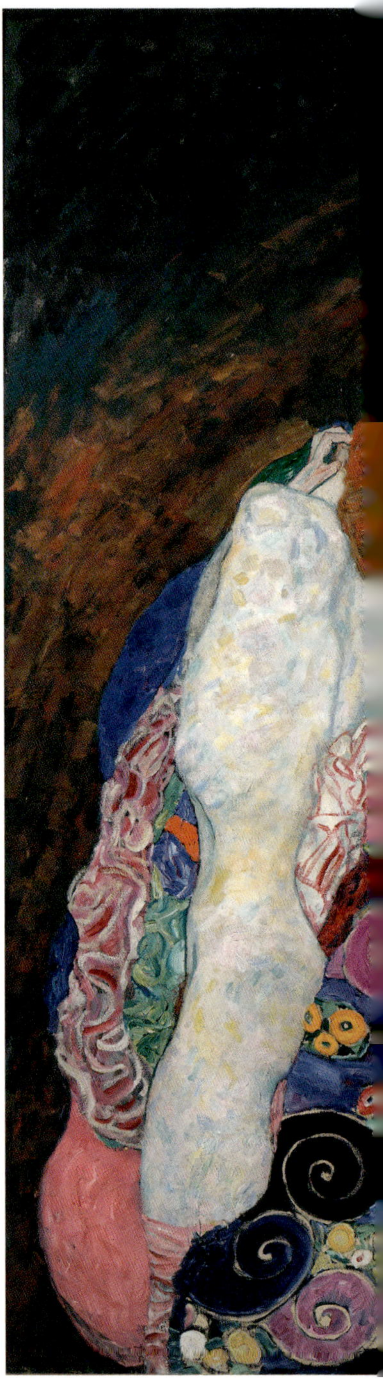

La Vierge, 1913
Huile sur toile, 190 x 200 cm
Prague, Národní Galerie

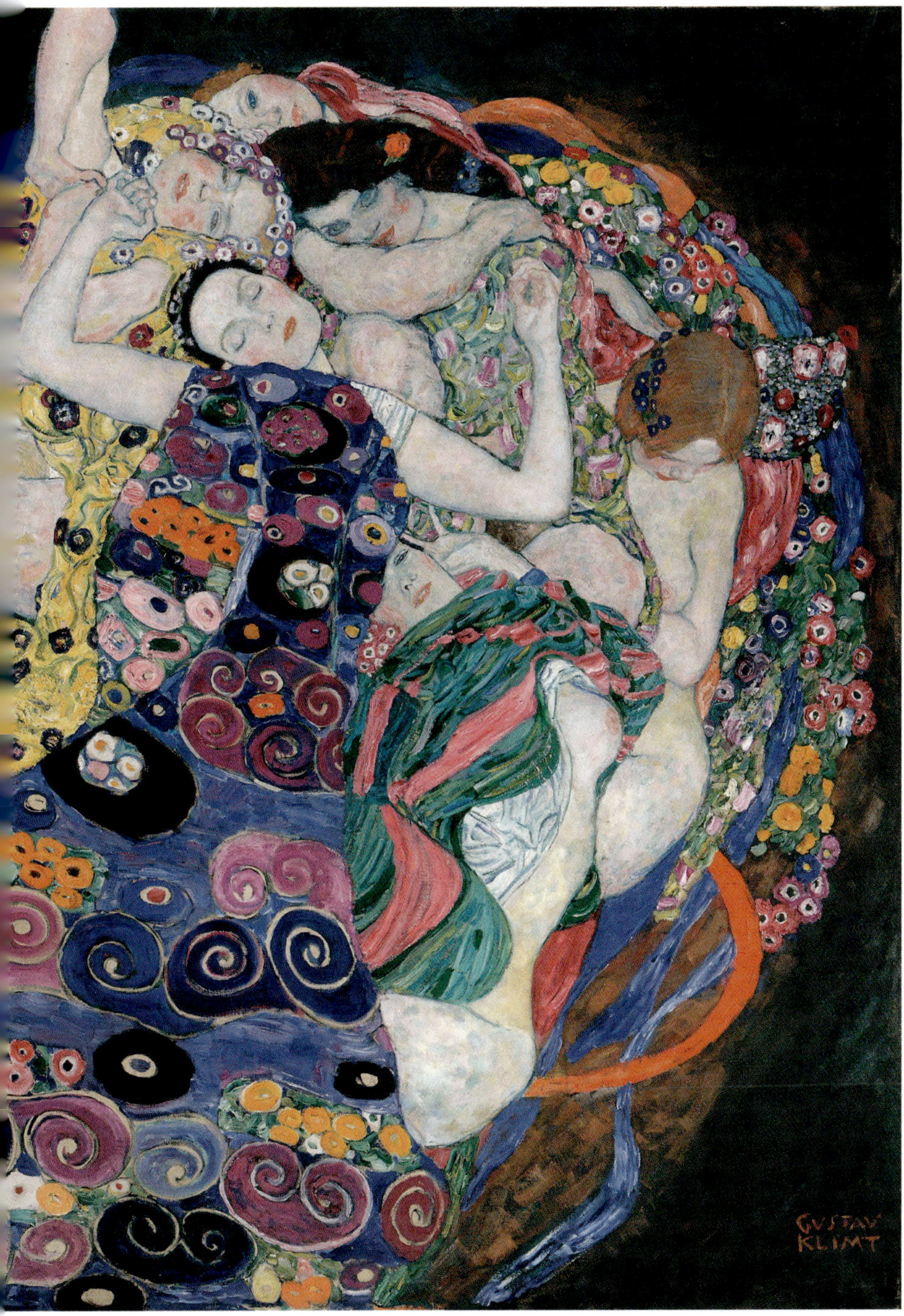
GUSTAV
KLIMT

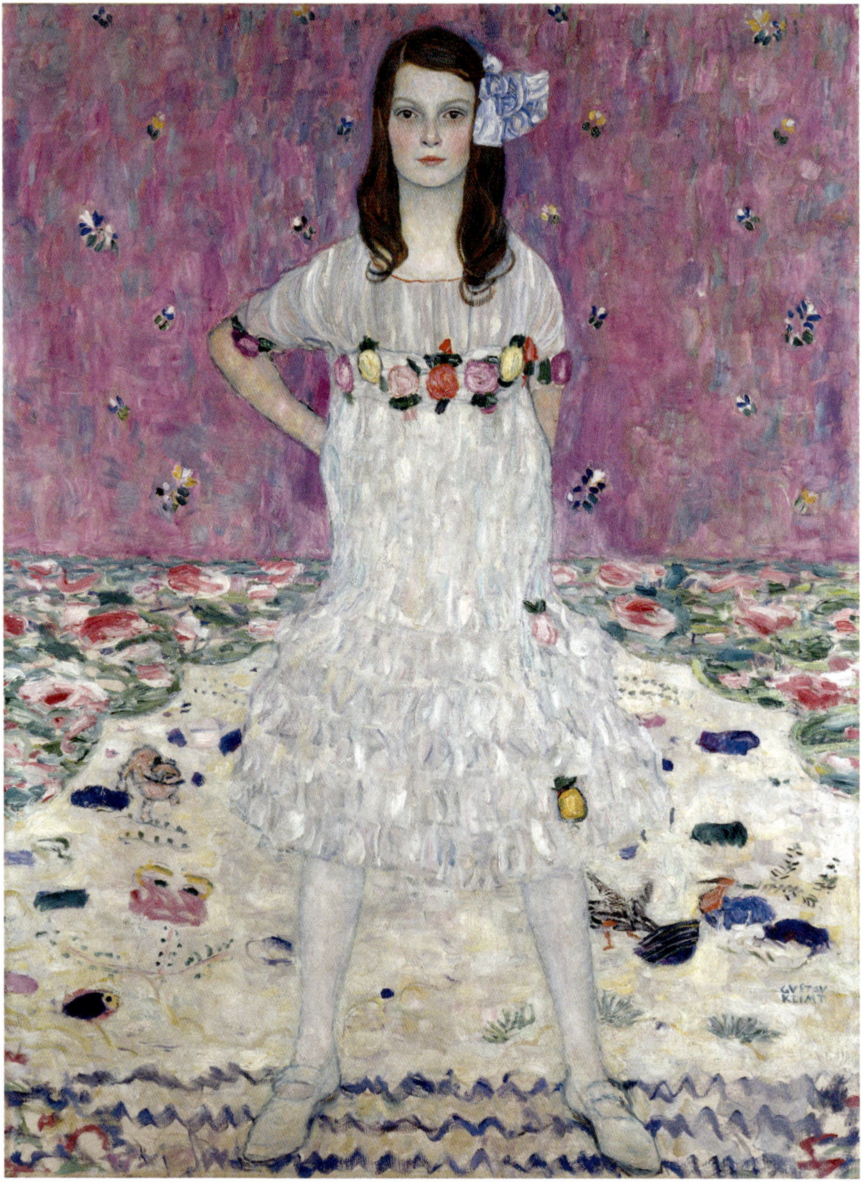
GUSTAV
KLIMT

*«Nous nous rendions tous les deux ou trois mois à Vienne
et y restions environ dix jours. J'étais une petite fille,
et Monsieur Klimt était extrêmement gentil.
Quand je m'impatientais, il disait tout simplement:
‹Reste assise encore quelques minutes›.»*

MÄDA PRIMAVESI, 1987

Portrait de Mäda Primavesi, 1913
Huile sur toile, 150 x 110 cm. New York, The Metropolitan Museum of Art,
Inv. n° 64148, don d'André et de Clara Mertens,
en souvenir de leur mère Jenny Pulitzer Steiner, 1964

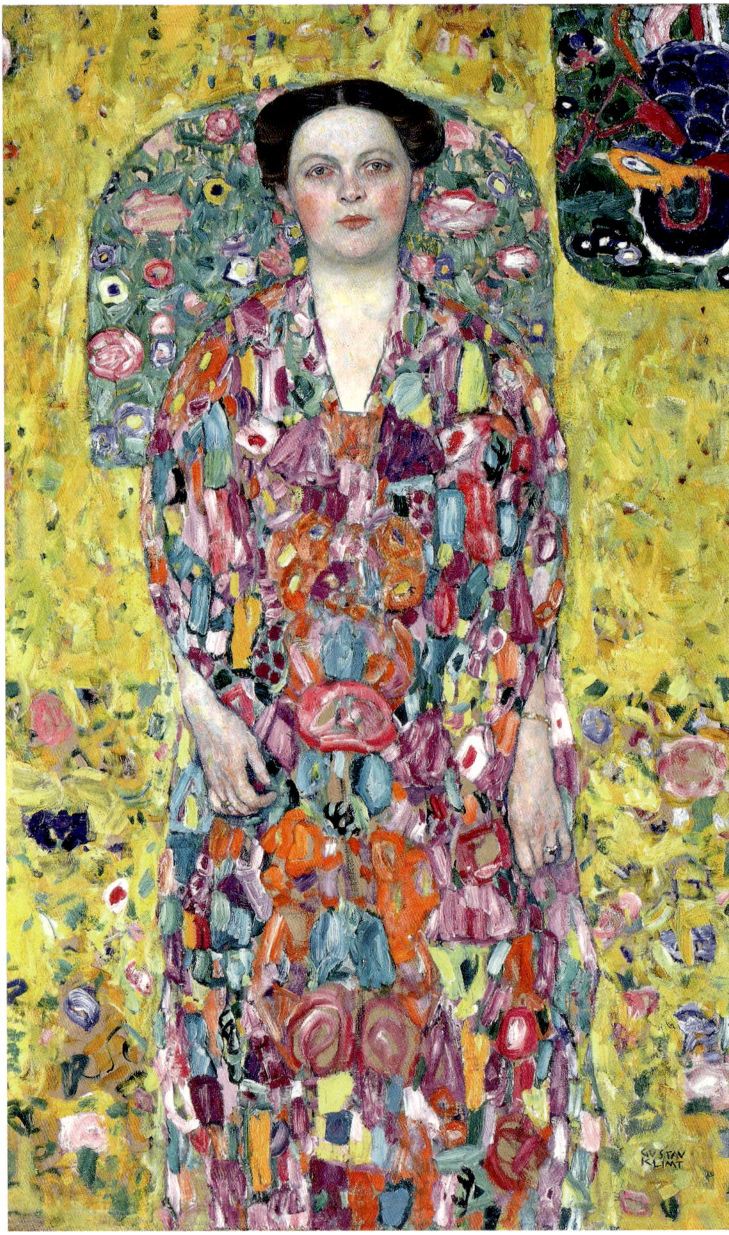
GUSTAV
KLIMT

Portrait d'Eugenia (Mäda) Primavesi, 1913/14
Huile sur toile, 140 x 84 cm. Toyota, Municipal Museum of Art

Portrait d'Adele Bloch-Bauer II, 1912
Huile sur toile, 190 x 120 cm. Collection particulière

Page 346
Martin Gerlach, **Serena Lederer dans son salon, dont un mur est orné du portrait de sa fille Elisabeth Lederer par Klimt**, vers 1930
Photo. Imagno/ÖNB

Page 347
Portrait d'Elisabeth Lederer, 1914–1916
Huile sur toile, 180 x 128 cm. New York, collection particulière

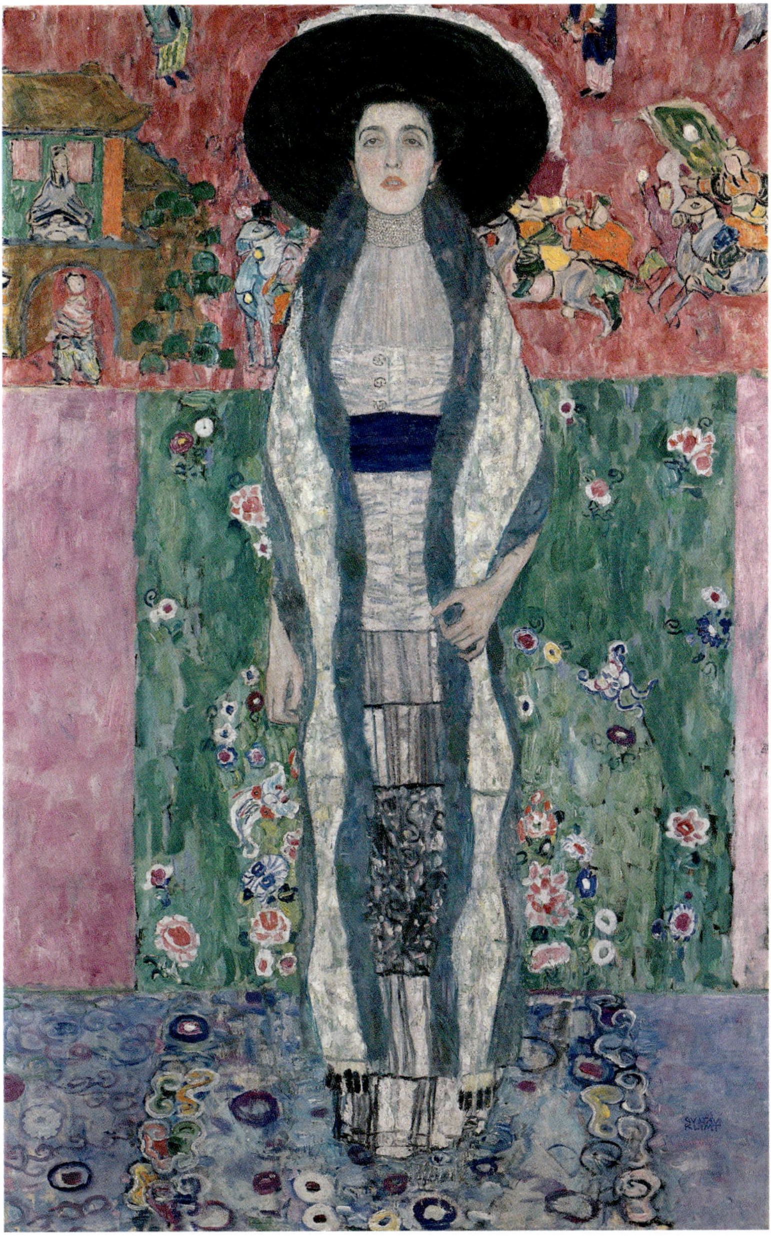

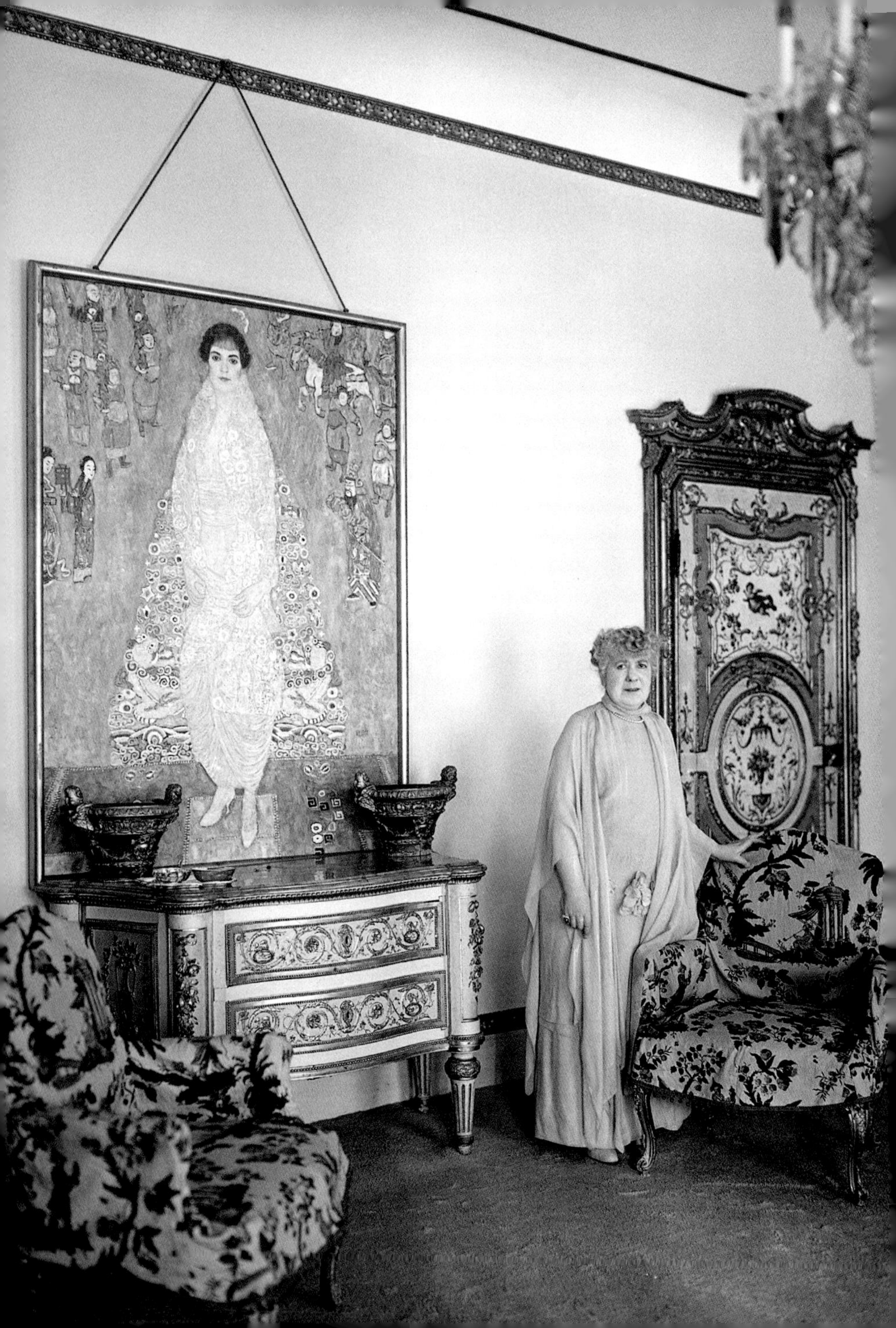

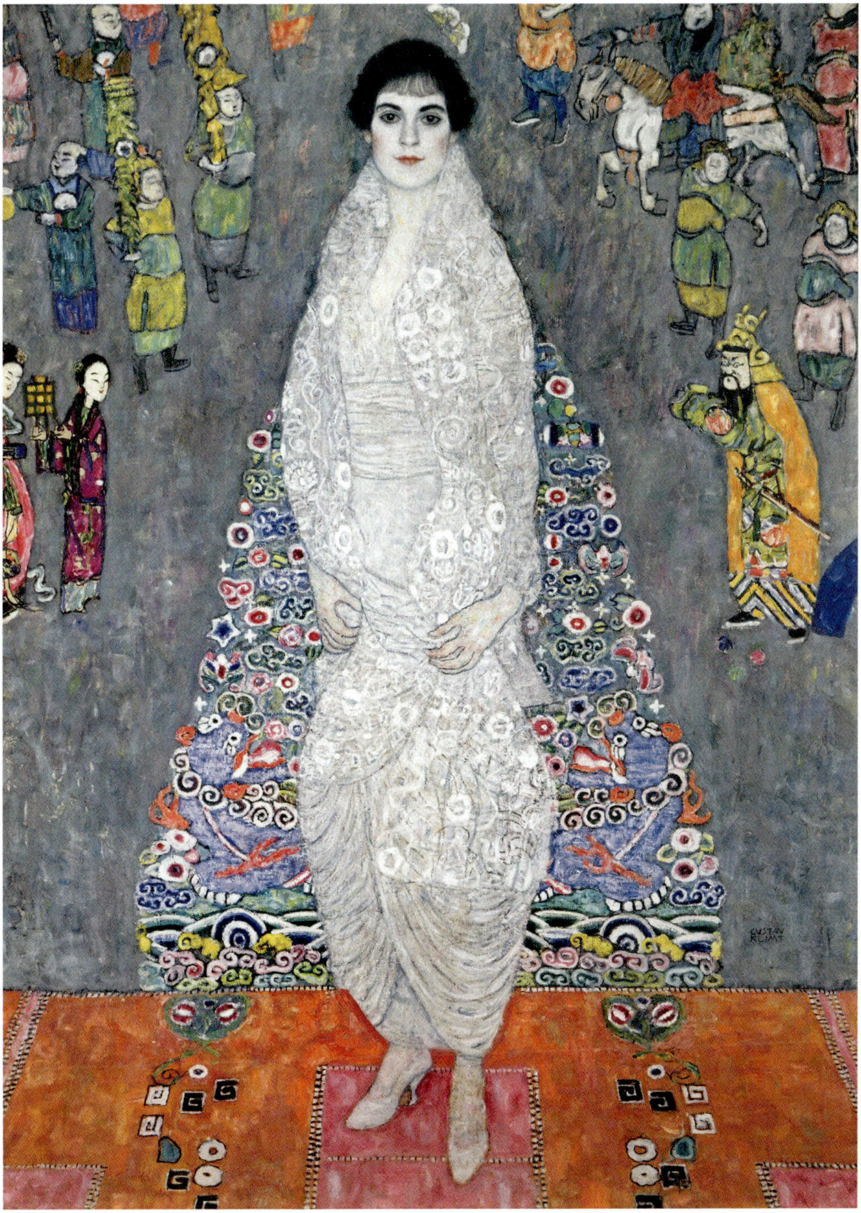

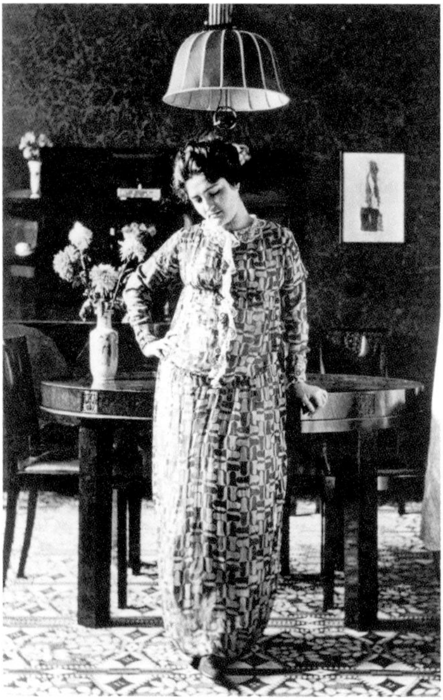

Friederike Maria Beer vêtue d'une robe d'intérieur de la Wiener Werkstätte, vers 1913
Photo. Imagno/Austrian Archives

Portrait de Friederike Maria Beer, 1916
Huile sur toile, 168 x 130 cm. Tel Aviv, Museum of Art, Mizne-Blumenthal Collection

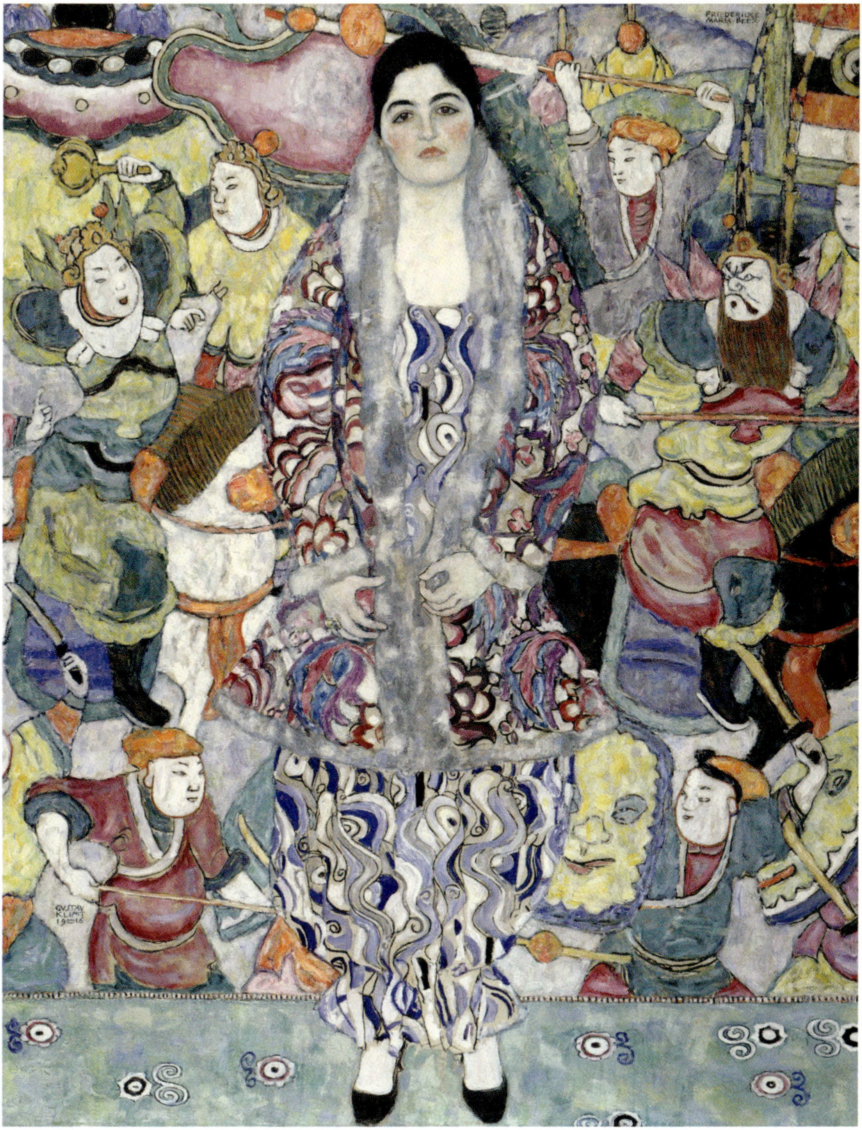
FRIEDERIKE
MARIA BEER
GUSTAV
KLIMT
1916

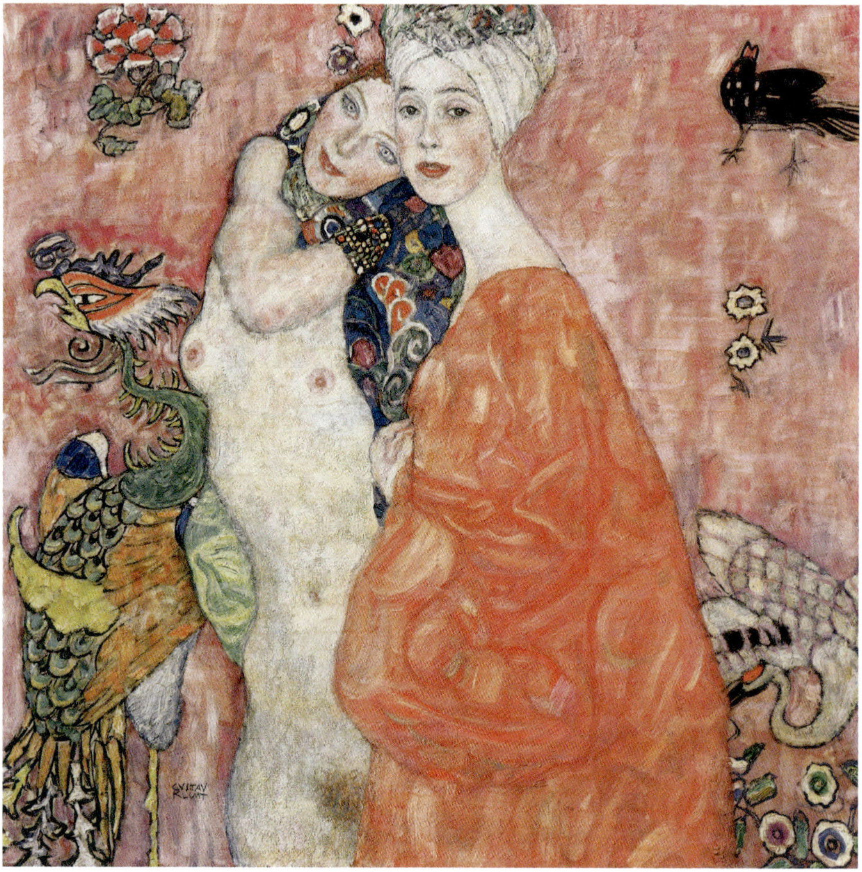

Les Amies II, 1916/17
Huile sur toile, 99 x 99 cm
Détruit dans l'incendie du château d'Immendorf, Basse-Autriche, mai 1945

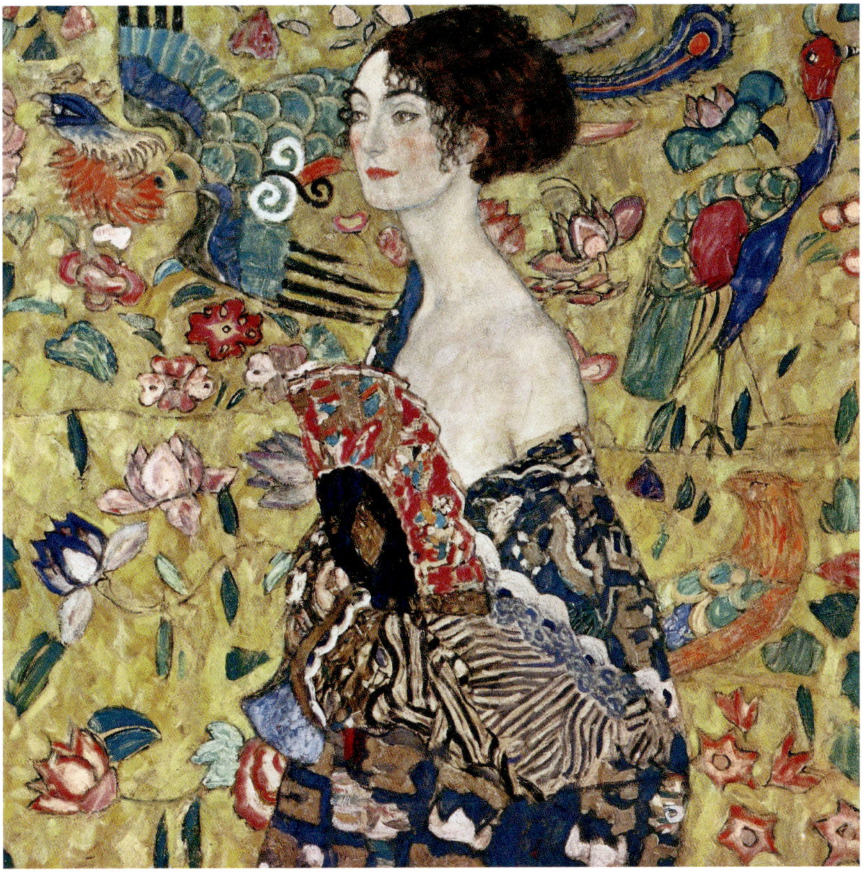

La Dame à l'éventail, 1917
Huile sur toile, 100 x 100 cm
Collection particulière

La Danseuse, 1916/17
Huile sur toile, 180 x 90 cm
New York, collection particulière, Courtesy Neue Galerie

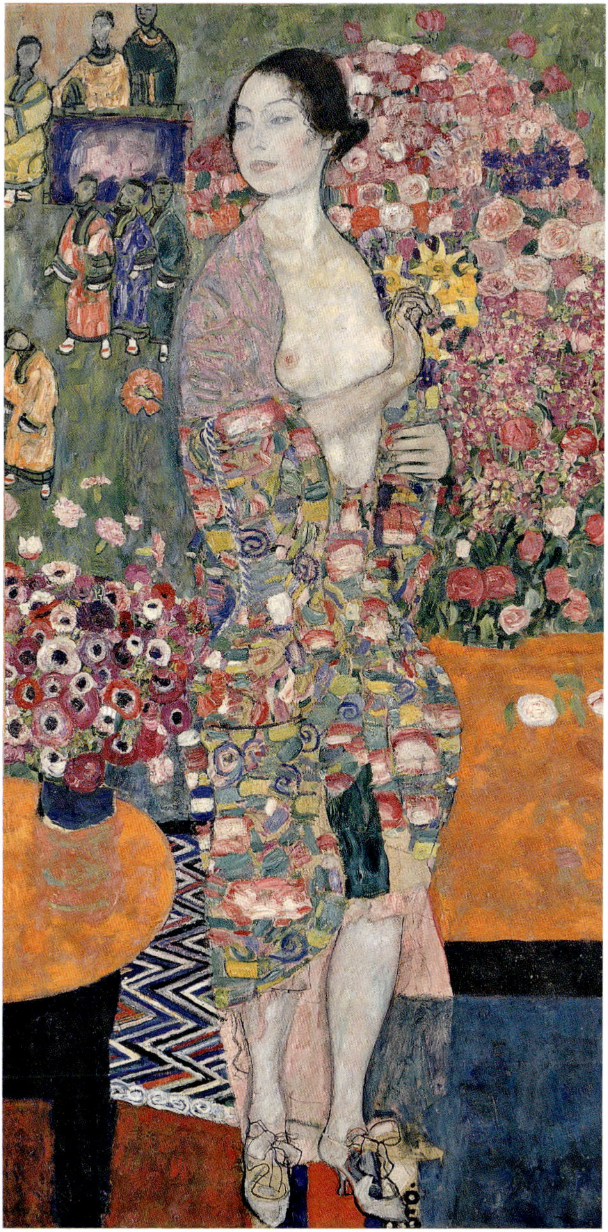

« Ce que le spectateur remarquait en premier lieu et attribuait à Klimt,
ce n'était pas lui, mais une quelconque autre chose à laquelle il était lié.
Le Japon, la Chine, et même Byzance ainsi que l'ancien et le nouvel Orient.
Le préraffaélisme italien et le nouvel art anglais. La peinture française décorative
et merveilleuse d'un Moreau, la nouvelle mystique néerlandaise de la région
de Khnopff, le tout entrecoupé de marchandises coloniales et de dieux.
S'il puisait dans tout cela, il n'était toutefois rien moins qu'un éclectique.
Il ne faisait que s'en nourrir, il le métamorphosait en Gustav Klimt. »

EXTRAIT DE LA NÉCROLOGIE DE GUSTAV KLIMT, 1918

Portrait de Ria Munk III, 1917 (inachevé)
Huile sur toile, 180 x 90 cm. The Lewis Collection

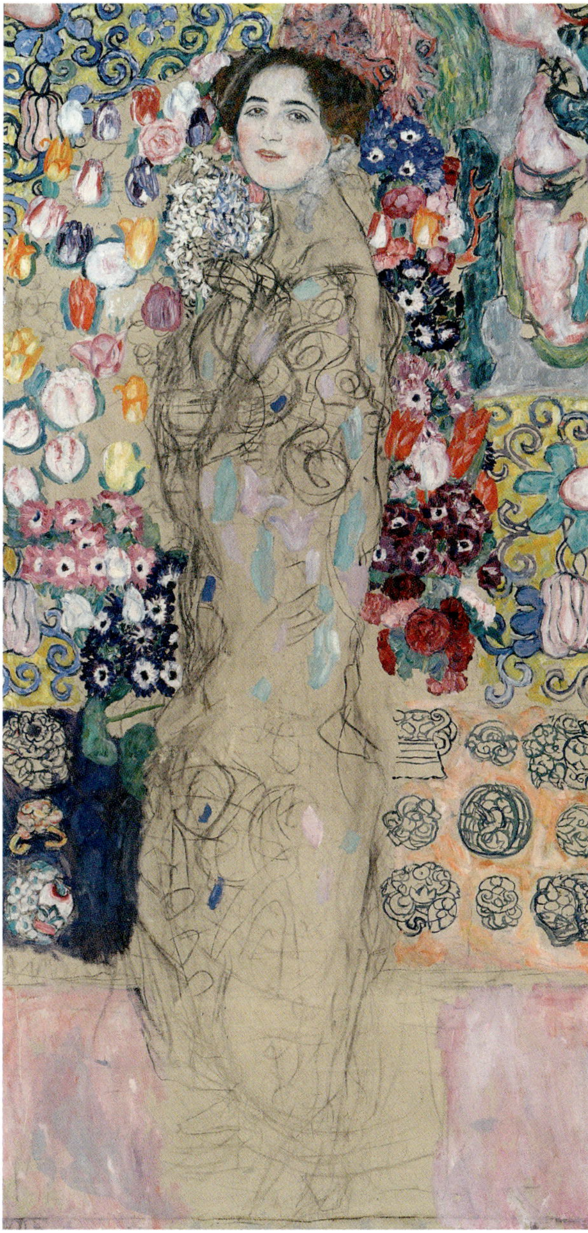

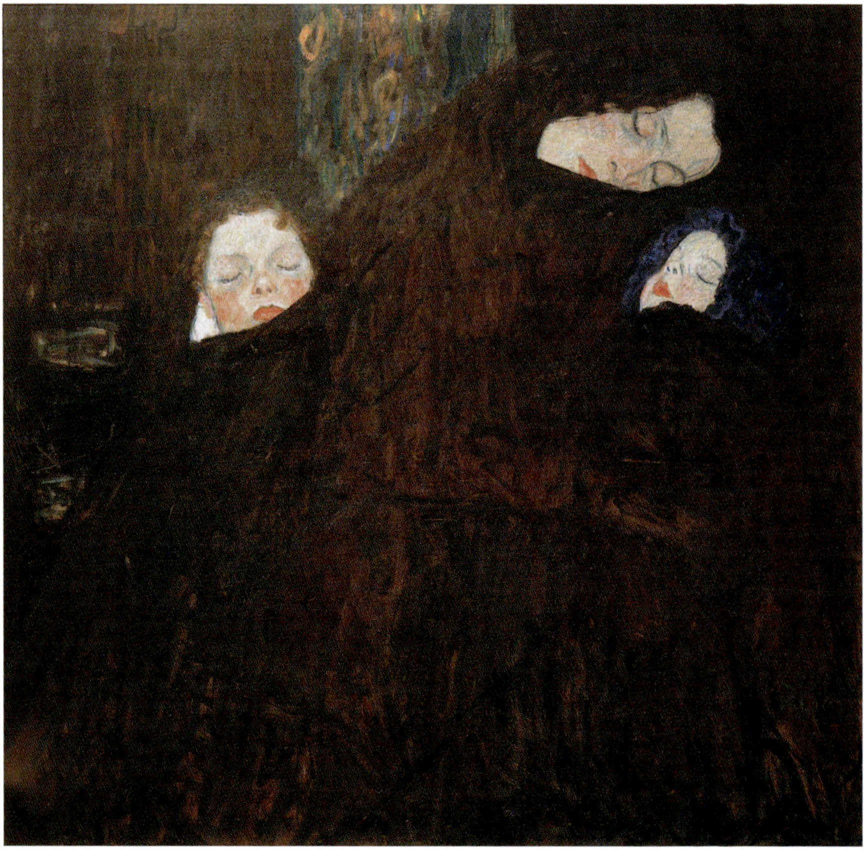

La Famille (Émigrants), 1909/10
Huile sur toile, 90 x 90 cm. Vienne, Belvedere

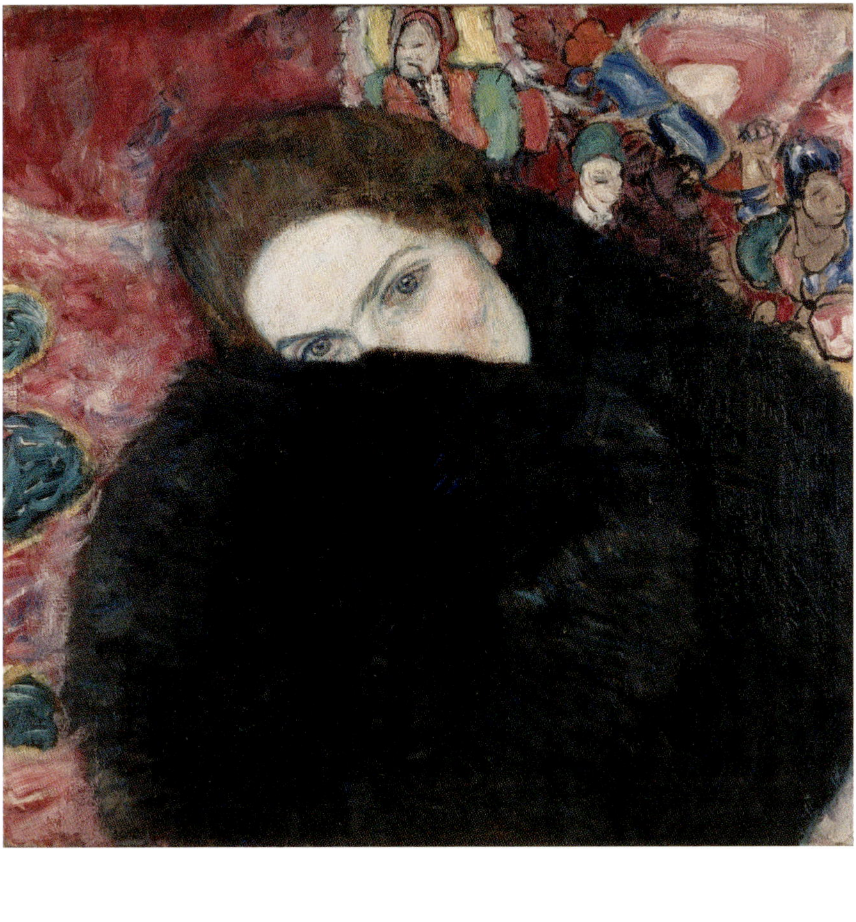

La Dame au manchon, 1916/17
Huile sur toile. Collection particulière

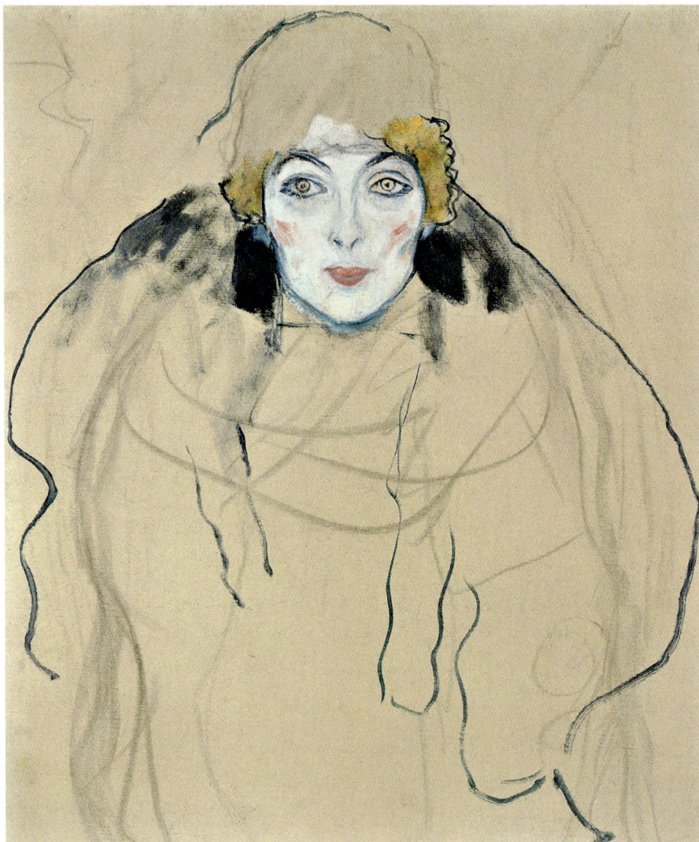

Portrait de femme, de face, 1917 (inachevé)
Huile sur toile, 67 x 56 cm. Linz, Lentos Kunstmuseum

Portrait de Johanna Staude, 1917 (inachevé)
Huile sur toile, 70 x 50 cm. Vienne, Belvedere

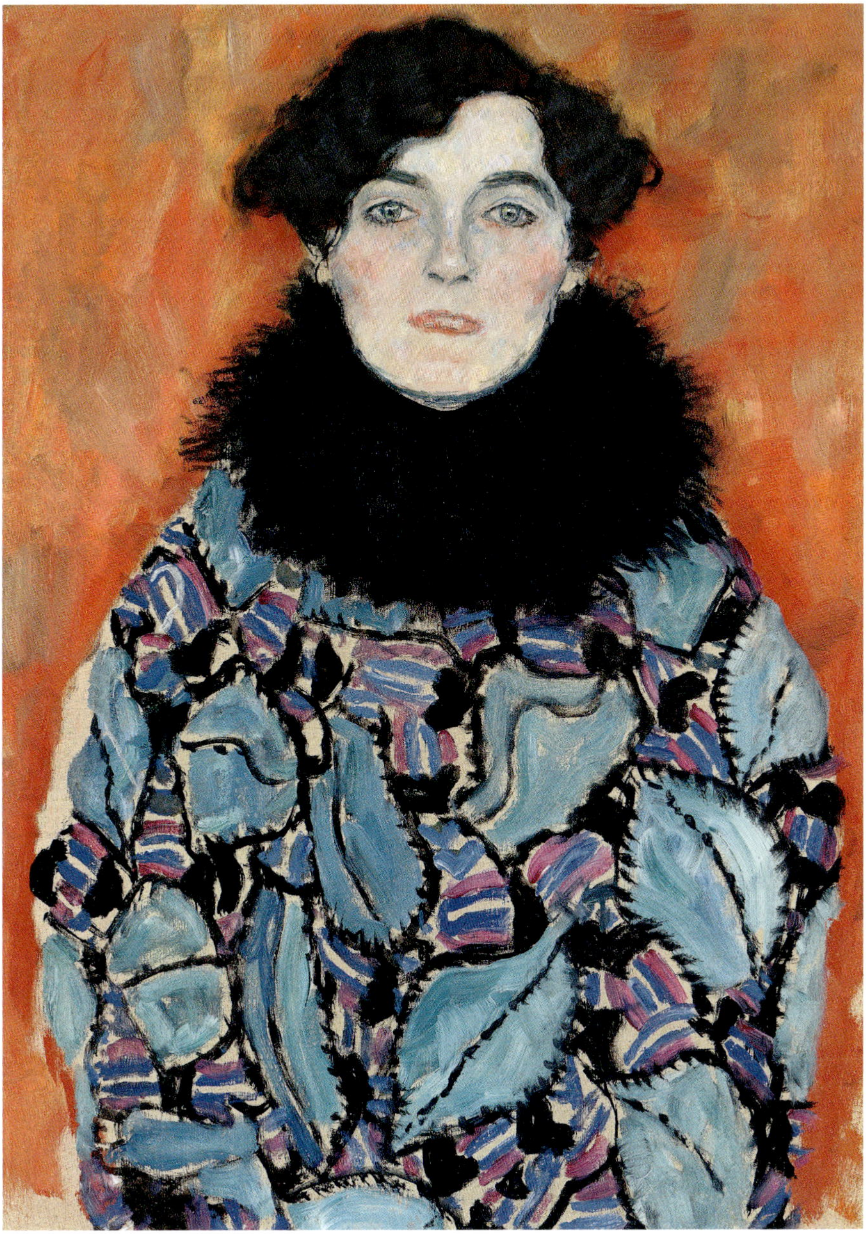

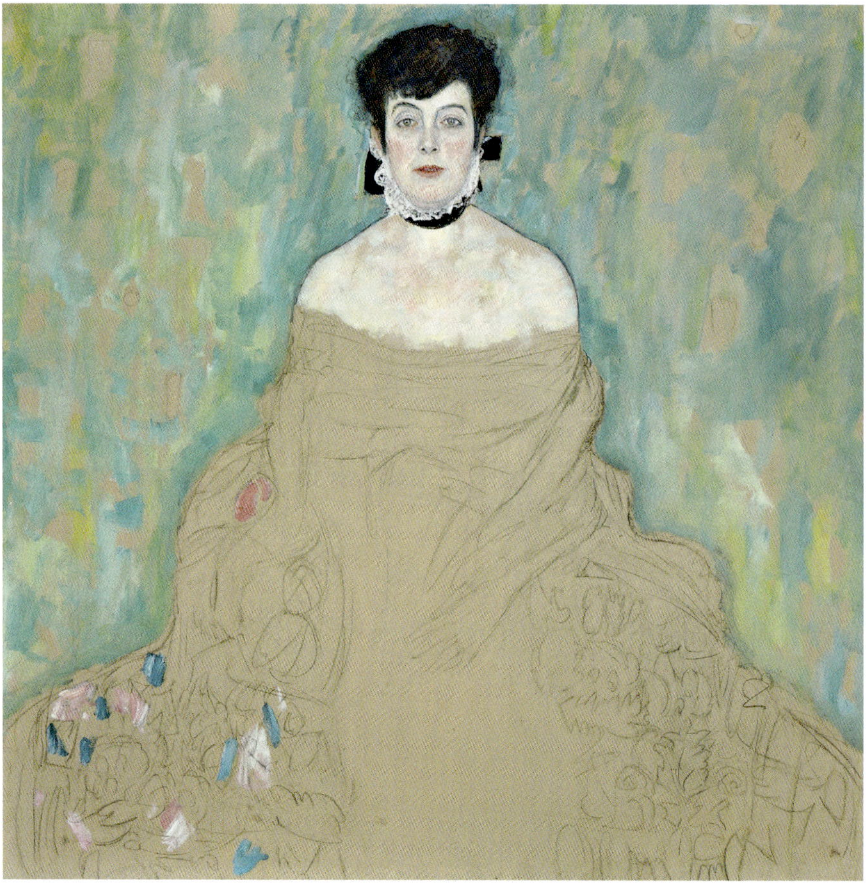

Portrait d'Amalie Zuckerkandl, 1917 (inachevé)
Huile sur toile, 128 x 128 cm. Vienne, Belvedere

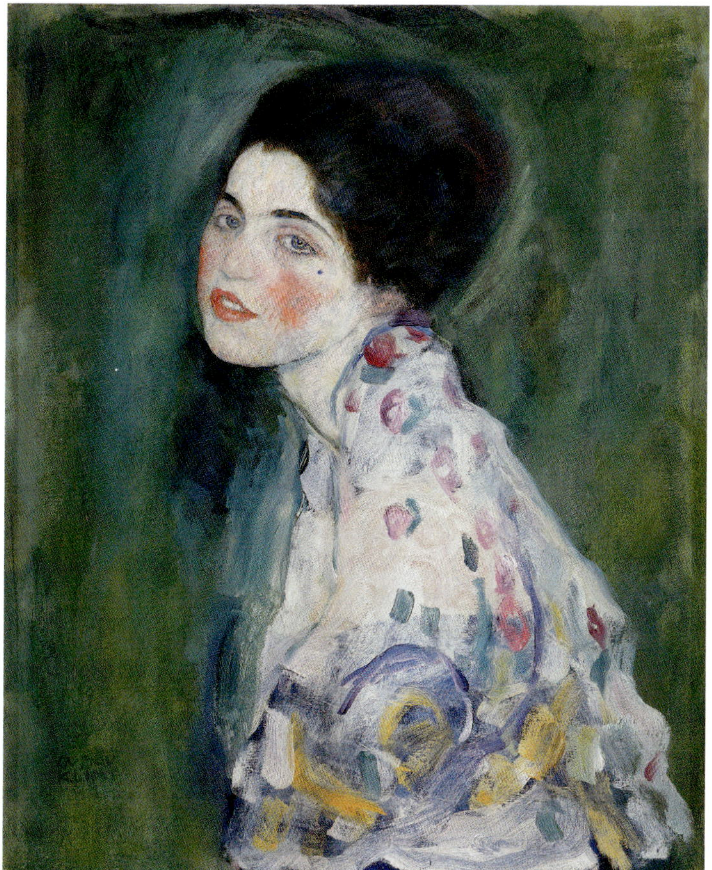

Portrait d'une jeune femme, 1916/17, sur la base d'un tableau de 1910
Huile sur toile, 68 x 55 cm. Plaisance, Galleria Ricci-Oddi (volé en 1997)

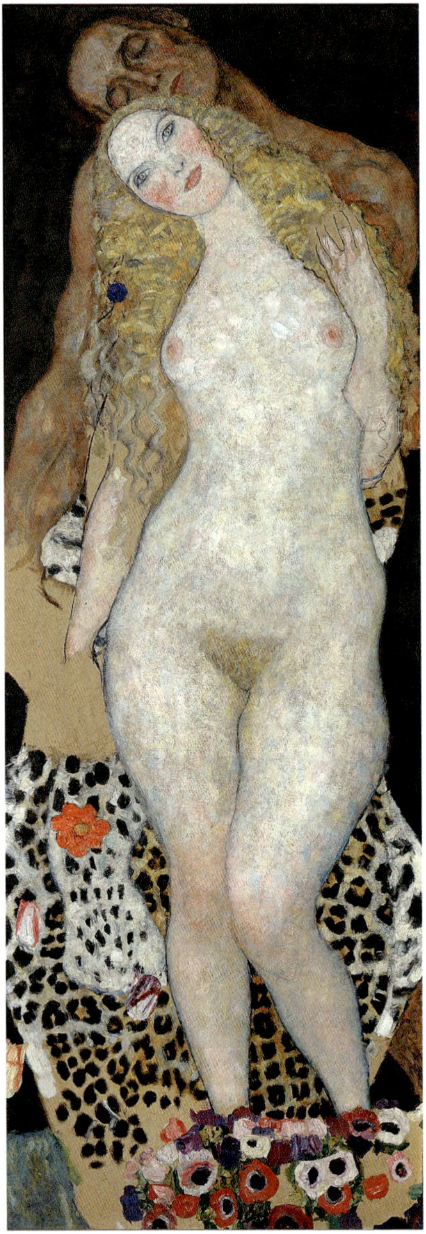

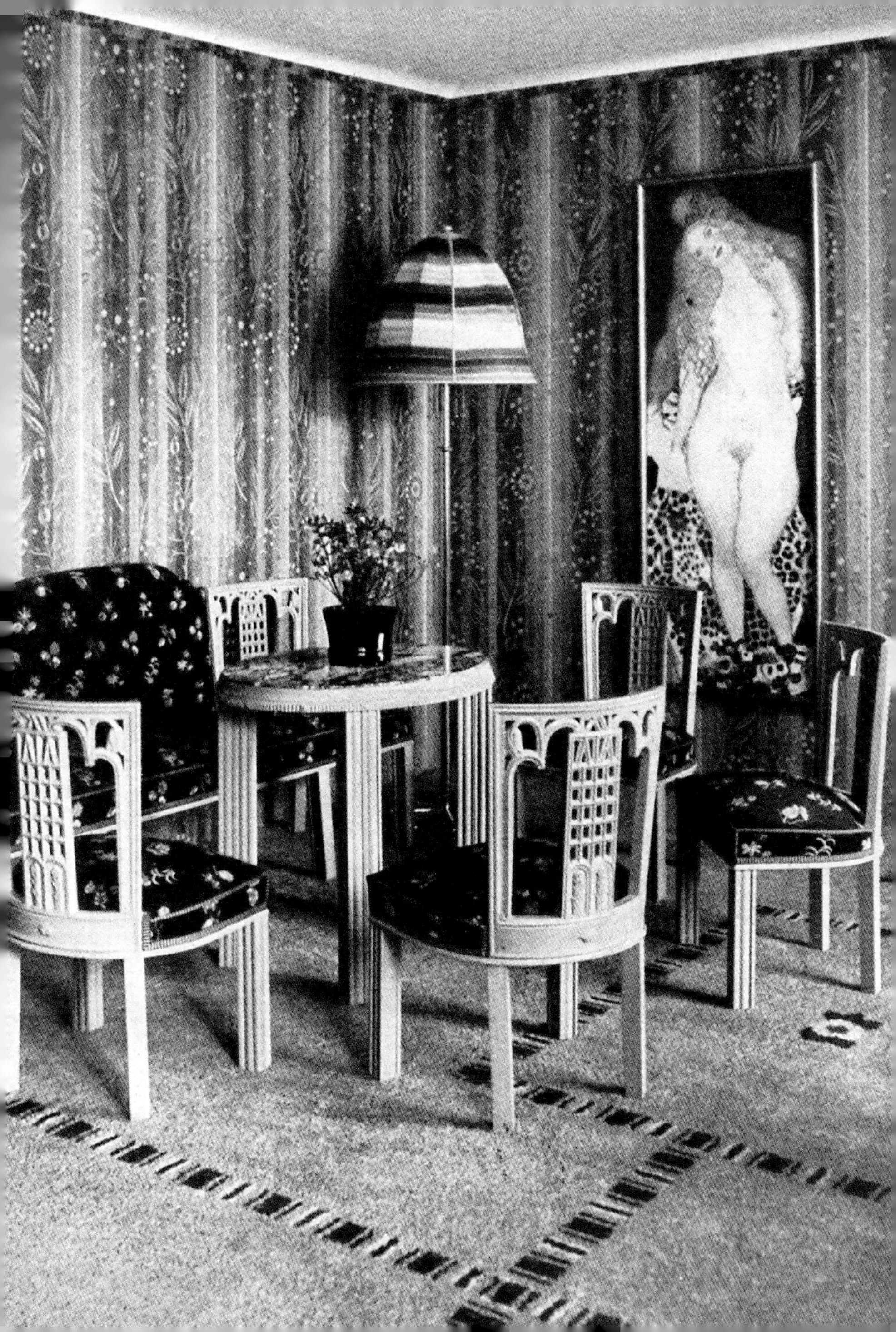

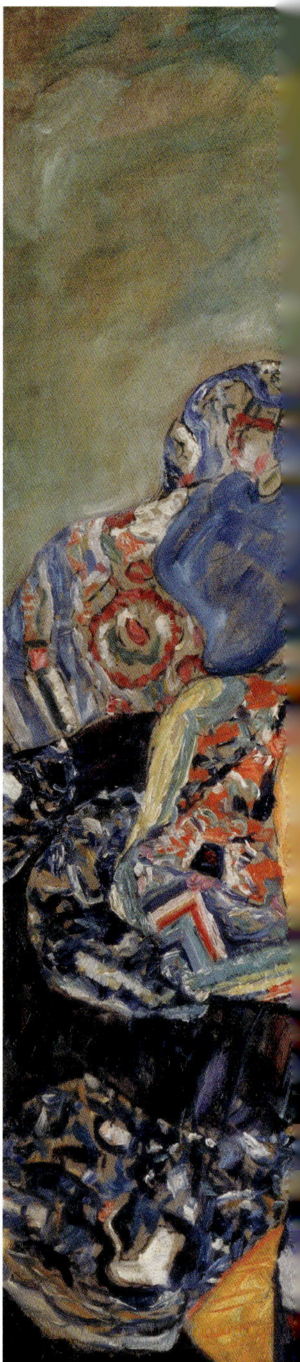

Page 362
Adam et Ève, 1917/18 (inachevé)
Huile sur toile, 173 x 60 cm. Vienne, Belvedere

Page 363
Petit salon situé dans la Villa Knips
À l'arrière-plan, le tableau de Klimt *Adam et Ève*
Extrait de : *Moderne Bauformen*, 1926, p. 361

Bébé, 1917
Huile et détrempe sur toile, 110 x 110 cm
Washington, D. C., National Gallery of Art, Inv. n° 1978.41.1,
don d'Otto et de Franziska Kallir avec le concours
du Carol et Edwin Gaines Fullinwider Fund, 1978

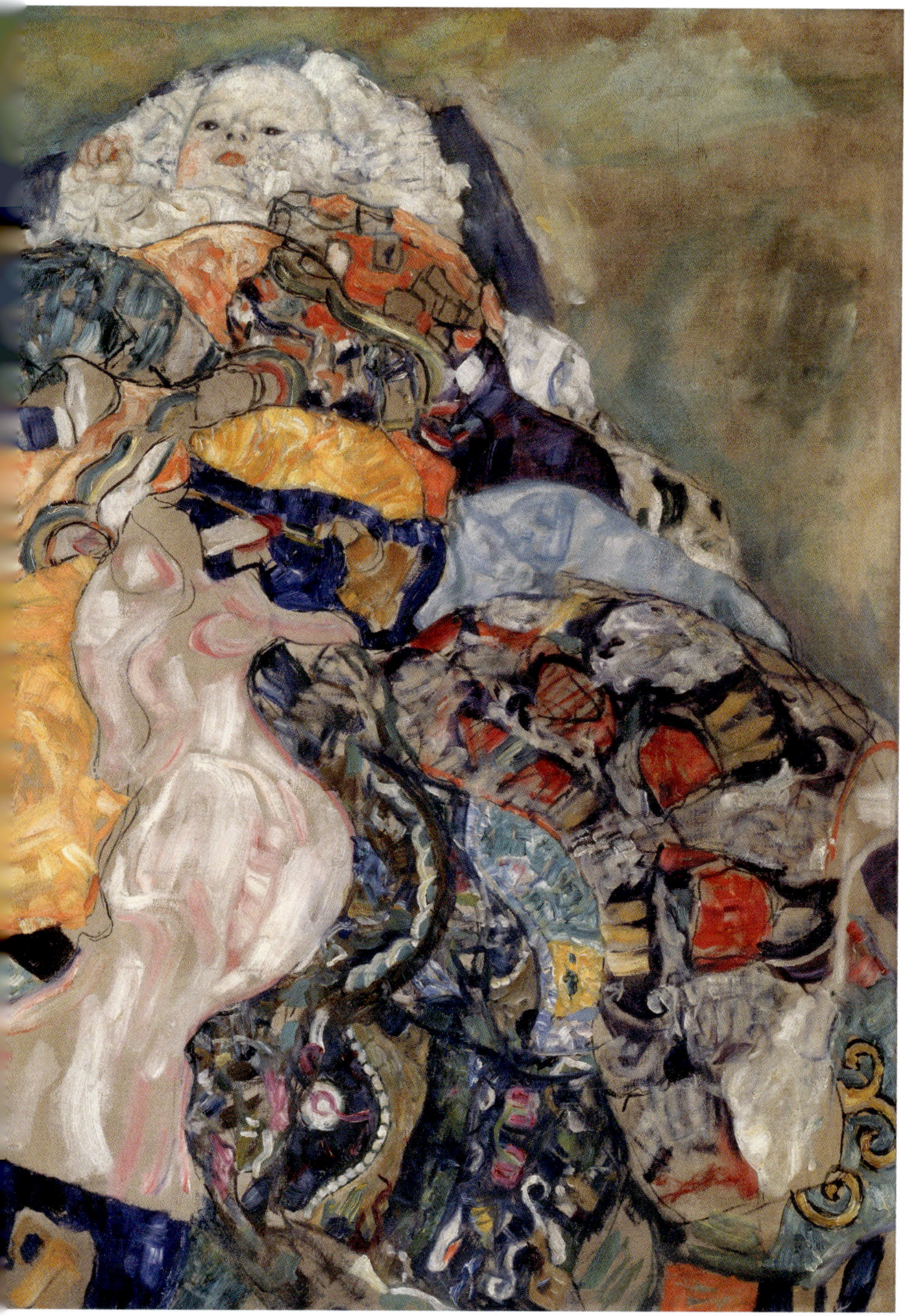

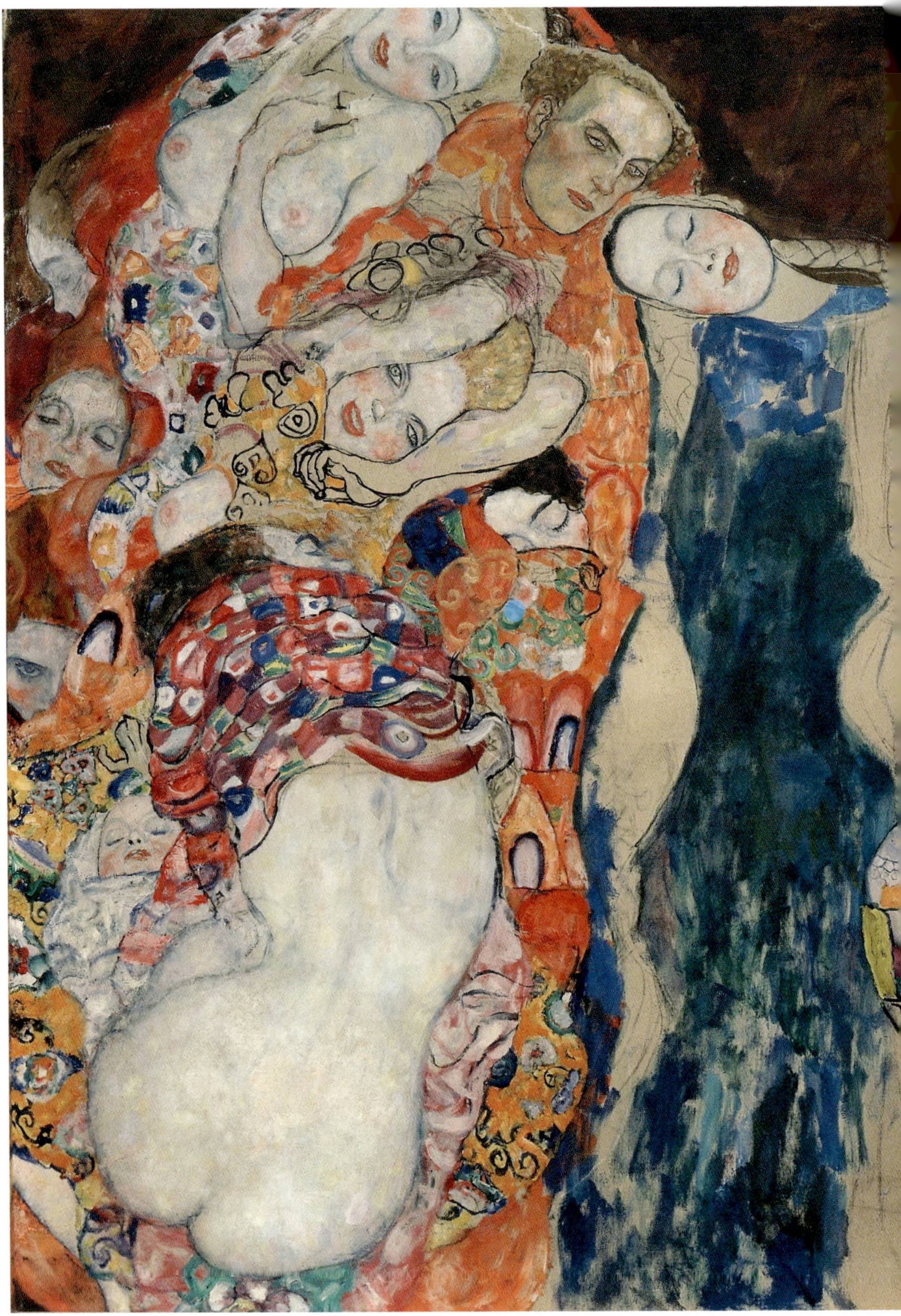

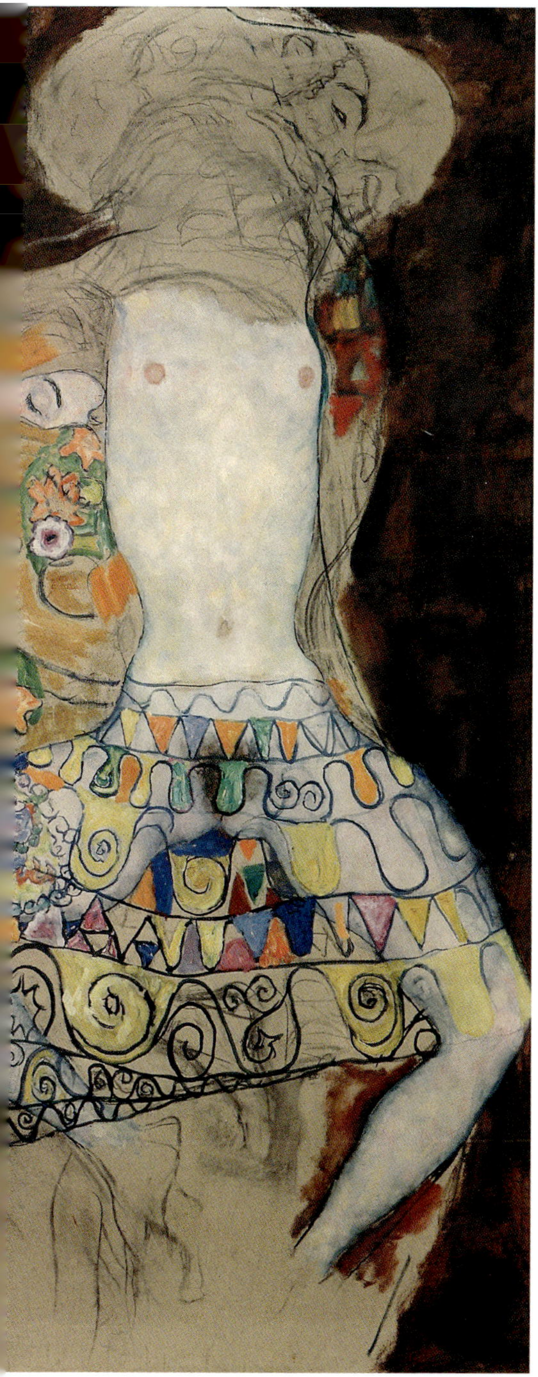

L'Épousée, 1917/18 (inachevé)
Huile sur toile, 165 x 191 cm
Vienne, Gustav Klimt | Wien 1900
Foundation, en prêt au Belvedere

Pages 368/369
Gustav Klimt et Emilie Flöge, 1909
Dans une barque devant la villa Paulick
à Seewalchen sur l'Attersee
Photo. Imagno/Austrian Archives

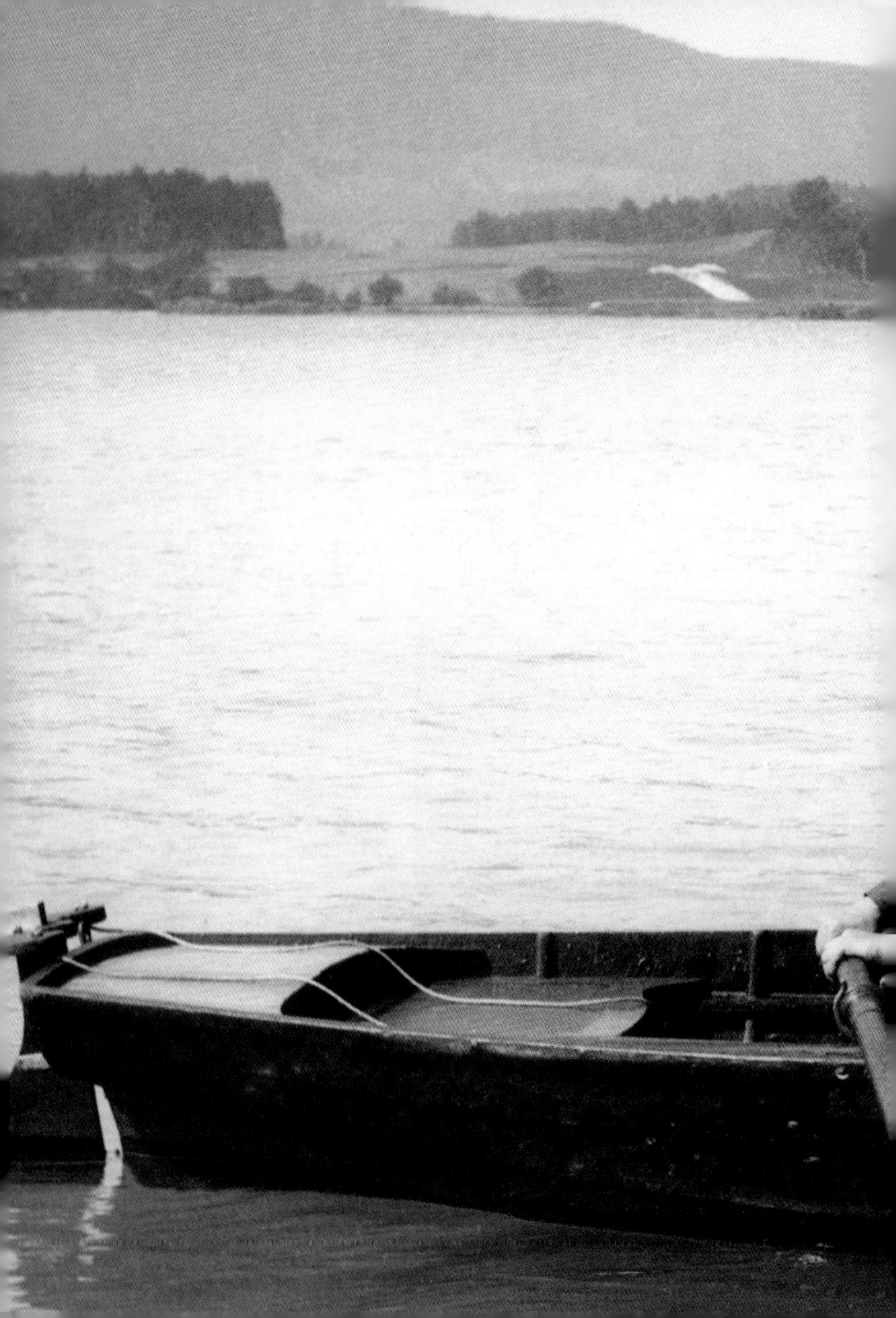

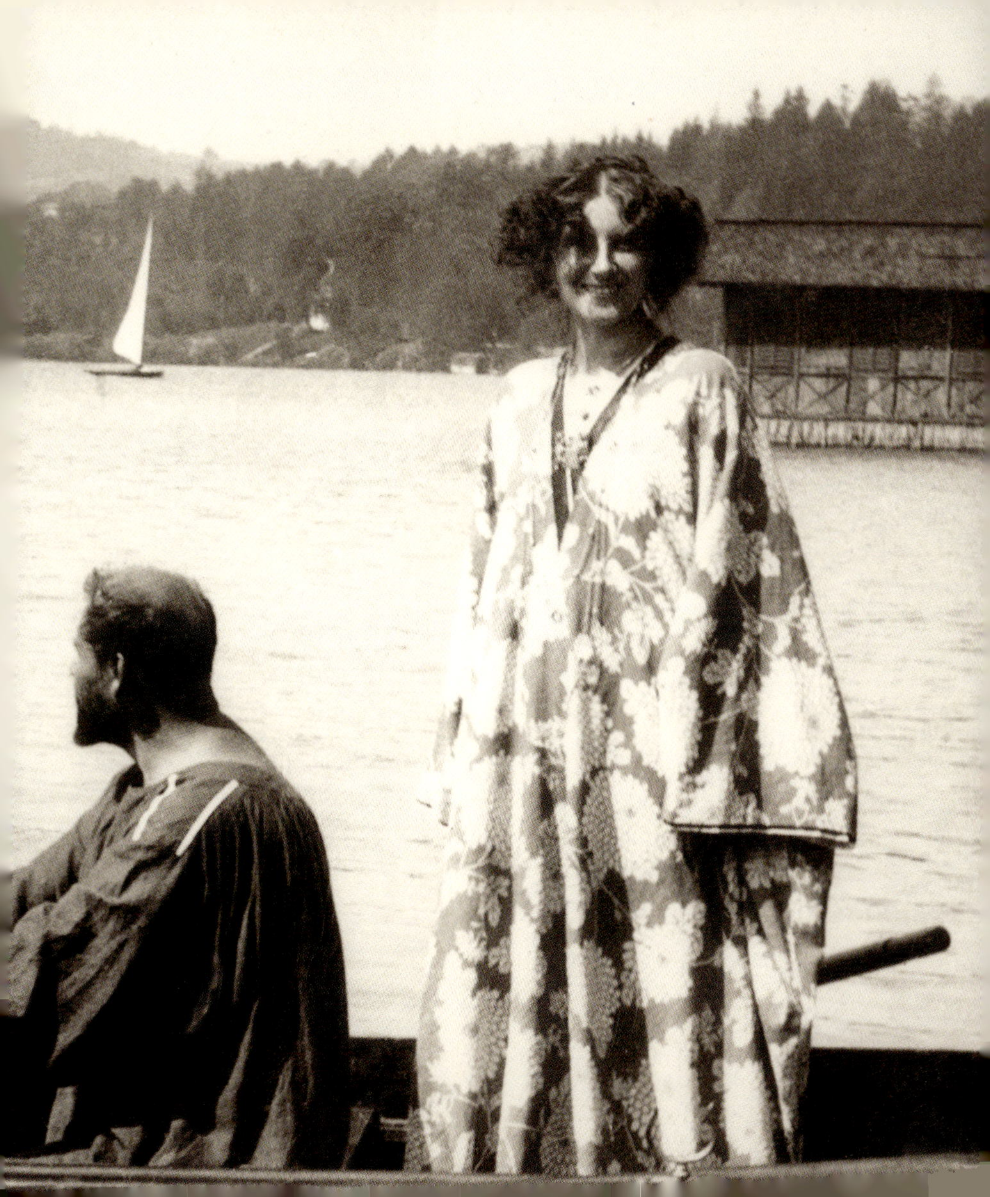

V.

Les paysages : une nature re-construite

Evelyn Benesch

«… avec mon viseur – un trou découpé dans du carton – j'ai recherché des motifs pour mes paysages à peindre, et j'ai trouvé de nombreuses choses – autrement dit, je n'ai rien trouvé du tout.»

GUSTAV KLIMT, 1902

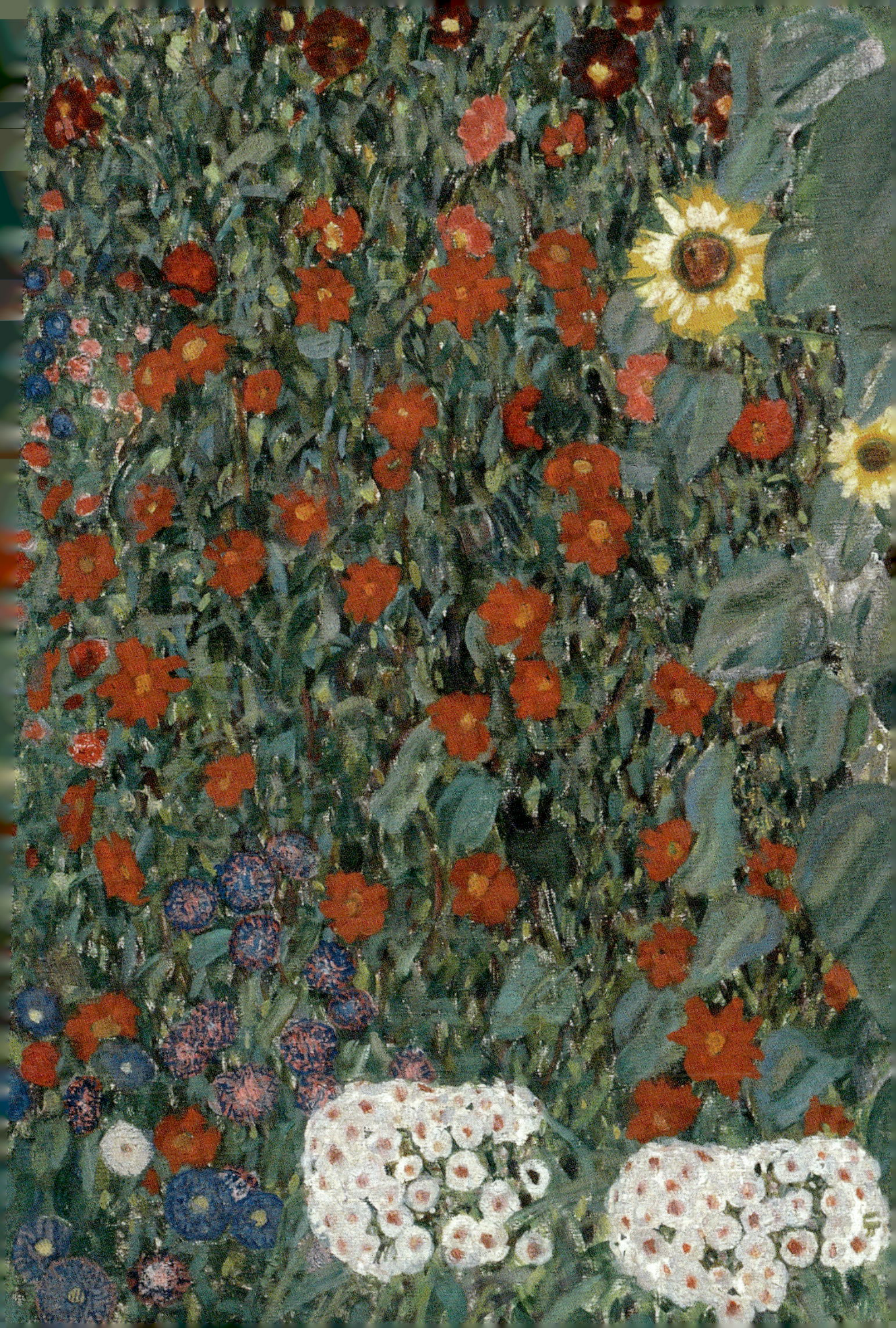

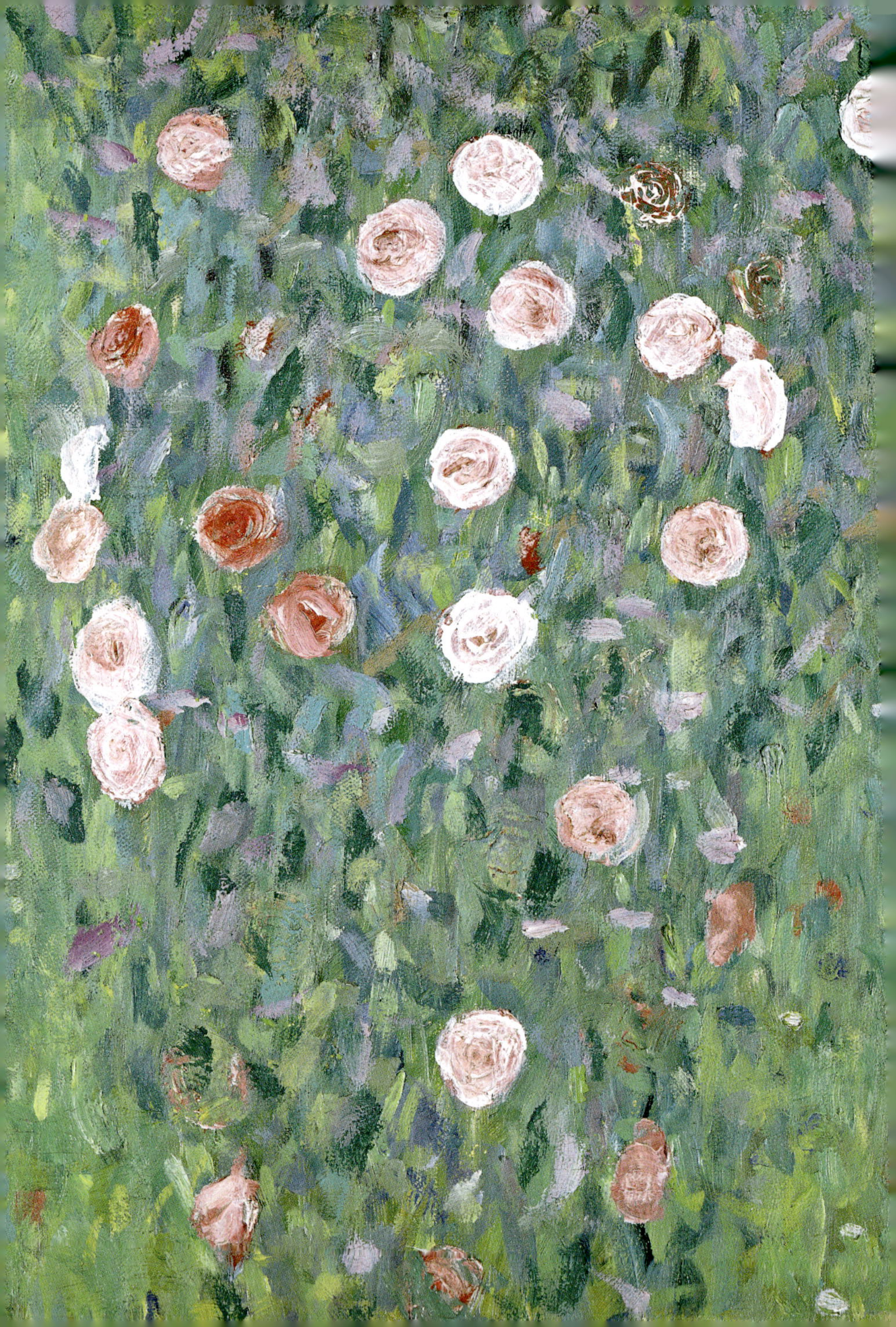

Séjour estival dans le Salzkammergut

En 1903, lors de son séjour d'été sur les rives du lac Attersee, Klimt écrivait que, muni d'un « viseur », il parcourait à pied la nature afin de trouver des motifs qui convinssent à ses paysages. Il employait cet outil, à la fois simple et astucieux, pour saisir le paysage dans un fragment carré correspondant à ses conceptions esthétiques – de la même manière, il se servait d'un télescope, qui l'aidait à filtrer et à préparer en fonction de ses besoins la nature qui s'offrait à ses yeux. Dans ses premiers paysages, peints vers 1900, pour lesquels il n'utilisait probablement pas encore ces instruments, le peintre remodelait la nature d'une manière qui lui était propre et la re-construisait dans le champ pictural pour en faire une composition répondant à ses attentes artistiques. Dans la seconde moitié de sa vie, Klimt se consacra de manière intensive aux paysages. Il peignit plus de cinquante fois la nature des bords du lac Attersee en Haute-Autriche : le lac lui-même, les forêts alentour, des jardins fermiers, des fleurs et des bâtiments isolés. Outre de grandes vues panoramiques montrant les formations montagneuses qui bordent le lac ainsi que des petites villes et des villages, ces œuvres contiennent des vues rapprochées de différents jardins (il n'est pas rare que des plantes fleurissant à différentes saisons y soient réunies – ainsi des coquelicots et des pommes vertes), ou encore des portraits de plantes isolées. À partir de 1899, Klimt utilise toujours un support carré – dans l'équilibre serein de cette forme géométrique classique, il élabore un large répertoire de la très foisonnante nature estivale.

Les sujets des paysages klimtiens remontent au *paysage intime* (en français dans le texte, n. d. t.) de l'impressionnisme d'atmosphère autrichien, ce sont donc des paysages « privés », une nature représentée de manière subjective, s'opposant au paysage classique et héroïque tel qu'on le peignait encore dans la première moitié du XIXe siècle. Dans la littérature spécialisée, ces tableaux paysagers de Klimt furent également qualifiés d'« œuvres de détente » (Dobai, 1981, p. 13), non seulement en raison de la liberté thématique et des possibilités d'expérimentation picturale qu'offraient ces œuvres indépendantes, mais aussi, surtout, parce que l'artiste peignit ces toiles (presque) exclusivement pendant les mois d'été, lors de ses villégiatures dans le Salzkammergut – quelques-unes seulement furent achevées plus tard dans son atelier viennois. À l'opposé de ces peintures non officielles, on trouve les portraits de dames de la société viennoise, commandés à des fins de représentation, que Klimt peignait durant les mois d'hiver. Il est étonnant de voir à quel point ces antipodes que

Page 371
Jardin aux tournesols (détail), 1908
(voir ill. pp. 440/441)

Rosiers sous les arbres (Roses) (détail), vers 1904
(voir ill. p. 428)

constituaient la « peinture d'hiver » et « la peinture d'été » correspondaient aux différentes habitudes de vie du peintre : l'hiver, il habitait, ancré dans la vie mondaine viennoise, chez sa mère et ses sœurs ; l'été, il se retirait dans l'isolement du Salzkammergut, accompagné de sa famille d'élection, l'entourage de son amie de longue date et belle-sœur Emilie Flöge.

Klimt était exceptionnellement proche de la nature ; ce qu'il préférait, c'était vivre en plein air, il pratiquait la gymnastique, la lutte et l'escrime, et entreprenait régulièrement de longues promenades – il avait ainsi coutume de se rendre à pied, depuis son appartement situé dans le VIIe arrondissement de Vienne, au Tivoli (café-restaurant viennois, n. d. t.) près de Schönbrunn, sur le versant du Grüner Berg (colline située à Vienne, n. d. t.), pour y prendre son petit-déjeuner. Son ami, le peintre Carl Moll, se souvint ainsi en 1943 : « Klimt était matinal et hyperactif, il parcourait au petit matin la Westbahnstrasse [...] jusqu'au lointain Meidling, afin de se rendre au café Tivoli, dont, mis à part Schönbrunn, l'ambiance évocatrice du vieux Vienne lui convenait le mieux, à lui, le plus moderne des artistes. [...] Un copieux petit-déjeuner, où une grande portion de crème fouettée tenait le rôle principal, devait lui donner des forces pour la journée entière. [...] Ses amis avaient aussi coutume de lui rendre visite là-bas. Nähr, le jeune Schiele et d'autres » (cit. d'après Nebehay, 1969, p. 54). L'intérêt et la joie que le cycle des saisons inspirait à Klimt méritent également d'être soulignés. En observateur attentif de la nature, il écrivit à Emilie Flöge, en mars 1909, dans un style moins laconique que d'ordinaire, à propos du jardin situé devant son atelier de la Josefstädterstrasse : « Aujourd'hui, sur le chemin traversant mon jardin, un parfum pareil à celui du printemps – des chants d'oiseau – les bourgeons se dilatent – mais seulement un peu – malgré l'atmosphère hivernale. Tout ceci peut changer en un jour ! » (cit. d'après Fischer, 1987, p. 175). Schiele se souvient de l'atelier de Hietzing (arrondissement de Vienne, n. d. t.), où Klimt travailla à partir de 1914 : « Tous les ans, Klimt faisait décorer de parterres de fleurs le jardin entourant la maison de la Feldmühlgasse – c'était un plaisir de s'y rendre en marchant au milieu de fleurs et de vieux arbres » (Schiele, « Klimts Herzensgüte war echt », non daté, cit. d'après Roessler, 1921, p. 90).

Il est d'autant plus étonnant que les tableaux de Klimt montrant des paysages, des fleurs et des jardins n'aient vu le jour que dans la seconde moitié de sa vie, c'est-à-dire, à peu près, à partir de 1900. Klimt éprouvait alors le désir grandissant d'accomplir une sorte d'émigration intérieure et, surtout, de se retirer de ses obligations mondaines à quoi s'ajoutait la volonté de compenser son engagement, alors très intense, en matière de politique artistique : parallèlement à la fondation de la Sécession, en 1897, débuta un long combat pour que fussent reconnus ses « tableaux des facultés » (pp. 129–131 ; Natter 2012, cat. 126, 127, 157) destinés à l'Université de Vienne (voir à ce propos, entre autres, Dobai, 1981, p. 13 ; Koja, 2002, p. 35). En peinture, cette quête pouvait s'exprimer dans l'intérêt pour un sujet revêtant un caractère pour ainsi dire non officiel, pour un travail effectué sans l'intervention d'un commanditaire, et dans la possibilité d'une exécution picturale libre tournant le dos aux prescriptions conventionnelles.

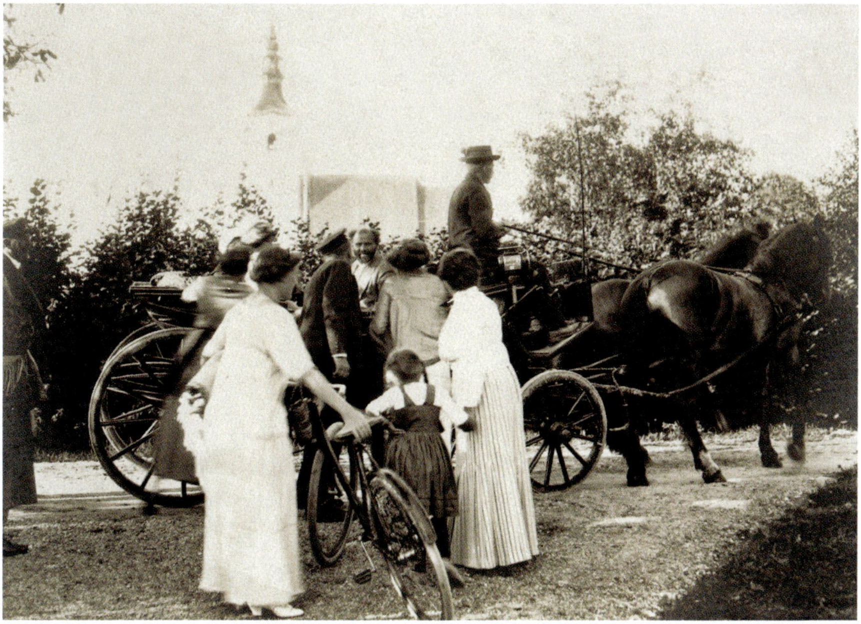

Klimt partant de Seewalchen pour se rendre à la gare d'Attnang-Puchheim, 1913
Photo. Imagno/Austrian Archives

Par ailleurs, les paysages constituaient pour Klimt une source sûre de revenus, ce qui n'était sans doute pas négligeable à ses yeux, surtout lorsque, après sa rupture définitive avec le ministère de l'Enseignement, laquelle scellait la fin de la querelle due aux « tableaux des facultés », il dut renoncer à l'espoir d'obtenir des commandes publiques, lesquelles il ne souhaitait d'ailleurs plus. Klimt présenta ses paysages au public viennois lors des expositions de la Sécession et, plus tard, à la galerie Miethke. Il était d'ailleurs très contrarié de voir son travail de peintre paysager compromis par d'autres tâches, comme ce fut le cas l'été 1910, lorsqu'il exécuta la frise du palais Stoclet de Bruxelles (chap. III), un travail de longue haleine qu'il perçut aussi comme un préjudice financier, ce dont témoigne une lettre adressée à Fritz Waerndorfer (1868–1939), fabricant de textiles et fondateur de la Wiener Werkstätte : « Je viendrai à Vienne un peu avant la mi-septembre ou exactement au milieu du mois – je suis plus assidu que jamais – toujours Stoclet, toujours Stoclet – je n'ai encore commencé aucun paysage. Cela me coûte les yeux de la tête. Cordialement, GUS » (Weidinger, 2007a, p. 132 et note 21).

Toutefois, l'intérêt porté au paysage, ce repli dans un domaine thématique, était surtout lié à la stimulation exercée par la nature elle-même – ce n'est pas un hasard si les premiers

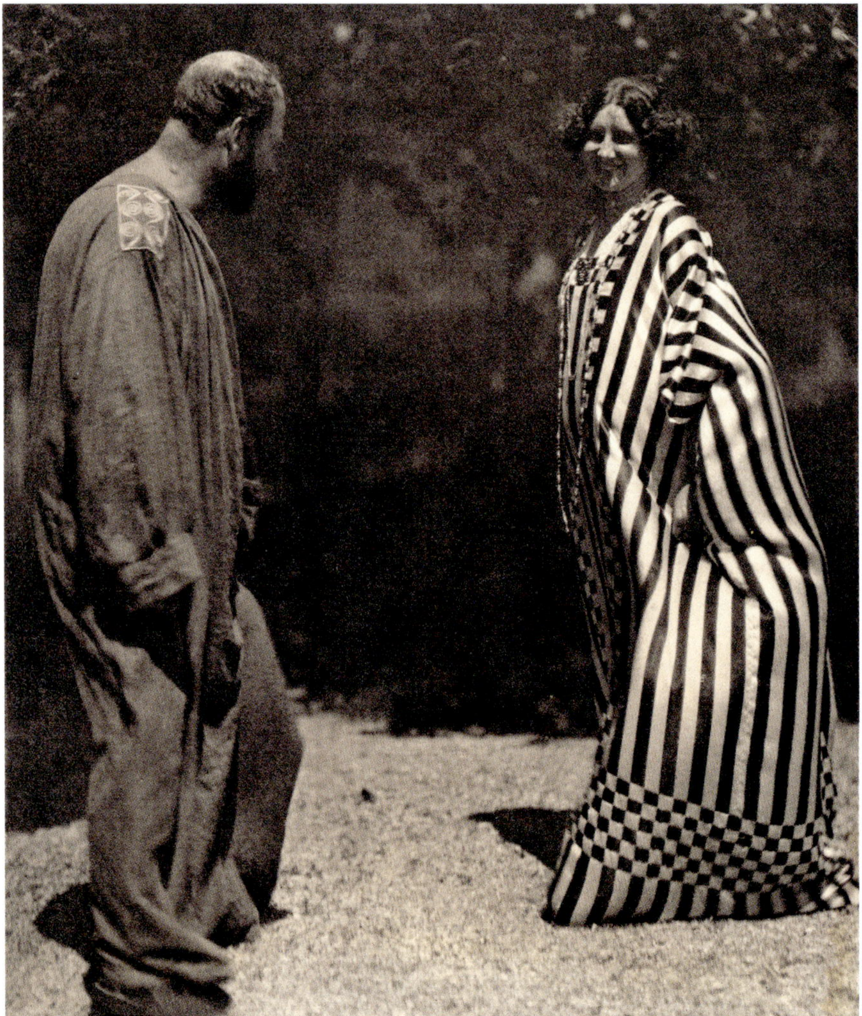

Heinrich Böhler, **Gustav Klimt et Emilie Flöge à Kammer, au bord de l'Attersee**, vers 1909
Héliogravure. Imagno/Austrian Archives

paysages de Klimt coïncidèrent avec le début des séjours estivaux qu'il fit régulièrement, en compagnie de la famille Flöge, dans le Salzkammergut et qui témoignent d'ailleurs, eux aussi, de ce repli dans la sphère privée.

La villégiature d'été, un phénomène touchant la bourgeoisie citadine à la fin du XIXe siècle, était synonyme d'« évasion » pour les habitants de Vienne. Elle les menait soit vers les lieux de détentes du proche Semmering (station climatique située en Basse-Autriche, n. d. t.) ou de la Rax (montagne située entre la Basse-Autriche et la Styrie, n. d. t.) soit vers la région des lacs du Salzkammergut de Haute-Autriche et de Salzbourg. Cette région était d'autant plus populaire que la cour de l'empereur François-Joseph y séjournait l'été, à Bad Ischl.

À partir de 1897, Klimt se rendit tous les étés en villégiature dans le Salzkammergut, où il passait généralement plusieurs semaines, en compagnie des sœurs Emilie et Helene Flöge (la veuve d'Ernst, le frère du peintre, décédé en 1892), de la fille d'Helene, qui portait le même nom que sa mère (1892–1980) – et dont Klimt était le tuteur – ainsi que de Barbara Flöge (1840–1927), la mère des deux sœurs. C'étaient les Flöge qui, la plupart du temps, s'occupaient de l'installation pour le séjour de plusieurs semaines ; on trouvait l'hébergement par l'entremise d'amis ou de parents et on louait un certain nombre de chambres, un étage ou une petite villa. Le voyage se faisait en train et une voiture attendait à destination pour apporter les bagages au logement (p. 375). Klimt voyageait, selon l'usage de l'époque, muni de nombreuses valises et corbeilles – les ustensiles de peinture et les châssis étaient rangés dans une caisse à part qui était parfois expédiée à l'avance. Dans de nombreuses cartes postales qu'il écrivit à Emilie, déjà partie pour le Salzkammergut, Klimt dévoile non seulement sa joie à la pensée du voyage, mais aussi le désagrément causé par les préparatifs, qui lui étaient pénibles : « La valise de l'atelier est faite – caisse pour les tableaux pas encore reçue. Coupé promis. Dans l'attente de joyeuses retrouvailles [...] » (12/07/1907, cit. d'après Fischer, 1987, p. 172), ou : « Mercredi soir. Bagages terminés à grand-peine. Impossible de tout caser. Le parchemin arrivera par la poste, même chose pour la boîte de peinture. » (08. 07. 1908, cit. d'après Fischer, 1987, p. 173).

Sankt Agatha et Golling 1898 et 1899

Les deux premiers étés de vacances que Klimt et la famille Flöge passèrent ensemble se déroulèrent respectivement près du lac de Hallstatt et à Golling, au sud de Hallein, non loin de Salzbourg. Leur première destination de vacances fut Sankt Agatha près de Bad Goisern. Rudolf von Alt (1812–1905), le doyen de la peinture de paysage autrichienne, avait déjà choisi comme lieu de villégiature cette région située autour du lac de Hallstatt et aisément accessible par la Westbahn (« chemin de fer de l'ouest », n. d. t.). Emil Jakob Schindler (1842–1892) et ses élèves, ainsi Carl Moll, y séjournèrent quant à eux plus d'un été, au début des années 1880. Klimt décida, peut-être incité par ses collègues, d'y passer lui aussi un été. 1898, l'année de ses premières vacances, avait été pour lui riche en obligations – c'était l'année de sa deuxième élection au poste de président de la Sécession et celle de la première grande exposition sécessionniste, dont il présidait le comité de travail ; ce fut aussi la première année de parution de *Ver Sacrum*, où figuraient de nombreuses œuvres du peintre. Klimt était en outre très accaparé par l'exécution des « tableaux des facultés » et par la discussion que ceux-ci engendraient.

Un petit groupe de paysages du Salzkammergut peints pendant ce séjour ont été conservés, ainsi *Après la pluie (Jardin avec poules à Sankt Agatha* ; p. 410 ; Natter 2012, cat. 111), qui montre un verger de type fermier se distinguant par une ligne d'horizon élevée, tout en ouvrant la vue sur les montagnes situées au loin. Des arbres fruitiers et feuillus, vus de face, aux couronnes dépassant les bords de l'image, assurent la transition vers le *premier plan* (en français dans le texte, n. d. t.). Celui-ci, comme s'il était déplié, est restitué en vue plongeante, laissant une grande place à la pelouse et aux nombreuses poules. Klimt travaille avec une palette claire de tons lumineux verts, gris et noirs, rehaussés et animés par la couleur blanche des poules, les accents rouges produits par les crêtes des coqs et les délicates fleurs multicolores des plantes vivaces se trouvant à l'avant de l'image. L'artiste nous donne à voir une scène idyllique du Salzkammergut, conditionnée par la situation atmosphérique du moment : l'herbe mouillée par la pluie fume dans la chaleur de l'été, et une sorte de voile « vitreux », où s'estompe l'arrière-plan, repose sur le paysage.

Il convient ici de renvoyer, rétrospectivement, à trois petits paysages datant du début des années 1880, lesquels semblent constituer une sorte de prélude à l'intérêt porté par Klimt à la peinture de paysages : *L'Étang calme* (Natter 2012, cat. 9) ainsi que deux peintures de forêts, *Sous-bois* et *Au cœur de la forêt* (Natter 2012, cat. 10, 11). Ces toiles, qui ressemblent à des ébauches, sont dominées par des tons marron et verts caractéristiques de ces années et se rattachent immédiatement, par leur chromatisme et par leur réduction à un fragment de paysage de petite taille pour ainsi dire intime, à l'impressionnisme d'atmosphère autrichien.

C'est justement dans la comparaison avec ces peintures précoces et traditionnelles que se manifeste la remarquable nouveauté des paysages conçus par Klimt presque vingt ans plus tard : même s'il l'emprunte à la tradition du paysage intime, Klimt, dans *Après la pluie*, transforme pour la première fois le thème en image d'un vécu personnel ; pour ce qui est du chromatisme, les couleurs claires mêlées de blanc, qui ont laissé loin derrière elles les tons terreux du XIXe siècle, témoignent du dialogue avec l'impressionnisme français et belge. Outre le sujet et la palette, le principe de composition d'une vue simultanément frontale et en perspective – que l'artiste allait conserver et perfectionner pendant les années

Pommier I (détail), vers 1912
(voir ill. pp. 454/455)

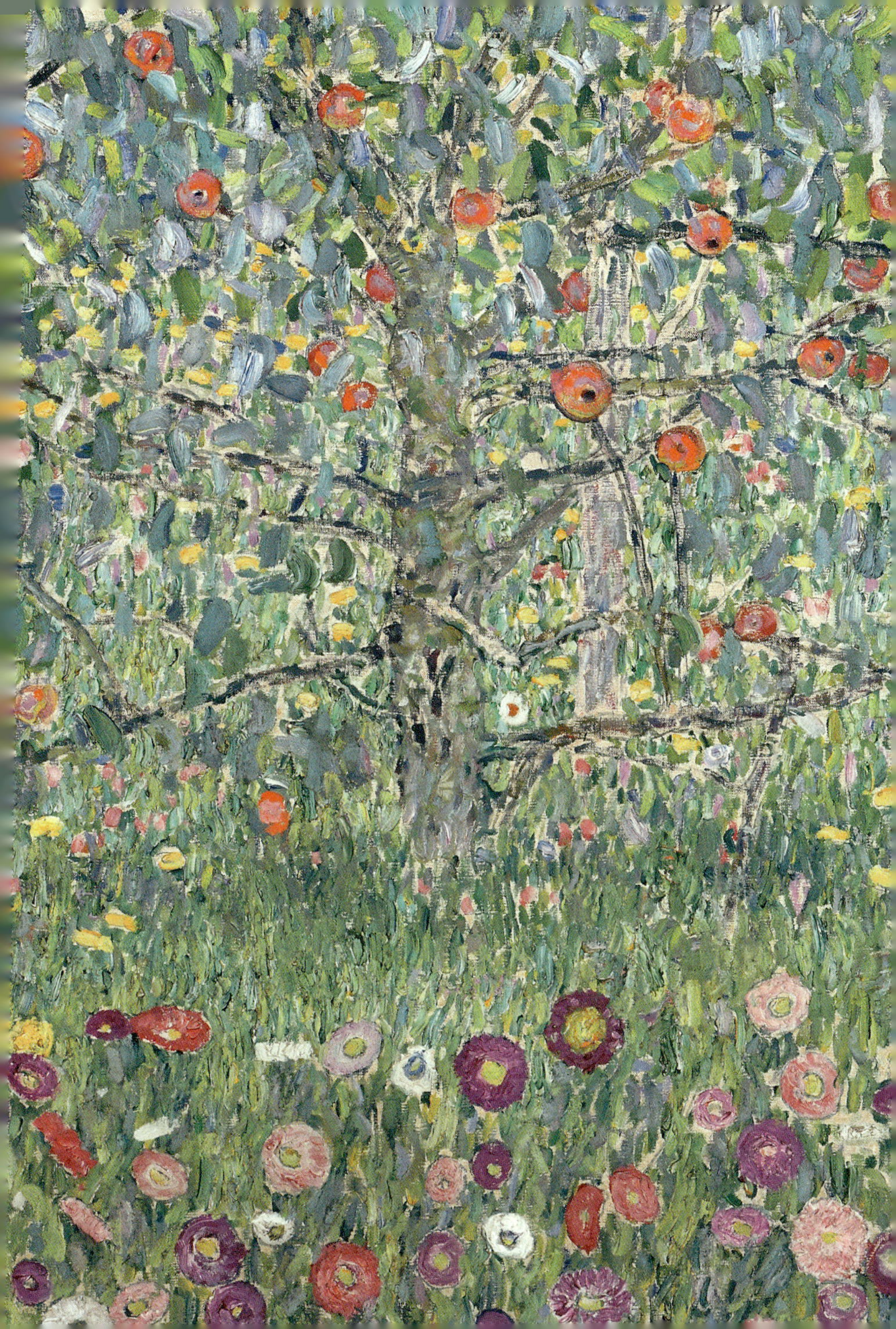

qui suivirent – mit une grande distance entre Klimt et les impressionnistes d'atmosphère. Le peintre connaissait le système de la vision double et celui du report du point de vue, sans doute avant tout grâce à son intérêt pour les Ukiyo-e japonais, que lui-même collectionnait. En France, cette propriété spécifique des gravures sur bois fut reprise par les nabis, en particulier par Pierre Bonnard, à la fin des années 1890. La configuration spatiale construite délibérément avec une ligne d'horizon élevée et des troncs d'arbres tenant lieu d'éléments verticaux structurant l'ensemble allait, elle aussi, demeurer une caractéristique des paysages de Klimt. Il est frappant de constater que les toiles du peintre, dès ses premiers tableaux paysagers, montrent une nature qui, tout en étant perçue grâce à des impressions sensorielles immédiates, est re-construite, composée de manière pour ainsi dire artificielle.

En 1899, au cours de la deuxième villégiature d'été qu'ils partagèrent, Klimt et la famille Flöge séjournèrent à Golling, au sud de Hallein, où l'artiste peignit, entre autres, *Matin au bord de l'étang* (p. 412 ; Natter 2012, cat. 122), une vue du petit lac Egelsee. L'artiste y utilisa pour la première fois le format carré, qu'il devait dès lors choisir pour l'ensemble de ses paysages. Comme ce fut déjà le cas pour *Après la pluie*, il surélève la ligne d'horizon du tableau et réserve la grande partie du champ pictural au lac, le motif principal, qui paraît comme déplié, et dont une moitié gît dans l'ombre de la forêt obscure, cependant que l'autre s'étend dans la lumière claire du soleil matinal. *Matin au bord de l'étang* est sans nul doute le paysage par lequel Klimt se rapproche le plus du symbolisme : le petit étang isolé et désert, où se reflètent les conifères, scintille dans la clarté du matin. Une atmosphère mystérieuse, émanant du paysage paisible et de la surface de l'eau presque immobile, domine la scène, laquelle est rendue par des couleurs discrètes et argileuses – éclaircies par les rayons de lumière teintés de rose et de blanc et par les nuages qui se miroitent dans l'eau. L'eau et ses connotations diverses – allant de l'infini aux rêves, en passant par la mort et par une sensualité inexprimée – caractérisent de nombreuses œuvres de la peinture et de la littérature symbolistes. Parmi les peintres, c'est Fernand Khnopff qui évoque avec le plus de force cette atmosphère indéterminée, vague et empreinte de désirs. Ses portraits et paysages furent présentés, in extenso et avec succès, au public viennois en 1898, à la Sécession ; c'est à cette occasion que le tableau *Eaux calmes*, aujourd'hui conservé au Belvedere, fut acheté pour une collection particulière viennoise. Le lien qui unissait Khnopff, plus que tout autre, à l'eau, qu'il interprétait à partir de sa disposition d'âme fondamentalement mélancolique et mystique, puisait notamment dans son dialogue avec Bruges, sa ville natale, elle-même étroitement liée à l'élément aquatique. Le « chef bruxellois des mystiques », comme le surnommait le grand critique des débuts de la Sécession (Hevesi, 1906a, p. 30 sq.), Ludwig

Maison forestière à Weissenbach I (détail), 1914
(voir ill. p. 463)

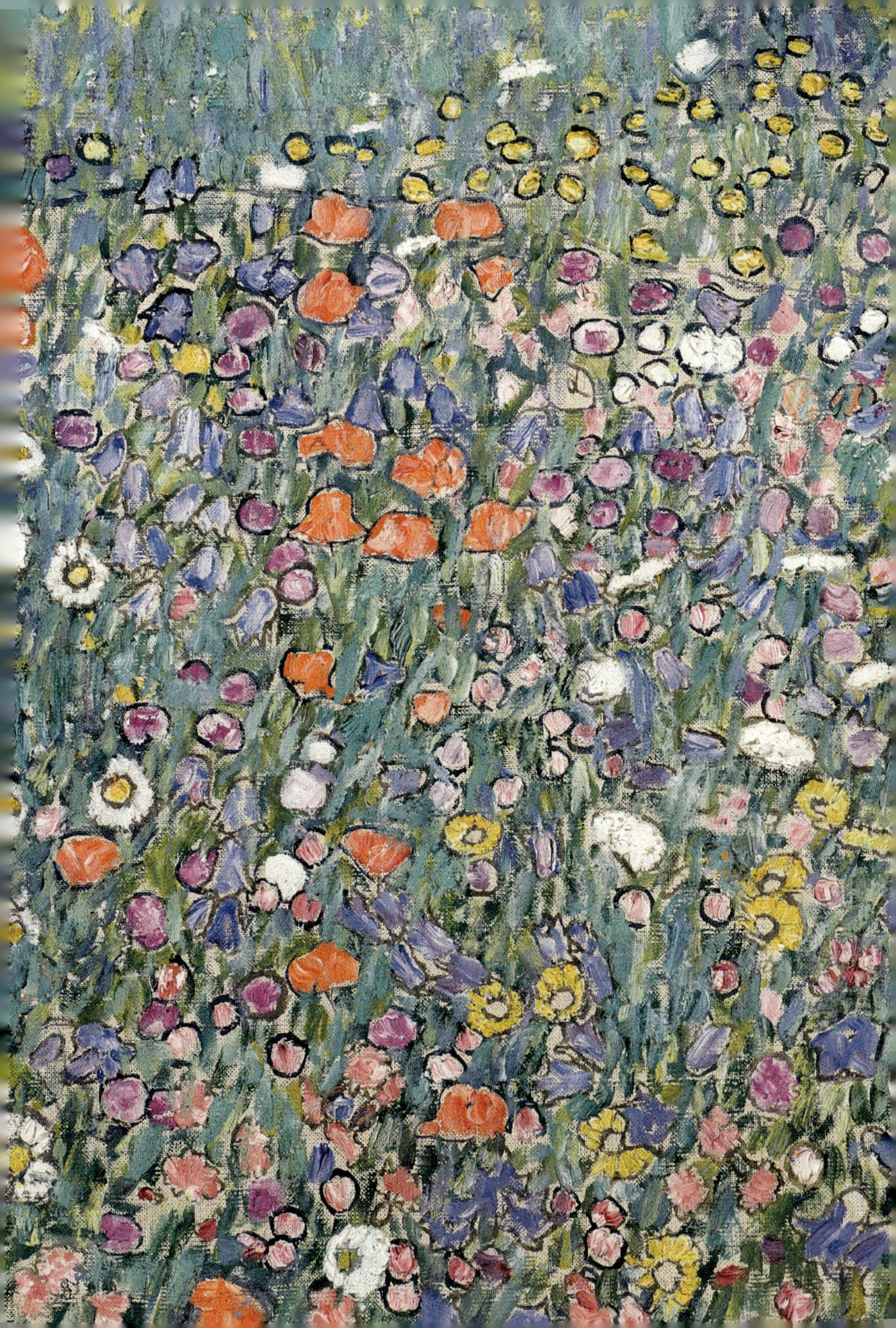

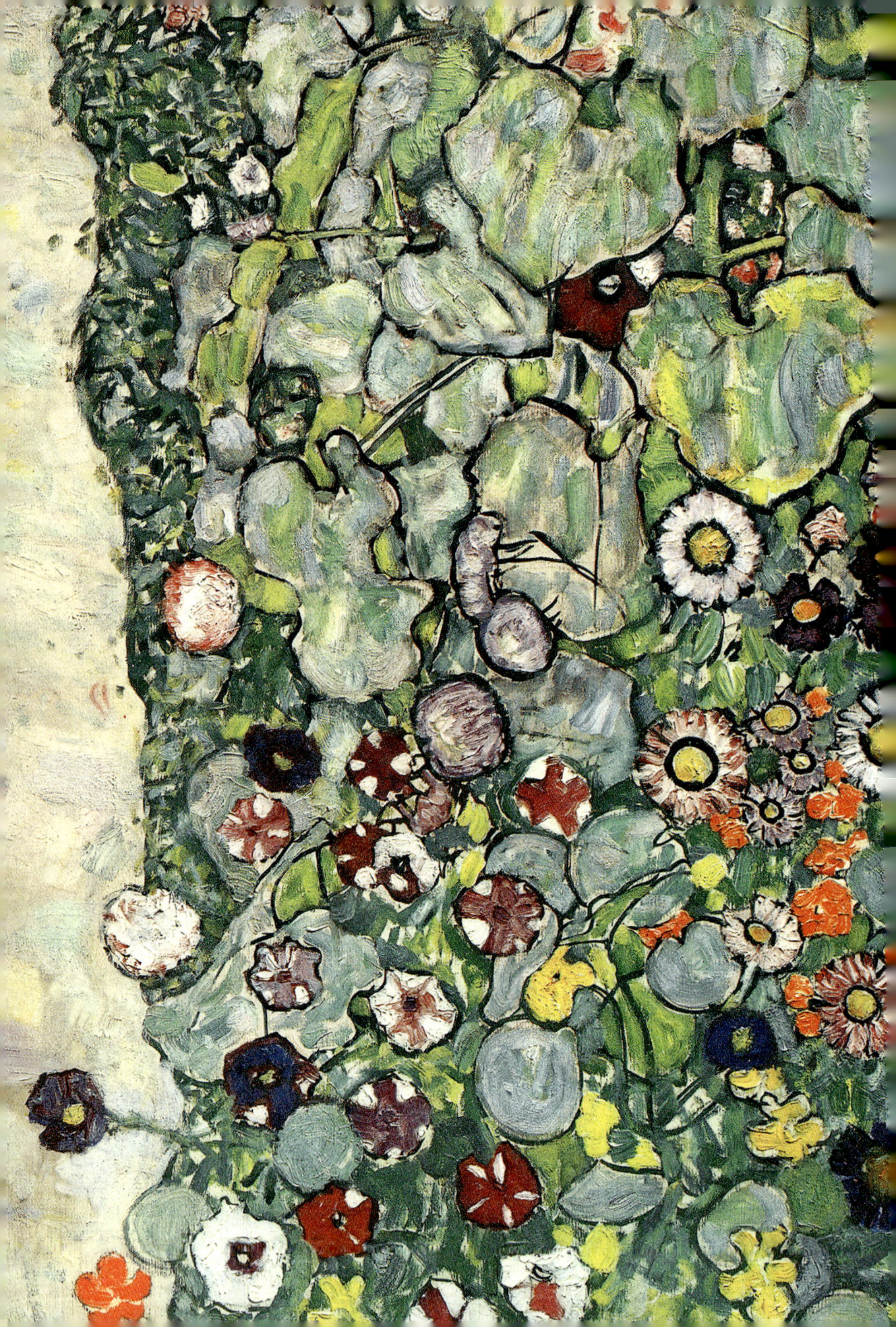

Hevesi, se rendit personnellement à Vienne pour l'exposition, et Klimt eut l'occasion de faire sa connaissance. Dans l'interprétation contemplative du paysage, le Viennois était particulièrement proche de Khnopff ; il n'est donc guère étonnant qu'il fît écho, y compris dans ses vues de forêts créées de 1901 à 1903, aux tableaux d'atmosphère mystérieux, dégagés de toute temporalité, du peintre belge (pp. 422–425 ; Natter 2012, cat. 137, 138, 143 et 160).

Par sa composition et l'atmosphère qu'il exhale, *Matin au bord de l'étang* est également proche de la série *Matinée sur la Seine* peinte en 1896/97 par Claude Monet sur son bateau-atelier installé sur la Seine, près de Giverny. Ces tableaux, de format approximativement carré, montrent tous une vue du fleuve en contre-jour et se composent du reflet du paysage de la berge se miroitant dans une eau immobile et désertée par l'homme.

Attersee : Litzlberg 1900–1907

À partir de 1900, Klimt et la famille Flöge passèrent les semaines d'été au bord du lac Attersee : entre 1900 et 1907, à Litzlberg, sur la rive nord-ouest ; de 1908 à 1912, presque en face, sur la rive orientale du lac, à Kammerl ; en 1913, à Seewalchen, sur la rive nord ; enfin, entre 1914 et 1916, à Weissenbach, sur la rive sud-est. C'est pendant les saisons estivales à Litzlberg que l'artiste peignit les paysages « classiques » montrant l'Attersee – des vues du lac, des jardins et des forêts environnantes, plongés dans l'atmosphère du Salzkammergut au cœur de l'été. C'est sans doute par l'entremise d'un ami du peintre, le menuisier royal et impérial Friedrich Paulick, lequel tenait à Seewalchen une grande « villa d'artistes », que Klimt et la famille Flöge trouvèrent un hébergement dans la brasserie de Litzlberg, où ils passèrent tous les étés pendant une période de huit ans (Weidinger, 2007a, p. 145 sq.). La plupart du temps, les Flöge entreprenaient le voyage avant Klimt, qui, depuis Vienne, prenait toutefois part à la vie estivale au bord de l'Attersee, s'enquérant à l'avance, dans de nombreuses cartes postales adressées à Emilie du temps qu'il faisait, de la qualité de l'eau et de la végétation. Il répondait aussi, manifestement, à des cartes postales écrites par Emilie : « [...] que le lac a un niveau exceptionnellement bas cette année – le bain devrait donc être plus agréable. Les fleurs ont, paraît-il, été détruites par la grêle – nous dénicherons bien des chemins de promenade – la solitude actuelle nuit, je pense, à l'impression générale – imagine que tu vois Litzlberg pour la première fois, et seule. AMICALEMENT GUS » (08/07/1908, cit. d'après Fischer, 1987, p. 173).

Klimt était apparemment inspiré par ce nouvel environnement ; il jouissait de la vie en plein air, nageait et marchait beaucoup. Peut-être possédait-il même son propre bateau, du moins les Flöge et lui en avaient-ils toujours un à leur disposition durant les vacances

Allée de jardin avec poules (détail), 1916
(voir ill. p. 478)

d'été (pp. 468/469). Dès le premier été, pendant lequel il séjourna presque un mois, environ du 12 août au 3 septembre, à Litzlberg, le peintre travailla à au moins cinq toiles, comme il le rapporte dans une lettre adressée à un destinataire viennois : « [...] J'ai ici 5 tableaux en cours, une sixième toile est encore vide, peut-être la rapporterai-je d'ailleurs vide à la maison. Je pense pouvoir achever les 5 autres. Une vue du lac, un taureau dans l'étable, un marais, un grand peuplier et de jeunes bouleaux ; ce sont les motifs des tableaux. Mon ardeur au travail a malheureusement déjà considérablement diminué au fur et à mesure de l'avancée du travail » (cit. d'après Nebehay, 1978, p. 105 sq. ; Krug 2012a, n° 67). Ces paysages sont aisément identifiables aux tableaux *L'Attersee* (p. 415 ; Natter 2012, cat. 132), *Le Marais*, (p. 413 ; Natter 2012, cat. 128), *Le Taureau noir* (Natter 2012, cat. 129), *Le Grand Peuplier I* (p. 418 ; Natter 2012, cat. 131) et *La Ferme aux bouleaux* (p. 411 ; Natter 2012, cat. 130) – des toiles comptant parmi les œuvres majeures de la peinture paysagère de Klimt et dans lesquelles se firent jour des caractéristiques qui devaient s'avérer déterminantes pour la création picturale des années suivantes.

Dans *Le Marais* et *La Ferme aux bouleaux*, Klimt reprend des motifs sur lesquels il s'était déjà penché, les étés précédents. Ainsi, *Le Marais* est une sorte de reprise de *Matin au bord de l'étang* (p. 412), et *La Ferme aux bouleaux*, une version plus poussée du tableau *Après la pluie*. *La Ferme aux bouleaux* rend visible la « re »-construction progressive de la nature à l'intérieur du champ pictural : la ligne d'horizon étant très nettement surélevée, la « surface picturale constituée par la pelouse », qui semble dépliée, est encore plus proéminente ; structurée par les troncs d'arbre radicalement taillés, elle fait penser à un système de coordonnées composé de fines lignes verticales. Le cadrage inhabituel de *L'Attersee* (p. 415) offre, quant à lui, une vision de la nature encore plus extrême et insolite. Le tableau – qualifié par Hevesi de « cadre rempli d'eau douce » (Hevesi, 1906a, p. 318) – est de fait une pure vue de l'eau, laquelle semble s'étendre à l'infini, par-delà les limites de la toile et n'est interrompue que par l'île de Litzlberg, qui, sur la ligne élevée de l'horizon, se glisse dans l'image telle une tache sombre. La surface agitée du lac, restituée en contre-jour, scintille en de nombreuses touches « balayant » la toile, lesquelles s'amenuisent et se confondent progressivement à mesure qu'elles s'approchent de l'horizon. Au premier plan, ces touches, exécutées sur une fine et légère couche de peinture, paraissent presque incolores, quasi inachevées, avant de se changer au loin en taches vertes puis en une surface d'un bleu-violet pastel et uni.

Dans *l'Île sur l'Attersee* (p. 416) exécuté deux ans plus tard, Klimt s'empare une nouvelle fois du même sujet. L'île de Litzlberg (dont la partie supérieure est de nouveau coupée) est à présent totalement entourée par le lac, lequel baigne dans une lumière dorée. La conception picturale est plus osée, puisque le lac s'étend presque jusqu'au bord supérieur de l'image. La surface paraît avoir été dépliée, et l'eau se rapproche de l'œil du spectateur. Dans le même temps, le tableau et le lac, avec ses zones d'ombre et de lumière, semblent se mouvoir

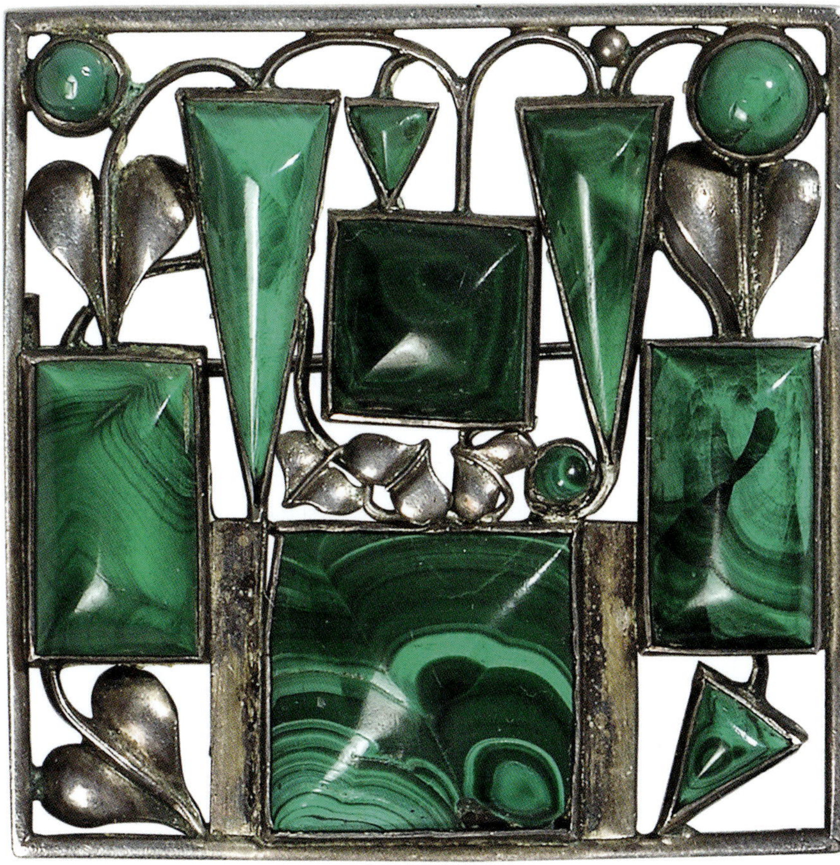

Josef Hoffmann, **Broche ayant appartenu à Emilie Flöge**, 1911
Exécution : Wiener Werkstätte (modèle n° S2455). Collection particulière

de l'arrière vers l'avant en décrivant des cercles concentriques uniformes, dans un mouvement paisible de vagues se répétant à l'infini – un effet que Klimt obtient grâce à la lumière du soir qui apparaît, en contre-jour, derrière la petite île obscure. Le peintre utilise le format carré comme un cadre convenant idéalement à une action pour ainsi dire statique. Les deux tableaux jouent ainsi avec la surface quasi murmurante du lac, laquelle ne perd presque jamais son équilibre dans le jeu subtil des vagues, tout en créant une légère agitation, que l'on retrouve aussi dans d'autres paysages créés à la même époque – ainsi chez Khnopff ou dans les vues de la Seine peintes par Monet et mentionnées plus haut.

Des photos, mais aussi des lettres que Klimt adressait régulièrement à Marie Zimmermann (1879–1975), la mère de ses enfants, Gustav et Otto, nous renseignent sur les premiers étés à Litzlberg, sur le déroulement, sans doute plus ou moins régulier, des journées, sur l'amour du peintre pour le lac et pour les longues promenades, ainsi que sur ses habitudes de travail (la correspondance s'interrompit après l'été 1903 ; les autres saisons estivales se déroulèrent peut-être de manière comparable, mais aucun document ne nous est jusqu'à présent parvenu). Une lettre particulièrement détaillée, qui date probablement d'août 1902, décrit la routine se répétant – selon Klimt – tous les jours, à savoir la peinture, la nage et le repos : « Je me lève tôt le matin, en général à 6 heures, ou bien un peu plus tôt, ou un peu plus tard – s'il fait beau, je vais dans la forêt proche – j'y peins une petite hêtraie (quand il y a du soleil), où se mêlent quelques conifères, cela dure jusqu'à 8 heures, puis vient le petit-déjeuner, suivi par un bain dans le lac, pris avec beaucoup de précautions – s'ensuit encore un peu de peinture, une image du lac par temps ensoleillé, un paysage vu depuis ma fenêtre par temps maussade – il arrive que je ne peigne pas pendant la matinée, j'étudie alors mes livres japonais – à l'extérieur. Nous arrivons ainsi jusqu'à midi, après le repas je fais une petite sieste ou de la lecture – jusqu'au moment du goûter – lequel est précédé ou suivi par un second bain dans le lac, non pas tous les jours, mais la plupart du temps. Après le goûter, je me remets à la peinture – un grand peuplier à l'heure du crépuscule, sous un orage qui se prépare – de temps à autre, au lieu de peindre le soir, je fais une petite partie de quilles dans une bourgade voisine – mais c'est rare – puis vient la tombée de la nuit – le souper – je me couche de bonne heure et me relève aussi de bonne heure le matin. […] Jour après jour, le séjour se déroule de cette façon, en un rien de temps, deux semaines sont passées et la petite moitié des vacances est terminée, on est alors content de retourner à Vienne» (cit. d'après Nebehay, 1978, p. 109 sq. ; Krug 2012a, n° 99).

Outre la description détaillée du quotidien, ce courrier indique que Klimt peignait aussi bien à l'extérieur, in situ – dans un petit bois – que depuis sa chambre. D'après des récits d'Helene, la nièce du peintre, laquelle passait toujours les vacances avec la famille au bord de l'Attersee, Klimt aurait enterré son chevalet sous les arbres, dans les feuilles, pour ne pas être à chaque fois obligé de le transporter depuis son hébergement jusqu'à la petite forêt ou jusqu'au jardin (Nebehay, 1969, p. 452 et note 6, p. 456).

Le Grand Peuplier II (p. 419 ; Natter 2012, cat. 147), que Klimt évoque dans ses lettres, appartient au petit nombre d'œuvres dans lesquelles l'artiste fixe sur la toile un climat agité, un temps estival – typique de la région du Salzkammergut – menacé par un orage qui se prépare. Mais ce tableau marque surtout une étape importante dans le dialogue du

Le Tournesol (détail), 1907
(voir ill. p. 439)

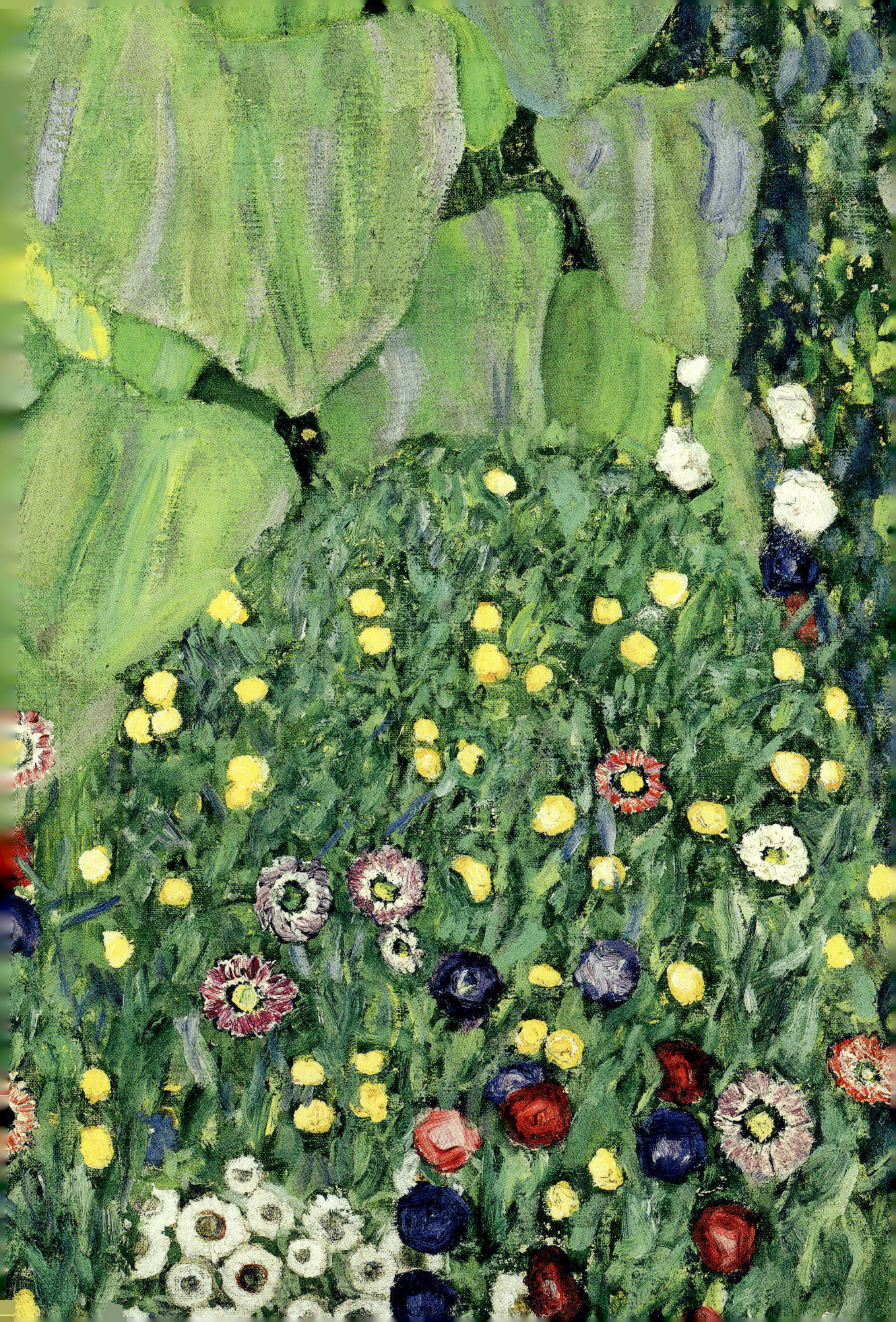

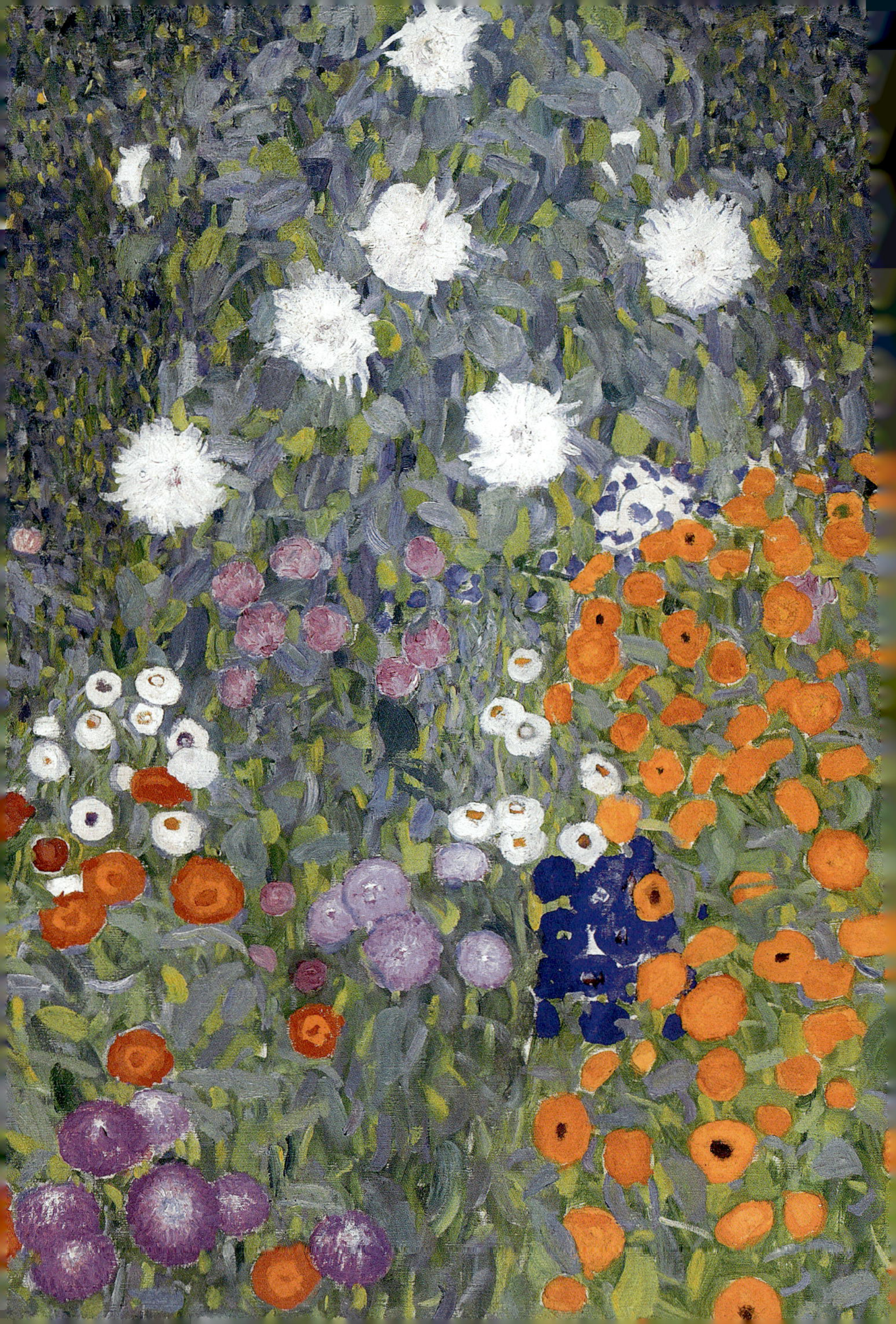

peintre avec le postimpressionnisme – en novembre 1903, dans sa critique de l'exposition personnelle de Klimt présentée à la Sécession, Hevesi décrivit le puissant arbre comme étant « parsemé de taches de truites » : « Un des nouveaux paysages de Klimt s'intitule *Un orage se prépare*. Un tableau d'une profonde obscurité ; en apparence. À droite, un énorme peuplier se dresse dans toute sa noirceur ; en apparence. Regardé de plus près, il foisonne de taches pareilles, pour ainsi dire, à celles d'une truite. Tacheté de jaune, de bleu, de vert et de violet, il semble peint en noir. [...] Quant à l'orage, qui s'élève des profondeurs de l'horizon vers les hauteurs du zénith, il n'apparaît pas sous la forme d'une nuée, mais d'une véritable mosaïque constituée de fragments anguleux de nuages, dans toutes sortes de teintes sombres et inquiétantes évoquant l'asphalte, le soufre, la lave, la cendre et autres choses similaires, [...] » (Hevesi, 1906a, p. 451). En effet, dans *Le Grand Peuplier II*, Klimt applique pour la première fois des touches petites et très serrées – un orange brillant et soutenu à côté de tons violets et verts – ce qui permet au peintre d'évoquer, à travers les feuilles jouant dans le vent de l'orage qui menace, une atmosphère vacillante et inquiétante. L'artiste adapte la technique postimpressionniste des touches isolées, denses et finement dégradées qui, aux yeux du spectateur, semblent former un mélange coloré uni. Il connaissait certainement les œuvres des pointillistes Théo van Rysselberghe (1862–1926), qui avait exposé à la Sécession dès 1899, et Paul Signac (1863–1935), dont le travail fut présenté à Vienne l'année suivante, ou encore celles du divisionniste Giovanni Segantini, auquel la Sécession consacra également, en 1900, une exposition personnelle. Il est d'autant plus frappant de constater que Klimt n'emprunta à tous ces mouvements artistiques que la technique – qu'il devait sans cesse perfectionner dans les années suivantes, aboutissant à une virtuosité picturale. La théorie sur laquelle reposait le postimpressionnisme, qui exigeait l'emploi de couleurs pures et l'application de règles régissant le voisinage de ces couleurs sur la toile, semble n'avoir guère importé à Klimt, y compris par la suite.

Dans la lettre citée plus haut, l'artiste rapporte également qu'il peint « une petite hêtraie (quand il y a du soleil) » – l'intérieur d'un bois, éclairé par le soleil matinal, où les troncs des hêtres se tiennent en rangs serrés, se détachant devant le sol rouge brun au bord surélevé et l'horizon clair dans le contre-jour. Ce tableau, *La Forêt de hêtres I* (p. 422 ; Natter 2012, cat. 143), fait partie d'un petit groupe de vues des bois de feuillus et de conifères situés autour de Litzlberg, lequel, peint entre 1901 et 1903, comprend aussi *La Forêt de sapins I* (p. 424 ; Natter 2012, cat. 137), *La Forêt de sapins II* (p. 425 ; Natter 2012, cat. 138) et *La Forêt de bouleaux* (*La Forêt de hêtres* ; p. 423 ; Natter 2012, cat. 160). Avec ces toiles évocatrices, Klimt se rapproche beaucoup des tableaux de forêts symbolistes, mais il reflète

Le Jardin de ferme (détail), 1907
(voir ill. p. 436/437)

également la tradition est-européenne de la représentation lyrique et mélancolique de forêts de feuillus, que l'on retrouve, par exemple, de manière particulièrement prononcée chez les impressionnistes russes. La composition de *La Forêt de hêtres I* est à son tour structurée par les nombreux troncs coupés par le bord supérieur de la toile, un épais massif de lignes verticales, qui ne laisse apparaître l'horizon que de manière exceptionnelle.

La Forêt de bouleaux, qui date de 1903, semble constituer un détail de *La Forêt de hêtres*; les troncs de bouleaux y font l'effet de silhouettes plates qui, installées devant un fond tacheté de rouge, paraissent démentir toute croissance organique. On est presque amené à se demander si ce rendu décoratif et tout en surface de la forêt n'est pas lié à l'influence des mosaïques de Ravenne, que Klimt avait vues au printemps 1903. Dans sa peinture paysagère, cet art bidimensionnel inspiré des mosaïques des premiers temps du christianisme est moins prononcé que dans les portraits – on le retrouve néanmoins dans d'autres paysages, tel le stylisé *Pommier d'or* (datant, lui aussi, de 1903; Natter 2012, cat. 154) ou, plus tard, dans certains détails de la frise destinée au palais Stoclet de Bruxelles (chap. III). Concernant la composition de *La Forêt de bouleaux*, on peut en outre imaginer que Klimt s'est servi de son « viseur », un instrument mentionné dans la lettre adressée à Marie Zimmermann en août 1902 et citée en exergue à cet article : « … avec mon viseur – un trou découpé dans du carton – j'ai recherché des motifs pour mes paysages à peindre, et j'ai trouvé de nombreuses choses – autrement dit – je n'ai rien trouvé du tout. » (cit. d'après Nebehay, 1978, p. 108 sq.; Krug 2012a, n° 98). Dans ce courrier, le peintre dessine un croquis de son « viseur », le faisant apparaître tel qu'il le décrit, c'est-à-dire comme un carré découpé dans un grand morceau de carton. Pour une meilleure compréhension, il y joint, dans un champ pictural imaginaire, une esquisse rapide d'un paysage virtuel. C'est, probablement, surtout pour ses paysages peints à partir d'environ 1903 que Klimt eut recours au viseur : l'artiste commença alors progressivement à détacher des motifs isolés de l'ensemble formé par une pelouse, une forêt, ou encore par un jardin. La construction de l'image, avec une ligne d'horizon surélevée et, au premier plan, un motif semblant avoir été déplié, est, dans un premier temps, conservée.

On observe, dans le même temps, un changement dans le choix des sujets – les tableaux de Klimt ne montrent plus le lac et les bois, mais une nature cultivée par l'homme, le verger et le jardin fermier, avec quelques arbres et des plantes – ainsi que, par la suite, l'architecture construite autour du lac. Les habitants du paysage demeurent toutefois invisibles.

Des paysages d'été particulièrement évocateurs virent le jour pendant les dernières années passées à Litzlberg, entre 1904 et 1907 : *Rosiers sous les arbres* (*Roses*; pp. 372, 428;

Gustav Klimt et Emilie Flöge dans le jardin de la villa Oleander, 1910
À Kammerl, au bord de l'Attersee
Photo. Imagno/Austrian Archives

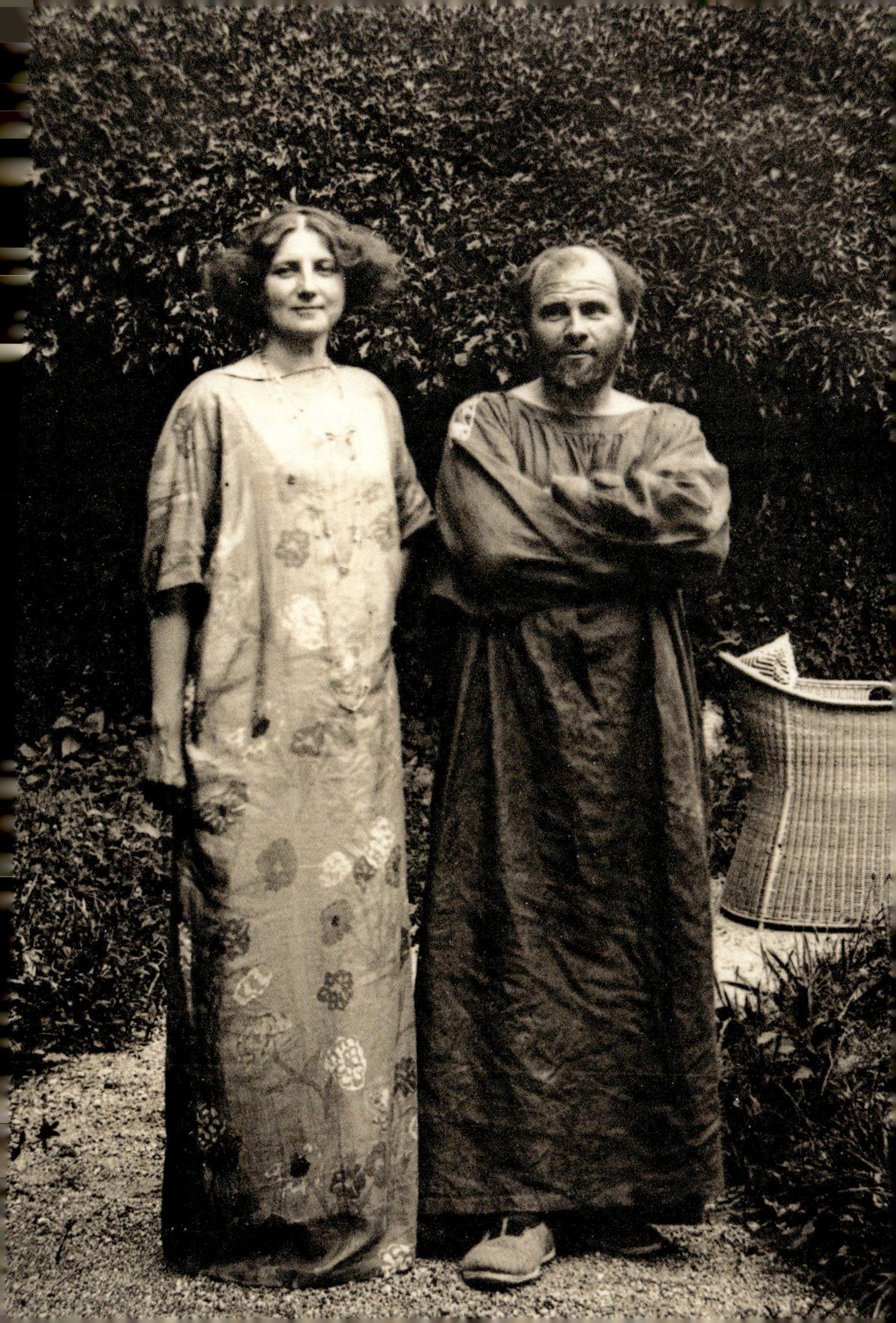

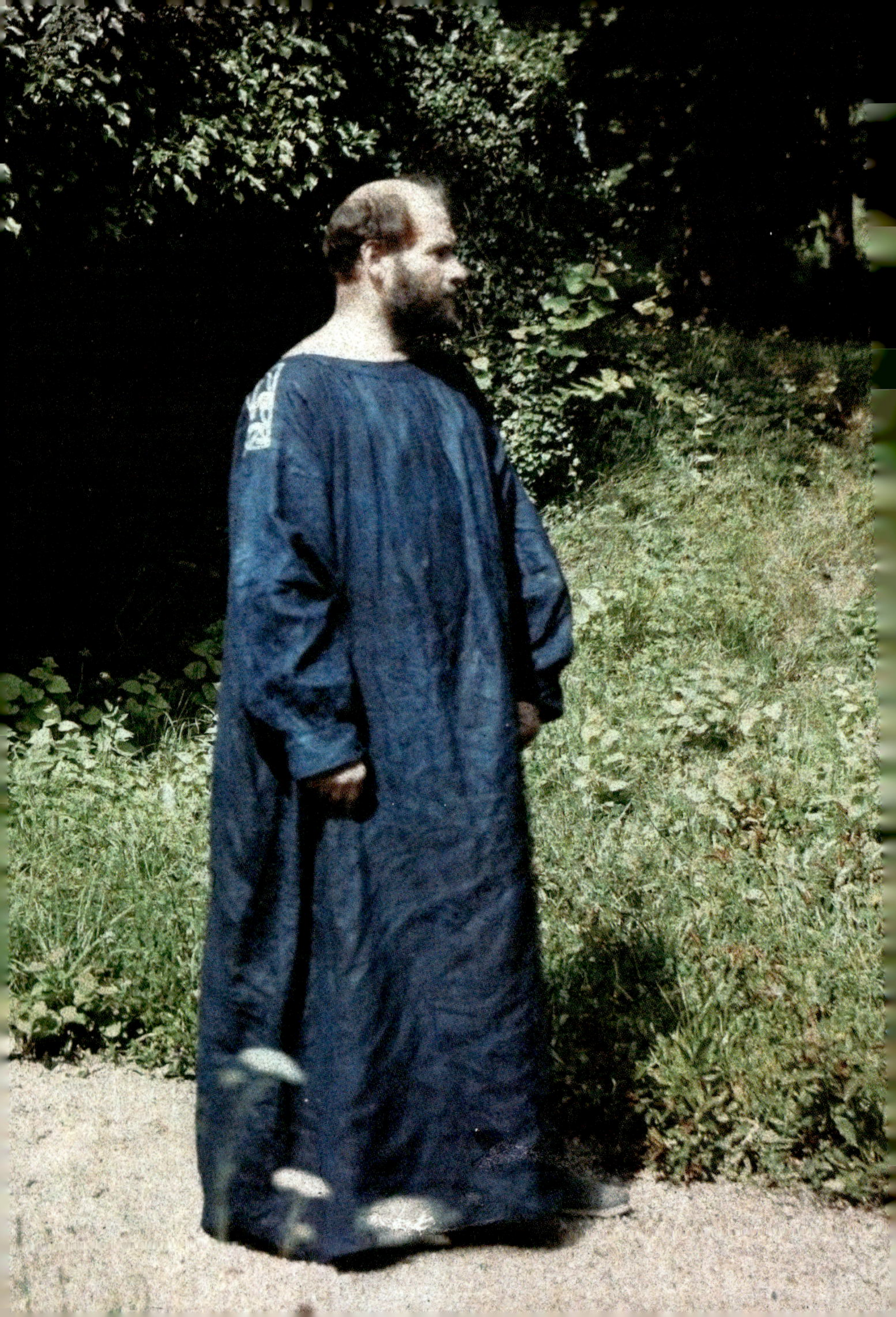

Natter 2012, cat. 165), les deux tableaux intitulés *Jardin* (pp. 432/433 ; Natter 2012, cat. 167) et *Prairie en fleurs* (pp. 404, 430 ; Natter 2012, cat. 166) ainsi que *Le Champ de coquelicots* (*Coquelicots en fleurs* ; pp. 408/409, 431 ; Natter 2012, cat. 172). Au moyen de petites touches brèves, délicatement appliquées sur une mince couche de fond et produisant pour ainsi dire un effet de lasure, une technique inspirée par le pointillisme, Klimt peint des vues de la végétation luxuriante plongée dans la chaleur éclatante de l'été. Les pelouses, composées d'innombrables taches et de traits multicolores, s'étendent, tel un motif ornemental, sur la surface peinte et semblent se prolonger bien au-delà (et au-dessus) du champ pictural, mais également en profondeur. Lorsqu'on regarde le tableau de plus près, on distingue les différentes parties du jardin, mais aussi des chemins, des couronnes d'arbres, quelques fleurs. On est toujours frappé d'observer que Klimt renonce à peindre une lumière dirigée – ses paysages éclairés de manière homogène paraissent sereins et intemporels, un effet renforcé par l'équilibre du format carré.

La toile *Rosiers sous les arbres* mérite une attention particulière, puisqu'elle établit un lien entre une esquisse au crayon et une étude de composition schématique (Vienne, Belvedere, Inv. ÖG 8508–55). Ce très sommaire projet de tableau – qui constitue, hormis une esquisse pour *Gastein* (Natter 2012, cat. 233), le seul dessin d'étude pour paysage connu à ce jour et que l'on puisse attribuer concrètement à une œuvre – souleva maintes fois la question : d'autres esquisses périrent-elles, en 1945, dans l'incendie de l'appartement des Flöge (où se trouvaient de nombreux carnets de croquis appartenant à la succession de Klimt) ou bien l'artiste, de fait, ne préparait-il généralement pas ses toiles paysagères ? Seul le carnet de croquis de 1917, publié par Alice Strobl (III/1984, surtout pp. 244–247), contient – outre le dessin d'étude pour *Gastein* mentionné ci-dessus – une autre esquisse conçue très sommairement, qui, donnant à voir un versant de montagne se reflétant dans un lac, ne peut être attribuée à un tableau en particulier, ainsi qu'un petit nombre de dessins de fermes et quelques études de fleurs. Grâce au récit d'Helene, sa nièce, nous savons que Klimt « lors de ses déambulations, faisait souvent de brèves pauses pour saisir rapidement des impressions de paysages sur un petit carnet de croquis » (Nebehay, 1969, p. 38 et p. 452). Sur les tableaux eux-mêmes, l'artiste peignait sans doute une ébauche schématique au pinceau, en partie aussi au fusain, avec des couleurs éparses : ainsi, dans le *Jardin*, on reconnaît aisément, à l'arrière-plan, le tracé du chemin ou encore, devant ce dernier, à gauche, celui du petit rosier.

En été 1906 – durant lequel Klimt, semble-t-il, ne commença pas un seul tableau –, les jardins autour de la brasserie de Litzlberg furent le théâtre d'une autre occupation de l'artiste :

Friedrich G. Walker, **Gustav Klimt vêtu d'une blouse de peintre bleue**, 1913
Dans le jardin de la villa Paulick à Seewalchen au bord de l'Attersee
Plaque autochrome. Imagno/Austrian Archives

c'est ici que vit le jour l'exceptionnelle série de photos d'Emilie Flöge, posant dans de larges robes multicolores inspirées de la mode réformiste et dessinées par elle-même. Quelques-unes de ces photos, que Klimt avait probablement prises lui-même, furent reproduites dans la revue d'art *Deutsche Kunst und Dekoration* et acquirent ainsi une grande célébrité.

Saisie dans un mouvement de rotation et transformée en *Tournesol* ou en *Jardin de ferme*, Emilie Flöge apparaît dans un petit groupe de tableaux de fleurs « anthropomorphes » datant des années 1907/08 (pp. 387, 439 ; 388, 436/437 ; 371, 440/441 ; Natter 2012, cat. 171, 173, 180). S'élevant au-dessus d'un large socle constitué de fleurs champêtres, *Le Tournesol* (Natter 2012, cat. 171) est installé devant un épais tapis floral – Klimt l'a avancé tout près du bord antérieur de l'image, dont il domine le centre. Le fond, qui se rapproche lui aussi du spectateur et ferme le tableau par son feuillage compact, donne à la fleur un aspect encore plus monumental – une impression spatiale et une construction picturale très inhabituelles chez Klimt, lesquelles caractérisent également le *Jardin de ferme* et le *Jardin aux tournesols* (Natter 2012, cat. 173, 180). L'artiste emploie, ici aussi, une technique picturale nouvelle pour lui : il juxtapose et superpose de manière dense et compacte les couleurs – désormais plus sombres et, surtout, basées sur des tons verts et rouges soutenus et exécute les fleurs en plusieurs coups de pinceau. La touche légère qui « dessine », pour ainsi dire d'un seul geste de la main, un coquelicot rouge clair, a ici disparu. La légèreté des vues de prairies et de jardins peintes à Litzlberg semble s'être dissipée, une nouvelle étape picturale se prépare.

Attersee : Kammerl 1908–1912

En été 1908, la famille Flöge et Gustav Klimt s'installèrent dans la villa Oleander à Kammerl, un quartier de Kammer, village situé sur la rive nord-est de l'Attersee, au sud de Schörfling, et presque à la même hauteur que l'endroit où ils avaient précédemment séjourné à Litzlberg. Ce changement de lieu était sans doute lié à la popularité croissante de Litzlberg parmi les estivants et au besoin grandissant de paix et de solitude que ressentait l'artiste : les environs de Kammer, moins peuplés, constituaient sans doute un quartier d'été plus attrayant aux yeux de la compagnie formée par Klimt et les Flöge, même si le peintre, manifestement, regrettait un peu l'ambiance de Litzlberg, comme en témoigne une carte postale datée de 1910 et adressée à son beau-frère Julius Zimpel (1896–1925) : « Je me trouve très bien ici – Litzlberg est plus beau –, mais Kammer est bien plus joli que ce qu'en montre cette carte quelque peu ‹ pauvrette ›. Mes amitiés, Gustav » (Koja, 2002a, p. 204). Comme l'attestent néanmoins les photos et les cartes postales issues des étés passés à Kammerl, l'insouciante « vie estivale » de l'époque de Litzlberg se poursuivait. La natation, la randonnée et les tours en barques faisaient sans doute toujours partie des réjouissances quotidiennes : « [...] Tu devrais aller chercher le ‹ canoë › [chez ?] ‹ les meilleurs amis ›. – le bateau, le bateau, ne le vois-tu pas ? Avons-nous déjà un nouveau bateau ? – ou n'en avons-nous pas besoin?

Meilleures amitiés, Gustav », écrivait-il ainsi, en juillet 1910, à Emilie Flöge, déjà arrivée au bord de l'Attersee, se réjouissant, depuis Vienne, à la pensée des vacances (cit. d'après Fischer, 1987, p. 180).

Il est probable qu'outre le *Jardin aux tournesols*, un seul tableau vît le jour en 1908 : *Le Château de Kammer sur l'Attersee I*, une vue du château de Kammer, un bâtiment médiéval ayant subi des transformations à l'époque baroque, que Klimt peignit depuis l'embarcadère de la villa Oleander (p. 443 ; Natter 2012, cat. 181). Le château à l'architecture ramassée et à l'imposant toit en croupe montre sa façade tournée vers l'eau. Celle-ci est installée parallèlement à l'axe de la toile, tout comme l'aile latérale située vers l'avant, le petit embarcadère et la grande haie en fleurs qui semble émerger du lac, créant un lien entre les parties juxtaposées de l'image. De grands pans de murs jaune clair alternent avec les petits éléments de végétation, les buissons et les peupliers longilignes. Klimt emploie une palette réduite de nuances vertes, complétées par de l'ocre et du blanc – seuls les toits de l'église de Seewalchen apportent au tableau un ton rouge soutenu. Les reflets du bâtiment et de la végétation sur la surface lisse du lac ancrent notamment les éléments verticaux – le clocher, les peupliers et les parties claires du château – dans la composition. *Le Château de Kammer sur l'Attersee I* marque un changement dans la peinture de Klimt, caractérisé par la consolidation de la construction picturale et l'apparition de structures rigoureusement parallèles à l'axe du tableau.

C'est probablement cet été-là que Klimt commença en outre à utiliser un télescope pour organiser ses compositions, zoomant désormais sur le motif depuis une distance plus grande afin de le fixer dans un carré, son format de prédilection. Cet instrument d'optique permet de régler la nature – comme le fait le « viseur » pour des motifs plus proches – et

Le « viseur », pochoir en carton
Provenant de la succession de Gustav Klimt. Collection particulière

transforme ses éléments en pierres à bâtir destinées à la « re-construction » ultérieure sur la toile. En 1969, Novotny fut le premier à supposer, tout d'abord pour les vues d'Unterach datant de 1915/16 (pp. 472/473, 475, 476/477 ; Natter 2012, cat. 214, 215, 223), que Klimt peignait en s'aidant de jumelles de théâtre, mais installé dans une barque (Novotny, 1969, p. 452) ; Dobai reprit cette idée, tout en présumant que le peintre employait un télescope (pp. 456/457) pour la coordination de ses motifs (Dobai, 1981, p. 32) ; s'appuyant sur ces observations, Weidinger émit l'hypothèse selon laquelle Klimt, dès 1908, utilisa sans doute conjointement le télescope et les jumelles de théâtre pour peindre les vues du château de Kammer (Weidinger, 1992a, p. 55).

Cette composition très structurée, parallèle aux axes du tableau, se retrouve également dans les vues du château de Kammer peintes au cours des années suivantes (*Le Château de Kammer sur l'Attersee II, III* et *IV*; pp. 444–446 ; Natter 2012, cat. 187, 190, 191), mais aussi dans celles du *Parc du château de Kammer* (p. 447 ; Natter 2012, cat. 186), où l'on aperçoit l'étang attenant au château. *Le Parc* (pp. 434/435 ; Natter 2012, cat. 185) est dominé par une couronne d'arbre qui prolifère bien au-delà des limites du tableau, comme si toutes les ramures additionnées fusionnaient en un tapis bidimensionnel – c'est seulement dans la partie inférieure de l'image constituée de zones superposées, dans l'espace occupé par les troncs d'arbre, que le massif s'entrouvre, laissant passer la lumière et produisant ainsi une impression d'espace et de lointain. L'œuvre contraste avec les deux paysages de jardin de Litzlberg (pp. 431, 432/433), lesquels, décomposés à la manière d'un large éventail, s'étendent latéralement au-dessus du champ pictural, créant, malgré la croissance de la végétation par-delà les limites de la toile, un puissant effet de profondeur et ouvrant, dans la partie supérieure, au-dessus de la ligne d'horizon surélevée, la vue vers le lointain. Parallèlement aux paysages structurés, désormais ordonnancés de manière tectonique, comportant un premier plan massif ou une construction picturale fermée, Klimt devait de nouveau opter, à maintes reprises, pour cette composition picturale faite de larges prairies ouvertes qui s'étendent, tel un motif ornemental, au-delà des bords de l'image.

Jusque-là, l'évolution stylistique de Klimt se déroula, dans l'ensemble, de façon linéaire–renouvelées et même amplifiées par la grande exposition impressionniste de la Sécession de 1903, les influences précoces venues du pointillisme de Signac ou de Rysselberghe n'entraînèrent toutefois pas de grands changements dans le dialogue du peintre avec le paysage. Ceci vaut aussi pour les impressions produites, également en 1903, par les mosaïques de Ravenne, lesquelles n'agirent guère sur les paysages de Klimt. La rencontre avec le jeune Egon Schiele, en 1907, ne modifia elle non plus, dans un premier temps, ni le style ni

Jardin avec sommet arrondi (Jardin paroissial) (détail), 1916
(voir ill. p. 479)

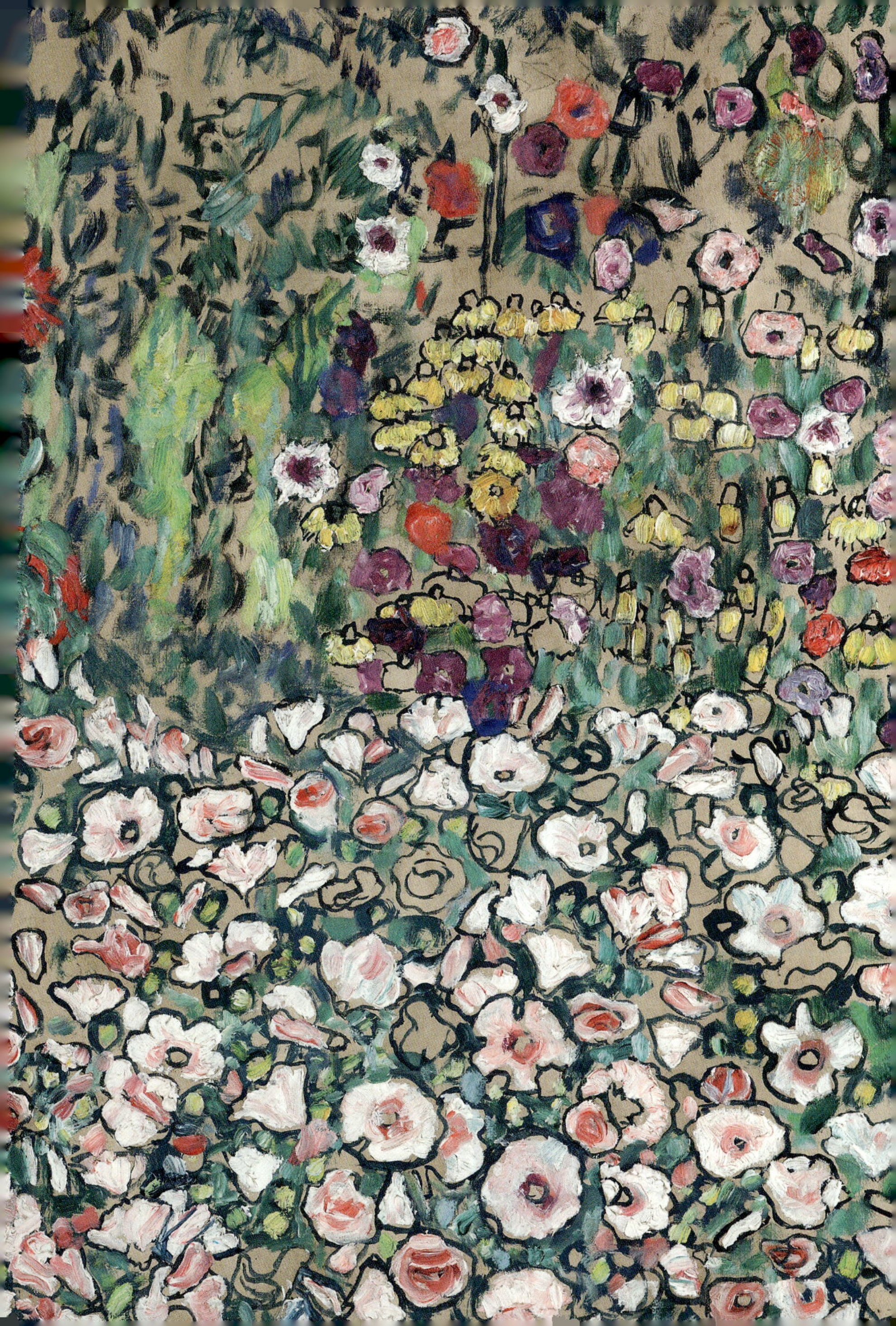

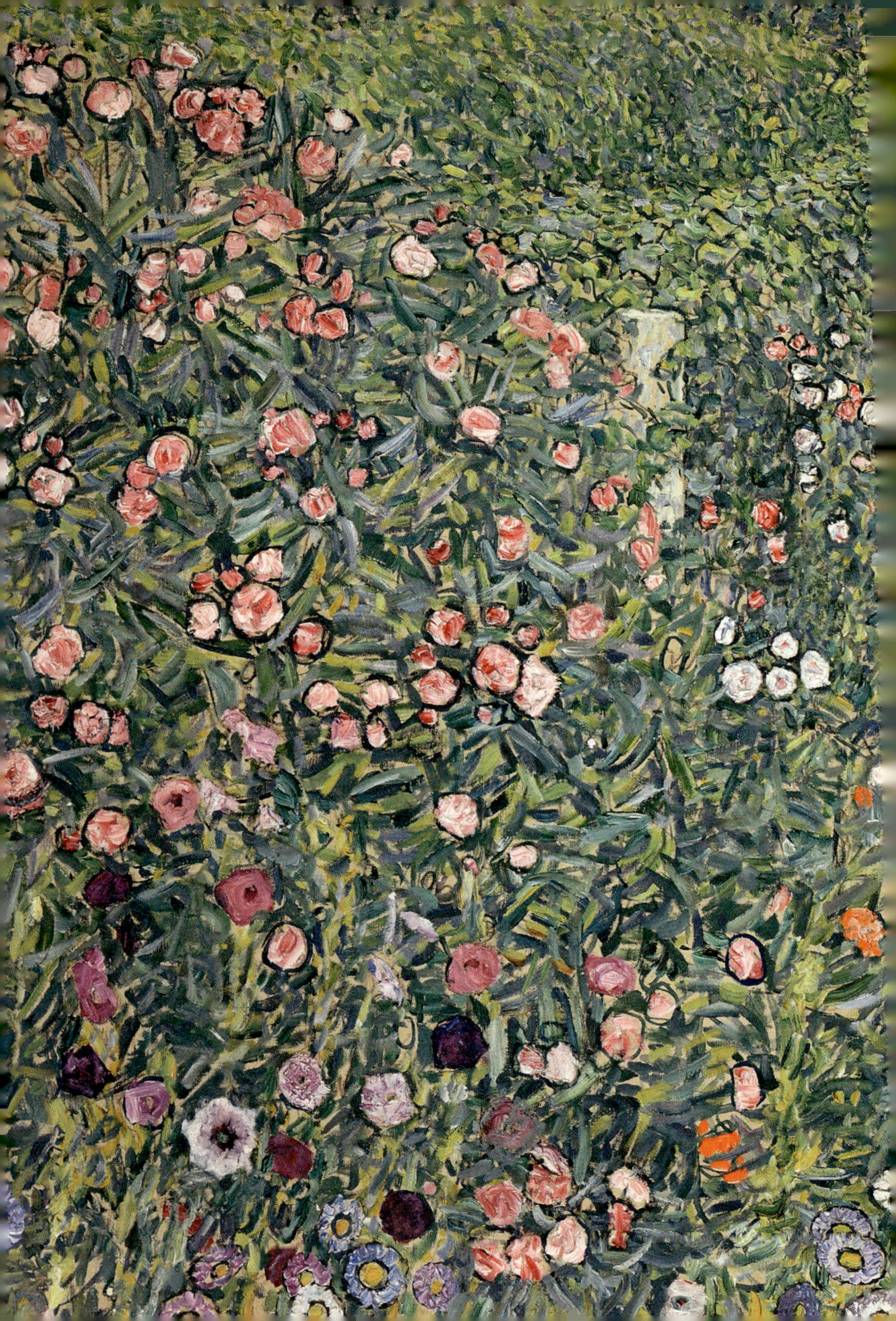

l'expression de la peinture klimtienne ; les impressions que l'artiste avait probablement puisées dans son voyage à Paris et en Espagne en compagnie de Carl Moll, en 1909, n'y contribuèrent pas davantage. On peut observer, pour la période postérieure à 1909, une lente progression de la couleur en tant qu'élément formel dans les tableaux de l'artiste – sans doute due au dialogue avec Henri Matisse et les Fauves, dont Klimt a probablement vu les tableaux tout comme il a vu ceux de Cézanne, structurés de manière classique (1839–1906), ou encore les travaux cubistes plus récents de Pablo Picasso. Cependant, il n'existe aucune trace écrite témoignant de ces impressions. À ses amis l'interrogeant sur cette « nouvelle peinture » et lui demandant si Paris lui avait plu, Klimt aurait seulement répondu qu'on y « peignait énormément » (Roessler, 1924, p. 119, cit. d'après Nebehay, 1969, p. 499). Dans ses cartes postales envoyées depuis Madrid à Emilie Flöge, il écrivit, dans un style tout aussi laconique et concis, que même Velázquez l'aurait déçu : « Hier au Prado – très beau ! – et Velázquez est vraiment décevant ! [...] » (26/10/1909 ; cit. d'après Fischer, 1987, p. 178). Il se montra, en revanche, impressionné par El Greco « [...] El Greco est, lui aussi, magnifique ! » (28/10/1909 depuis Tolède, ibid.).

En été 1911, Klimt séjourna sans doute une dizaine de jours seulement au bord de l'Attersee. C'était l'année où il avait achevé la frise Stoclet de Bruxelles et où il s'était rendu, en compagnie de Fritz Waerndorfer, d'abord dans la capitale belge, pour installer l'œuvre, puis à Londres. Il fit en outre, au printemps, un bref séjour à Rome pour visiter l'Exposition Internationale d'art. Au bord de l'Attersee, Klimt travailla à un seul tableau : *Ferme en Haute-Autriche*, une maison paysanne en bois percée de petites lucarnes, cachée derrière et sous d'abondants arbres fruitiers (pp. 448/449 ; Natter 2012, cat. 194). Le gris-bleu des poutres décolorées par le soleil détermine la tonalité générale du tableau, lequel est composé d'une petite palette de tons équilibrés bleus, verts et gris. Au premier plan, des touches appliquées en rangs serrés créent une prairie d'été éclaircie par des fleurs formant des taches rouges et jaunes, un grand poirier tenant lieu de repoussoir ouvre la vue sur la maison – la nature, en pleine maturité, semble, comme c'est souvent le cas chez Klimt, croître au-delà des limites de l'espace pictural. Mais la structure et la composition d'ensemble du tableau sont maintenant de plus en plus compactes et conçues en couches superposées – comme dans *Le Parc*.

Ces tendances semblent constituer un prélude aux chefs-d'œuvre créés l'année suivante et – contre toute attente – expressionnistes tels que *Allée dans le parc du château de Kammer* (pp. 450/451 ; Natter 2012, cat. 201), *Pommier I* (pp. 454/455 ; Natter 2012, cat. 199), *Le Jardin aux rosiers* (p. 453 ; Natter 2012, cat. 198) et *Le Jardin au crucifix* (p. 452 ; Natter 2012, cat. 200), détruit en 1945 dans l'incendie du château d'Immendorf. C'est surtout le

Jardin italien (détail), 1913
(voir ill. p. 462)

tableau *Allée dans le parc du château de Kammer* qui introduit une nouvelle conception : Klimt fait soudain entrer dans l'œuvre du noir, du jaune citron et du violet, appliqués en épaisses taches de couleur. Les branches des arbres sont serties de noir, les troncs bleu-gris avec des tons jaunes criards et quelques lumières rouge-violet. La composition, singulièrement « radicale » marquée par la forte perspective, l'allée arborée menant vers une profondeur lointaine, et dont les couronnes sombres, formant un tunnel pointu, donnent davantage encore au spectateur l'impression de s'enfoncer, fait écho au choix surprenant des couleurs, aux lumineux tons jaune-vert, qui contrastent d'une manière pour ainsi dire saisissante avec les teintes bleu-vert et violettes des arbres, appliquées avec force. C'est ici que s'opère soudain le basculement vers un expressionnisme spécifiquement klimtien.

Une nouvelle fois, aucune impulsion extérieure ne semble avoir directement agi. D'un côté, Klimt s'inspira de Vincent van Gogh (1853–1890) et de ses associations de couleurs non conventionnelles – lesquelles furent montrées à Vienne dès 1903, lors d'une exposition que la Sécession consacra au peintre – et, surtout, en 1906, à l'occasion de la grande exposition présentée par la galerie Miethke. Mais cette étape (dans l'évolution du peintre) est peut-être aussi une réaction tardive à la peinture très colorée des Fauves, que Klimt avait découverts à Paris, au plus tard en 1909. On est frappé de constater que la conversion de ces influences dans un langage formel lui étant propre s'opéra, ce qui semble caractéristique de Klimt, avec un décalage dans le temps.

L'été 1912 vit aussi la création de *Pommier I* (pp. 454/455), un des exemples les plus puissants, les plus « virils » et les plus colorés illustrant le dialogue que Klimt avait instauré avec la nature : les petites pommes fermières rouge vif se détachent nettement sur l'arbre bleu-gris, lequel, à son tour, dépasse les bords de la peinture, et dont la couronne, comme le prescrit la nature, répète la forme du fruit. Sur une toile couverte d'une mince couche de fond, Klimt exécute le feuillage avec de vigoureux coups de pinceau et trace d'un trait sombre la charpente des branches luisant à travers l'arbre. Le tronc aux nuances bleu-vert constitue un élément vertical structurant formant un angle droit avec l'« horizon » de la pelouse. La prédilection de Klimt pour ce type d'ordonnancement, à commencer par le « repli » dans un format carré, est manifeste depuis ses tout premiers paysages. *Le Jardin aux rosiers* (p. 453), qui date du même été, utilise une structure classique : la vue d'un jardin estival abondamment fleuri et multicolore est ourlée par un chemin « en pente raide » courant le long du bord gauche du tableau et dirigeant nos regards vers le haut. Ce chemin semble, en même temps, constituer le reste d'un système de coordonnées, puisque l'horizontale correspondante disparaît dans des groupes d'arbres ombragés et déployés de manière « non orthodoxe » à l'arrière-plan. On est frappé par le système de composition, qui, d'une part, s'appuie sur les paysages précoces aux lignes d'horizon surélevées et, d'autre part, crée, grâce à la spatialisation du fond, une sorte de boîte profonde – que l'on devine

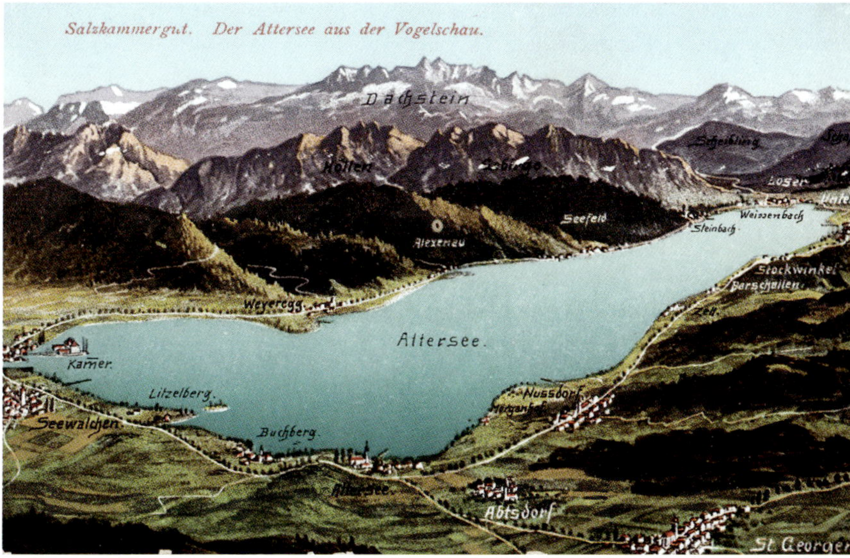

Carte postale du lac Attersee
Collection particulière

également dans des tableaux paysagers antérieurs tels que *Jardin* (pp. 432/433). *Le Jardin aux rosiers* constitue, en outre, un paradigme de la re-construction de la nature opérée par Klimt sur la toile, puisque les roses, le pavot et les pommes y apparaissent simultanément en fleurs, ou fruits – ce qui n'est pas conforme au cycle naturel. La sensibilité décorative, esthétique, qui aménage la nature de manière artistique, l'emporte sur la nature réelle. En d'autres termes, Klimt – comme toujours – ne peint pas la nature, mais il s'en inspire et la recompose à sa façon. *Le Jardin aux rosiers* est aussi le dernier tableau donnant à voir un jardin estival intime, façonné par l'homme, avec des pommiers portant des fruits, des rosiers rouge-rose et d'innombrables fleurs d'été multicolores.

C'est également à cette époque qu'apparaissent, sur certains portraits de femme peints par Klimt, des « îlots » de fleurs, des paysages miniatures ressemblant à des détails empruntés aux jardins peints au même moment. Ce phénomène s'observe pour la première fois dans le *Portrait de Mäda Primavesi* (pp. 278, 340 ; Natter 2012, cat. 202), où le tapis sur lequel se tient la fillette semble se transformer à l'arrière-plan en un paysage de jardin ; dans le portrait de sa mère, le *Portrait d'Eugenia Primavesi* (pp. 285, 342 ; Natter 2012, cat. 207), datant de 1913/14, le modèle porte une robe ressemblant à un dense tapis de fleurs stylisé. Il en va de même pour le *Portrait de Ria Munk III*, inachevé, peint en 1917 (pp. 277, 355 ; Natter 2012, cat. 236), où le fond se change en tapisserie de corolles esquissées. À aucun moment Klimt ne franchit toutefois réellement les frontières entre les genres picturaux – il ne situe pas ses portraits dans des jardins ou dans des paysages, ni ne peuple ces derniers de protagonistes humains.

Lac de Garde 1913

Les Flöge passèrent l'été 1913 au bord du lac de Garde, où l'artiste peignit deux vues des bourgs Malcesine et Cassone. Leurs compositions, inhabituelles pour le peintre, furent sans doute inspirées par le terrain fortement ascendant des villages situés au-dessus du lac et par les maisons installées en groupes serrés les unes au-dessus des autres. Afin de composer ses deux tableaux, Klimt utilisa probablement son télescope, qui lui permit de choisir l'architecture et le paysage, de zoomer et d'ajuster les différents « éléments de construction » de manière à ce qu'ils trouvent, de façon harmonieuse, leur place dans le format carré de ses paysages.

Dans *Église à Cassone* (*Paysage avec cyprès*; pp. 458/459 ; Natter 2012, cat. 205), les volumes des petites maisons en pierres gris-bleu et de l'église, de la même couleur, située sur la butte du village, évoquent un jeu de cubes à assembler. Le coloris de l'architecture est accentué par le vert, plus clair, des arbres feuillus et des buissons ainsi que par les grands cyprès sombres, presque noirs, qui se dressent de toute leur hauteur et constituent en même temps, dans la composition du tableau, un élément vertical structurant. Johannes Dobai comparait déjà l'usage que Klimt faisait des composantes architecturales au style additif des constructions de Josef Hoffmann, et remarqua ceci – s'agissant toutefois du *Château de Kammer sur l'Attersee I* (p. 443) : « Les éléments de construction [s']emboîtent d'une manière ornementale équilibrée et complexe évoquant les formes architecturales de Josef Hoffmann » (Dobai, 1978/79, p. 261). Ce système de modules échelonnés se retrouve dans le tableau *Église à Cassone*. La comparaison – déjà proposée par d'autres – avec la façade du jardin du palais Stoclet, que Klimt avait visité en 1911, à l'occasion de l'achèvement des travaux (pp. 156/157), semble pertinente. Dans le même temps, dans aucune autre œuvre le peintre ne se rapproche autant des compositions structurées d'un Paul Cézanne, des premiers travaux cubistes de Pablo Picasso ou de Georges Braque (1882–1963) – même si cette proximité n'est sans doute pas le fruit d'une influence immédiate. Ces emprunts, qui paraissent inattendus, renvoient plutôt à un « réservoir visuel d'images » dans lequel Klimt puisait dès que l'occasion se présentait et dont il traduisait le contenu dans son propre langage formel.

C'est surtout dans *Malcesine sur le lac de Garde* (pp. 460/461 ; Natter 2012, cat. 204) que la parenté avec les vues urbaines d'Egon Schiele, peintes au même moment, saute aux yeux. Disposées en étroites couches superposées, les maisons qui se reflètent dans le lac de Garde et s'élèvent au-dessus de celui-ci incitent par exemple à les comparer aux maisons de Český Krumlov (en all. Krumau) qui, dans *La petite ville II/III* de Schiele (1912/13, Vienne, Leopold Museum), sont échelonnées en pente raide au-dessus de la rivière. Klimt et Schiele s'étaient rencontrés pour la première fois en 1907. En 1909, le premier avait, en sa qualité de président du comité d'exposition, invité le second, dont il était l'aîné et qui l'admirait beaucoup, à participer, avec plusieurs de ses œuvres, à la Kunstschau de la même année. Schiele accepta et obtint un grand succès. Le lien entre les deux peintres – lequel entraîna, en fin de compte, des impulsions artistiques réciproques – fut immortalisé par Schiele dans son double portrait monumental *Les Ermites* (Vienne, Leopold Museum).

Attersee : Weissenbach 1914–1916

Dans les années 1914–1916, Klimt et les Flöge se rendirent en villégiature à Weissenbach, à l'extrémité sud du lac Attersee. Emilie et ses sœurs logèrent avec leur mère et Helene, la nièce de Klimt, à proximité immédiate du lac, tandis que Klimt – dont le besoin de tranquillité allait sans doute en grandissant, et qui cherchait toujours des possibilités de se retirer – habitait à l'entrée de la vallée du Weissenbach dans une maison forestière située à un kilomètre du lac, et qu'il immortalisa dans deux de ses tableaux (pp. 463, 465 ; Natter 2012, cat. 208, 209). Avec son utilisation intensive du noir et le contraste des couleurs complémentaires pures, le rouge et le vert, *Maison forestière à Weissenbach II* atteste tout particulièrement la parenté artistique avec Egon Schiele. Des récits nous apprennent que Klimt fréquentait quotidiennement les Flöge malgré la distance qui les séparait. On le rencontrait « dans son manteau de type caftan, muni d'un chevalet et d'ustensiles de peinture, dans notre jardin ou sur les chemins, parfois à bicyclette. Il était plutôt grincheux, voire désagréable, et n'avait que très peu de contacts avec les gens du pays » (lettre de l'ancienne propriétaire de la villa Sans Souci à Weissenbach, Herta Schrey, à Alfred Weidinger, 1991, cit. d'après Weidinger, 2007a, p. 166). Les promenades communes et les visites chez des amis continuaient, en outre, à rythmer la villégiature au bord de l'Attersee.

Les paysages des dernières années de Klimt sont caractérisés par un coloris totalement saturé. Un vert foncé est la couleur dominante, complétée par des nuances plus claires, mêlées de jaune, mais aussi de bleu ; le rouge, la couleur complémentaire, est employé pour créer des accents. Le peintre reste fidèle à la composition en couches horizontales : *Litzlberg sur l'Attersee* – une vue de l'hébergement des premières années passées au bord du lac – repose, tel un mince ruban, entre la surface agitée de l'eau, où se reflètent vaguement les maisons du village, et les pentes ascendantes (pp. 466/467 ; Natter 2012, cat. 210). Klimt continuait à se servir d'un télescope ou de jumelles de théâtre pour fixer la nature visible au loin dans la forme qu'il souhaitait obtenir. Les vues d'Unterach, datant des années suivantes, sont conçues selon le même principe : *Maisons à Unterach sur l'Attersee, L'Église d'Unterach sur l'Attersee* et *Unterach sur l'Attersee*.

Avec *L'Auberge de Litzlberg* (p. 471 ; Natter 2012, cat. 213), peinte en 1915/16, Klimt immortalise le lieu où le menaient les excursions de ses premiers étés au bord de l'Attersee, une accueillante auberge située au nord du village. C'est probablement depuis la rive opposée que l'artiste peignit, en vue frontale, la petite maison au toit en croupe qui, logée sous des arbres, s'élève tout au bord du lac. De nouveau, avec son télescope ou ses jumelles de théâtre, le peintre zoome sur le motif afin d'obtenir une composition en zones superposées, parallèle à l'axe du tableau. La carte postale fréquemment citée que Klimt adressa à sa sœur Hermine date en tout cas de l'été 1915 : « Arrivé sain et sauf. Ai oublié les jumelles de théâtre – en ai un grand besoin. Helene les apportera. Amitiés, Gustav » (cit. d'après Nebehay, 1969, p. 503). Cette carte permet d'attester l'usage des jumelles de théâtre par une source écrite. Nebehay rapporte qu'Helene, la nièce de Klimt, l'aurait déjà informé oralement que son oncle se servait de cet instrument pour peindre les paysages de l'Attersee (ibid.). Dans *L'Auberge de Litzlberg*, l'application dense et unie des couleurs est frappante. Les touches sont posées presque à la manière des fils de trame et de chaîne d'une tapisserie, le tout sur une palette très réduite de tons verts et jaunes et d'un peu de bleu, sur lequel ressort l'accent blanc de la maison aux proportions ramassées.

En été 1916 – son dernier été passé au bord de l'Attersee –, Klimt séjourna à Weissenbach, de juillet jusqu'à début septembre. Il y fut particulièrement productif et travailla à au moins sept tableaux, dans lesquels il renoua avec des thèmes et des structures des années précédentes, comme *Maisons à Unterach sur l'Attersee* (pp. 472/473 ; Natter 2012, cat. 214), *L'Église d'Unterach sur l'Attersee* (p. 475 ; Natter 2012, cat. 215) et *Unterach sur l'Attersee* (pp. 476/477 ; Natter 2012, cat. 223). Certaines de ces peintures demeurèrent inachevées, ce qui montre bien que Klimt, durant les vacances d'été, ne peignait, en partie, qu'une ébauche de ses paysages, y esquissant de façon schématique la composition et la couleur, pour ensuite poursuivre le travail dans son atelier viennois, comme le rapporte également Egon Schiele : « D'ici, on arrivait dans l'atelier proprement dit […] Klimt peignit, en outre, à Hietzing […] un nombre important de ses meilleurs paysages représentant le lac Attersee et le lac de Garde » (cit. d'après Breicha, 1978, p. 57). Une comparaison du style pictural de *Unterach sur l'Attersee*, toile semblant inachevée et illustrant ainsi la nature séquentielle de la peinture, avec le style de *Jardin* (pp. 432/433 ; Natter 2012, cat. 167), peint plus de dix ans plus tôt, s'impose : là où Klimt, auparavant, semblait dessiner le paysage avec des touches minces, produisant presque un effet lasuré, il effectue maintenant, usant d'une épaisse couche de couleur, un vigoureux modelage. Les touches très fournies sont appliquées, en apparence, d'une manière fortuite et dépourvue de système. Le tableau paraît s'être figé en un moment de densification. À de nombreux endroits du versant transparaît la mince arrière-couche, laquelle, contrairement à celle, également transparente, du précoce *Jardin*,

Prairie en fleurs (détail), vers 1904/05
(voir ill. p. 430)

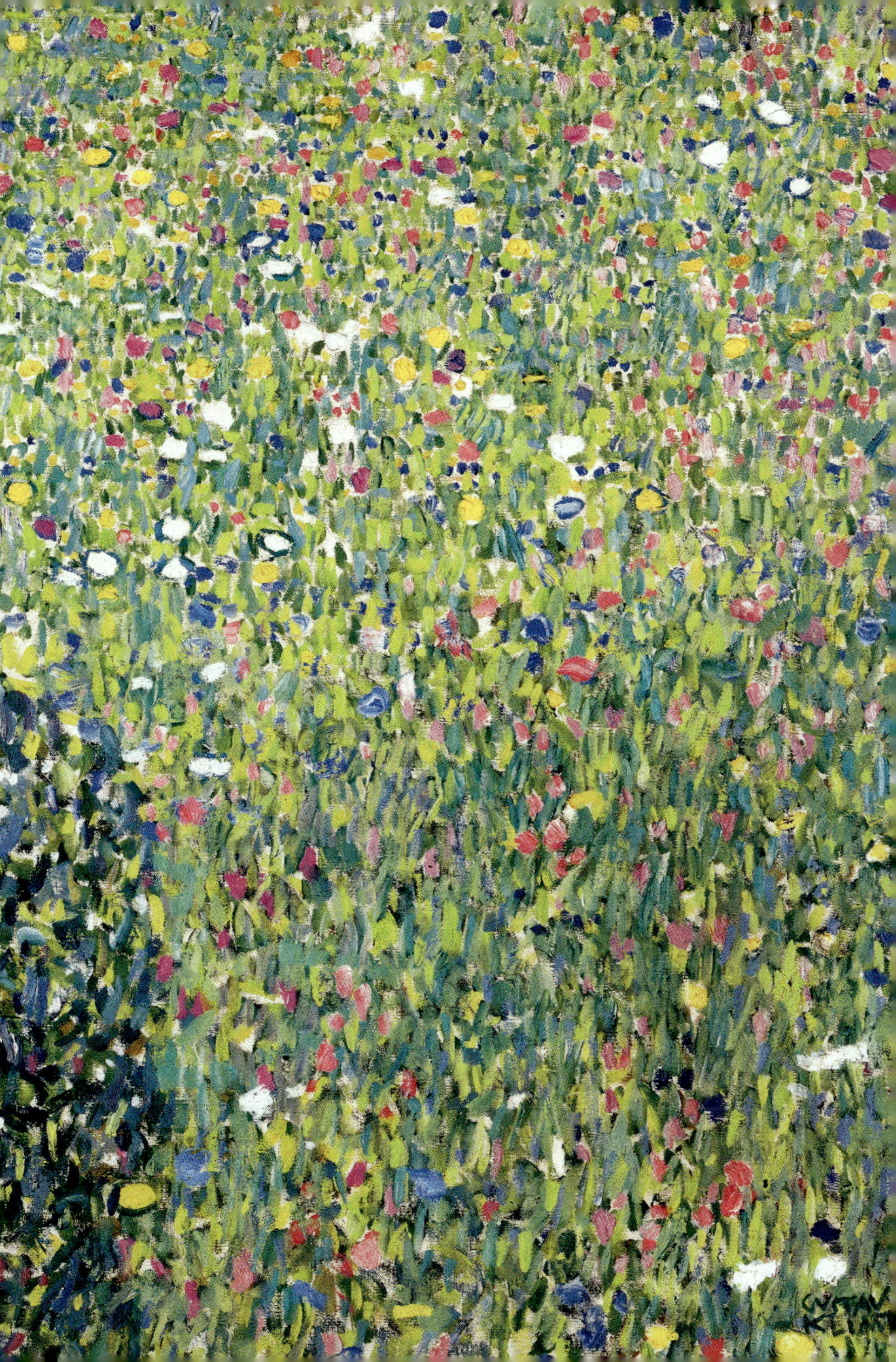

attend ici d'être unifiée par des couleurs – comme on peut, par exemple, l'observer dans la *Maison forestière à Weissenbach I*, peinte deux ans plus tôt, ou encore dans *L'Auberge de Litzlberg*, achevée la même année. Par ses accords de couleurs, son caractère encastré, et surtout par l'utilisation du noir, non seulement pour le contour, mais aussi en tant que support expressif dans le paysage touffu, *Maisons à Unterach sur l'Attersee* constitue, quant à lui, un exemple du lien que Klimt, pendant ces ultimes années, tissa avec Egon Schiele.

Derniers paysages – Vienne et Gastein 1916 et 1917

Il convient d'attirer l'attention sur deux tableaux des toutes dernières années, lesquels n'ont que peu de lien avec les paysages de l'Attersee, tant par leurs thèmes que par le rendu artistique : la fontaine de Neptune dans le parc du château de Schönbrunn à Vienne (1916) et une vue de Gastein (1917), où Klimt, à partir de 1912, partit régulièrement en cure en compagnie d'Emilie Flöge, le plus souvent avant les incontournables vacances dans le Salzkammergut. Avec une palette subtilement dégradée, Klimt peignit en 1916 le seul paysage montrant un sujet viennois, *Paysage de Schönbrunn* (p. 483 ; Natter 2012, cat. 216), une vue de la fontaine de Neptune située dans le parterre inférieur du parc et que Klimt voyait à chaque fois qu'il se rendait, après son petit-déjeuner matinal au Tivoli, dans son atelier de la Feldmühlgasse, à Hietzing. Le peintre choisit une vue sur le bassin, un point de vue qui contraint en quelque sorte le spectateur à se baisser, l'attirant vers la surface très lisse de l'eau, où se reflète la riche palette des tons verts du feuillage. À l'arrière-plan, le parc, avec les allées, les buissons et par endroits quelques promeneurs – qui sont, d'ailleurs, des hôtes exceptionnels dans les paysages klimtiens – et, à gauche, la haie menant vers la profondeur, avec le grand saule pleureur tenant lieu de charnière, semblent constituer les murs d'une chambre noire. L'artiste obtient ici une situation spatiale d'une complexité inhabituelle pour lui et, en même temps, une peinture dominée par des surfaces de couleur telle qu'elle n'existe pas dans le reste de son œuvre.

Datant de 1917, *Gastein* (Natter 2012, cat. 233), le dernier paysage du peintre, présente un tout autre caractère : même si cette vue urbaine n'est connue qu'à travers des reproductions en noir et blanc – la toile, issue de l'ancienne collection Lederer, fut détruite en mai 1945 dans l'incendie du château d'Immendorf dans le Weinviertel, comme tous les tableaux de Klimt appartenant à cette collection et qui y avaient été entreposés pour des raisons de sécurité –, on peut interpréter *Gastein* comme une œuvre sombre, plutôt menaçante. Les maisons et les hôtels se tenant en rang serrés les uns au-dessus des autres sur le versant nord-ouest de la ville sont séparés par une rue bordée d'arbres, laquelle descend en pente raide et fait l'effet d'un fossé obscur. Les détails des bâtiments – les cadres de fenêtres, les corniches, les faîtes semblent avoir été dessinés au pinceau noir, comme ce fut déjà le cas dans le projet sommaire figurant dans le carnet d'esquisses de 1917. Dans cette œuvre – à l'instar de ce qu'il fit dans la majorité des paysages tardifs de l'époque des vacances à Weissenbach – Klimt accentue fortement l'élément graphique en général, surtout les dessins de contour, ainsi que l'utilisation du noir. De nouveau, la parenté avec Egon Schiele saute aux yeux.

Par cette proximité artistique, Klimt manifeste une conception expressive du paysage, une composition picturale définie par des structures linéaires et un langage formel vigoureux où dominent les couleurs primaires. Cependant, comme nous l'avons montré précédemment, l'artiste s'intéressait en même temps à une peinture très spatiale, structurée par de grandes étendues, dominée par les couleurs argileuses. Ces deux aspects s'opposent aux procédés formels postimpressionnistes qui déterminèrent longtemps – après avoir, toutefois, reçu la marque personnelle du peintre – les paysages de Klimt : l'emploi subtilement dégradé des couleurs, appliquées en petites touches compactes et, surtout, une atmosphère ouverte, dont on ne peut deviner à quel moment de la journée elle a été peinte. Le peintre obtenait cet effet grâce à certains critères qu'il respectait rigoureusement. Parmi ces derniers figurent l'abandon de la représentation de l'ombre – et, par conséquent, de la temporalité – et celui de la perspective centrale et, partant, de la profondeur illusionniste. En outre, le format carré, un choix de longue date, offre un espace parfaitement adapté à un art bidimensionnel conçu de manière subtile, à une nature filtrée par une lumière anonyme, par l'emploi de points de fuite artificiels, par des « aides à la vue » – le « viseur », le télescope et les jumelles de théâtre, une nature re-construite sur la surface du tableau.

Au fil des ans, Klimt est passé d'une intimité avec la nature à forte connotation mythique, telle que la connaissaient les symbolistes, à une conception du paysage qui lui était propre, et dans laquelle il intégra des moyens formels expressionnistes – alors que les sujets, eux, ne changèrent guère (passant, au fond, d'une nature vierge à un paysage naturel cultivé) et que Klimt franchit très tôt le pas qui le mena de la figuration d'un paysage anonyme à celle d'un paysage vécu. Son dialogue intense avec la nature trouve, nonobstant, ses origines dans le symbolisme, tout comme un aspect flou, indéfinissable de l'atmosphère qui règne dans un grand nombre de ses paysages. On est tenté de confondre ce dernier avec une « insaisissabilité » du sujet – et, peut-être, du peintre lui-même, lequel aspirait à la solitude – qu'Hugo von Hofmannsthal, vers 1907, interpréta, en fin de compte, comme un trait de son temps : « L'ambiguïté et l'indétermination constituent l'essence de notre époque. Elle ne peut reposer que sur un terrain glissant, et elle est consciente de ce glissement, là où d'autres générations ont foi en la stabilité » (Hofmannsthal, 1951 [publié de façon posthume], p. 272).

Pages 408/409
Le Champ de coquelicots (Coquelicots en fleurs) (détail), 1907
(voir ill. p. 431)

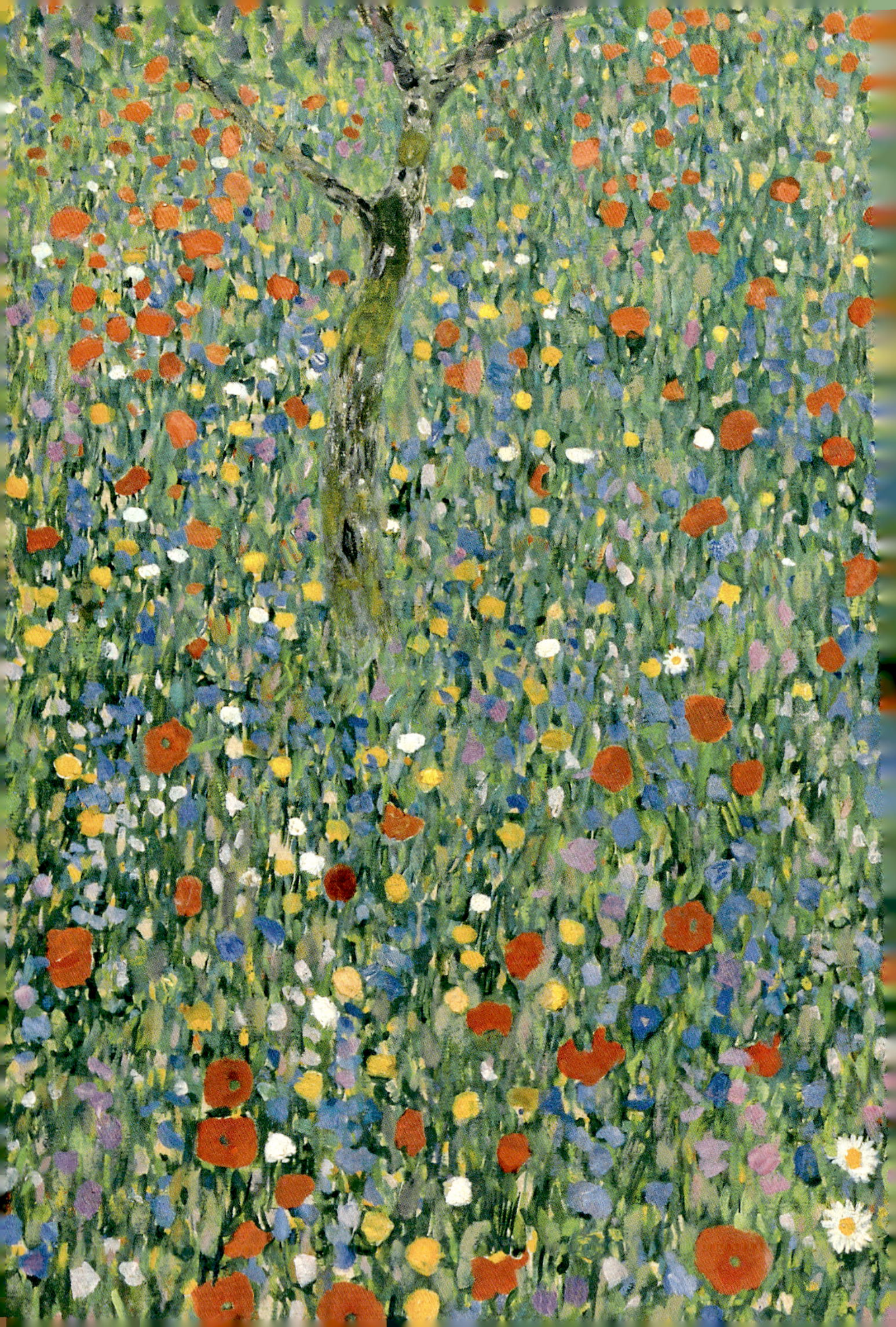

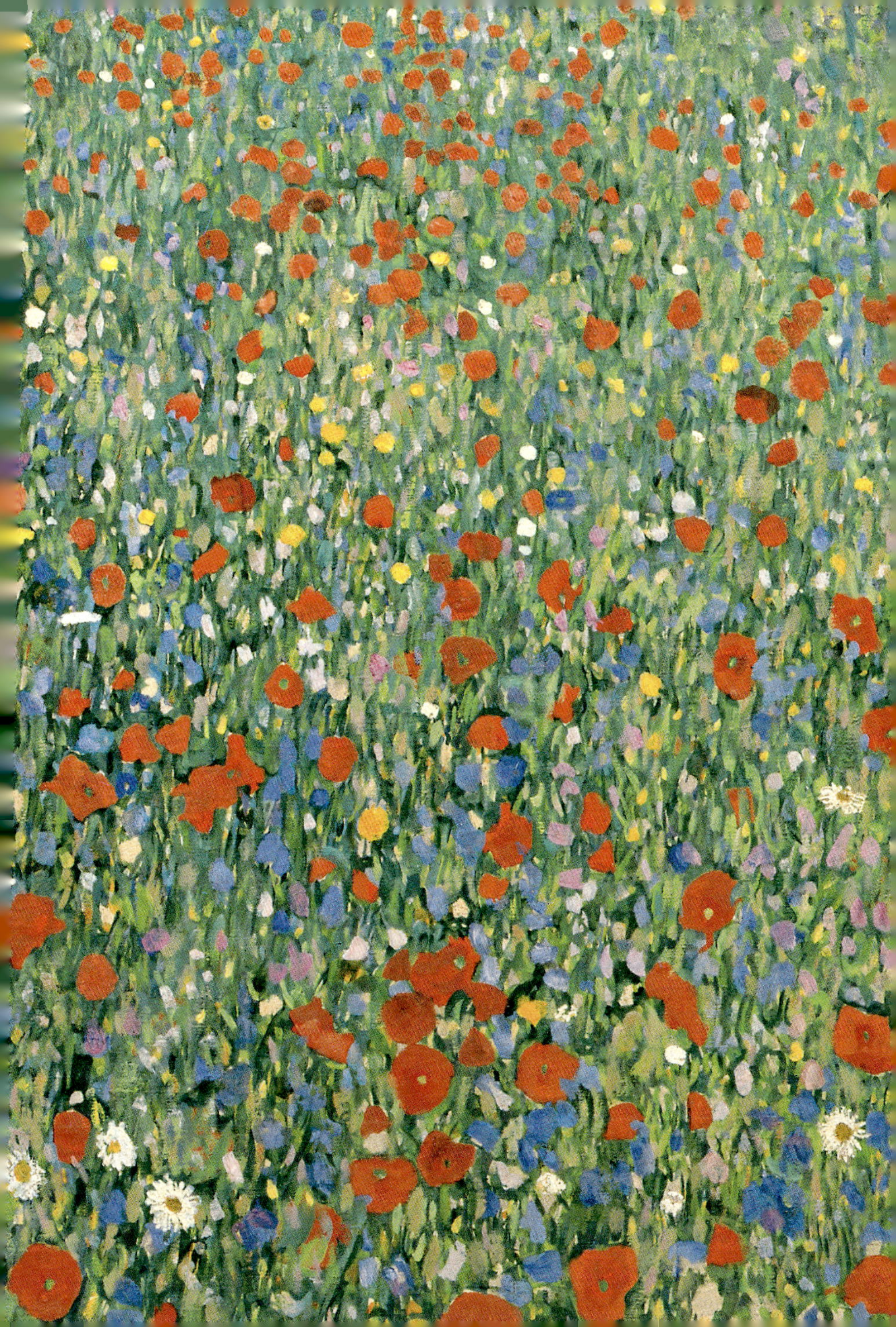

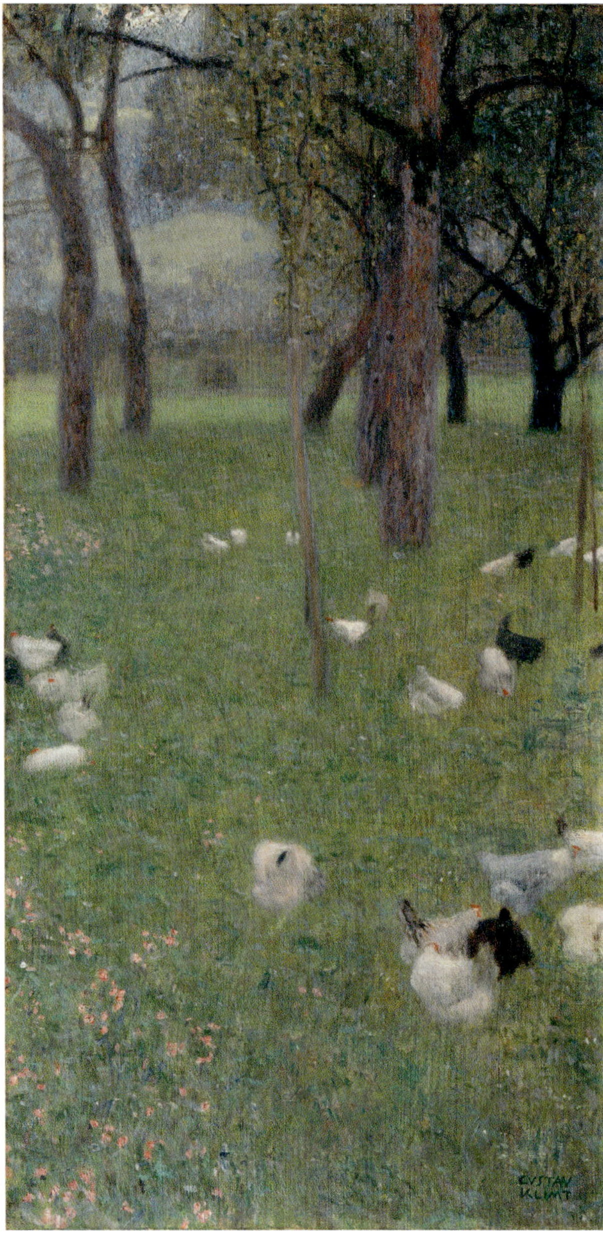
GUSTAV
KLIMT

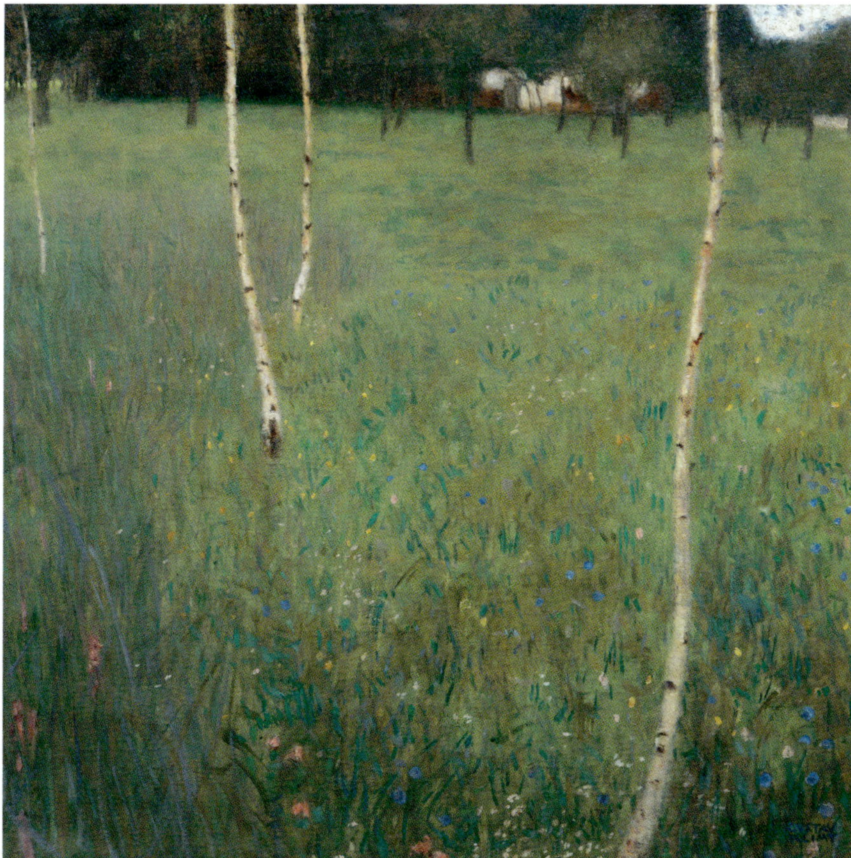

Après la pluie (Jardin avec poules à Sankt Agatha), 1898
Huile sur toile, 80 x 40 cm. Vienne, Belvedere

La Ferme aux bouleaux (Jeunes bouleaux), 1900
Huile sur toile, 80 x 81 cm. Collection particulière

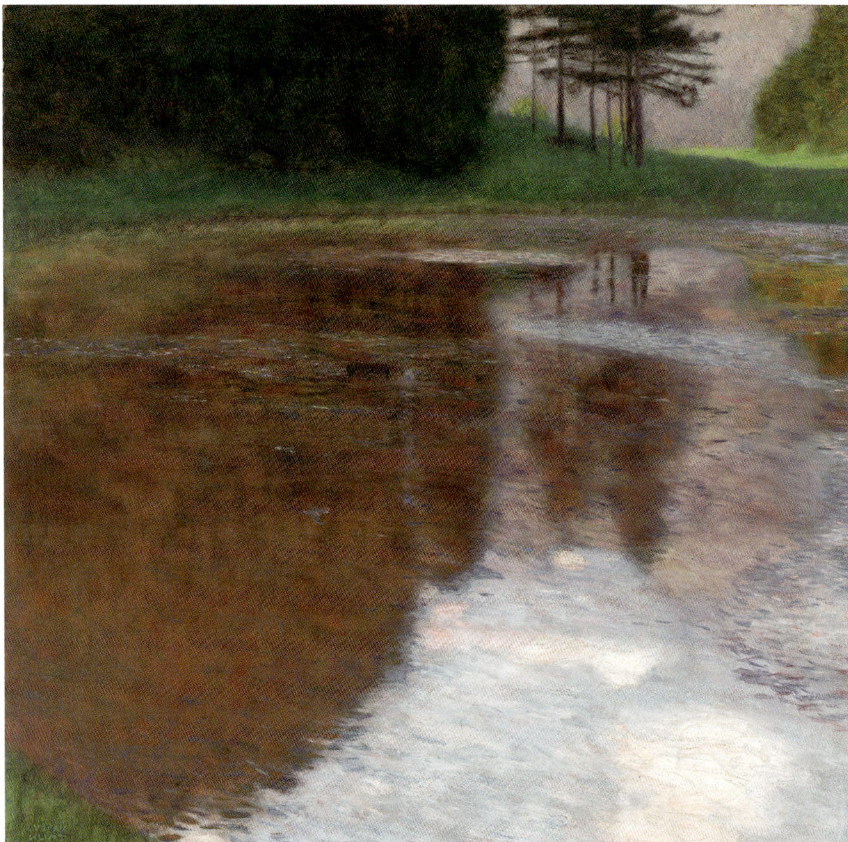

Matin au bord de l'étang, 1899
Huile sur toile, 75,1 x 75,1 cm. Vienne, Leopold Museum

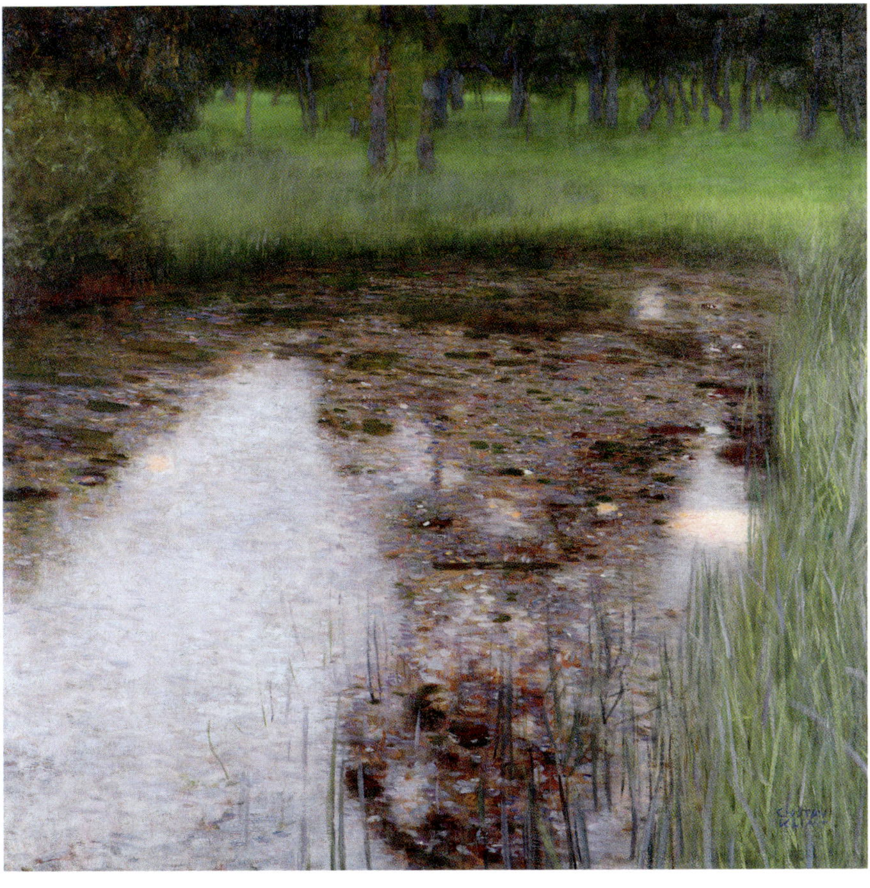

Le Marais, 1900
Huile sur toile, 80 x 80 cm. Collection particulière

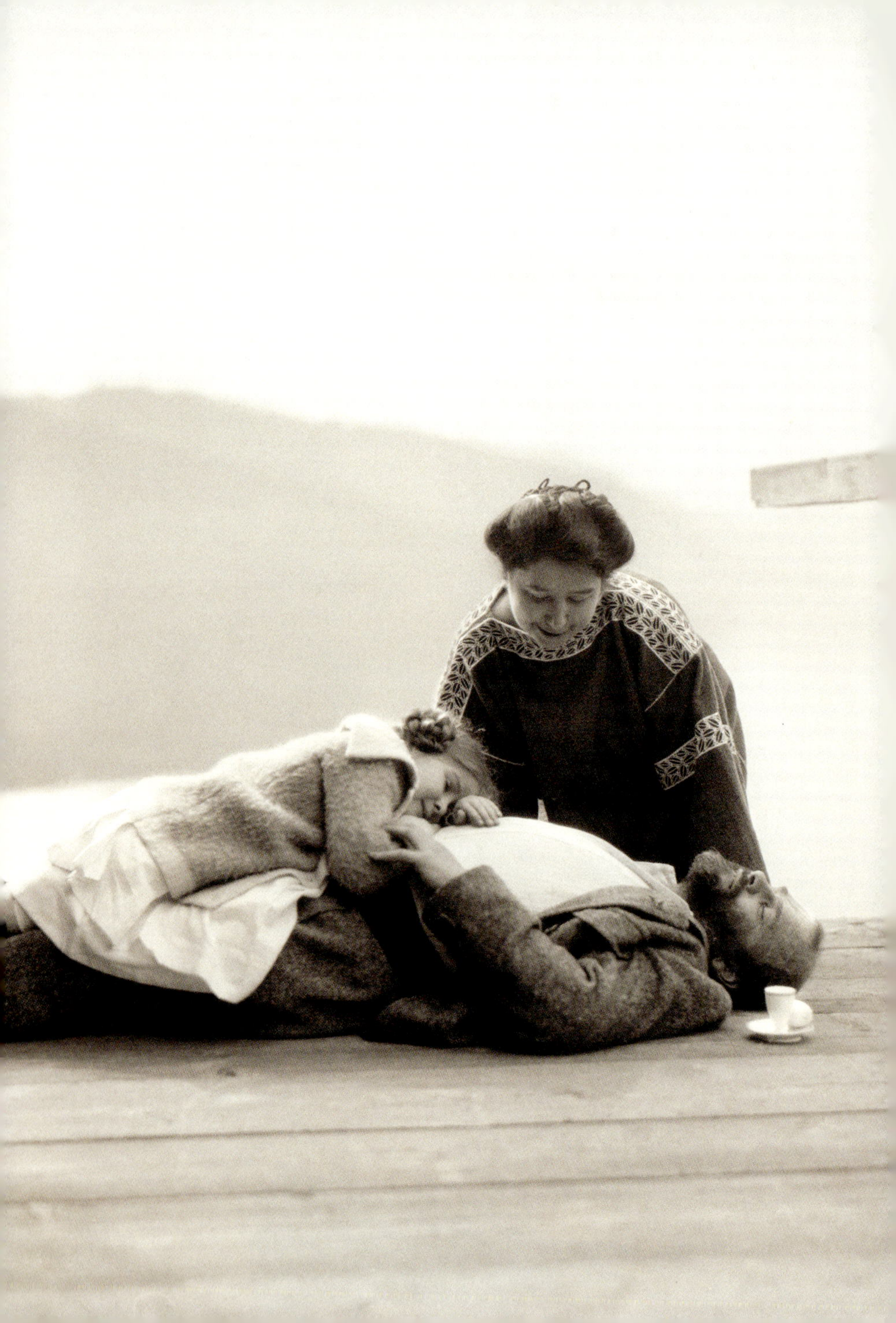

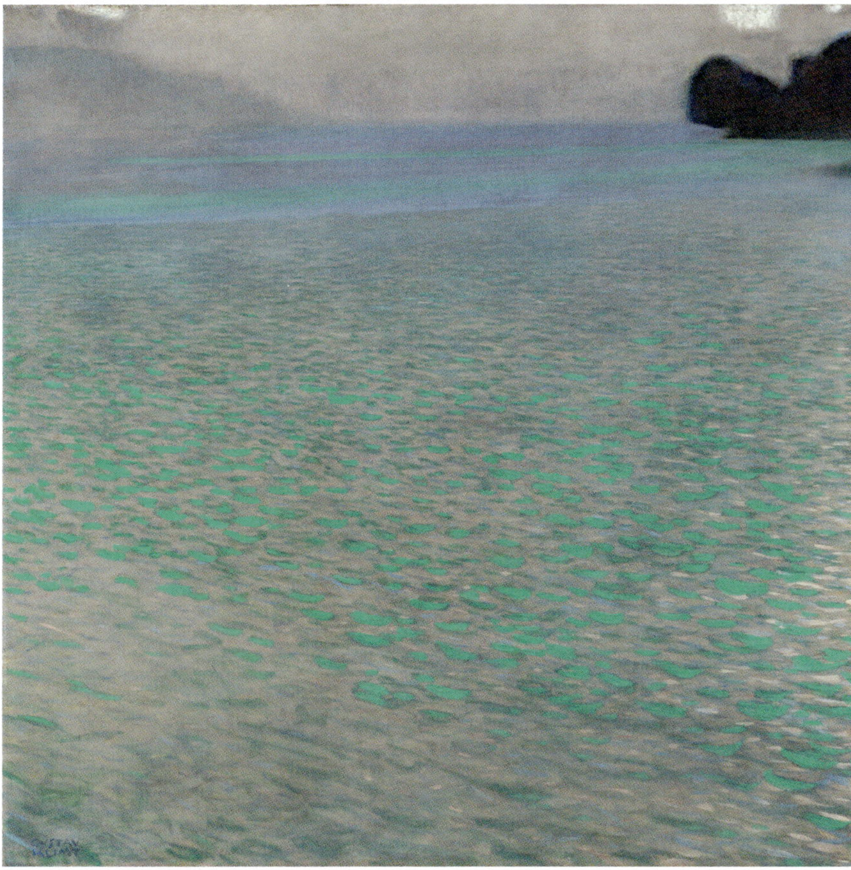

Gustav Klimt, Therese Flöge et Gertrude, la fille de cette dernière, 1912
Sur le ponton de la villa Paulick à Seewalchen au bord de l'Attersee
Photo. Imagno/Austrian Archives

L'Attersee, 1900
Huile sur toile, 80,2 x 80,2 cm. Vienne, Leopold Museum

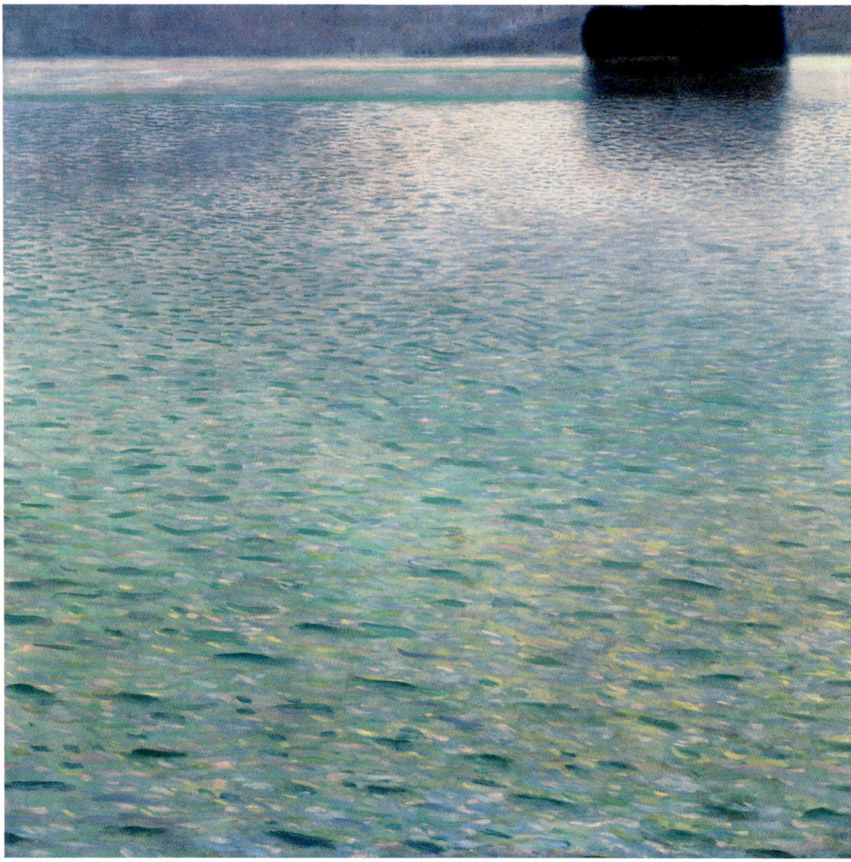

Île sur l'Attersee, 1902
Huile sur toile, 100 x 100 cm
USA, collection particulière, Courtesy Galerie St. Etienne, New York

Gustav Klimt, Emilie et Helene Flöge sur un ponton au bord de l'Attersee, 1906
Photo. Imagno/Austrian Archives

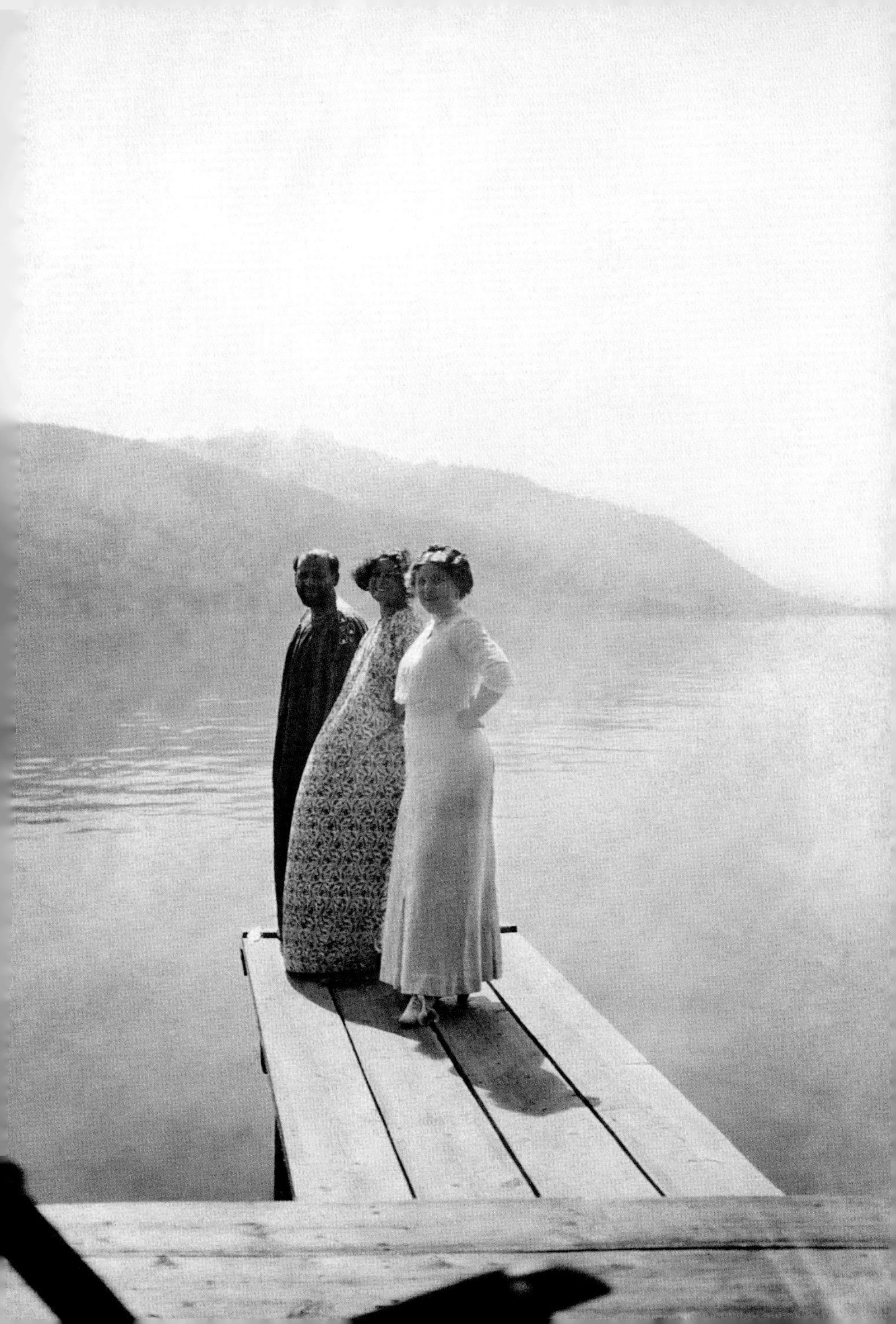

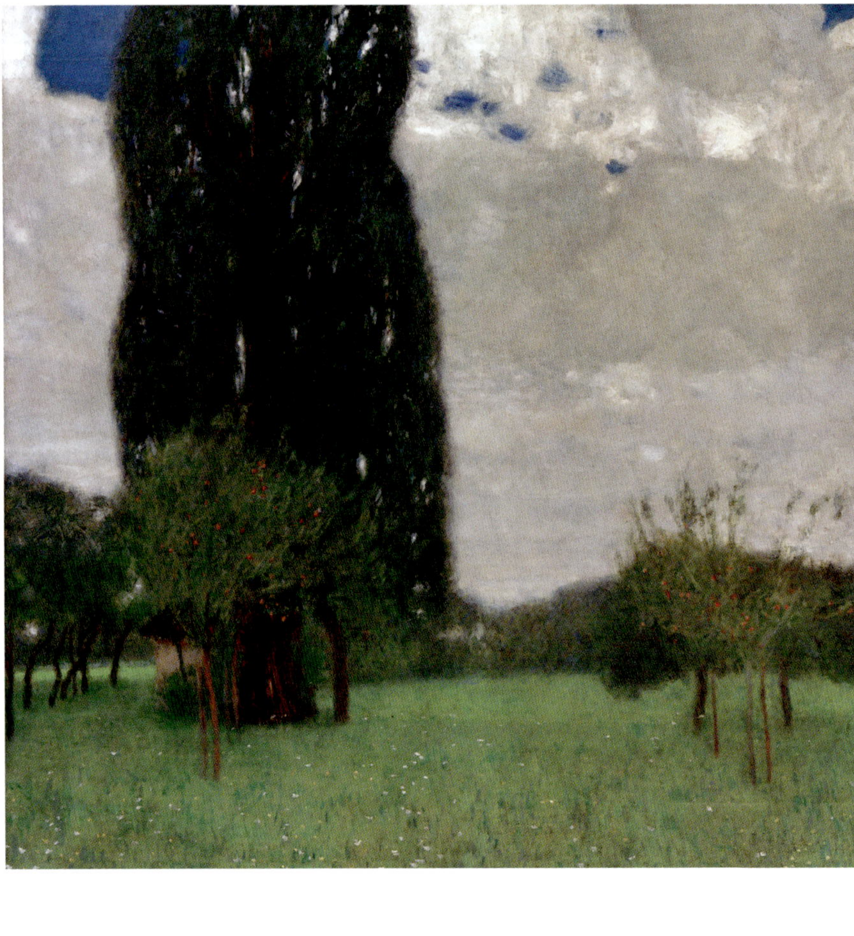

Le Grand Peuplier I, 1900
Huile sur toile, 80 x 80 cm. New York, collection particulière

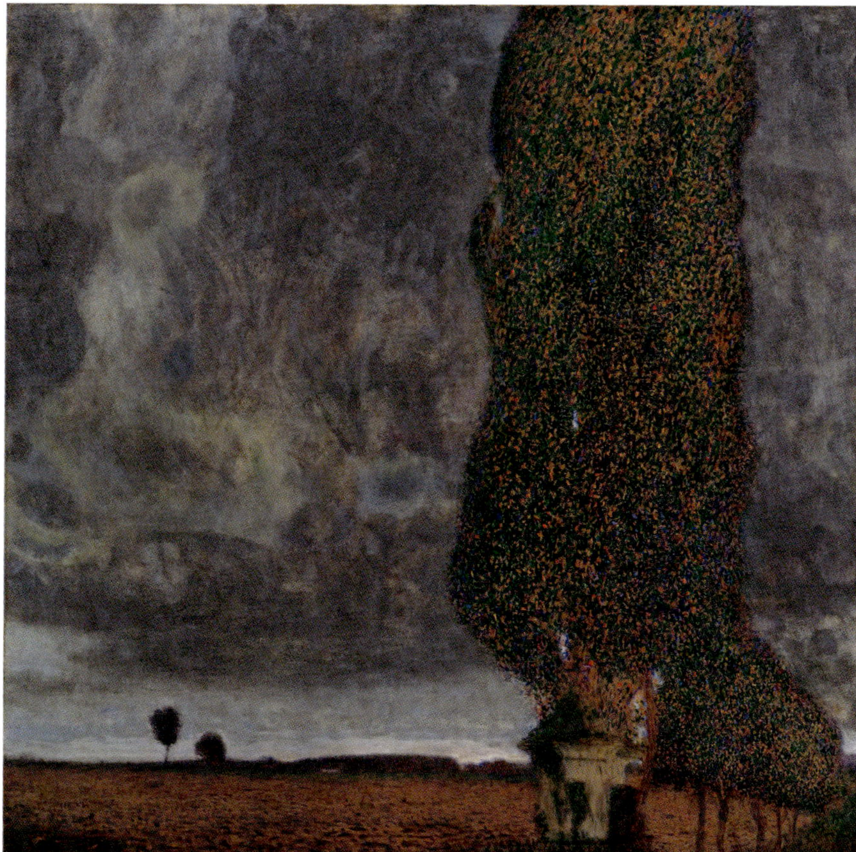

Le Grand Peuplier II (Un orage se prépare), 1902/03
Huile sur toile, 100,8 x 100,7 cm. Vienne, Leopold Museum

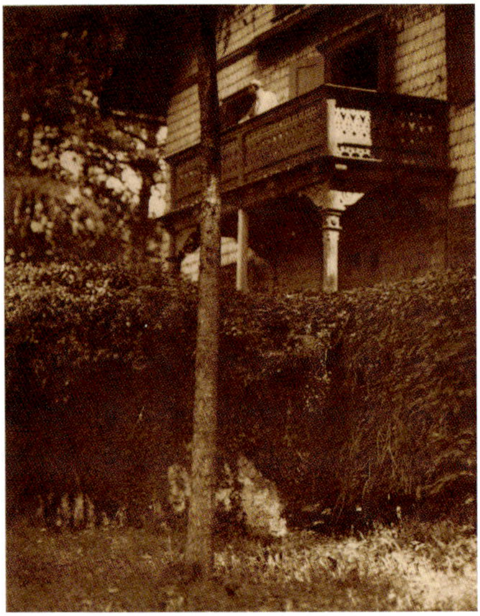

Heinrich Böhler, **Villa de vacances de Gustav Klimt à Kammer sur l'Attersee**, 1909
Héliogravure. Fondazione Gino e Gianna Macconi, Mendrisio, Suisse

Ferme à Kammer sur l'Attersee (Moulin), 1901
Huile sur toile, 88 x 88 cm. Vienne, collection particulière

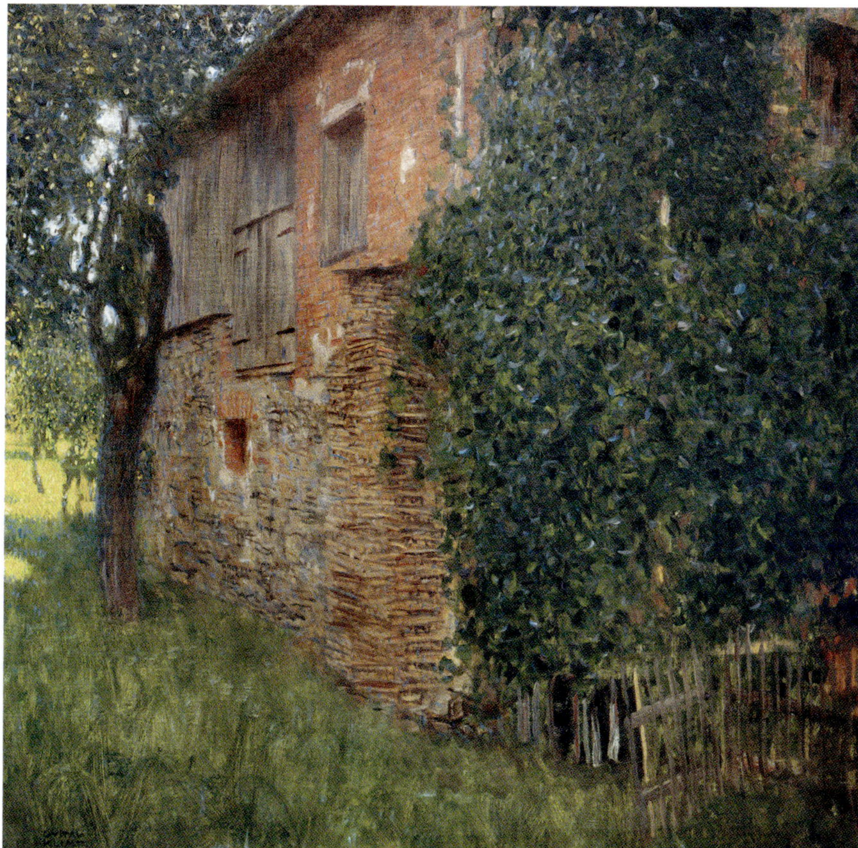

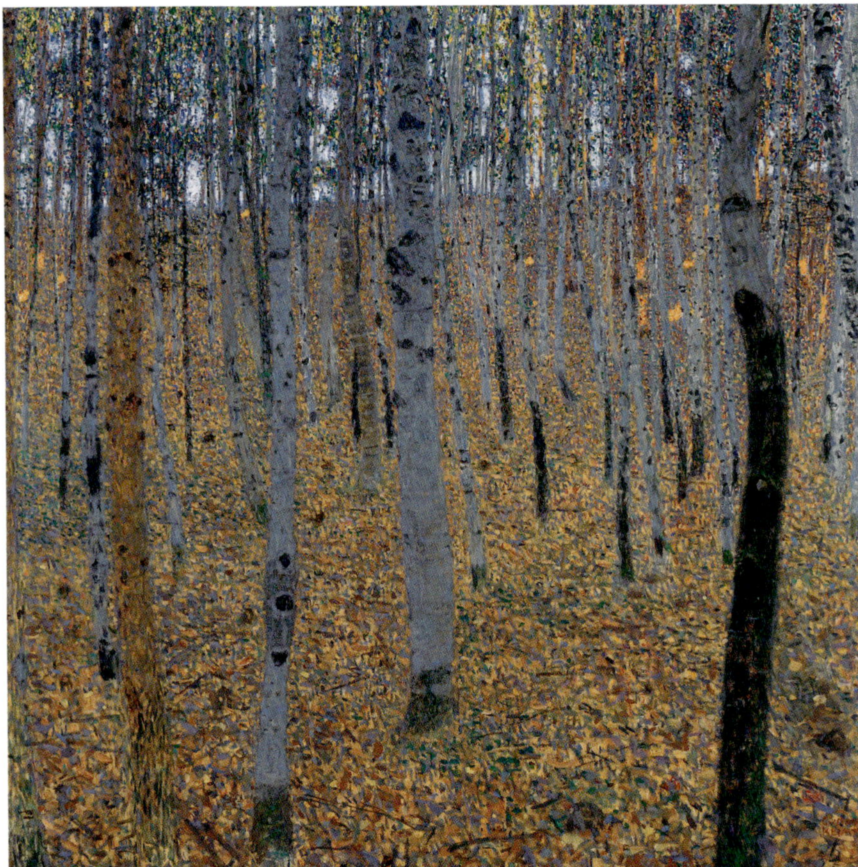

La Forêt de hêtres I, vers 1902
Huile sur toile, 100 x 100 cm. Dresde, Staatliche Kunstsammlung

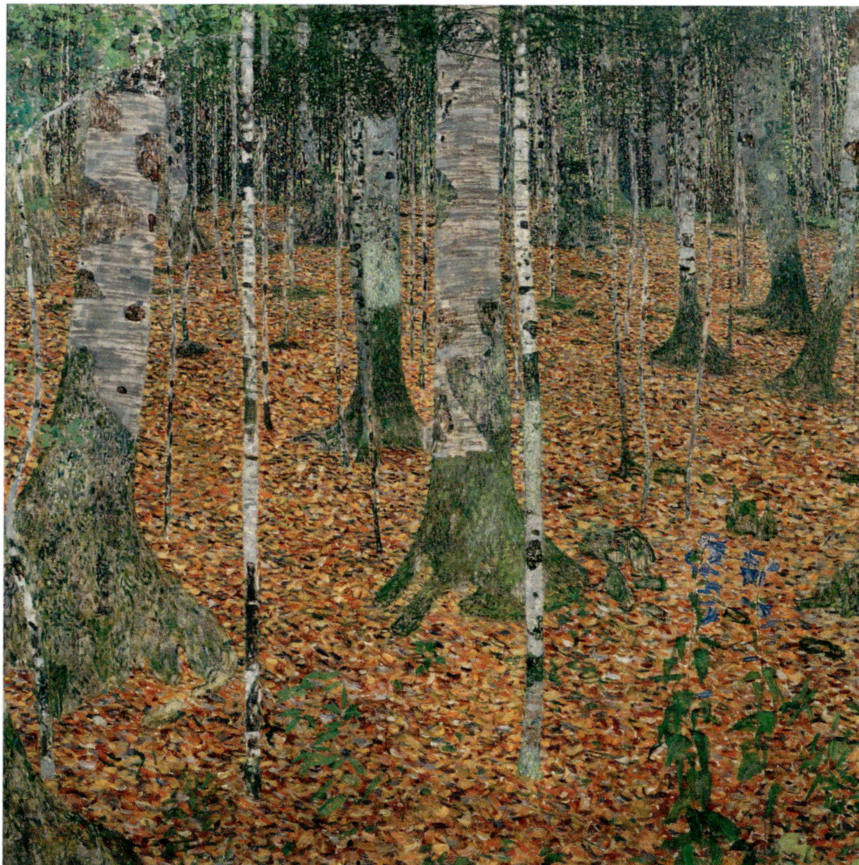

La Forêt de bouleaux (La Forêt de hêtres), 1903
Huile sur toile, 110 x 110 cm. Collection particulière

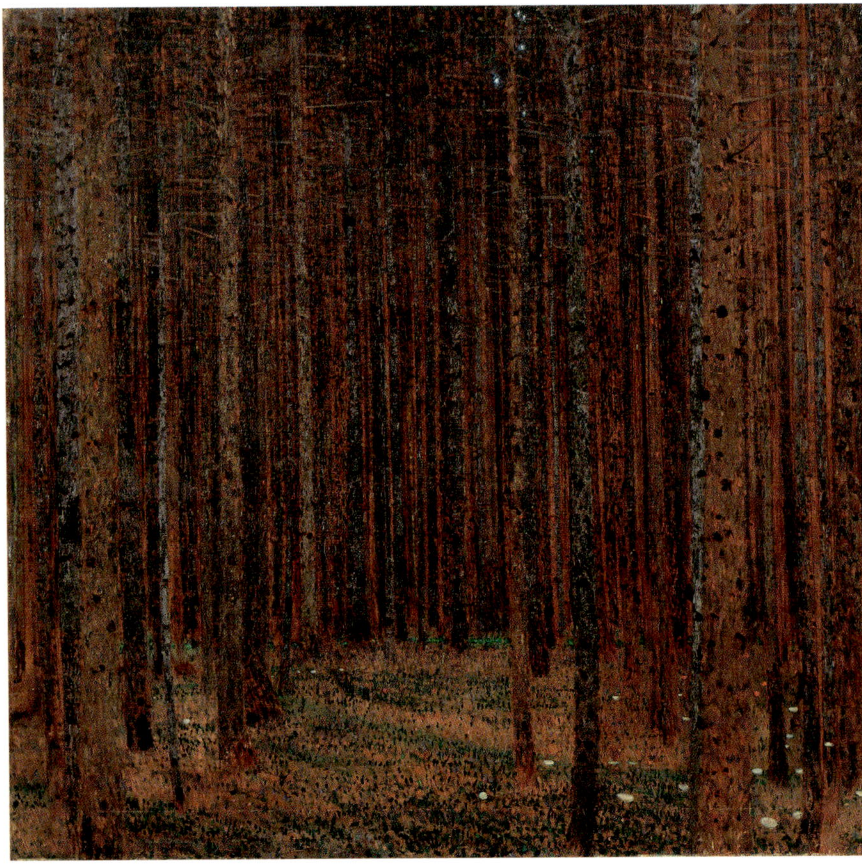

La Forêt de sapins I, 1901
Huile sur toile, 90 x 90 cm
Zoug, Kunsthaus Zug, Stiftung Sammlung Kamm

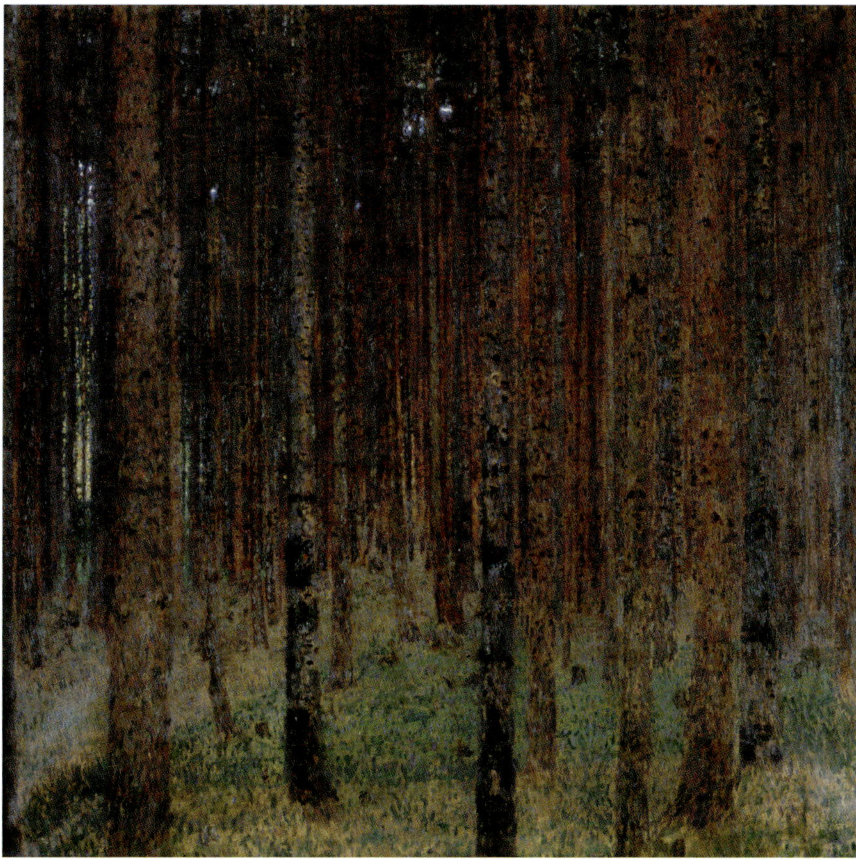

La Forêt de sapins II, 1901
Huile sur toile, 91,5 x 89 cm
Collection particulière, avec l'aimable autorisation de la Galerie St. Etienne, New York

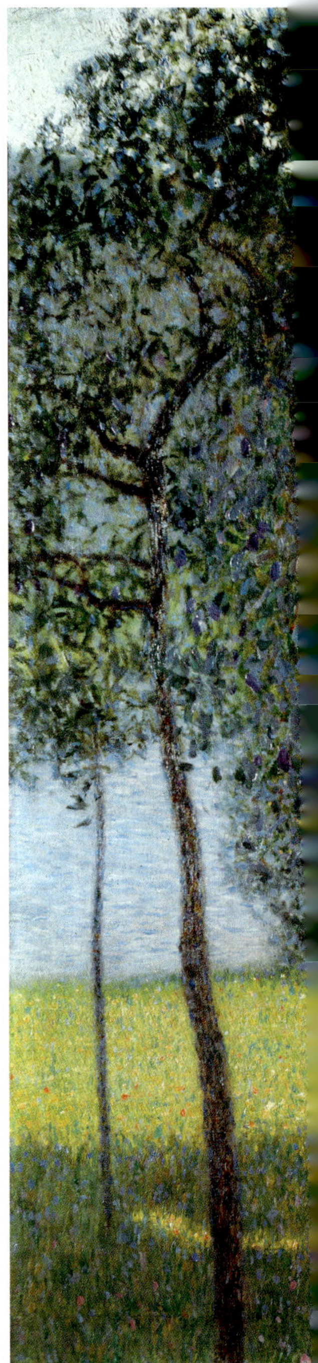

Arbres fruitiers, 1901
Huile sur toile, 90 x 90 cm. Collection particulière

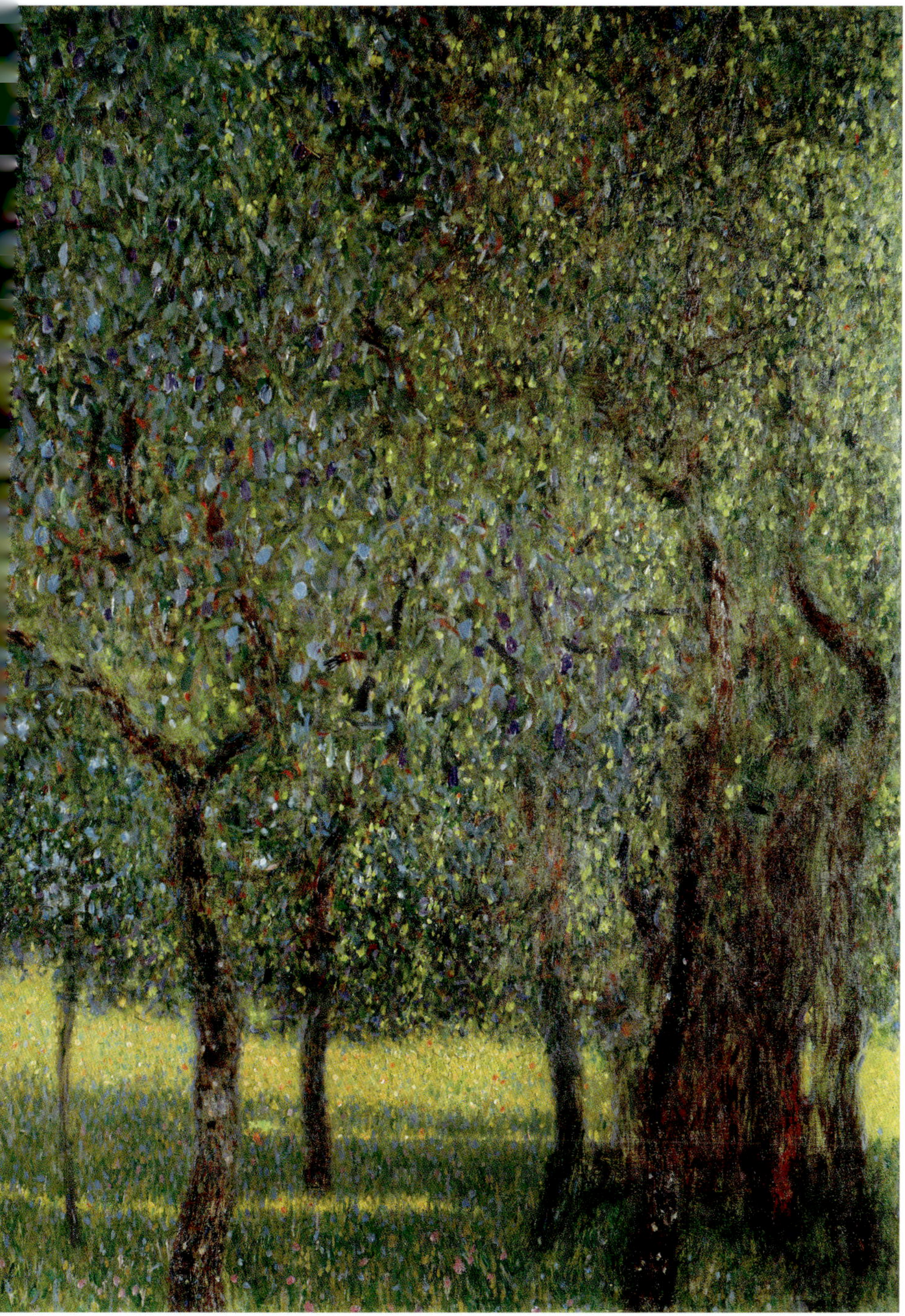

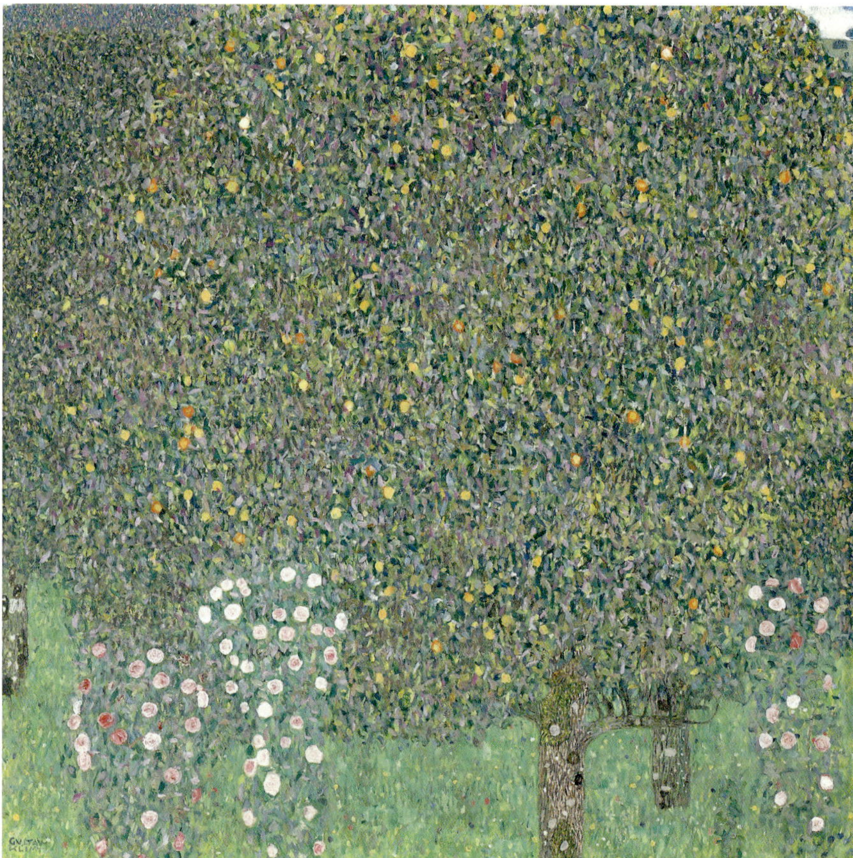

Rosiers sous les arbres (Roses), vers 1904
Huile sur toile, 110 x 110 cm
Paris, Musée d'Orsay

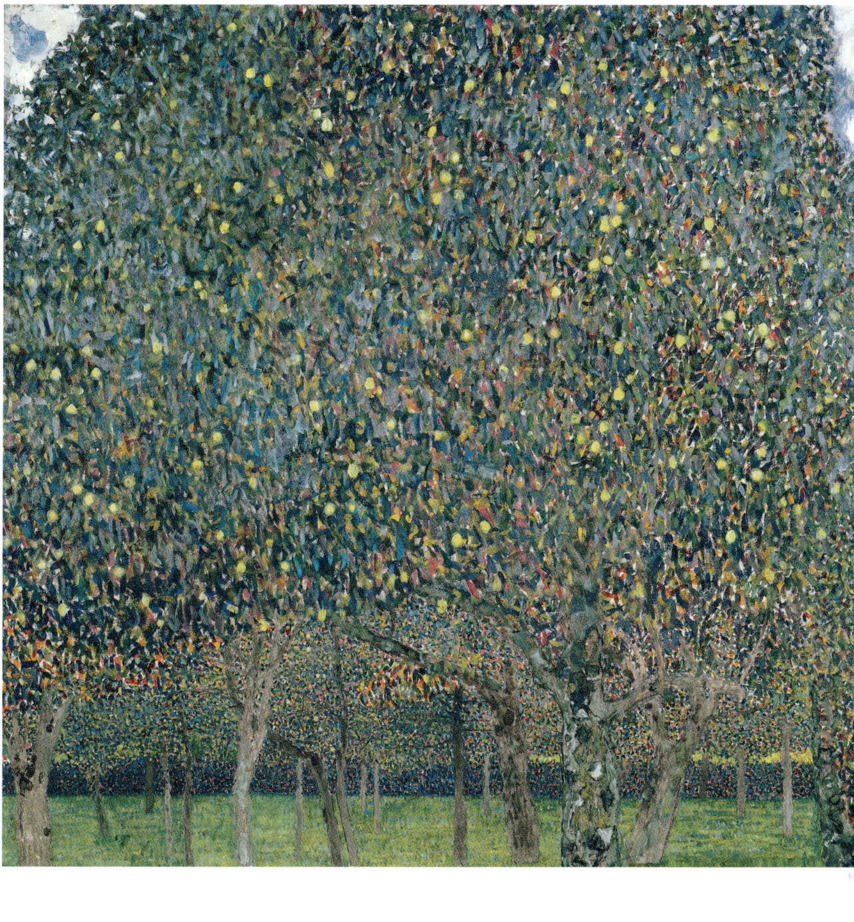

Poirier (Poiriers), 1903, remanié par la suite
Huile et caséine sur toile, 101 x 101 cm. Cambridge, Massachusetts,
Harvard Art Museums/Busch-Reisinger Museum, don d'Otto Kallir 1956

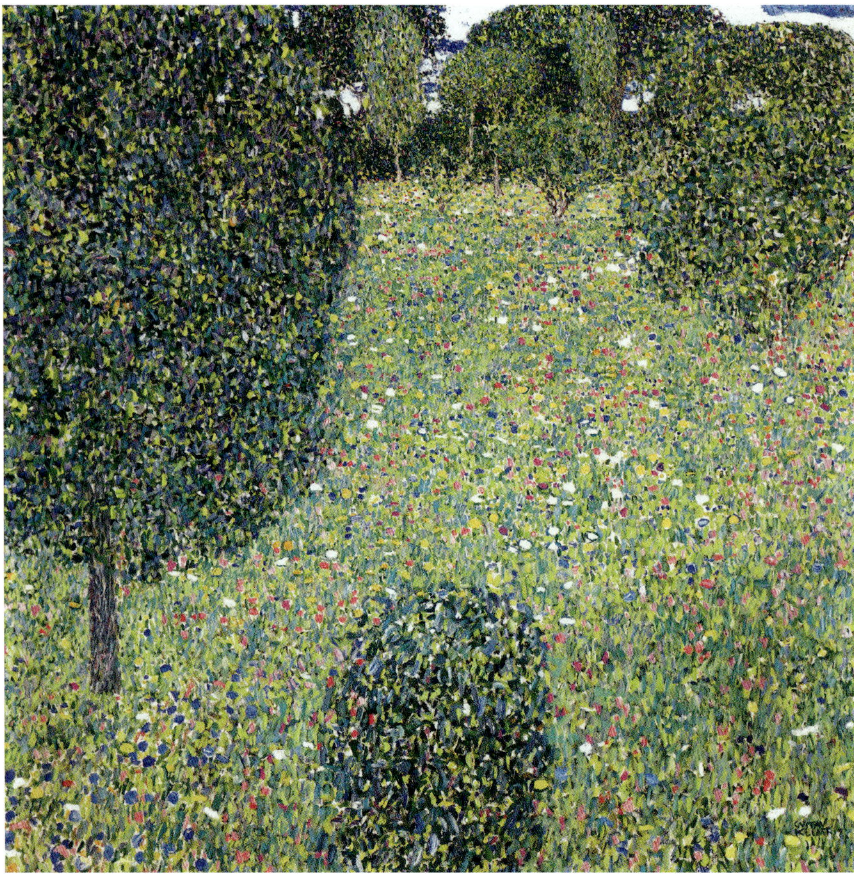

Prairie en fleurs, vers 1904/05
Huile sur toile, 110 x 110 cm. Collection particulière

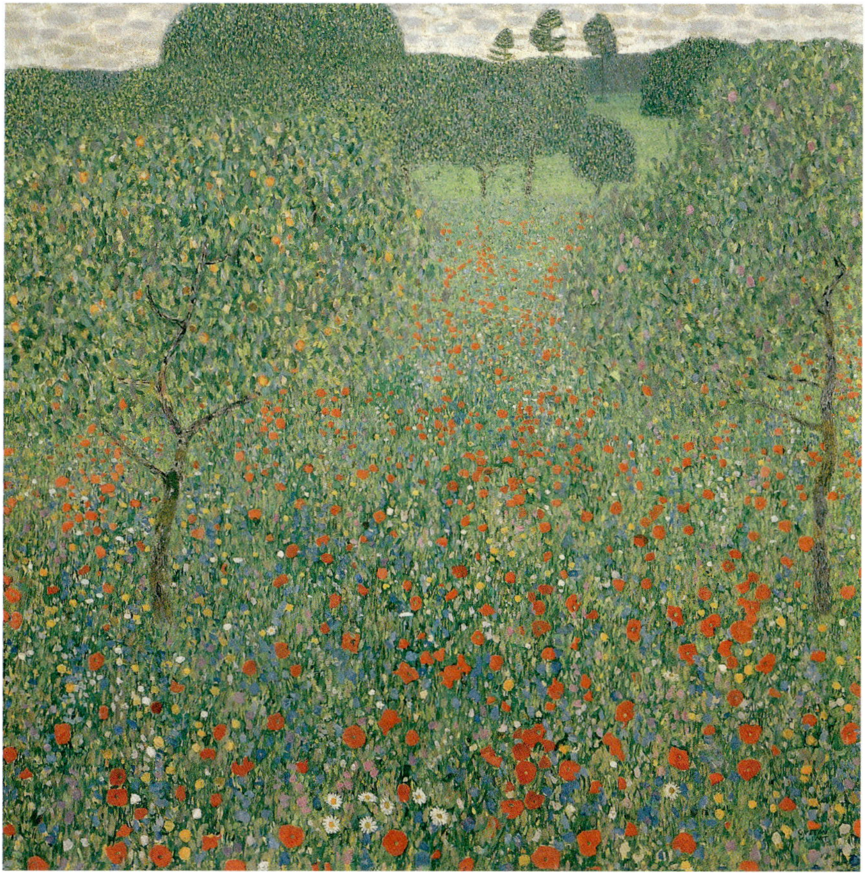

Le Champ de coquelicots (Coquelicots en fleurs), 1907
Huile sur toile, 110 x 110 cm. Vienne, Belvedere

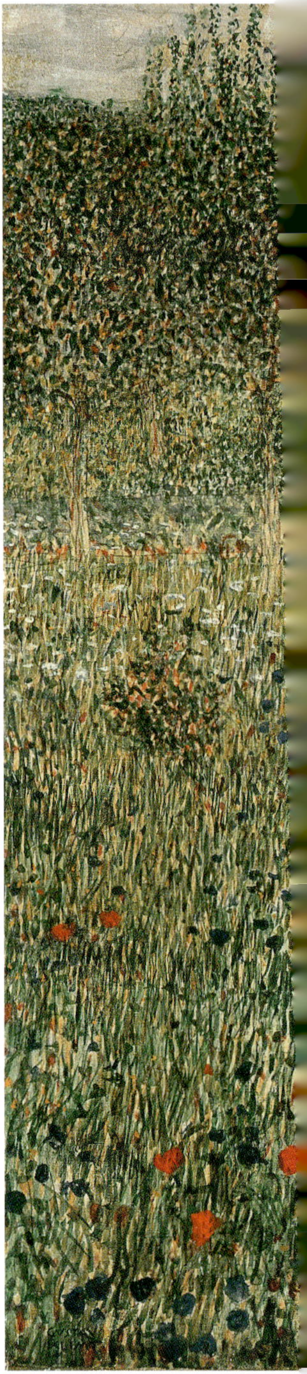

Jardin, vers 1904/05
Huile sur toile, 98,7 x 99,4 cm
Pittsburgh, Pennsylvania, The Carnegie Museum of Art,
acquis grâce au Patrons Art Fund

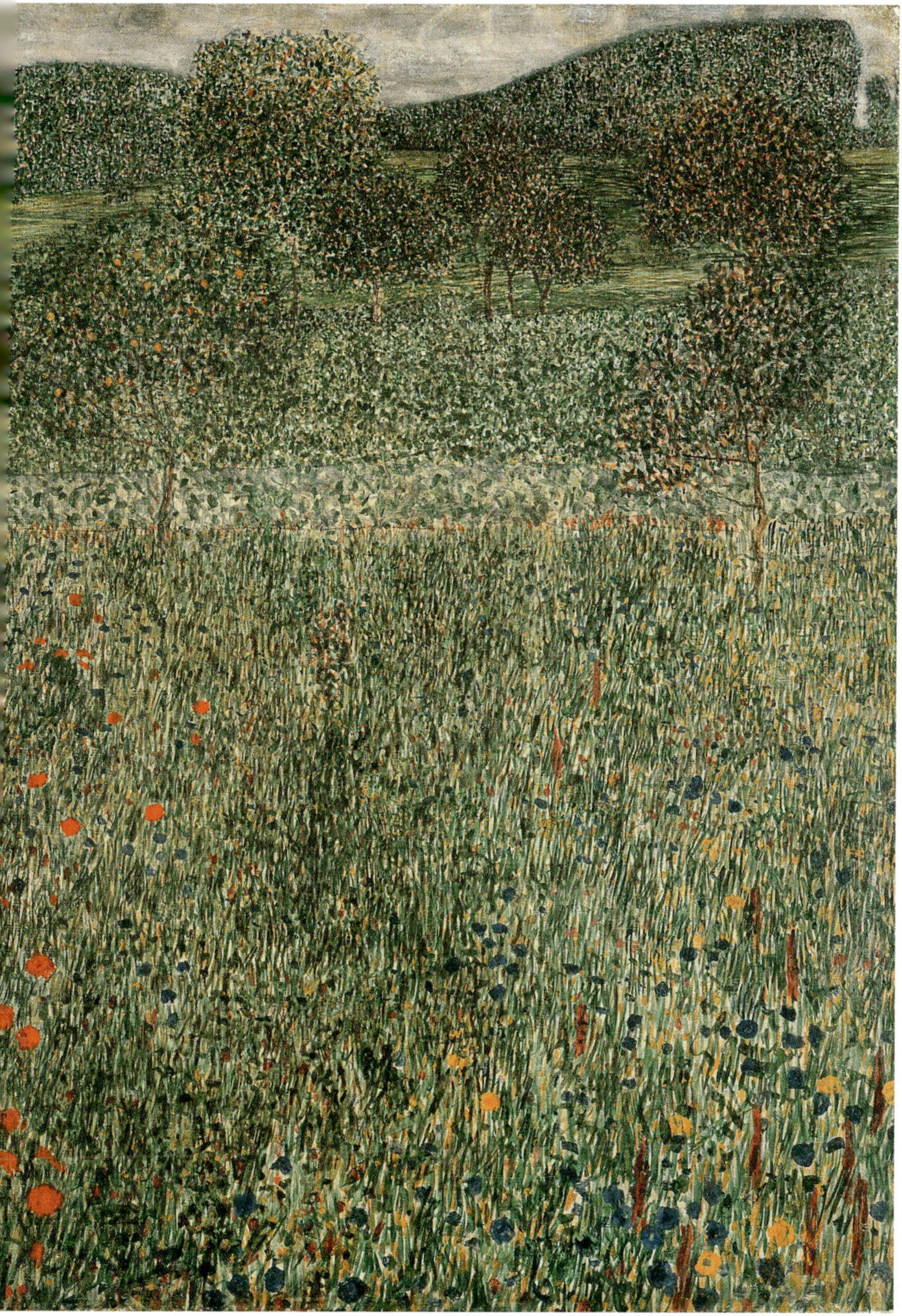

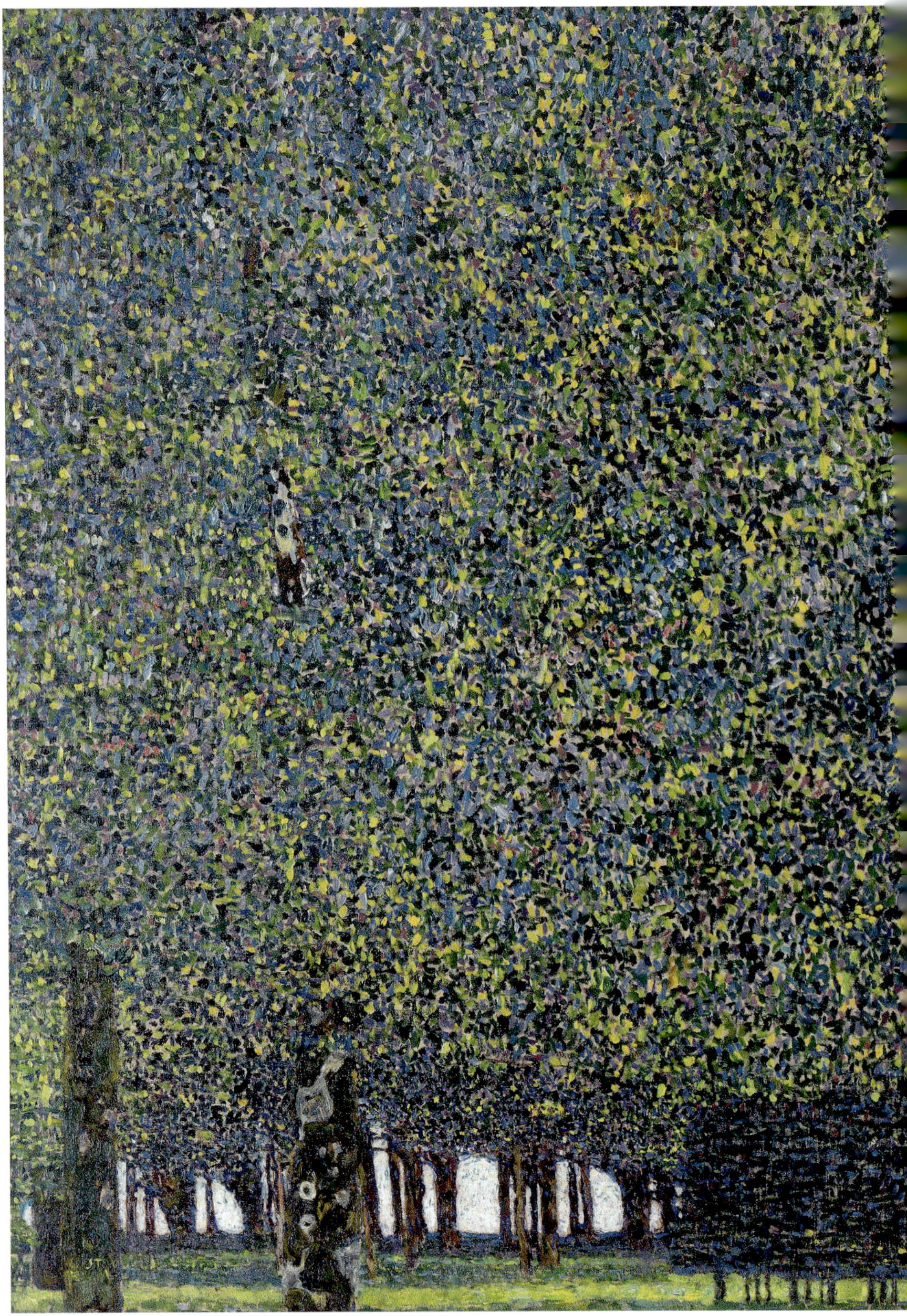

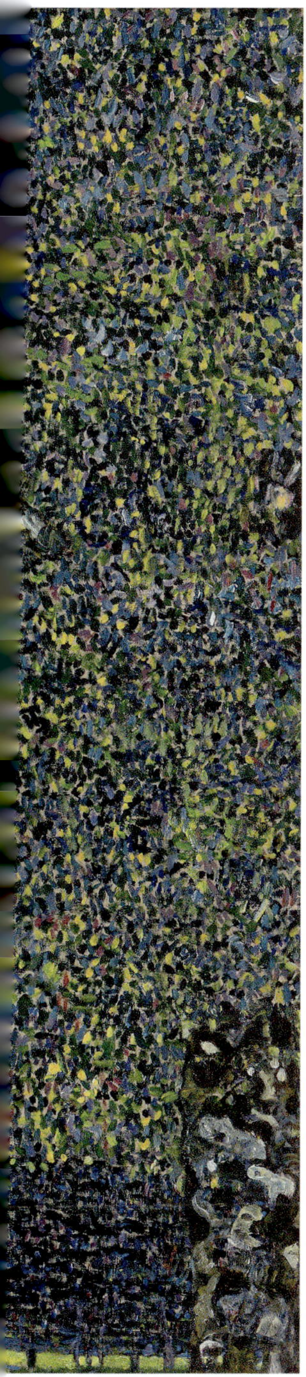

Le Parc, 1909
Huile sur toile, 110,4 x 110,4 cm
New York, The Museum of Modern Art,
acquis grâce à la Gertrud A. Mellon Fund

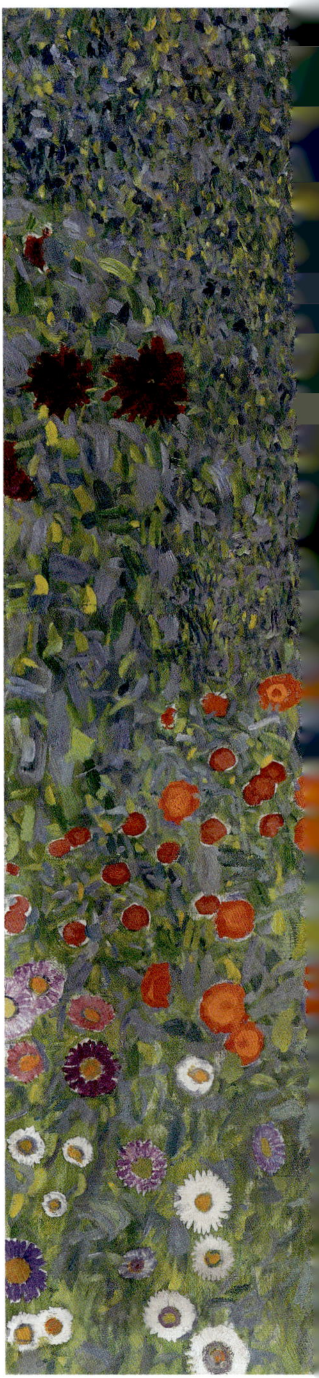

Le Jardin de ferme, 1907
Huile sur toile, 110 x 110 cm
Collection particulière

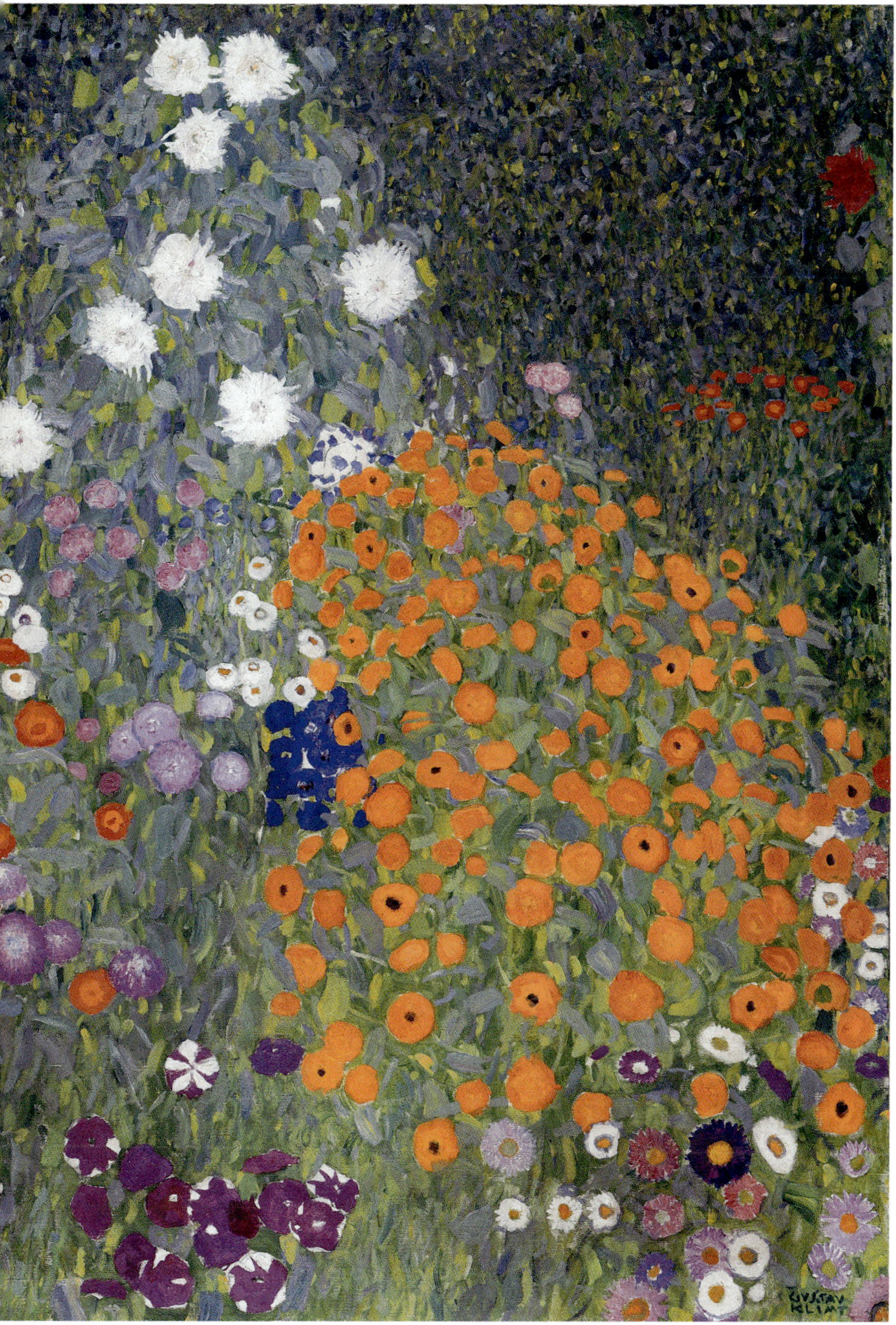
GUSTAV
KLIMT

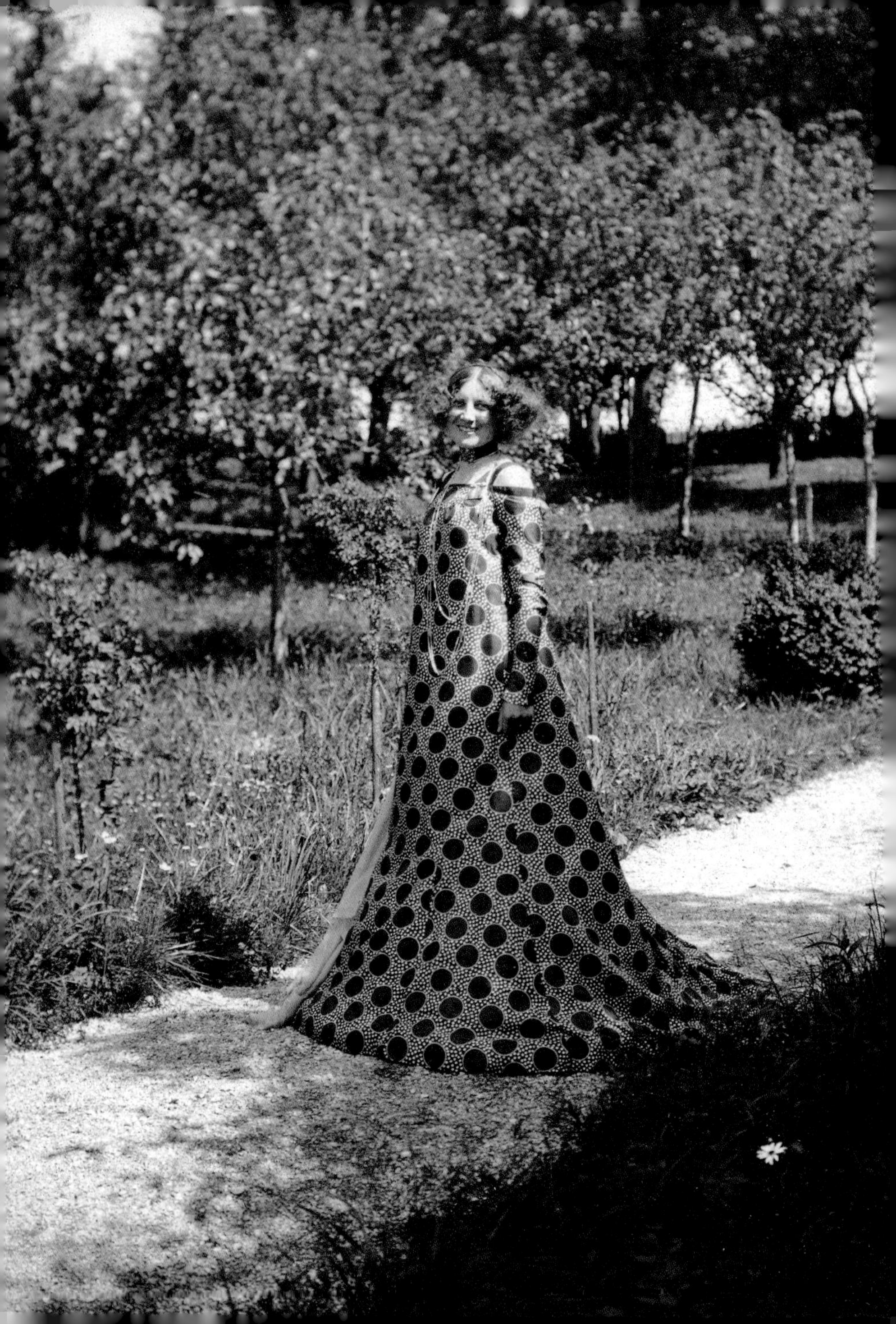

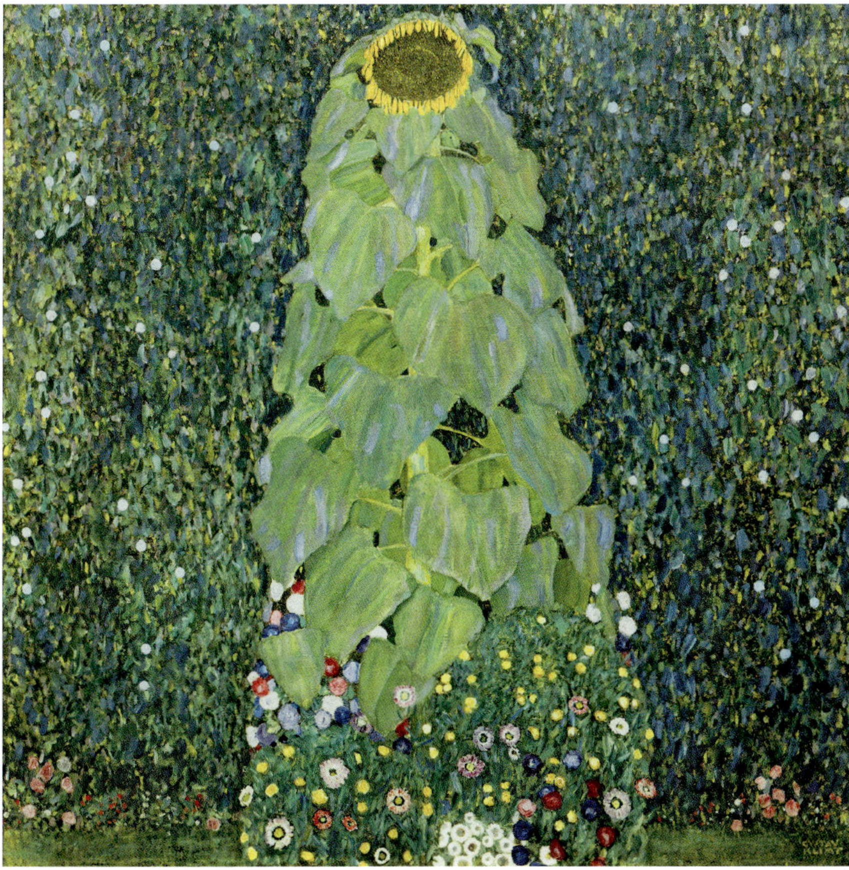

Emilie Flöge dans le jardin de la brasserie de Litzlberg au bord de l'Attersee, 1906
Photo. Imagno/Austrian Archives

Le Tournesol, 1907
Huile sur toile, 110 x 110 cm. Vienne, Belvedere

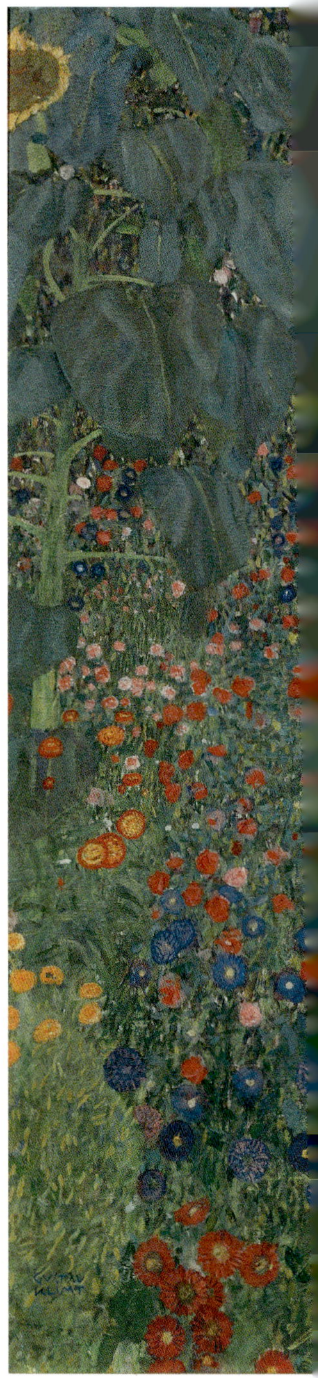

Jardin aux tournesols, 1908
Huile sur toile, 110 x 110 cm. Vienne, Belvedere

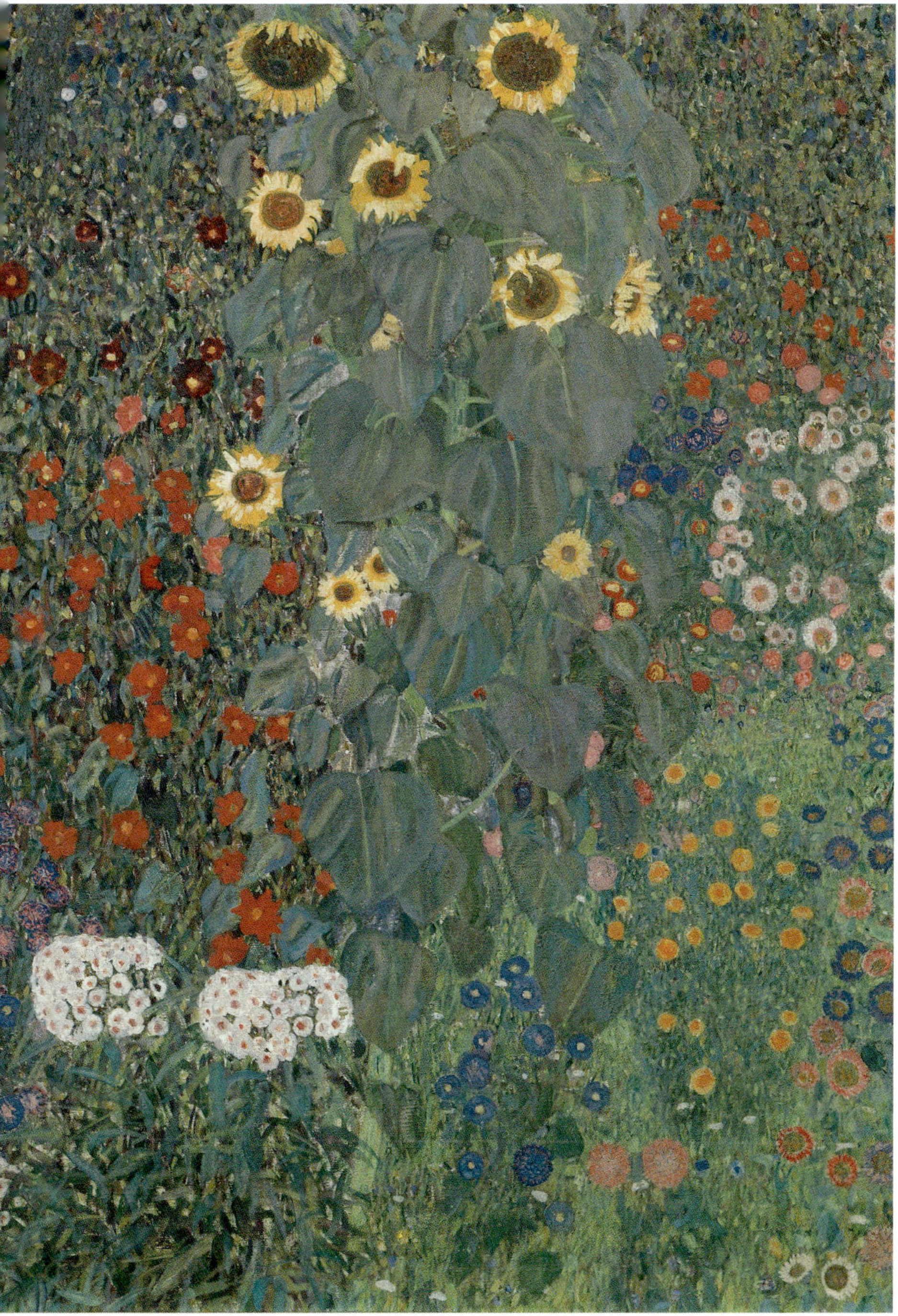

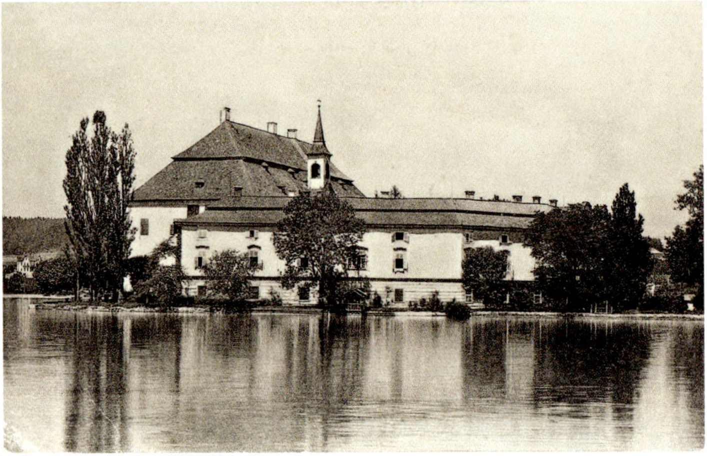

Le Château de Kammer, vers 1905
Carte postale. Vienne, collection particulière

Le Château de Kammer sur l'Attersee I (Château d'eau), 1908
Huile sur toile, 110 x 110 cm. Prague, Národní Galerie

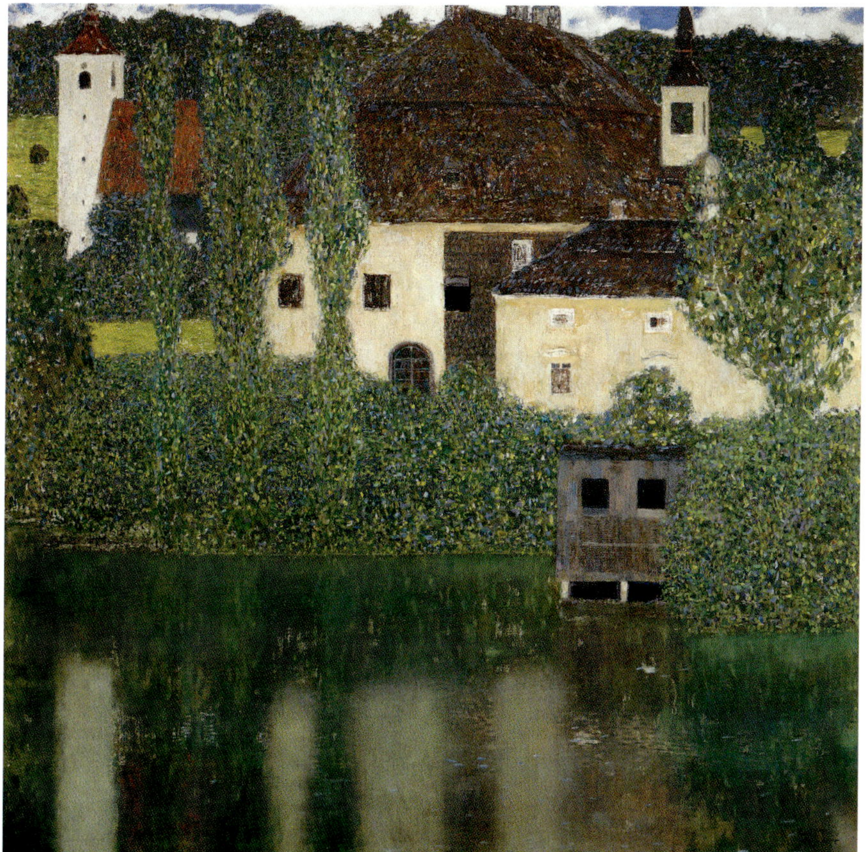

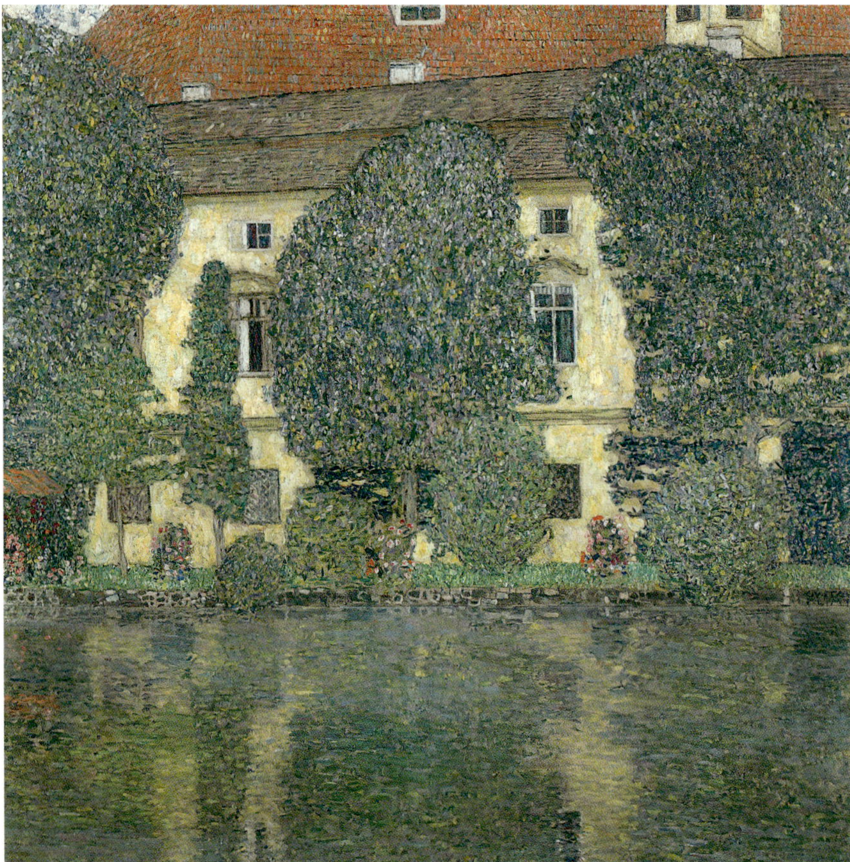

Le Château de Kammer sur l'Attersee III, 1910
Huile sur toile, 110 x 110 cm. Vienne, Belvedere

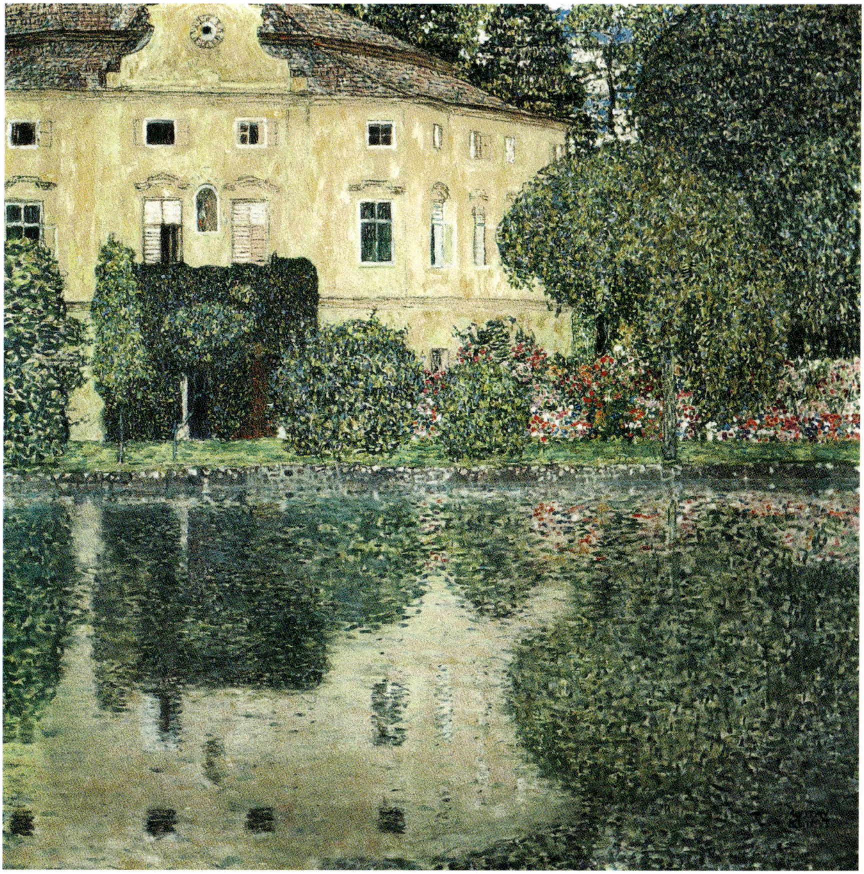

Le Château de Kammer sur l'Attersee IV, 1910
Huile sur toile, 110 x 110 cm. Vienne, collection particulière

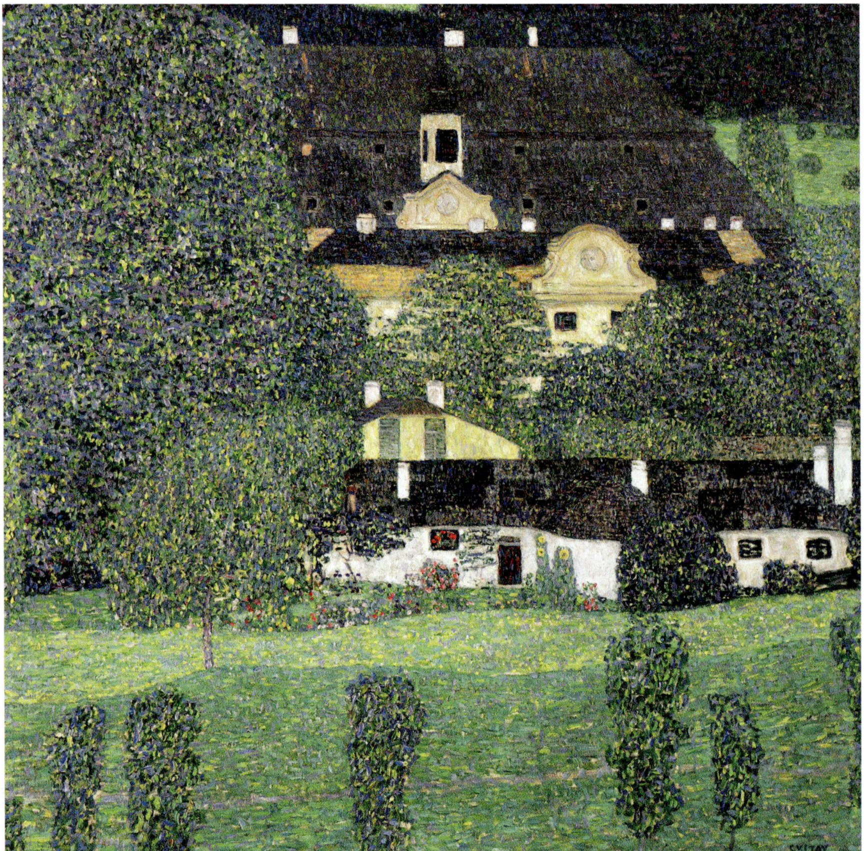

Le Château de Kammer sur l'Attersee II, 1909
Huile sur toile, 110 x 110 cm. Collection particulière

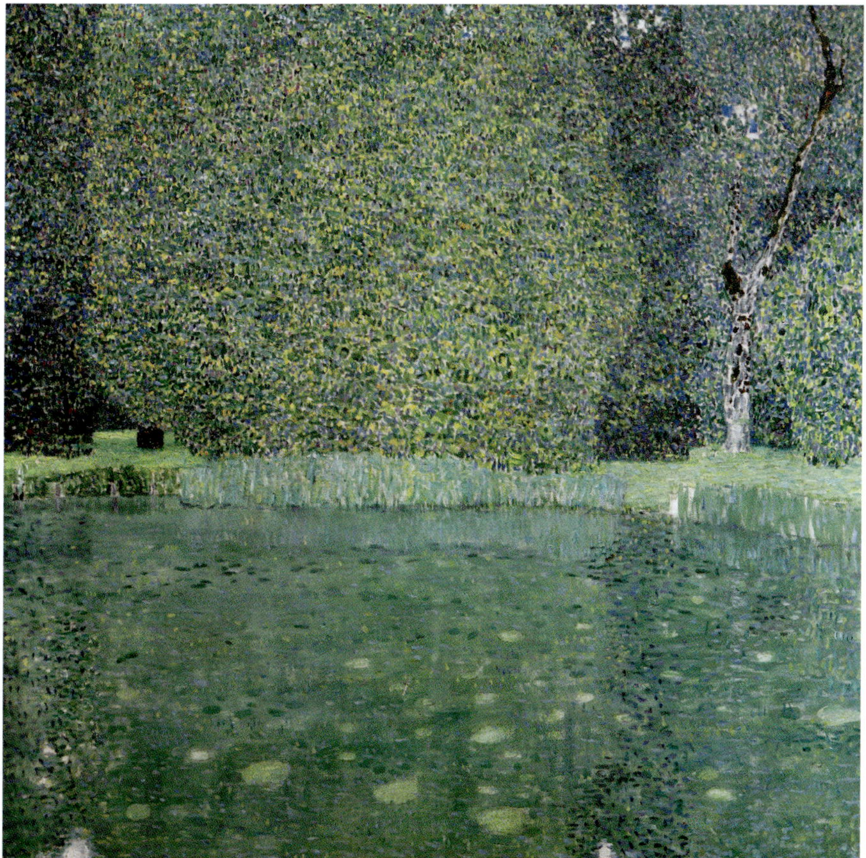

Le Parc du château de Kammer, 1909
Huile sur toile, 110 x 110 cm. New York, collection particulière

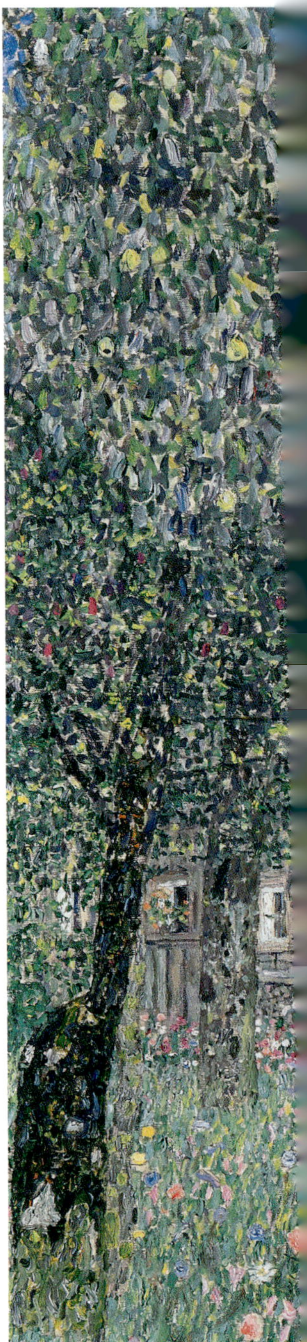

Ferme en Haute-Autriche, 1911
Huile sur toile, 110 x 110 cm. Vienne, Belvedere

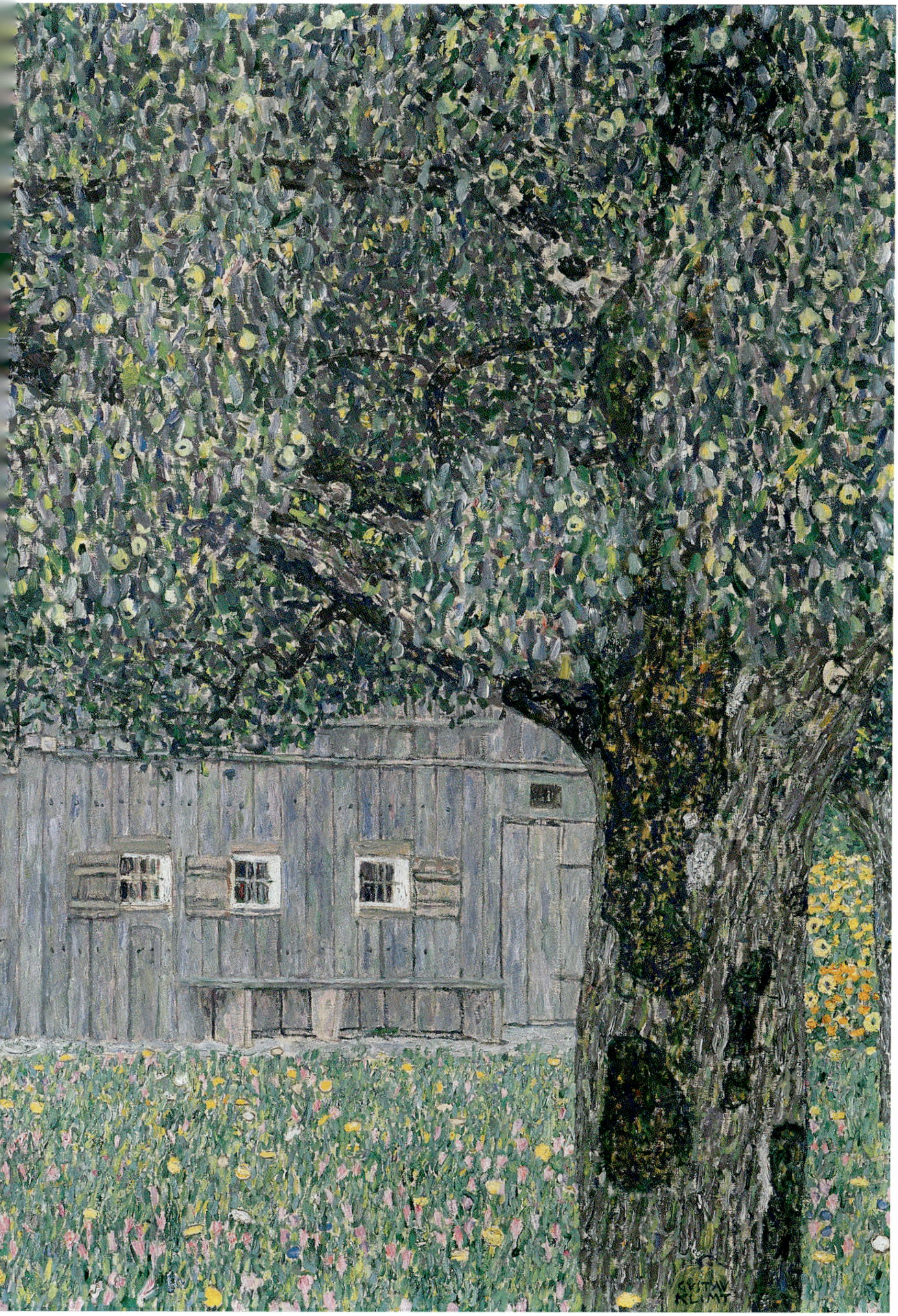
GUSTAV
KLIMT

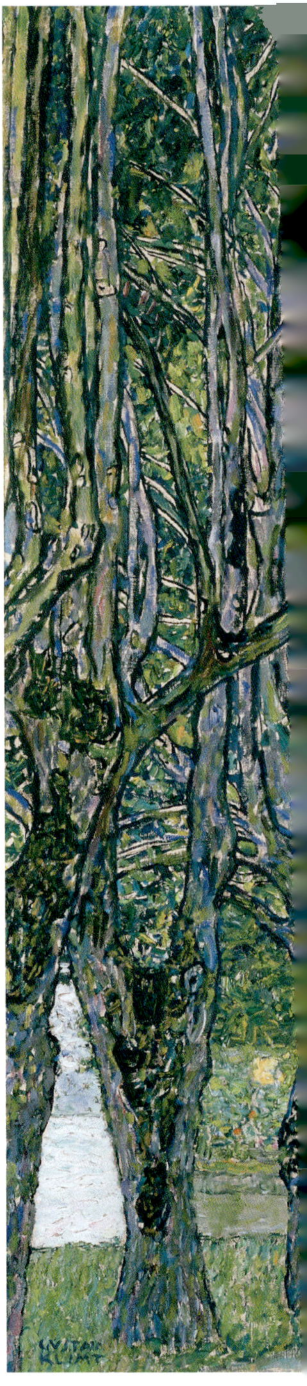

Allée dans le parc du château de Kammer, 1912
Huile sur toile, 110 x 110 cm. Vienne, Belvedere

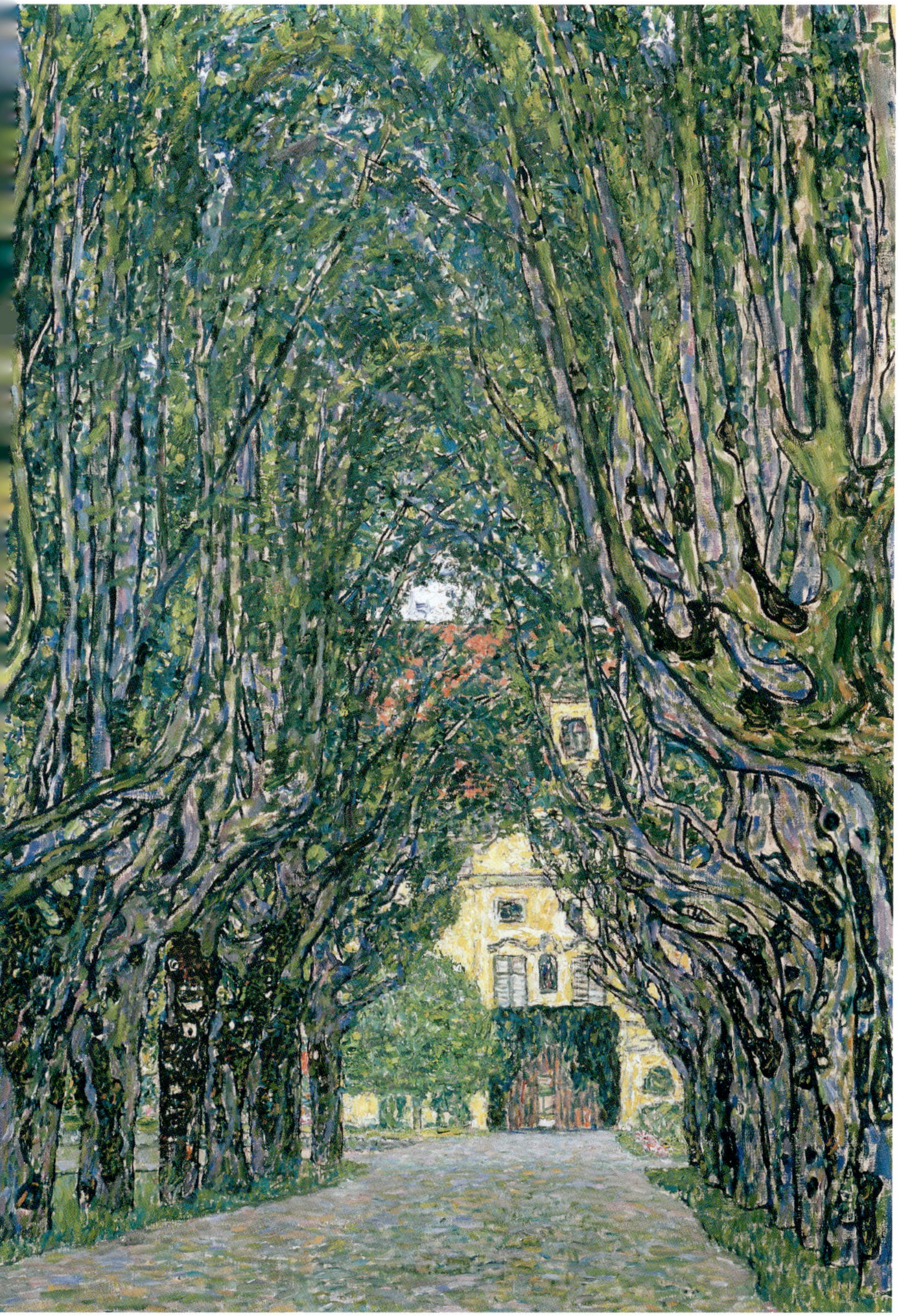

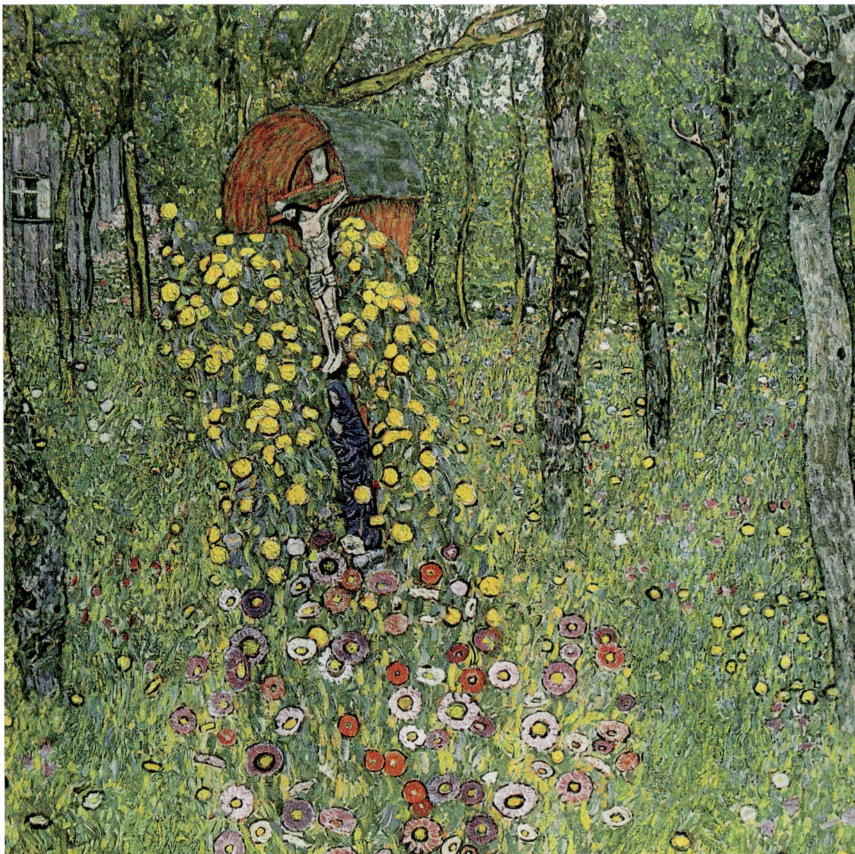

Le Jardin au crucifix, 1912
Huile sur toile, 110 x 110 cm
Détruit dans l'incendie du château d'Immendorf, Basse-Autriche, mai 1945

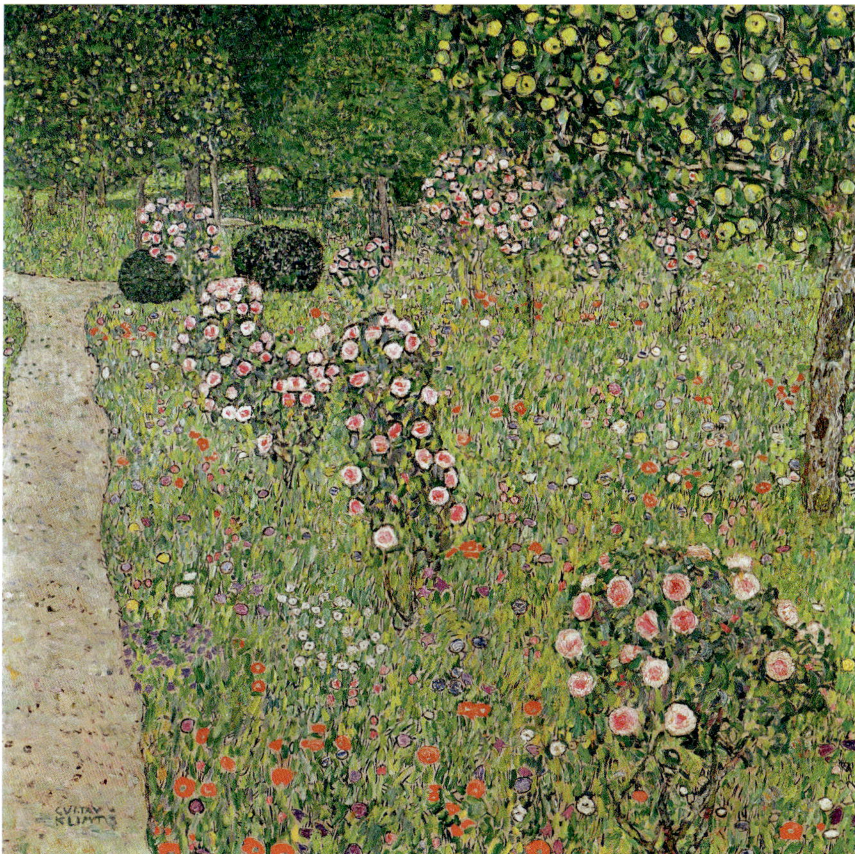

Le Jardin aux rosiers (Le Jardin de roses), 1912
Huile sur toile, 110 x 110 cm
Basse-Autriche, collection particulière

« Pendant que tu peins, tu te métamorphoses subitement, presque comme par enchantement, en ‹ l'homme le plus moderne ›, que tu n'es peut-être absolument pas dans la réalité du jour et de l'heure ! »

PETER ALTENBERG À GUSTAV KLIMT, 1917

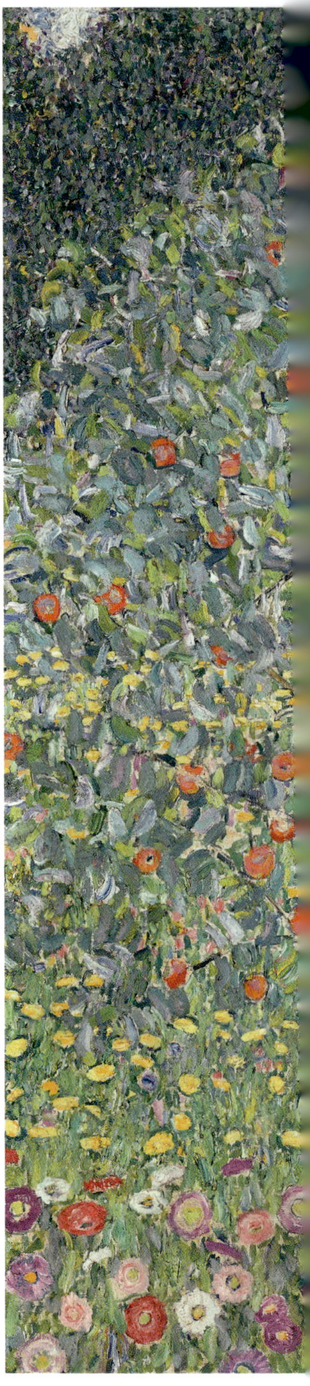

Pommier I, vers 1912
Huile sur toile, 109 x 110 cm. Collection particulière

Pages 456/457
Gustav Klimt, 1904
Sur la terrasse ensoleillée de la villa Paulick
à Seewalchen au bord de l'Attersee
Photo. Imagno/Austrian Archives

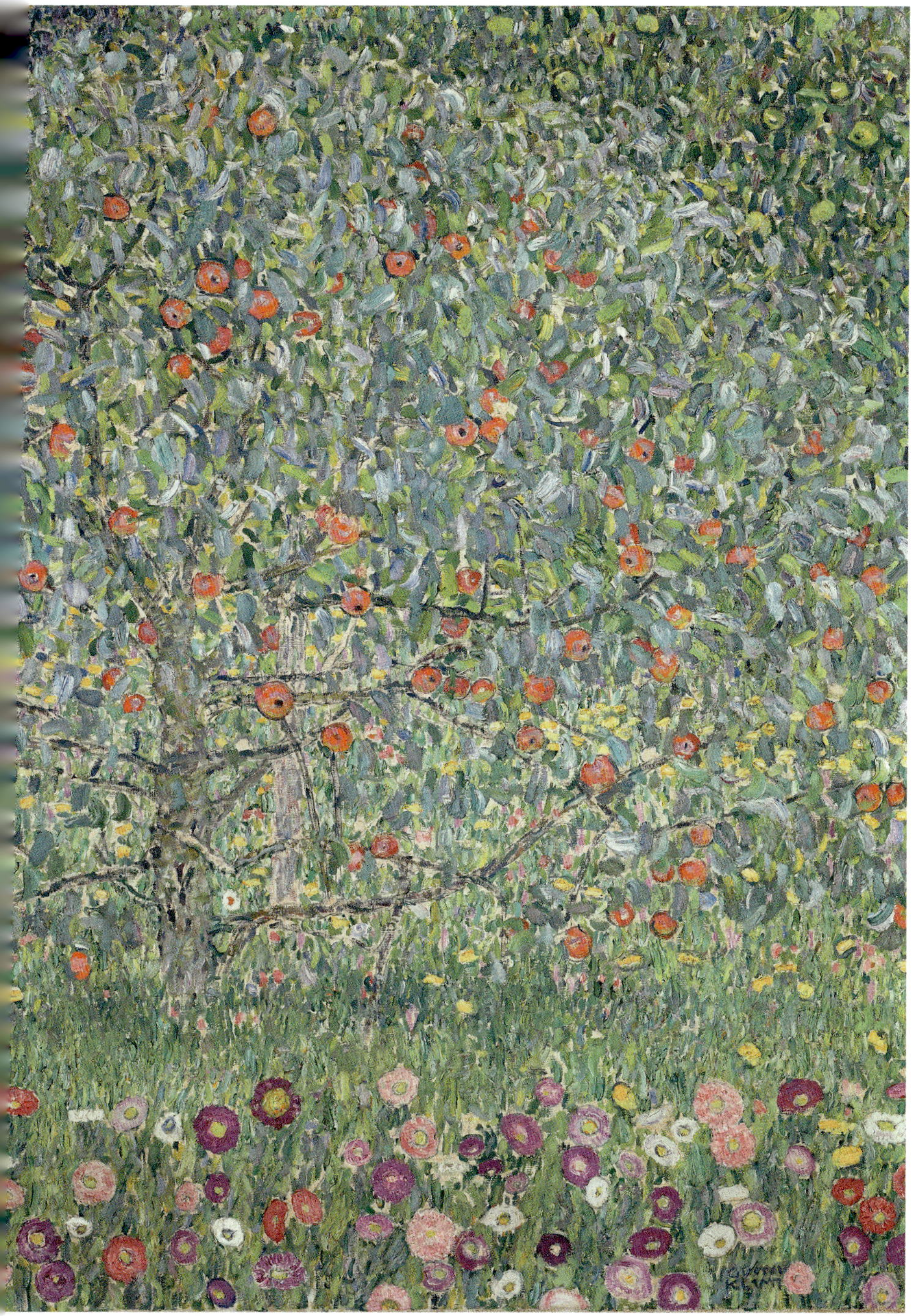

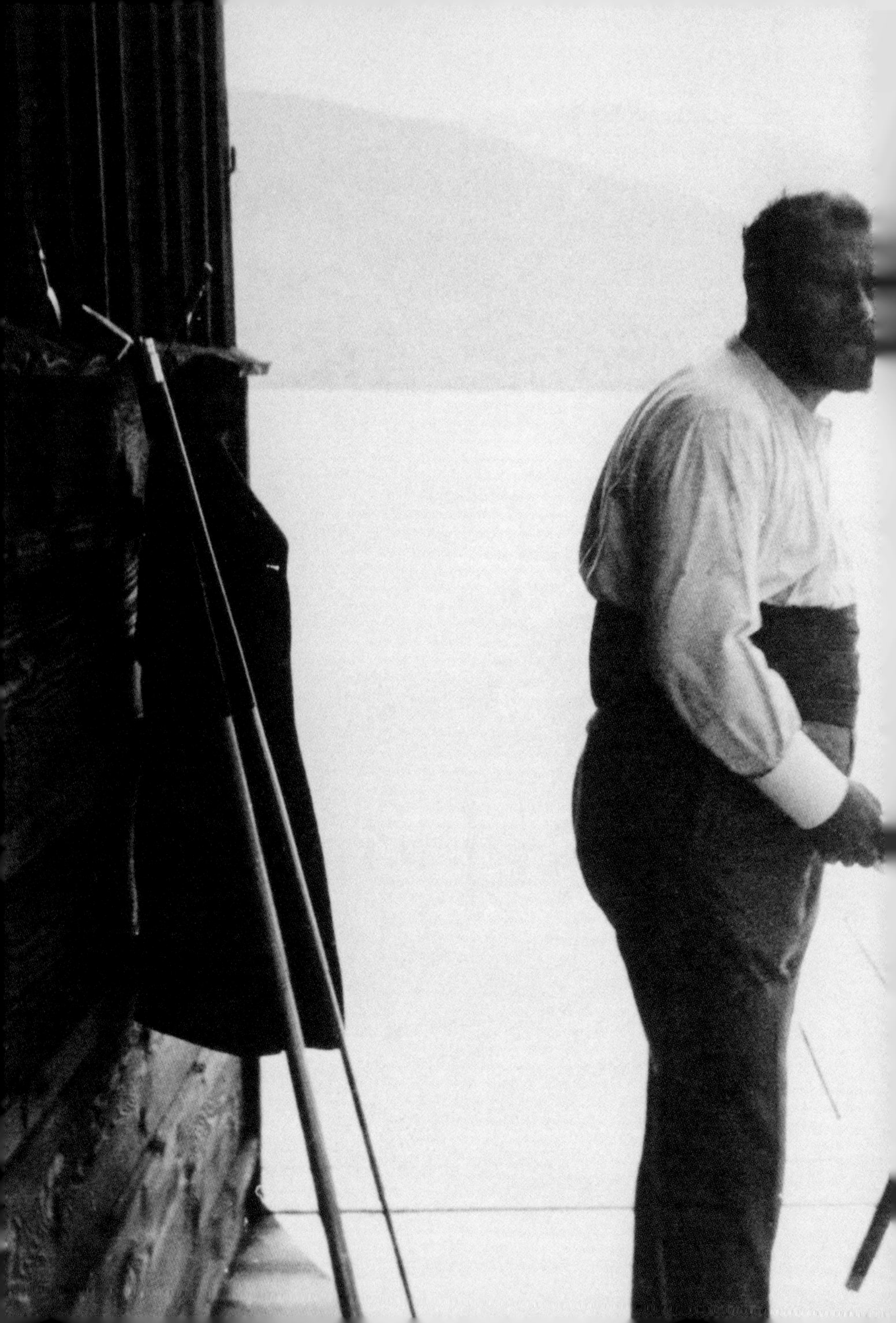

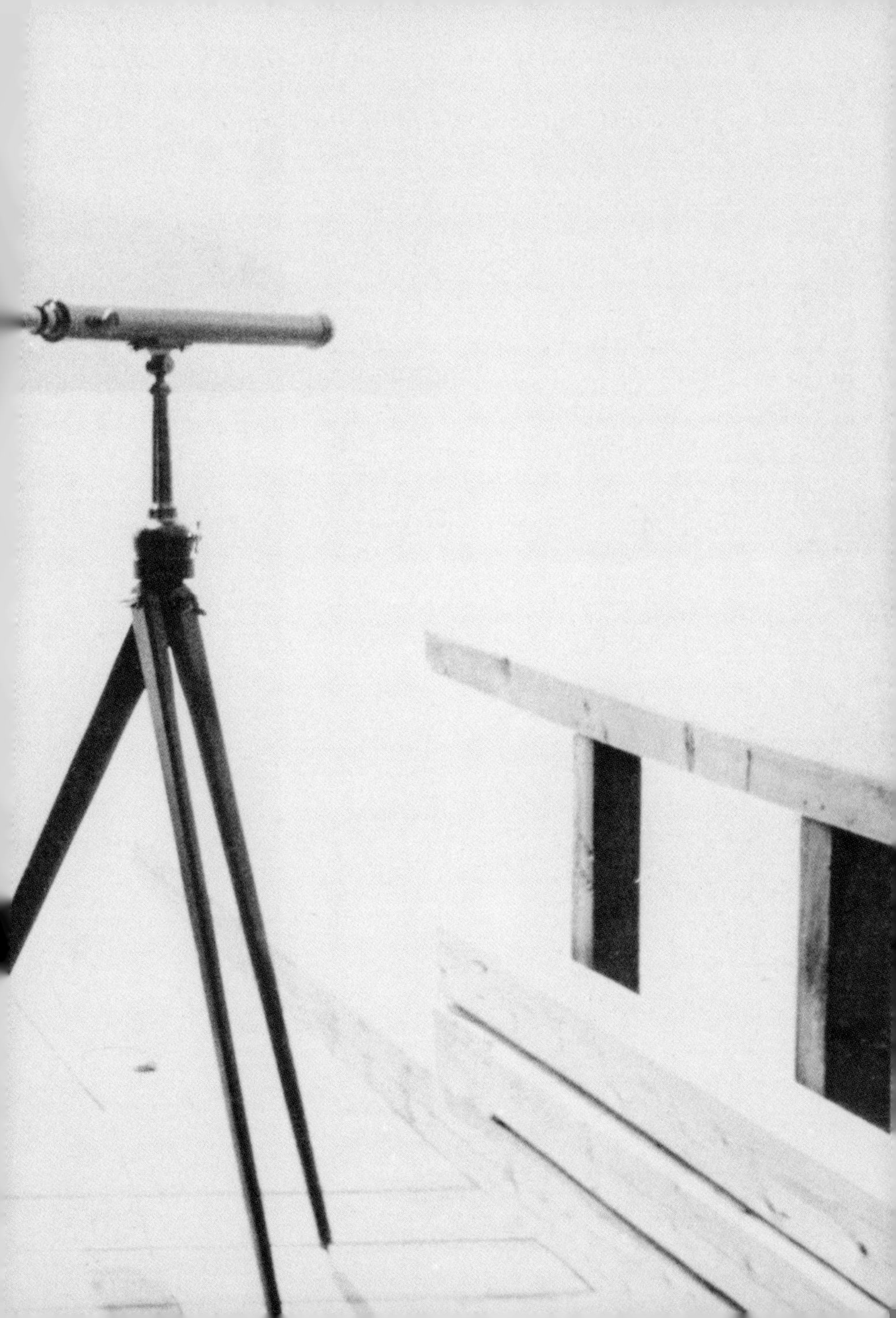

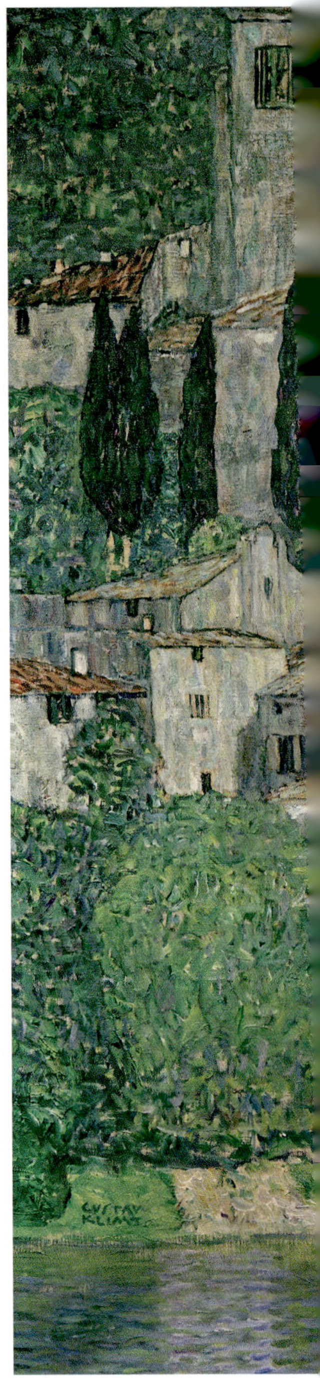

Église à Cassone (Paysage avec cyprès), 1913
Huile sur toile, 110 x 110 cm. Collection particulière

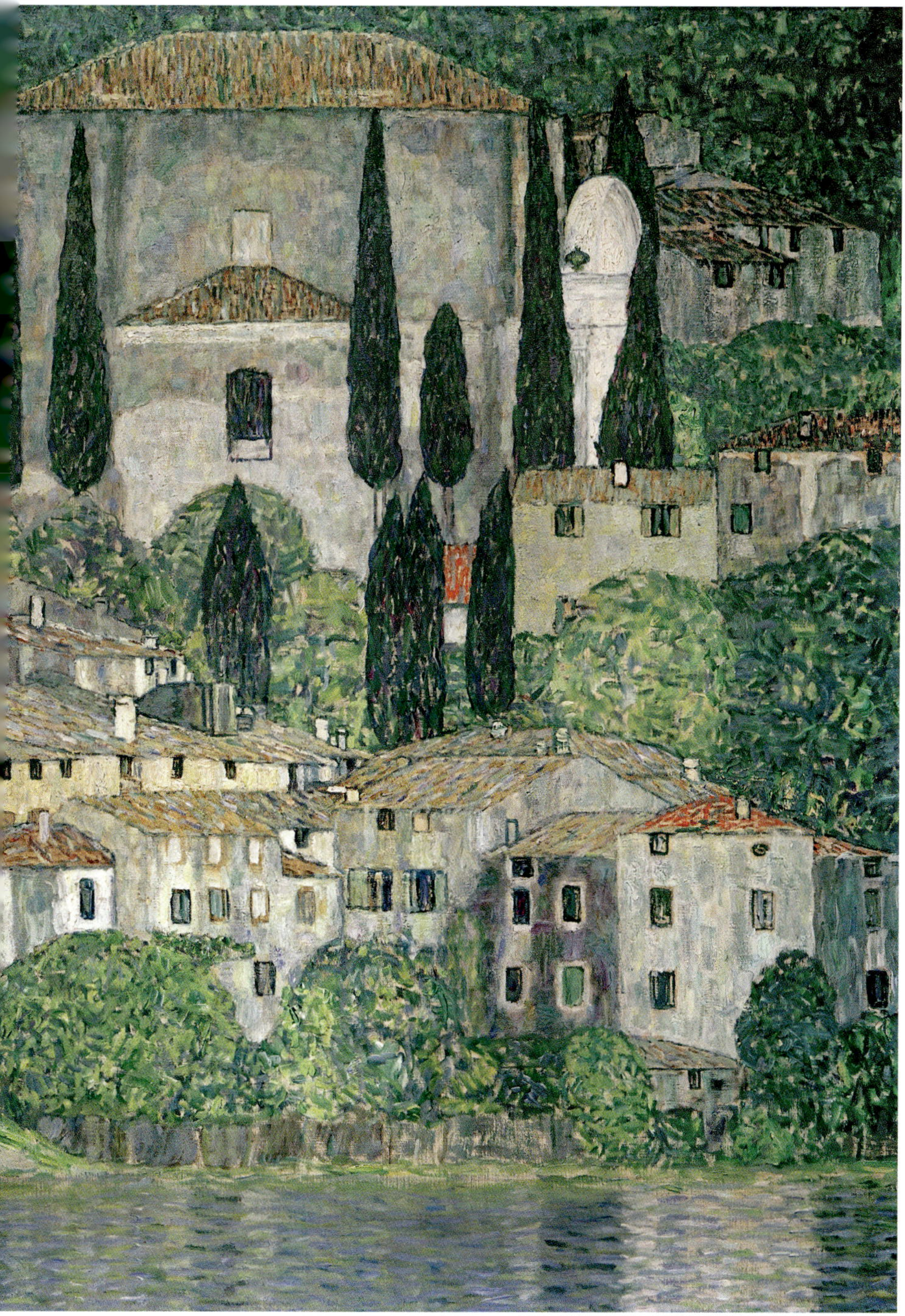

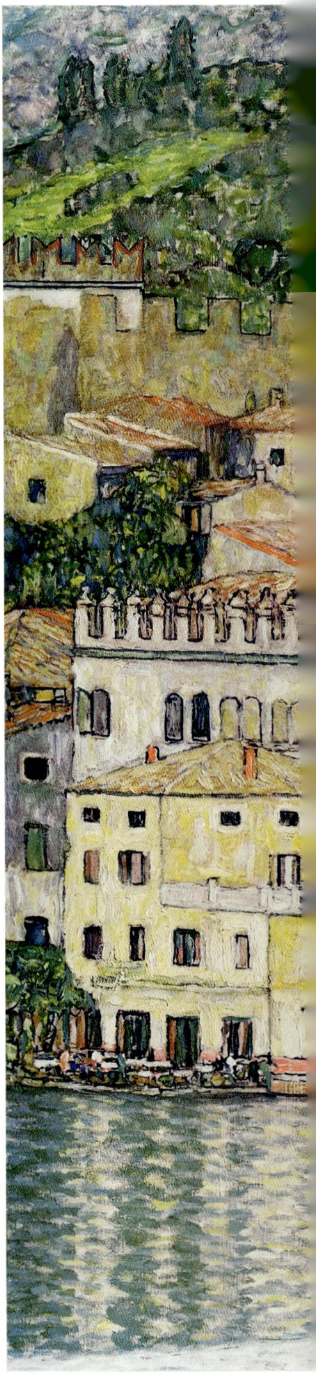

Malcesine sur le lac de Garde, 1913
Huile sur toile, 110 x 110 cm
Détruit dans l'incendie du château d'Immendorf,
Basse-Autriche, mai 1945

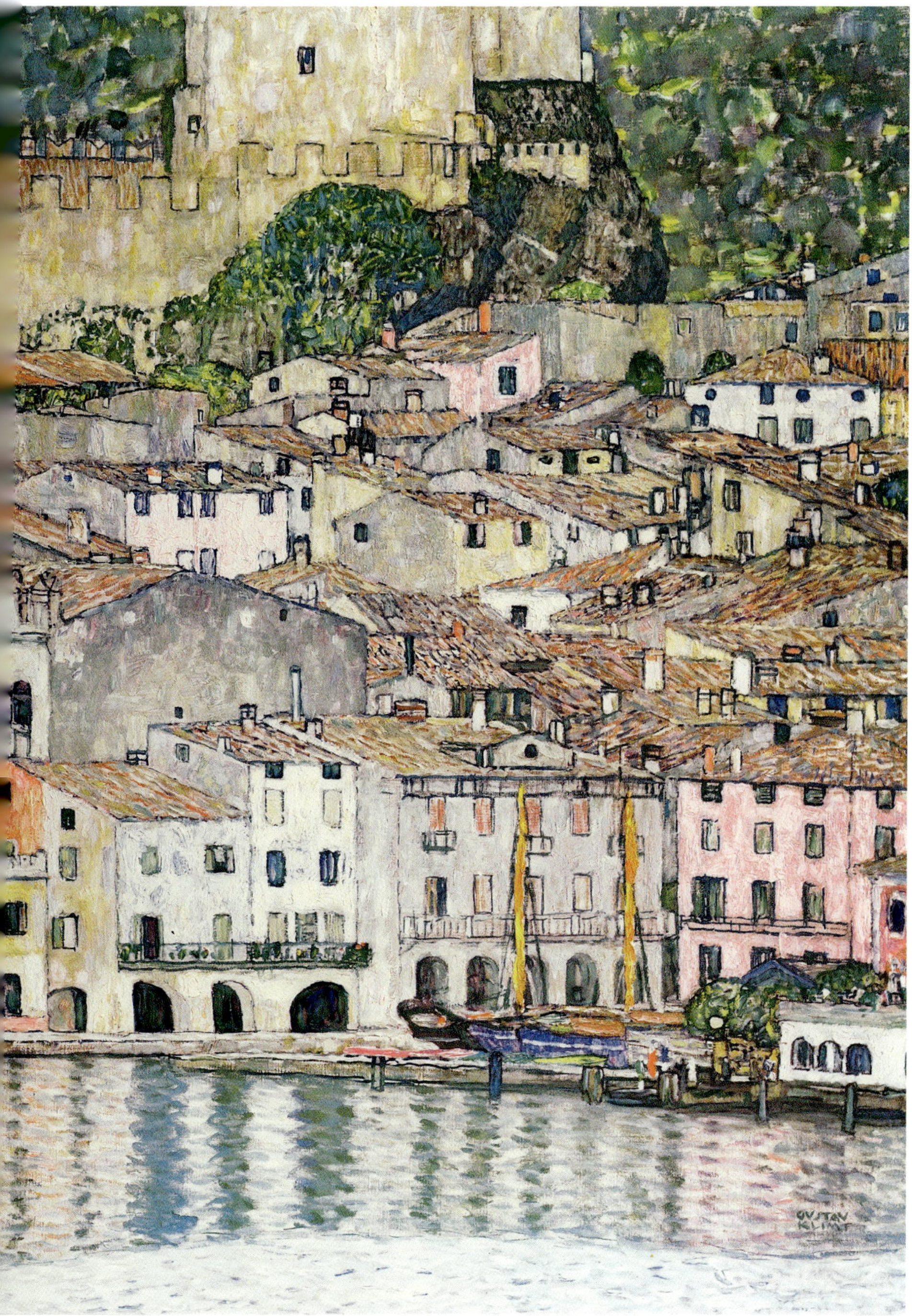
GUSTAV
KLIMT

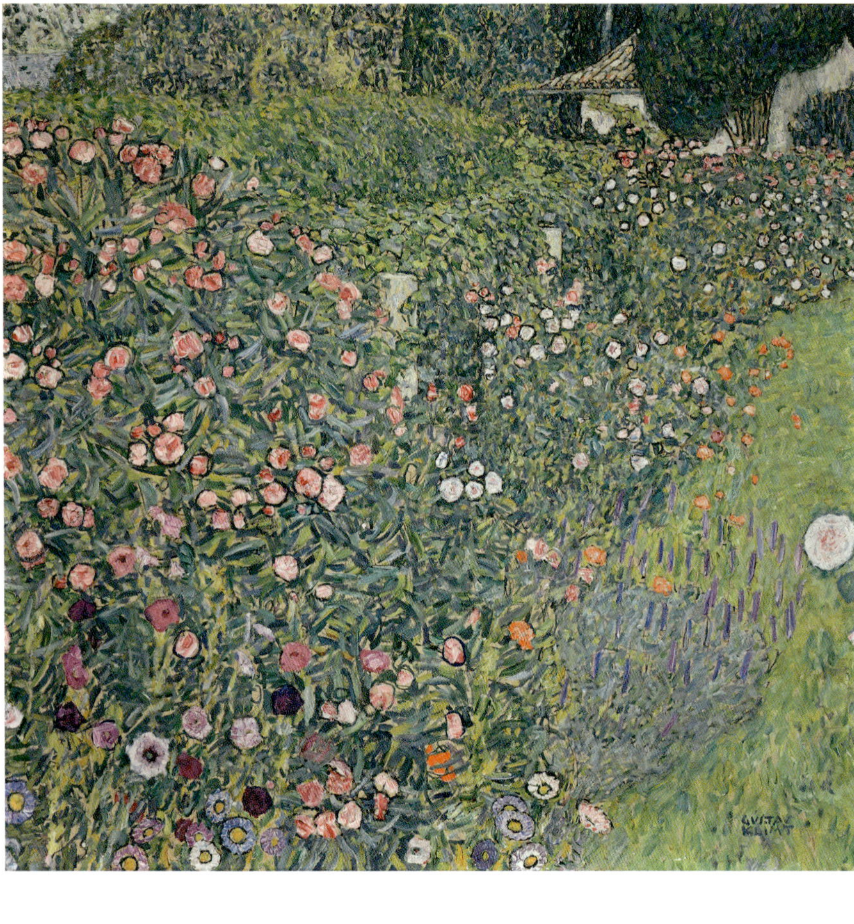

Jardin italien, 1913
Huile sur toile, 110 x 110 cm
Zoug, Kunsthaus Zug, Stiftung Sammlung Kamm

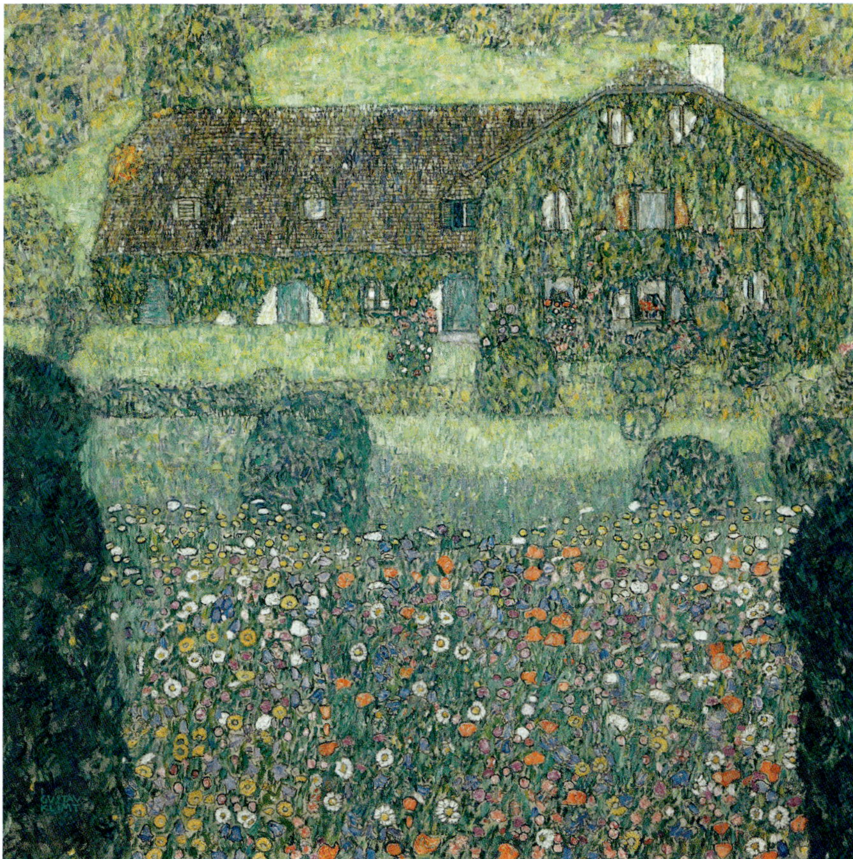

Maison forestière à Weissenbach I, 1914
Huile sur toile, 110 x 110 cm
Collection particulière

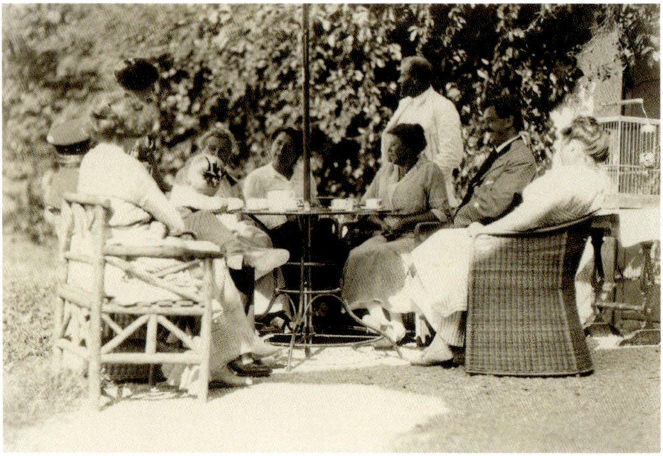

Gustav Klimt, la famille Flöge et Otto Prutscher à Weissenbach au bord de l'Attersee, 1914
Photo. Imagno/Austrian Archives

Maison forestière à Weissenbach II (Jardin autour de la maison), 1914
Huile sur toile, 110 x 110 cm. New York, collection particulière

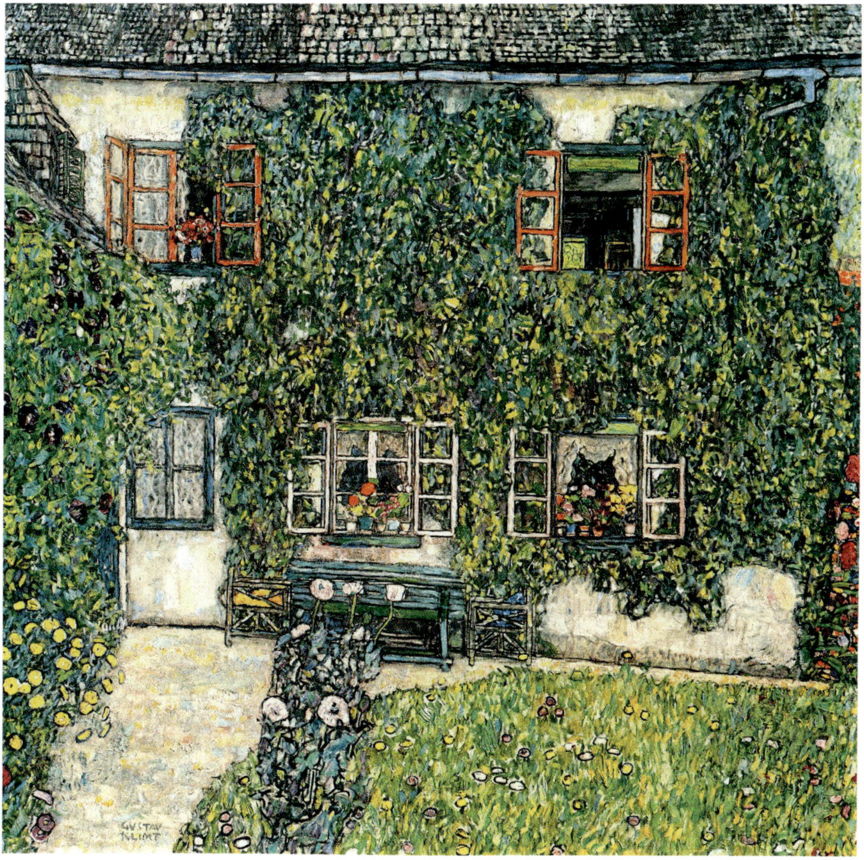
GUSTAV
KLIMT

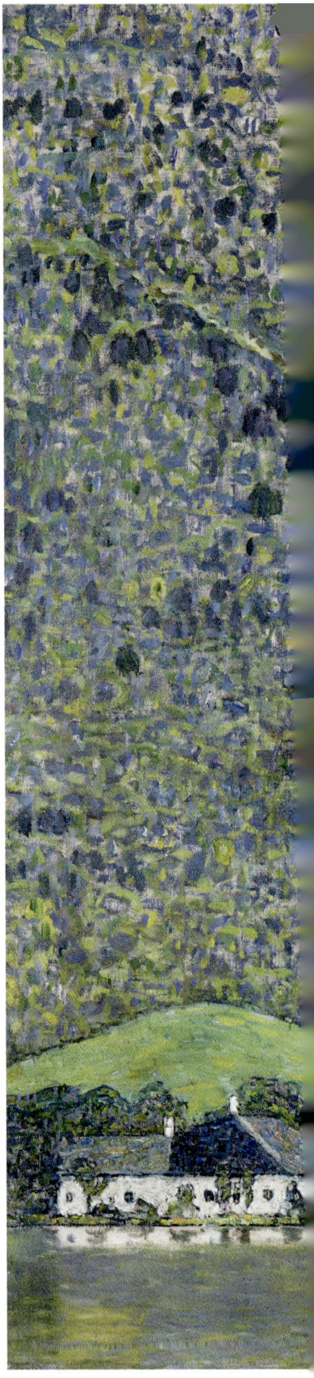

Litzlberg sur l'Attersee, vers 1915
Huile sur toile, 110 x 110 cm. Collection particulière

Pages 468/469
Emilie Flöge, Gustav Klimt, Therese Flöge, Emma Bacher, Rudolf Schuh et Paul Bacher, 1904
Sur un ponton non loin de l'auberge de Litzlberg sur l'Attersee
Photo. Imagno/Austrian Archives

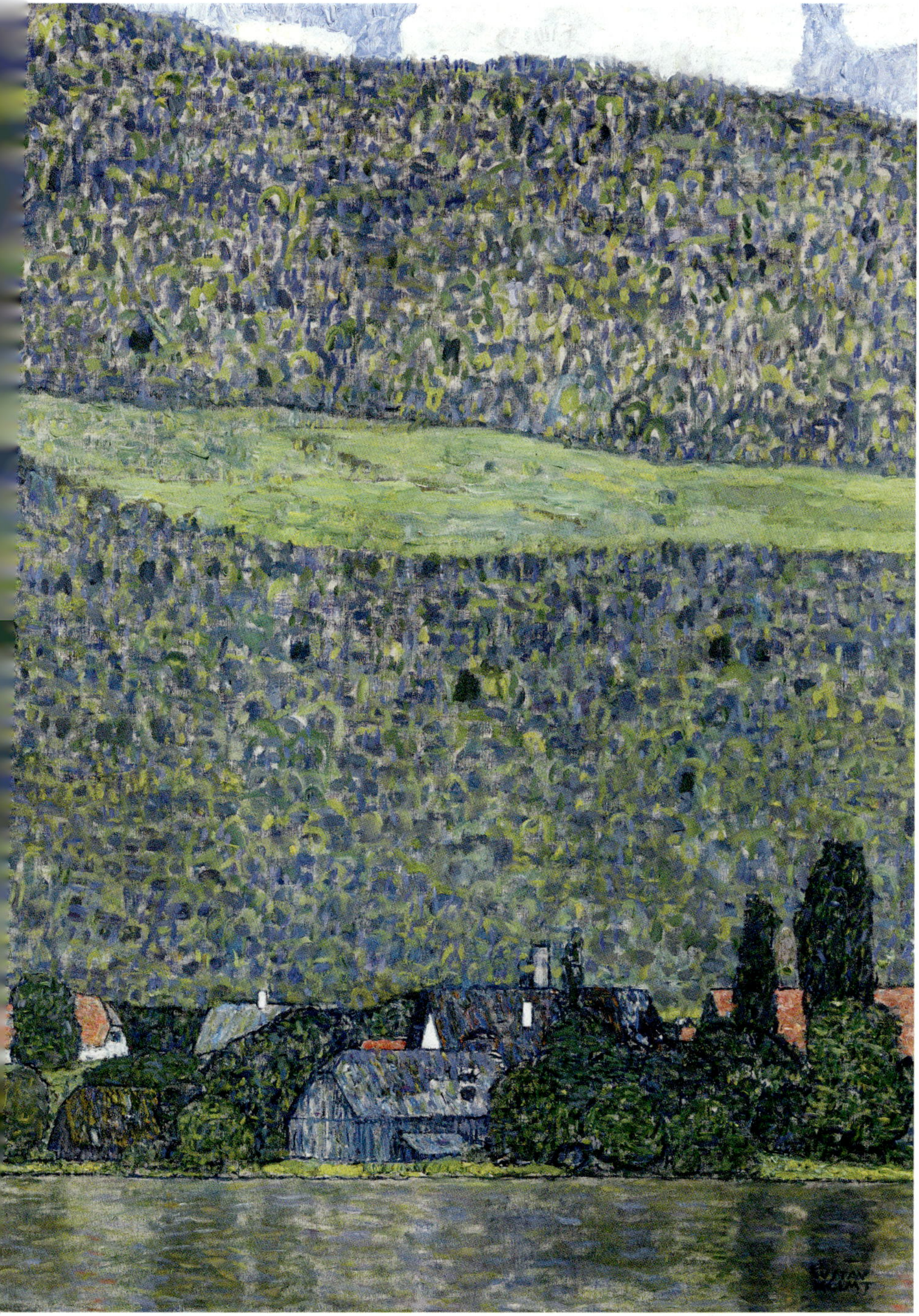

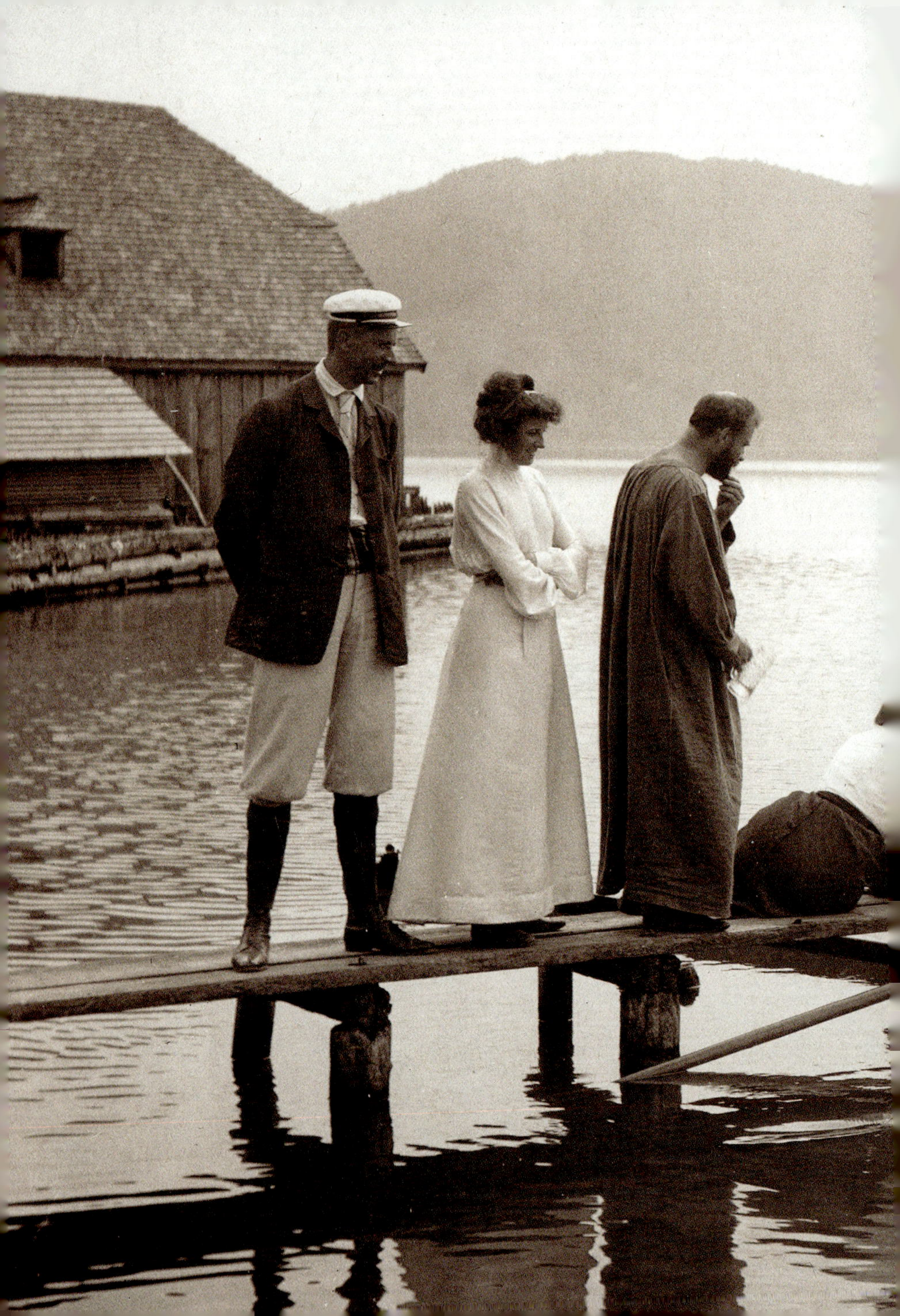

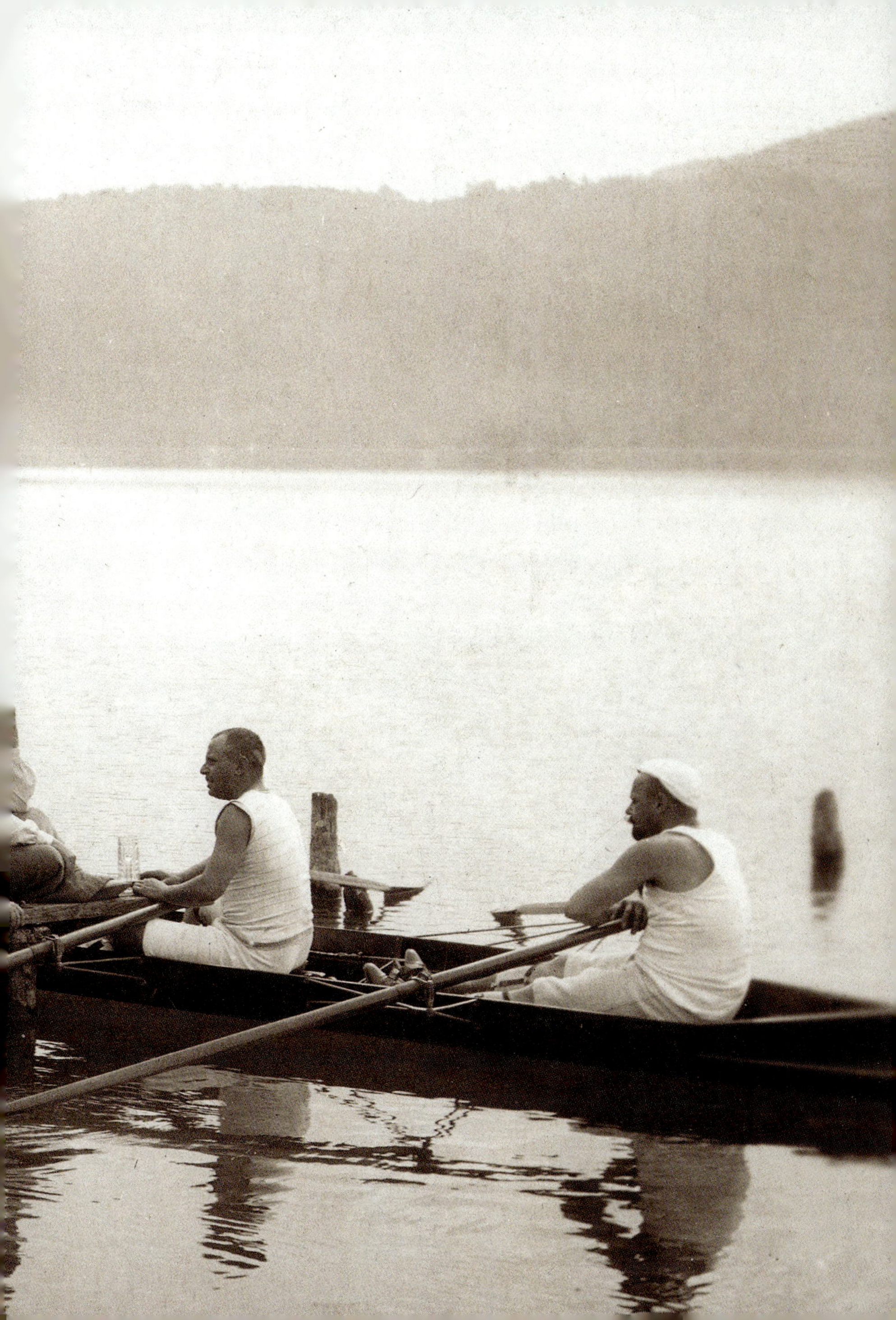

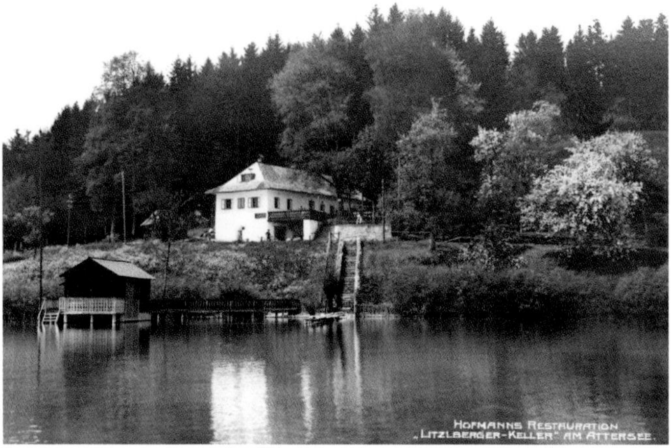

Vue de l'Auberge de Litzlberg, vers 1900
Photo. Collection particulière

L'Auberge de Litzlberg, 1915/16
Huile sur toile, 110 x 110 cm. Collection particulière

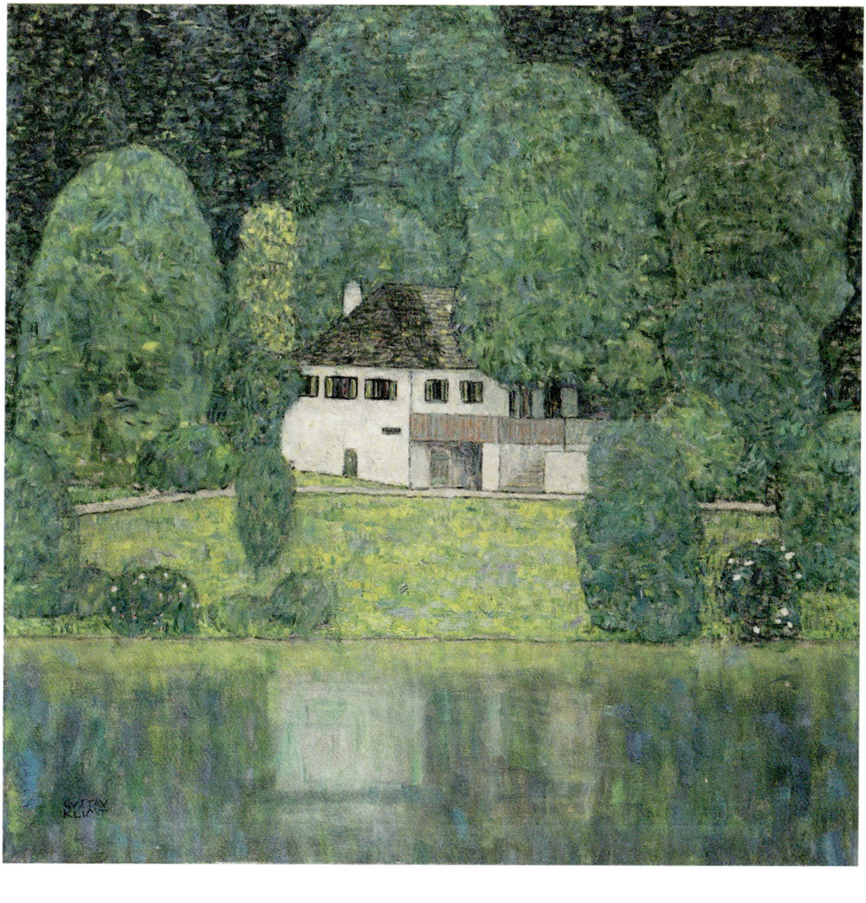
GUSTAV
KLIMT

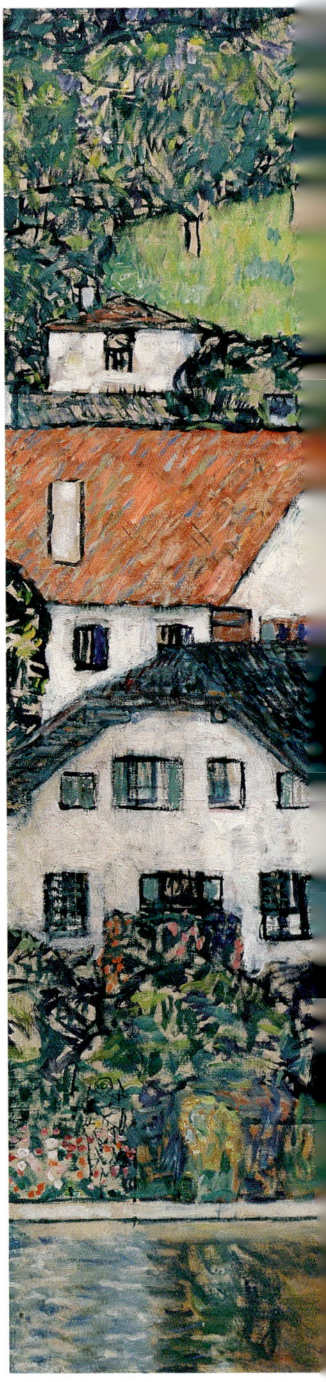

Maisons à Unterach sur l'Attersee, 1915/16
Huile sur toile, 110 x 110 cm
Collection particulière

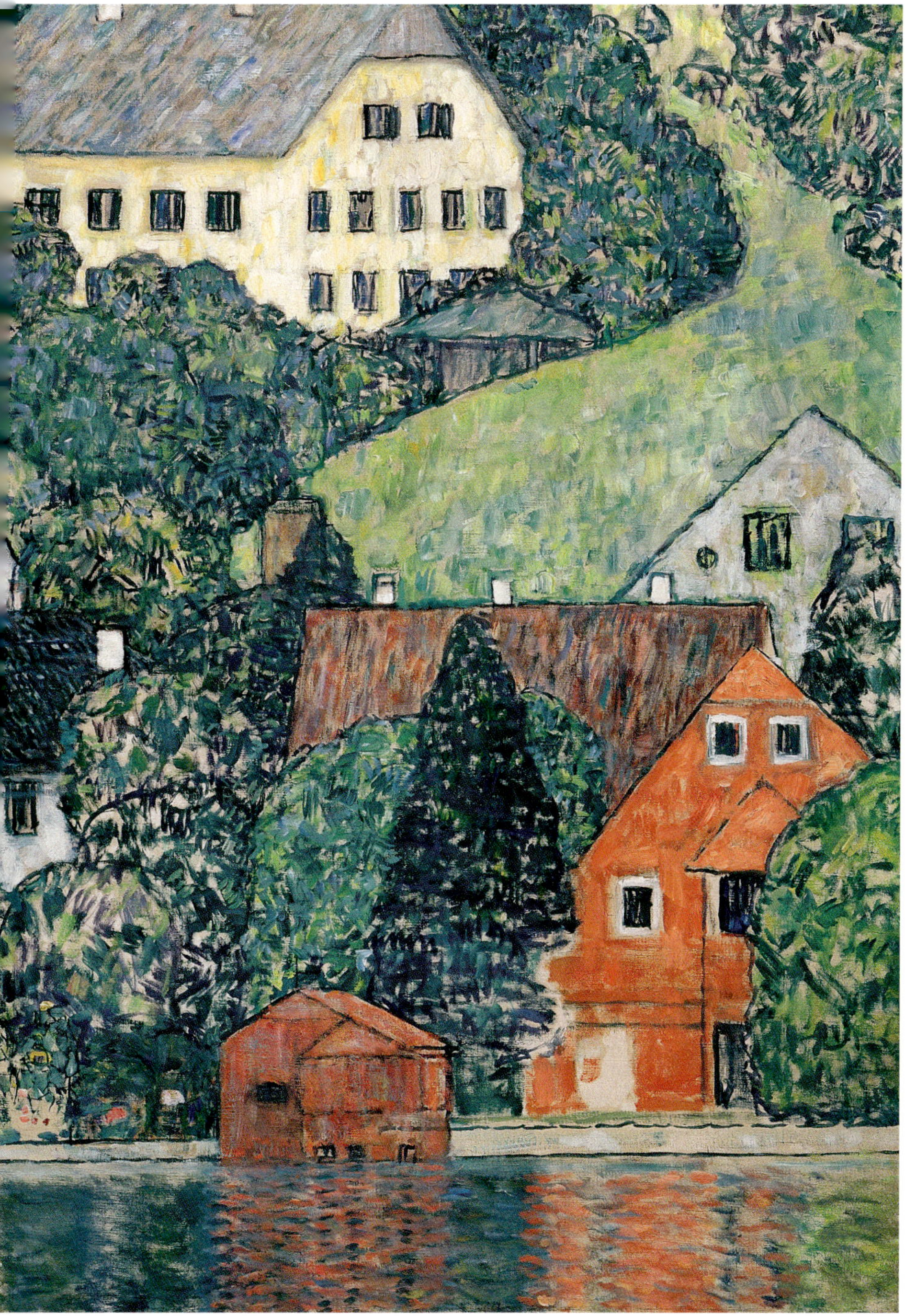

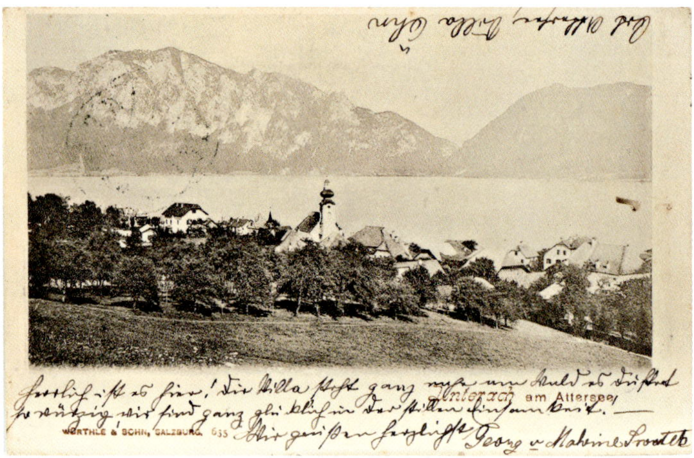

L'Église d'Unterach sur l'Attersee
Carte postale. Vienne, collection particulière

L'Église d'Unterach sur l'Attersee, 1915/16
Huile sur toile, 110 x 110 cm. Collection particulière

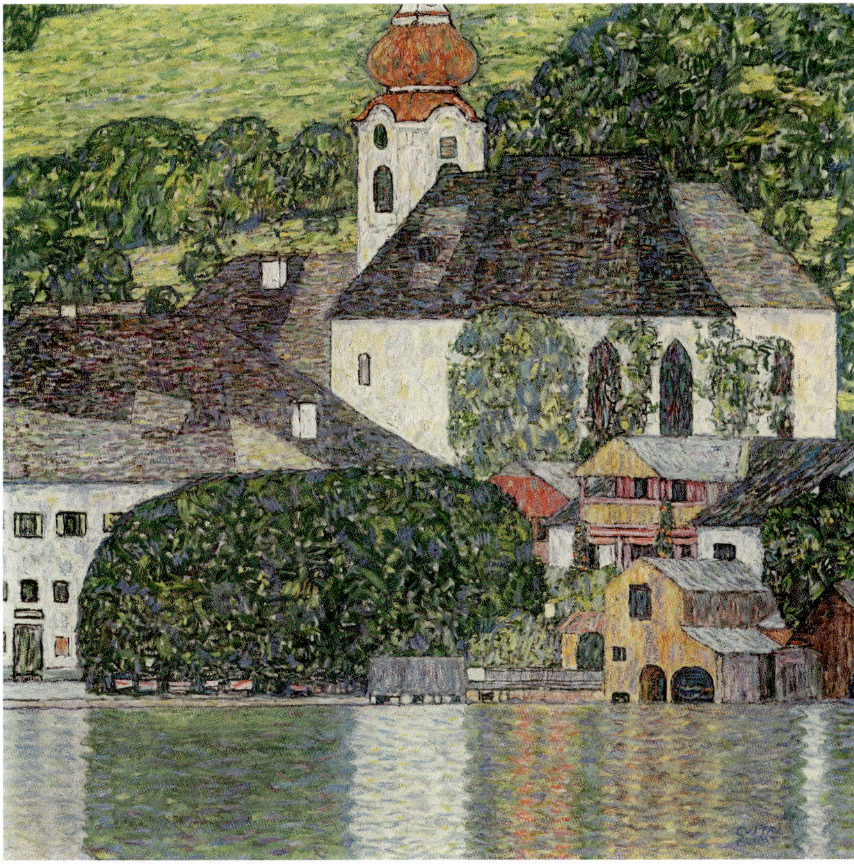

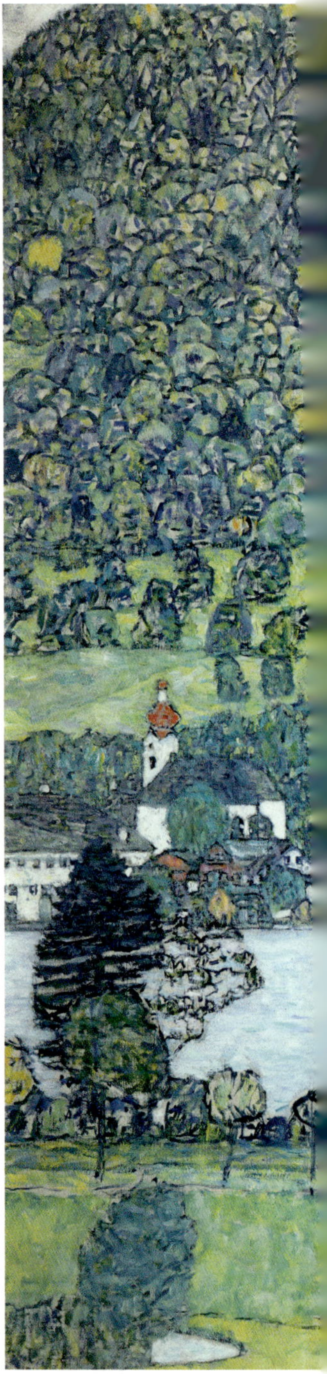

Unterach sur l'Attersee, 1916
Huile sur toile, 110 x 110 cm
Collection particulière

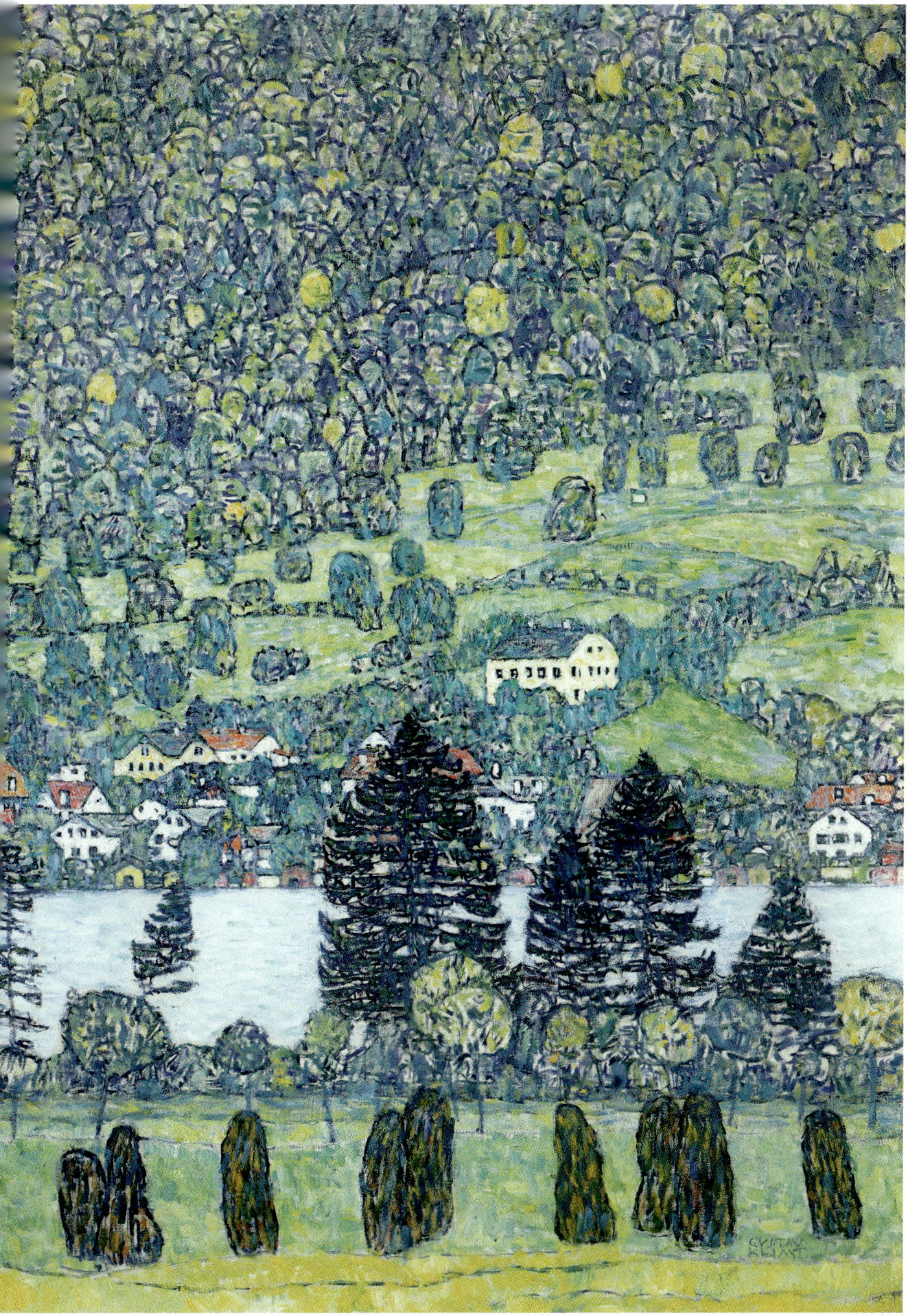
GVSTAV
KLIMT

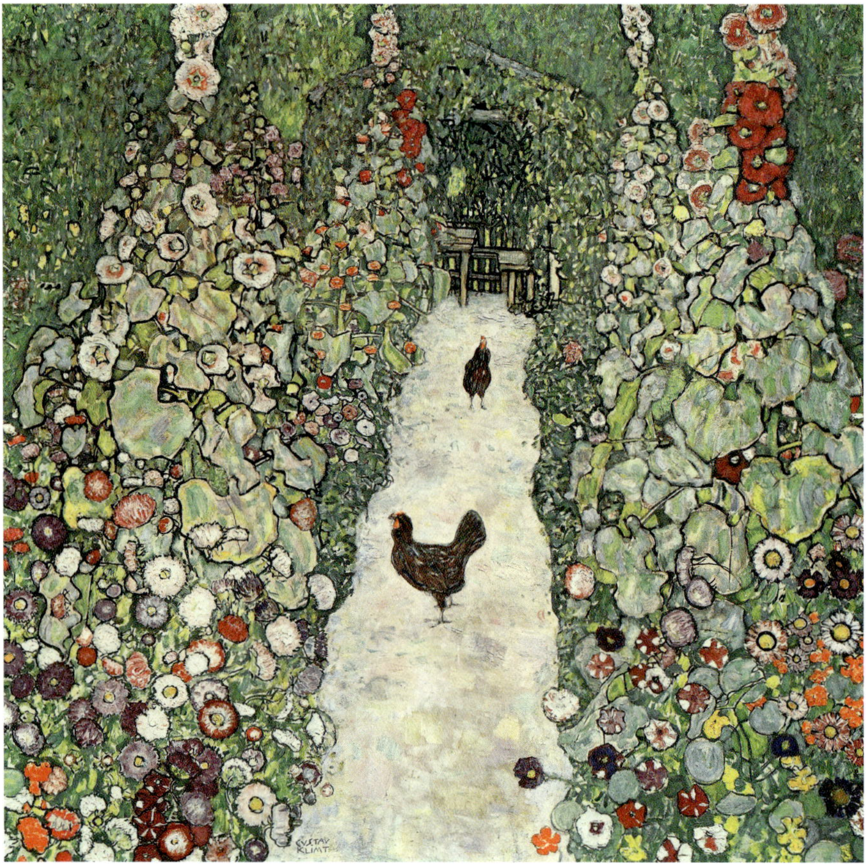

Allée de jardin avec poules, 1916
Huile sur toile, 110 x 110 cm
Détruit dans l'incendie du château d'Immendorf, Basse-Autriche, mai 1945

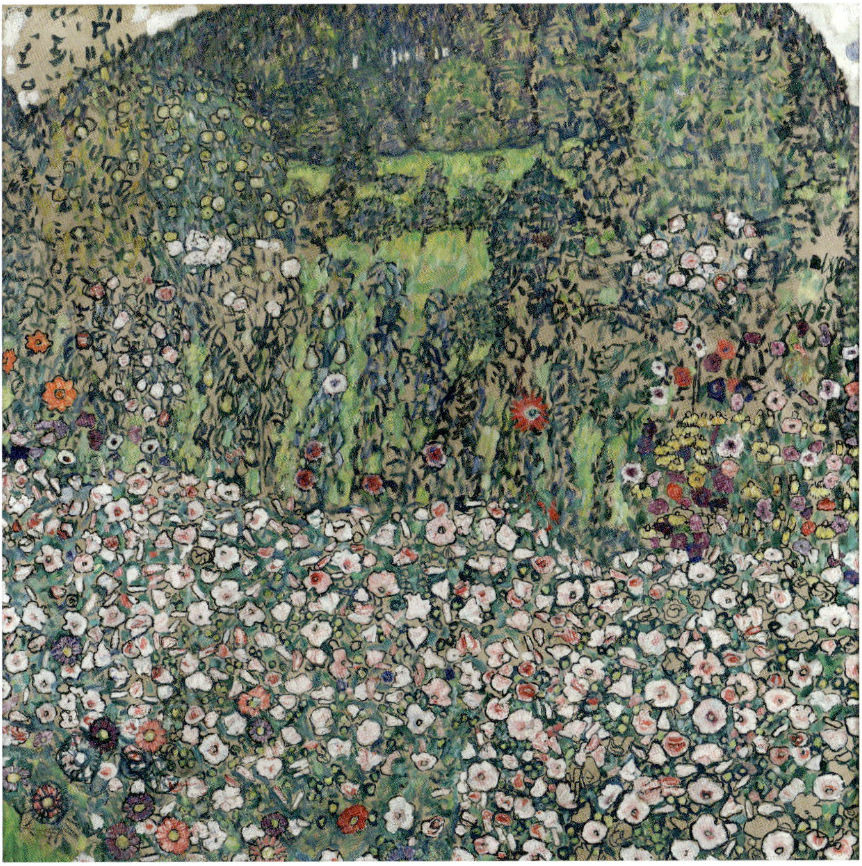

Jardin avec sommet arrondi (Jardin paroissial), 1916
Huile sur toile, 110 x 110 cm
Zoug, Kunsthaus Zug, Stiftung Sammlung Kamm

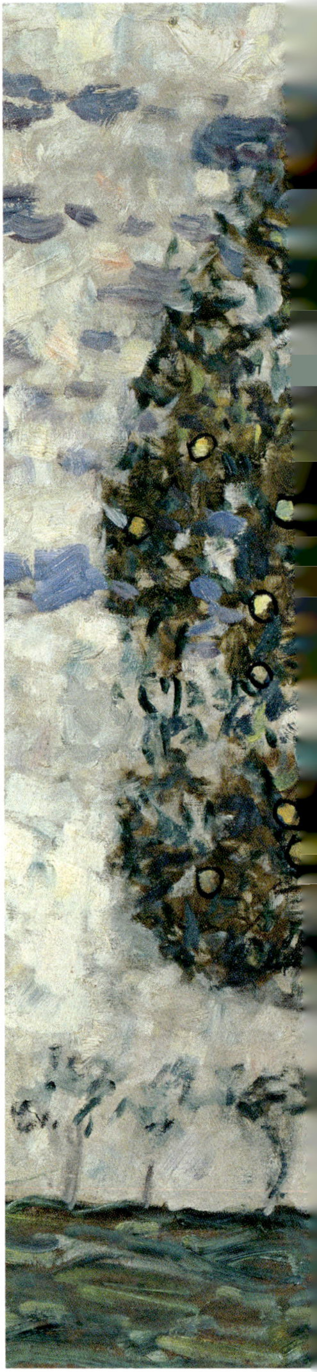

Pommier II, 1916
Huile sur toile, 80 x 80 cm
Collection particulière

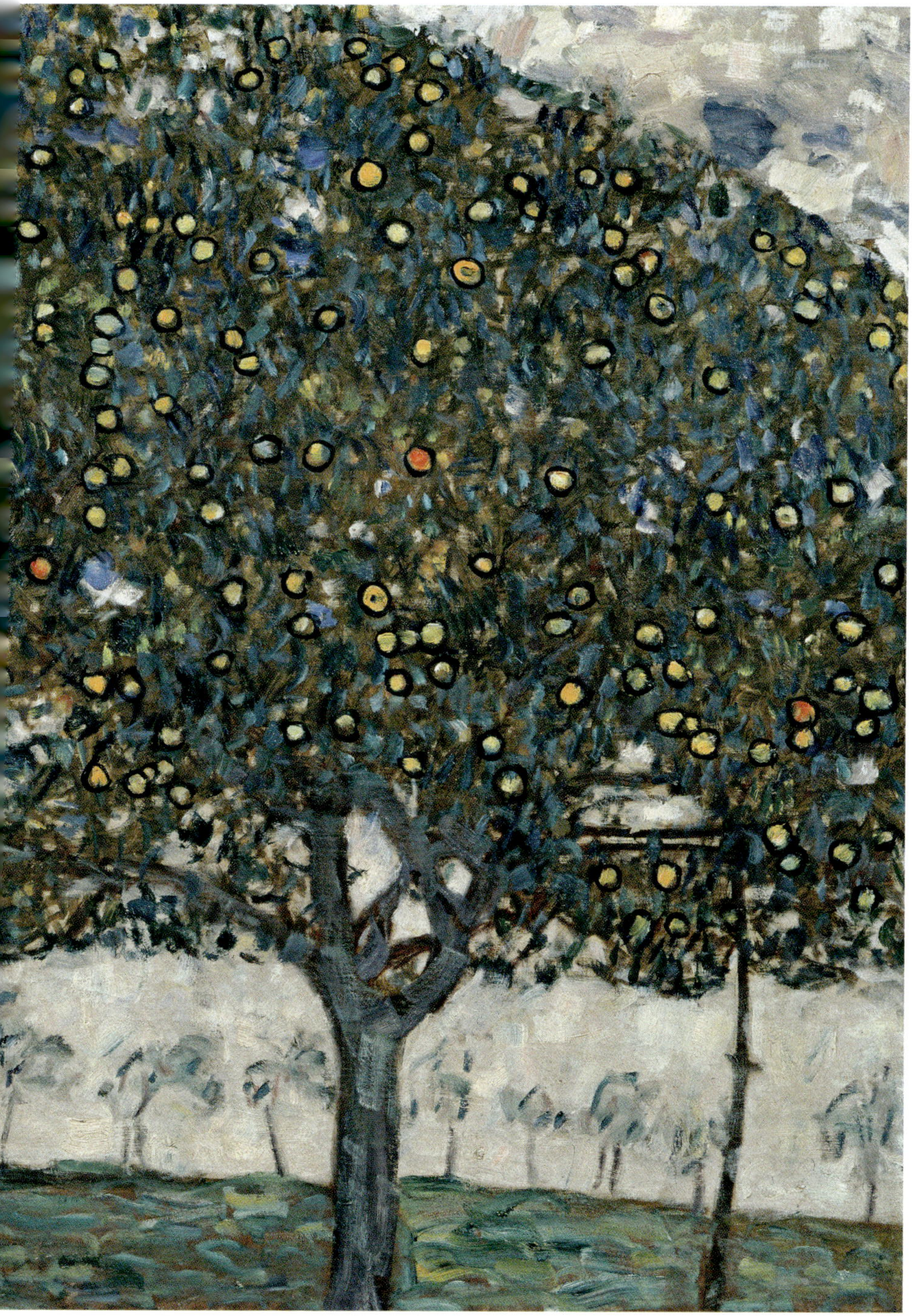

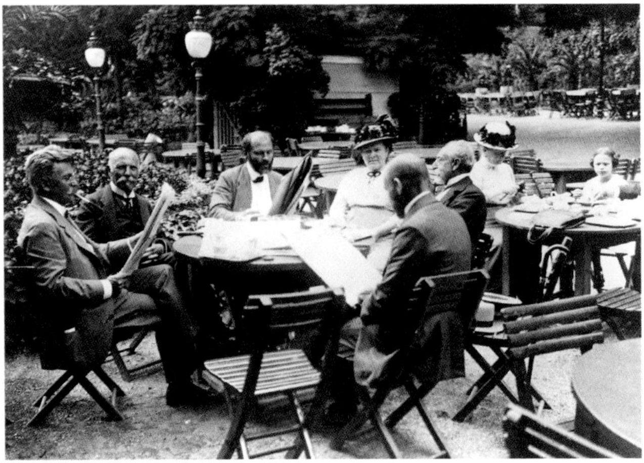

Gustav Klimt et des amis au café Meierei Tivoli à Schönbrunn, vers 1914
Photo. Imagno/Austrian Archives

Paysage de Schönbrunn, 1916
Huile sur toile, 110 x 110 cm. Collection particulière

Pages 484/485
Gustav Klimt et des amis en randonnée sur le Gahberg au bord de l'Attersee, 1908
De gauche à droite Hannerl Grögl, inconnu, Emilie Flöge, inconnu, Emma Bacher, Helene Klimt, Heinrich Böhler, Klimt à l'arrière-plan
Photo. Imagno/Austrian Archives

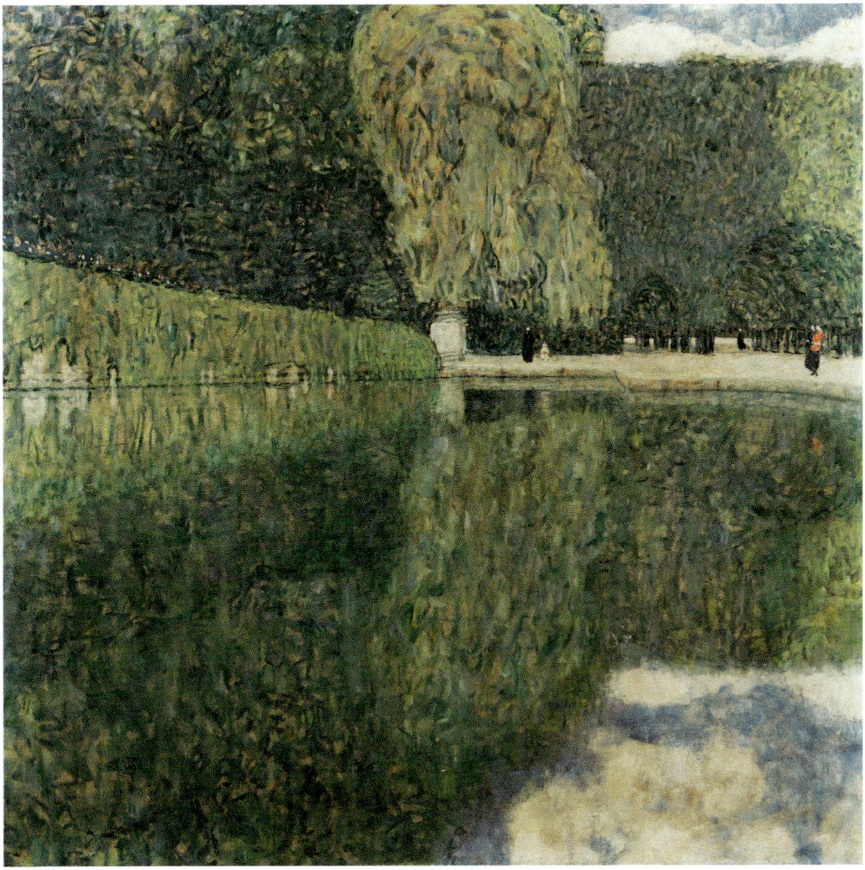

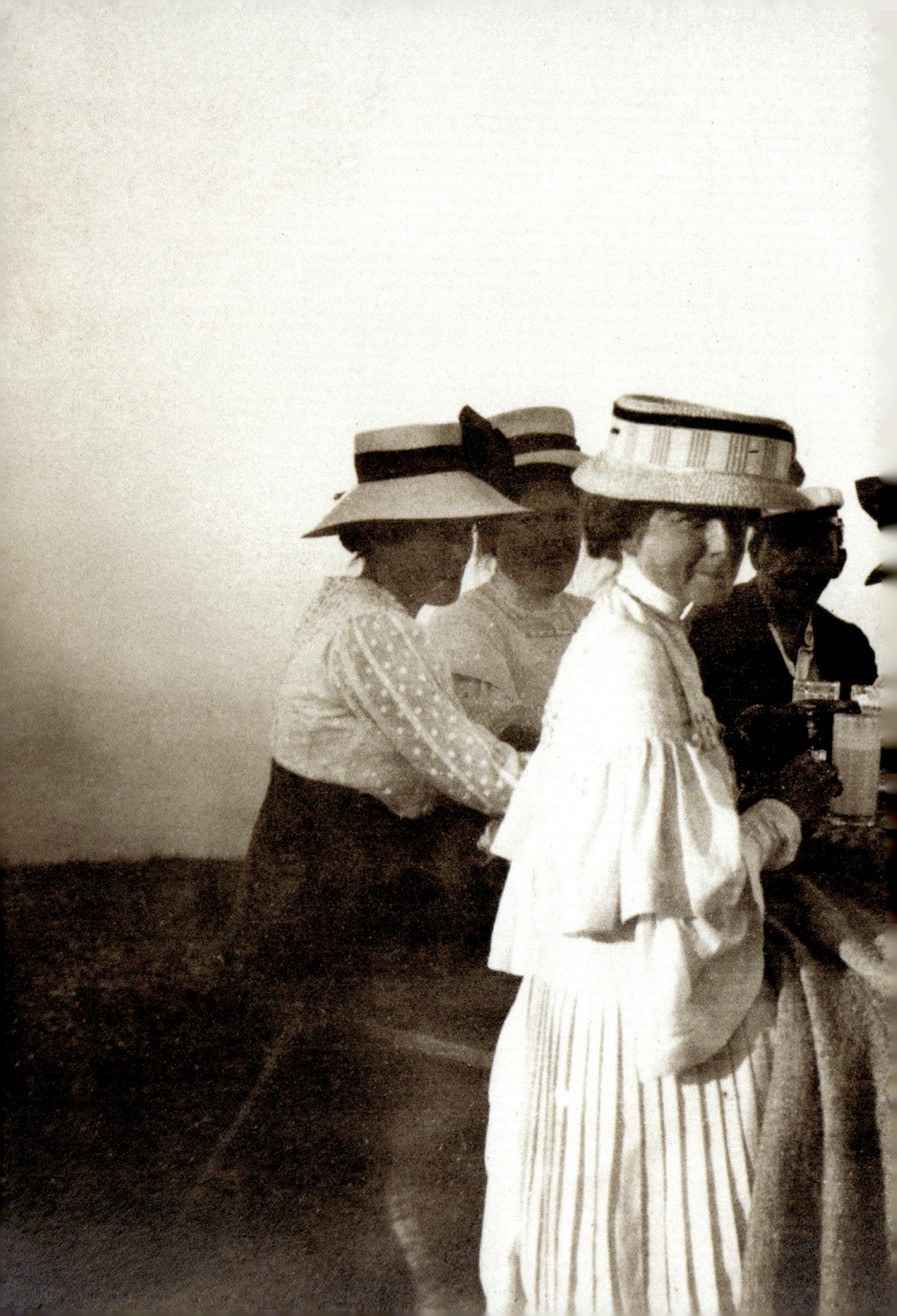

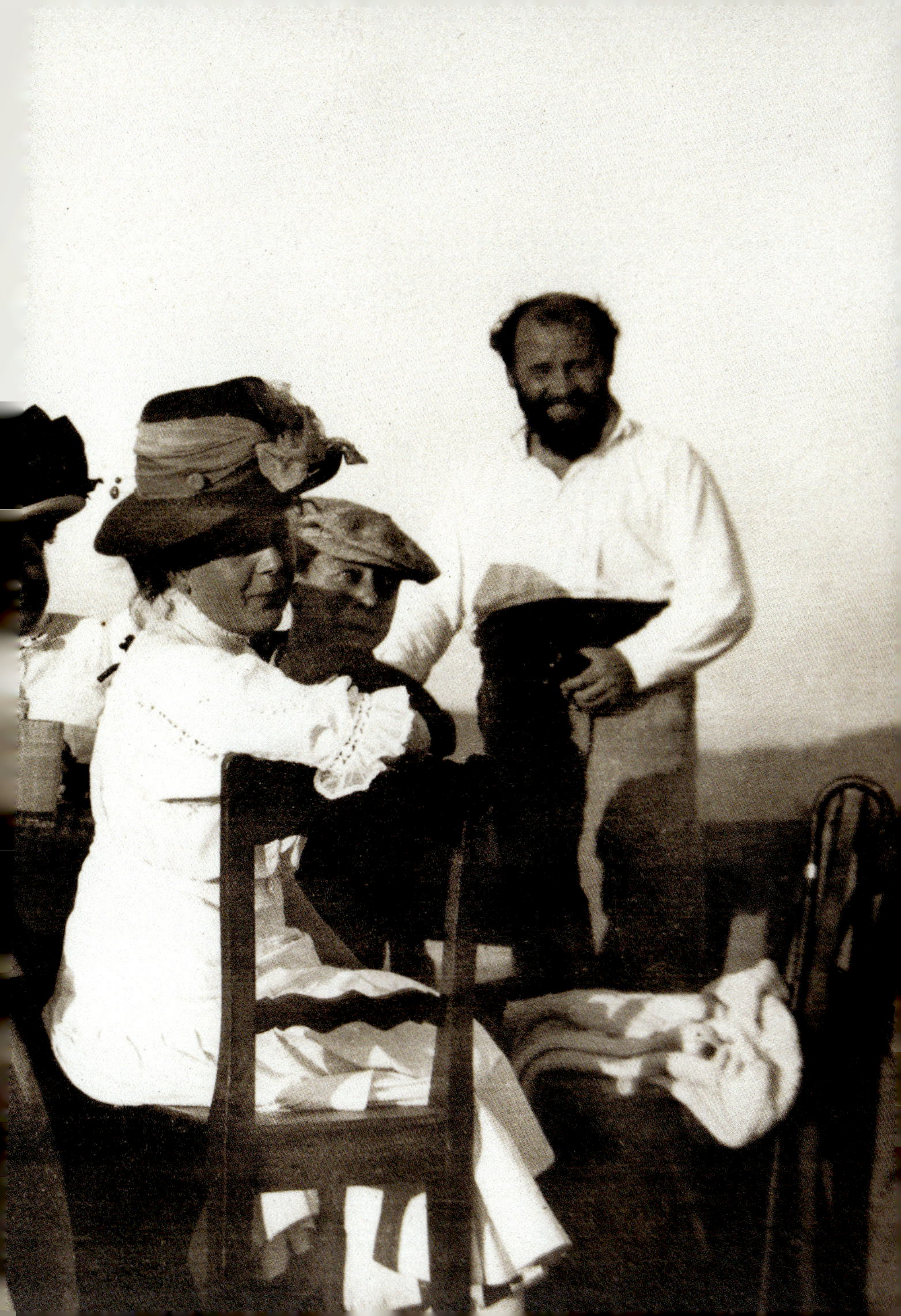

VI.

Biographie

Michaela Reichel

« Il a jalousement gardé son être intime ... et il a emporté dans la tombe son plus profond secret. »

HANS TIETZE DANS SA NÉCROLOGIE À GUSTAV KLIMT, 1919

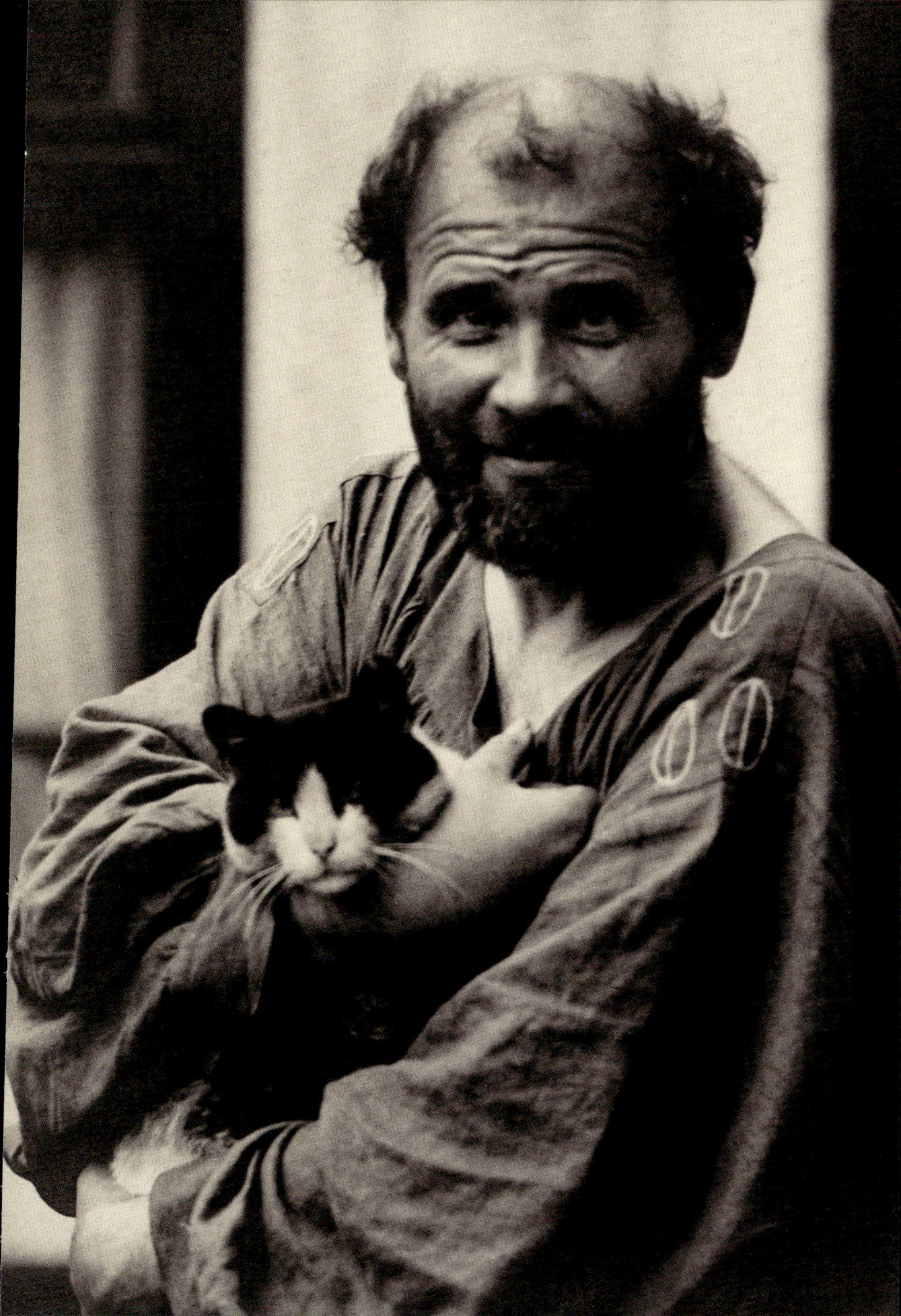

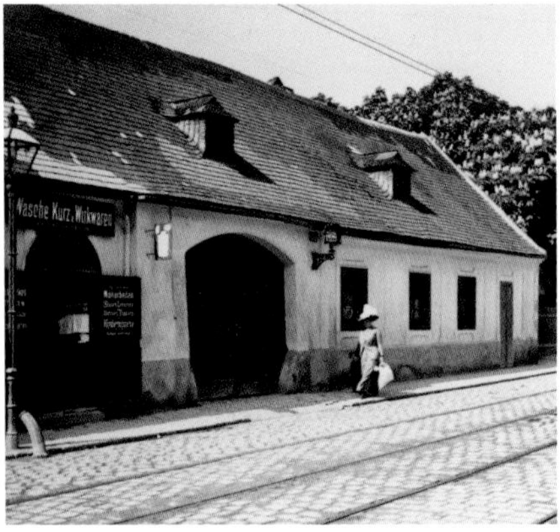

Page 487
Moritz Nähr
Gustav Klimt avec un chat devant son atelier, 1911
Photographie. Imagno/Austrian Archives

La maison natale de Klimt à Vienne, Linzerstrasse 247
Démolie en 1967. Photographie, 1918
Imagno/Austrian Archives

1860 Le graveur sur or Ernst Klimt épouse Anna Finster.

1862 Le 14 juillet, leur premier fils, Gustav, naît, deux ans après la naissance de leur fille Klara. La famille vit à Vienne, dans des conditions très modestes.

1864 Le 3 janvier, leur deuxième fils vient au monde. Quatre autres enfants suivront jusqu'en 1873: Hermine, Georg, Anna et Johanna.

1876 Gustav Klimt débute sa formation à l'École des arts appliqués, (issue du k. k. Österreichisches Museum für Kunst und Industrie), où il fait la connaissance de Franz Matsch. Klimt devait initialement devenir professeur de dessin. Sur les conseils de Rudolf Eitelberger, le fondateur de l'École des arts appliqués, il poursuit ses études auprès de Ferdinand Laufberger et, après le décès de ce dernier en 1881, auprès de Julius Victor Berger.

1878 Ernst, le frère cadet de Gustav Klimt, est admis à l'École des arts appliqués.

1879 Ernst Klimt, Gustav Klimt et Franz Matsch fondent ensemble la « Compagnie ». Les trois artistes se font connaître grâce à la rapidité de leur travail et à la grande ressemblance stylistique de leurs œuvres. Cette dernière rendra plus tard difficile la distinction, dans leurs travaux communs, de la contribution de chacun. Au cours des deux années suivantes, les jeunes artistes collaborent aux projets d'autres peintres, dont Laufberger (Natter 2012, cat. 1) et Berger (Natter 2012, cat. 8).

À partir de 1880 Les architectes Ferdinand Fellner et Hermann Helmer travaillent à plusieurs reprises avec la « Compagnie » pour exécuter la décoration de leurs bâtiments, comme la salle de conférence du palais Sturany à Vienne (Natter 2012, cat. 2), la salle de concert à Carlsbad/Karlovy Vary (Natter 2012, cat. 7) et le théâtre municipal de Reichenberg/Liberec (Natter 2012, cat. 13–15).

1883 Klimt achève ses études à l'École des arts appliqués. Il commence les travaux de décoration intérieure au château de Peleş (Natter 2012, cat. 27–35), lesquels dureront jusqu'en 1885. Avec son frère Ernst et Franz Matsch, il s'installe dans un atelier dans le VIe arrondissement de Vienne, au 8 de la Sandwirtgasse.

Photo de groupe prise à l'époque de la création de la Sécession, 1903
À gauche coiffé d'un chapeau et tenant une canne, Carl Moll ; à moitié caché par Moll, Josef Hoffmann ; à côté, Gustav Klimt ; à droite de celui-ci, au milieu, Alfred Roller ; devant lui, Fritz Waerndorfer avec une cigarette ; debout, au fond à droite, coiffé d'un chapeau melon, Kolo Moser
Photographie. Imagno/Austrian Archives

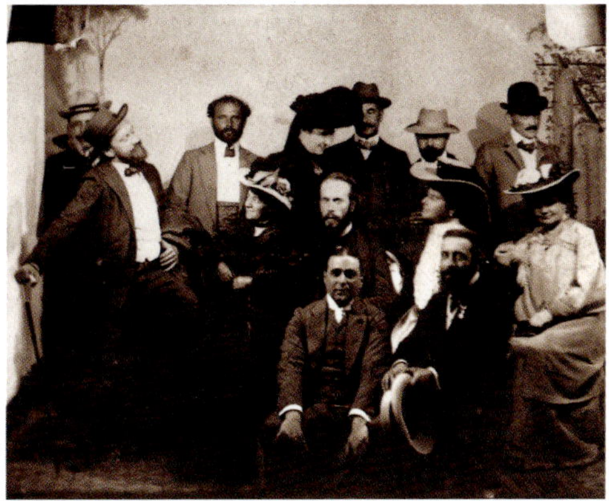

1884/85 La « Compagnie » se voit confier la décoration du théâtre municipal de Fiume/Rijeka (Natter 2012, cat. 39–44) et, un an plus tard, celle du théâtre municipal de Carlsbad/Karlovy Vary (Natter 2012, cat. 47–51) et de deux pièces de la villa Hermès construite dans le Lainzer Tiergarten (grand parc à la périphérie de Vienne, n.d.t.) pour l'impératrice Élisabeth (Natter 2012, cat. 36, 45, 46).

1886 Les artistes reçoivent la commande pour le décor pictural des deux escaliers du Burgtheater de Vienne (pp. 49–51) nouvellement construit. Cette tâche, qui les occupera jusqu'en 1888, leur vaudra d'obtenir des mains de l'empereur François-Joseph la croix d'or du Mérite.

1888 Klimt noue probablement de premiers liens amicaux avec Serena Lederer (p. 302). Cette dernière comptera, avec son mari, parmi les soutiens les plus engagés du peintre. Serena Lederer et ses sœurs Jenny Steiner et Aranka Munk demandent à plusieurs reprises à Klimt d'exécuter des portraits de membres de leur famille. Au fil des années, le couple Lederer collectionnera près de 20 peintures à l'huile et d'innombrables dessins de l'artiste. Erich, l'un des fils de Serena Lederer, est considéré comme un important témoin d'époque pour l'œuvre de Gustav Klimt. Avec ses collègues de la « Compagnie », le peintre entreprend de premiers voyages qui le conduiront à Innsbruck, Salzbourg et aux bords du Königssee ainsi qu'en 1888/89 à Cracovie, Trieste et Munich.

Vers 1889 Les frères Klimt font la connaissance de la famille Flöge et entrent ainsi en relation avec la bourgeoise viennoise aisée. Emilie et Helene, les filles de la famille, joueront par la suite un rôle déterminant dans la vie d'Ernst et de Gustav Klimt. Klimt se rend à St. Wolfgang et à Munich avec son frère et Matsch.

1890 Le 26 avril, Klimt obtient pour la gouache *La Salle de l'ancien Burgtheater* le prix impérial, décerné pour la première fois. La « Compagnie » reçoit sa dernière commande, la décoration des escaliers du Kunsthistorisches Museum de Vienne (pp. 54/55 ; Natter 2012, cat. 61–68), qu'elle achèvera en avril 1891. Klimt emménage avec sa mère et ses deux sœurs célibataires dans un appartement du

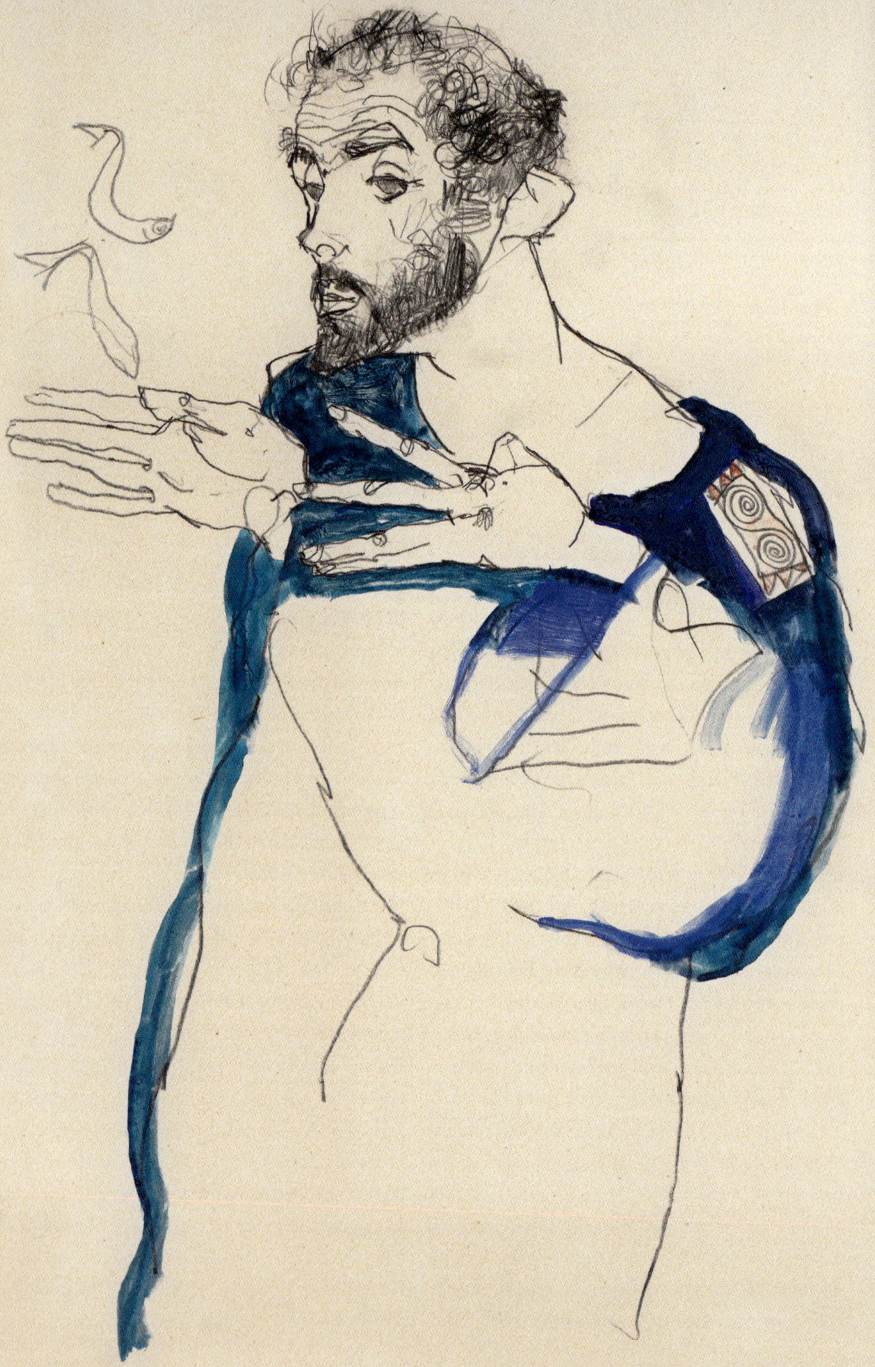

Egon Schiele
Gustav Klimt en blouse de peintre bleue, 1913
Mine de plomb et gouache sur papier, 48,1 x 32 cm
Collection particulière

VIIe arrondissement de Vienne, au 36 de la Westbahnstrasse. Il y résidera jusqu'à sa mort.

1891 Les frères Klimt et Franz Matsch sont admis à la coopérative des artistes plasticiens de Vienne (le Künstlerhaus). Ernst Klimt épouse Helene Flöge.

1892 La « Compagnie » élit domicile dans un atelier du VIIIe arrondissement de Vienne, au 21 de la Josefstädterstrasse. Après la mort du père de Klimt, au mois de juillet, c'est Ernst, le frère du peintre, qui meurt prématurément, le 9 décembre. Gustav Klimt devient le tuteur de sa nièce, la petite Helene Luise (p. 261). La mort de son frère marque une nette césure dans la vie de l'artiste. Matsch quitte l'atelier commun, que Klimt utilisera jusqu'en 1911 pour son travail artistique. Fin 1892 et début 1893, il se rend à Tata (Totis) pour y peindre son tableau *Salle du théâtre du château Esterházy à Tata* (Natter 2012, cat. 72).

1893 Klimt participe pour la première fois à l'exposition annuelle du Künstlerhaus de Vienne.

Entre 1893 et 1897/98 Outre quelques portraits de commande (pp. 57, 61 ; Natter 2012, cat. 73, 74, 78–80, 90) et esquisses de portraits (Natter 2012, cat. 93, 98, 99, 100, 106, 107, 108), Klimt exécute des tableaux destinés à la décoration du palais Dumba de Vienne (pp. 62/63 ; Natter 2012, cat. 101, 118).

1894 Klimt et Matsch reçoivent ensemble la commande des « tableaux des facultés » (pp. 126, 129–131 ; Natter 2012, cat. 103, 104, 105, 126, 127, 157) destinés à la grande salle de l'Université. En 1897/98, Klimt soumet des esquisses qui donneront lieu, dans les années à venir, à d'acerbes discussions.

1896 En février, Klimt devient membre du conseil d'administration de la Gesellschaft für vervielfältigende Kunst.

1897 La dispute latente couvant depuis des années au sein de la coopérative des artistes plasticiens de Vienne provoque la scission. De nombreux membres – dont Klimt – quittent l'association et fondent l'union des artistes plasticiens d'Autriche, la Sécession. Klimt en devient le premier président. Par la suite, *Ver Sacrum*, la revue de l'association, rend régulièrement compte des travaux du peintre. Les « Sécessionnistes », et par conséquent Klimt lui-même, reçoivent un soutien journalistique de la part de Berta Zuckerkandl, Ludwig Hevesi et Hermann Bahr. Lors de l'exposition internationale de Dresde, un tableau de Klimt (Natter 2012, cat. 72) est pour la première fois présenté en Allemagne. Pour la première

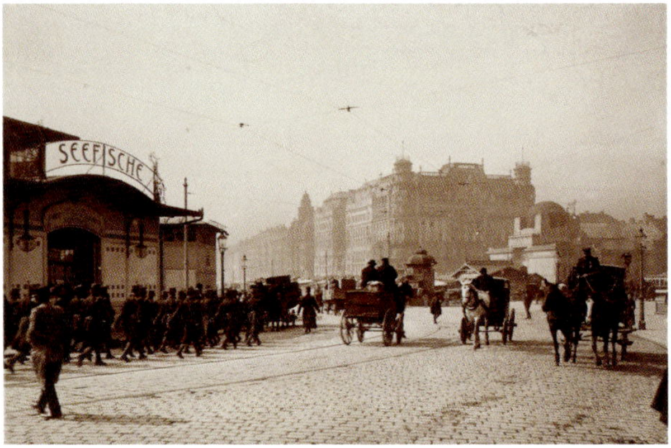

fois, Klimt passe l'été avec la famille Flöge ; ils séjournent à Fieverbrunn, dans le Tyrol.

1898 La première exposition de la Sécession a lieu dans les locaux de la société horticole de Vienne. Klimt devient membre de la International Society of Painters, Sculptors an Engravers de Londres et de la Sécession munichoise. Il participe au Salon d'automne à Paris. Il fait un voyage dans le Salzkammergut, où de nombreux tableaux verront le jour au cours des années suivantes. Il passe le début du mois de septembre à Franzensbad. Klimt exécute le *Portrait de Sonja Knips* (p. 301), qui marque le début d'une série de portraits de grand format montrant des femmes mondaines issues de la haute société viennoise.

1899 Klimt achève *Nuda Veritas* (p. 111) et expédie les toiles *Pallas Athéna* (p. 112) et *Portrait de Sonja Knips* (p. 301) à Londres pour une exposition organisée par la International Society. Le 6 juillet naît son fils Gustav Ucicky ; la mère, Maria Ucicka, était son modèle. Le 1er septembre voit la naissance de son deuxième fils, Gustav Zimmermann. Là aussi, la mère avait posé pour Klimt. En août, Klimt se rend à Golling, près de Hallein avec la famille Flöge.

1900 Klimt passe l'été, comme il le fera les années suivantes jusqu'en 1907, avec la famille Flöge à Litzlberg, aux bords du lac Attersee.

1901 Dans son *Rede über Klimt* (« À propos de Klimt »), Bahr prend parti pour l'artiste. Ce dernier peint *Judith I* (p. 305) et fait la connaissance de Fritz Waerndorfer, qui lui achètera, au fil des ans, plusieurs tableaux à l'huile, dont *L'Espoir I* (p. 133), une œuvre à scandale.

1902 Klimt présente *La Frise Beethoven* (pp. 114–117, 119–125), en tant que partie de l'« œuvre d'art totale », à la 14e exposition de la Sécession. Avec les portraits d'Emilie Flöge (p. 311) et de Gertrud Loew (p. 317), il poursuit sa série de portraits de femmes mondaines. Le 23 juin, le deuxième fils de Klimt avec Marie Zimmermann voit le jour, mais meurt le 11 septembre.

1903 Lors d'un voyage à Ravenne, Klimt voit les mosaïques byzantines, chargées de dorures, qui décorent la basilique San Vitale. Puis, le voyage le mène à Venise. En hiver,

Le bâtiment de la Sécession vu depuis le Naschmarkt, vers 1900
Carte postale. Collection particulière

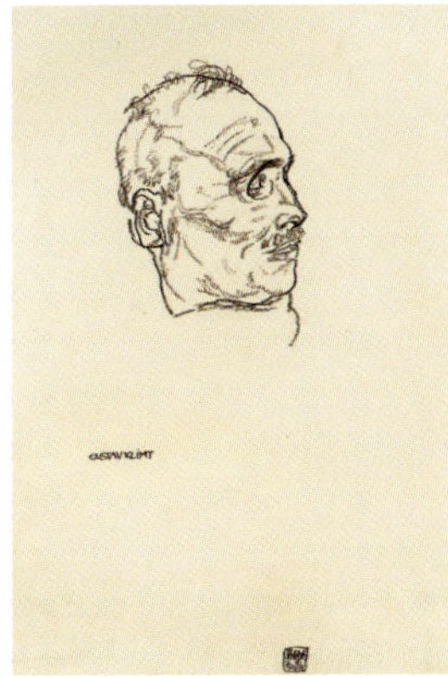

Egon Schiele
Tête de Klimt mort, 1918
Crayon noir sur papier,
46,9 x 30,1 cm
Vienne, Leopold Museum

Klimt retourne en Italie, encore à Venise et à Ravenne ainsi qu'à Padoue, Florence, Pise, Vérone et sur le lac de Garde. À Vienne, Fritz Waerndorfer, Kolo Moser et Josef Hoffmann fondent la Wiener Werkstätte.

1904 Paul Bacher, un ami de Klimt, reprend la galerie Miethke, qui représentera l'artiste à partir de 1905. Klimt peint *Margaret Stonborough-Wittgenstein* (p. 321), un portrait qui ne sera toutefois guère apprécié par ses commanditaires. En dépit de quoi Karl Wittgenstein acquerra plus tard *Le Chevalier d'or* (pp. 134/135), les *Serpents d'eau I* (p. 137) et trois paysages de Klimt (pp. 439, 440/441, 445). Le 1er juillet voit l'inauguration du salon de haute couture « Schwestern Flöge » (« Aux sœurs Flöge ») dans le 6e arrondissement de Vienne, Mariahilferstrasse 1b. Jusqu'à sa fermeture en 1938 il sera l'une des premières adresses de mode à Vienne.

1905 Suite à des conflits internes, Carl Moll, Klimt, Moser, Waerndorfer, Hoffmann et d'autres quittent la Sécession. L'année suivante, le groupe des artistes réunis autour de Klimt fonde le Österreichischer Künstlerbund, dans le but de continuer à organiser de concert des expositions. La vive controverse soulevée par les « tableaux des facultés » (pp. 126, 129–131 ; Natter 2012, cat. 103, 104, 105, 126, 127, 157) s'envenime – Klimt rembourse les honoraires déjà perçus et retire ses esquisses. Des critiques d'art tels que Bahr ou Karl Kraus prennent position dans cette querelle, les uns défendant Klimt avec force, les autres le fustigeant d'une manière tout aussi véhémente. Dès 1903, Bahr avait publié une synthèse des articles négatifs parus au cours de ce débat. Le peintre lui-même commente l'affaire à travers son tableau *Poissons d'or* (p. 309) au titre alternatif « À mes détracteurs ».

1905–1910 Klimt travaille à des esquisses destinées à la décoration du palais de la famille Stoclet à Bruxelles. *La Frise Stoclet* est la contribution du peintre à cette œuvre d'art totale exécutée par la Wiener Werkstätte.

1906 En mai, Klimt va à Londres, Bruxelles, Berlin et Dresde. En décembre, il séjourne à Florence.

Passeport de Gustav Klimt, 1917
Vienne, Albertina

1907 La « période dorée » de Klimt atteint son apogée dans le *Portrait d'Adele Bloch-Bauer I* (pp. 328/329). En été, Klimt fait la connaissance d'Egon Schiele.
1908 Le groupe réuni autour de Klimt organise la Kunstschau à Vienne. Klimt y participe avec, entre autres, les tableaux *Les Amies I* (Natter 2012, cat. 175), *Les Trois Âges de la femme* (pp. 140/141) et *Le Baiser* (pp. 142/143). De jeunes peintres tels que Oskar Kokoschka et Max Oppenheimer (1885–1954) y exposent également. En achetant la toile *Le Champ de coquelicots* (p. 431), le beau-frère de Berta Zuckerkandl, Viktor, pose la première pierre de sa collection d'œuvres de Klimt, qui comprend onze tableaux. Klimt passe pour la première fois l'été avec la famille Flöge dans la villa Oleander à Kammer sur les rives du lac Attersee. D'autres séjours suivront lors des étés 1909, 1910, 1911, et 1912.
1909 La Internationale Kunstschau a lieu à Vienne, où sont présentées, entre autres, des œuvres de Gauguin, de Van Gogh, de Matisse et de Munch. Egon Schiele y expose pour la première fois. Klimt y présente *Salomé* (p. 331), *L'Espoir I* (p. 133) et *L'Espoir II* (pp. 144/145). En mai, Klimt se rend à Prague et, en octobre/novembre, à Paris et en Espagne.
1910 Ludwig Hevesi, l'un des partisans les plus fervents de Klimt, meurt. Son décès fait tarir la plus riche source d'informations relatives à l'œuvre de Klimt et contemporaines du peintre. Dans le cadre de la 9e Esposizione internazionale d'arte della città di Venezia, les œuvres de l'artiste sont pour la première fois exposées en Italie (pp. 331, 333, 356, 434/435, 446, 447, entre autres).
1911 Ses voyages conduisent Klimt, entre autres, à Rome et à Wodolka (Odolena Voda), en Bohême. Il emménage dans son dernier atelier dans le XIIIe arrodissement, au 11 de la Feldmühlgasse.
1912 Klimt devient président du Österreichischer Künstlerbund et membre de la Sécession berlinoise. Il achève le second portrait d'Adele Bloch-Bauer (p. 345). La maîtresse de Klimt, Consuela Huber, met au monde leur premier enfant. À partir de cette année-là, Klimt et Emilie Flöge passent non seulement l'été ensemble au bord du lac Attersee, mais se rendent chaque année à Bad Gastein. Un autre voyage mène Klimt à Wodolka, en Bohême.
1913 Klimt séjourne quelque temps au bord du lac de Garde, accompagné d'amis (pp. 458/459, 460/461, 462). De là, il se rend avec plusieurs membres de la famille

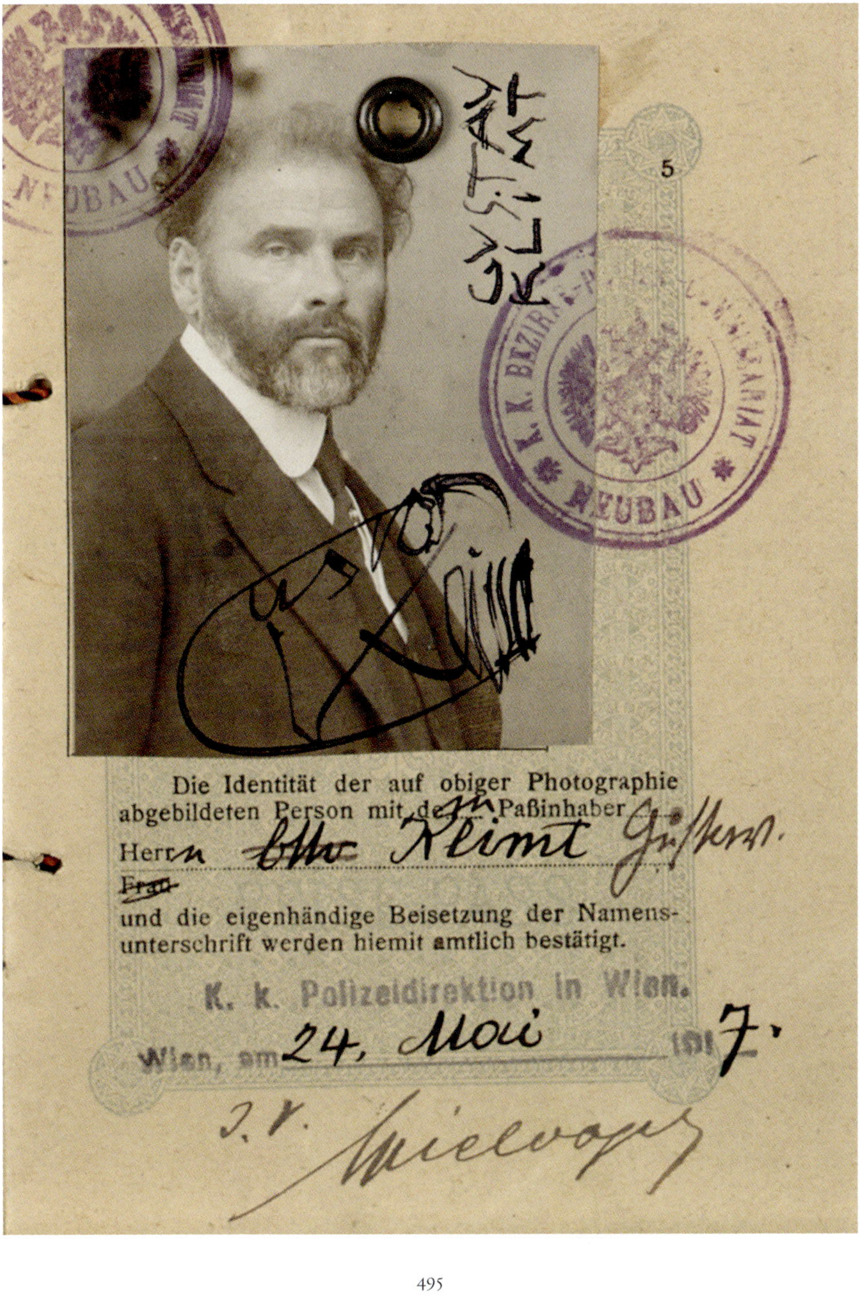
GUSTAV KLIMT
5
K. K. BEZIRKS-POLIZEI-KOMMISSARIAT NEUBAU
Die Identität der auf obiger Photographie abgebildeten Person mit dem Paßinhaber
Herrn
Frau
und die eigenhändige Beisetzung der Namensunterschrift werden hiemit amtlich bestätigt.
K. k. Polizeidirektion in Wien.
Wien, am 24. Mai 1917.

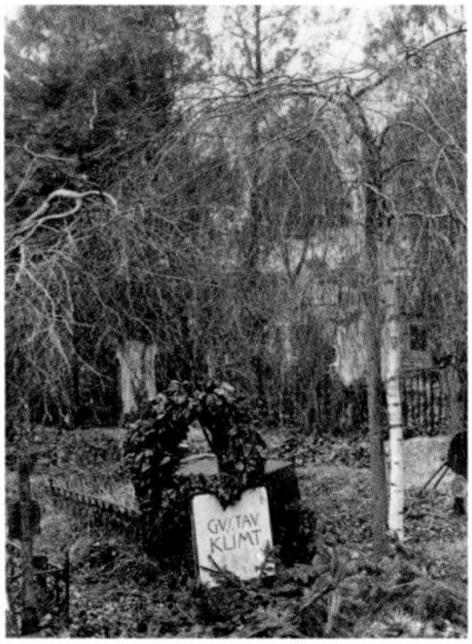

La tombe de Gustav Klimt au Hietzinger Friedhof à Vienne, Maxingstrasse 15, vers 1925
Photographie

Egon Schiele
Affiche pour la 49e exposition de la Sécession à Vienne, 1918
Photographie. Imagno/Wien Museum

Pages 498/499
Moritz Nähr, **Le dernier atelier de Gustav Klimt à Vienne, Feldmühlgasse 11**, 1918
Sur les chevalets, les tableaux inachevés *La Dame à l'éventail* (voir p. 351) et *L'Épousée* (voir pp. 366/367)
Photographie. Imagno/Austrian Archives

Flöge à Seewalchen, au bord du lac Attersee. À Vienne, il exécute les portraits de Mäda (p. 340) et d'Eugenia Primavesi (p. 342). La famille Primavesi compte depuis 1912 parmi les collectionneurs les plus assidus du peintre, dont elle possède en tout sept tableaux.

1914 Le début de la Première Guerre mondiale met fin aux expositions de Klimt dans les pays étrangers considérés comme « ennemis ». L'artiste peint plusieurs paysages du lac Attersee (pp. 463, 465, 466/467). Consuela Huber, la maîtresse de Klimt, accouche de leur deuxième enfant. Klimt passe l'été, comme il le fera en 1915 et en 1916, avec les Flöge à Weissenbach, au bord du lac Attersee.

1915 La mère de Klimt décède. Le peintre fait deux courts voyages en Moravie. Consuela Huber met au monde leur troisième enfant.

1916 Klimt passe de nouveau l'été au bord de l'Attersee, où il peint les derniers tableaux montrant des motifs de la région (pp. 476/477, 478, 479, 480/481).

À partir de 1916 Le peintre accepte encore un petit nombre de commandes de portraits, comme celui de *Friederike Maria Beer* (p. 349), celui de *Charlotte Pulitzer* (Natter 2012, cat. 234) ou celui d'*Amalie Zuckerkandl* (p. 360).

1917 Klimt devient membre d'honneur de l'Académie des beaux-arts de Vienne et de l'Académie de Munich. Ses derniers tableaux, ainsi *Bébé* (pp. 364/365), *Adam et Ève* (p. 362) et *L'Épousée* (pp. 366/367), demeurent inachevés. Trois courts séjours le conduisent à Winkelsdorf, en Moravie. Il passe des vacances avec Emilie à Bad Gastein et à Hintertux (Tyrol).

1918 Gustav Klimt meurt le 6 février des suites d'une attaque d'apoplexie.

1920 Max Eisler publie la première monographie consacrée à Klimt.

1928 L'exposition commémorative de Klimt, la première grande présentation des œuvres de l'artiste organisée après sa mort, a lieu à la Sécession viennoise.

1945 De nombreux travaux de Klimt, dont les tableaux expropriés issus de la collection Lederer, périssent dans l'incendie du château d'Immendorf en Basse-Autriche, où avaient été entreposées les œuvres.

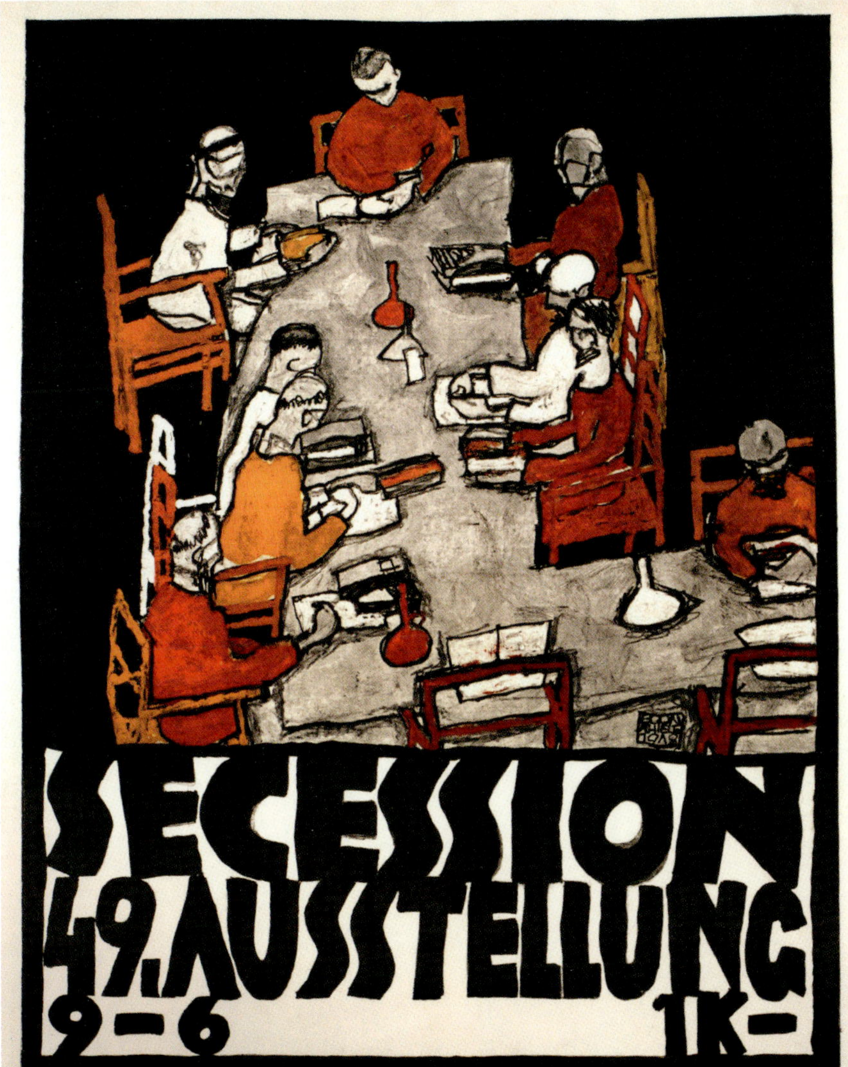
SECESSION
49. AUSSTELLUNG
9–6
1K–
STEINDRUCK ALB. BERGER WIEN VIII.

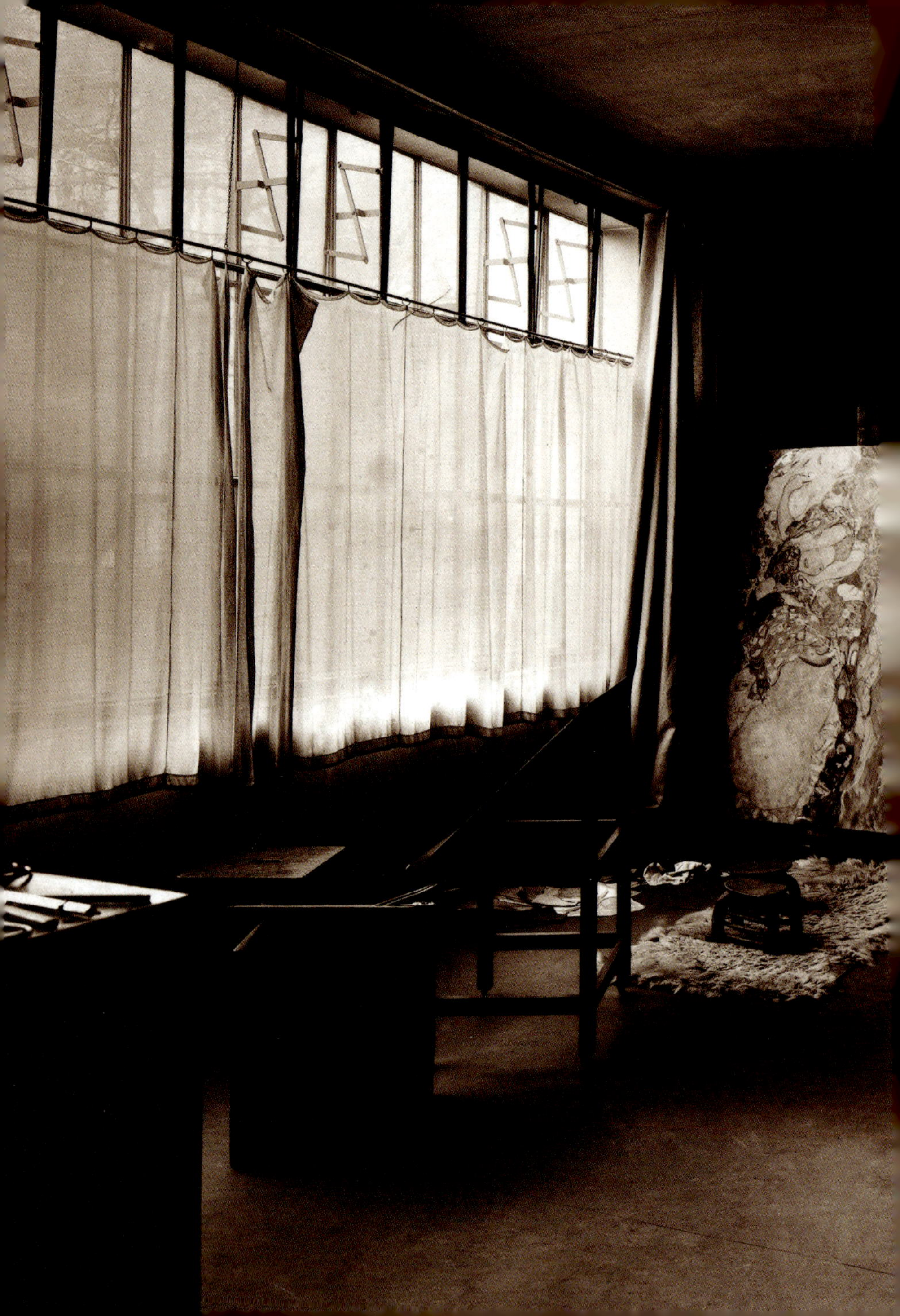

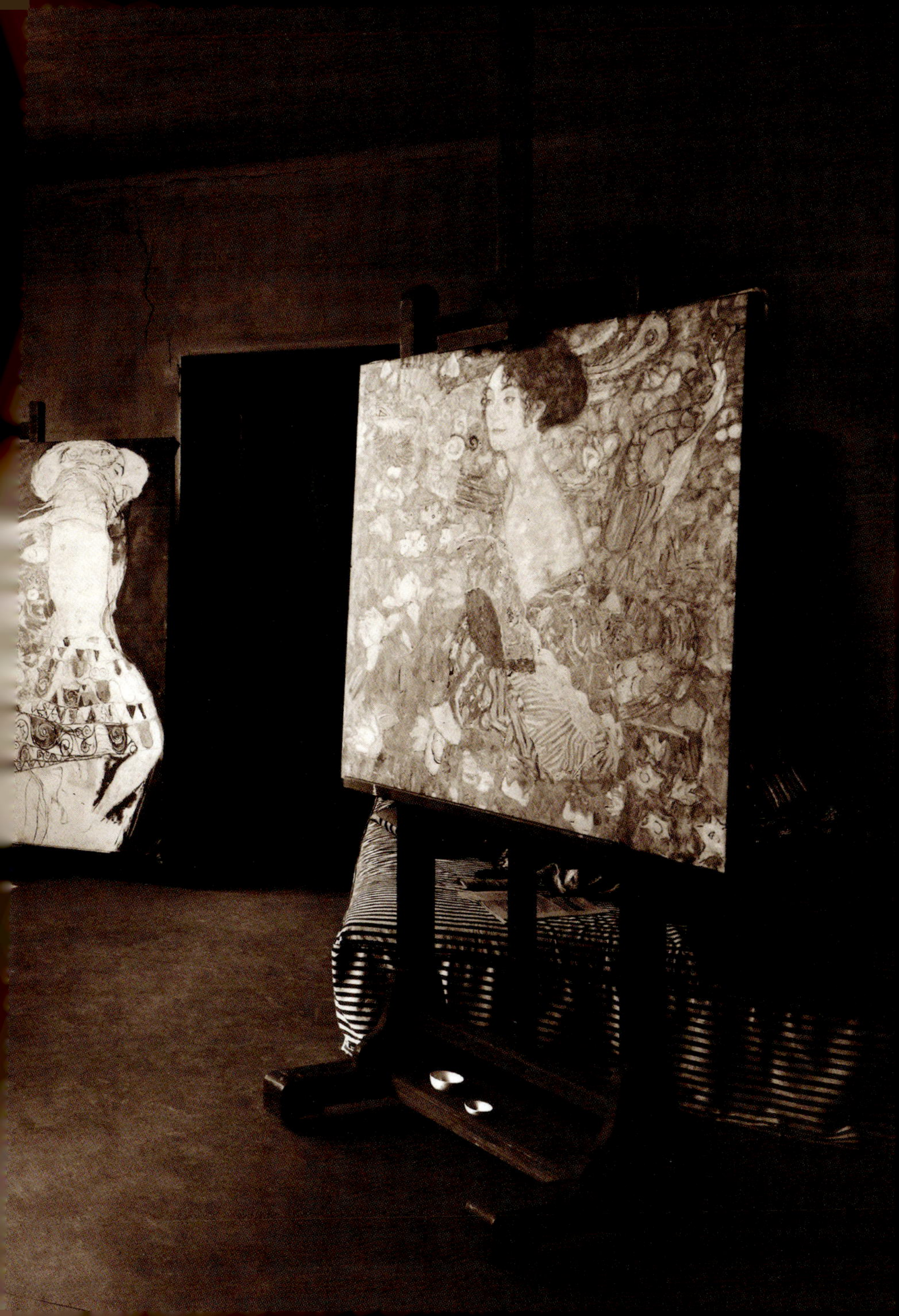

Bibliographie choisie

Bahr, Hermann, *Secession*, Vienne 1900 (réimpression Weimar 2007).

Bayer, Josef, « Das K. K. Hofburgtheater als Bauwerk mit seinen Sculpturen und Bilderschmuck », in : *Die Theater Wiens,* vol. 3, éd. par la Gesellschaft für vervielfältigende Kunst, 1894.

Bisanz-Prakken, Marian, *Der Beethovenfries. Geschichte, Funktion und Bedeutung,* Salzbourg 1977.

Bisanz-Prakken, Marian, *Heiliger Frühling. Gustav Klimt und die Anfänge der Wiener Secession 1895–1905*, Vienne/Munich 1999.

Bisanz-Prakken, Marian, « Der Beethovenfries von Gustav Klimt und die Wiener Secession », in : *Gustav Klimt. Beethovenfries,* éd. par la Vereinigung Bildender KünstlerInnen Wiener Secession, Vienne 2002, pp. 19–39.

Bisanz-Prakken, Marian, *Toorop in Wenen, inspiratievoor Klimt.* Catalogue de l'exposition homonyme au Gemeentemuseum La Haye 2006/07, Zwolle 2006.

Bisanz-Prakken, Marian, « Klimts ‹ Erfüllung › und ihre Replik – eine Gegenüberstellung », in : *Belvedere. Zeitschrift für bildende Kunst*, Vienne (2006), volume spécial Klimt, pp. 20–37.

Bisanz-Prakken, Marian, « Gustav Klimt. The Late Work. New Light on ‹ The Virgin › and ‹ The Bride › », in : Price, Renée (éd.), *Gustav Klimt. The Ronald S. Lauder and Serge Sabarsky Collections, Neue Galerie New York*, Munich et al. 2007, pp. 105–129.

Bisanz-Prakken, Marian, « Der ‹ Beethovenfries › und Klimts ‹ Gabe der Empfänglichkeit › », in : Weidinger 2007, pp. 93–117.

Bisanz-Prakken, Marian, « Klimts zeichnerisches Universum. Grundhaltungen – Seelenstimmungen», in : Natter 2012, pp. 362-449.

Bisanz-Prakken, Marian, Volume complémentaire de : Strobl, Alice, *Werkverzeichnis der Klimtzeichnungen*, Salzbourg 1980 sqq., en préparation.

Breicha, Otto (éd.), *Gustav Klimt. Die Goldene Pforte. Werk – Wesen – Wirkung. Bilder und Schriften zu Leben und Werk*, Salzbourg 1978.

Bruyn, Edmond de, « Adieu à Monsieur Adolphe Stoclet », in : *Le Flambeau*, n° 6, 1949, pp. 1–5.

Dobai, Johannes, « Die Landschaft aus der Sicht von Gustav Klimt. Ein Essay », in : *Mitteilungen der Österreichischen Galerie*, Vienne, 22e/23e années (1978/79), n° 66/67 : Études Klimt, pp. 241–272.

Fischer, Wolfgang Georg, *Gustav Klimt und Emilie Flöge. Genie und Talent, Freundschaft und Besessenheit*, Vienne 1987.

Gerlach, Martin, *Allegorien und Embleme. Originalentwürfe von den hervorragendsten modernen Künstlern, sowie Nachbildungen alter Zunftzeichen und moderner Entwürfe von Zunftwappen im Charakter der Renaissance*, avec une introduction d'Albert Ilg, Vienne 1882–1885.

Giese, Herbert, *Franz von Matsch. Leben und Werk 1881–1942*, diss. univ. non publiée. Vienne 1977.

Hamann, Brigitte, *Meine liebe, gute Freundin! Die Briefe Kaiser Franz Josephs an Katharina Schratt*, Vienne 1992.

Hevesi, Ludwig, *Acht Jahre Secession (mars 1897–juin 1905). Kritik – Polemik – Chronik*, réédité et préfacé par Otto Breicha, Klagenfurt 1984 (1ère édition Vienne 1906).

Hevesi, Ludwig, *Altkunst – Neukunst, Wien 1894–1908*, Wien 1909 (réimpression 1986).

Hevesi, Ludwig, « Internationale Kunstschau Wien 1909 », in : *Zeitschrift für Bildende Kunst*, Leipzig, 20e année (1909), pp. 221–226.

Hofmann, Werner, *Gustav Klimt und die Wiener Jahrhundertwende*, Salzbourg 1970.

Hofmann, Werner, « Gesamtkunstwerk Wien », in : *Der Hang zum Gesamtkunstwerk. Europäische Utopien seit 1800*, éd. par Harald Szeemann et Susanne Häni, Zurich 1983, pp. 84–92.

Hofmann, Werner, *Gustav Klimt und die Wiener Jahrhundertwende*, Hambourg 2008.

Hofstätter, Hans H., *Symbolismus und die Kunst der Jahrhundertwende. Kunstgeschichte, Deutung, Dokumente*, Cologne 1965.

Ilg, Albert, « Das neue Hofburgtheater », in : *Die Presse*, Vienne, 11 octobre 1888, pp. 1–3.

Ilg, Albert, *Zwickelbilder im Stiegenhaus des k. k. Kunsthistorischen Museums in Wien von Ernst und Gustav Klimt und Franz Matsch*, Vienne 1893.

Karpfinger, Otto, « Des Kunsttempels Traumlandsherkunft », in : *Secession: Die Architektur*, éd. par la Vereinigung Bildender KünstlerInnen Wiener Secession, Vienne 2003, pp. 35–60.

Kitlitschka, Werner, *Die Malerei der Wiener Ringstraße* (Die Wiener Ringstraße. Bild einer Epoche. Die Erweiterung der Inneren Stadt unter Kaiser Franz Joseph, vol. 10, éd. par Renate Wagner Rieger), Wiesbaden 1981.

Koja, Stephan (éd.), *Gustav Klimt. Landschaften*, catalogue de l'exposition homonyme à la Österreichischen Galerie Belvedere Vienne 2002/03, Munich/Berlin/Londres/New York 2002.

Kriller Beatrix/Kugler Georg, *Das Kunsthistorische Museum. Die Architektur und Ausstattung. Idee und Wirklichkeit des Gesamtkunstwerkes*, Vienne 1991.

Krug, Hansjörg, « Gustav Klimt en monologues », in : *Tout L'œuvre peint*, éd. par Tobias G. Natter, pp. 458–505, Cologne 2012.

Loos, Adolf, « Von einem armen, reichen Manne », in : *Neues Wiener Tagblatt, Vienne,* 26 avril 1900.

Mahler-Werfel, Alma, *Tagebuch-Suiten 1898–1902*, éd. par Antony Beaumont et Susanne Rode-Breymann, Francfort-sur-le-Main 1997.

Max Klinger Beethoven: XIV. Ausstellung der Vereinigung Bildender Künstler Österreichs, Secession, catalogue d'exposition, Vienne 1902.

Natter, Tobias G., « Beschreibungen der Klimt-Frauenporträts », in : Natter/Frodl 2000, pp. 76–147.

Natter, Tobias G., « Fürstinnen ohne Geschichte? Gustav Klimt und ‹ die Gemeinschaft aller Schaffenden und Genießenden › », in : Natter/Frodl 2000, pp. 57–74.

Natter, Tobias G., *Die Welt von Klimt, Schiele und Kokoschka. Frühe Sammler und Mäzene*, Cologne 2003.

Natter, Tobias G. (éd.), *Gustav Klimt. Sämtliche Gemälde,* Cologne 2012.

Natter, Tobias G./Frodl, Gerbert (éd.), *Klimt und die Frauen*, catalogue de l'exposition du nouveau millénaire à la Österreichische Galerie Belvedere de Vienne, Cologne 2000.

Nebehay, Christian Michael, *Gustav Klimt. Dokumentation*, Vienne 1969.

Nebehay, Christian Michael, « Gustav Klimt schreibt an eine Liebe », in : *Mitteilungen der Österreichischen Galerie,* Vienne, 22e/23e années (1978/79), n° 66/67 : Études Klimt, pp. 101–118.

Nossig, Alfred, « Das kunsthistorische Hofmuseum in Wien », in : *Allgemeine Kunst-Chronik*, Vienne, XV, n° 21 (1891), pp. 564.

Novotny, Fritz/Dobai, Johannes, *Gustav Klimt*, Salzbourg 1967 (2e édition remaniée 1975).

Olbrich, Joseph Maria, « Das Haus der Secession », in : *Der Architekt. Wiener Monatshefte für Bauwesen und decorative Kunst*, Vienne, 5 (1899), numéro de janvier, p. 5.

Roessler, Arthur, « Erinnerungen an Egon Schiele », in : *Das Egon Schiele Buch. Mit einem Beitrag von Arthur Roessler und einem Leitspruch von Gustinus Ambrosi*, éd. par Fritz Karpfen, Vienne 1921.

Roessler, Arthur, *Der Malkasten. Künstleranekdoten*, Vienne 1924.

Rychlik, Otmar, *Gustav Klimt, Franz Matsch und Ernst Klimt im Burgtheater. Mit einem Beitrag von Christoph Brenner*, Vienne 2007.

Rychlik, Otmar, « Neues Klimt-Buch unter Beschuss. Gastkommentar », in : *Die Presse*, Vienne, 31 octobre 2007, Feuilleton, p. 35.

Schnitzler, Arthur, *Komödie der Verführung*, Berlin 1924.

Schölermann, Wilhelm, « Neuere Wiener Architektur », in : *Deutsche Kunst und Dekoration,* Stuttgart, vol. 3 (1898/99), pp. 197–216.

Schorske, Carl Emil, « Cultural Hothouse », in : *New York Review of Books*, New York, 11 (décembre 1975), p. 41.

Schorske, Carl Emil, *Wien. Geist und Gesellschaft im Fin de siècle*, Francfort-sur-le-Main 1982.

Seifertová-Korecká, Hana, « Ein Frühwerk von Gustav Klimt

– Der Theatervorhang in Reichenberg (Liberec) », in : *Alte und moderne Kunst. Fachzeitschrift des Marktes für Antiquitäten, Bilder, Kunstgegenstände alter und moderner Kunst*, Vienne, 12e année (1967), n° 94, pp. 23–28.

Sekler, Eduard F., *Josef Hoffmann. Das architektonische Werk. Monographie und Werkverzeichnis*, Salzbourg/Vienne 1982.

Sternthal, Barbara, *Gustav Klimt 1862–1918. Mythos und Wahrheit*, Vienne 2006.

Strobl, Alice, « Zu den Fakultätsbildern von Gustav Klimt », in : *Albertina Studien. Jahresschrift der Graphischen Sammlung Albertina*, Vienne, 2e année (1964), n° 4, pp. 138–169.

Strobl, Alice, Werkverzeichnis der Klimtzeichnungen, Salzbourg 1980 sqq. Vol. 1/1980, vol. 2/1982, vol. 3/1984, vol. 4/1989.

Strobl, Alice, « Klimts Fries für den Speisesaal des Palais Stoclet in Bruxelles », in : Friedrich Kurrent/Alice Strobl, *Das Palais Stoclet in Brüssel von Josef Hoffmann mit dem berühmten Fries von Gustav Klimt,* Salzbourg 1991, pp. 65–90.

Tekhne, « L'Excursion des architectes belges du 22 septembre », in : *Tekhne,* 2e année (1912), n° 79, p. 801 sq.

Tietze, Hans, « Gustav Klimts Persönlichkeit. Nach Mitteilungen seiner Freunde », in : *Die Bildenden Künste. Wiener Monatshefte*, Vienne, 2e année (1919), n° 1–2, pp. 1–10.

Valéry, Paul, « Die Seele und der Tanz », in : *Eupalinos oder Der Architekt,* Francfort-sur-le-Main 1990 (édition française 1923), p. 7.

Vergo, Peter, *Art in Vienna 1898–1918: Klimt, Kokoschka, Schiele and their contemporaries*, Londres 1993 (3e édition remaniée).

Weidinger, Alfred, « Kommentare zum Gesamtverzeichnis des malerischen Werkes », in : Weidinger 2007, p. 232 passim (avec corrections dans la deuxième édition anglaise, Weidinger 2008).

Weidinger, Alfred, « Das Haus Stoclet ist wirklich sehr schön », in : Weidinger, Alfred, *Gustav Klimt*, Munich/Berlin/Londres/New York 2007, pp. 119–136.

Weidinger, Alfred, « Symbolismus in den Landschaftsbildern », in : Weidinger 2007, pp. 177–190.

Weixlgärtner, Arpad, « Gustav Klimt », in : *Die graphischen Künste*, Baden, 35e année (1912), pp. 49–66.

Zuckerkandl, Berta, « Koloman Moser », in : *Die Kunst,* 10 (1903/04), pp. 329–345.

Zuckerkandl, Berta, « Die XXIII. Ausstellung der Wiener Secession », in : *Die Kunst für Alle*, Munich, 20e année (1905), n° 19, pp. 441–449.

Zuckerkandl, Berta, *Zeitkunst. Wien 1901–1907*, Vienne/Leipzig 1908.

Zuckerkandl, Berta, « Die Kunstschau II. Gustav Klimt », in : *Wiener Allgemeine Zeitung. 6 Uhr-Blatt*, Vienne, 6 mai 1909, p. 2 sq.

Zuckerkandl, Berta, « Kunst und Kultur. Der Klimt-Fries », in : *Wiener Allgemeine Zeitung*, Vienne, 23 octobre 1911.

Sources du chapitre 1

BDA = Bundesdenkmalamt, dossiers concernant la Hermesvilla au Lainzer Tiergarten.

MAK-Archiv, Akt Zl. 1892-0582 : désignation de l'ancien élève Franz Matsch au poste de professeur de peinture.

MAK-Archiv, Akt Zl. 1893-0313: nomination de Franz Matsch au poste de professeur royal et impérial de peinture à la Kunstgewerbeschule en date du 1er octobre 1893.

MAK-Archiv, Akt Zl. n° 1880-620: quatre bourses Freiherr von Halen-Linsberg'sche sont décernées aux élèves de la Kunstgewerbeschule Franz Matsch, Gustav Klimt, Carl Füller, Emanuel Merinsky.

Rapport de restauration du restaurateur Gustav Krämer, in : BDA, Vienne I, Dr. Karl-Lueger-Ring 2, Burgtheater, Zl.7268/78.

Index

Crédits photographiques

Agenzia Fotografica Scala, Antella, Florence. © 2018 Photo Scala, Florence : p. 361
© 2018 Photo Scala, Florence – Courtesy of the Ministero Beni e Att. Culturali : pp. 140/41
Aichi Prefectural Museum of Art, Nagoya : pp. 134/35
© akg-images, Berlin : pp. 56, 356, 418, 447, 458/59
ALINARI Archives, Florence : pp. 258, 331
Archives de l'éditeur, des auteurs ou collectionneurs : pp. 34, 61, 72., 98, 136, 279, 283, 314, 332, 395, 401, 442, 460/61, 474, 483, 492
Archivio Fotografico Musei Vaticani. Per gentile concessione dei Musei Vaticani, Rome : p. 24
ARTOTHEK, Weilheim : pp. 333, 338/39, 422
© Blauel/Gnamm – Artothek, pp. 64/65
© Christie's Images – Artothek : p. 132
© Westermann – Artothek, p. 282
© Jochen Remmer – Artothek, p. 443
Bayerische Staatsgemäldesammlungen – Neue Pinakothek, Munich : pp. 265, 321
© Belvedere, Vienne : pp. 57, 85, 86, 91, 92, 103, 104, 114–117, 119-125, 137, 142/43, 257, 295, 298/99, 301, 305, 323, 324/25, 359, 360, 362, 366/67, 371, 408/09, 410, 411, 431, 440/41, 444, 448/59, 450/51
Belvedere, Vienne, restitués aux héritiers légitimes en vertu de la loi de restitution de 2001 : pp. 335, 411, 480/81
Belvedere, Vienne, restitués aux héritiers légitimes en vertu de la loi de restitution de 2006 : pp. 286, 328/29, 345, 379, 423, 454/55, 472/73
© Bildarchiv Foto Marburg : pp. 155, 156/57, 162, 163, 164, 173, 181, 182, 185, 187, 254/55
© bpk | The Metropolitan Museum of Art : pp. 278, 302, 340
The Bridgeman Art Library, Londres : pp. 413, 429, 453
© Photo Christie's Images/The Bridgeman Art Library : pp. 388, 436/37, 446
Burgtheater, © Georg Soulek, Vienne : pp. 48, 49, 50/51
© 2012 Carnegie Museum of Art, Pittsburgh : pp. 432/33
© Courtesy Christie's Vienne : p. 126
© Dommuseum, Vienne : p. 292
© Dorotheum, Vienne : p. 322
© Fondazione Gino e Gianna Macconi, Mendrisio, Suisse : p. 420
© Fotoarchiv Franz Eder, Salzbourg : pp. 381, 387, 405, 421, 426/27, 430, 439, 445, 463, 471, 475
Galerie St. Etienne, New York : pp. 415, 425
Grafische Sammlung Albertina, Vienne : pp. 20, 118, 127 à gauche 495
© IMAGNO/Austrian Archives, Vienne : pp. 23, 80, 89, 94, 95, 106, 128, 129, 130, 131, 148/49, 260, 263, 274, 288, 293, 300, 304, 308, 310, 334, 348, 363, 368/69, 375, 376, 391, 392, 415, 417, 434/35, 438, 452, 456/57, 464, 468/69, 482, 484/45, 487, 488, 489, 496, 497
© IMAGNO/ÖNB : pp. 66/67, 242, 303, 346
© IMAGNO/Wien Museum : pp. 15, 25, 26, 38, 59, 69, 112, 267, 311
Kunsthaus Zug, Stiftung Sammlung Kamm, Zoug : pp. 398, 424, 462
Kunsthistorisches Museum, Vienne : pp. 16, 29, 30, 34, 41, 54/55, 79, 110, 111
Kunstmuseum, Berne : p. 261
Kunstmuseum, Dübi-Müller Stiftung, Solothurn : p. 309
Kunstsammlung Bank Austria, Vienne : p. 315
Lentos Kunstmuseum, Linz : p. 277, 355, 358
© Leopold Museum, Vienne/Manfred Thumberger, Vienne : pp. 101, 127 à droite, 320, 336/37, 350, 382, 385, 396, 412, 415, 419, 470, 478, 479, 490, 493
© MAK : pp. 75, 83, 113, 170, 180, 183, 199, 271, 290/91, 307, 326/27
Photo : © MAK/Georg Mayer : pp. 151, 152, 159, 160, 167, 168, 177, 178/79, 200/201, 224/25
Mizne-Blumental Collection, Tel Aviv Museum of Art, Tel Aviv : p. 349
Municipal Museum of Art, Toyota : pp. 284, 342
Museum der Bildenden Künste, Leipzig : p. 308
© 2018 The Museum of Modern Art, New York/Scala, Florence : pp. 97, 144/45, 146/47
© The National Gallery, Londres/Scala Florence : p. 318
© National Gallery of Canada, Ottawa : pp. 108/109, 133

© Neue Galerie, New York: pp. 268, 353
© Österreichische Nationalbibliothek, Vienne: p. 76
© Oto Palán, Prague: p. 33
© Peleş National Museum Sinaia, Roumanie. The Ministry of Culture and National Patrimony, Bucarest, Romania et Peleş National Museum-Sinaia, Roumanie/Luciano Romano, Naples :pp. 45, 46, 47
Photographe Luciano Romano, © Société Compagnie Immobilière SAS et consorts STOCLET, toute reproduction est interdite: pp. 188–198, 202–207, 209–223, 227–237, 239–241, 243–253
Réunion des Musées Nationaux, Paris. © RMN (Musée d'Orsay)/Thierry Le Mage: pp. 372, 428
Staatliche Galerie Moritzburg, Landeskundemuseum Sachsen-Anhalt, Halle (Saale): p. 306
Technisches Museum Wien, Vienne: p. 13 à gauche;
© Verlag Galerie Welz, Salzbourg: pp. 62/63, 138/39, 317, 347, 351, 357, 465, 466/67, 476/77
Wien Museum, Vienne: pp. 42/43, 267

Remerciements

La maison d'édition remercie tous les musées, bibliothèques, collections privées, archives et institutions mentionnés dans les légendes et crédits photographiques pour leur aimable soutien à la réalisation de ce livre. Par leur engagement personnel, de nombreux conservateurs de musée, collectionneurs, marchands d'art, photographes et agences photographiques ont largement contribué à la réussite du projet. Qu'ils en soient ici expressément remerciés: Raven Amiro (National Gallery of Canada, Ottawa), Angela Baillou (Christie's, Vienne), Hannah Bary (Galerie St. Etienne, New York), Christian Brandstätter, Hannah Darvin (Sotheby's Picture Library, Londres), Bernhard Deckenbach (Wien Museum), Alexandru Duta (Muzeul National Peleş, Sinaia), Franz Eder (Verlag Galerie Welz, Salzbourg), Holger Gehrmann (Artothek, Weilheim), Gabriele Göbl (Bayerische Staatsgemäldesammlungen, Munich), Yaffa Goldfinger (Mizne-Blumental Collection, Tel Aviv Museum of Art), Agnes Husslein-Arco (Belvedere, Vienne), Ilse Jung (Kunsthisthorisches Museum, Vienne), Jane Kallir (Galerie St. Etienne, New York), Ingrid Kastel (Grafische Sammlung Albertina, Vienne), Daniela Kumhala (Leopold Museum, Vienne), Katja Lehmann (Scala, Florence), Thomas Matyk (MAK, Vienne), Fabrice Mourlon Beernaert (Bruxelles), Christian Müller (Kunstmuseum Solothurn), Marco Obrist (Kunsthaus Zug), Janine Pereira Alves, Gerald Piffl (Imagno, Vienne), Renée Price (Neue Galerie, New York), Marie Schuh (Wienerroither & Kohlbacher, Vienne), Janis Staggs (Neue Galerie, New York), Christina Stehr (bpk, Berlin), Johannes Stoll (Belvedere, Vienne), Lilian Tone (Museum of Modern Art, New York), Steffen Wedepohl (Bridgeman, Berlin) et Beate Witt (Bridgeman, Berlin).
Nous remercions les lithographes Giuseppe Brisotto and Silverio Zanotto.
Les magnifiques photographies des œuvres de Gustav Klimt au château Peleş à Sinaia, Roumanie, et au palais Stoclet à Bruxelles réalisées pour cet ouvrage sont signées Luciano Romano. Nous tenons à le remercier pour son immense engagement personnel.
Nous tenons à exprimer notre profonde gratitude à la famille Stoclet sans l'autorisation de laquelle la documentation exhaustive et la réestimation scientifique de la principale œuvre de Gustav Klimt à Bruxelles n'auraient pu être réalisées.

Achevé d'imprimer

UN LIVRE TASCHEN, UN ARBRE PLANTÉ !
Chaque année, nous compensons nos émissions de CO2 avec l'Instituto Terra, un programme de reforestation de l'État du Minas Gerais, au Brésil, fondé par Lélia et Sebastião Salgado. Pour plus d'informations sur ce partenariat environnemental, rendez-vous sur : www.taschen.com/institutoterra.
Inspiration : illimitée.
Empreinte carbone : (presque) nulle.

Envie d'en savoir plus ? Consultez taschen.com pour découvrir nos toutes dernières parutions, parcourir notre nouveau magazine et vous abonner à notre newsletter.

Hohenzollernring 53, D–50672 Köln
www.taschen.com

Direction du projet : Petra Lamers-Schütze
Traduction française : Jean-François Cornu, Nantes (chapitre 2) ; Caroline Jouannic, Courbevoie (préfaces, chapitres 3 et 4) ; Guénolée Khoshbakht, Rezé (chapitres 1, 2, 5 et 7) ; Elisabeth Guillot, Montfort-l'Amaury (chapitre 6)

Printed in Bosnia-Herzegovina
ISBN 978-3-8365-6289-8

Couverture
Détail de la « Danseuse » (« L'Attente »), 1909–1911
Frise de mosaïque. Marbre de Carrare, mosaïque d'or et d'argent, pièces de mosaïque colorées, céramique, émail, nacre, pierres de verre, pierres semi-précieuses, cuivre et laiton en lames repoussé, doré et argenté, laiton en lames, profilé en laiton, applications de feuilles d'or, Panneaux longitudinaux respectivement, 200 x 738 cm,
Bruxelles, palais Stoclet, salle à manger

Pages de garde
Détail du panneau droit de la mosaïque, 1909–1911
Bruxelles, palais Stoclet, salle à manger

Pages 1–7
Détails du panneau droit de la mosaïque, 1909–1911
Bruxelles, palais Stoclet, salle à manger

L'éditeur et auteur :
Tobias G. Natter est un expert en art internationalement reconnu, spécialisé dans l'art viennois au tournant du XXe siècle. Il a travaillé durant plusieurs années à la galerie autrichienne Belvedere à Vienne, dont récemment comme conservateur en chef. Entre 2011 et 2013 il a dirigé le musée Leopold de Vienne. En 2014, il a fondé Natter Fine Arts. Il a publié chez TASCHEN *Gustav Klimt. Tout l'œuvre peint*, *Art pour tous. La gravure sur bois en couleur à Vienne vers 1900* et *Egon Schiele. L'Œuvre peint de 1909 à 1918*.

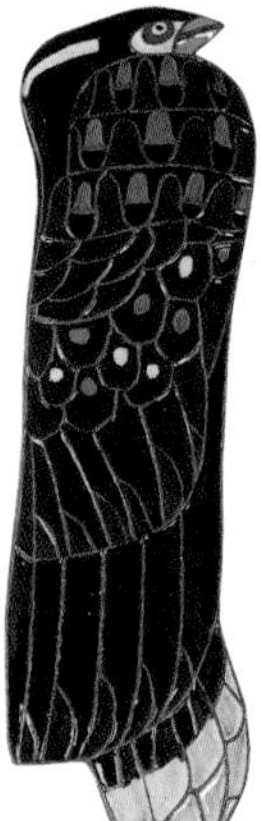